So bunt ist unser Glaube

So bunt ist unser Glaube

Das große Buch über Gott und die Welt

benno

VORWORT

Dieses Buch hat sieben Farben wie der Regenbogen. Es heißt „So bunt ist unser Glaube“, weil es von der Vielfalt der menschlichen Wege zu Gott erzählt. Wir schauen in Gesichter von Brüdern und Schwestern, die den Regenbogen immer neu als Brücke zwischen Himmel und Erde geträumt haben. Das Buch bringt Geschichten von Menschen, die für Gott Räume aus Steinen und Klängen gebaut und den Himmel in Gebet und Arbeit gesucht haben. Wir begegnen Menschen, die Irrlichtern gefolgt und gescheitert sind, aber auch anderen, die durch den Regenbogen das wahre Licht gefunden haben. Wir forschen nach den Stellen, an denen der Regenbogen auf die Erde stößt. Und wie jeder Regenbogen uns immer wieder staunend aufschauen lässt, so mag dieses Buch uns einen Zipfel des Himmels fassen lassen.

Alexander Ziegert

Gudrun Schlechte

Christen nennen sich alle
Kirchen und christliche Gemeinschaften

Institutionen sind auch wichtig – wie ein Skelett, das einem menschlichen Körper Halt geben muss. Aber es ist nicht gut, wenn man ein Skelett sieht. Sehen soll man den lebendigen Christen – den lebendigen Christusglauben.

Bischof Joachim Wanke

Religionen als Wege zum Leben
Die großen Weltreligionen

Ein Mensch sei ein Christ an Barmherzigkeit,
ein Muslim in der genauen Beobachtung äußerer Bräuche
und ein Hindu in der allumfassenden Milde
gegen alle lebenden Wesen.

Ramakrishna

Wagnis und Vollendung
Die Kirche und ihre Heiligen

Ein Schüler kam zum Rabbi und fragte ihn: „Früher gab es Menschen, die Gott von Angesicht gesehen haben. Warum gibt es die heute nicht mehr?“ Da antwortete ihm der Rabbi: „Weil sich heute niemand mehr so tief bücken kann.“

Chassidische Geschichte

Stein und Stimme loben Gott
Kunst in der Kirche

Der Geist baut die Steine, nicht umgekehrt.
Wo der Geist nicht baut, werden die Steine stumm.

Josef Ratzinger, seit 2005 Papst Benedikt XVI.

Bete und arbeite
Ordensleute gestern und heute

Es gibt zwei Arten von Christen:
den Nachfolger Christi und dann
die billigere Ausgabe davon:
den Bewunderer Christi.

Søren Kierkegaard

Quellen des Glaubens
Heiliges Land, Heilige Schrift

Großer Gott, hilf mir!
Du erbarmst dich doch
über ganz fremde Leut,
warum nicht über mich?

Jüdisches Stoßgebet

Pfingsten ist immer
Gemeinschaft von Sündern und Heiligen

Es gehört zu deiner Berufung,
das Evangelium von den Dächern zu rufen,
nicht durch dein Wort,
sondern durch dein Leben.

Charles de Foucauld

Inhalt

Christen nennen sich alle

Kirchen und christliche Gemeinschaften

Religionen als Wege zum Leben

Die großen Weltreligionen

Wagnis und Vollendung

Die Kirche und ihre Heiligen

Stein und Stimme loben Gott

Kunst in der Kirche

Bete und arbeite

Ordensleute gestern und heute

Quellen des Glaubens

Heiliges Land, Heilige Schrift

Pfingsten ist immer

Gemeinschaft von Sündern und Heiligen

Christen nennen sich alle

KIRCHEN UND CHRISTLICHE GEMEINSCHAFTEN

BIS ANS ENDE DER WELT

Es war Herbst. Regen fiel. In den Pfützen rostete Laub. Hand in Hand, wie Kinder, gingen ein junger Mann und ein junges Mädchen die Straße entlang. Laternenlicht erleuchtete das Gesicht des Mädchens, und ihr Begleiter sah, dass sie schön war.

„Ich liebe dich", flüsterte er glühend, „du bist meine Sonne, mein Leben. Ich würde mit dir bis ans Ende der Welt gehen. Und du?"

Das Mädchen lächelte, Tautropfen zitterten auf ihren Wimpern. Sie war wunderschön.

Einen Monat später war Winter. Es schneite. Eisblumen glitzerten an den Scheiben. Im Zimmer waren nur der Mann und die Frau. Der Mann rasierte sich, die Frau sah dem Seifenschaum auf seinen Wangen nach.

„Wann gehen wir bis ans Ende der Welt?", fragte sie leise. Der Mann gab keine Antwort, er spannte mit der Zunge die Backe. „Wann gehen wir bis ans Ende der Welt?", beharrte die Frau. Der Mann wollte etwas sagen und schnitt sich.

„Red kein dummes Zeug!", brummte er.

„Du hast es mir versprochen."

Der Mann schnitt sich abermals. „Sei nicht närrisch, es gibt kein Ende der Welt! Du weißt, dass die Erde rund ist."

Die Frau schwieg und ging weg. Der Mann lief ihr nach. Er konnte sie nicht mehr finden. Vielleicht war sie schon unterwegs zum Ende der Welt?

Jewgeni Min

Von der Hauskirche zur Weltkirche

Die ersten Christen versammeln sich meist in ihren Häusern zum Gottesdienst. In der Hauskirche sind die Aufgaben auf viele Personen verteilt. Der Vorsteher oder Älteste leitet die Feier. Der Kantor singt die Psalmen. Der Hausvater sorgt für alles, was zur Feier der Eucharistie und für das anschließende Liebesmahl (Agape) benötigt wird. Wer kann, bringt dafür etwas mit: Wein, Brot, Kerzen. Der Diakon teilt danach den Armen und Kranken von den Gaben aus. Die Hauskirche ist wie eine große Familie.

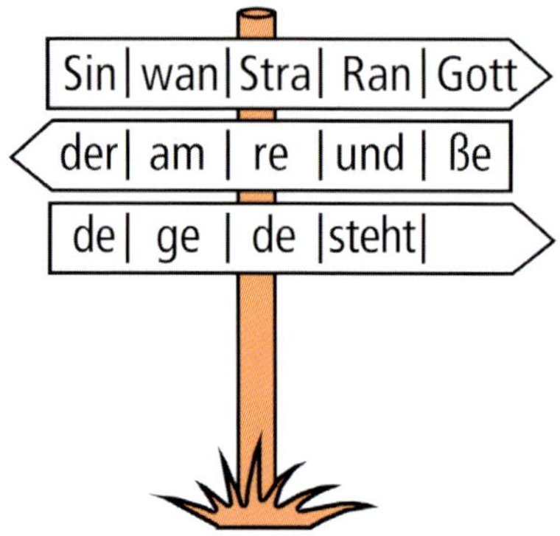

Guter Rat ist im Rösselsprung zu finden mit einem Ausspruch des Kirchenlehrers Augustinus (†430).

Christen tauschen nach dem Gottesdienst Gedanken über Gott und die Welt aus.

Wir gehören nicht zur Kirche – wir sind die Kirche.

Papst Pius XII.

κύριος	kýrios	Herr
κυριακῆ	kýriaké	dem Herrn gehörig

↓

Kirche

Wortstämme für „Kirche"

Die Pfarrgemeinde

Aus der von der jüdischen Synagoge geprägten Hauskirche wächst die christliche Gemeinde. Als die Christen immer zahlreicher werden, brauchen sie eigene Versammlungsräume. Diese nennen sie „dem Herrn gehörig". Aus dem entsprechenden griechischen Adjektiv bildet sich die Bezeichnung „Kirche". Es werden auch Ämter in der Kirche nötig. Das Leitungsamt übt der Älteste (= presbyter) aus. Unsere Ahnen formen daraus das Wort „Priester". Anfang des 4. Jahrhunderts wird das Christentum zur Staatsreligion erhoben. Die Kirche übernimmt für ihre Gliederung die staatlichen Diözesen (von griech. dioikesis = Verwaltung). Der Vorsteher der christlichen dioikesis ist jetzt Staatsbeamter und wird Bischof (von griech. episkopos = Aufseher) genannt. Das Wort Gemeinde hängt zusammen mit dem latein. „communio" (= Gemeinschaft).

Die Entstehung der Pfarrei

Das Christentum hatte zunächst in Städten Fuß gefasst. Die Bischöfe sandten aber auch Priester und Diakone hinaus aufs Land. Bald bildeten sich dort feste und dauerhafte Seelsorgezentren. Diese wurden damals nach dem griechischen Wort paroikia (= „Aufenthalt in der Fremde") als Pfarreien bezeichnet. Diese Entwicklung dauerte über Jahrhunderte an und verlief viel komplizierter, als das hier dargestellt werden kann. Heute werden Stadt- und Landgemeinden Pfarreien genannt. Die Pfarreien sind die Lebenszellen der Gesamtkirche.

Das Leben in der Pfarrei

Die Pfarrei hat feste räumliche Grenzen. Ihr Leiter ist der Pfarrer. Er wird vom Bischof eingesetzt, der seinerseits vom Papst ernannt wird. Dieses stufenweise Leitungsprinzip, Priesterherrschaft oder Hierarchie genannt, wird schon seit der frühen Kirche durch eine kollegiale bzw. synodale Leitung ergänzt. In der Pfarrei gibt es den Kirchenrat, der für die ökonomischen Belange zuständig ist, und seit dem II. Vaticanum den Pfarrgemeinderat. Die Mitglieder des letzteren, von der Gemeinde gewählt, treffen sich regelmäßig mit dem Pfarrer und beraten über die missionarischen, ökumenischen und seelsorglichen Aufgaben der Pfarrei. Kinder- und Jugendgruppen, Familienkreise, Kirchenchor, Kolpingfamilie und vieles mehr bereichern das Gemeindeleben.
Immer von neuem muss ihnen und jedem einzelnen Gemeindeglied bewusst sein, dass die Pfarrei nicht für sich selbst da ist. Die Bezeichnung „Kirche" gilt ja nicht nur für das Gotteshaus, sondern auch für das Volk Gottes. Jeder einzelne ist dem „Herrn gehörig". Er soll ihm im Gottesdienst begegnen und aus dem täglichem Zwiegespräch mit ihm verantwortlich handeln. Wer so dem Herrn gehört, wird die Sorge um „Arme, Witwen und Waisen" neben seinem Tagewerk nicht vergessen.

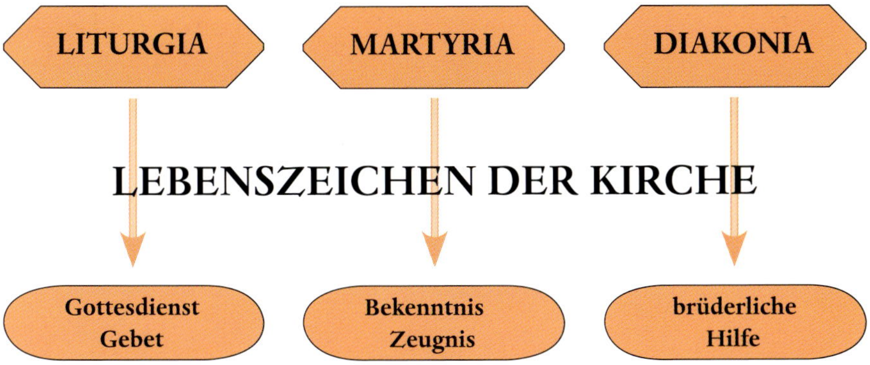

Ehrenamtliche Helfer in der Pfarrei

Gottesdienst	Küster, Ministranten, Lektor, Kantor, Organist, Schola, Vorbeter und andere Dienste (Gabenbereitung, Kollekte, Fürbitte), Gottesdiensthelfer und -beauftragte
Verkündigung	Eltern, Paten, jeder Christ, der seinen Glauben bezeugt und lebt; Katechese für Kinder und Jugendliche, Religiöse Kinderwoche, Frohe Herrgottsstunde, Straßenapostolat
Seelsorge	jeder Christ in der Begegnung mit seinem Nächsten; Elisabethgruppen, Vinzenzverein, Caritas- und Besuchsdienst

Pfarrvikarie und Lokalkaplanei

Pfarreien, die sehr weit ausgedehnt sind oder sehr viele Gläubige zählen, können oft nicht durch den Pfarrer allein betreut werden. Der Bischof bestellt Geistliche als Helfer, die als Vikar oder Kaplan bezeichnet werden. Sie wohnen im Pfarrhaus oder in einem eigenen Gebiet. Nicht selten wird dieses Gebiet später von der Pfarrei abgetrennt und selbständige Pfarrei. Das geschieht, wenn die Gemeinde des betreffenden Gebietes auf eine gewisse Größe angewachsen ist. Umgekehrt kann der Bischof solche Seelsorgestellen wieder auflösen, wenn die Gemeinde sich verkleinert.

Es gab noch zu keiner Zeit so viel Frauen, Männer und Jugendliche, die aktiv in der Kirche mitarbeiten, die sich für das kirchliche Leben mitverantwortlich wissen.

Bischof Maximilian Aichern von Linz

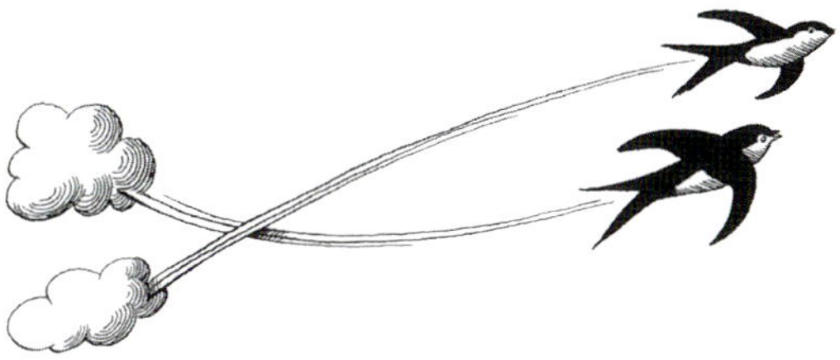

Es (f)liegt was in der Luft

Offensichtlich aus dem Schlaf geweckt, flattert ein Schwalbenpärchen durch die Kirche. Es erscheint der …, um die Kerzen anzuzünden. Als er der Schwalben gewahr wird, stürzt er sofort in die Sakristei und meldet diese Ungewöhnlichkeit dem …, welcher in seinen Predigttext vertieft, am Ankleidetisch steht. Erschreckt ist aber nur der …, der gerade seine Lesung übt. Bei den … in ihren frischgestärkten Chorhemden kommt sofort Wind auf. Sie wittern eine Sensation, was ja fast stimmt.

Draußen segeln die Schwalben in ausladenden Kreisen über den christlichen Haarschöpfen und melden ihre Anwesenheit durch klare Rufe: „Zschiwit, Zschiwit!“ Die Kinder kichern leise und tuschelten. Da greift, um ein Chaos abzuwenden, der … kräftig in die Orgeltasten.

„Erfreue dich Himmel, erfreue dich Erde“, heißt der Einzugsgesang, den die … anstimmt. Lebhaft singen heute alle den Kehrvers mit. Als es in der vierten Strophe heißt „Ihr Tiere des Feldes, ihr Vögel der Lüfte“, klatscht der kleine Oliver begeistert in die Hände.

Und wie nach dem Lied eine Pause entsteht, kommt von der Orgelempore ein fröhliches „Zschiwit“ und aus der Altargegend prompt das Echo: „Zschiwit“. Ein befreiendes Lachen der ganzen … erfüllt die Kirche. Auch der … lacht mit. Dann begrüßt er die Anwesenden und fährt fort: „Die fliegenden Gäste heiße ich ebenso willkommen. Sie singen Gott zur Ehre wie wir und stimmen uns heiter im Angesicht Gottes.“

Anstelle der ausgelassenen Wörter trage die folgenden Dienste an der richtigen Stelle ein: Gemeinde, Küster, Lektor, Ministranten, Organist, Pfarrer, Schola.

Ein Diakon empfängt Segenswünsche an seinem Weihetag.

„Wir machen alles gemeinsam“, sagte der Pfarrer zum Kaplan. „Wir gehen jetzt zum Briefkasten, ich stecke den Brief ein und Sie halten die Klappe.“

Der Dekan ist das „Auge“ des Bischofs im Dekanat.

Das Dekanat

Mehrere Pfarreien sind zu größeren Einheiten zusammengenommen, die wir Dekanate nennen. Das Wort kommt aus dem Griechischen: deka = zehn. Ungefähr zehn Pfarreien gehören zu einem Dekanat.

Ein Priester des Dekanates sorgt dafür, dass die Anliegen des Bistums in den Pfarreien beachtet werden. Er vertritt die Geistlichen auch dem Bischof gegenüber. Das ist der Dekan. Er wird durch die Geistlichen des Dekanates gewählt und vom Bischof für das Amt bestätigt.

Aufgaben des Dekans
- Einführung eines neuen Pfarrers
- Leitung von Priesterkonferenzen
- Fortbildung der Mitarbeiter
- Sorge um kranke Mitarbeiter

Das Bistum

Das Bistum ist ein kirchlicher Verwaltungsbezirk, dem ein Bischof vorsteht. Er ist dafür verantwortlich, dass die katholischen Christen nach der Botschaft des Evangeliums leben. Ursprünglich waren weltliche und kirchliche Verwaltungsgebiete identisch. Das hat sich aber im Verlauf der Geschichte häufig geändert.
Heutzutage werden Bistümer errichtet, aufgehoben oder verändert durch den Apostolischen Stuhl in Rom, also durch den Heiligen Vater. Die Gesamtzahl aller Bistümer liegt gegenwärtig bei etwa 2770.

Bischofsernennung

Der Bischof wird durch den Papst ernannt. In der Regel legen das Domkapitel oder die Bischofskonferenz des Landes eine Liste mit drei Kandidaten vor, die schon die Priesterweihe empfangen haben. An diese Vorschläge muss sich der Papst aber nicht halten. In einem Informativprozess wird sorgfältig geprüft, ob der Kandidat die Bedingungen für die Übernahme des Bischofsamtes erfüllt: eheliche Geburt, unverheiratet, mindestens 35 Jahre alt, gute Sitten und Glaubenseifer, Klugheit und Leitungserfahrungen. Nach der Ernennung wird dem künftigen Bischof die Bischofsweihe gespendet, das ist die höchste Stufe des Weihesakramentes (= Konsekration). Nach altem Brauch wird die Bischofsweihe durch einen Nachbarbischof und zwei andere Bischöfe (Mitkonsekratoren) vollzogen.

Institutionen sind auch wichtig
– wie ein Skelett,
das dem menschlichen Körper
Halt geben muss.
Aber es ist nicht gut,
wenn man ein Skelett sieht.
Sehen soll man
den lebendigen Christen –
den lebendigen Christusglauben.

Bischof Joachim Wanke

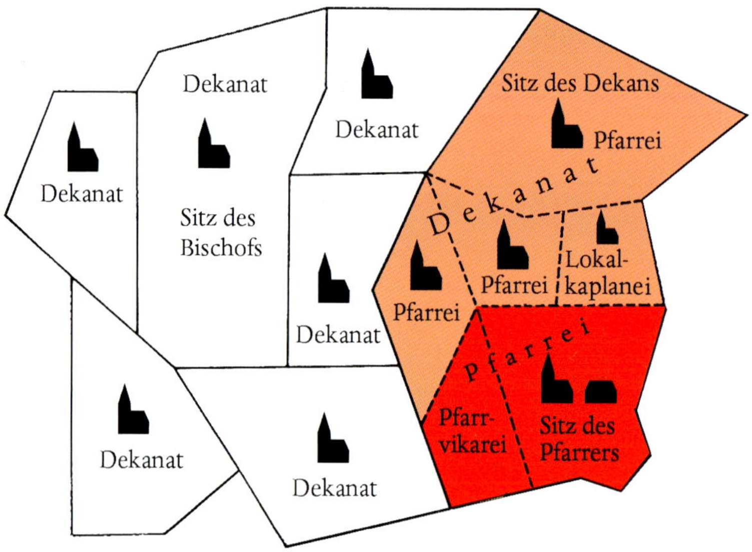

Beispiel eines Bistums
Ein Bistum umfasst ein ganz bestimmtes Gebiet. Die Größe ist sehr unterschiedlich. In Italien gibt es Bistümer von der Größe unserer Dekanate. In Afrika dagegen kommt es vor, dass ein Bischof ein Flugzeug braucht, wenn er auf Firmreise geht.

Bistum oder Diözese?
Beide Wörter meinen dasselbe. Nur ihre geschichtliche Herkunft ist verschieden.

Diözese
von griech. dioikesis (= staatlicher Verwaltungsbezirk, etwa im Weltreich der Römer). Die Kirche hat die Verwaltungsbezirke und die Bezeichnung übernommen.

Bistum
gilt nur für einen kirchlichen Verwaltungsbezirk. Das Wort hat einen langen Weg durch viele Sprachen gemacht. Der Ursprung ist das griechische Wort für Aufseher (= episkopos).

Der Bischof leitet das Bistum

Alle Bischöfe sind Nachfolger der Apostel. In ununterbrochener Reihenfolge geht die Vollmacht der Bischöfe auf die Apostel zurück. Weitergegeben wird die Vollmacht durch die Bischofsweihe (Apostolische Sukzession).

Die Aufgaben des Bischofs

Priesteramt	Gottesdienst und Spendung der Sakramente Spendung des Weihesakramentes und der Kirchweihe Spendung der Firmung Weihe der heiligen Öle
Lehramt	Verkündigung und Bewahrung der Glaubenslehre Ausbildung von Priestern und Mitarbeitern Sendung von Diakonen und Helfern
Hirtenamt	Leitung des Bistums Seelsorge, Caritas, Personal, Finanzen, Bau

In der ersten Zeit der Kirche waren die Bistümer entweder räumlich klein oder hatten nur wenige Gläubige. Da war der Bischof zugleich der Pfarrer. Als die Bistümer aber wuchsen, brauchte der Bischof immer mehr Helfer.

Helfer und Mitarbeiter des Bischofs

Priesteramt	Dekan, Pfarrer, Pfarrvikar, Kaplan, Diakon, Kommunionhelfer
Lehramt	Priester, Pastoralassistent(in), Katechet(in), Gemeindereferent(in), Religionslehrer(in), Dozenten und Professoren an kirchlichen Schulen, Universitäten und Instituten
Hirtenamt	der Generalvikar und die Mitarbeiter im Ordinariat, Pfarrer und Mitarbeiter der Seelsorge, alle Mitarbeiter in caritativen Einrichtungen der Pfarrei, des Bistums, der Orden

Manche Aufgaben allerdings bleiben dem Bischof vorbehalten. Dazu gehören die Spendung des Weihesakramentes, der Kirchweihe und üblicherweise des Firmsakramentes. Helfer des Bischofs, besonders als Stellvertreter des Bischofs bei der Spendung von Weihen, ist der Weihbischof.

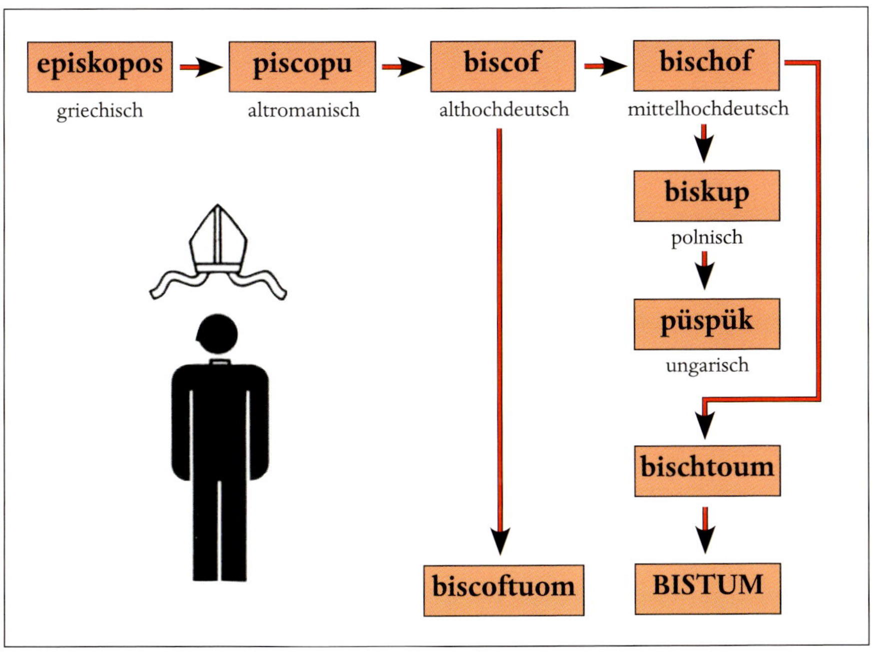

Wie die Wörter „Bischof" und „Bistum" entstanden sind.

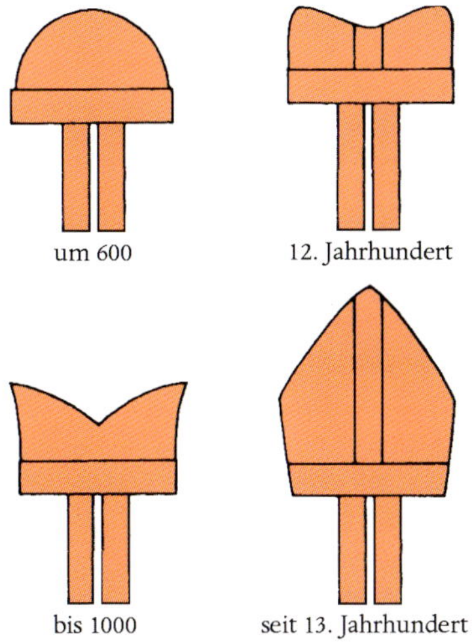

Die Entwicklung der Mitra

Die bischöflichen Insignien sind Mitra und Hirtenstab. Der Bischofsring ist Zeichen für die Vermählung mit der Kirche.

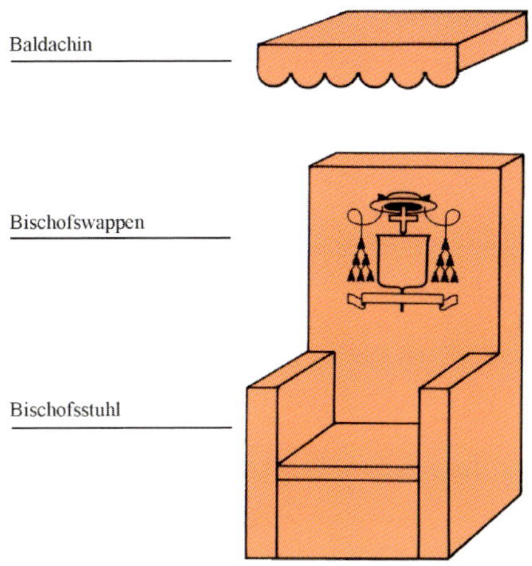

Bischofsstuhl

Symbol der bischöflichen Vollmacht ist der Bischofsstuhl in der Bischofskirche. Er steht dem Bischof nur in seiner Bischofskirche zu. Meist ist er mit dem Wappen des Bischofs und einem Baldachin versehen.

Bischofskirche

Wir kennen für die Bischofskirche zwei Bezeichnungen:

Kathedrale
ist abgeleitet von griech. kathédra (= Lehrstuhl, Sitz). Die Kathedrale ist die Kirche, an der der Bischof seinen „Sitz“ (Bischofssitz) hat. Der thronartige Stuhl (Kathedra) ist Symbol seines apostolischen Amtes.

Dom
kommt von lat. domus Dei (= Haus Gottes). Die Bezeichnung „Dom“ wird aber auch für besonders stattliche Kirchen und für Hauptkirchen eines Gebietes, die nicht Bischofskirchen sind, angewandt (z. B. in Freiberg/Sa. oder Goslar).

Der Dom St. Marien zu Freiberg/Sa. war zu keiner Zeit eine Bischofskirche.

Was Städtenamen verraten

Vor ungefähr tausend Jahren gründete Kaiser Otto I. im Osten seines Reiches die sogenannte Ostmark. Slawische Stämme lebten in diesen riesigen Gebieten. Der Verlauf der Elbe sollte die östliche Grenze bilden. Mit den Soldaten schickte der Kaiser auch Bischöfe und Missionare. Doch die Slawen sahen die Missionierung zunächst nur als Stütze einer verhassten Fremdherrschaft. Erst allmählich erschloss sich ihnen die Wahrheit des christlichen Glaubens. Dazu beigetragen hat das heilige Leben vieler Bischöfe und oft auch ihr heldenhafter Tod. Wir erinnern an Otto von Bamberg, Adalbert von Prag, Norbert von Magdeburg und Benno von Meißen. Bis heute künden Orts- und Flurnamen vom Wirken eines Bischofs und lassen auf die Liebe des Volkes zu ihm schließen.

Bischdorf Dorf des Bischofs
Bischofferode Wald, vom Bischof gerodet
Bischofswerda Bischöfliche Siedlung auf einer Insel (Werder = Insel im Sumpf)
Bismark Mark, Landesteil des Bischofs

Das Ordinariat

oder das Generalvikariat ist das oberste Verwaltungsamt eines Bistums. Die erste Bezeichnung ist abgeleitet von „Ordinarius“. So nennt das Kirchenrecht den Bischof oder einen anderen „zuständigen“ Leiter des Bistums. Die andere Bezeichnung macht deutlich, dass an der Spitze aller Mitarbeiter des Bischofs der Generalvikar steht. Er vertritt den abwesenden Bischof als dessen „anderes Ich“ in allen Verwaltungsangelegenheiten.
Zur Leitung und Verwaltung des Bistums bedarf der Bischof vieler Mitarbeiter. Es sind Referenten, Sachbearbeiter und Schreibkräfte. Einige von ihnen haben die Aufgabe, den Bischof in einem bestimmten Fachgebiet zu beraten. Sie heißen deshalb Ordinariatsräte. Die Anzahl der Mitarbeiter im Ordinariat hängt ab von der Größe des Bistums.

Das Domkapitel

Das Kirchenrecht schreibt vor, dass an jeder Bischofskirche ein Gremium von Priestern besteht, das bestimmte Dienste versieht. Es ist das Domkapitel (von lat. caput = Haupt). Seine Mitglieder sind die Domkapitulare. Sie sind allesamt gleichberechtigt. Neue Mitglieder ernennt der Bischof, nachdem er das Domkapitel angehört hat. Die Mitglieder des Domkapitels sind oft auch im Ordinariat mit Leitungsaufgaben betraut. Nach außen wird das Domkapitel durch den gewählten Domdekan bzw. Dompropst vertreten.

Aufgaben des Domkapitels:	Gottesdienst am Dom Beratung und Unterstützung des Bischofs Leitung des Bistums bei unbesetztem Bischofsstuhl Vorschlag des neuen Bischofs

Erzbistum und Kirchenprovinz

Mehrere Bistümer können einem Erzbistum unterstellt werden. Diese Bistümer bilden mit dem Erzbistum zusammen eine Kirchenprovinz.
Der Bischof des Erzbistums ist der Erzbischof. Ihm obliegt die Leitung der Bischofskonferenz seiner Kirchenprovinz. Er vertritt die Angelegenheiten des Papstes bei seinen Amtskollegen und umgekehrt. Alle Bischöfe bleiben aber selbständige Oberhirten. Der Erzbischof heißt auch Metropolit.
Bistümer, die direkt dem Papst unterstellt sind, nennen wir exemt (= ausgenommen).

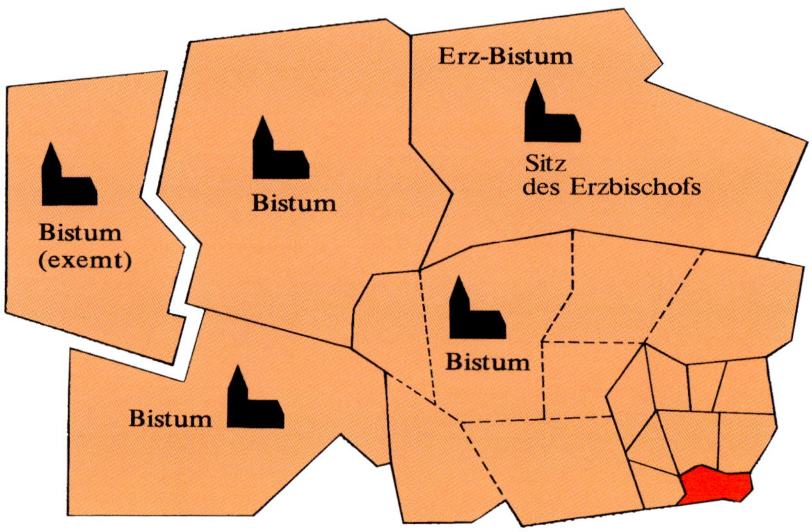

Beispiel einer Kirchenprovinz

Die Weltkirche

Im Jahr 2006 lebten auf der Erde 1,1 Milliarden Katholiken. Oberhaupt dieser weltweiten Glaubensgemeinschaft ist der Papst. Die Gesamtkirche ist gegliedert in Bistümer, die auch Diözesen genannt werden. Gegenwärtig werden etwa 2770 Bistümer und andere kirchliche Verwaltungsbereiche (z. B. Apostolische Vikariate oder Administrationen) gezählt, die in der Regel durch Bischöfe geleitet werden.

Der römische Brunnen

Aufsteigt der Strahl und fallend gießt
Er voll der Marmorschale Rund,
Die, sich verschleiernd, überfließt
In einer zweiten Schale Grund;
Die zweite gibt, sie wird zu reich,
Der dritten wallend ihre Flut,
Und jede nimmt und gibt zugleich
Und strömt und ruht.

Conrad Ferdinand Meyer

Brunnen auf dem Petersplatz in Rom

Im Zentrum der Weltkirche

Wir nennen ihn unseren Vater

Der Titel Papst kommt aus der italienischen Sprache und bedeutet Vater. Der älteste päpstliche Titel ist aber das lateinische Wort für Brückenbauer. So nannten die alten Römer ihre obersten Priester, so nannten sie später ihre Kaiser sowie alle Bischöfe und schließlich den Bischof von Rom, den Papst. Wie das lateinische Wort lautet, verrät bei richtig eingesetzten Lösungen der farbige Kreis.

1. Abschluss des Altarraumes
2. Italienischer Jugendheiliger
3. Bote Gottes
4. Älteste lateinische Bibelübersetzung
5. Bischofsmütze
6. früher: Reittier der Päpste
7. Zwiesprache mit Gott
8. ein dem Papst direkt unterstelltes Bistum ist …

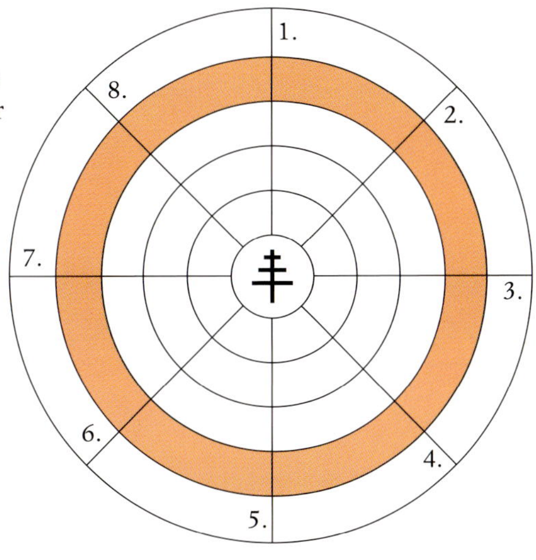

Die Päpste seit 1939

Von Petrus, dem ersten Bischof von Rom, bis zu Papst Benedikt XVI. sind 2000 Jahre vergangen. In dieser Zeit haben 265 Päpste die Kirche geleitet. Ungenaue Nachrichten aus der Frühzeit der Kirche und das Auftreten von Gegenpäpsten im Mittelalter lassen verschiedene Zählweisen zu. Eine verbindliche Liste gibt es nicht.

260.	Pius XII.	1939–1958
261.	Johannes XXIII.	1958–1963
262.	Paul VI.	1963–1978
263.	Johannes Paul I. (nur 33 Tage im Amt)	1978
264.	Johannes Paul II.	1978–2005
265.	Benedikt XVI.	seit 2005

Auflösung von Seite 10 (Guter Rat):
Singe und wandere,
Gott steht am Rande der Straße.

Pius XII.

Pius XII. (1939–1958)

Mit 63 Jahren wurde Eugenio Pacelli im Jahr 1939 zum Papst gewählt. Vorher hatte er als Kardinal-Staatssekretär im Vatikan und als Apostolischer Nuntius in Deutschland gewirkt. 1950 verkündete er das Dogma von der leiblichen Aufnahme Marias in den Himmel.

Papst Pius XII. empfing zwei durch ihre Lustspielerfolge bekannte Schauspieler. Es hieß, sie seien zwar keine Katholiken, hätten aber den Wunsch geäußert, Seiner Heiligkeit ihren Respekt zu bezeugen. „Ah", lächelte der Papst, „Komödianten. Ausgezeichnet! Das Lachen kennt keine Konfession. Es sollte mehr Lachen in der Welt sein."

Johannes XXIII. (1958–1963)

Der Sohn eines Kleinbauern wurde 1958 überraschend zum Papst gewählt. Die Zeitungen nannten den damals 77-jährigen vorherigen Patriarchen von Venedig und erfahrenen Vatikandiplomaten einen „Übergangspapst". Aber Papst Johannes XXIII. setzte Kirche und Welt durch frischen Wind in Erstaunen. Schon bald griff er den Ruf nach Reformen in der Kirche auf und berief das Zweite Vatikanische Konzil ein.

Johannes XXIII.

Sonnenstrahlen in der Peterskirche, die über dem Apostelgrab errichtet ist.

Wer regiert die Kirche?

Am Abend des Tages, an dem Johannes XXIII. das Konzil ankündigte, musste er sich Mühe geben, den Schlaf zu finden. Der Papst erzählte dazu später, er habe sich schließlich selber gefragt: „Giovanni, warum schläfst du nicht? Bist du es, der die Kirche regiert? Es ist ja doch der Heilige Geist, nicht wahr? Dann also schlafe, Giovanni!"

Auflösung von S. 15 (Wir nennen ihn unseren Vater): 1. Apsis, 2. Bosco, 3. Engel, 4. Itala, 5. Mitra, 6. Pferd, 7. Gebet, 8. exemt – PONTIFEX (= Brückenbauer).

Johannes XXIII. eröffnete es feierlich im Oktober 1962, konnte es aber nicht zu Ende führen, weil er 1963 starb. Sein Nachfolger Paul VI. hat das Konzil beendet. Johannes XXIII. war allseits beliebt und von den Römern hochverehrt. Seine Güte zu einfachen Menschen und sein Humor haben sein Andenken sehr wachgehalten. Durch Papst Johannes Paul II. wurde er im Heiligen Jahr 2000 seliggesprochen. Lies auch Seite 56.

Paul VI.

Paul VI. (1963–1978)

Der hochbegabte Giovanni Battista Montini wurde 1897 in Oberitalien geboren. Sein Vater war Chefredakteur und Abgeordneter im Parlament. Nach glänzendem Studium wurde Giovanni 1920 zum Priester geweiht. Mit 34 Jahren war er Professor an der Päpstlichen Diplomatenakademie in Rom. 1954 wurde er zum Erzbischof von Mailand ernannt, wo er überaus segensreich wirkte. 15 Jahre lang leitete Giovanni Battista Montini die Kirche als Papst Paul VI. Er führte das von Papst Johannes XXIIII. begonnene Konzil zu Ende. Paul VI. war eine große Persönlichkeit. Weisheit und Weitblick zeichneten ihn aus. Auch über die Kirche hinaus genoss er hohes Ansehen.

Johannes Paul I.

Johannes Paul I. (1978)

Nur 33 Tage waren dem lachenden und herzlich auf die Welt zugehenden Papst in seinem Amt vergönnt. Albino Luciani kam aus einem einfachen Elternhaus. Zehn Jahre lehrte er als Professor am Priesterseminar in Belluno. Mit 46 Jahren wurde er Bischof von Vittorio Veneto, 1969 Patriarch von Venedig und 1978 in eintägigem Konklave zum Papst gewählt. Als erster Papst verzichtete er auf die Krönung mit der Tiara.

Johannes Paul II.

Johannes Paul II. (1978–2005)

Im Jahr 1920 wurde Karol Wojtyła in Polen geboren. Nach der Priesterweihe studierte er in Rom, wurde Professor für Moraltheologie und Bischof von Kraków (Krakau). 1967 ernannte ihn Papst Paul VI. zum Kardinal. Aus dem Konklave 1978 ging er als erster polnischer Papst hervor.

In seinem Pontifikat setzte er Akzente durch 104 Pastoralreisen und 482 Heiligsprechungen. Er trug bei zur Annäherung der christlichen Konfessionen, führte die Weltjugendtage und die Friedensgebete der Weltreligionen in Assisi ein und bat an der Klagemauer in Jerusalem die Juden um Schuldvergebung. Mitgewirkt hat er auch an der Überwindung des Eisernen Vorhangs zwischen Ost und West. Einen Mordanschlag 1981 auf dem Petersplatz überlebte er schwer verletzt.

Schmerzlich für ihn war, dass er den Irak-Krieg 2003 nicht verhindern konnte und dass ihm eine Aussöhnung mit der orthodoxen Kirche nicht gelang.

Benedikt XVI.

Benedikt XVI. (seit 2005)

Der 1927 in Bayern geborene Kardinal Joseph Ratzinger wurde 2005 zum 265. Papst gewählt. Er lehrte schon von seinem 31. Lebensjahr an katholische Theologie. Als fortschrittlicher Professor wirkte er nacheinander an den Universitäten Münster, Tübingen und Regensburg. Als Berater des Kölner Kardinals Frings machte er sich einen Namen beim Zweiten Vatikanum. Der sprachgewandte Verfasser von Glaubensbüchern wurde 1977 Erzbischof von München und Freising und 1981 zum Präfekten der Vatikanischen Glaubenskongregation berufen. Dieses wichtige Amt hatte er 24 Jahre inne, bis er am 19. April 2005 aus dem Konklave als Papst hervorging. Seit 482 Jahren wurde erstmals wieder ein Deutscher zum Petrusdienst erwählt. In seiner kurzen Antrittsrede nannte er sich einen „bescheidenen Arbeiter im Weinberg des Herrn“.

Schon kurz nach seiner Amtsübernahme überraschte er Kirche und Welt mit seiner ersten Enzyklika *Deus caritas est* (Gott ist die Liebe). Historische Bedeutung gewann seine Begegnung mit dem ökumenischen Patriarchen Bartholomaios I. vom 28. November bis 1. Dezember 2006 in Istanbul.

Das Papstwappen Benedikts XVI. wurde nach der Wahl von Kardinal Ratzinger vorgestellt. Es zeigt einen Mohren und einen Bären und erinnert damit an seine Zeit als Bischof von München und Freising. Die Muschel ist eine Anspielung auf seinen Lieblingstheologen Augustinus.

Benedikt – Name und Programm

„Benedikt" heißt lateinisch „der Gutgesagte" (bene = gut, dictus = gesprochen) oder „der Gesegnete". In der Kirchengeschichte trug der Gründer des Benediktinerordens, Benedikt von Nursia, diesen Namen. Als Antwort auf den Sittenverfall in Rom zog sich der junge Benedikt in die Einsamkeit einer Höhle zurück (Seite 204). Andere junge Männer wollten seine Lebensweise übernehmen. Benedikt schuf ein Statut für ihr Zusammenleben, die erste Ordensregel. Ihr Fundament lautet **Ora et labora** – Bete und arbeite. Kurz nach Benedikts Tod (547) nahm ein zum Papst Gewählter dessen Namen als Benedikt I. an. Ein weiterer Träger dieses Namens war Benedikt XV. (1914–1922), der sich für den Frieden einsetzte. Papst Johannes Paul II. erhob Benedikt von Nursia zum Patron Europas. Vielleicht hat Kardinal Ratzinger den Namen Benedikt für sich gewählt, damit Europa gelingt.

Die Papstwahl

Der Papst wird in freier, geheimer Wahl gewählt. Wahlmänner sind die Kardinäle. Stirbt der regierende Papst, müssen alle Kardinäle unverzüglich nach Rom reisen. Am 16. Tag, spätestens am 19. Tag, müssen sie dort sein, sonst können sie an der Wahl nicht mehr teilnehmen. In der Sixtinischen Kapelle findet die Wahl statt. Telefone, Radio, Fernsehen und Tonbandgeräte sind verboten, auch Fotoapparate. Dann wird der Zugang verschlossen, in früherer Zeit wurde er sogar vermauert. Die Kost ist einfach und soll bei zu langer Wahlzeit immer mehr eingeschränkt werden. Man nennt die Papstwahl mit allem Drum und Dran **Konklave**, was so viel heißt wie „Einschluss".

Ein kurzer Blick in die Geschichte

Ursprünglich: Der Papst wurde durch die Nachbarbischöfe, die anwesenden Priester und das Volk gewählt.
Später: Komplikationen traten ein. Es ging nicht immer friedlich zu. Parteien bildeten sich und wollten „ihren Mann" durchbekommen. Oder der weltliche Herr griff ein und „mischte" kräftig mit. Die Wahl zog sich über Wochen, sogar über Monate hin. Man konnte oder wollte sich nicht einigen. So wurde die Wahl durch das Kirchenrecht geregelt.
Seit 1179: Nur die Kardinäle dürfen wählen. Es ist Zweidrittelmehrheit erforderlich.
Seit 1274: Das Konklave wird eingeführt, um die Verschleppung des Wahlvorganges zu vermeiden. Nach acht Tagen werden die Kandidaten auf Wasser und Brot gesetzt.
Seit 1406: Stimmzettel kommen in Gebrauch.
Heute: Wählbar ist jeder getaufte männliche, rechtgläubige Katholik. Üblicherweise wird einer der Kardinäle gewählt. Gewählt ist, wer zwei Drittel plus eine der Stimmen auf sich vereinigt. Durch Anordnung Papst Pauls VI. können nur die Kardinäle den Papst wählen, die das 80. Lebensjahr nicht überschritten haben. Die Stimmzettel werden zusammen mit einem Protokoll im Archiv aufbewahrt. Der Gewählte kann Bedenkzeit erbitten. Mit der Annahme der Wahl ist der Empfang des päpstlichen Amtes verbunden. In der Regel nimmt der Kandidat einen neuen Namen an. Das Ergebnis wird dem Volk verkündet. Der neue Papst spendet den ersten Segen „Urbi et orbi", d. h. „der Stadt Rom und dem Erdkreis". Dann gibt der Gewählte seinen Papstnamen bekannt. Seit etwa 1000 Jahren haben nur drei Päpste ihren Taufnamen gewählt. Die anderen vollzogen einen Namenswechsel vor allem zum Zeichen einer neuen Existenz.

Der Ofen in des sixtinischen Kapelle, dessen Rauchzeichen von Pilgern und im Fernsehen mit Spannung erwartet wird.

Habemus Papam

Einmalig ist die Anzeige des Wahlergebnisses bei der Papstwahl. In der Sixtinischen Kapelle steht ein Ofen. Sein Rohr führt oben zum Dach hinaus. Der Rauch zeigt das Ergebnis der Abstimmung an. Dunkler Rauch bedeutet: Die Wahl hat keinen Papst gebracht. Weißer Rauch bedeutet: Wir haben einen neuen Papst. Früher wurden die Stimmzettel verbrannt. Wollten die Kardinäle dunklen Rauch aufsteigen lassen, mischten sie feuchtes Stroh bei. Heute erzeugt man das Rauchsignal durch chemische Mittel.

Der Petrusdienst

In seiner Enzyklika über die Ökumene *Ut unum sint* (Dass alle eins seien) hat Papst Johannes Paul II. umstrittene Bezeichnungen wie „Stellvertreter Christi" oder „Oberhaupt der Kirche" oder „Unfehlbarkeit" klug vermieden und sich selbst als Bischof von Rom und als Nachfolger des Apostels Petrus bezeichnet. Die höchste Amtsvollmacht in der Kirche, den sogenannten Petrusdienst oder Primat, deutet der Papst als das Amt eines Dieners der Diener Gottes. Dieses Dienstamt übt er auch bei allen Recht setzenden Akten (= Jurisdiktion) aus. Die meisten nichtkatholischen Gemeinschaften erkennen den Primat des Papstes nicht an, sondern wollen ihn als Gleichen unter Gleichen sehen. Papst Johannes Paul II. sagt ihnen: Lasst uns doch darüber miteinander reden.

Die Römische Kurie

Zur Leitung und Verwaltung der Kirche braucht der Papst viele Helfer und Mitarbeiter. Sie bilden die Römische Kurie (von lat. curia = Hof), auch der Heilige Stuhl genannt. Leitende Mitarbeiter des Papstes sind die Kurienkardinäle. Sie sind die Chefs der einzelnen Regierungsabteilungen. Die Römische Kurie kann man mit Fug und Recht als die älteste Regierung der Welt bezeichnen. Sie wurde mit der Apostolischen Konstitution „Pastor bonus" (lat. „Guter Hirte") von 1989 neu geordnet.

Der Chor der Kardinäle

Die Organe der Römischen Kurie

Staatssekretariat	Sektion für die Allgemeinen Angelegenheiten („Innenministerium") Sektion für die Beziehungen mit den Staaten („Außenministerium")
Kongregationen	Glaubenslehre, Bischöfe, Orientalische Kirchen, Missionswerk, Bildungswesen, Gottesdienst und Sakramente, Klerus, Selig- und Heiligsprechung u. a.
Gerichtshöfe	Rechtssprechung nach dem Kirchenrecht
Päpstliche Räte	Förderung der Einheit der Christen, Dialog mit Nichtchristen und Nichtglaubenden

Wusstest du schon, ...

... dass im 12. Jahrhundert zum ersten Mal ein Nichtitaliener Kardinal wurde? Es war der deutsche Erzbischof von Mainz, Konrad von Wittelsbach.
... dass die scharlachrote Kleidung die Kardinäle ermahnen soll, für Christus, wenn es sein muss, zu sterben?
... dass jeder Kardinal in Rom eine sogenannte Titelkirche erhält und somit römischer „Pfarrer" ist?
... dass diejenigen Kardinäle, die in Rom an der Verwaltung der Kirche mitwirken, Kurienkardinäle genannt werden?
... das ein Kardinal über 80 Jahren nicht mehr an der Papstwahl teilnehmen darf?

Tiara und Mitra

Die Kopfbedeckung war früher mehr als heute Erkennungszeichen für den Rang und Stand eines Menschen. Heutzutage erkennen wir einen Koch an seiner Haube, einen Zimmermann an seinem Hut, einen Polizisten an seiner Dienstmütze. Ein Staatspräsident trägt heute kein Zeichen seines Amtes mehr auf dem Haupt.
Die Sitten ändern sich. So auch in der Kirche. Früher war der Papst zu erkennen an seiner Papstkrone, der Tiara, einer hohen Mütze mit drei Kronreifen, übernommen von der altpersischen Königskrone. Johannes XXIIII. war der erste Papst, der dieses Zeichen nicht mehr verwendete. Heute trägt der Papst im liturgischen Dienst die bischöfliche Mitra und sonst eine einfache Kappe.
Die Mitra hat ihr Vorbild in einer altorientalischen Haube. Heute wird sie vom Bischof getragen, wenn er einem Gottesdienst in seinem eigenen Bistum vorsteht. Die Mitra ist in den Farben des Kirchenjahres gestaltet.

Tiara des Papstes, heute nicht mehr in Gebrauch

Mitra der Kardinäle, Erzbischöfe und Bischöfe

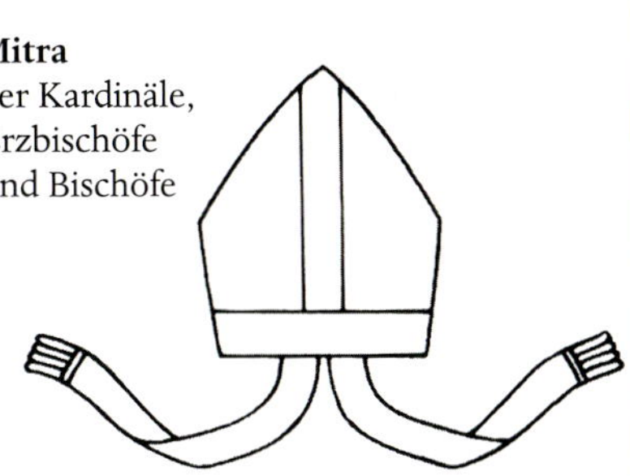

Zur Vatikanstadt gehören
1. der Vatikan
(ursprünglich einer der sieben Hügel Roms, heute Begriff für das Zentrum der katholischen Kirche)
- die Peterskirche
- der Vatikanpalast mit der Wohnung des Papstes und den Büros für die Regierung der Kirche
- die Vatikanischen Museen
- die Vatikanische Bibliothek
- die Vatikanischen Gärten
- Radio Vatikan
- Bahnhof Vatikan
- Hubschrauber-Landeplatz
- Vatikanische Post
- Bank des Vatikans

2. in der Stadt Rom verstreut
- St. Johannes im Lateran, die Mutterkirche der ganzen Welt
- die Kirche St. Paul vor den Mauern
- die Kirche Maria Maggiore

3. außerhalb von Rom
- Castell Gandolfo, der Sommersitz des Papstes, 27 km von Rom entfernt

Città del Vaticano

Was ist das? Es ist die Vatikanstadt, das Hoheitsgebiet des Papstes, der Rest eines früher umfangreicheren Kirchenstaates. Die Größe der Vatikanstadt wird mit 0,44 Quadratkilometern angegeben; sie passt also bequem in eine Fläche, die einen Kilometer lang und einen halben breit ist. Sie ist ein Teil der Stadt Rom.

Vatikan-Gärten

Von der Kuppel des Petersdomes geht der Blick weit über Rom in die Welt hinaus.

Der Vatikan hatte vor der Einführung des Euro auch eine eigene Währung mit demselben Kurswert wie die italienische Lira. Diese war aber nur in wenigen Scheinen und Geldstücken im Umlauf. Doch es gab sie. Beliebt bei den Römern waren die Münzen mit dem Bild Johannes' XXIII.
Ein Rombesucher erzählte, dass er einem Taxifahrer versehentlich dies Geldstück gegeben habe. Eigentlich wollte er es als Andenken mit nach Hause nehmen. Als er den Taxifahrer bat, das Geldstück zurückzugeben und ein anderes dafür zu nehmen, schüttelte dieser lachend den Kopf und sagte: „Den Papa Giovanni ich behalte!"

Das kleinste Heer der Welt

Die Schweizergarde ist seit 1527 im Dienst.

Eigentlich kann man nicht von einem Heer sprechen, wenn man die Wachmannschaft des Vatikans meint. Ihre Bewaffnung besteht nämlich aus einer mittelalterlichen Stoßwaffe, der Hellebarde, und einem Gasspray. Und das ganze „Heer“ ist heute 110 Mann stark. Die Männer tragen eine zwar bunte und (nach Überlieferung) von Michelangelo entworfene, aber für Soldaten höchst unpraktische Uniform. Aha, Michelangelo! Der Kundige rechnet und sagt uns, dass es diese Truppe seit mindestens 450 Jahren geben muss. Richtig. Im Jahr 1505 berief Papst Julius II. 150 schweizerische Söldner zu seiner Bewachung. Sie galten als besonders treu und sollten den Papst gegen Angriffe kaiserlicher Landsknechte schützen. Ein anderer Papst, Clemens VII., hatte der Schweizergarde sein Leben zu verdanken. Mit Müh und Not entkam er den Landsknechten Kaiser Karls V. in die Engelsburg. Dabei kamen die meisten Gardisten um. Nur 42 überlebten. Das war am 6. Mai 1527. Seither wird am 6. Mai alljährlich die Vereidigung der Rekruten vorgenommen. Zur Schweizergarde gehören auch heute noch nur Schweizer. Sie kommen aus allen Berufen: Handwerker, Kaufleute, Landwirte, Techniker verpflichten sich für mindestens zwei Jahre. Natürlich sind sie katholisch. Ihr Alter: 19–30 Jahre.

Treten Sie näher!

Eine Kirchenführung

Pfarrer: *Liebe Besucher unserer Kirche! Ich begrüße Sie herzlich zu unserer Führung. Sie wollen unsere Kirche kennenlernen. Ich hoffe, dass Sie Freude daran haben werden. Wenn Sie Fragen einwerfen wollen, tun Sie das, wie es Ihnen beliebt. Wir fangen an, und zwar gleich hier an der Tür. Da sehen Sie*

Das Weihwasserbecken

Daran erkennen Sie eine katholische Kirche. Der Brauch, sich beim Eintritt in ein Haus zu waschen und zu erfrischen, ist besonders im Orient lebendig. In einer Kirche hierzulande bedeutet der Brauch etwas anderes. Reinigung und Erfrischung werden im übertragenen Sinn verstanden. Wenn Christen den Raum betreten, benetzen sie sich mit diesem Wasser und erinnern sich an die Taufe als den Beginn des christlichen Lebens. Auch beim Verlassen des Raumes bekreuzigen sie sich wieder mit Weihwasser. Sie wollen in der Welt als Christen leben.

Ein Weihwasserbecken in Rom. „Der Teufel hat im Heiligtum keinen Platz.“

Das Kreuz als Zeichen

ist schon aus vorchristlicher Zeit bekannt. Als Ornament, Bildzeichen oder Symbol lässt es sich nahezu bei allen Völkern nachweisen. Zwei Beispiele:

Das Henkelkreuz
ist älter als 5000 Jahre. Es ist eine ägyptische Hieroglyphe (Schriftzeichen) und Symbol für Mensch, Leben. Die christliche Kirche der ersten Jahrhunderte – besonders in Nordafrika – übernahm es zuerst als Geheimzeichen und dann als beliebtes Motiv in der christlichen Kunst.

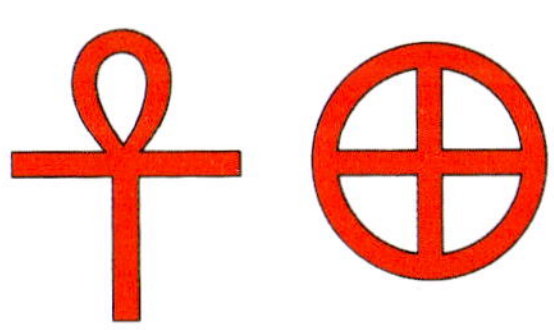

Das Radkreuz
war bei unseren germanischen Vorfahren das Sonnenzeichen. Bei den Indianern Amerikas bedeutet es „Mensch“, aber auch „Sonne“. Das Radkreuz ist auch bei alten Kulturen Afrikas und Asiens nachgewiesen.

Das Kreuzzeichen

Pfarrer: *Ja, Sie haben richtig gesehen. Das Kreuz ist das Zeichen für Jesus Christus. Wenn ich dieses Zeichen über meinen Körper mache, bringe ich meine christliche Gesinnung zum Ausdruck.*

Christliche Kreuzformen	
	**Griechisches Kreuz** ältestes christliches Zeichen.
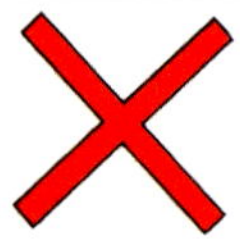	**Andreaskreuz** schon lange vor Christus in der hebräischen Kunst als Schutz- und Eigentumszeichen verwendet (Buchstabe Tav).
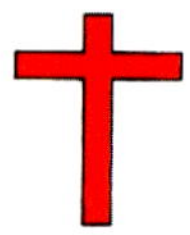	**Lateinisches Kreuz** häufigste christliche Kreuzform.
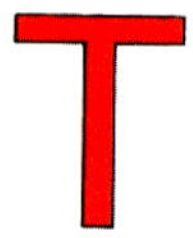	**Tau-Kreuz** nach dem griechischen Buchstaben Tau (= T) benannt.
	**Gabelkreuz** gilt als Kreuzform der Schächer.
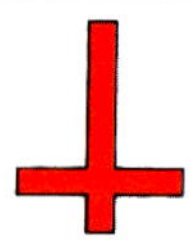	**Petruskreuz** weil Petrus der Legende nach mit dem Kopf nach unten gekreuzigt worden ist.
	**Russisches Kreuz** der obere zweite Querbalken ist wohl eine Stilisierung der Kreuzesinschrift, der untere das Brett, an das die Füße Christi genagelt waren.
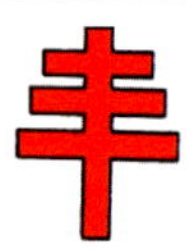	**Papstkreuz** ist ausschließlich dem Gebrauch des Papstes vorbehalten. Es weist auf das dreifache Amt des Papstes hin: Priesteramt, Hirtenamt und Lehramt.
	**Jerusalemer Kreuz** erinnert an die fünf Wunden Christi.
	**Malteserkreuz** auch Abzeichen des Johanniterordens. Die Spitzen weisen auf die acht Seligpreisungen der Bergpredigt hin.

Interessantes über das Kreuzzeichen

Bei den Juden wurde der Buchstabe Tav (= X) schon lange vor Christus als Weihezeichen verwendet.

Die ersten Christen benutzten das Christusmonogramm Chi (= X) als Eigentumszeichen. Es wurde etwa bei der Taufe auf die Stirn des Täuflings gezeichnet und besagte: Nun gehörst du Christus.

Gleichzeitig kam auch der Gebrauch des Kreuzes in der Form des griechischen Buchstabens Tau (= T) auf. Diese Form des Kreuzes war im ganzen frühen Mittelalter äußerst beliebt. Der Orden der Franziskaner benutzt sie bis heute.

Die orthodoxen Christen fügen die drei ersten Finger der rechten Hand zusammen (Sinnbild der Heiligen Dreifaltigkeit) und berühren nacheinander die Stirn, die Brust, die rechte Schulter und die linke. Die katholischen Christen machen das Kreuzzeichen mit der ganzen Hand und berühren nacheinander die Stirn, die Brust, die linke Schulter und die rechte. Die kleinen Unterschiede zum Kreuzzeichen der Katholiken sind wohl erst nach der Kirchenspaltung von 1054 als Merkmale der anderen Auffassung gedeutet worden.

> ***Viele machen das Kreuzzeichen auf die Stirn, ohne sich um den Sinn zu kümmern. Gott will Täter seiner Zeichen, nicht Maler. Trägst du auf der Stirn das Zeichen der Demut Christi, so trage im Herzen die Nachahmung der Demut Christi.***
>
> *Augustinus*

Der Taufstein

Pfarrer: *Die Taufe ist ein Aufnahmeritus. Sie ist ein Zeichen für einen Neubeginn. Mit dem Empfang der Taufe beginnt der Mensch ein neues Leben. Von jetzt an will er sich die Gesinnung Christi zu eigen machen.*
Wer dieses Zeichen durch die Kirche an sich vollziehen lässt, bekennt sich zu dieser Kirche und wird in ihre Gemeinschaft aufgenommen. Der Täufling wird dabei mit Wasser übergossen. Der Taufende nennt den Täufling beim Namen und spricht die Worte:

Ich taufe dich
im Namen des Vaters
und des Sohnes
und des
Heiligen Geistes.

Taufstein im Dom zu Brandenburg. Das wichtige Sakrament der Taufe wird im Mittelalter durch kunstvolle Gestaltung des Taufbrunnens gedeutet und betont.

Besucher: *Woher kommt das Wort „Taufe"?*

Pfarrer: *Von „tauchen". Denn ursprünglich wurde der Täufling untergetaucht. Die Taufstelle war in den Boden eingelassen und entsprechend tief. Daher der auch noch gebräuchliche Name „Taufbrunnen".*

Besucher: *Sie sagten: „Der Getaufte bekennt sich zur Kirche." In den meisten Kirchen werden doch aber die Kinder im Säuglingsalter getauft.*

Pfarrer: *Ja, deshalb handeln die Eltern und Paten stellvertretend für den Täufling. Denn die Taufe ist mehr als nur ein Bad. Sie ist eine neue Geburt. Der Mensch bekommt ein neues Leben. Aus dieser Sicht betrachtet, die übrigens alle großen christlichen Bekenntnisse teilen, ist auch die Kindertaufe begründet. Mit der Heiligen Schrift kann man sie nicht schlüssig beweisen. Aber sie ist eine uralte Tradition. Die Eltern und Paten sollen dann durch ihr Beispiel dem Kind die eigene Entscheidung für den christlichen Lebensweg erleichtern. Die Taufe ist die Grundlage aller Sakramente.*

Christuszeichen

Christusmonogramm mit den Anfangsbuchstaben des Namens Christus in griechischer Schrift: X (= ch); P (= r) gesprochen Chi und Rho.

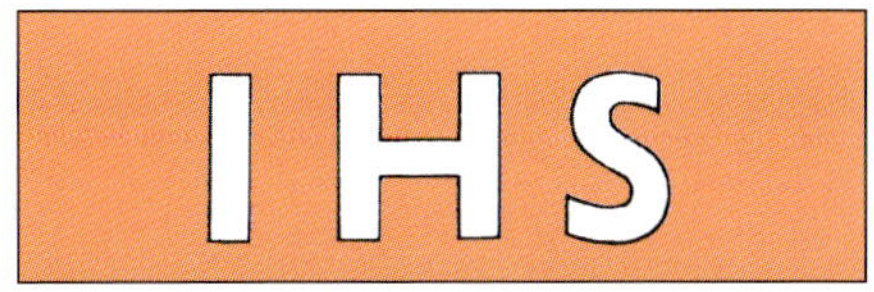

Jesusmonogramm nach den Anfangsbuchstaben des Namens Jesus ΙΗΣΟΥΣ, teilweise latinisiert.

I für Jota (I oder J)
H für Eta (Ä-Laut)
S für Sigma (S oder C)

Volkstümlich: Jesus, Heiland, Seligmacher. Auch Siegel der Jesuiten im Barock.

Die Kreuzinschrift. „Jesus Nazarenus Rex Judaeorum" („Jesus von Nazaret, König der Juden").

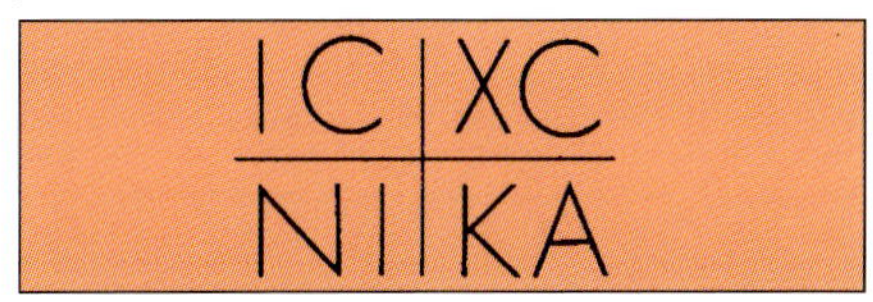

Dieses Zeichen wird häufig in der christlichen Kunst verwendet. Es heißt: Jesus Christus, siege! Mit dem Ruf NIKA (= „siege!") wurden in der Antike die Wettkämpfer angefeuert. Die Buchstaben bedeuten:

IC	JESUS	(C = S-Laut)
XC	CHRISTUS	(X = CH)
NIKA	SIEGE!	

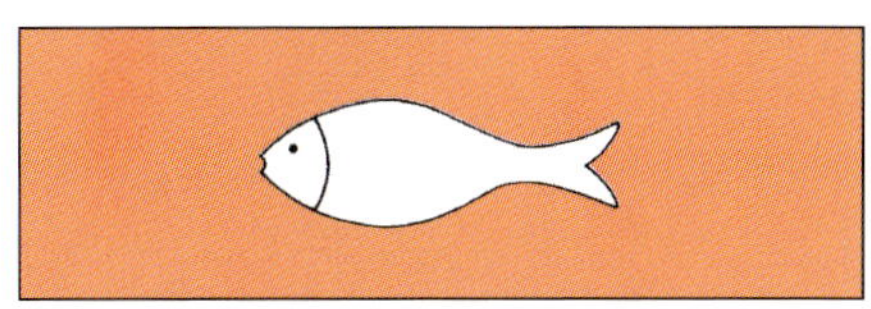

Uralt ist der Fisch als Christuszeichen. Die griechischen Buchstaben des Wortes „Fisch" sind nämlich Anfangsbuchstaben für ein kurzes Glaubensbekenntnis:

ι = Jesus
χ = Christus
θ = Theòu (Gottes)
υ = Hyjós (Sohn)
ς = Sotér (Erlöser)

„Jesus Christus, Gottes Sohn, Erlöser"

> ***Glaube ist, wenn ich Gott als Partner in mein Leben einbeziehe.***
>
> *Kardinal Miroslav Vlk*

Besucher: *Was ist ein Sakrament?*

Pfarrer: *Ein Sakrament ist ein wirksames Zeichen der Kirche für die Nähe Gottes, die sich in Christus gezeigt hat.*

Die Sakramente der Kirche

1. Die **Taufe** ist die Grundlage aller Sakramente.
2. Die **Firmung** (lat. firmare = stärken) stellt die Vollendung der Taufe dar. Durch die Kraft des Heiligen Geistes wird der Christ gestärkt zum Bekenntnis seines Glaubens.
3. Die **Eucharistie** ist die dankbare Erinnerung an das Liebesmahl, das Jesus mit seinen Jüngern gefeiert hat.
   Andere Namen dafür sind *Brotbrechen* (in der frühen Kirche), *Herrenmahl* (im alten Rom), *Abendmahl* und *Messe* (vom Sendungsgruß in der Feier: Ite, missa est = Geht, ihr seid gesandt).
4. Die **Buße** ist äußeres Zeichen der Versöhnung mit Gott.
5. Die **Krankensalbung** ist das Zeichen der Stärkung und der Sündenvergebung in Krankheit und Lebensgefahr.
6. Die **Ehe** begründet den Lebensbund zweier liebender Menschen vor Gott.
7. Das **Weihesakrament** befähigt zum apostolischen Dienst.

Da hinten steht der Beichtstuhl

Pfarrer: *Das ist der Platz des Beichtvaters. So nennen wir vertrauensvoll den Geistlichen, der im Auftrag der Kirche den Dienst der Vergebung vollzieht. Das Bußsakrament ist so alt wie die Kirche. Die äußere Form freilich hat sich mehrfach gewandelt. Die Urkirche kannte die öffentliche Beichte. Schwere Vergehen wurden im Angesicht der Gemeinde bekannt. Das ist jetzt nicht mehr üblich. Die Einzelbeichte ist die heute praktizierte Form.*

Besucher: *Kommen heutzutage auch noch Leute zum Beichten?*

Pfarrer: *Ja. Es gibt feste Zeiten, die unsere Christen kennen. Dann hält sich ein Geistlicher als Beichtvater bereit. Wer nicht im Beichtstuhl beichten will, kann das auch an einem anderen Ort tun.*

Besucher: *Sie kennen sicher den Einwand „Die Katholiken können sündigen, wie sie wollen. Sie können ja nachher alles wieder beichten." Ist diese Einstellung nicht schädlich?*

Pfarrer: *Sie ist genauso schädlich wie ein verräterischer Kuss. Wenn jemand die Beichte so versteht, dann fehlt ihm das Wesentliche dabei, nämlich die echte Gesinnung der Umkehr. Eine solche Beichte ist wertlos. Gott vergibt die Schuld und ermöglicht einen neuen Beginn, obwohl er weiß, dass der Mensch wieder versagen wird. Das nenne ich Erbarmen.*

Der Apfelbaum

Einmal saß ich bei einer Bahnfahrt neben einem jungen Mann, dem sichtlich etwas Schweres auf dem Herzen lastete. Schließlich rückte er denn auch damit heraus, dass er ein entlassener Sträfling und jetzt auf der Fahrt nach Hause sei. Seine Verurteilung hatte Schande über seine Angehörigen gebracht, sie hatten ihn nie im Gefängnis besucht und auch nur ganz selten geschrieben.
Er hoffte aber trotz allem, dass sie ihm verziehen hatten. Um es ihnen aber leichter zu machen, hatte er ihnen in einem Brief vorgeschlagen, sie sollten ihm ein Zeichen geben, an dem er, wenn der Zug an der kleinen Farm kurz vor der Stadt vorbeifuhr, sofort erkennen könne, wie sie zu ihm stünden. Hatten die Seinen ihm verziehen, so sollten sie in den großen Apfelbaum an der Strecke ein weißes Band einbringen. Wenn sie ihn aber nicht wieder daheim haben wollten, sollten sie gar nichts tun, dann werde er im Zug bleiben und weiterfahren, weit weg. Gott weiß, wohin.
Als der Zug sich seiner Vaterstadt näherte, wurde seine Spannung so groß, dass er es nicht über sich brachte, aus dem Fenster zu schauen. Ein anderer Fahrgast tauschte den Platz mit ihm und versprach, auf den Apfelbaum zu achten. Gleich darauf legte er dem jungen Sträfling die Hand auf den Arm. „Das ist er“, flüsterte er, und Tränen standen ihm plötzlich in den Augen, „alles in Ordnung. Der ganze Baum ist voll weißer Bänder.“
In diesem Augenblick schwand alle Bitternis, die ein Leben vergiftet hatte. „Mir war“, sagte der Mann später, „als hätt’ ich ein Wunder miterlebt.“ Und vielleicht war’s auch eins.

Nach John Kord Lagemann

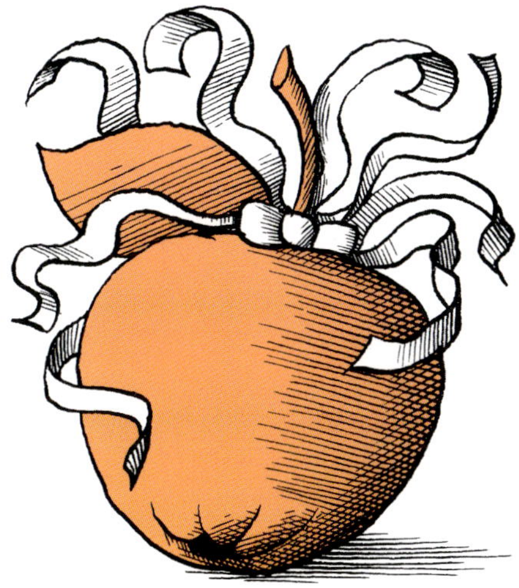

Der Kreuzweg

Dieser Kreuzweg zeigt dir Gegenstände und Symbole aus der Leidensgeschichte Jesu. Schreibe ihre Namen der Reihe nach auf. Die Zahl auf dem Stationskreuz gibt an, den wievielten Buchstaben du jeweils unterstreichen sollst. Die unterstrichenen Buchstaben ergeben hintereinander gelesen den Namen des Heiligen, dessen Orden die Kreuzwegandacht verbreitet hat.

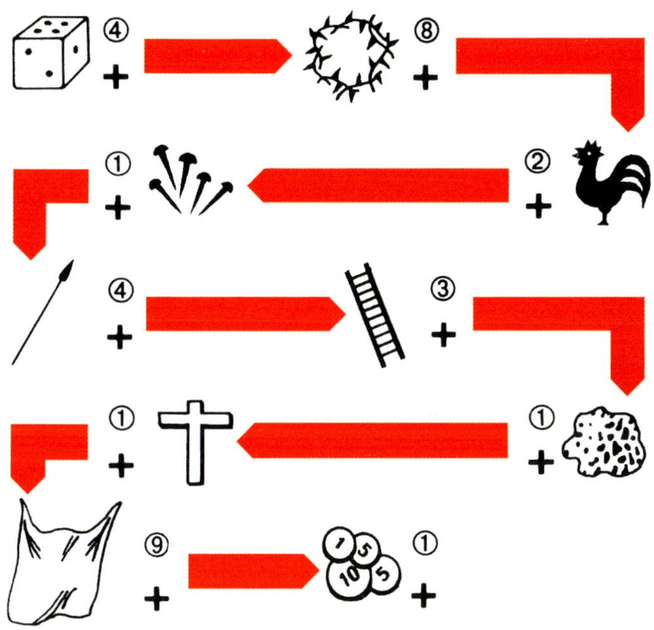

Pfarrer: *Es sind vierzehn Bilder aus dem Leiden Jesu bis zur Grablegung. Sie finden diese Kreuzwegstationen fast in jeder katholischen Kirche.*

Der erste Kreuzweg

In den Berichten der Evangelisten wird der Weg beschrieben, den Jesus von der Burg Antonia bis zum Berg Golgota gegangen ist. Es ist der letzte Weg des Herrn. Bald wurde dieser Weg in Jerusalem zum Ziel zahlreicher Pilger aus aller Welt. Sie wollten gehen, wo Jesus gegangen war, und machten „Station" an den Stellen, von denen die Überlieferung berichtet. Eine feste Zahl von Stationen gab es nicht. Auch der Inhalt der einzelnen Stationen war am Anfang nicht festgelegt.

Er war Gott gleich, hielt aber nicht daran fest, wie Gott zu sein, sondern er entäußerte sich und wurde wie ein Sklave und den Menschen gleich.

Philipper 2,6–7

Die Kreuzwegandacht

Als die Pilger dann nach Hause kamen, bildeten sie den Kreuzweg nach. Zunächst an Bergen, die als Nachbildung des Hinrichtungsberges von Jerusalem verstanden wurden. Vor allem Wallfahrtsorte bauten Wege zum Kreuzweg aus. Die Zahl der Stationen nahm zu. Im 18. Jahrhundert zählte man die bis heute bekannten 14 Stationen. Inzwischen hatten die Christen dieser beliebten Andachtsform unter dem schützenden Dach ihrer Kirchen einen festen Platz zugewiesen.

Der hl. Franz und der Kreuzweg

Der hl. Franziskus und sein Orden der Minderbrüder haben den Kreuzweg über ganz Europa verbreitet. Seit alter Zeit haben die Franziskanermönche daher das Vorrecht, jeden neu errichteten Kreuzweg einzuweihen. Kleine Holzkreuze erinnern daran.

Warum der Kreuzweg gebetet wird

Die Betrachtung des Leidens Jesu zeigt uns: Durch Tod und Auferstehung wurde die Welt befreit. Auch wir kommen durch Jesus Christus vom Tod zum Leben. Deutlich sagen es die Worte, die bei allen Kreuzwegandachten gleich sind: Wir beten dich an, Herr Jesus Christus, und preisen dich, denn durch dein heiliges Kreuz hast du die Welt erlöst.

Neunte Station eines Kreuzweges in Conches in Frankreich

Pfarrer: *Ich wollte damit meine Ehrfurcht vor Gott zeigen. In der alten Kirche galt die* ***Kniebeuge*** *als heidnisch. Die Römer knieten vor dem Kaiser nieder. Die christliche Haltung war das* ***Stehen****. Die aufrechte Haltung sollte Achtung, Bereitschaft und Verehrung gleichermaßen ausdrücken. Erst um die Jahrtausendwende änderte sich das unter dem Einfluss der germanischen Auffassung. Das Knien als Ausdruck der Demut und Anbetung verbreitete sich rasch – nicht ohne Widerstände.*

Der tiefen Ehrfurcht vor dem Sakrament des Altares entsprach das Knien als ideale Körperhaltung. Zeichen der tiefsten Erniedrigung und auch der echten Bußgesinnung ist das Liegen auf dem Boden, wie es in der katholischen Liturgie noch am Karfreitag beim Priester zu sehen ist oder auch bei der Spendung der Priesterweihe. Es fand erst am Ausgang des Mittelalters Eingang in die Liturgie.

Stehen ist das Symbol der Auferstehung und der österlichen Freude;
Knien ist Ausdruck von inniger Bitte, von Anbetung und Schuldbewusstsein.

Priesterweihe im Freiburger Münster

Vielleicht gestatten Sie noch eine Bemerkung zum Händefalten.
Das ***Händefalten*** *entstammt wohl dem germanischen Feudalrecht. Es ist ein Treueversprechen. Der Vasall legt seine Hände in die des Herrn. Die Treue des Untertans wird belohnt durch den Schutz des Herrn. Im Sinne des Treueversprechens geschieht das so noch bei der Priesterweihe bis heute.*

Betende Frauen in Vietnam. Diese Haltung der Hände ist ein sprechendes Zeichen.

Der Altar

Pfarrer: *Hier sind wir im Zentrum unserer Kirche. Sie sehen den Altar. Er hat die Gestalt eines Tisches. Denn Jesus hat mit seinen Freunden an einem Tisch das letzte Abendmahl gehalten und ihnen aufgetragen, immer wieder dieses Mahl zu feiern. So erfahren auch heute seine „Jünger", wie Jesus gegenwärtig wird. Der Abendmahlssaal ist deshalb Vorbild für die Gestaltung unserer Kirchenräume.*

Besucher: *In der gotischen Kirche aber, die wir neulich besichtigten, war der Altar aus Stein und sah keineswegs wie ein Tisch aus.*

Pfarrer: *Da haben Sie recht. Altar nannte man schon in vorchristlicher Zeit die Opferstätte – das war meist ein Steinblock –, auf der Tiere geschlachtet und geopfert wurden. Damit sollte ein zürnender Gott versöhnt werden. Auch der Tod von Jesus am Kreuz kann als Opfer gedeutet werden. Wir sagen: Jesus hat sein Leben für uns hingegeben. Im Mittelalter ist diese Sichtweise besonders betont worden.*

Besucher: *Danke, ich verstehe. Aber warum heißt der Altar aus Stein „Hochaltar"? So las ich es in einem Kunstführer.*

Was man wissen sollte

Der Altar als Opferstätte
In vielen Religionen der Welt gibt es einen Altar als Opferstätte. Wir erfahren aus der Bibel der Juden von Brandopfern. Auf einem Steinblock, wie ihn die nachstehende Abbildung zeigt, werden Tiere und Früchte restlos zum Opfer gemacht, also verbrannt.

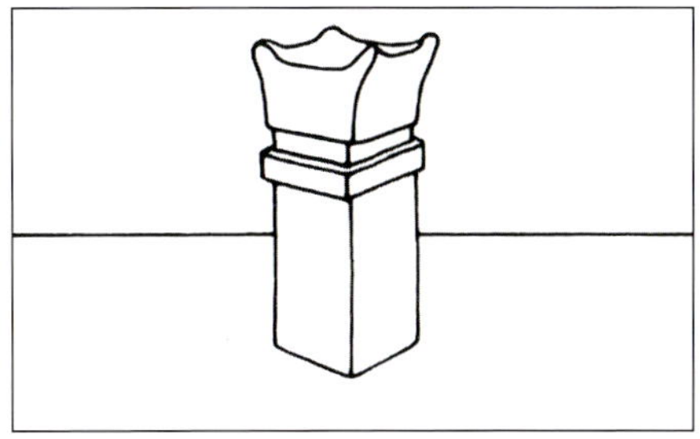

Altar für blutige Tieropfer und Feldfrüchte

Die Bibel kennt aber auch das unblutige Opfer von Früchten. So baute Noach Gott einen Altar zum Dank an die Rettung aus der Sintflut. Hier ist der Altar zugleich Gedenkstätte wie im Christentum. Andererseits bleibt beim christlichen Altar der Opfercharakter erhalten. Auf jedem unserer Altäre ist ein Kreuz sichtbar zum Gedenken an das Opfer Jesu am Kreuz.

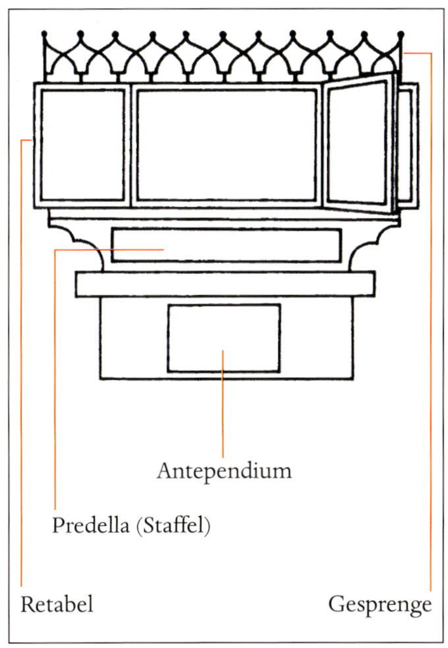

Aufbau eines Flügelaltars

Es gibt verschiedene Typen des Flügelaltars. Solche mit drei Tafeln nennt man Triptychon. Seltener sind Altäre mit zwei Tafeln. Sie werden Diptychon genannt.
Eine Weiterführung des Triptychons ist die sogenannte Wandlung. Bei dieser sind beiderseits mehrere Flügel angebracht. Diese können vor das Mittelbild gewendet werden. Sie zeigen dann auf der Rückseite Motive, die meist dem Kirchenjahr entsprechen.

Altarformen
Aus dem Tischaltar des Abendmahlssaales gestaltet die frühe Kirche über dem Grab ihrer Märtyrer einen Ort des Gedenkens. Daraus erwuchs der Brauch, dass in jedem Altar eine Reliquie (siehe Seite 136) eingelassen war.

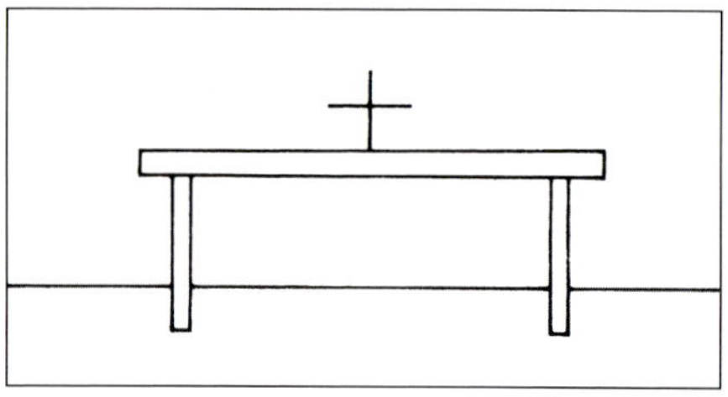

Tischaltar

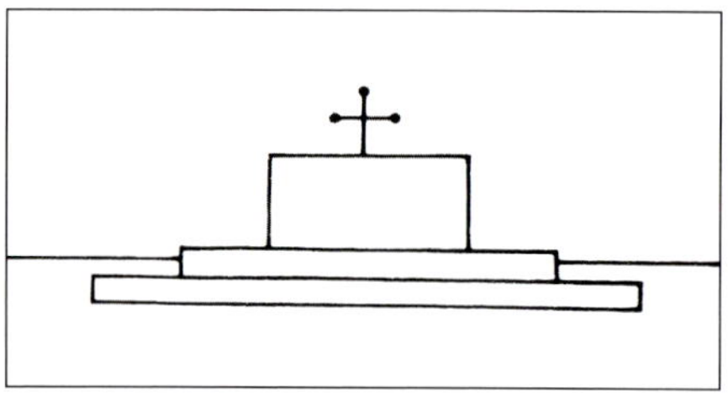

Blockaltar

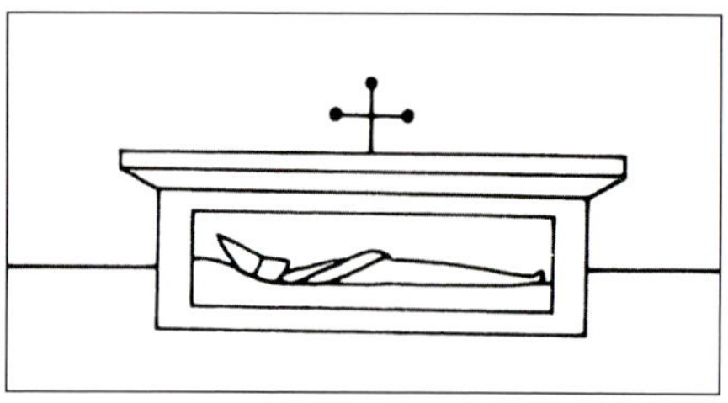

Sarkophagaltar. Der Sarkophag mit dem Leichnam eines Heiligen bildet den Unterbau für die Altarplatte.

Baldachinaltar. Der Baldachin betont die Erhabenheit der heiligen Stätte.

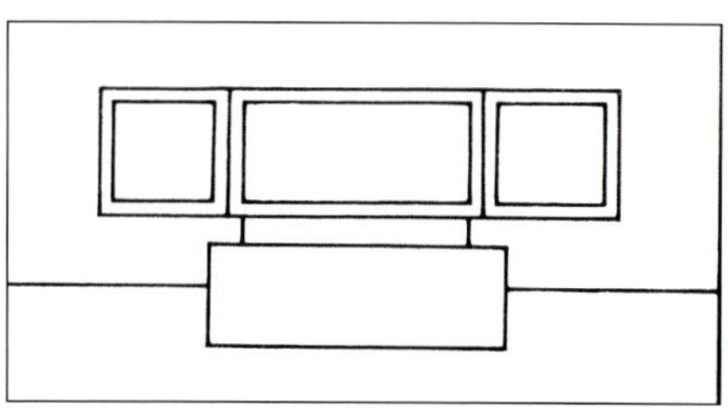

Altar mit Tafelbild oder Schnitzwerk

Bei der Altarweihe gießt der Bischof Chrisamöl in vier eingemeißelte Kreuze.

Pfarrer: *In früheren Zeiten war es üblich, dass sich mehrere Altäre in einer Kirche befanden. Der Hauptaltar der Kirche war der Hochaltar.*

Besucher: *Und stand im Osten des Kirchenraums …*

Pfarrer: *Ja. Das entspricht dem mittelalterlichen Denken: Im Osten geht die Sonne auf. Die Sonne ist Symbol für Auferstehung und Wiederkehr unseres Herrn. Alle schauen in das Licht. Auch der Pfarrer. So stand er jahrhundertelang mit dem Rücken zum Volk. Heute setzen wir einen anderen Akzent im Gottesdienst. Vereinfacht gesagt: Jesus, unser Bruder, ist unter uns. Wir erfahren seine Gegenwart im Wort und im Mahl. Der Priester spricht für Jesus – wir hören. Er teilt aus wie Jesus – wir nehmen an. Darum steht der Tisch mitten in der Gemeinde.*

Priestersitz, Ambo und Kanzel

Pfarrer: *Auf dem Priestersitz nimmt der Priester Platz, der dem Gottesdienst vorsteht. Er tut dies in der Rolle von Jesus, an seiner Stelle. Weil er also Jesus vertritt, ist dieser Ort hervorgehoben, wie Sie sehen.*

Besucher: *Und dies ist das Rednerpult?*

Pfarrer: *Dies ist der Ambo, der zweite wichtige Ort für die Feier des Gottesdienstes. Hier wird das Wort verkündet. Das Wort, sagte ich und meinte damit die Schriften des Alten und Neuen Testamentes. Aus diesen beiden Büchern wird in unserem Gottesdienst vorgelesen. Daran schließt sich eine Auslegung an.*
Weil dies immer so war, hat jede Kirche einen Ort für das Wort. Verschiedentlich hatte man sogar zwei Orte für das Wort vorgesehen: einen für die Lesungen und einen für die Verkündigung des Evangeliums. Seit dem 13. Jahrhundert hatte man den Ambo fest mit dem Lettner (→ S. 30) verbunden und erhöht angebracht. Als Beispiele nenne ich den Dom zu Brandenburg und die Klosterkirche Maulbronn im Schwarzwald. Auch einige Pfarrkirchen in der Steiermark weisen einen Lettner auf.

Besucher: *Und die Kanzel, ist sie aus dieser Entwicklung hervorgegangen?*

Pfarrer: *Ja, im späten Mittelalter war der Ort des Wortes meist an einem Pfeiler der Kirche angebracht. Damit war der Sprecher dem Volke näher. Wir dürfen auch nicht vergessen, dass die Kirchen inzwischen wesentlich größer geworden waren.*

Besucher: *An vielen Kanzeln sieht man dieselben künstlerischen Motive. Bitte erklären Sie das.*

Pfarrer: *Sie haben recht. Wir kennen für die Kanzel des Mittelalters einige Bildprogramme, die sich oft wiederholen: am Kanzelkorb die vier Evangelisten, die zwölf Apostel oder die vier römischen Kirchenväter (Ambrosius, Augustinus, Hieronymus, Gregor der Große), auf dem Schalldeckel der auferstandene Christus oder die göttlichen Tugenden Glaube (Kreuz), Hoffnung (Anker) und Liebe (Herz) und als Fuß eine tragende Figur, ein Engel, Mose, ein Evangelist oder ein Bergmann.*

Die Tulpenkanzel von Hans Witten und die Bergmannskanzel im Freiberger Dom

Der Diakon geht nach seiner Predigt zum alten Tom und fragt: „Tom, was gab's denn so Wichtiges, dass Sie während meiner ganzen Predigt geschwätzt haben?“ „Das muss ein Irrtum sein“, entgegnete Tom, „ich spreche nämlich nicht im Schlaf!“

Bilder an der Kanzel

Auf dem rechten Bild sehen wir vier geflügelte Wesen. Zum ersten Mal tauchen sie in der Gottesschau des Propheten Ezechiel auf (Ez 1). Johannes übernimmt diese Vision in seiner Offenbarung (Offb 4) und schildert, wie diese Wesen ständig zu Gottes Ehre und Lob rufen: „Heilig, heilig, heilig“. Später wurden die vier Wesen auf das Heilswirken Christi gedeutet. Danach weist der Mensch auf die Geburt Jesu, der Stier auf sein Opfer am Kreuz, der Löwe auf den Sieg der Auferstehung und der Adler auf die Himmelfahrt. Eine andere Deutung etwa zur gleichen Zeit ordnet die vier Wesen symbolisch den vier Evangelisten (→ S. 266) zu.
Welcher Heilige uns dies überlieferte, sagt die Rätsellösung.

Und so erklärt der Heilige die Bedeutung der Symbole:

Der erste Evangelist beginnt mit dem Stammbaum, aus dem Jesus hervorgegangen ist. Symbol: Mensch

Der zweite Evangelist berichtet zuerst von Johannes, dem Rufer in der Wüste. Symbol: Löwe

Der dritte Evangelist erzählt zu Beginn seines Berichtes vom Opfer des Zacharias. Symbol: Stier

Der vierte Evangelist eröffnet sein Evangelium mit einer großartigen Gottesschau. Symbol: Adler

In unserem Rätselbild ist neben dem Symbol jeweils der Name des Evangelisten in Ornamentschrift angegeben. Übertrage die gefundenen Buchstaben in die zwei darunterstehenden Zeilen. Bei richtiger Lösung ergeben sich der Titel und der Name des gesuchten Heiligen. Er starb 420 in Betlehem.

Das Ewige Licht und der Tabernakel

Pfarrer: *Kennen Sie den Brauch, an einem Gedenktag eine Kerze anzuzünden?*

Besucher: *Ja, etwa am Hochzeitstag zündete meine Großmutter immer eine Kerze an. Dadurch wurde sie an ihren verstorbenen Mann erinnert. So sagte sie.*

Pfarrer: *Sehen Sie! Eine ähnliche Aufgabe hat dieses Licht. Es soll erinnern oder aufmerksam machen. In dem kostbar geschmückten Kästchen, das sich neben dem ewigen Licht befindet, bewahren wir das Brot auf, das beim Gottesdienst übrig geblieben ist oder für die Kranken zurückbehalten wurde.*
Wir lieben dieses Zeichen des Brotes und glauben, dass Jesus selbst darin anwesend ist. Darum erweisen wir dem gegenwärtigen Jesus alle Ehre.

Besucher: *Das ist wohl dasselbe wie das Sakramentshäuschen in gotischen Kirchen?*

Pfarrer: *Ja, wir sagen mit dem lateinischen Wort dazu Tabernakel, das heißt „Zelt" oder „Wohnung". Das Licht heißt „Ewiges Licht", weil es immer brennt, wenn das heilige Brot hier aufbewahrt wird. Aber vielleicht sagt Ihnen diese Erklärung mehr: Das Brot ist Jesus. Jesus ist Gottes Sohn. In Jesus ist die Güte des ewigen Gottes sichtbar geworden. So beten wir an diesem Ort auch den ewigen Gott an.*

Der Lettner – eine Bühne in der Kirche

Vom 12. bis zum 16. Jahrhundert entwickelte sich aus den Altarschranken, die den Chor als Gebetsraum der Mönche oder Domherren gegen den Raum der Laien abgrenzten, ein steinerner Lettner. Etwa zur gleichen Zeit entsteht in der Ostkirche eine Bilderwand, die hölzerne Ikonostase (→ Seite 40). Die letzten Gründe für diese Entwicklung sind nicht eindeutig geklärt. Beide Wände sind reich geschmückt, im Westen mit plastischen Verkündigungsthemen, im Osten mit gemalten Bildern, die von Jesus und seinem Gottesreich erzählen. Übrigens, der Name Lettner kommt von lat. lectorium = Lesepult. Von ihm aus wurde das Evangelium verkündet und die Predigt gehalten. Er diente aber auch als Sängerbühne und gab Verkündigungsspielern einen gut sichtbaren Spielort. Vor dem Lettner stand der dem heiligen Kreuz geweihte Volksaltar. Über dem Lettner war oft eine Kreuzigungsgruppe zu sehen (der gekreuzigte Jesus mit Maria und Johannes) wie hier im Bild in der Stiftskirche zu Wechselburg.

Ein Triumphkreuz krönt den Lettner in der romanischen Stiftskirche zu Wechselburg.

Auflösung von S. 34 (Kreuzweg):
Würfel, Dornenkrone, Hahn, Nägel, Lanze, Leiter, Schwamm, Kreuz, Schweißtuch, Silberlinge – FRANZISKUS.

Die Marienstatue

Jungfrau und Mutter, schaue der Christenheite Not,
du blühnde Gerte Aarons, aufgehndes Morgenrot.
Ezechielis Pforte, die nie ward aufgetan,
durch die der König hehre ward aus- und eingelan.
So wie die Sonne scheinet durch ungebrochen Glas,
also gebar die Reine Christ, die Magd und Mutter was.

Walter von der Vogelweide (um 1170 bis 1230)

Pfarrer: *Häufig trägt Maria eine Krone. Sie wird die Königin der Engel und Heiligen genannt. Denn als Mutter von Jesus Christus hat sie unter allen Heiligen einen besonderen Rang. Die katholische und die orthodoxe Kirche können auf eine lange Tradition der Marienverehrung verweisen. In allen Bereichen der Kunst gibt es ungezählte Zeugnisse dieser Verehrung. Dichter, Musiker, Bildhauer, Maler und Baumeister haben ihrer Liebe zur Gottesmutter unvergängliche Denkmale gesetzt.*
Ich lese Ihnen einen schönen Text vor, der vor 450 Jahren geschrieben wurde:

> *„Die ‚großen Dinge' (die Gott an Maria getan) sind nichts anderes, denn dass sie Gottes Mutter ist worden, in welchem Werk so viele und große Güter ihr gegeben sind, dass sie niemand begreifen kann. Denn da folget alle Ehre, alle Seligkeit, und dass sie im ganzen menschlichen Geschlecht eine einzigartige Person ist über alle, der niemand darin gleich ist, dass sie mit dem himmlischen Vater ein Kind, und ein solches Kind hat."*

Wer hat wohl so gesprochen? – Martin Luther sprach so über Maria.

Besucher: *Gut! Gegen die Verehrung eines Menschen ist nichts einzuwenden. Aber in Ihren Gebetbüchern stehen Mariengebete, die sich in der Form kaum von einem Gebet zu Gott unterscheiden. Was sagen Sie zu dem alten Vorwurf „Die Katholiken beten Maria an!"?*

Pfarrer: *Dazu gestatten Sie mir bitte eine einfache Antwort:*
Der Volksmund sagt: „Hans betet seine Gretel an." Gemeint ist doch bedingungslose Liebe. Wenn Sie das mit Anbetung in Bezug auf Maria meinen, kann ich Ihnen zustimmen. Aber wir katholischen Christen wissen, dass Anbetung im strengen Wortverständnis nur einem zukommt, nämlich Gott allein.

Diesen Rosenkranz haben Häftlinge in einem faschistischen Konzentrationslager aus Brotteig geknetet.

Maria mit Kind, Feldkirchen, um 1460

Was man über den Rosenkranz wissen sollte

Die tibetanischen Mönche kennen die Gebetsschnur seit Jahrtausenden. Die Muslime benutzen eine Gebetsschnur mit 99 Perlen. Damit zählen sie die Eigenschaften Allahs, um keine beim Gebet zu vergessen.
Die Christen haben ihre Gebetsschnur im 11. Jahrhundert von ägyptischen Mönchen übernommen. Sie wird Rosenkranz genannt, weil der mittelalterliche Mensch seine Gebetssammlungen gern nach Blumen benannte. Bilder aus dem Leben Jesu werden, umrahmt von Vaterunser und Begrüßung der Gottesmutter Maria, betrachtet. So kann das Rosenkranzgebet eine Meditation des Glaubens sein.

Weiß	bedeutet Freude, Herrlichkeit; an Herren- (Christus-)Festen, Marientagen, Bekenner- und Heiligentagen
Rot	bedeutet Blut, Feuer, Liebe; an Pfingsten (Hl. Geist), Karfreitag, Martyrertagen
Grün	bedeutet Hoffnung, Alltag; an Sonntagen im Jahreskreis, Wochentagen ohne besonderes Gedenken
Violett	bedeutet Erwartung, Buße; an Sonn- und Wochentagen im Advent, in der Fastenzeit

In der Sakristei

Pfarrer: *Dies ist der Raum der Vorbereitung. Hier werden die Geräte und Gegenstände bereitgehalten, die für den Gottesdienst benötigt werden. Hier kleiden sich die Priester und Ministranten um. Das ist das Reich des Küsters.*
Werfen wir einen Blick in zwei Schränke. Hier in diesem Schrank befinden sich die Kelche und die anderen Geräte, wie Monstranz, Leuchter, Klingeln, Weihrauchfass, Kännchen und Schale für die Spendung der Taufe. Im Schrank daneben hängen die Messgewänder und andere liturgische Gewänder.

Besucher: *Warum sind die Gewänder in so verschiedenen Farben?*

Pfarrer: *Die Farbe gehört wie die Musik, das Wort, der Geruch (Weihrauch) und die Bewegung zu einem festlichen Gottesdienst. Wenn wir feiern, denken wir nicht an Geld, Ausgaben oder an den Nutzen. Da geht es um den Sinn des Lebens, um die Erfahrung einer anderen als der Arbeitswelt. Die Farben der Gewänder deuten das auf ihre Weise.*

Besucher: *Sie haben doch im Schrank auch schwarze und rosa Gewänder. Werden die auch heute noch benutzt?*

Pfarrer: *Sie können, aber müssen nicht benutzt werden. Schwarz war bis vor wenigen Jahrzehnten die klassische Karfreitagsfarbe. Schwarz trug der Pfarrer auch zu Sterbemessen und zu Totenfeiern. Jetzt ist für Karfreitag rot vorgesehen, und die Sterbemesse kann mit violetter Kleidung gefeiert werden. Denn die Farbsymbolik von Violett spricht mehr von Hoffnung, gibt aber auch der Trauer Ausdruck.*
Rosa wurde bis vor kurzer Zeit nur zweimal im Jahr getragen: einmal sonntags in der Adventszeit und in der Fastenzeit, wenn der Einzugsgesang mit „Laetare“ bzw. mit „Gaudete“ beginnt. Das heißt beide Male „Freut euch“. Da freut sich die Farbe mit.

Besucher: *Neulich sah ich ein Bild vom Papst und einem anglikanischen Bischof bei einer Audienz. Tragen sie da auch liturgische Kleidung?*

Pfarrer: *Nein. Solch ein Talar ist ein körperlanges Gewand, das von den Römern nach der Zeit der Völkerwanderung als Amtstracht für Priester, Richter und gewisse Hochschulvertreter übernommen wurde.*

Papst Benedikt XVI. begrüßt das Oberhaupt der anglikanischen Kirche, den Bischof von Canterbury, Rowan Williams. Links im Bild ist Walter Kasper zu sehen, der Präsident des Päpstlichen Rates für die Einheit der Christen. Rom 2005.

Pfarrer: *Haben Sie sonst noch eine Frage?*

Besucher: *Ja, sogar zwei. An Ihrer Kirche sah ich sie nicht, aber soviel ich weiß, war es in Straßburg. Da sah ich zwei Figuren, eine mit Kreuz und die andere mit verbundenen Augen. Wurden so die Leute, die nicht in die Kirche gingen, dargestellt?*

Pfarrer: *Ich will so antworten: Im Mittelalter wurde die Synagoge als blinde Jungfrau dargestellt. Damals hatte man vergessen, dass die Kirche ihre Wurzel im Judentum hat. Ohne Wurzeln kann man nicht leben. Heute achten wir die Juden als unsere älteren Glaubensbrüder.*

Besucher: *Danke für diesen Hinweis.*

2. Jedes Geschöpf lebt von der Frucht der Erde; doch dass des Menschen Herz gesättigt werde, hast du vom Himmel Speise uns gegeben zum ewgen Leben.
3. Wir, die wir alle essen von dem Mahle und die wir trinken aus der heilgen Schale, sind Christi Leib, sind seines Leibes Glieder und alle Brüder.
4. Aus vielen Körnern ist e i n Brot geworden. So führ auch uns, o Herr, aus allen Orten zu e i n e r Kirche brüderlich zusammen in Jesu Namen.
5. In e i n e m Glauben lass uns dich erkennen, in e i n e r Liebe dich den Vater nennen, eins lass uns sein wie Beeren einer Traube, dass die Welt glaube.
6. Gedenke, Herr, die Kirche zu erlösen, sie zu befreien aus der Macht des Bösen, als Zeugen deiner Liebe uns zu senden und zu vollenden.

T: Maria Luise Thurmair, M: Johann Crüger © Christophorus im Verlag Herder, Freiburg

Besucher: *Nun meine angekündigte zweite Frage. Sie sprachen vorhin von der Feier der Gemeinde. Aber im Urlaub in Bayern sah ich Leute, die gerade auf dem Markt eingekauft hatten und dann schnell mal in die Kirche gingen. Ist das dort Brauch?*

Pfarrer: *Ja. Sie suchen einfach die Stille und die Begegnung mit Gott im Gebet. So kann auch im Alltag Zeitliches und Ewiges in Verbindung bleiben. Vielleicht haben Sie hier gespürt, dass eine Kirche kein Museum ist. Hier klingen die Gebete und Lieder der Jahrhunderte weiter. Dadurch und dafür ist dieser Ort geweiht.*

Auflösung von S. 29 (Bilder an der Kanzel): Auf dem Kanzelbild: MATTHÄUS, MARKUS, LUKAS, JOHANNES. Aus den Buchstaben entstehen unter der Kanzel der Titel KIRCHENLEHRER und der Name HIERONYMUS.

Ecclesia (mit Kreuz) und Synagoge (mit verbundenen Augen) am Staßburger Münster, dargestellt in der überheblichen Sicht der Kirche des 13. Jahrhunderts auf das Judentum.

Bezeichnungen für Kirche

ekklesia nannte die Antike des Mittelmeerraumes eine Volksversammlung. Die lateinische Kirche übernahm den Begriff ecclesia für Gemeinschaft und Gotteshaus.

Kirche ist gebildet aus griech. kyriaké = dem Herrn gehörend (→ S. 10), was zugleich weltweite Gemeinschaft, örtliche Gemeinde und das Haus für den Gottesdienst meint.

Kathedrale oder gleichbedeutend Dom (lat. domus Dei = Haus Gottes): Bischofskirche. (→ S. 14)

Basilika bezeichnet ursprünglich die römische Königshalle, ist heute päpstlicher Ehrentitel für ein bedeutendes Gotteshaus.

Kapelle wird eine kleine Kirche genannt (→ S. 173: cappa = Mantel des hl. Martin)

Münster (lat. monasterium = Mönchszelle), früher nur für Klosterkirchen, später in Süddeutschland auch für Kathedralen und größere Pfarrkirchen verwendet.

Notizen aus einem Reisetagebuch

Kuppeln der Basiliuskathedrale in Moskau

Über die Ostkirche

Klaus hat einen Lichtbildervortrag über die berühmten Moldauklöster gesehen. „Da muss ich unbedingt hin", sagt er sich. Aus seinem Reisetagebuch folgen einige Einträge.

9. April Lexikon studiert. Rumänien ist ein Vielvölkerstaat mit rund 22,3 Millionen Einwohnern, davon 86 Prozent Rumänen (Nachkommen der romanisierten Daker). Sie leben mit Ungarn, Deutschen und Ukrainern zusammen. Die Landschaft Moldau, östlich von Siebenbürgen, von 1350 bis 1859 selbständiger Staat, ist berühmt wegen der Moldauklöster. Die Rumänen gehören überwiegend der Ostkirche an, der rumänisch-orthodoxen und der russisch-orthodoxen Kirche. Die Deutschen sind evangelisch oder katholisch. Über die Ostkirche werde ich den Kaplan fragen.

Was der Kaplan wusste

Ostkirche? Nun, das sind alle christlichen Kirchen im Osten Europas und im Vorderen Orient. Ursprünglich gab es nur eine Kirche. Aber allmählich lebten sich die östlichen und westlichen Kirchen auseinander. 1054 kam es zur endgültigen Trennung. Zur Ostkirche gehören zum Beispiel die griechisch-orthodoxe und die russisch-orthodoxe Kirche. Es gibt kleine Teile der Ostkirche, die sich nach langer Eigenständigkeit wieder mit Rom vereint haben. Das sind die unierten Kirchen.
Die einzelnen Gliedkirchen der Ostkirche sind voneinander unabhängig. Jede hat ihr eigenes Oberhaupt, von denen keines die anderen überragt wie im Westen der Papst.
Einen gewissen Ehrenvorrang genießt der Patriarch von Konstantinopel sozusagen ehrenhalber wegen der Bedeutung der Stadt.

orthodox
von griech. orthos = gerade, richtig; und doxa = Glaube: heißt rechtgläubig.

uniert
von lat. unio = Vereinigung: heißt vereinigt.

Die Lehre der Ostkirche ist fast die gleiche wie die unsre. Nur die Rolle des Papstes wird nicht anerkannt. Gemeindeleben und Liturgie sind stark östlich gefärbt, eben wie es der Mentalität der Gläubigen in diesen Ländern entspricht.

Typisch für die orthodoxen Kirchen im Moldaugebiet ist die farbige und figürliche Bemalung der Außenwände. Im Bild: die Kirche von Sucevița (Rumänien)

Die Sprache der Kuppeln

Orthodoxe Kirchen erkennen wir schon äußerlich an den Kuppeln.
Ihre Anzahl will uns etwas sagen.

Eine Kuppel auf einem Gotteshaus will uns erinnern, dass Jesus Christus das Haupt der Kirche ist.

Drei Kuppeln sind ein Hinweis auf den dreifaltigen Gott: den Vater, den Sohn und den Heiligen Geist.

Fünf Kuppeln sind ein Bild für Jesus Christus und die vier Evangelisten, die seine Botschaft in die Welt getragen haben.

Sieben Kuppeln deuten auf die sieben Sakramente der Kirche hin, durch die wir zum Heil gelangen.

Neun Kuppeln stellen die neun himmlischen Chöre der Engel dar, die singend vor Gottes Thron stehen.

Dreizehn Kuppeln bezeichnen Jesus Christus als das Haupt und die zwölf Apostel, die aus seinem Wort leben.

Orthodoxe Dorfkirche in Bulgarien, 2002

Gastpater im Antoniuskloster in Ägypten

24. April — Der Kaplan hat mir ein Buch über Kirchengeschichte ausgeliehen. Lässt sich ganz gut lesen. Man müsste mal in der Glaubensstunde über die Ostkirche sprechen. Keiner weiß da so richtig Bescheid. Vielleicht nach dem Urlaub, mit Dias und einem Reisebericht. Werde mir jedenfalls Notizen machen.

Orthodoxe heilige Beichte

Ostkirche

ist die Gesamtheit der christlichen Kirchen, die aus der alten Kirche in der östlichen Hälfte des Römischen Reiches hervorgegangen sind. Es werden drei ungleich große Gruppen unterschieden (vgl. dazu die Tabelle S. 36):

1. Kirchen der östlichen Tradition
- assyrische Kirche
- orientalisch-orthodoxe Kirchen

2. Kirchen der byzantinischen Tradition
- die vier alten Patriarchate
- die von Konstantinopel aus gegründeten Nationalkirchen

3. die mit dem päpstlichen Stuhl **unierten Kirchen** aus den Gruppen 1 und 2

Die Ostkirchen

Die Konzilien von Ephesus (431) und Chalcedon (451) (→ S. 326) hatten zu Spaltungen geführt. Aber Zeit heilt Wunden.

Heute gilt:
Aufgrund verschiedener theologischer Traditionen wird das Geheimnis der Menschwerdung Christi unterschiedlich interpretiert. Aber im gemeinsamen Glauben an den einen Herrn Jesus Christus wird dieses Geheimnis als unausschöpflich und unaussprechlich gesehen und für den menschlichen Verstand niemals begreiflich und auszudrücken. Orthodoxie ist nicht eine Lehre, sondern das Leben in Gott, rechter Lobpreis, anbetende Verehrung, lebendiges, die ganze menschliche Existenz umfassendes Bekennen.

Es besteht eine tiefe geistliche Gemeinschaft unter den verschiedenen östlichen Kirchen, auch mit der katholischen, wenn auch nicht die volle Kirchengemeinschaft.

Nicht anerkannt werden:
- Vorrang des Papstes,
- Lehre vom Fegefeuer,
- im Credo: Ausgang des Heiligen Geistes auch vom Sohn (filioque)

Unierte Kirchen erkennen die Unfehlbarkeit des Papstes an, behalten aber ihre Eigenheiten in Liturgie und kirchlichem Leben.

Ein russisch-orthodoxer Priester segnet am Ostersonntag in der Jelochowski-Kathedrale in Moskau traditionelle Osterkuchen und rot gefärbte Ostereier mit Weihwasser.

Kirchen der östlichen Tradition

Gesamt ca. 39 Mill.

Assyrische Kirche	Apostolische und Katholische Assyrische Kirche des Ostens	Iran, Irak, Libanon, Indien
Orientalisch orthodoxe Kirchen		
Armenische Tradition	Armenische Apostolische Orthodoxe Kirche	Armenien, Jerusalem, Libanon
Koptische Tradition	Koptisch-orthodoxe Kirche	Ägypten, Sudan, Kenia, Jerusalem
	Äthiopische Orthodoxe Kirche	Äthiopien, Nubien, Jerusalem
Westsyrische Tradition	Syrisch-orthodoxe Kirche des Westens	Syrien, Irak, Libanon, Jerusalem
	Syrisch-orthodoxe Kirche des Ostens	Indien

Kirchen der byzantinischen Tradition

Gesamt ca. 122 Mill.

Die alten Patriarchate	Konstantinopel, Alexandrien, Antiochien, Jerusalem
Die Nationalkirchen	Russische, Serbische, Rumänische, Bulgarische, Georgische Orthodoxe Kirche, Orthodoxe Kirche von Zypern, – von Griechenland, – von Polen, – der Tschechischen und Slowakischen Republik, – von Finnland und andere

Unierte Kirchen

Gesamt ca. 11 Mill.

Assyrischer Ritus	Chaldäische Kirche	Irak, Iran, Syrien, Libanon
	Syro-malabarische Kirche (Thomas-Christen)	Indien
Armenischer Ritus	Armenisch-katholische Kirche	Libanon, Irak, Türkei u. a.
Alexandrinischer Ritus	Koptisch-katholische Kirche	Ägypten, Äthiopien
	Äthiopisch-katholische Kirche	Äthiopien
Westsyrischer Ritus	Syrisch-katholische Kirche	Iran, Syrien, Zypern
	Maronitische Kirche	Libanon
	Syro-malankarische Kirche (Thomas-Christen)	Indien
Byzantinischer Ritus	Melkitische katholische Kirche	Türkei, Ägypten, Jerusalem
	Ukrainische katholische Kirche	Ukraine
	Ruthenische katholische Kirche	
	Rumänische katholische Kirche	
	und viele andere	

Kinder der koptischen Pfarrei Hurghada am Roten Meer proben für den Gottesdienst.

Thomas-Christen in Indien

Alter Überlieferung zufolge kam der Apostel Thomas um 50 n. Chr. nach Malabar, dem heutigen Bundesstaat Kerala. Das Neue Testament berichtet nichts davon. Die früheste schriftliche Kunde geben die sogenannten „Thomasakten", eine apokryphe Apostelgeschichte aus dem 3. Jahrhundert. Dieses Schriftstück berichtet ausführlich von der Ankunft und der Mission des Apostels in Südindien. Tausende soll er bekehrt haben. Auch den König Gundaphorus mit seiner Familie habe er zum Christentum geführt. (Dieser König ist durch Münzfunde historisch nachweisbar.)
Seine Missionserfolge brachten ihm aber die Feindschaft der Priesterkaste der Hindu ein, die auf seine Ermordung drängte. Von Lanzenstichen tödlich verwundet, starb der Apostel am 3. Juli 72 in Mylapore. Bis heute verehren die indischen Christen in Mylapore sein Grab in der Kirche auf dem St.-Thomas-Mount (= Berg).

Thomas-Christ in Kerala

Kirche der Thomas-Christen aus dem 17. Jh. in Kotschin, Bundesstaat Kerala.

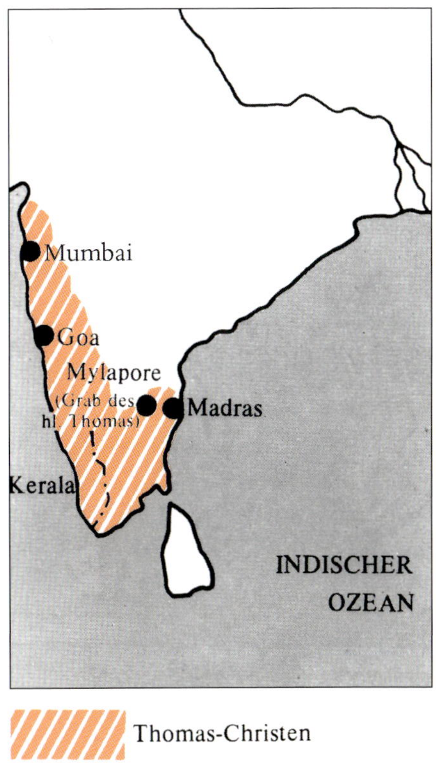

Hinweise über den Aufenthalt des Heiligen gibt es in Fülle. Schon Bischof Ambrosius von Mailand († 397) erwähnt das Wirken des Thomas in Indien. Auch bezeugen die fast ununterbrochene Tradition der südindischen Christen und die Apostelverzeichnisse diese Überlieferung.
Im 4. Jahrhundert wanderten ostsyrische Flüchtlinge aus Persien ein und brachten die syrische Kirchensprache mit, aber eben nicht die christologischen Streitigkeiten, die ohnehin in ihrer Heimat unbedeutend geblieben waren. Gottesdienstgestalt und Lebensführung übernahmen sie von den Indern.

Unsere Glaubensbrüder

Als die portugiesischen Kolonialisten im 16. Jahrhundert in Indien landeten, wurden sie von den Thomas-Christen als Glaubensbrüder freudig empfangen. In der Folgezeit aber unternahm Rom den Versuch, die Thomas-Christen von ihren alten, in Indien gewachsenen Formen abzubringen und die römische Kirchenordnung einzuführen. Der Versuch scheiterte. Hatten sich die Thomas-Christen bisher nicht als von Rom getrennte Christen verstanden, so kam es jetzt zur betonten Eigenständigkeit und zur Aufspaltung in mehrere Richtungen. Eine Gruppe indischer Christen (sogenannte „Nestorianer") erbat sich als Hilfe von dem syrisch-orthodoxen („jakobitischen") Patriarchen einen Bischof. Das zeigt, wie wenig die christologischen und konfessionellen Unterschiede in der orientalischen Orthodoxie eine Rolle spielen. Bei ihnen sind Gottesdienst und Liturgie das eigentliche Leben der Kirche. Die mit Rom seit 1599 in Verbindung gebliebenen Christen erhielten 1896 unter Papst Leo XIII. einheimische Bischöfe und ihren eigenen, den ostsyrisch-malabarischen Ritus.

Thomas-Christen
geschätzte Gesamtzahl: 15 Millionen

vier Grundrichtungen in vereinfachter Darstellung:
- frühkirchlicher Zweig
- ostkirchlicher Zweig
- römisch-katholischer (unierter Zweig)
- evangelischer Zweig

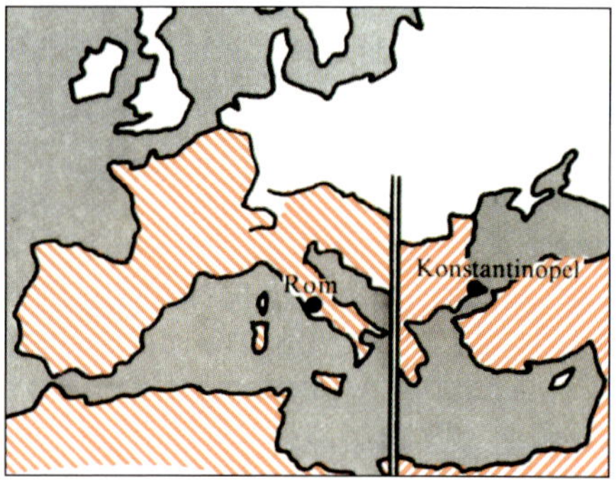

1054 zerbricht die Glaubenseinheit. Die alte Reichsgrenze wird nun Konfessionsgrenze.

Zwei Reiche – Zwei Sprachen

Im Jahr 330 verlegte Kaiser Konstantin seinen Regierungssitz von Rom nach Byzanz, das er nun Konstantinopel nannte. Er bestimmte, dass der Bischof von Konstantinopel nun auch im Rang unmittelbar dem Bischof von Rom folgt. Der Kaiser konnte nicht ahnen, dass dies zu einem Anlass für eine große Kirchenspaltung wurde. Nach dem Tod von Kaiser Theodosius dem Großen (359) wurde das Römische Reich in ein Westreich und ein Ostreich, mit den Hauptstädten Rom und Konstantinopel, geteilt.
Die Kirchensprache war damals schon nicht mehr einheitlich. Im Osten wurde die Liturgie in griechischer, im Westen in lateinischer Sprache gefeiert. Man gebrauchte auch im übertragenen Sinn verschiedene Sprachen.
Zum offenen Konflikt zwischen der Kirche des Ostens und der des Westens kam es auf der Synode von Toledo (589). Dort betonte Rom seine Vormachtstellung. Den Titel „Ökumenischer Patriarch" (Patriarch der ganzen Christenheit), den der Bischof von Konstantinopel trug, bezeichnete Rom als Anmaßung.

Die Kirche Hagia Sophia (Heilige Weisheit), im 6. Jh. gebaut, galt bis zur Islamisierung Konstantinopels im Jahr 1453 als geistliche Mitte des Ostreiches.

Das 1. Konzil von Nicäa, das den Priester Arius wegen seiner Lehre über Christus aus der Kirche ausgeschlossen hat. Fresko im Kloster Batschkovo von 1643

In der Kirchengeschichte geblättert

Die Aufwertung des Ostreiches bringt es mit sich, dass theologische Auseinandersetzungen überwiegend hier stattfinden. Die Orte der ökumenischen Konzilien liegen ausschließlich im Ostreich:
1. Nicäa (Nikaia) 325, 2. Konstantinopel 381, 3. Ephesus 431, 4. Chalcedon 451, 5. Konstantinopel 553, 6. Konstantinopel 680, 7. Nicäa (Nikaia) 787.
Nur diese sieben Konzilien werden von den Orthodoxen und den meisten christlichen Gemeinschaften anerkannt.

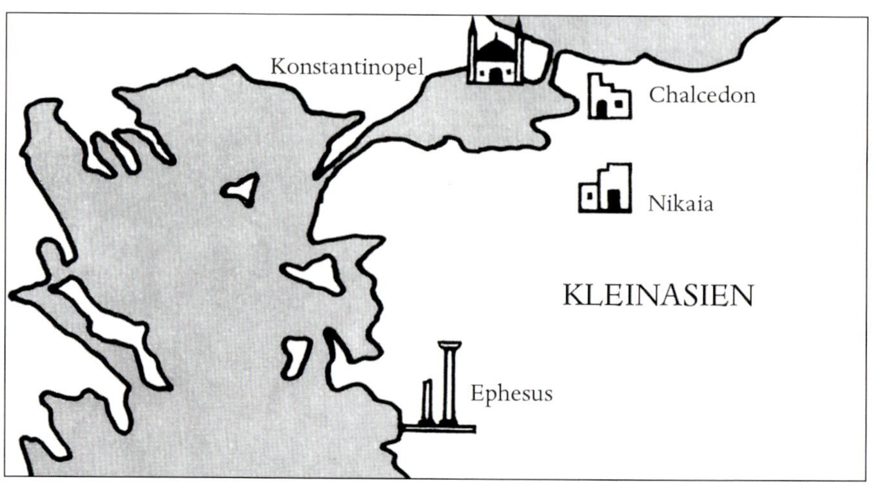

Bruch und ersehnte Heilung

1054 brach die Einheit auseinander. Während eines Gottesdienstes übergaben Gesandte des Papstes dem Patriarchen die Bannbulle. Darin wurde der Patriarch als Feind des Glaubens und der Kirche verdammt. Der Patriarch von Konstantinopel vergalt Gleiches mit Gleichem. Erst nach reichlich 900 Jahren, nämlich im Jahre 1965, erklärten der Papst und der Ökumenische Patriarch von Konstantinopel die gegenseitigen Bannflüche von 1054 für aufgehoben. Auch Papst Benedikt XVI. stärkte den Willen zur Einheit bei seinem Besuch des Patriarchen Bartholomaios im Jahre 2006.

Papst Paul VI. und Patriarch Athenagoras leiten 1964 den Prozess der Versöhnung ein.

10. Juni: Endlose Bahnfahrt mit dem Orientexpress. Ziemlich k. o. in Suceava angekommen. Abends noch einen kleinen Stadtbummel gemacht. Überall gemütlich plaudernde Leute vor den Häusern. Strömen irgendwie Ruhe aus. Alle grüßen freundlich.

11. Juni: Der Obst- und Gemüsemarkt ist ein Gedicht. Herrliche Südfrüchte. Habe nicht widerstehen können und eine Melone gekauft. Die freundliche Bauersfrau konnte etwas Deutsch. Ich sollte mir unbedingt das Kloster in Sucevița ansehen. Am Abend das erste Mal in eine orthodoxe Kirche geschaut, sozusagen „Ortsbegehung". Es herrscht ein ständiges Kommen und Gehen. Die Leute bekreuzigen sich, kaufen eine Kerze, stellen sie vor das Bild der Muttergottes oder eines Heiligen, entzünden sie und beten eine Weile. Bevor sie wieder gehen, verneigen sie sich mehrmals vor verschiedenen Bildern. Erkennen kann ich nicht sehr viel, weil der Gottesdienstraum nur von Kerzen erhellt ist.

12. Juni: Die wunderschöne Malerei auf der Außenwand der Kirche habe ich gestern gar nicht bemerkt. Es ist überwältigend! In der strahlenden Sonne leuchten die Farben, als wäre die Kirche eben erst bemalt worden. Ich gehe um die Kirche herum und sehe das reinste Evangelium in Bildern.

Die Trennung von Ostreich und Westreich

ökumenisch
Das griechische Wort oikuméne bezeichnet die bewohnte Erde. Es steckt darin das Wort oikos (= Haus). Im Verständnis der Ostkirche heißt ökumenisch so viel wie „von der ganzen bewohnten Erde".

Patriarch
das Wort setzt sich zusammen aus lat. pater (= Vater) und griech. archaios (= uralt). Es gilt sowohl für die alttestamentlichen Stammväter wie auch für die Bischöfe bestimmter Bischofssitze, besonders der Ostkirche.

Metropolit
von Metropole (= Hauptstadt); er ist der oberste Bischof einer Kirchenprovinz, die mehrere Bistümer umfasst, also ein Erzbischof.

Synode
von griech. synhodós (= gemeinsamer Weg); Zusammenkunft, hier Bischofsversammlung, vgl. lat. concilium: Konzil.

Reigen der Heiligen an der Außenwand der Klosterkirche Sucevița, 16. Jh.

Christusikone in der Kirche des griechisch-orthodoxen Patriarchats in Istanbul

12. Juni: Es ist Zeit hineinzugehen. Schon an der Tür kommt mir der Geruch von Weihrauch und brennenden Kerzen entgegen. Viele Leute sind gekommen. Alle stehen und sind im Gebet versunken. Bänke gibt es keine. Ich weiß gar nicht, wo ich zuerst hinsehen soll. Mich nimmt das große Christusbild in der Kuppel gefangen. Nun kann ich zwischen den Menschen hindurchschauen und die Bilderwand betrachten. Das also ist eine Ikonostase.

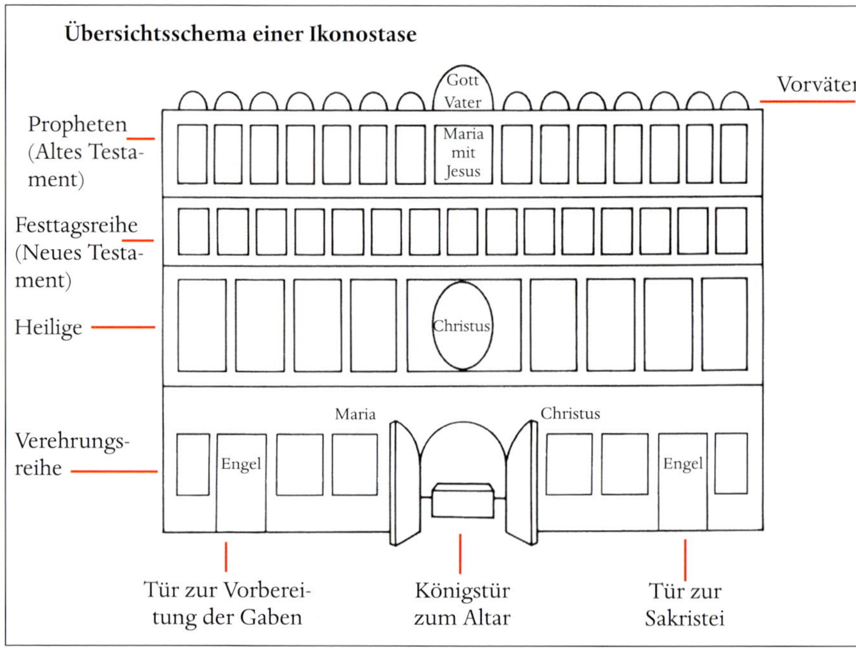

Alle Dinge
haben ein zweites,
verborgenes Gesicht.
Eines wenden sie
dem Menschen zu,
das andere Gott.

Karl Heinrich Waggerl

Die Ikonostase

Drei Türen, kunstvoll verziert, durchbrechen die Bilderwand:

- **die mittlere, die Königs- oder Paradiestür, führt zum Altar;**
- **die linke zum Tisch, auf dem die Opfergaben vorbereitet werden;**
- **die rechte in die Sakristei.**

Die Königstür wird während des Gottesdienstes mehrfach geöffnet und wieder geschlossen. Da der Altarraum das himmlische Jerusalem darstellt, das Kirchenschiff dagegen das irdische Dasein des Menschen, hat jedes Öffnen und wieder Schließen der Tür eine liturgische Bedeutung. Auf den oberen Feldern der Königstür befinden sich Bilder von der Verkündigung (Maria und der Engel Gabriel), denn das Ja der Gottesmutter hat die verschlossene Paradiestür wieder geöffnet. Darunter sind Ikonen von den Evangelisten zu sehen, weil sie diese frohe Botschaft in die Welt getragen haben. Ist die Königstür geöffnet, sehen die Gläubigen den Altar und die Priester und Diakone bei der heiligen Handlung.

Bei geschlossener Tür schauen die Gläubigen betend auf die Ikonostase. Sie fühlen sich dabei von den sprechenden Augen der abgebildeten Propheten und Heiligen der himmlischen Kirche angeschaut. Sie sehen, wie alle fürbittend vor Christus dem Weltenrichter stehen, und wissen, ihr eigenes Gebet ist mit aufgenommen in die große Fürbitte der Kirche. Ein Bild der Gottesmutter, der wichtigsten Fürsprecherin, ist in erreichbarer Höhe links neben der Königstür angebracht, damit es die Gläubigen durch Kuss, Verneigung und Bekreuzigung verehren können. Die Festtagsreihe auf der Ikonostase zeigt Bilder aus dem Marienleben und dem Leben Jesu, den Beginn unserer Erlösung.

Alexej II., Patriarch von Moskau und Russland, feiert die Ostermesse.

Mittelschiff der Basilika des Katharinenklosters auf der Sinaihalbinsel. Hinten die vergoldete Ikonostase mit der Königstür

13. Juni: Die Feier der Göttlichen Liturgie unseres heiligen Vaters Chrysostomos (so nennt die Ostkirche die Eucharistiefeier) beginnt. Priester und Diakon ziehen ein. Sie verneigen sich mehrmals in tiefer Verehrung vor dem Bilde Christi und dann vor dem Bild der Gottesmutter. Der Diakon kommt anschließend in den Kirchenraum und ruft den Gläubigen etwas zu. Verstehen kann ich es nicht, da es in der Volkssprache geschieht. Es scheint mir wie ein Aufruf zum Gebet. Und da kommt auch schon herrlicher mehrstimmiger Gesang als Antwort. Erst jetzt entdecke ich die Sänger; es sind nur wenige, die links vorn stehen. Eine Orgel gibt es in der Kirche nicht, doch dieser Gesang hat keine Begleitung nötig. Nach diesem längeren Wechselgesang öffnet der Diakon die Königstür, die mittlere in der Ikonostase. Der Priester gibt dem Diakon das Evangelienbuch.
Ehrfürchtig, als würde er Christus selber tragen, schreitet der Diakon in den Kirchenraum. Die Priester, mit brennenden Kerzen in den Händen, begleiten ihn. Mit dieser Prozession wird der Wortgottesdienst eingeleitet. Nach dem Wortgottesdienst werden die Opfergaben in einem großen Einzug zum Altar getragen. Die Bereitung der Opfergaben, die heilige Handlung, vollzieht sich hinter der Ikonostase.
Mir wird bei der Feier bewusst, dass äußere Zeichen und Symbole hier eine eigene Sprache sprechen. So habe ich den Gottesdienst mitfeiern können, obwohl mir die Sprache fremd ist. Nach dem Segen habe ich es gar nicht eilig. Ich kaufe mir auch eine Kerze und zünde sie vor dem Bild meines Namenspatrons an.

Aus der Liturgie der russisch-orthodoxen Kirche

Sehnsucht nach Versöhnung und Frieden unter den Christen und zwischen den Völkern spricht aus diesen Fürbitten. Sie werden in jedem Gottesdienst feierlich gesungen.

Diakon: *Пáки и пáки мúром Гóсподу помóлимся.*

Chor: *Гóсподи, помúлуй.*

Diakon: *О свы́шнем мúре, и спасéнии душ нáших, Гóсподу помóлимся.*

Chor: *Гóсподи, помилуй.*

Diakon: *О мúре всегó мúра, благостоя́нии святы́х Бóжиих церквéй и соединéнии всех, Гóсподи помóлимся.*

Chor: *Гóсподи, помúлуй.*

Mit dem Semantron, einer hölzernen oder metallenen Platte, auf die mit einem Hammer geschlagen wird, ruft der orthodoxe Pfarrer zum Gebet.

Diakon: *Wieder und wieder lasset uns in Frieden beten zum Herrn.*

Chor: *Herr, erbarme dich.*

Diakon: *Um den Frieden von oben und um das Heil unsrer Seelen lasset uns beten zum Herrn.*

Chor: *Herr, erbarme dich.*

Diakon: *Um den Frieden der ganzen Welt, um den Wohlbestand der heiligen Kirchen Gottes und um die Einigung aller lasset uns beten zum Herrn.*

Chor: *Herr, erbarme dich.*

Nach der Kommunion singt der Chor:
Wir haben das wahre Licht gesehen, wir haben den himmlischen Geist empfangen, wir haben den wahren Glauben gefunden. Die unteilbare Dreifaltigkeit beten wir an, denn sie hat uns erlöst.

Vom Geschenk eines Segens

Unsere Nachbarin war von einem Besuch im Kloster Batschkovo heimgekehrt. Sie war hingefahren, um Kunst und Landschaft Bulgariens kennenzulernen. Als sie wieder daheim war, erzählte sie von einer ganz neuen Erfahrung, mit der sie beschenkt worden war. Bruder German habe ihr die Hände auf die Schultern gelegt und ihr einen Segen gegeben und wunderbare Worte dabei gesprochen. Sie sagte, allein dieser Segen sei die weite Reise wert gewesen. Dabei leuchteten ihre Augen wie die eines glücklichen Kindes.

Klosterhof und Hauptklosterkirche des im 10. Jh. gegründeten Klosters Rila im Rila-Gebirge in Bulgarien. Das Kloster gehört seit 1983 zum UNESCO-Weltkulturerbe

Beinhaus des Batschkovo-Klosters in Bulgarien

Von Mönchen

Die Ostkirche ist die Heimat des christlichen Mönchtums. Basilius der Große gab den Mönchen Kleinasiens das Ziel: Die Mönchsgemeinde soll ein Bild der wahren Gemeinde Christi sein.
Die persönliche Heiligung jedes einzelnen Mönchs wird sichtbar in der Liebe zu Gott und den Nächsten.
Eine Aufspaltung in eine Vielzahl verschiedener Orden, denen jeweils besondere Aufgaben zugewiesen sind, gibt es in der Ostkirche nicht. Den Mönchen ist die Seelsorge anvertraut, daneben pflegen sie das theologische Studium.
Im Umkreis der Klöster leben auch oft noch Eremiten – in der Ostkirche „Starzen“ genannt – in winzigen Hütten. Diese Einsiedler stehen den Gläubigen, die sie aufsuchen, mit Rat und Hilfe bei.

Kleriker und Laien bilden zusammen das Gottesvolk

Diakon Helfer der Priester, auch der Bischöfe, beim Gottesdienst		**Epiphoren** Laienrat, der die Gemeinde verwaltet
Priester Hauptaufgabe: Feier der Liturgie. Die Ehe ist kein Hindernis für die Weihe zum Priester und Diakon, aber sie darf nicht mehr nach der Weihe eingegangen werden.	**Gemeinde**	**Epitropen** Laienrat, der die Pfarrei verwaltet und den Pfarrer wählt
	Erzpriester oder Archimandrit leitet mehrere Gemeinden bzw. einen Bistumsbezirk	
Bischof kommt aus dem Mönchsstand, da die Ehelosigkeit gefordert ist. Ihm zur Seite steht ein Weihbischof oder Generalvikar.	**Bistum oder Eparchie**	**Rat von Laien** Für die Verwaltung des Bistums, ist auch an der Wahl der Bischöfe beteiligt.
Synode An ihr sind alle Bischöfe dieser Kirche beteiligt. Geleitet wird die Synode vom Metropoliten oder Patriarchen (als primus inter pares = Erster unter Gleichen). Diese Titel sind nur Ehrentitel, bedeuten keine Vorrangstellung.	**Gesamtgebiet der Kirche**	**Laientheologen** (Professoren an theologischen Fakultäten) sind die Berater der Bischöfe auf den Synoden.

21. Juni: Heute habe ich noch ein paar Fotos von der Kirche gemacht. Der Diakon hatte mich beobachtet. Stolz erzählte er mir, dass die Außenbemalung der Kirchen einmalig auf der Welt sei. Er spricht gut Deutsch. Ich habe noch viele andere Fragen auf der Zunge. Er merkt es und lädt mich zum Essen ein. Fünf Minuten später sitze ich am Tisch der Familie. Die Frau und die Kinder des Diakons verstehen nichts. Wir verständigen uns mit Händen und Füßen. Ich erzähle vom geplanten Jugendabend und erhalte auf alle meine Fragen eine Antwort. Nach meinem Abschied von der Familie bin ich ganz beglückt. Schade, dass es eine Kirchenspaltung gegeben hat. Schade, dass sich die Ost- und die Westkirche so auseinandergelebt haben. Beide sollten beieinander in die Schule gehen.

Klaus

Kirche aus Bildern

Schneide dir ein Stück Transparentpapier 5,2 cm x 5,2 cm groß. Lege dieses nacheinander auf die folgenden Bilder und ziehe jeweils die Linien auf deinem Transparentpapier mit Bleistift nach. Am Ende erhältst du ein neues Bild. Was stellt es dar?

Die Mönchsrepublik Athos

Leitbild für orthodoxe Mönche ist die einmalige Mönchsrepublik Athos auf der gleichnamigen griechischen Landzunge. Etwa 2000 ausschließlich männliche Bewohner leben in 20 Klöstern und 12 Dörfern. Auch Einsiedler haben sich seit dem 10. Jahrhundert unter dem Schutz des Mönchfreistaates auf der Halbinsel niedergelassen. Sie alle pflegen Anbetung und Gottesdienst sowie die klösterliche Gastfreundschaft, und manche üben die fromme Kunst der Ikonenmalerei aus. In ihren Bibliotheken bewahren sie wertvolle Handschriften. Der innerste Grund für das Leben dieser Männergemeinschaften und Einsiedler ist die Hinwendung zu Gott und das immerwährende Gebet.

Kloster Stavronikita in der Mönchsrepublik Athos. Zutritt nur für Männer.

Ein Briefwechsel

Über die evangelische Kirche

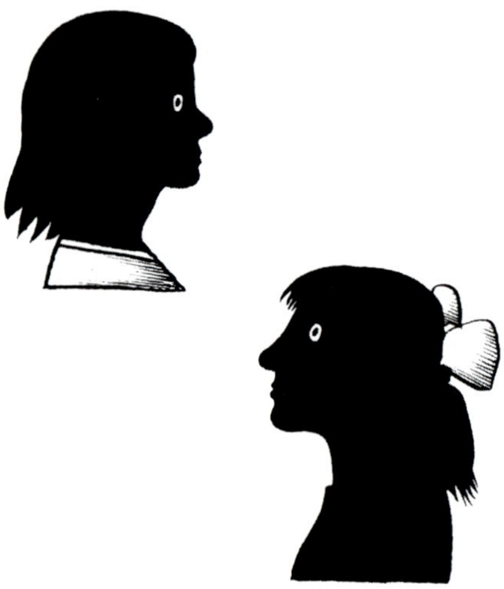

Angelika
16 Jahre alt, gehört seit ihrer Geburt der katholischen Kirche an. Sie hat wie selbstverständlich von klein auf ihre Kirche mit allen Formen der „Hausordnung" lieben gelernt.
Jetzt hat sie ein Problem: Warum sind die Christen so verschieden? Glauben nicht alle an denselben Gott? Berufen sie sich denn nicht alle auf denselben Herrn Jesus Christus?
Sie will Antwort auf ihre Fragen haben. Was tut sie? Sie schreibt einen Brief.

Elke
müssen wir auch vorstellen. Das ist die Freundin von Angelika. Sie beantwortet die Briefe und erlaubt sich, mit „Martin Luther" zu unterschreiben. Sie will – natürlich nach Rücksprache mit ihrem Pfarrer – ja ganz im Geiste Luthers sprechen.

Gottes Wort und der Christen Gebet erhalten die Welt.

Martin Luther

Martin Luther mit 46 Jahren, Gemälde von Lucas Cranach dem Älteren

Und hier ist der Briefwechsel:

Sehr geehrter Herr Prof. Dr. Luther!

Sie müssen wissen, ich bin katholisch. Meine Freundin Elke ist evangelisch. Wir verstehen uns in allen Dingen. Oft kommt es vor, dass wir zur gleichen Zeit denselben Gedanken aussprechen. So gut stimmt unser Denken überein. Nur in Glaubensdingen sind wir uneins. Gott sei Dank, im Grundsätzlichen sind wir uns einig. Dass Gott unser aller Vater ist und Jesus Christus unser Bruder wurde, glauben wir ohne Unterschied. Aber wenn zum Beispiel die Rede auf die Mutter Jesu oder auf den Papst kommt, dann können wir uns wie zwei Hähne streiten. Sonntags geht jede in ihre Kirche. Und das Komische daran ist, die beiden Kirchen liegen keine 100 Meter voneinander entfernt. In der Schule besucht Elke den evangelischen Religionsunterricht, und ich gehe zum katholischen.
Muss das sein?
Sie sind doch Professor der Theologie gewesen und hätten ein bisschen über Ihre Zeit hinaus schauen können. Ehrlich gesagt, es wäre mir lieber, Elke und ich würden in derselben Kirche zu Hause sein. Haben Sie die Glaubensspaltung gewollt, als Sie Ihre Thesen über den Ablass verbreitet haben? (Soviel ich weiß, hat es einen Anschlag an die Tür der Schlosskirche in Wittenberg gar nicht gegeben.)

Entschuldigen Sie meine Aufregung. Aber vielleicht verstehen Sie mich.

Ihre Angelika

Liebe Angelika!

Als ich vor etwa 500 Jahren geboren wurde, sah es auf der lieben Erde ganz anders aus als heute. Deswegen verstehe ich deine Aufregung ganz gut. Und deine Sorgen sind mir ganz aus dem Herzen gesprochen. Aber ich will mich bemühen, dir einen Einblick in diese meine Zeit und ihre Kirche zu geben.

Du weißt, im Mittelalter war die Macht der Kirche sehr groß. Die Päpste besaßen den Kirchenstaat, in dem sie wie weltliche Fürsten herrschten. Viele hohe Geistliche konnten der Versuchung nicht widerstehen, ein allzu weltliches Leben zu führen. Sie nahmen in Ritterrüstungen an Kriegszügen teil, gaben glänzende Feste und kümmerten sich oft wenig um das Wohl der ihnen Anvertrauten. Das Volk, vor allem der Bauernstand, litt große Not. Immer mehr sehnte man sich nach einer Reform. Die Bettelorden (Franziskaner und Dominikaner) riefen zu einer Erneuerung der reichen Kirche im Sinn der Botschaft Christi auf. Doch nicht überall wurden sie gehört und ernst genommen. Die Reformen wurden hinausgezögert; das Unbehagen steigerte sich rasch. Meine Stimme war zunächst eine unter vielen, die nach Erneuerung der Kirche riefen. Ich erhob sie gegen den Missbrauch mit dem Ablass. Dazu muss ich aber etwas weiter ausholen. Also: Papst Leo X. (1513–1521) hatte zur Baufinanzierung der Peterskirche einen Ablass gewährt. Als Zeichen der Bußgesinnung sollten die Christen ein gutes Werk tun und den Aufbau des Petersdomes in Rom unterstützen. Aber leider artete diese an sich gute Sache aus: Viele einfache Gemüter glaubten, sich mit dem Geld den Himmel erkaufen zu können. Ablasshändler, die Verdienst witterten, sorgten sehr schnell dafür, dass der Ablass zum reinen Geschäft herabgemindert wurde. Als Theologieprofessor und Beichtvater bereitete mir das Sorge. Ich bat mehrere Bischöfe, dagegen vorzugehen.

In 95 Thesen – ich sage besser in 95 Gedankenanstößen – trug ich öffentlich meine Bedenken vor. Dank der eben erfundenen Buchdruckerkunst machten diese sofort die Runde in ganz Deutschland. Sie brachten eine Wirkung, die ich in dieser Weise nicht beabsichtigt hatte. Ich wurde deswegen nach Rom vorgeladen. Aber ich fürchtete einen Prozess. Eine Kirchenspaltung, liebe Angelika, lag mir so fern wie dir das Jahr 1517, in dem das alles begann. Vielleicht genügt dir diese Schilderung fürs erste Verstehen. Schreib mir bald, was dir weiter am Herzen liegt.

Dein Martin Luther

Als Ketzer verdächtigt
wurde Luther, nachdem er die Thesen am 31. Oktober 1517 in Wittenberg veröffentlicht und an Kardinal Albrecht von Mainz gesandt hatte. Dieser zeigte Luther in Rom an. Der Papst drohte Luther nun den Kirchenbann an, falls er nicht binnen 60 Tagen widerrufen würde. → Brief nebenan.

Aus der Bann-Androhungsbulle
Rom bei St. Peter, 15. Juni 1520
Leo, Bischof, Diener der Diener Gottes.
Erhebe dich, o Herr, schenke unseren Bitten Gehör, denn es sind Füchse aufgestanden, die sich anschicken, den Weinberg zu verwüsten …, dessen Verwaltung du Petrus als Haupt … übertragen hast. Diesen Weinberg will ein Wildschwein aus dem Walde verderben … ein wildes Tier frisst ihn kahl …
… da die genannten Irrtümer in den Schriften eines gewissen Martinus Luther enthalten sind, verurteilen wir diese Schriften …
… diesen Martinus ermahnen wir mit dieser Urkunde zum heiligen Gehorsam. Sollten aber der erwähnte Martinus und seine Beherberger der Lehre des Apostels zuwiderhandeln, so erklären wir, dass sie Ketzer sind, und gebieten, dass sie von allen Christgläubigen als solche angesehen werden.

Portal der Schlosskirche in Wittenberg. Damals war es üblich, dass Professoren ihre Diskussionsvorlage schriftlich aushängten.

Auflösung von S. 43 (Kirche aus Bildern):
Orthodoxe Kirche. Diese Bauweise ist typisch für die Ostkirche.

Martin Luther

Der gelehrte Mönch

wurde am 10. November 1483 in Eisleben geboren. Sein Vater, Hans Luther, war Bergmann. Er siedelte 1484 nach Mansfeld über. Martin besuchte die Schulen in Mansfeld, Magdeburg und Eisenach. Da er begabt war, nahm er an der Erfurter Universität das Studium der Freien Künste auf, so nannte man das Studium der Grundlagen der Philosophie und Theologie. Hier trat er in den Orden der Augustinermönche ein. Anlass war ein Gelübde, das er nach eigener Schilderung beim Erleben eines furchtbaren Gewitters gemacht hatte.
Martin Luther schloss die Studien in Erfurt ab, wurde dann zu Vorlesungen nach Wittenberg geschickt (1508), wo er zum Doktor der Theologie promoviert wurde und als Theologieprofessor bis zu seinem Tode lehrte.

Sorge um das Evangelium

Dr. Martin Luther wurde wegen seiner Thesen zum Bußsakrament (1517) in einen Ketzerprozess verwickelt, von der Kirche mit dem Bann belegt und vom Kaiser in die Reichsacht getan. Luther drohte die Gefangennahme. Freunde versteckten ihn auf der Wartburg (1521–1522). In diesem Versteck übersetzte er das Neue Testament aus dem Griechischen in die deutsche Sprache.

Lutherstube auf der Wartburg. In diesem Raum schuf Martin Luther als „Junker Jörg" seine Bibelübersetzung.

Luther hat bei seiner Übersetzung „dem Volke aufs Maul geschaut", wie er selbst sagte. Dieses Wort zeigt uns seine tiefe Volksverbundenheit. In seiner Schrift „Von der Freiheit eines Christenmenschen" schrieb Luther: „Ein Christenmensch ist (im Glauben) ein freier Herr über alle Dinge und niemand untertan." Für Luther ist das Gewissen des einzelnen Menschen die letzte Richtschnur. Und das Gewissen soll sich allein am Glauben, dessen Grundlage die biblische Offenbarung ist, ausrichten.

Kreuzigung und Erlösung, Altarbild von Lucas Cranach dem Jüngeren, gemalt 1553–1555, Kirche St. Peter und Paul in Weimar. Rechts: Martin Luther mit der Bibel

Lutherrose über der rechten Ecke des Katharinenportals am Lutherhaus in Wittenberg

Luther-Denkmal von Gottfried Schadow (1821) auf dem Markt zu Wittenberg

Wieder in Freiheit

1522 konnte Luther nach Wittenberg zurückkehren. Der Kaiser war durch den Krieg mit Frankreich abgelenkt. Die Landesfürsten neigten zum Teil selbst der evangelischen Lehre zu und führten deshalb die Reichsacht gegen Luther nicht streng durch. Viele Landesherren förderten die Reformation, weil sie den Grundbesitz der Kirchen und aufgehobenen Klöster für ihre Länder, z. B. zur Gründung von Schulen, verwenden konnten. Sie übernahmen es, auf ihrem Gebiet für Ordnung in den Kirchen zu sorgen, die sie jetzt Landeskirchen nannten, und bauten damit ihre landesherrschaftliche Macht aus.
1525 heiratete Luther die ehemalige Zisterziensernonne Katharina von Bora, die mit anderen Schwestern aus dem Kloster Marienthron in Nimbschen bei Grimma geflohen war.

Evangelischer Abendmahlsgottesdienst

Was hatte Luther gewollt?

Luther war es um die Erneuerung der Kirche gegangen. Er hat sein Ziel in gewissem Sinne auch erreicht. Ohne ihn wäre es wohl nicht zum Trienter Konzil und dessen Erneuerung der katholischen Kirche gekommen. Der Preis war allerdings hoch: Spaltung der Christenheit und im Gefolge Streit und Hass. Später im 30-jährigen Krieg führten Christen gegen Christen Krieg.

In einer Umbruchzeit

Er wollte eine geistige Bewegung anstoßen. Seine Zeit aber war aufgewühlt und unruhig. Die Bauern lehnten sich gegen die Fürsten auf. Sie erhoben sich gegen Unterdrückung und Unfreiheit. Luthers Bewegung trifft in diese Zeit des Umbruchs.

Gläubig bis in den Tod

Obwohl sich Luther 1521 als Reaktion auf den Bann des Papstes von der katholischen Kirche losgesagt hatte, blieb er bis an sein Lebensende ein tieffrommer Mensch. Er starb am 18. Februar 1546 in Eisleben.

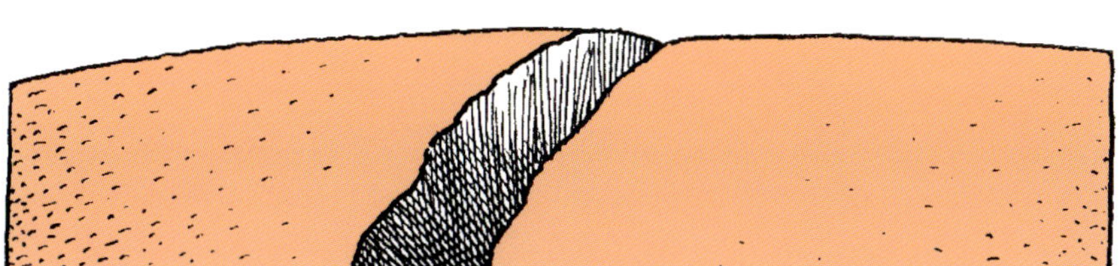

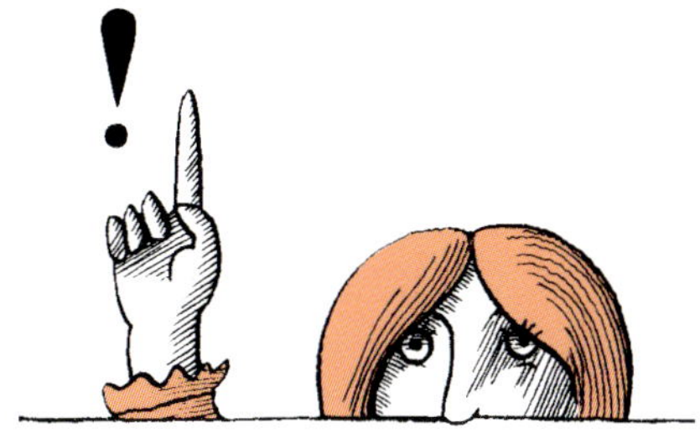

Was man wissen sollte… meint Angelika

Reformation
von lat. reformare = erneuern, verbessern; Erneuerung, besonders des Glaubenslebens. „Erneuerung an Haupt und Gliedern" ist eine Forderung, die zum Wesen der Kirche gehört. Konzilien und Kirchenversammlungen hatten die Erneuerung der Kirche zum Ziel. Reformkonzile im Besonderen waren die zu Pisa 1409, zu Konstanz 1414–1418 und zu Basel 1431–1449. Die heutige Kirchengeschichte und auch die Profangeschichte verstehen unter Reformation die von Martin Luther durch seinen Protest gegen das Ablasswesen eingeleitete Kirchenspaltung und die damit einhergehenden sozialen und politischen Ereignisse.

Reformatoren
Auch Franziskus von Assisi und viele andere Heilige waren Reformatoren der Kirche. Kirche muss sich immer erneuern. Anstoß kann dazu die Auseinandersetzung mit der sozialen Umwelt sein. Oft sind es eigene Glieder der Kirche, die sich aus Liebe zu ihr voll für eine Erneuerung einsetzen – meist gegen starken Widerstand. Bei ihrem eifrigen Bestreben kommen manche Reformatoren in Widerspruch zur kirchlichen Lehre (des Evangeliums) und werden deshalb von der Kirche abgelehnt oder gar verurteilt. Nur diese wenigen bezeichnet die Geschichtsschreibung als Reformatoren. Im wesentlichen sind es fünf Männer:

John Wyclif, einer der Vorreformatoren

1. Die sogenannten Vorreformatoren

John Wyclif (auch Wycliffe), geb. um 1325, gest. 1384, englischer Reformator, Professor in Oxford, der gegen Verweltlichung und Missstände in der Kirche kämpfte. Er schuf eine bedeutende Übersetzung der Bibel ins Englische. Er lehrte, die urchristliche Kirche sollte wiederhergestellt werden. Das Konzil zu Konstanz erklärte ihn zum „Ketzer". Seine Ideen wirkten auf Hus und die Führer des englischen Bauernaufstandes von 1381.

Der Priester Jan Hus wurde 1415 als Irrlehrer verbrannt (Bild rechts).

Jan Hus, geboren 1370 in Husinec (Südböhmen), daher der Name Hus; 1415 als „Ketzer" in Konstanz verbrannt. Der aus einfachen Verhältnissen stammende Jan empfing 1400 in Prag die Priesterweihe. Als Lehrer an der Prager Universität und als Volksprediger an der Betlehemkirche setzte er sich unermüdlich für die Erneuerung der Kirche ein. Die Missstände nannte er beim Namen. Reformfreudige Kreise in Prag und das Volk griffen seine Gedanken dankbar auf. Die offizielle Kirche jedoch brachte sie mit der Lehre Wyclifs in Verbindung und hörte dessen Irrlehren aus seinen Worten heraus. Es kam zu Predigtverbot, zur Anklage und zur Exkommunikation. Dank der Gunst des Königs Wenzel konnte Hus die Maßnahmen der Kirche missachten, bis er 1414 vor das Konzil von Konstanz geladen wurde. Er erschien dort, weil der Kaiser Sigismund freies Geleit zugesichert hatte. Hus wurde jedoch eingekerkert. Er aber sah in den Anklagepunkten eine Entstellung seiner Aussagen und Absichten und lehnte ab, diese zu widerrufen. Seine Lauterkeit beeindruckte seine Richter. Sie legten ihm gemilderte Formulierungen vor. Auch sie erschienen Hus als Entstellung. Er widerrief nicht, obwohl er wusste, dass das seinen Tod bedeutete. So starb er in den Flammen des Scheiterhaufens.

Sehr geehrter Herr Prof. Dr. Luther!

Nun verstehe ich die Zeit, in der Sie lebten, etwas besser. Ich habe sogar in verschiedenen Büchern über die Reformation nachgelesen und auch Ihre Schrift „Von der Freiheit eines Christenmenschen" von Deckel zu Deckel gelesen. Meine Freundin Elke gab mir das evangelische Kirchengesangbuch, damit ich die Artikel der Augsburger Konfession und den kleinen Katechismus kennenlerne. Dabei habe ich festgestellt:

1. Es gibt in der Lehre beider Kirchen deutliche Unterschiede, aber erstaunlich viel Gemeinsames.
2. Manches, was Sie und Ihr Freund Melanchthon lehrten und festhielten, wird in der heutigen evangelischen Kirche anders gehandhabt.
3. Sie müssen einen tiefen Abscheu gegen viele katholische Formen empfunden haben, vor allem gegen den Papst.

Mich interessiert, was Sie dazu sagen. Manche Bemerkung von Ihnen ist mir zu scharf und zu bissig. Sie würden sicher staunen, wie die Konfessionen in unseren Tagen miteinander umgehen.
Ich freue mich schon auf Ihre Antwort.

Ihre Angelika

Papst Hadrian VI. war der letzte nichtitalienische Papst vor Johannes Paul II. Leider regierte Hadrian nicht einmal zwei Jahre lang die Kirche.

Papst Hadrian VI. (1522–1523) schrieb einen Brief an den Reichstag zu Nürnberg (1523). Der Reichstag sollte über die Sache Luthers entscheiden. Hier ein Auszug aus dem Schreiben des Papstes:

Wir alle, Prälaten und Geistliche, sind vom Weg des Rechtes abgewichen, und es gab schon lange keinen einzigen, der Gutes tat. Deshalb müssen wir alle Gott die Ehre geben und uns vor ihm demütigen; ein jeder von uns soll betrachten, weshalb er gefallen, und sich lieber selbst richten, als dass er von Gott am Tage seines Zornes gerichtet werde. Deshalb sollst Du in Unserem Namen versprechen, dass Wir allen Fleiß anwenden wollen, damit zuerst der Römische Hof, von welchem vielleicht all diese Übel ihren Anfang genommen, gebessert werde; dann wird, wie von hier die Krankheit ausgegangen ist, auch von hier die Gesundung beginnen. Solches zu vollziehen, halten Wir Uns umso mehr verpflichtet, weil die ganze Welt eine solche Reform begehrt. Wir haben nicht nach der päpstlichen Würde getrachtet und hätten Unsere Tage lieber in der Einsamkeit des Privatlebens beschlossen; gerne hätten Wir die Tiara ausgeschlagen; nur die Furcht vor Gott, die Legitimität der Wahl und die Gefahr eines Schismas haben Uns zur Übernahme des obersten Hirtenamtes bestimmt. Wir wollen dasselbe verwalten nicht aus der Herrschsucht noch zur Bereicherung Unserer Verwandten, sondern um der heiligen Kirche, der Braut Gottes, ihre frühere Schönheit wiederzugeben, den Bedrückten Beistand zu leisten, gelehrte und tugendhafte Männer emporzuheben, überhaupt alles zu tun, was einem guten Hirten und wahren Nachfolger des heiligen Petrus zu tun gebührt …

Warum kam es dennoch zur Reformation? War dieser Brief etwa nicht ehrlich gemeint? Papst Hadrian VI. starb leider viel zu früh, am 14. September 1523, und der Reichstag hat die Behandlung der Reformation nicht für so wichtig erachtet. Schade!

Durch den Tod von Jan Hus und die Begleitumstände wuchs die Zahl seiner Anhänger schnell. Es bildeten sich zwei Parteien.
Die **Taboriten** werden nach der von den Hussiten gegründeten Stadt Tabor genannt. Sie gingen in ihrem Radikalismus noch über die Lehre von Hus hinaus.
Die **Utraquisten** (von lat. sub utraque specie = unter beiden Gestalten) forderten nur, dass beim Abendmahl auch den Gläubigen der Kelch gereicht würde. Sie werden auch Kalixtiner (von lat. calix = Kelch) genannt.
Es kam zu blutigen Kämpfen zwischen Taboriten und Utraquisten und zu Gefechten beider mit kaiserlichen Truppen. Die Reste beider Parteien schlossen sich nach 1453 den Böhmischen und Mährischen Brüdern an (→ Brüdergemeinden, S. 67).

2. Die eigentlichen Reformatoren

Martin Luther, geboren 1483 in Eisleben, gestorben 1546 in Eisleben, Augustinermönch in Erfurt, dann Professor für Philosophie und Theologie in Wittenberg, wo er am 31. Oktober 1517 seine 95 Thesen gegen den Ablasshandel veröffentlichte und damit den Bruch mit der Kirche herbeiführte.

Huldrych Zwingli, Gemälde von Hans Asper

Huldrych Zwingli (1484–1531), Schweizer; er begann seine Reform unabhängig von Luther, wurde aber durch Luthers Vorgehen bestärkt und setzte sich von Zürich aus für eine Reformation ein, die Kirche, Wirtschaft und Sozialordnung in gleicher Weise umfasste. Obwohl mit Luther in der Grundabsicht einig, kam es zu keiner Vereinigung, vor allem wegen der Unterschiede in der Abendmahlslehre. Zwingli kam als Feldprediger in einem Gefecht gegen die katholisch gebliebenen Kantone der Schweiz ums Leben.

Der junge Calvin, unbekannter Meister, um 1530

Johannes Calvin (Jean Cauvin) (1509–1564), Franzose, der 1534 wegen seiner reformatorischen Ideen aus Paris flüchten musste. Er setzte in Genf mit äußerster Strenge die Reform der Kirche durch. Seine Anhänger vereinten sich nach 1549 mit den Anhängern Zwinglis zur Reformierten Kirche.

Verhärtung der Standpunkte

1519
Eck (kath. Theologe) zu Luther:
„Wenn Ihr glaubt, ein rechtmäßig versammeltes Konzil habe geirrt oder irre, so seid Ihr wie ein Heide und Zöllner."

1555
Der Augsburger Religionsfriede gestand den Anhängern der Augsburger Konfessionen im wesentlichen Gleichberechtigung mit der alten (katholischen) Religion zu. Die Untertanen hatten das Bekenntnis des Landesherren anzunehmen (cuius regio, eius religio) oder mussten auswandern.
Ein Vorschlag der Fürsten von Brandenburg und der Pfalz, auch den Untertanen die Wahl der Religion freizugeben, drang nicht durch.

1629
Großglogauische Beichte, so die abgefallenen Lutheraner tun sollen: „Ich armer elender Sünder bekenne euch, dass ich so viele Jahre der verdammten, gottlosen lutherischen Lehre beigewohnt habe."

1630
Abschiedsrede König Gustav Adolfs im Reichstag zu Stockholm: „... diesen Krieg zu unternehmen, dessen größtes Ziel es ist, unsere unterdrückten Religionsverwandten aus den Klauen des Papstes zu befreien ..."

Liebe Angelika!

Es hat mich gefreut, dass Du selbst auf die Idee gekommen bist, über mich und über die Reformation nachzulesen. Weißt Du, Angelika, Ihr Christen habt es heute viel leichter, Ihr hört wieder aufeinander. In den Schulen sitzen evangelische und katholische Kinder friedlich nebeneinander.
Du schreibst, dass so vieles übereinstimmt. Muss das nicht sein? Unser Glaube hat doch dieselbe Quelle: den Tod und die Auferstehung Christi. Unser Glaube beruht doch auf demselben Zeugnis der Heiligen Schrift. Du schreibst mir über Deine Besorgnis wegen meiner Stellungnahme zum damaligen Papsttum. Danke Gott dafür, dass Ihr heute solche gute Päpste habt, die nicht weltliche Fürsten sind, sondern Diener Gottes. Du schreibst über den Unterschied zwischen meiner Glaubensauffassung und der der heutigen evangelischen Kirche. Nun, liebe Angelika, Du hast bei Deinen Studien sicher festgestellt, wie unterschiedlich das Leben in den evangelischen Kirchen gewachsen ist. Das hat verschiedene Wurzeln.
Ja, ich beklage es und habe zu meinen Lebzeiten dagegen angekämpft, wenn sich Lutheraner und Calvinisten beschimpften; wenn sich immer neue Sekten abspalteten. Weiß Gott, es haben sich evangelische Christen mit Hader überzogen. Ich leugne es nicht. Und doch – auch das wird Gott wissen –: Sie haben allesamt versucht, einen neuen Weg zu finden aus dem Evangelium, frei von überflüssigem menschlichen Gesetz. Sie alle blieben freilich dabei ganz Mensch, das will sagen, der Möglichkeit zu irren ausgeliefert.
Was aber sagt der alte Luther zu den Unterschieden zwischen damals und heute in der evangelischen Kirche? Vieles ist das Ergebnis einer normalen Entwicklung. Anderes ist Ergebnis der Feindschaft. Ja, ich muss es so nennen, was evangelische und katholische Christen einander über 400 Jahre angetan haben. Auf beiden Seiten gab es Ablehnung und Verhärtung. Das Kreuzzeichen, das ich bis an mein Lebensende hochgeschätzt und selbst über mich gezeichnet habe, wurde später abgelehnt. Warum? Weil es als katholisch galt. An solchen Kleinigkeiten machte sich die Spaltung nach außen sichtbar.
Andererseits haben die evangelischen Christen Neues gebracht, was von hohem Wert für alle Christen geworden ist. Ich nenne die größere Nähe zur Heiligen Schrift und die Muttersprache im Gottesdienst. Ob ihre „Erfindung" der Kirchenbänke einer lebendigen Feier auch heute noch zugutekommt, darüber magst Du selbst befinden.
Liebe Angelika, überlege Dir, was Du zur Einheit der Christen beitragen kannst, und sei herzlich gegrüßt von

Deinem Martin Luther

Predigt Martin Luthers, Predella des Reformationsaltars der Stadtpfarrkirche St. Marien in Wittenberg, Lucas Cranach d. Ä., um 1547–1552

Elke und Angelika fassen ihren Glauben kurz zusammen.

Elke meint:	Angelika meint:
Im evangelischen Verständnis gibt es nur eine Quelle des Glaubens, nämlich die Heilige Schrift.	Es gibt zwei Säulen der Kirche und des Glaubens. Es sind die Heilige Schrift und die Überlieferung (Tradition).
+	+
Wir haben nur zwei Sakramente, die vom Herrn gestiftet sind: die Taufe und das Abendmahl. Andere Sakramente lassen sich in der Heiligen Schrift nicht nachweisen.	Die Kirche kennt sieben Sakramente als Heilszeichen: Taufe, Firmung, Eucharistie, Buße, Krankensalbung, Weihesakrament und Ehe.
+	+
Die Kirche kennt nur einen Herrn. Das ist der Herr Jesus Christus. Die Leitung der Kirche obliegt einem Gremium, das wir Landessynode nennen.	Der Papst als Bischof von Rom und als Nachfolger des heiligen Petrus ist Oberhaupt der sichtbaren Kirche und nimmt den Petrusdienst wahr.
+	+
Die Kirche kennt nur einen Priester. Das ist Jesus Christus. Unsere Pfarrer erhalten durch Handauflegung ihren Auftrag (= Ordination).	Die Bischöfe geben im Weihesakrament die Vollmacht des kirchlichen Amtes weiter. Sie stehen in der apostolischen Nachfolge.
+	+
Die Heiligenverehrung wird abgelehnt, weil Gott allein die Ehre gebührt und Jesus Christus allein unser Vorbild ist.	Es ist gut und heilsam, die Mutter Jesu und die Heiligen zu verehren, ihr Beispiel nachzuahmen und ihre Fürbitte anzurufen.

Luthers Frage war:
Wie finde ich einen gnädigen Gott?
Wer macht mich gerecht? Sind das meine guten Taten, Wallfahrten, Reliquien, Gebete? Nein, sagte Luther, als er den Römerbrief gelesen hatte. Nein, gerecht gemacht vor Gott hat mich nur das Leben und Sterben Jesu. Nichts anderes.
Theologisch heißt das Rechtfertigung. Und dieses Wort ist der Kern von Luthers Lehre.

Luthers Reformen
- Die Landesherren übernehmen die Sorge für die evangelischen Gemeinden.
- Der Gottesdienst wird in deutscher Sprache gehalten.
- Der Glaubensschulung dienen der Kleine und der Große Katechismus von Martin Luther.
- Beim Abendmahl werden immer Brot und Wein ausgeteilt.

Das Urbild des Abendmahles: Abraham bewirtet die Engel (Genesis 18,1-15). Gemälde in der St. Basilius-Kathedrale, Moskau. Diese Ikone wird in jeder orthodoxen Kirche als Dreifaltigkeitsbild an der Ikonostase verehrt.

Christsein für andere

Dietrich Bonhoeffer (1906–1945) war ein evangelischer Pfarrer, Hochschullehrer und geistlicher Schriftsteller. Seine Schriften sind Zeugnisse christlicher Lebensart im 20. Jahrhundert. Stichworte daraus sind Nachfolge Christi, Gehorsam gegen Gottes Gebot, Kirche für andere, Glaubenszeugnis auch im politischen Widerstand und Einsatz für von den Nazis verfolgte Juden. Im April 1943 wird er wegen Wehrkraftzersetzung in Berlin inhaftiert. Nach dem Attentat auf Hitler am 20. Juli 1944 wird seine Beteiligung am Widerstand aufgedeckt, und er wird im Konzentrationslager Buchenwald gefangen gehalten. Am 8. April 1945 wird er im Vernichtungslager Flossenbürg standrechtlich zum Tode verurteilt. Das Urteil wird am gleichen Tag durch den Strang vollstreckt.

In zweijähriger Kerkerzeit schreibt er Texte, die nach seinem Tod unter dem Titel „Widerstand und Ergebung“ gedruckt werden, und findet sogar noch Trost für die in Freiheit lebenden Angehörigen. Sein hinter Gitter gedichtetes Lied „Von guten Mächten wunderbar geborgen“ ist in evangelischen und katholischen Liederbüchern gleichermaßen zu finden. Sein Gedankengut gehört inzwischen zum kostbaren Schatz vieler Christen.

Dietrich Bonhoeffer

Von guten Mächten wunderbar geborgen,
erwarten wir getrost,
was kommen mag.
Gott ist mit uns
am Abend und am Morgen
und ganz gewiss
an jedem neuen Tag.

Dietrich Bonhoeffer

Handauflegung bei der evangelischen Konfirmation

Zerlesene Bücher

Manche evangelische Christen lesen täglich in der Bibel. Da Oma Müller aber auch gern mit ihren Enkeln singt und ihnen vorliest, sind die Blätter all dieser Bücher lose. Ein Windstoß hat etliche von den Blättern verstreut. Hilf du ihr, die Blätter wieder einzusortieren! Welches Blatt gehört in welches Buch? Bei richtiger Zuordnung (schreibe dir die Titel auf einen Zettel) nennen die fettgedruckten Anfangsbuchstaben auf den losen Blättern einen Teil der Heiligen Schrift.

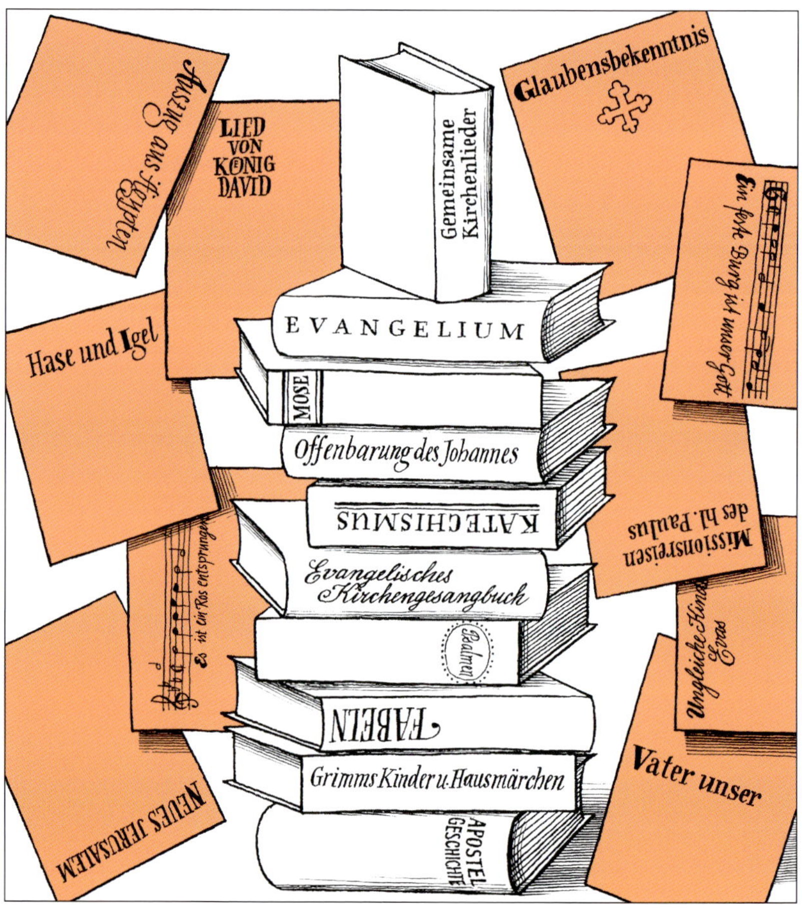

Wege zur einen Kirche

Der Knoten

Unter den Schweizer Eidgenossen war es einmal zu ernsten Streitigkeiten gekommen. Da stieg einer von ihnen hinauf in die Berge zu Nikolaus von Flüe, um Rat zu holen. Der Heilige hörte ihn an und dachte nach. Dann nahm er seinen Gürtelstrick, machte einen Knoten und reichte ihn dem Ratsuchenden hin: „Kannst du diesen Knoten lösen?“ „Ja“, war die Antwort, „mit Leichtigkeit!“ Und da hatte der Gefragte auch schon den Knoten gelöst. „Genauso“, sagte Nikolaus von Flüe, „muss man die Schwierigkeiten der Menschen lösen.“ Sein Gesprächspartner widersprach: „Das ist nicht so leicht!“ Da antwortete der Heilige: „Du könntest auch diesen Knoten nicht lösen, wenn wir jeder an einem Ende der Schnur zögen – und das ist es eben, was die Menschen immer tun.“

Eine Simultankirche und ihre Geschichte

In der Reformationszeit schloss sich der größte Teil der Einwohner Bautzens der lutherischen Lehre an. Das Domkapitel blieb katholisch und überließ das Kirchenschiff, das durch einen Gitterlettner vom Altarraum getrennt war, den evangelischen Christen und richtete im Altarraum das Gotteshaus für die katholisch gebliebenen Gläubigen ein. Schon 1558 wurde zwischen dem Domkapitel und den evangelischen Gläubigen ein Vertrag über die gemeinsame (= simultane) Nutzung abgeschlossen, der heute noch gültig ist. Ein genauer Stundenplan von 0 bis 24 Uhr regelt die Benutzungszeiten für die beiden Gemeinden. Bei der letzten Erneuerung des Domes nach den schweren Zerstörungen des Zweiten Weltkrieges wurde 1952 das vier Meter hohe Gitter durch eine 80 cm hohe Schranke ersetzt. Für große Feiern stellen die Gemeinden ihre „Räume“ einander zur Verfügung.

*Eine **Simultankirche** ist eine Kirche, in der Angehörige zweier verschiedener Bekenntnisse ihren Gottesdienst feiern (simultan: von lat. simul = gemeinsam).*

Ein Sonderfall in der Ökumene

Bis heute ist diese Gemeinsamkeit ohne Beispiel. Zu verdanken ist sie dem damaligen Domdekan in Bautzen, Johann Leisentrit (1527–1586), der Anliegen der Reformation in der Lausitz und in Bautzen aufgriff. Damit sicherte er dort die Existenz des alten Glaubens. Zugleich ermöglichte er ein friedliches Nebeneinander beider Glaubensrichtungen. So war es möglich,

- dass Protestanten dem katholischen Domkapitel vorstanden,
- dass protestantische Vögte die Interessen der Klöster vertraten,
- dass Äbtissinnen das Patronat für evangelisch gewordene Kirchen ausübten und dort Pastoren einsetzten und
- dass der Dom zu Bautzen seit 1523 bis heute evangelischen und katholischen Christen gleichermaßen zur Heimat wurde.

Wichtig ist auch Leisentrits Kirchengesangbuch „Geistliche Lieder und Psalmen“ mit deutschen Texten und sogar lutherischen Gesängen, die „intra missam“ (innerhalb der Messe) zu singen seien.

Im Bautzner Dom wird 1952 das 4 Meter hohe Gitter, das den katholischen Chorraum vom evangelischen Kirchenschiff trennt, abgebaut.

Setze dich nicht mit den Menschen auseinander; setze dich mit ihnen zusammen.

Walter Goes

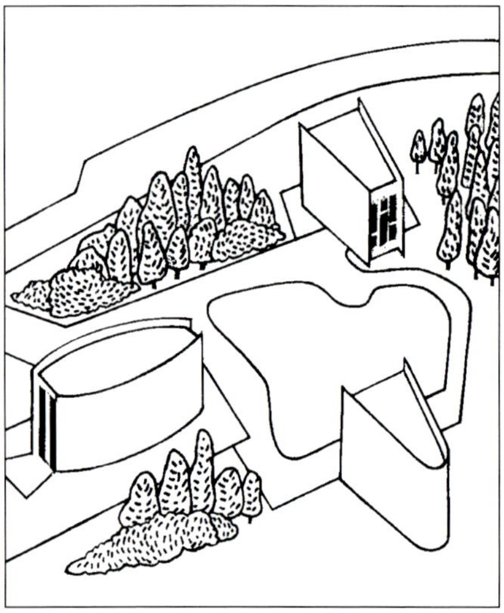

Was sagen die Symbole der drei Grundrisse: der Fisch (jüdisch), das Buch (evangelisch) und der Kelch (katholisch)?

Mit diesem Plakat laden über 70 christliche Pfarreien in Dresden für einen Abend in ihre Kirchen ein. Diese „Nacht der Kirchen“ findet alle zwei Jahre statt.

Ökumene bedeutet:

οἶκος
= Haus

1. in der Antike:
die *bewohnte* Erde
2. in der alten Kirche:
Gemeinschaft aller Patriarchate
3. bei den Evangelischen:
Gemeinschaft aller Christen
4. bei den Katholischen:
Gemeinschaft aller Christen
in *einer* Kirche

Simultan auf Amerikanisch

Die Architekten Harrison und Abramovitz haben dem Gemeinsamen in den Bekenntnissen nachgespürt. Sie beachteten das gleiche Grundanliegen der Glaubensgemeinschaften, aber auch die Verschiedenheit der Einzelformen. Auf dem Gelände der Waltham-Universität in Massachusetts (USA) bauten sie 1957 eine Synagoge für die jüdische Gemeinde sowie für die katholische und für die protestantische Gemeinde je eine Kapelle. Diese drei Bauwerke sind aus dem gleichen weißen Backstein und gleich hoch. Die Grundformen jedoch sind verschieden. Die Synagoge und die Kapellen wurden um einen kleinen künstlichen See herum gruppiert. Ihr Abstand voneinander schließt eine gegenseitige Störung aus; man sieht aber sofort, dass sie irgendwie zusammengehören.

30 Jahre Notzeit

Einen kleinen Schritt gehen die Katholiken und Protestanten am Ende des 30-jährigen Krieges aufeinander zu. Im Westfälischen Frieden von 1648 heißt es:
5.1: Zwischen beiden Religionen soll eine völlige gegenseitige Gleichberechtigung herrschen. Alle Gewalttätigkeit zwischen beiden Teilen soll auf ewig verboten sein.
5.34: Andersgläubige Untertanen sollen geduldet werden. Mit Gewissensfreiheit dürfen sie ihre Andacht zu Hause, aber nicht öffentlich verrichten.

Schwierigkeiten der Missionare

Der zweite Anstoß zur Annäherung der Konfessionen kam von den Missionaren. Ein Methodistenmissionar schrieb vor 50 Jahren: „Die Inder suchen Christus und bewundern ihn; aber sie suchen ihn außerhalb der christlichen Kirchen, weil sie Christus nicht in Verbindung bringen können mit den gespaltenen und untereinander widerstreitenden kirchlichen Organisationen, die sie umwerben … Daher muss endlich Kirche sein.“

Landeskirchen auf neuen Wegen

In der Reformation war in den evangelisch gewordenen Ländern die Bischofsgewalt auf die Landesherren übergegangen. In den Landeskirchen bildeten sich durch unterschiedliche Glaubenssätze oder Lebensweisen viele Sondergemeinschaften.
Mit Auswanderungswellen gelangten deren Anhänger in andere Länder und nach Amerika. Für spätere Generationen schrumpften durch die Erfindung von Eisenbahn und Dampfschiff die Abstände. Gegenseitige Verbindungen wurden aufgenommen. Es wuchs der Wille zur Einheit im Glauben. Kirchenbünde wurden gegründet. Auch in anderen deutschsprachigen Ländern wie Österreich und Schweiz rückten die evangelischen, lutherischen und reformierten Kirchen näher zueinander.

1867	Vereinigung der Anglikaner
1877	Weltbund der Reformierten
1881	Ökumenische Methodistenkonferenz (Hier wird der Begriff „ökumenisch“ eingeführt.)
1891	Weltbund der Kongregationalisten
1922	Deutscher Evangelischer Kirchenbund aus 28 lutherischen Landeskirchen
1923	Lutherische Weltkonferenz in Eisenach
1947	Lutherischer Weltbund
1948	Evangelische Kirche in Deutschland (EKD, Bund von 28 lutherischen, reformierten und unierten Landeskirchen)
1969	Bund der Evangelischen Kirchen in der DDR (Bund von 8 evangelisch-lutherischen Landeskirchen und evangelischen Kirchen; 1991 nach der Einigung Deutschlands zugunsten der EKD aufgelöst)
2007	Reformziele der EKD: wegen schwindender Mitgliederzahlen und zu erwartenden Finanzeinbußen soll die Zahl der Landeskirchen auf acht bis zwölf verringert werden.

Gemeinsame Schätze

die von allen Christen mit den ersten sieben Konzilien anerkannt sind:

Die **Heilige Schrift** umfasst die hebräische Bibel mit dem Neuen Testament, dessen Kern die Botschaft von Jesu Tod und Auferstehung bildet.
→ Bibelseminar S. 250

Die **Taufe** ist Zeichen der Umkehr und des Lebens mit Jesus. Die Form mag verschieden sein, der Inhalt blieb den Christen gemeinsam (→ S. 23, 51 und 57).
Das **Glaubensbekenntnis,** formuliert von den Kirchenversammlungen in Nicäa (325) und Konstantinopel (381), bewahren die Christen als gemeinsames heiliges Fundament bis heute (→ S. 325 und 329).
Das **Abendmahl** hat Jesus mit seinen Jüngern gehalten und der Kirche als Geheimnis des Glaubens geschenkt. Es begründet die Feier des Sonntags als Tag des Herrn (→ S. 24 und 27 f.).
Der **Sonntag** übernimmt vom jüdischen Sabbat die Weisung zur Heiligung des Tages mit Gebet und Ruhe und ist als wöchentliche Feier der Auferstehung Christi von Anfang an hoch geachtet. Jeder Sonntag gilt als Ostern im Kleinen. Er genießt den Schutz des Grundgesetzes.

Die gegenwärtige Struktur des Ökumenischen Rates der Kirchen

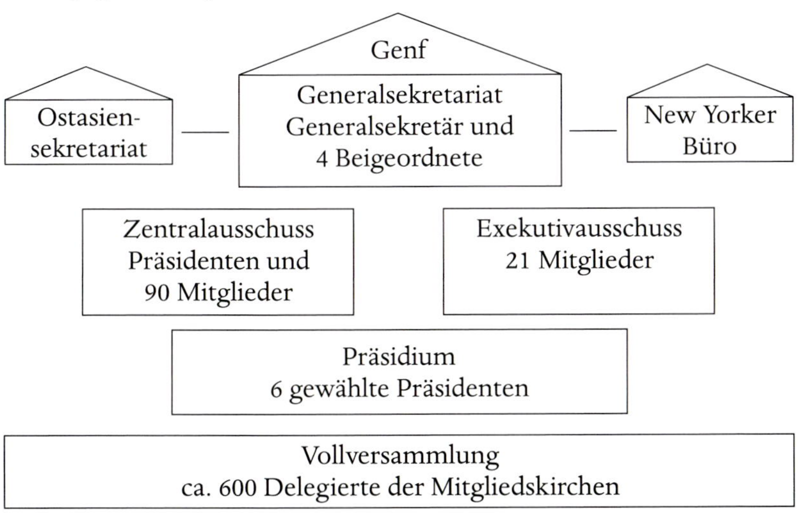

Nathan Söderblom (1866–1931)
Professor, Erzbischof der lutherischen Staatskirche Schwedens und Friedensnobelpreisträger (1930), erreichte 1919 die Bildung eines ökumenischen Rates als einer gedachten Vorstufe zur Einheit aller christlichen Kirchen. Auf diesem Fundament wurde 1948 der **Weltkirchenrat** gegründet.

Willem A. Visser't Hooft (1900–1966)
Dieser Calvinist aus Holland war Mitbegründer und langjähriger Leiter des Ökumenischen Rates der Kirchen. Er schuf mit nur wenigen Mitarbeitern eine weltumspannende Organisation mit Sitz in Genf.

Der Weltrat der Kirchen bedient sich dieses Zeichens bei seinen Veröffentlichungen.

Gemeinsame leidvolle Erfahrungen

Die gemeinsamen leidvollen Erfahrungen in den faschistischen Konzentrationslagern führten die Gefangenen der verschiedenen Bekenntnisse und Weltanschauungen zueinander. Eine katholische Polin, die die Schreckenszeit in Auschwitz überlebte, erzählte: „In diesen entsetzlichen, täglich neuen Qualen gab es ein Erlebnis, das ich in solch beglückender Tiefe weder vorher noch nachher wieder erfahren habe: Katholiken, Protestanten, Juden – Geistliche wie Laien –, Kommunisten und Angehörige anderer Weltanschauungen standen zueinander. Ein trockener Brotkanten zum Beispiel konnte dies ausdrücken, wenn er in dieser Hölle zum Geschenk zwischen zwei Menschen verschiedenster Weltanschauung wurde."

Diaspora

Die Nachkriegsjahre mit Ruinen und Hunger brachten die Christen einander näher. Viele Menschen, in traditionsbewusstem katholischen Land aufgewachsen, fanden sich plötzlich in der Diaspora, von Andersgläubigen und Ungläubigen umgeben. Sie erfuhren Nächstenliebe von den „anderen". Sie lernten ihren Glauben kennen und nutzten gemeinsam die Kirchen.

Kardinal Augustin Bea SJ knüpfte im Auftrag des Papstes die Fäden zu den anderen Kirchen.

Kardinal Augustin Bea (1881–1968)

Als Präsident des Vatikanischen Sekretariats für die Einheit der Christen hat der deutsche Jesuit und Professor, der Beichtvater von Pius XII., große Bedeutung für den ökumenischen Aufbruch in der katholischen Kirche. Mit kleinen Schritten und leisen Tönen erwarb sich dieser Brückenbauer der Einheit weltweite Achtung.

Der heutige Präsident des Päpstlichen Rates zur Förderung der Einheit der Christen ist der deutsche Kardinal Walter Kasper.

Papst Johannes XXIII. begrüßt Roger Schutz als Beobachter beim II. Vatikanum. Der Sohn eines italienischen Bauern war Pfarrer, Sanitäter im Krieg, Professor, Vatikandiplomat (Bulgarien, Türkei, Griechenland, Nuntius in Paris, Beobachter bei der UNESCO). Mit seinem Bibelzitat „Ich bin Josef, euer Bruder." überwand der beliebte Papst alle Gräben und gewann die Herzen.

Wie Ökumene wächst

Glücksfall Johannes XXIII.

Der allseits beliebte Patriarch von Venedig, Angelo Roncalli, wurde als alter Mann zum Papst gewählt. Die Zeitungen nannten ihn Notnagel oder Übergangspapst. Fast aus dem Stand griff er den Ruf nach Reform in der Kirche auf. „Ecclesia semper reformanda", hieß es seit Jahrhunderten, die Kirche muss sich immer erneuern. Raimundus Lullus zum Beispiel, der Selige von der Sonneninsel Mallorca, und sein Zeitgenosse, der heilige Franz von Assisi, die heilige Katharina von Siena und der Humanist Erasmus von Rotterdam waren Erneuerer und damit auch Vorläufer der Ökumene. Aber ihr Wirken führte nicht zum Ziel.

Nun, 450 Jahre nach der Reformation, rief Papst Johannes XXIII. die katholische Kirche auf zur Rückkehr an die Quellen. Gemeint war damit das Evangelium und die Glaubenserfahrung der Ursprungskirche. Es kam ein Lernprozess in Gang, der bis heute andauert. Werden die Christen allesamt sich den gemeinsamen Quellen nähern und damit einander wieder ähnlicher werden?

Papst Johannes XXIII. hatte die Folgen der Kirchenspaltung als Apostolischer Nuntius auf dem Balkan erfahren. Ein armenischer Bischof – so wird erzählt – sprach mit ihm: „Exzellenz, wir lesen im Evangelium, dass der Herr alle Sünden vergibt, dass aber e i n e Sünde nie vergeben wird, weder auf dieser Erde noch im Himmel. Welche ist diese Sünde, Exzellenz? Ist es vielleicht die Spaltung der Kirche?"

Auflösung von Seite 52 (Zerlesene Bücher):
Bücherstoß von oben nach unten: Es ist ein Ros' – Vater unser – Auszug aus Ägypten – Neues Jerusalem – Glaubensbekenntnis – Ein feste Burg – Lied vom König David – Igel und Hase – Ungleiche Kinder Evas – Missionsreisen des hl. Paulus – EVANGELIUM.

Ökumenische Nachrichten

1989 wurde dem Prior der ökumenischen Brüdergemeinschaft von Taizé der Karlspreis der Stadt Aachen verliehen. Die offizielle Begründung lautet: „Frère Roger und seine Communauté setzen die geistige Tradition Europas fort, wie sie von Benedikt von Nursia und Franz von Assisi geprägt und später von den katholischen Orden und evangelischen Gemeinschaften fortgeführt wurde. Unter dem Einfluss Frère Rogers wurde Taizé zu einem Anziehungspunkt für Tausende Jugendliche aus Europa."

+

Am 31. Oktober 1999 unterzeichneten in Augsburg der damalige Bischof und heutige Kardinal Walter Kaspar für die katholische Kirche und Pfarrer Ishmael Noko, der Generalsekretär des Lutherischen Weltbundes, eine Erklärung, dass die gegenseitigen Verurteilungen des 16. Jahrhunderts die heutigen Dialogpartner nicht mehr treffen. Vielmehr bestehe eine Übereinstimmung in den Grundwahrheiten der Rechtfertigungslehre.

Festakt am 31. Oktober 1999 in der Augsburger Sankt-Anna-Kirche: Feierliche Erklärung zur Rechtfertigung. Pfarrer Noko und Bischof Kasper nach der Unterzeichnung.

+

Mit einem festlichen Gottesdienst am 29. April 2007 im Magdeburger Dom haben elf christliche Kirchen in Deutschland wechselseitig die Taufe der jeweils anderen Kirchen als gültig anerkannt. Unterzeichnet haben Bischöfe und Vertreter der äthiopisch-orthodoxen Kirche, der Arbeitsgemeinschaft anglikanisch-episkopaler Gemeinden in Deutschland, der armenisch-apostolischen orthodoxen Kirche, der evangelisch-altreformierten Kirche in Niedersachsen, der Herrnhuter Brüdergemeine, der Evangelischen Kirche in Deutschland, der römisch-katholischen Kirche und der selbständigen evangelisch-lutherischen Kirche.
In der gemeinsamen Erklärung heißt es: „ Trotz Unterschieden im Verständnis von Kirche besteht zwischen uns ein Grundeinverständnis über die Taufe. Deshalb erkennen wir jede nach dem Auftrag Jesu im Namen des Vaters und des Sohnes und des Heiligen Geistes mit der Zeichenhandlung des Unertauchens im Wasser bzw. des Übergießens mit Wasser vollzogene Taufe an … Die so vollzogene Taufe ist einmalig und unwiederholbar."

Ökumenische Zusammenschlüsse bei den nichtkatholischen Kirchen

1895 **Christlicher Studentenweltbund**
1897 Erste **Weltmissionskonferenz** in London fordert eine geeinte Kirche um der Heiden willen.
1925 **Weltkonferenz für praktisches Christentum** in Stockholm (Söderblom und private Beobachter aus Rom)
1927 **Weltkonferenz für Glaube und Kirchenverfassung** in Lausanne
1948 **Weltrat der Kirchen** (ÖRK) in Amsterdam gegründet
1954 zweite Vollversammlung in Evanston (USA): das Generalsekretariat leitet W. A. Visser't Hooft
1961 dritte Vollversammlung in Neu Delhi
1968 vierte Vollversammlung in Uppsala
1975 fünfte Vollversammlung in Nairobi; an ihr nahm eine katholische Beobachterdelegation unter Kardinal Johannes Willebrands (Nachfolger von Kardinal Bea) teil.
1983 sechste Vollversammlung in Vancouver
1991 siebte Vollversammlung in Canberra
1998 achte Vollversammlung in Harare
2006 neunte Vollversammlung in Porto Algre

Mit einer Sprache

Ein ständiges Bemühen der großen Konfessionen um ökumenische Kontakte erwuchs aus dem Willen, gemeinsam Gott zu loben.
Zum Gotteslob gehören das Singen, das Bekenntnis und das Gebet. Zuerst besann man sich auf gemeinsames **Liedgut** und kennzeichnete es in den Gesangbüchern als Einheitslieder. Dann wurden **Glaubensbekenntnis** und **Vaterunser** im gleichen Wortlaut eingeführt.
Sollte nicht auch die **Heilige Schrift** in einer von allen anerkannten Übersetzung verkündet werden? Ein erster Schritt erfolgte 1971. In Loccum einigte man sich über die Schreibweise von biblischen Namen (Loccumer Richtlinien → S. 256).
Ein zweiter Schritt wurde mit einer quellengetreuen **Einheitsübersetzung** der Heiligen Schrift getan. Daran wirkten Fachleute verschiedener Konfessionen mit. Im Jahr 2005 ist die deutsche evangelische Kirche aus diesem Projekt wieder ausgestiegen.

Es ist Unsinn, sagte die Vernunft.
Es ist aussichtslos, sagte die Einsicht.
Es ist unmöglich, sagte die Erfahrung.
Es ist, wie es ist, sagte die Liebe.

Erich Fried

Katholische Schritte zur Einheit

1964: Mit dem **II. Vatikanischen Konzil** beginnt die römisch-katholische Kirche ein neues Zeitalter ihres ökumenischen Verständnisses. Es werden „Gemischte Kommissionen“ gebildet. Vertreter des Ökumenischen Rates der Kirchen und des Sekretariates zur Förderung der Einheit der Christen beraten über Wege der Annäherung.

1968: Das vatikanische Einheitssekretariat und die vereinigten Bibelgesellschaften treffen **Vereinbarungen zur Übersetzung der Bibel.**

1979: Bildung einer **orthodox-katholischen** Arbeitsgruppe

1981: Bildung einer **anglikanisch-katholischen** Arbeitsgruppe und einer **lutherisch-katholischen** Arbeitsgruppe.

1982: Die lutherisch-katholische Arbeitsgruppe legt ein Konsenspapier vor über *Taufe, Eucharistie, Amt* (sog. *Limapapier*) und ein *Dokument über das Hirtenamt der Kirche.*

1988: Die orthodox-katholische Arbeitsgruppe verabschiedet die Dokumente *Über das Weihesakrament* und *Über die apostolische Sukzession* (→ S. 13 und 59).

1995: Die Enzyklika von Papst Johannes Paul II. *Ut unum sint* über den Einsatz in der Ökumene erscheint. Der Papst bietet einen „brüderlichen, geduldigen Dialog“ über den Petrusdienst (Vorrang des Papstes) an. Das Apostolische Schreiben *Orientale Lumen* zum **Dialog mit den Ostkirchen** erscheint im Vatikan.

1999: Am Reformationstag erklären Lutheraner und Katholiken in Augsburg ihre Einigung über das Verständnis der *Rechtfertigungslehre.*

2003: Erster deutscher **ökumenischer Kirchentag** in Berlin, Ökumenisches **Jahr der Bibel**

Damit die Welt glauben kann

Nimm Papier und Stift und beantworte die folgenden Fragen. Unterstreiche im Lösungswort die jeweils durch Zahlen angegebenen Buchstaben. Sie ergeben, hintereinander gelesen, eine Weisung aus dem Neuen Testament.

1. Papst, der den Bannspruch von 1054 gegen die Ostkirche aufhob (2, 4)
2. Gründer der Ökumenischen Bewegung (7)
3. „Kardinal der Einheit“ (2)
4. So nennt man verstreute Gemeinden in andersgläubigem Gebiet (4, 6)
5. Ort, in dem die Einigung über die Schreibweise biblischer Namen stattfand (1)
6. Stadt des ersten ökumenischen Kirchentages im Jahre 2003 (4)
7. Gemeinschaft aller christlichen Kirchen (5, 6)
8. Evangelischer Theologe und Urwaldarzt, Nachname (5, 6)
9. Papst, der sich vor anderen „Euer Bruder“ nannte (6, 8)
10. Kirche, in der Angehörige verschiedener Bekenntnisse Gottesdienst feiern (1, 14)
11. Arbeitsgebiet, auf dem die Spaltung der Kirche besondere Schwierigkeiten bereitet (5, 7)

Aus meiner Kindheit und Jugendzeit

In der Günsbacher Kirche konnte sich mein andächtiges Träumen in einem katholischen Chor ergehen. Sie diente nämlich zugleich dem protestantischen und dem katholischen Kult.
Als das Elsass durch Ludwig XIV. französisch wurde, bestimmte dieser, um die Protestanten zu demütigen, dass in den protestantischen Dörfern, in denen zum mindesten sieben katholische Familien wohnten, den Katholiken der Chor eingeräumt werden müsste.
Der katholische Chor, in den ich hineinschaute, war für meine kindliche Phantasie der Inbegriff der Herrlichkeit. Ein goldfarben angestrichener Altar, große metallene Leuchter mit majestätischen Kerzen; an der Wand über dem Altar, zwischen den beiden Fenstern, zwei große goldfarbene Statuen, die für mich Josef und die Jungfrau Maria bedeuteten; dies alles umflutet von dem Lichte, das durch die Chorfenster kam; und durch die Chorfenster hindurch schaute man auf Bäume, Wolken und Himmel hinaus, auf die Welt, die den Chor der Kirche in die unendliche Ferne fortsetzte und mit dem Scheine der Verklärung umflossen war. So wanderte mein Blick aus der Endlichkeit in die Unendlichkeit. Stille und Friede überkamen meine Seele …
Die aus einer Herrscherlaune Ludwigs XIV. entstandene protestantisch-katholische Kirche ist mir mehr als eine merkwürdige geschichtliche Erscheinung. Sie gilt mir als Symbol dafür, dass die konfessionellen Unterschiede etwas sind, was bestimmt ist, einmal zu verschwinden. Als Kind schon empfand ich es als etwas Schönes, dass in unserem Dorfe Katholiken und Protestanten in derselben Kirche Gottesdienst feierten. Noch heute erfüllt es mich mit Freude jedes Mal, wenn ich den Fuß in sie hineinsetze.

Albert Schweitzer, evangelischer Theologe und Urwaldarzt (1875–1965)

Schlag nach ⇨
Begriffe – Stichworte – Wissenswertes

APOSTOLISCHE SUKZESSION (lat. = Nachfolge); bezeichnet die ununterbrochene Nachfolge im Bischofsamt (ebenso bei orthodoxen, anglikanischen, altkatholischen und einigen nordeuropäischen protestantischen Christen). Sie beginnt meist mit dem Apostel Petrus. (→ S. 13)

Die Handauflegung ist Zeichen für die **Apostolische Sukzession**.

BASISGEMEINDE ist eine überschaubare Gemeinschaft mit starkem inneren Zusammenhalt, die in den jungen Kirchen Lateinamerikas nach dem Zweitem Vatikanum entstanden ist, oft wegen Priestermangels und gesellschaftlicher Konflikte. Wie in der Hauskirche des frühen Christentums führt die Basisgemeinde zur tieferen Teilnahme an Gottesdienst und Katechese.

DIAKON Das frühkirchliche Weiheamt ist im NT mehrfach bezeugt. Ursprünglich betreut der Diakon die Armen und Kranken der Gemeinde. Das Zweite Vatikanum hat den Ständigen Diakonat wieder belebt. Als Helfer des Priesters übernimmt der Diakon heute liturgische Aufgaben (Verkündigung des Evangeliums, Spendung der Taufe, Assistenz bei Trauung und Beerdigung) und pastorale Dienste (Gefangenenseelsorge, Besuchsdienste) und nach wie vor diakonische Bereiche (Kranken-, Ausländer-, Notfallpastoral).

DIASPORA (griech. = Zerstreuung), ein schon in biblischer Zeit gebrauchter Ausdruck für eine Minderheit, z. B. von Juden unter Griechen. Diese auch der Kirche bekannte Situation wirkt sich auf Glauben und Gemeindeleben aus.

Diasporakirche St. Antonius in Berggießhübel

ENZYKLIKA (griech. = Kreis); Rundschreiben des Papstes an die Bischöfe, häufig zu Zeitfragen Stellung nehmend

FROHE HERRGOTTSTUNDE In den ostdeutschen Bistümern wurde um 1950 als Ergänzung zur häuslichen Glaubensbildung die wöchentliche Frohe Herrgottstunde für Vorschulkinder eingeführt und einheitlich gestaltet. Der Themenplan umfasst Brauchtum, Gemeindeleben und Gebetsschule.

KAPLAN ist ein Geistlicher, der den Pfarrer in der Seelsorge unterstützt. Über den Ursprung des Namens Kapellan aus der Kappa des hl. Martin lies S. 137.

KARDINAL Höchster Rang der Priester nach dem Papst, der die Kardinäle als Ratgeber ernennt (= kre-iert). → S. 19

KONFESSION (lat. confessio = Bekenntnis); Bekenntnis des Glaubens, auch Bezeichnung für die Gemeinschaft der in einem Bekenntnis verbundenen Christen, z.B. katholische und evangelische Konfession.

Konzelebration der Eucharistiefeier

KONZELEBRATION (lat. celebráre = feiern); Feiern (konzelebrieren) mehrere Priester und Diakone gemeinsam einen Gottesdienst, unterscheiden wir den Hauptzelebranten (= Prinzipalis) und die Konzelebranten.

KÜSTER (lat. custos = Wächter); Kirchendiener; gleichbedeutend sind Bezeichnungen wie Sigrist, Messner, Kirchner, Glöckner, Kirchenwart. Ihm obliegt die Ordnung im Kirchenraum sowie die Vorbereitung der Gottesdienste.

LAIEN (griech. laos = Volk); Laien sind die lebendigen Steine, aus denen die Kirche zu einem geistigen Haus aufgebaut wird (vgl. 1 Petr 2,5). Im biblischen Verständnis sind alle Getauften Laien. Rechtlich wurde schon in der Frühzeit der Kirche zwischen Amtsträgern und den anderen Getauften unterschieden.

Ministranten

Schola beim ökumenischen Kirchentag 2003 in Berlin

Weihe des Taufwassers mit der Osterkerze in der Osternacht

LEKTOR (lat. légere = lesen); Er trägt im Gottesdienst die Lesungen, nicht jedoch das Evangelium vor.

LITURGIE bezeichnet in der griechischen Antike den Dienst des Volkes etwa im Kriegsfalle durch Gaben für die Kämpfenden und Bereitstellung von Schiffen. Für die Kirche ist Liturgie der Dienst des Gottesvolkes, die Spendung der Sakramente und das Chorgebet. Sie gehört zu den Lebenszeichen der Kirche. → S. 11

MINISTRANT (lat. ministráre = dienen); als „Messdiener" hilft er bei der liturgischen Feier. Dieser Dienst wird oft von Jugendlichen geleistet.

NUNTIUS (lat. nuntiare = senden); Gesandter des Papstes, des Oberhaupts des Vatikanstaates, bei vielen Regierungen. Seine Aufgaben: die diplomatischen Beziehungen pflegen und die kirchlichen Belange im jeweiligen Staat vertreten.

PFARRGEMEINDERAT Gremium, in dem der Pfarrer mit gewählten und berufenen Gemeindegliedern die seelsorgerlichen und liturgischen Aufgaben der Gemeinde berät.

PRÄLAT höherer päpstlicher Ehrentitel für Priester. Der einfachste ist „Monsignore" (= mein Herr), Abk. Msgr.

PRIESTER (griech. presbýteros = Ältester); Vorsteher der Gemeinde

PROPST (lat. praepositus = Vorgesetzter); Titel bestimmter Geistlicher. Ursprünglich war der Propst Stellvertreter des Abtes. Heute als (Ehren-)Titel für Geistliche an ehemaligen Stifts- und Klosterkirchen, in Großstädten auch an Hauptkirchen üblich, aber auch in der evangelischen Kirche gebräuchlich.

RELIGIÖSE KINDERWOCHE (RKW) Einmal im Jahr kommen seit etwa 1960 die Kinder und Jugendlichen der ostdeutschen Pfarreien zusammen, um christliche Gemeinschaft zu erfahren und den Glauben gemeinsam zu leben.

SCHOLA (lat. schola cantorum = Singschule); im Altertum bestimmte man kleine Jungen wegen ihrer durchdringenden Stimme zu Lektoren und erzog sie im Haus des Bischofs. Daraus entwickelte sich die Schola als Schulinstitut. Aus dieser Tradition sind bedeutende Knabenchöre erwachsen. → S. 171

TALAR knöchellanges schwarzes Gewand der Geistlichen (und der Richter).

THEOLOGIE (griech. theós = Gott und lógos = Wort, Lehre); Lehre von Gott, die Ursprung, Entwicklung und Erscheinung religiöser Gemeinschaften untersucht. Dabei behilflich sind Bibelwissenschaften, Dogmatik, Kirchengeschichte, Ethik, Liturgik, Pastoral und andere. Theologische Überlegungen finden wir schon im AT, etwa die Frage im Buch Ijob „Wie kann Gott das Böse zulassen?" oder die Deutung von Naturkatastrophen in der Sintflutgeschichte.

VIKAR (lat. vicarius = Stellvertreter); Der Generalvikar ist Vertreter des Bischofs bei der Bistumsverwaltung. Der Pfarrvikar ist Vertreter des Pfarrers (oft Kaplan genannt).

WEIHE (althochdeutsch wih = heilig); eine kirchliche Handlung, mit der eine Person, ein Gegenstand oder ein Raum für den Gottesdienst frei gehalten wird. Im Alltag oft für Segnung gebraucht (Einweihung, Hausweihe).

Kirchen und Gemeinschaften

Von A bis Z

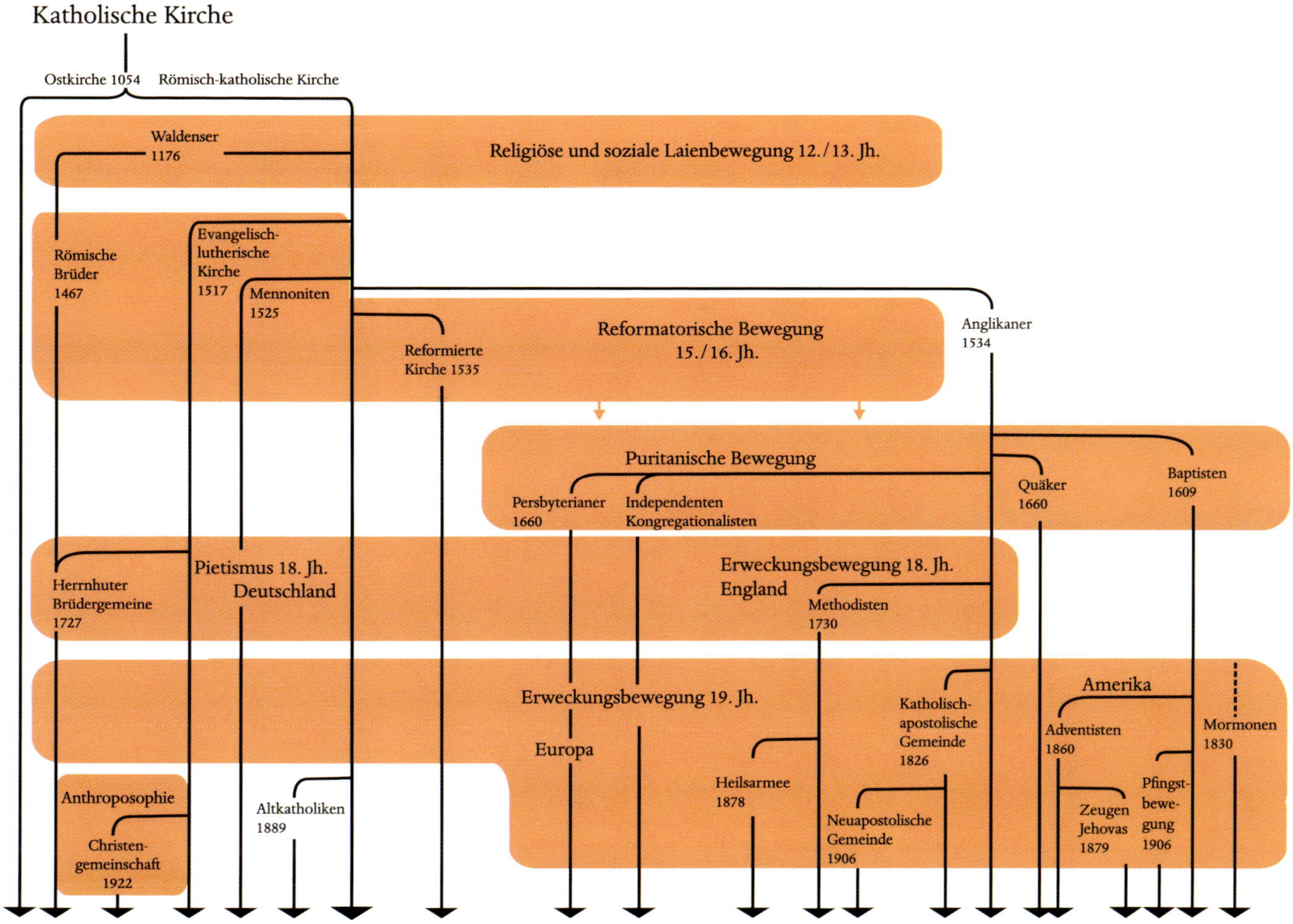

Taufe bei den Siebenten-Tags-Adventisten

Adventisten

Die Siebenten-Tags-Adventisten

Ein Vorspiel:
„Und so sage ich euch, Brüder und Schwestern, die Welt wird untergehen und Christus, der Weltenrichter, wird kommen."

Der Baptistenprediger William Miller hob die Hand und ließ eine Pause entstehen. Es war still in der Halle. Alle schauten auf den Prediger, der zugleich als Farmer großes Ansehen genoss. „Wann aber wird das sein? Morgen oder in tausend Jahren? Nein, Brüder. Ich habe in der Schrift nachgerechnet. Was ist das Ergebnis? Ich will es euch sagen, Brüder! 1843 wird die Welt untergehen und Christus wiederkommen."

Ein Raunen ging durch die Halle. Mitglieder der Baptistengemeinschaft warfen sich kurze Sätze zu. „Unser Prediger hat recht.“
Das Jahr 1843 kam, mit banger Erwartung eingeleitet. Und es verging, ohne dass sich etwas ereignete, was auf Weltuntergang hinwies. Die Anhänger des Farmers und Predigers William Miller waren bitter enttäuscht. Sie hatten den Termin so ernst genommen, dass sie ihre Besitzungen verkauft, das Geld verschenkt und auf dieser Welt alle Zelte abgebrochen hatten. Viele wandten sich daraufhin vom Glauben ab.

Gründung

Andere wagten einen neuen Anfang im Blick auf das Endgericht und die Sabbatheiligung. 1863 schlossen sie sich zur Gemeinschaft der Siebenten-Tags-Adventisten zusammen. Zu ihnen gehörte eine junge Frau: Ellen Gould White. Die Adventisten halten sie für eine Prophetin; dennoch bleibt das Wort der Bibel ihre alleinige Glaubensgrundlage.

Emblem der Siebenten-Tags-Adventisten

Lehre

Die Adventisten haben stets die Wiederkunft Christi und das Endgericht vor Augen, auch wenn sie keinen Zeitpunkt dafür angeben. Deshalb haben sie eine sehr ernste Lebenseinstellung. Allein die Bibel gilt als Glaubensgrundlage; jedes andere in Worte gefasste Glaubensbekenntnis lehnen sie als Menschenwerk ab. Da im Alten und Neuen Testament noch nichts von der Feier des Sonntags steht, halten sie streng an der Heiligung des Sabbats fest. – Der Gottesdienst der Adventisten beginnt mit einem Bibelgespräch (Sabbatschule) in kleinen Gruppen. Nach einer Stunde folgt eine einstündige Predigt vom Sprechpult aus. Den Abschluss bilden Lied und Gebet. Einmal im Vierteljahr feiern sie das Abendmahl und betonen dabei die vorher stattfindende Fußwaschung.
Weitere Schwerpunkte der Lehre sind Opferbereitschaft und Abgabe des Zehnten. Da die Bibel den Menschen als Tempel Gottes bezeichnet, lehrt die Gemeinschaft eine strenge und gesunde Lebensführung, Verzicht auf weltliche Vergnügungen, Tabak und Alkohol. Die Speisegesetze der Juden (Verbot von Schweinefleisch) übernehmen sie nicht aus kultischen Gründen, sondern weil Gott diese Gesetze seinem Volk gab, um es vor Krankheiten zu schützen. Die Aufnahme in die Gemeinde geschieht durch Taufe der Erwachsenen.

Organisation

Weltweit führten die STA im Jahre 1991 insgesamt 4731 Grundschulen, 980 höhere Schulen, 79 Universitäten und Colleges, 2 Medizinische Hochschulen, 46 Schulen für Krankenpflege, 154 Krankenhäuser und Sanatorien, 322 Kliniken und Ambulanzen und 28 Lebensmittelfabriken. Ihrer Mission dienen ca. 60 Verlage, Rundfunksender und Bibel-Fernschulen. Gegenwärtig breiten sich die STA am stärksten in Südamerika, Afrika und Asien aus. Die Zahl der getauften Mitglieder hat 2006 die 15-Millionen-Grenze erreicht.

Altkatholiken

In Rom war am 18. Juli 1870 das Erste Vatikanische Konzil zu Ende gegangen. Es hatte feierlich verkündet, dass der Papst als Bischof von Rom einen Vorrang vor allen Bischöfen habe (Primat) und ihm die Unfehlbarkeit zukomme, wenn er in Glaubens- oder Sittenfragen eine Lehrentscheidung fällt.
Besonders die Lehre von der Unfehlbarkeit des Papstes brachte einige Theologen und Laien auf. Sie verließen die katholische Kirche und wählten einen der ihren zum Bischof. Die Erteilung der Bischofsweihe erbaten sie für ihn von der Kirche zu Utrecht, die seit 1723 von Rom getrennt war. Mit dieser Kirche schlossen sie dann einen Bund, die sogenannte **Utrechter Union von 1889**. Damit ist die eigentliche Gründung der Altkatholischen Kirche erfolgt. Von da an breiteten sich die altkatholischen Kirchen aus. In den USA, in Kanada und Polen, ansatzweise auch in Frankreich und Italien, entstehen selbständige Organisationen.

Altkatholischer Familiengottesdienst

Organisation

Die Altkatholiken sind in Landeskirchen zusammengefasst. Oberhaupt ist der Bischof. Seine Helfer in den Gemeinden sind die Priester und Diakone.
Mitgliederzahlen: weltweit mindestens 200 000, Deutschland: 24 000, Schweiz: 16 000, Österreich: 18 000, Polen: 30 000.
Die Altkatholiken haben volle Gemeinschaft, d. h. Sakramentengemeinschaft, mit den anglikanischen Kirchengemeinden. Mit den Ostkirchen wird dauernder Kontakt angestrebt. Seit dem Zweiten Vatikanischen Konzil ist das Verhältnis zur Mutterkirche wieder freundlicher.

Lehre

Die Altkatholiken unterscheiden sich von den Katholiken vor allem in folgenden Punkten:

- Grundlage der Lehre sind die Heilige Schrift und die katholische Tradition bis zum frühen Mittelalter.
- Sie erkennen den Bischof von Rom nicht als Oberhaupt der Kirche an.
- Von den Konzilien sind für sie nur die ersten sieben verbindlich, die in Einheit der Ostkirche mit der Westkirche gehalten wurden:
  Nicäa 325, Konstantinopel 381, Ephesus 431, Chalcedon 451, Konstantinopel 553, Konstantinopel 689 und Nicäa II 787
- Alle Ablässe sind aufgehoben.
- Die Ehelosigkeit der Priester ist abgeschafft.
- Die Laien sind an Pfarrer- und Bischofswahlen beteiligt.

Die Menschheit kommt zu der allmählichen Erkenntnis, dass das Gemeinsame der Menschen wichtiger und fruchtbarer ist als das Trennende.

Thornton Wilder

Anglikaner

Es gibt verschiedene Bezeichnungen für diese Gemeinschaft:

Church of England	(Offizielle Bezeichnung)
Ecclesia anglicana	(latein.)
Kirche von England	(deutsch)
Anglikanische Kirche	(allg. übliche Bezeichnung)

Geschichte

Die Lage der britischen Insel am Rande von Europa begünstigte eine eigene Entwicklung der Kirche von England.

3. Jh.

Berichte über Christen in Britannien

um 450

Die Angelsachsen fielen ein und drängten die altenglische Kirche zurück; auf den irischen Inseln entstand eine blühende Mönchskirche.

um 600

Papst Gregor der Große errichtete das Erzbistum Canterbury.

7. Jahrhundert

Beginn der Missionstätigkeit der angelsächsischen und iro-schottischen Mönche auf dem europäischen Festland (Bonifatius, Sturmius, Kilian u. a.). Blühende Kirche auf den Inseln.

14. Jahrhundert

John Wyclif († 1384) trat mit Protest gegen den Papst auf. Er wollte die Kirche erneuern, aber auch politische Ziele durchsetzen. Die Kirche in England sollte selbständig werden. Sein Einfluss auf Jan Hus und Martin Luther machte Geschichte. (→ S. 48 und 67)

1534

König Heinrich VIII. wollte kirchlich geschieden werden, um eine andere Frau heiraten zu können. Der Papst konnte auch dem König nicht gewähren, was Unrecht ist: die Ehescheidung.
Der König vollzog den Bruch mit dem Papst und machte sich selber zum Oberhaupt der englischen Kirche. Er gab der Kirche eine neue Verfassung. Die Lehre der englischen Kirche aber blieb katholisch. Die englische Staatskirche war gegründet.

Seit 1992 sind in der anglikanischen Kirche auch Frauen zum Priesteramt zugelassen.

Kurz und bündig

Kirche in England
besteht seit dem 3. Jh.

Kirche von England
ist die Bezeichnung für die Kirche im Mutterland seit der Trennung von Rom durch Heinrich VIII. Sie gehört zu den anglikanischen Kirchen, für die 30 Mill. Anhänger (davon 10 Prozent in der Kirche von England) geschätzt werden.

Anglikanische Kirchen
sind als Tochterkirchen durch englische Auswanderer in aller Welt entstanden.

Auflösung von S. 58 (Damit die Welt glauben kann):
1. Paul, 2. Söderblom, 3. Bea, 4. Diaspora, 5. Loccum, 6. Berlin, 7. Ökumene, 8. Schweitzer, 9. Johannes, 10. Simultankirche, 11. Mission – ALLE SOLLEN EINS SEIN.

Rowan Williams, anglikanischer Erzbischof von Canterbury, und John Hall, Dekan der Westminster Abbey

Unter Königin Elisabeth I. (1558–1603) wird die englische Staatskirche gefestigt durch die Neuordnung des Gottesdienstes (im Common Prayer Book) und des Glaubensbekenntnisses (beeinflusst von der reformierten Lehre).
In der hochkirchlichen (→ Hochkirche, S. 71) Bewegung wird bis heute besonders die katholische Ausgestaltung des Gottesdienstes gepflegt, während sich in der niederkirchlichen und breitkirchlichen Bewegung stärker der Einfluss der Reformation zeigt.

Lehre

Hervorzuheben sind vier Schwerpunkte:
1. Die Bibel ist geoffenbartes Wort Gottes.
2. Die christliche Überlieferung ist Norm der kirchlichen Lehre. Das Glaubensbekenntnis von Nicäa und das Apostolische Glaubensbekenntnis haben Geltung.
3. Von den Sakramenten werden Taufe und Abendmahl hervorgehoben.
4. Das Bischofsamt geht auf die Apostel zurück.

Für Gottesdienst und Gemeindeleben ist grundlegend das Common Prayer Book. Es ist Gebetbuch, Messbuch, Glaubens- und Gesangbuch in einem. Sein Inhalt führt ungebrochen die katholische Tradition fort. Es enthält neben allen 150 Psalmen 779 alte und neue Lieder.
Zwei Drittel der in England geborenen Kinder werden in der Kirche von England getauft. Über die Hälfte aller Brautpaare lässt ihre Ehe kirchlich einsegnen. Die aktiv am Leben der Gemeinden teilnehmenden Gläubigen sind in der Minderheit.
Interessant ist, dass in der anglikanischen Kirche heute noch 51 Frauen- und 9 Männerorden bestehen.

Organisation

Die englische Königin ist Oberhaupt der Kirche. Sie ernennt Bischöfe und Dekane. Kirchliche Gesetze bedürfen der Zustimmung des Parlaments. Die Erzbischöfe und etliche Bischöfe gehören dem Oberhaus an.
Die englische Kirche gliedert sich in die beiden Kirchenprovinzen (Erzdiözesen) Canterbury und York. Ihnen sind 43 Diözesen untergeordnet. Der Erzbischof von Canterbury führt den Titel „Primas von ganz England". Er nimmt die Krönung des englischen Königs (bzw. der Königin) vor. In beiden Kirchenprovinzen bestehen seit alters sog. Convocations, mit unseren Synoden vergleichbar, allerdings ohne Beteiligung der Laien.
Obwohl die kirchliche Verwaltung eng an den Staat gebunden ist, empfängt kein Bischof oder Priester Gehalt vom Staat.
Ihre geistlichen Belange (Liturgie, Seelsorge usw.) regelt die Kirche von England selbst.
Neuerdings sind starke Bestrebungen im Gange, um die Bindungen zwischen Staat und Kirche zu lockern oder gar zu lösen.

Anglikanische Kirchengemeinschaft

Die anglikanische Kirche hat sich auch außerhalb Englands verbreitet, besonders in Irland, Schottland, in den USA, in Kanada, Australien und Südafrika. Sie ist in diesen Ländern rechtlich nicht abhängig von der Kirche des Mutterlandes. Diese Tochterkirchen sind mit der Mutterkirche in der Anglikanischen Kirchengemeinschaft (ca. 77 Millionen Menschen in über 450 Diözesen) vereint. Oberhaupt dieser Anglikanischen Kirchengemeinschaft ist der Erzbischof von Canterbury. Seit 1867 finden alle zehn Jahre Konferenzen der Bischöfe der Anglikanischen Kirchengemeinschaft statt (Lambeth-Konferenzen).

GOD be in my head and in my understanding. GOD be in my eyes and in my looking. GOD be in my mouth and in my speaking. GOD be in my heart and in my thinking. GOD be at my end and at my departing.	Gott, sei in meinem Kopf und in meinem Verstand. Gott, sei in meinen Augen und in meinem Blick. Gott, sei in meinem Mund und in meiner Rede. Gott, sei in meinem Herzen und in meinen Gedanken. Gott, steh mir am Ende bei und in meinem Tode.

Ein Lied aus dem Common Prayer Book

Baptisten

Martin Luther King, der schwarze Baptistenprediger, machte keinen Unterschied zwischen Christen und Nichtchristen, zwischen Weißen und Farbigen, zwischen Baptisten und anderen Christen. Er setzte sich für die Gleichberechtigung seiner farbigen Brüder ein. Er, der Schwarze, predigte Liebe, predigte Gewaltlosigkeit, predigte der zerstrittenen Welt Frieden.
Am 4. April 1968 beendete die Kugel eines Mörders gewaltsam sein Leben. Die ganze Welt horchte auf. Viele, die bisher nichts von Martin Luther King gewusst hatten, hörten jetzt seine Botschaft.

Taufbassin statt Taufstein

Betreten wir das Gotteshaus einer Baptistengemeinde, fällt uns zuerst das große Taufbassin auf. Baptisten taufen keine Kinder. Erst Erwachsene, die sich bewusst und freiwillig für Christus entscheiden, werden durch Untertauchen getauft und in die Gemeinde aufgenommen. Zur Gemeinde können nur Menschen gehören, die sich für Christus engagieren.
Sehen wir uns um im Gottesdienstraum! Er ist einfach und schmucklos, hat einen Abendmahlstisch und eine Kanzel. Meistens wird der Raum beherrscht vom großen Zeichen des Kreuzes, ohne Körper des sterbenden Jesus. In der Gestaltung der Gottesdienste ist jede Gemeinde völlig selbständig. Nach Predigt, Betrachtung, Gesang und Gebet (besonders meditativem Gebet) legen oft noch einzelne Gemeindemitglieder Zeugnis ab zur Erbauung der anderen. Glaube, Lehre und die Gemeindeordnung leiten die Baptisten allein aus der Heiligen Schrift ab, die jeder Gläubige unter der Leitung des Heiligen Geistes auslegen kann. Dadurch gibt es bei den Baptisten zahlreiche baptistisch unterschiedliche Ansichten. Das wird sichtbar in den vielen baptistischen Vereinigungen und Gesellschaften.
Im Jahre 1609 bildete sich in Amsterdam aus schon bestehenden Täufergemeinden die erste Baptistengemeinde. Prediger war ein ehemaliger Anglikaner. Anlass zur Gründung einer eigenen Gemeinde war die Kritik an der Kindertaufe. „Baptisten" (griech. = Täufer) war zunächst ein Spottname. Durch Auswanderung entstanden Gemeinden in England und ab 1639 in Amerika. In Amerika wuchs die Zahl der Baptistengemeinden rasch an. Die Baptisten verkündeten das Evangelium den als Sklaven nach Amerika gebrachten Negern. Viele baptistische Gemeinden lehnten die Bildung besonderer Negergemeinden ab. Sie vereinigten von Anfang an Schwarze und Weiße in einer Gemeinde.

Martin Luther King

Wenn ein Mensch
nicht etwas gefunden hat,
für das er bereit wäre,
sein Leben hinzugeben,
dann taugt er nicht zum Leben.

Martin Luther King

Zahlen von heute

Baptistengemeinden gibt es auf allen Kontinenten. 1998 geben die Statistiker ca. 40 Millionen getaufte Mitglieder an. Zählt man die Kinder und Jugendlichen dazu, dürften es etwa 75 Millionen sein. Die meisten Baptisten leben in Amerika. Von der schwarzen Bevölkerung der USA ist jeder Zweite Baptist.
In Europa leben größere Gruppen in Russland, Rumänien und Schweden sowie im deutschen Sprachraum.
In manchen Ländern nennen sich die Baptisten „Evangelisch-Freikirchliche Gemeinde". International sind sie im Baptistischen Weltbund zusammengeschlossen.

Mahalia Jackson, Tochter eines schwarzen Baptistenpredigers, sagte: „Gospelsong ist nichts anderes als das Singen der Frohen Botschaft und das Verbreiten der guten Nachricht. Die Seele des Negers ist von Natur aus so voll von Rhythmus und Musik, dass er jedes Mal neue Kraft schöpfte, wenn er zum Klang der Musik in der Gemeinde ‚Zeugnis geben' und singend ‚fröhlich werden' konnte. Singen Sie einmal mit mir, und – ob Sie weiß oder schwarz sind – Sie werden es selber spüren!"

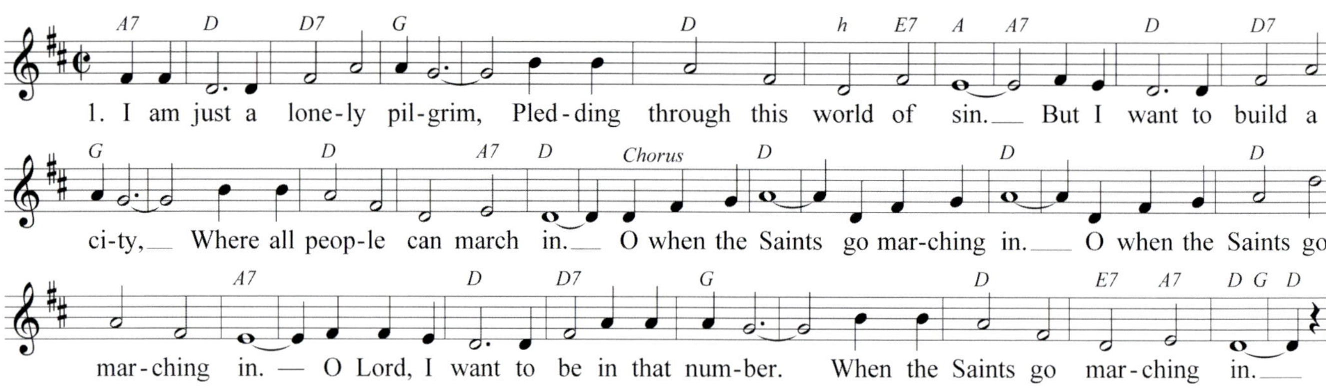

2. Roll on Jordan, roll on high.
Roll on side as we go by.
There's a better world a-coming,
And the Saints go marching in.
O when the Saints …

3. I am just a weary traveller,
Travelling through this world of woe,
But I'm working for that morning,
When there'll be peace down here below.
O when the Saints …

1. Ich bin ein verlassener Pilger
und quäl' mich durch die sündige Welt.
Aber ich will eine Stadt bauen,
die allen Völkern offen steht.
Oh, wenn die Heiligen einziehen,
oh, wenn die Heiligen einziehen,
o Gott,
ich möchte in ihrer Schar sein,
wenn die Heiligen einziehen.

2. Woge auf Jordan, woge hoch,
damit wir hindurchgehen können
auf die Seite,
wo eine bessere Welt beginnt
und die Heiligen hineingehen.

3. Ich bin ein wahrer Wanderer,
wandere durch diese Welt voll Leid,
aber ich wirke auf diesen Morgen hin,
an dem hier unten Frieden sein wird.

Mennoniten

In ihren Anschauungen nah verwandt sind den Baptisten die Mennoniten, genannt nach Menno Simons. Er fasste nach 1540 die Täufergemeinden im niederdeutschen Raum zwischen Danzig und Amsterdam zusammen. Bei den Täufergemeinden war es üblich, dass die Taufe erst gespendet wurde, wenn der Empfänger seinen Glauben persönlich bekennen konnte (Erwachsenentaufe). Mennoniten gibt es heute noch vor allem in den Niederlanden, wo schon früher größere Gemeinden bestanden. Rembrandt hat einen Mennonitenprediger gemalt. Die Mennoniten nehmen das Gebot, Feinde zu lieben, so ernst, dass sie den Kriegsdienst, ja selbst jede Art von Verteidigung ablehnen.
Die Gesamtzahl wird heute mit etwa einer Million angegeben. Die „Arbeitsgemeinschaft Mennonitischer Gemeinden in Deutschland" zählt rund 7000 Gemeindeglieder in 50 Gemeinden mit 24 Pastoren. In der Schweiz gibt es 3000, in Österreich 350 Gemeindeglieder. Neuerdings erfolgt ein starker Zuzug deutschstämmiger Mennoniten aus Russland, die in eigenen Gemeinden leben.

Mennonitenprediger, Radierung von Rembrandt, 1641

Brüdergemeinden

In der Geschichte der Kirche taucht immer wieder die Forderung auf: „Zurück zu den Quellen, zur einfachen Lebensweise der ersten Christen, zur echten Bruderliebe!" Sie wanderte durch die Zeit und durch Europa:

im 10. Jh.	die Bogumilen	in Bulgarien
im 12. Jh.	die Albigenser	in Frankreich
	die Waldenser	in Frankreich und Italien
im 15. Jh.	die Böhmischen Brüder	in Böhmen und Mähren
im 18. Jh.	die Brüdergemeine	in Herrnhut

Andere Bewegungen im Geiste der als Armut gekleideten **Gleichheit,** der **Freiheit** der Kinder Gottes und der **Brüderlichkeit** sind in der Parole der französischen Revolution „egalité, liberté et fraternité" wiederzuerkennen.

Waldenser

1176 gründete der Kaufmann Petrus Waldes von Lyon die Laienbruderschaft „Gemeinschaft der Armen". Sie wollte das arme Leben Jesu verwirklichen. Die Waldenser übertrugen die Bibel in die Volkssprache und richteten ihr Leben streng am Evangelium aus. Radikale Übertreibungen ihrer Lebensform führten zur Abspaltung von der Kirche (1179). Trotz Verfolgung breiteten sie sich aus bis nach Deutschland, Böhmen, Polen, Ungarn und in die Schweiz. Erst das Armutsideal des hl. Franz von Assisi, das in seinen Formen nicht viel anders aussah, aber eben innerhalb der Kirche blieb, nahm der Bewegung viel Wind aus den Segeln (→ Seite 214). Noch heute gibt es etwa 50 000 Waldenser, davon um 23 000 in Italien und 11 000 in Südamerika. In Rom unterhalten sie seit 1922 eine eigene theologische Fakultät.

Die Bethlehemskirche in Prag. Hier lehrte Jan Hus. Hier nahm die hussitische Bewegung ihren Anfang.

Böhmische Brüder

Die Böhmischen Brüder gehen auf die Reformbewegung der Hussiten zurück (siehe Jan Hus, S. 48). Im 15. Jahrhundert bildeten sie mit den böhmischen Waldensern eine von der Kirche getrennte Gemeinschaft. Um den Anschluss an das urkirchliche Priestertum zu gewinnen, ließen sie ihren ersten Priester von einem waldensischen Bischof weihen.

Im 16. Jahrhundert gehörte jeder Zweite in Böhmen dieser Bewegung an. Ihre Übersetzung der Heiligen Schrift ins Tschechische, die Kraslitzer Bibel, ist bis heute in Gebrauch. Sie übte großen Einfluss auf die tschechische Sprache und Literatur aus. Ihr Bischof Johann Amos Comenius (1592–1670) gehörte zu den großen Pädagogen seiner Zeit. Die Böhmischen Brüder schlossen sich nach dem Tode Luthers der Reformation an. In der Gegenreformation kam es zur Auswanderung vieler Gemeinden in das evangelische Nachbarland.

Herrnhuter Brüdergemeine

In ihr leben die Gedanken der Böhmischen Brüder und des Pietismus fort. Der Pietismus (seit Mitte des 17. Jahrhunderts) war die Reaktion auf die Verweltlichung in den evangelischen Landeskirchen und das rein äußerliche Gewohnheitschristentum. Das Wichtigste war den Pietisten die persönliche Erfahrung von Buße und Gnade (Bekehrungserlebnis). Sie betonten die Herzensfrömmigkeit, die in Werken sichtbar werden sollte. Sie verlangten die Abwendung von der „Welt" und ihren Vergnügungen (Tanz, Kartenspiel, Theater, weltliche Lektüre). Am meisten bekannt aus der pietistischen Bewegung wurde August Hermann Francke (1663–1717) durch die Gründungen des Waisenhauses und von Schulen in Halle und die Anfänge der lutherischen Mission in Ostindien.

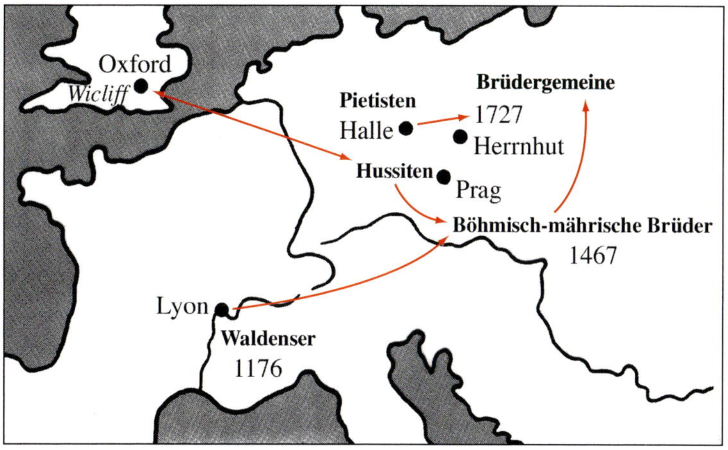

Brüdergemeinden im Kräftefeld der Reformbewegungen

Nikolaus Ludwig Graf von Zinzendorf, der Begründer der Herrnhuter Brüdergemeine, wurde von Bischöfen der Böhmischen Brüder zum Bischof geweiht mit der Aufgabe, Diakone und Gemeindevorsteher zu bestellen.

Ich habe nur eine Passion, und die ist Er, ist Er. – Wir müssen mit dem Heiland in Person bekannt werden, sonst ist alle Theologie nichts. Darin besteht die Brüderreligion.

Nikolaus Ludwig Graf von Zinzendorf

Brüder in aller Welt

Die „Brüderkirche" sieht ihre besondere Aufgabe in der Mission. Zehn Jahre nach der Gründung Herrnhuts machten sich die ersten beiden Brüder auf, um Sklaven in Westindien das Evangelium zu verkünden. Bald gab es „Brüder" in allen Erdteilen.

In dem 1887 gegründeten Museum der Brüdergemeine in Herrnhut geben völkerkundliche, kultur- und naturhistorische Gegenstände Zeugnis vom Wirken der Missionare. Der Geist der Brüdergemeine wirkte auch auf andere Kirchen. John Wesley, der Gründer der methodistischen Kirche, war stark beeindruckt von den Herrnhutern.

Im Jahr 2000 zählte die Brüdergemeine weltweit 788 700 Mitglieder, davon etwa 90 Prozent in der Karibik und in Afrika. In europäischen Ländern wurden um 30 000 gezählt.

Ein Graf wird Bruder

Zu den Schülern in Halle gehörte der Sohn eines sächsischen Kabinettsministers: Nikolaus Ludwig Graf von Zinzendorf (1700–1760). Als eine Gruppe aus ihrer Heimat geflüchteter Böhmischer Brüder 1722 ins sächsische Gebiet kam, siedelte sie Zinzendorf auf seinem Gut in Berthelsdorf an. Später gab er der Siedlung den Namen Herrenhut, d. h. „in der Hut des Herrn".

„Wahre Herzens- und Geistesgemeinschaft"

Die so erneuerte Brüder-Unität Herrnhut ist Kirche. Aber sie legt keinen Wert auf ein bestimmtes Glaubensbekenntnis. Sie will eine Brüdergemeinschaft überkonfessioneller Art sein. Sie will die „wahre Herzens- und Geistesgemeinschaft der Gläubigen über alle trennenden Unterschiede" hinweg herbeiführen. Von daher gestaltet sich auch das Leben in den Gemeinden. Liebevoll-ernste Zurechtweisung durch den Seelsorger im Beisein der Brüder wird gepflegt. Das bürgerliche Leben der Glieder soll „mit dem übereinstimmen, was wir als unseren Glauben vor der Welt bekennen". Zurückhaltung gegenüber den billigen Vergnügungen des modernen Lebens und Mut zur Einfachheit werden gefordert.

Gottesdienst im Betsaal

Die Gotteshäuser der Brüdergemeine sind einfach. Einen Altar gibt es nicht. Der weiß gehaltene Raum ist ein Betsaal. Die Taufe wird in der Gemeinde gefeiert, damit auch sie die Pflicht mit übernimmt, für die christliche Erziehung der Kinder zu sorgen. Der Abendmahlsgottesdienst wird von den Presbytern (= Gemeindeleitern) und Diakonen in weißen Talaren gefeiert. Die Diakone teilen das Brot aus.

Weit verbreitet, auch außerhalb der Brüder-Unität, sind die täglichen „Losungen" der Brüdergemeine.

Kinderchristnacht im Betsaal der Brüdergemeine in Herrnhut

Das Lamm mit der Siegesfahne, ein Symbol für Jesus Christus, ist das Wahrzeichen der Herrnhuter.

Christengemeinschaft

Gründung
Erst im Jahre 1922 wurde die Christengemeinschaft gegründet. Ihr Mittelpunkt liegt in Stuttgart. Die Christengemeinschaft will eigentlich keine Kirche sein, sondern über die katholische und die evangelische Kirche hinausgehen. Sie versteht sich als eine Bewegung, die alle Konfessionen übersteigt und vollendet. Aus dem kirchlichen Christentum, besonders der katholischen und evangelischen Form, übernimmt sie viele Einzelheiten und Begriffe, die aber umgedeutet werden. Geistig lehnt sich die Christengemeinschaft an eine Lehre an, die von Rudolf Steiner (1861–1925) als Anthroposophie (Weisheit und Wissen vom Menschen) formuliert wurde.

Schwerpunkte aus Lehre und Leben
- „Ein allmächtiges geistig-physisches Gotteswesen ist der Daseinsgrund …" (Bekenntnis 1. Satz)
- „Christus … ist zu diesem Gotteswesen wie der in Ewigkeit geborene Sohn." (Bekenntnis 2. Satz) Die sieben Sakramente gründen im Opfertod Christi, der das Ursakrament ist.
- Die „Menschenweihehandlung" ist der katholischen Messfeier nachgebildet und ermöglicht die Teilnahme am Opfer Christi und die Gemeinschaft mit ihm in der Kommunion.
- Bei der Taufe wird dem Täufling mit Wasser ein Dreieck auf die Stirn, mit Salz ein Viereck auf das Kinn, mit Asche ein Kreuz auf die Brust gezeichnet. Sie sind Zeichen für die Kräfte, die Christus in seinem Sterben der Erde mitgeteilt hat und die nun auf den Täufling übergehen.

Organisation
Die Christengemeinschaft wird geleitet vom „Erzoberlenker". Der erste war der ehemalige Berliner evangelische Pfarrer Friedrich Rittelmeier. Ihm folgte 1945 Emil Bock, unter dessen Leitung in Holland, Österreich, der Schweiz, in Skandinavien, England und den USA neue Ortsgruppen entstanden. Diese wurden in „Lenkerkonferenzen" zusammengefasst. Die ordinierten „Priester" werden im Priesterseminar der Christengemeinschaft in Stuttgart ausgebildet. Sie sind in der „Priestersynode" zusammengeschlossen. Um 1960 arbeitete die Christengemeinschaft mit etwa 150 „Priestern" und „Priesterinnen".
Bei der Angabe der Zahlen wird unterschieden zwischen Kerngemeinde und Freundeskreis. Für Deutschland werden 20 000 Mitglieder genannt, in Nachbarländern 8 000. Der Freundeskreis wird auf 80 000 Personen geschätzt.

Calvinismus

→ Reformierte Kirche

Erweckungsbewegungen

Vom 17. bis 19. Jahrhundert gab es verschiedene Anstöße zur Erneuerung des kirchlichen Lebens in den evangelischen und anglikanischen Kirchen. Die Besinnung auf das Wort Gottes in der Heiligen Schrift war die Quelle für ein glaubwürdiges christliches Leben. Das zeigt sich in Frömmigkeit und ausgeprägter Liebestätigkeit.
Erweckungsbewegungen sind der Pietismus, die Quäker, die Methodisten, aus denen die Heilsarmee hervorging, und die Pfingstbewegungen.

→ Independenten

Anhänger einer Erweckungsbewegung beim Gottesdienst

Evangelische Kirchen

→ Protestanten

„Evangelisch" nannte schon Luther die reformatorische Bewegung. Das Evangelium von Jesus Christus ist Anfang und Ziel des christlichen Lebens. So nennen sich die Kirchen, die aus der Reformation hervorgegangen sind, „evangelische" Kirchen. Auch die Anglikaner und Reformierten bezeichnen sich selbst als evangelische Christen.

Evangelische Kirchen

	Lutherische Kirche	Reformierte Kirche	Unierte Kirche (= Union)
Entstehung	Reformation Luthers	Schweizer Reformation (Zwingli und Calvin)	Vereinigung von lutherischer und reformierter Kirche im 19. Jh.
Lehre	Vorrang der Hl. Schrift: das Evangelium Christi ist Grundlage des christlichen Glaubens	In den einzelnen Teilkirchen sehr unterschiedlich ausgeprägt. Gemeinsam: – strenge Achtung der Bibel – Schlichtheit des Gottesdienstes – Prädestinationslehre (Vorherbestimmung)	Entsprechend der geschichtlichen Herkunft der Gemeinden
Organisation	Landeskirchen, die seit jüngerer Zeit durch Bischöfe geleitet werden. Oberstes Organ ist die Synode.	Presbyterialverfassung (Leitung der Gemeinde durch Älteste); Ämter in den Gemeinden: Pfarrer, Prediger, Älteste, Diakone. Jede Gemeinde ist selbständig.	Entsprechend der geschichtlichen Herkunft der Gemeinden
Ausbreitung	Deutschland	Schweiz, Frankreich (Hugenotten), England (Presbyterianer), Niederlande, Deutschland und Ungarn	Deutschland

Freikirchen

Unter Freikirche verstehen wir:
1. kirchliche Gemeinschaften, deren Mitglieder nicht durch Kindertaufe, sondern durch bewusste eigene Entscheidung dazugehören, z. B. die Baptisten,
2. von einer Landeskirche unabhängige Kirchen, z. B. die Methodisten

Griechisch-orthodoxe Kirche

→ Ostkirche

Heilsarmist im Gespräch mit einer Obdachlosen

Kommandeur Werner Frei, Leiter der Heilsarmee in Deutschland, vor dem Nationalen Hauptquartier der Heilsarmee in Köln

Heilsarmee

„Der Kriegsruf"* vom 2. Juni 1900

„Die Heilsarmee verlangt von denen, die sie als Soldaten in ihre Reihen aufnimmt, mit allem Ernst, dass sie treu und gewissenhaft in der Ausführung ihrer irdischen Berufspflichten sind. Ein guter Heilssoldat wie ein rechter Christ (was gleichbedeutend ist) wird dafür sorgen, zur Ehre seines Gottes ‚dass, wenn er Schuhputzer ist, es keine blankeren Schuhe gibt als die, welche er geputzt hat'. Unsere Soldaten aller Länder arbeiten vom Morgen bis zum Abend in der Werkstatt, im Laden, im Büro, sind Angestellte im Post- und Eisenbahnwesen, und die Heilsarmee verlangt weiter nichts von ihnen, als dass sie ihre freie Zeit, die sie bislang am Karten- und Biertisch verbrachten, jetzt dazu benutzen, in die Versammlungen zu kommen und zum HEIL ihrer Mitmenschen von dem zu zeugen, was Gott an ihnen getan hat, oder auf andre Weise etwas zur Rettung der armen, ins Verderben eilenden Seelen beizutragen."

*„Der Kriegsruf" ist die offizielle Zeitung der Heilsarmee.

Der General und seine Armee

Der Gründer der Heilsarmee war William Booth. 1829 wurde er als Sohn eines Bauunternehmers in Nottingham (England) geboren. Durch den frühen Tod seines Vaters lernte er bald die Armut kennen. Bei den Methodisten, denen er sich 1844 angeschlossen hatte, erlebte Booth seine Bekehrung: „Ich selbst bin gerettet, jetzt ist es meine Pflicht, andere zu retten." Erst 17 Jahre alt, wirkte er als Laienprediger in den verkommenen Armenvierteln. 20 Jahre später begann er, als inzwischen ordinierter Prediger, den Feldzug in die Slums von London. Er, aber auch seine Frau, predigten vor sittlich Verwahrlosten und Trinkern. Das wurde ein Zweifrontenkrieg! In den christlichen Kreisen der bürgerlichen Gesellschaft wurden sie verlacht: Die Kirchen wurden ihnen verschlossen. Und die andere Front: Der bloße Appell zur Buße war wirkungslos. Erst musste die Not der Ärmsten gelindert werden. Booth wagte diesen Kampf nach zwei Seiten. Er predigte in großen eigenen Zelten, an Straßenecken, in Speichern. Der Gottesdienst war einfach: Gebet, Gesang, Predigt. Booth' Predigt drängte auf Bekehrung. Er verlangte, dass die Bekehrten an der Bekehrung anderer arbeiteten. Booth und seine Familie wurden für die Bettler selbst zu Bettlern. Nach und nach gewannen sie Mitarbeiter für ihren Kampf „mit Suppe und Seife für das Heil" der Verachteten. Die Schar seiner Mitarbeiter nannte er 1878 „Heilsarmee" und organisierte sie straff. Mit ihr wollte er die Königsherrschaft Christi auch bei den von der modernen Gesellschaft Ausgeschlossenen errichten. Als General trat er selbst an die Spitze der Bewegung.
Die Neubekehrten sind zunächst Soldaten. Aufgrund ihrer Arbeit können Männer wie auch Frauen Offiziere werden. An der Spitze der Länder stehen Kommandeure, die den General wählen. Er ist der geistliche Leiter der Armee und kann bis zum 73. Lebensjahr im Amt bleiben. Zu seiner Hilfe bestimmt er einen Stabschef. Die Angehörigen der Heilsarmee tragen Uniformen und Abzeichen, mit denen sie sich in der Öffentlichkeit als Soldaten Christi bekennen. Bei Straßenmissionen versucht die Heilsarmee, durch Blasmusik, Gesang und Fahnen die Aufmerksamkeit auf sich zu ziehen.
Im Jahr 1912 starb General William Booth.
Heute kämpft die Heilsarmee weltweit mit 3 Millionen Mitgliedern in 108 Ländern. In Deutschland sind es 4187 (Oktober 2001): nämlich 1240 Heilssoldaten, 167 Offiziere, 92 Jungsoldaten und 2688 andere. Diese unterhalten 44 Sozialeinrichtungen. Das internationale Hauptquartier befindet sich in London.
Die Heilsarmee will keine Kirche sein. Ihre Mitglieder können gleichzeitig in ihren Herkunftskirchen bleiben.

Herrnhuter Brüdergemeine

→ Brüdergemeinden

Hochkirche

Innerhalb der anglikanischen Kirche haben sich drei unterschiedliche Richtungen ausgeprägt, die bis heute bestehen:

die Hochkirche (High Church),
deren Liturgie stark von der katholischen Überlieferung beeinflusst ist; ihre Mitglieder gehören vor allem dem englischen Adel an;

die Niederkirche (Low Church),
die sich durch caritative und volksmissionarische Aktivitäten auszeichnet und demokratisch-bürgerlich gesinnte Anhänger vereint;

die Breitkirche (Broad Church),
die freisinnig und liberal orientierte Anhänger zusammenfasst.

Der französische Dom in Berlin war das Zentrum der französischen Hugenotten, die sich um 1690 in Berlin niederließen. Er wurde im Zweiten Weltkrieg zerstört. Jetzt ist er wiederaufgebaut. Er beherbergt auch das Hugenottenmuseum.

Hugenotten

(frz., dt. = Eidgenossen) sind die französischen Calvinisten. Sie erlangten nach 36-jährigem, teilweise erbittert geführtem Krieg im Edikt von Nantes 1598 die Anerkennung als Minderheit in Frankreich. König Ludwig XIV. hob allerdings 1685 das Edikt von Nantes auf und verfolgte die Hugenotten grausam oder zwang sie zur Auswanderung in die protestantischen Nachbarländer. Dort, besonders in Brandenburg-Preußen, wurden sie zu wichtigen Trägern des wirtschaftlichen Aufbaus. Seit der Französischen Revolution 1789 sind sie als gleichberechtigte Konfession in Frankreich anerkannt. In den anderen europäischen Ländern sind sie in den dortigen protestantischen Kirchen aufgegangen (Reformierte Kirche). Von 30 000 nach Deutschland ausgewanderten Hugenotten ließen sich 7 000 in Berlin nieder und gründeten die sog. Französische Kolonie.
Zu den Bewohnern dieser Kolonie gehörte neben Achard, dem Erfinder der Zuckergewinnung aus Rüben, und anderen der Dichter Theodor Fontane.

Der Dichter Theodor Fontane

Independenten

Von der Gruppe der **Puritaner** (vgl. Seite 77), einer kirchlich-politischen Reformbewegung, die sich Mitte des 16. Jh. nach calvinistischem Vorbild von Resten des katholischen Kultes „reinigen" will, spalten sich Ende des 16. Jh. die **Independenten** und **Presbyterianer** ab. Beide werden in England unterdrückt, weswegen sie nach Nordamerika auswandern und bald in Sekten aufgehen (z. B. Quäker). Die Puritaner begründen die kapitalistische Entwicklung in England und Nordamerika vor allem wegen ihrer calvinistischen Wurzel: An Strebsamkeit und wirtschaftlichem Erfolg lässt sich die göttliche Erwählung des Einzelnen zum Paradies erkennen (Prädestinationslehre).
In Nordamerika nennen sie sich **Kongregationalisten**, weil sie die völlige Selbständigkeit der Gemeinde vertreten. Independenten, Presbyterianer und Kongregationalisten bilden den Boden, aus dem im 19. Jh. die **Erweckungsbewegungen** wachsen.

→ Reformierte Kirche, → Puritaner

Worterklärungen

Independenten
engl., franz., lat. = Unabhängige
Kongregationalisten
Sie fordern die völlige Unabhängigkeit der Einzelgemeinde (= congregation).
Prädestination
eine Lehre Calvins, nach der der Mensch seit Ewigkeit von Gott entweder zum Guten oder zum Bösen vorherbestimmt ist.
Presbyterianer
nach griech. presbyter = Ältester
Puritaner
lat. puritas = Reinheit; hier gemeint als von katholischen Riten und Lehren gereinigt.

Katholisch-Apostolische Gemeinde

Entstanden
um 1826 in England als Holy Catholic Apostolic Church (Heilige Katholische Apostolische Kirche).

Anlass
Viele Anhänger der anglikanischen Kirche waren unzufrieden mit der Verflechtung von Kirche und Staat in England. Außerdem übten sie Kritik an der Lehre der anglikanischen Kirche. Sie habe sich zu sehr an weltlichen Wissenschaften orientiert und das Wort Gottes vernachlässigt. So gründen die Vertreter dieser Kritik Gebetsvereine und religiöse Konferenzen, auf denen sie eine Ausgießung des Heiligen Geistes erflehen.
Sie erwarten die bevorstehende Wiederkunft Christi, mit der das 1000-jährige Reich anbricht. Zuvor aber sollen die alten Gaben (Weissagung, Heilung u. a.) und Ämter der Urkirche erweckt werden, besonders das Amt der Apostel.
In ihrem Gottesdienst wenden sie sich wieder der alten katholischen Liturgie zu. Den Sakramenten schenken sie höhere Bedeutung, als dies in der anglikanischen Kirche der Fall war. Vor allem die **Versiegelung** (entspricht der Firmung) wird hervorgehoben.
So entsteht allmählich, aber ohne eigentlichen Gründer, durch Zusammenschluss mehrerer Gebetsvereine und religiöser Konferenzen die Katholisch-Apostolische Gemeinde.

1832
verkündete einer der Gründer, der tieffromme Bankier Henry Drummond aus London, dass Gottes Geist über ihn gekommen sei. Dieser habe ihn ermächtigt, den ersten Apostel zu berufen. Weitere Apostel wurden berufen, bis die Zwölfzahl erreicht war.

1836
trafen sich die Apostel und bereiteten sich ein Jahr lang auf ihre Sendung vor, bei Gebet und Bibellesung. Dann teilten sie die Erde in zwölf Bezirke auf. Jeder Apostel übernahm einen dieser Bezirke.
Da die Apostelämter in Erwartung des nahen Weltendes nach dem Tode ihrer Inhaber nicht wieder besetzt wurden (der letzte Apostel starb 1901), kam die Bewegung allmählich zum Stillstand. Die Mitgliederzahl ist seit dieser Zeit überall zurückgegangen.

Aus der Katholisch-Apostolischen Gemeinde hat sich die → **Neuapostolische Kirche** entwickelt.

Katholische Kirche

Das griechische Wort katholikos bedeutet „weltweit", wörtlich „über die ganze Erde". Zuerst wendete der hl. Bischof Ignatius von Antiochien am Ende des 1. Jahrhunderts den Begriff auf die Kirche an. Als Konfessionsbezeichnung wird er erst mit der Reformation üblich. Im Unterschied zu anderen katholischen Kirchen wie koptisch-katholische oder armenisch-katholische wird sie nach ihrem Zentrum in Rom auch römisch-katholische Kirche genannt.
Ausführlich berichtet dieses Buch über die katholische Kirche in den Kapiteln
→ Christentum als Sauerteig (S. 274)
→ Von der Hauskirche zur Weltkirche (S. 10) und
→ Treten Sie näher – eine Kirchenführung (S. 21).
Weltweit wurden 2006 rund 1,1 Milliarden Katholiken gezählt.

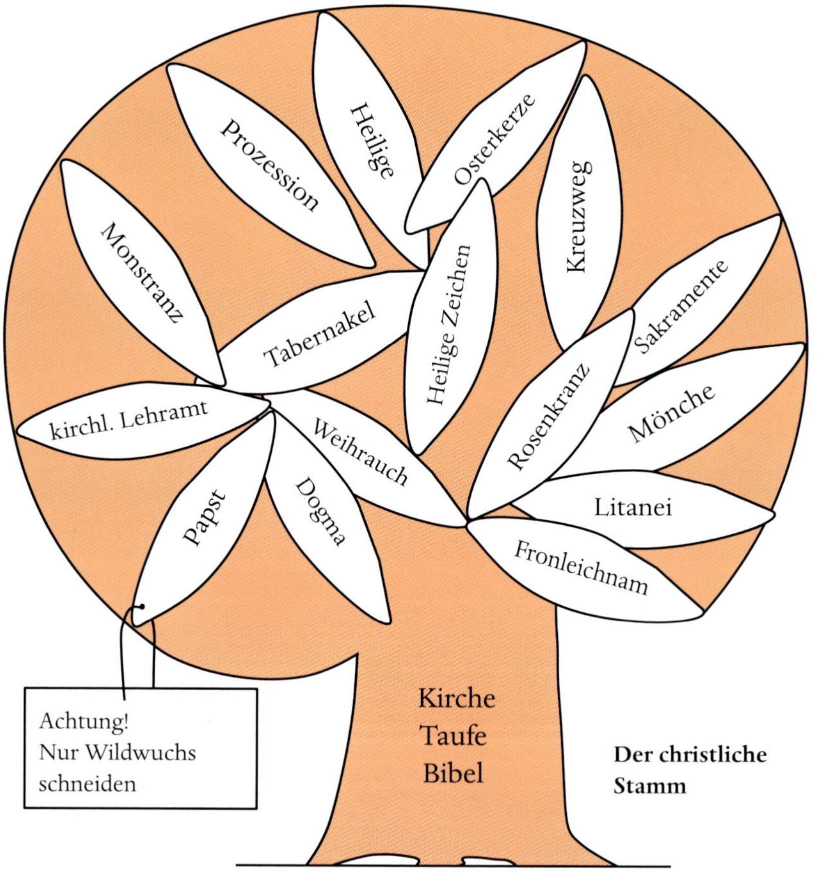

Kirche von England

→ Anglikanische Kirche

Koptische Kirche

→ Ostkirche

Landeskirchen

→ Protestanten

In der Reformation hatte Luther die Bischofsgewalt auf die Landesherren übertragen. Dadurch war jede Landeskirche völlig selbständig. Seit 1918 stehen gewählte Bischöfe an der Spitze der evangelischen Landeskirchen.

Lutherische Kirche

→ Protestanten

Lutherischer Weltbund

→ Weltbünde

Mennoniten

→ Baptisten

Methodisten

Das kirchliche Leben in England war Anfang des 18. Jahrhunderts nicht sehr rege. Deshalb gründete der anglikanische Geistliche John Wesley (1703 – 1791) mit seinem Bruder und 15 Freunden an der Universität Oxford einen Zirkel. Es wurde gemeinsam in der Bibel gelesen, gefastet, gebetet und Kranken geholfen. Ihrer regelmäßigen Treffen wegen wurden sie als „Methodisten“ verspottet. John Wesley hatte eine Vertiefung des Glaubenslebens angestrebt. Es kam jedoch gegen seinen Willen (Verweigerung des Abendmahls an Mitglieder seiner Gemeinde durch die Staatskirche) zur Bildung einer eigenen Kirche. Die Stärke der methodistischen Bewegung liegt in ihrem evangelisierenden Bemühen und in der verbindlichen Gemeinschaft ihrer Gemeinde.

Durch die Taufe werden die Kinder in den Gnadenbund mit Gott gestellt. Aber erst nach Unterricht und persönlichem Bekenntnis ihres Glaubens werden sie als volle Glieder in den Bund mit der Gemeinde aufgenommen. Innerhalb der Gemeinde gibt es kleine Gruppen, die sich unter Anleitung zum Erfahrungsaustausch, Gebet und zur liebevollen gegenseitigen Ermahnung einmal monatlich treffen.

Im Gemeindegottesdienst können Laienprediger sprechen, die eine entsprechende Ausbildung und das Vertrauen der Gemeinde haben. Der Pastor spendet als ordinierter Christ die Sakramente Taufe und Abendmahl. Sein Gemeindebezirk besteht aus zwei bis drei Gemeinden. Er ist Mitglied der „Jährlichen Konferenz“, der wichtigsten Einrichtung der methodistischen Kirche. Dazu gehören alle Pastoren und jeweils ein Laiendelegierte aus jeder Gemeinde. Dort werden geistliche und andere Angelegenheiten besprochen.

Methodistenkirche in Badulla auf Sri Lanka

John Wesley

Schlagfertig

John Wesley hatte manchen Gegner, dem seine Predigt unbequem war. Als er einmal, in Gedanken versunken, auf einem schmalen Wege dahinschritt, kam ihm ein Lord entgegen. Dieser blieb dicht vor ihm stehen und sagte barsch: „Ich gehe keinem Narren aus dem Wege!“ Wesley trat zur Seite, zog höflich den Hut und entgegnete: „Aber ich tue das gern.“ Dann setzte er ruhig seinen Weg fort.

Am Rande notiert

Die Methodisten zählen heute in 70 Mitgliedskirchen 30 Millionen Vollmitglieder und weitere 30 Millionen Kirchenangehörige in 90 Ländern. Größte Kirche ist die „United Methodist Church UMC“ vor allem in den USA, in Afrika und auf den Philippinen.

Die Methodisten sind eine Freikirche.

Sie erkennen jede andere Taufe an und halten Abendmahl mit allen anderen Kirchen, die es wollen. Sie beten das Apostolische Glaubensbekenntnis.

Aus den Methodisten ist die → Heilsarmee (Salvation Armee) hervorgegangen, 1878 in London gegründet.

Seit 1967 stehen sie mit der katholischen Kirche im Dialog.

Die Methodistischen Kirchen sind Gründungsmitglieder des Ökumenischen Rates der Kirchen.

2. Hilf uns, einander auferbaun,
stärk unsres Glaubens Triebe,
lehr uns voll Hoffnung vorwärts schaun,
vollende unsre Liebe.

3. Hinein in dich, du unser Haupt,
lass jedes Glied gedeihen,
schon eh wir schaun, was wir geglaubt,
uns wahrer Freiheit freuen.

4. Wenn du vollendet Plan und Heil,
besiegt die letzten Feinde,
lass uns geheiligt haben teil
an deiner Brautgemeinde.

Charles Wesley (1707–1788),
aus dem Englischen: Theophil Funk

Taufbecken im Mormonentempel in Freiberg

Ein Bischof, der die Jährliche Konferenz leitet, ordiniert die Kandidaten nach einem 5-jährigen theologischen Studium und einigen Jahren Gemeindearbeit zu Pastoren. Diese werden meist Älteste genannt.
Der Bischof leitet in Partnerschaft mit den Pastoren die Kirche, d. h. die Jährliche Konferenz und die Zentralkonferenz. Der Bischof gehört dem Bischofsrat der Vereinigten Methodistischen Kirche an. Er weist den Pastoren jährlich ihren Predigtplatz zu. Die Bischöfe selbst werden durch die Zentralkonferenzen aus den Reihen der Ältesten gewählt und haben das Amt auf Lebenszeit inne. Die höchste gesetzgebende Behörde ist die Generalkonferenz, die alle vier Jahre tagt und sich zu gleichen Teilen aus Geistlichen und Laien zusammensetzt. Auf ihr werden geistliche und organisatorische Angelegenheiten besprochen.
Der Gottesdienst besteht aus Anbetung, Predigt als Mittelpunkt, Zeugnis und Lied. Von Anfang an war die methodistische Bewegung eine singende Bewegung. Charles Wesley verfasste über 5 000 Lieder. Der Pastor amtiert im schwarzen Anzug.
Die Lehre entspricht im Wesentlichen der reformatorischen Theologie.
Die methodistische Kirche verbreitete sich von England aus in Irland und in Nordamerika. Ein dort eingewanderter Deutscher, Jacob Albrecht (1759–1806), ein Reiseprediger der Methodisten, führte im Gottesdienst die deutsche Sprache ein. Er gründete nach methodistischem Vorbild die Evangelische Gemeinschaft. Seit 1968 haben sich die Evangelische Gemeinschaft und die Methodistische Kirche zur Evangelisch-Methodistischen Kirche vereinigt.

Mormonen

Das Interview mit Herrn Burkhardt, dem Präsidenten der Dresdner Mission von der Kirche Jesu Christi der Heiligen der Letzten Tage, führten Gudrun Schlechte und Alexander Ziegert, die Autoren dieses Buches.

Pfarrer Ziegert: An Ihrer Tür steht geschrieben: Kirche Jesu Christi der Heiligen der Letzten Tage. Ist das der offizielle Name Ihrer Religionsgemeinschaft?

Präsident Burkhardt: Ja, denn die Bezeichnung Mormonen war ursprünglich ein Spottname. Um das zu erläutern, muss ich etwas ausholen. Im Jahre 1805 wurde in den USA der Farmerssohn Joseph Smith geboren. Als er fast 15 Jahre alt war, suchte er sich einer Kirche anzuschließen. Aber es gab ja so viele Glaubensgemeinschaften! Welche besitzt den richtigen Glauben? Joseph betete. Ihm erschienen während dieses Gebetes in einer Lichtsäule Gott der Vater und sein Sohn Jesus Christus, und von ihnen erfuhr er, dass keine der vorhandenen Kirchen die richtige sei.
1823 erschien ihm in Beantwortung eines Gebetes ein himmlischer Bote namens Moroni, der ihm den Auftrag gab, aus einem nahe gelegenen Hügel goldene Platten zu entnehmen, auf denen die Geschichte der Ureinwohner der westlichen Erdhälfte verzeichnet sei. 1827 wurde Joseph Smith angewiesen, einen Teil dieser Platten zu übersetzen, die mit altertümlichen Schriftzeichen beschrieben waren. Dies ist das Buch Mormon, welches nach der Heiligen Schrift unser geistiges Fundament bildet.

Frau Schlechte: Ist der Prophet Joseph Smith als Gründer Ihrer Kirche zu betrachten?

Präsident Burkhardt: Ja. Am 6. April 1830 organisierte er auf Geheiß Gottes mit noch fünf anderen Männern die Kirche. Bald schlossen sich immer mehr Menschen an. Aber, wie so oft, es gab auch Widerstand gegen die Gemeinschaft. Sie suchte deshalb nach wenig besiedeltem Land, um dort ihrem Gott ungestört dienen zu können. Unduldsamkeit führte schließlich auch zur Verhaftung und Ermordung von Joseph Smith und zur Vertreibung der Heiligen. Man glaubte, das würde das Ende der Kirche sein. Märtyrer sind jedoch oft notwendig zum Weiterleben der Kirche. Im Herbst 1846 zogen dann bereits mehr als 15 000 Menschen mit Wagen und Vieh weiter über das Gebirge nach dem Westen Amerikas. Im Juli 1847 erreichten sie das Große Salzseetal im heutigen Staate Utah. In wenigen Jahren verwandelten sie diese Salzwüste in ein blühendes Land. Salt Lake City wurde die Hauptstadt dieses Volkes. Nach 40 Jahren Bauzeit konnten sie 1893 den Salt-Lake-Tempel vollenden, nachdem sie vorher schon drei andere Tempel im Staate Utah erbaut hatten.

Pfarrer Ziegert: Tempel sagten Sie? Feiern sie Ihren Gottesdienst nicht in Kirchen?

Präsident Burkhardt: Wir haben beides, Kirchen und Tempel. In den Kirchen findet der öffentliche Gottesdienst am Sonntag und auch während der Wochentage statt. Lieder, Gebete, Predigten, Evangeliumsunterricht nach Altersgruppen getrennt und Abendmahl am Sonntag, das bei uns mit Brot und Wasser gereicht wird, sind der Inhalt. Tempel sind heilige Gebäude wie vor alters, die nach ihrer Einweihung nur von würdigen Mitgliedern betreten werden dürfen. Das Ziel eines jeden Mormonen ist es, zu einem dieser Tempel zu gelangen. Da die nach den Gesetzen eines Landes vollzogene Eheschließung nur gilt, „bis dass der Tod euch scheidet", haben sie hier im Tempel die Möglichkeit, die Ehe nicht nur für die Lebenszeit, sondern bis in alle Ewigkeit zu schließen. Taufen und Eheschließungen können im Tempel auch für Verstorbene, die zu Lebzeiten das Evangelium nicht kannten, vollzogen werden (1 Kor 15,29).

Frau Schlechte: Ich könnte mir vorstellen, dass Sie dann auch in Ihren Gemeinden Wert auf das Familienleben legen.

Präsident Burkhardt: Das stimmt! Von außen her fördert das sicher schon das „Wort der Weisheit", eine Offenbarung, die Gott durch den Propheten Joseph Smith der Kirche gegeben hat. Sie verbietet den Genuss von Alkohol, Tabak, von schwarzem Tee und Bohnenkaffee und fordert zu einer gesunden Lebensweise auf. Sicher ist ihnen bekannt, wie Alkoholismus die Familien zerstören kann. Ganz gleich, welchen Beruf ein Mormone ausübt, immer stehen Familie und Kirche für ihn an erster Stelle. Neben der Erziehung in der Familie erhalten die Vier- bis Zwölfjährigen einmal während der Woche in der Primarvereinigung Belehrungen und führen aufbauende Freizeitbeschäftigungen durch.

Pfarrer Ziegert: Gibt es bei Ihnen Priester?

Präsident Burkhardt: Ja. Jedes männliche Mitglied der Kirche über 12 Jahre, das würdig lebt, kann Träger des Priestertums werden. Alle Priestertumsträger erfüllen ihre Aufgabe ehrenamtlich, so dass es bei uns keine bezahlte Geistlichkeit gibt. Alle Arbeiten in der Kirche werden neben der Berufsarbeit ausgeführt.

Frau Schlechte: Sie haben erwähnt, dass sich Ihre Kirche als Offenbarung für den amerikanischen Kontinent versteht. Wie erklären Sie Ihre Missionstätigkeit in Europa?

Präsident Burkhardt: Wir glauben an einen Gott für alle Menschen dieser Erde, und die Kirche Jesu Christi der Heiligen der Letzten Tage wurde für alle Menschen dieser Erde wiederhergestellt.
Schon 1840 sind Missionare nach England gekommen und haben dort erfolgreich das Evangelium verkündet. Später wurden Gemeinden in Skandinavien, in der Schweiz, in Deutschland und in anderen Ländern gegründet.

Pfarrer Ziegert: Wir danken Ihnen, Herr Präsident, dass Sie uns Ihre Zeit geschenkt haben. Der Einblick war für uns sehr interessant.

Präsident Burkhardt: Es freut mich, dass wir uns durch dieses Gespräch etwas kennen- und verstehen lernten. Auf Wiedersehen.

Kurz und bündig

Mormonen	Kirche Jesu Christi der Heiligen der Letzten Tage
Gründer	Joseph Smith (1805–1844)
Gründungsjahr	1830
Oberhaupt	Präsident in Salt Lake City
Mitglieder	weltweit 12 Millionen (2005), in Deutschland etwa 36 000
Schriften	Heilige Schrift Buch Mormon „Lehre und Bündnisse" „Die köstliche Perle"
Zentrum	Salt Lake City in Utah (USA)

Der Mormonentempel in Salt Lake City

Wie ist die Kirche der Heiligen der Letzten Tage organisiert?
In ihr besteht die gleiche Organisation wie in den ersten Jahrhunderten der Kirche, nämlich:

Apostel
Propheten
Hirten
Lehrer
Evangelisten
Priester

Frauen übernehmen bei den Mormonen keine Ämter in der Öffentlichkeit der Kirche.

Reichtum und zeitlich Gut, das währet nur eine kleine Zeit und hilft doch nichts zur Seligkeit.

Hans Sachs

Neuapostolische Kirche

Ursprung

Diese Glaubensrichtung ging aus der Katholisch-Apostolischen Gemeinde hervor. Einer ihrer führenden Köpfe, der Prophet Heinrich Geyer, hatte trotz des erwarteten Weltendes neue Apostel ernannt. Sie bildeten Gemeinden, die mehrfach ihren Namen änderten und sich 1938 einheitlich als Neuapostolische Kirche bezeichneten.

Straff organisiert

Wie bei den anderen aus den angelsächsischen charismatischen Erweckungsbewegungen erwachsenen Gemeinden wird die alte kirchliche Ordnung wieder eingeführt. An der Spitze steht der Stammapostel als sichtbares Haupt. Er ist die oberste Instanz in allen Glaubensfragen. Ein Bezirksapostel steht den Gemeinden eines Landes vor. Die Pflege der Gemeinde ist einem Vorsteher anvertraut, der ein priesterliches Amt trägt (Bischof, Ältester, Hirte, Evangelist, Priester). Diakon und Unterdiakon helfen ihm. Bis auf wenige Ausnahmen dienen sie ehrenamtlich, also ohne Bezahlung.
Die Zahl der Mitglieder ist in den letzten Jahrzehnten weltweit auf 5,5 Millionen angestiegen, vor allem in Afrika und Asien. 1998 wurden in den europäischen Ländern 450.000 gezählt.

Schwerpunkte der Lehre

Im Mittelpunkt des Glaubens steht das Warten auf die Wiederkunft Christi und die Errichtung seines Friedensreiches, in dem alle Menschen das Evangelium empfangen sollen, bevor das Endgericht stattfindet.
Es gibt drei Sakramente: die Heilige Taufe, die Heilige Versiegelung (Spendung des Hl. Geistes) und das Heilige Abendmahl. Schon Kleinstkinder können sie empfangen.
Die Vergebung der Sünden wird im Namen Jesu von priesterlichen Ämtern im Auftrag der Apostel ausgesprochen. Ein direktes Sündenbekenntnis gibt es nicht.
Im Gottesdienst steht die Wortverkündigung im Mittelpunkt; Höhepunkt ist die Feier des Heiligen Abendmahls. Es wird sonntäglich mit Brot und Wein gefeiert, wobei die Hostien bereits mit Wein beträufelt sind.
Die Heilige Versiegelung und die Verleihung von Ämtern ist den Aposteln vorbehalten.

Ökumenischer Rat der Kirchen (ÖRK)

Engl. = World Council of Churches (WCC); inoffiziell „Weltkirchenrat“ genannt. Sitz in Genf. Gegründet auf der Weltkonferenz 1948 in Amsterdam. In seiner Verfassung heißt es: „Der Ökumenische Rat der Kirchen ist eine Gemeinschaft der Kirchen, die den Herrn Jesus Christus gemäß der Heiligen Schrift als Gott und Heiland bekennen und darum gemeinsam zu erfüllen trachten, wozu sie berufen sind, zur Ehre Gottes des Vaters, des Sohnes und des Heiligen Geistes.“ Gegenwärtig gehören rund 350 Kirchen aus über einhundert Ländern mit mehr als 560 Millionen Christen dem Rat als Mitglieder an. Die Mehrheit entfällt auf anglikanische und lutherische Gemeinschaften. Weitere Mitglieder sind die Koptische Kirche Ägyptens, die Altkatholiken und einige, die sich selbst Kirche nennen, es aber aus katholischer und orthodoxer Sicht nicht sind (Adventisten, Mormonen, Heilsarmee, Pfingstbewegung usw.). Auch viele orthodoxe Kirchen sind Mitglied im ÖRK. Sie arbeiten trotz theologischer Schwierigkeiten intensiv mit. Die Quäker arbeiten in Kommissionen mit, können aber die Basiserklärung, das oben abgedruckte Christusbekenntnis, nicht voll anerkennen.
Die katholische Kirche gehört offiziell dem Rat nicht an. Als 1948 dessen Gründung erfolgte, dominierte noch ein Ökumeneziel, das die Heimholung der anderen in die wahre Kirche bedeutet hätte. Durch das II. Vatikanische Konzil ermöglicht, wurde 1965 eine Gemeinsame Arbeitsgruppe von ÖRK und Vatikan eingerichtet. Deren Ergebnisse sind die Papiere über Herrenmahl, Taufe und Amt. Wie nahe sich die beiden Seiten gekommen sind, zeigte Johannes Paul II. in seinem Lehrschreiben „Dass alle eins seien“ von 1998 (→ S. 19 und 58). Im Januar 2008 trafen sich Papst Benedikt XVI. und Dr. Samuel Kobia, Generalsekretär des ÖRK, in Rom anläßlich des 100-jährigen Bestehens der Gebetswoche für die Einheit der Christen.

Der Exekutivausschuss des ÖRK im Jahr 2006 (von links): Vertreter des ökumenischen Patriarchats von Konstantinopel, der Evangelical Church von Brasilien, der Methodisten in Kenia, der Protestanten Indonesiens, der Armenisch Apostolischen Kirche (USA)

Orthodoxe Kirche

Als orthodox, das heißt rechtgläubig, verstehen sich die von der abendländischen Kirche seit 1054 getrennten Kirchen des Ostens. Über sie wird ausführlich berichtet ab Seite 34.

→ Ostkirche

Ostkirche

ist die Bezeichnung für die Gesamtheit der christlichen Kirchen in Osteuropa und im Vorderen Orient (orientalische, morgenländische Kirchen). Diese haben sich seit der Frühzeit der Kirche selbständig entwickelt (→ S. 34–43).

Pfingstbewegungen

kamen 1906 in Nordamerika auf. Ihre Anhänger stehen unter dem Einfluss eines persönlichen Pfingsterlebnisses (Herabkunft des Heiligen Geistes) und wissen sich von daher zu neuem Glauben erweckt. Von Nordamerika aus gelangten die Pfingstbewegungen nach Europa. Ihre Mitglieder werden auf eine halbe Milliarde geschätzt. Schnelles Wechseln in andere Formen und Zielstellungen scheint ein Kennzeichen der pfingstlerischen Gruppen zu sein. Höhepunkte ihrer Ausbreitung fielen zudem oft mit Weltproblemen (Hunger in der Welt, Krieg in Vietnam, Studentenaufstand in Paris) zusammen. Die charismatische Bewegung, die hier einzuordnen ist, bleibt im Gegensatz zu den freikirchlichen Pfingstbewegungen innerhalb der traditionellen Kirchen. Ihre Anfänge sind 1963 in den USA zu finden. Die katholische Kirche nahm den Impuls 1967 auf, indem sie seither charismatische Gruppen zulässt und fördert. Dazu gehören die Charismatische Gemeindeerneuerung, die Gemeinschaft Emmanuel, Sant'Egidio in Rom, die Legionäre Christi und andere.

→ Erweckungsbewegungen → Reformierte Kirche

Abschlussveranstaltung der evangelisch-freikirchlichen Pfingst-Europa-Konferenz 2003 in Berlin

Protestanten

sind die Mitglieder der christlichen Kirchen und Bewegungen, die aus der Reformation hervorgegangen sind.
Die Bezeichnung geht zurück auf die Protestation von Speyer (1529) und wird als Gegensatz zur katholischen Kirche verstanden. Als Protestanten im weiteren Sinne werden alle Richtungen und Gemeinschaften bezeichnet, die von Luther, Calvin, Zwingli und Melanchthon reformatorisch geprägt sind.
Die Zahl ihrer Anhänger wird gegenwärtig auf rund 340 Millionen geschätzt, in Deutschland auf knapp 30 Millionen. Es fehlen ein Oberhaupt und ein einheitliches Leitungszentrum. Christus allein ist der Herr. Durch sein Wort und seinen Geist regiert er die Kirche.
Das Hören auf das biblische Zeugnis schafft Einheit. Daher fällt es den protestantischen Kirchen leicht, in National- oder Regionalkirchen zu bestehen (→ Landeskirche).
Häufig werden die Protestanten einfach evangelische Christen genannt (→ Evangelische Kirche).

Pietismus

(lat. pietas = Frömmigkeit); keine Kirche oder kirchliche Gemeinschaft, sondern eine protestantische Bewegung, die mehr oder weniger alle protestantischen Kirchen erfasste. Der Pietismus wollte das im 17./18. Jahrhundert erstarrte Glaubensleben neu erwecken. Einflussreiches Zentrum war zu damaliger Zeit die Stadt Halle mit ihren Bildungseinrichtungen. Zwei Akzente setzte der Pietismus: Frömmigkeit und tätiges Christentum.
Wichtige Impulse gab die Bewegung der Bibelwissenschaft, der Missionsarbeit und dem sozialen Leben der Kirchen (z.B. die Sorge um Kranke, Behinderte, Alte usw.).
Der 1682 in Pulsnitz geborene Bartholomäus Ziegenbalg ging mit der dänischen Mission nach Indien und übersetzte große Teile der Bibel in die Landessprache.
Auch die Gründung der → Herrnhuter Brüdergemeine durch Graf Zinzendorf (1727) erfolgte unter dem Einfluss pietistischer Ideen.
Im 19. Jahrhundert lebte das geistige Erbe des Pietismus in den zahlreichen Erweckungsbewegungen auf. Aus diesen wiederum gingen die Freikirchen hervor.

Presbyterianer

(griech. presbys = alt); eine Gruppe des englischen Protestantismus (aus den Puritanern hervorgegangen). Von den Reformierten übernahmen sie die Gemeindeordnung, deren kollegiale Leitung aus gewählten Pfarrern und Ältesten (= Presbytern) besteht. Als Staatskirche sind sie 1560 in Schottland entstanden und haben sich über England nach Irland und Nordamerika ausgebreitet. Heute sind sie dem → Reformierten Weltbund angeschlossen und zählen ca. 5 Millionen Anhänger.

→ Reformierte Kirche → Anglikaner

Puritaner

(lat. puritas = Reinheit); Anhänger einer kirchlich-politischen Reformbewegung, die die anglikanische Kirche von allen noch gebliebenen katholischen Elementen in Gottesdienst und Leben **reinigen** wollen durch:

- persönliche Heiligung und Selbstzucht
- strikte Sonntagsheiligung (z. B. Verbot von öffentlichen Veranstaltungen)
- häufige Bibellesungen
- Ehrlichkeit in Beruf und Arbeit
- Verzicht auf Genussmittel (Alkohol, Tabak usw.)
- Einfachheit in der Lebensführung
- Gewissensfreiheit für jeden

Ihre hohen Ideale haben die angelsächsische Lebensart bis heute nachhaltig beeinflusst.
Ende des 16. Jahrhunderts spalteten sie sich in zwei Richtungen, die sich **Presbyterianer** und **Independenten** nennen.

Quäkerhut
die einheitliche Kopfbedeckung der Quäker, vor allem im vorigen Jahrhundert.
Von Benjamin Franklin als Gesandter in Paris getragen, wurde der Hut in ganz Europa modisch. Die Tendenz zu einer einheitlichen Kleidung war bei den Quäkern zeitweise sehr ausgeprägt.

Organisation

Die Quäker kennen kein Priesteramt und keine Hierarchie. Schon unter George Fox bildeten sich im 17. Jahrhundert verschiedene Formen der Versammlung, die die wesentlichen Fragen behandelten und Beschlüsse fassten:

- die Monatsversammlungen,
- die Vierteljahresversammlungen,
- die Jahresversammlungen.

Daneben gibt es die sogenannten Meetings (= Treffen), etwa zur Förderung des Weltfriedens, zur Betreuung um ihres Glaubens willen Verfolgter, zur Förderung der Frauenrechte u. ä. Ziele.

Besonderheiten

Die Quäker lehnten und lehnen bis heute ab:
die Staatskirche Englands, jeglichen Kriegsdienst und jede Gewalt, die Abgabe des Zehnten, jede Form der Sklaverei, Macht, Eid, Ehre und Amt.
Sie förderten:
die Reform des Strafvollzugs, die Enthaltsamkeitsbewegung, das Schulwesen, die Frauenrechte und die Hilfeleistungen nach den Weltkriegen.

Ausbreitung

Das heutige Quäkertum ist fast ausschließlich auf den englischen Sprachraum beschränkt. Da es hohe Anforderungen an jeden stellt, hat es auch in Amerika niemals große Massen unmittelbar erfasst. Man schätzt ca. 200 000 Mitglieder, die vor allem in den USA leben. Die Leistungen dieser kleinen Gesellschaft stehen in keinem Verhältnis zur Zahl ihrer Mitglieder. Bei der UNO wirken sie als „nichtstaatliche Organisation mit beratendem Status“.

Quäker

Ursprungsland

England

Gründung

Der Engländer George Fox (1624–1691), ein Farmer, gründete 1652 diese Bewegung. Das unchristliche Leben damaliger anglikanischer Geistlicher gab ihm den entscheidenden Anstoß. Er hörte den Ruf Gottes und verkündigte: Aller Gottesdienst ist ein Warten und Horchen auf die Stimme Gottes in uns. Als Wanderprediger hatte er große Erfolge, besonders bei den noch unorganisierten „Seekers“ (Suchenden), die nach neuen Formen christlichen Lebens suchten. Er und seine Freunde bezeichneten sich selbst als

Kinder des Lichtes, Freunde der Wahrheit, Erste Verbreiter der Wahrheit.

Diese Namen sind schon Programm. Im Mittelpunkt ihres Denkens steht die Vorstellung vom „inneren Licht“ (Joh 1,9):

„Das Wort war das wahre Licht, das jeden Menschen erleuchtet;
es kam in die Welt.“

Seit etwa 1665 lautet ihre offizielle Bezeichnung: **Society of friends** (Gesellschaft der Freunde).
Als „Protestanten des Protestantismus“ hatten sie schwere Verfolgungen, Gefängnisstrafen und Verhöre über sich ergehen lassen müssen. In so einem Verhör forderte Fox den Richter auf, wie die Heiligen in der Schrift „zu zittern und sich zu fürchten, wenn das Wort Gottes an sie ergeht“ („to quake and to tremble at the word of god“).
Daher wurde ihnen vom Volk der Name „Quäker“ gegeben. In Amerika fanden die Verfolgten Zuflucht. Der Quäker William Penn (1644–1718) wagte es, in „Pennsylvanien“ einen eigenen Staat mit der Hauptstadt Philadelphia aufzubauen. In der Verfassung von 1681 spiegeln sich die Ideale der „Kinder des Lichtes“ wider: Glaubens- und Gewissensfreiheit. Dieser neue Staat schenkte seinen Bewohnern Gleichberechtigung (Verträge mit Indianern, für die Inbesitznahme ihres Landes Entschädigung!); er verwarf die Sklavenhalterei; er schützte sich nicht einmal durch eine Armee.

Lehre

Die Lehre der Quäker ist wesentlich evangelisch ausgerichtet. Nach ihrer Überzeugung trägt jeder Mensch einen Funken des göttlichen Geistes in sich. Die Quäker versammeln sich deshalb zum Gottesdienst in schweigenden Andachten, um auf die Stimme in ihrem Inneren zu lauschen, in der sich ihnen Gott offenbart. Sie lehnen deshalb Kultus, Predigt und Sakramente ab, auch die Wassertaufe. Sie sprechen von der inneren, der Geistestaufe.

Reformierte Kirche

Heute nennen sich alle calvinistisch orientierten Kirchen „Reformierte Kirchen“ oder einfach „Reformierte“. Das Wort bedeutet Erneuerung „des christlichen Lebens aus dem Evangelium“ und bezeichnet Calvins neue Konfession.

Die 1899 in Leipzig errichtete reformierte Kirche. Typisch ist ihre schlichte und schmucklose Gestaltung.

Aktion und Reaktion

Calvin stellte seine vielseitige Begabung allein in den Dienst seines reformatorischen Wirkens. Als Lehrer, Diplomat, Organisator und Schriftsteller wollte er „das Gottesreich auf Erden aufrichten“. Beispiel in weltlichen und kirchlichen Belangen sollte die Stadt Genf sein, die er radikal im christlichen Glauben formte. Von Regierungen anderer Länder verlangte er, die katholische Kirche abzuschaffen und die reformatorische Lehre anzunehmen.
Gott hat den Menschen vorherbestimmt zum ewigen Heil oder zu ewiger Verdammnis. Der Mensch kann seine Erwählung zum Heil darin erkennen, dass er zu Jesus Christus gehört, sein Wort aufnimmt und mit ihm Gemeinschaft hält im Glauben und im Abendmahl. Auch Erfolge seiner Arbeit können sicheres Erkennungszeichen für die Erwählung durch Gott sein. Damit bereitete der Calvinismus den geistigen Boden für das materialistische Denken im Kapitalismus. Aus dem Brudergeist des Evangeliums leitete Calvin das synodale Gemeindeprinzip ab, das dem Bestreben der Bürger nach Mitbestimmung im öffentlichen Leben entsprach. Mit der Ausbreitung der reformierten Gemeinden fand dieses Leitungsprinzip großen Anklang in der bürgerlichen Welt. Die moderne Demokratie sieht daher im Calvinismus eine ihrer Wurzeln.
All dies erklärt die rasche Verbreitung des Calvinismus, vor allem dort, wo in Europa ein aufstrebendes Bürgertum gegen die Macht des Staates kämpfte, und erklärt die Reaktion der katholischen Kirche in der sogenannten Gegenreformation. Sie wollte der Herausforderung des Calvinismus auf gleicher Höhe begegnen. Daher leitete sie durch den Jesuitenorden die Erneuerung der Bildung ein. Besonders spornte die Gegenreformation den karitativen Elan der Orden an und lenkte den Kunstsinn des Barock von der Erde zum Himmel. Freilich begünstigte die Gegenreformation auch das Wiederaufleben der Inquisition.
Die Reformierten Kirchen sind zusammengeschlossen im

Reformierten Weltbund

Es ist der älteste konfessionelle Weltbund, gegründet 1875 in London als „Alliance of the Reformed Churches, holding the Presbyterian System“ (= Bund der Reformierten Kirchen, die das Presbyterianische System einhalten). Dieses System meint das calvinistische Gemeindeprinzip.
Seit 1970 nennt er sich offiziell „World Alliance of Reformed Churches“. Oberstes Organ ist die Generalversammlung, die in regelmäßigen Abständen stattfindet. Sie wählt das Exekutivkomitee, das in der Zwischenzeit die Geschäfte wahrnimmt und durch den Generalsekretär geleitet wird. Seit 1949 ist Genf (vorher Edinburgh) Sitz des Generalsekretärs.
Als wichtige Aufgaben sieht der Reformierte Weltbund an:

- Zusammenarbeit der reformierten Kirchen, besonders in der Mission
- junge Kirchen zur Glaubenseinheit führen, Sektenbildung verhindern
- Verteidigung der Religionsfreiheit.

Er verbindet derzeit 214 reformierte (presbyterianische oder kongregationalistische) und unierte Kirchen aus 105 Ländern. Das entspricht 75 Millionen Christen.

Der Abenteurer Gottes – Johannes Calvin

Calvin, eigentlich Jean Cauvin, wurde am 10. Juli 1509 in Noyon in Frankreich geboren. Sein Vater war bischöflicher Sekretär. Mit 19 Jahren ging Jean zum Studium nach Paris. Von 1528 bis 1532 studierte er in Orleans und Montaigu Rechtswissenschaft. Im Herbst 1533 erlebte er seine innere Bekehrung und war seitdem offener Verfechter der reformatorischen Ideen unter dem Einfluss Luthers und anderer Reformatoren. Calvin musste aus dem katholischen Paris fliehen und ließ sich in Basel nieder. Hier schrieb er seine „Institutio Christianae Religionis“, eine kurze Darstellung der evangelischen Lehre. 1536 baten ihn Freunde, in Genf ein kirchliches Lehramt anzunehmen. Nach anfänglichem Zögern sagte Calvin zu. Er hielt Vorlesungen über die Heilige Schrift. Bis zu seinem Tode im Jahre 1564 blieb er in Genf.

Johannes Calvin

Hohe Anforderungen an die Christen

Calvin ging konsequent und teilweise auch hart vor, um sein Programm zu verwirklichen. Ihn leitete der Wille, die „Reine Lehre“ (das Evangelium) zu verkünden und zu leben. Und dies forderte er von allen Einwohnern Genfs. Er verpflichtete sie auf seinen Katechismus, auf die neue Gottesdienstordnung und auf die Kirchenzucht. Er wollte die Kirche erneuern im wahren Geiste des Evangeliums. Aber bald stieß der rigorose Reformator auf Widerstand, der sich in Glaubensdingen als auch in Lebensfragen gegen ihn erhob. Calvin bestrafte mit Hilfe der weltlichen Gewalt diejenigen, die gegen die Kirchenzucht verstießen, und führte mehrere Prozesse mit seinen Gegnern. Daher wurde er als Diktator missverstanden und angefeindet. Mit der Glut und Inbrunst eines Heiligen warf er sich in das Abenteuer einer „neuen Stadt“. Kein Wunder, dass er sich aufrieb und mit erst 55 Jahren starb.

Leben aus dem Evangelium

Die Lehre der Reformierten ist betont evangelisch, das heißt dem Evangelium verpflichtet. Die Heilige Schrift ist letzte Norm des Lebens und Grundlage des Glaubens.

- Zum Glauben ist der Mensch von Gott erwählt. Der Mensch antwortet auf diese Erwählung (Prädestination) mit Gehorsam und Dankbarkeit.
- Im Gehorsam gegenüber dem Wort Gottes setzt sich der Christ ein für Gottes Ehre in Kirche und Welt. Erfolg in Beruf, Leben und Politik bestätigen die Erwählung durch Gott.
- Der Erwählte ehrt Gott, aber er sagt auch ja zur Welt. Weil er das Wort aber ernst nimmt, verliert er sich nicht an die Welt.
- So kann das Reich Gottes in der Welt verwirklicht werden.

Einen Aufkleber mit diesem Fischsymbol sieht man auf vielen Autos evangelischer Christen.

Hoffnung auf eine Kirche

Die Reformatoren Luther, Zwingli und Calvin unterschieden sich in ihrem theologischen Ziel. Deshalb entstand keine einheitliche Kirche der Reformation. Erst 400 Jahre später versuchte Roger Schutz die *eine* christliche Kirche mit seiner Bruderschaft von Taizé zu bauen. → S. 233

Das ganze Leben der Stadt Genf, der Alltag mit Schule und Wissenschaft, mit Politik und Wirtschaft, das private und öffentliche Leben der Einwohner sollte ein Gottesdienst werden.

Diesem Ziel soll auch der von Calvin geleitete Neuaufbau der Kirche von Genf dienen, ferner eine von Calvin verfasste Kirchenordnung, die eine neue Gemeindeauffassung widerspiegelt.

Ämter der Gemeinde:	Prediger Theologische Lehrer Älteste Diakone
Leitung der Gemeinde:	ein Konsortium = Pfarrer und Älteste in gleicher Zahl

Die Kirchenordnung Calvins schreibt eine kollektive Leitung der Gemeinde vor. Dieses sogenannte „Synodale Gemeindeprinzip“ bahnte der modernen Demokratie den Weg.

Die Saat des Reformators

Calvin war nicht nur Reformator in Genf. Sein Wirken strahlte in weite Teile Europas aus. In Frankreich, Schottland, den Niederlanden, in Polen, Ungarn und Siebenbürgen bildeten sich reformierte Gemeinden. So kann man sagen, dass die Reformierte Kirche zur Weltkonfession wurde.
Calvins Ideen wirkten auch auf andere christliche Kirchen, besonders in Westeuropa. Dort führten sie zu Erweckungsbewegungen und zu Tochterkirchen der Reformierten Kirche:

in England:	Puritanische Bewegung →	Presbyterianer Independenten
in Frankreich:	Hugenotten	
in England und den USA:	Erweckungsbewegungen →	Quäker Methodisten Pfingstbewegung

Calvin war ernsthaft bemüht um die Einheit des christlichen Glaubens. So suchte er mit den deutschen Lutheranern und auch mit Rom zur Einheit zu gelangen. Diese beiden Ziele hat er nicht erreicht.

Das Gemeindeleben

Die Gottesdienstreform Calvins schafft die katholische Messe ab. Der Gottesdienst ist Wortfeier mit Schriftauslegung, Gebet und Psalmengesang. Das Abendmahl wird selten gehalten, aber immer mit Brot und Wein für alle Teilnehmer. Von den Sakramenten wird außerdem noch die Taufe beibehalten.
Die Vielzahl der katholischen Volksbräuche wird abgeschafft. Die Kirchen sind nüchtern ausgestattet und ohne Bildwerke. Da das Wort im Mittelpunkt des Geschehens steht, wird der Zentralbau üblich. Halbkreisförmig wie in einem Hörsaal werden die Sitzplätze auf die Kanzel hin geordnet.
Ein Konsistorium, das sich aus gewählten Pfarrern und Ältesten zusammensetzt, hat die Leitung der Gemeinde. Ihm obliegt auch die Überwachung der Gemeinde zur Einhaltung der strengen Kirchenordnung.

Waldenser

→ Brüdergemeinden

Weltbünde

Gegenwärtig bestehen folgende Weltbünde von Konfessionen:

Weltbund der Methodistenkirchen

Ca. 300 Mitgliedkirchen aus 76 Ländern, Leitung: ein Exekutivausschuss von zehn Mitgliedern aus zehn Ländern und ein Sekretariat von zwei Personen (in England und USA). Nahezu alle methodistischen Kirchen gehören dem → Ökumenischen Rat der Kirchen an. Sie anerkennen alle Kirchen, deren Ämter und alle Formen der Taufe und lassen jeden zum Tisch des Herrn zu.

Reformierter Weltbund

→ Reformierte

Lutherischer Weltbund

(= LWB; gegründet 1947 in Schweden); Oberstes Organ ist die Vollversammlung, die alle fünf Jahre vom Präsidenten einberufen wird. Ein Exekutivausschuss von 49 Personen, der LWB-Rat, ist leitendes Gremium in der Zwischenzeit. 2007 gehörten zum LWB 140 Gliedkirchen mit rund 66,7 Millionen Gläubigen.

Weltkirchenrat

→ Ökumenischer Rat der Kirchen

Wiedertäufer

Die Wiedertäufer erkennen die Kindertaufe nicht an. Sie spenden die Taufe an Erwachsene, die sich frei für die Gemeinschaft entschieden haben. Eine schon vollzogene Kindertaufe muss deshalb am Jugendlichen, wenn er sich frei entschieden hat, wiederholt werden. Daher der Name, der vom Reformator Zwingli stammt. Die das Leben umwandelnde Gesinnung der Getauften braucht, so meinen die Wiedertäufer, weder Staat noch Kirche als ordnende Macht. Sie wollen „staatsfrei" sein und achten auf strenge Trennung von Kirche und Staat. Ihre Gemeinden bilden die ersten Freikirchen.

Ursprung

Einige Radikale im Umkreis des Reformators Zwingli versuchten, „Gemeinden der wirklich Gläubigen und Geheiligten" aufzubauen. Konrad Grebel spendete 1525 an Überzeugte zum ersten Mal diese Erwachsenentaufe. Zwingli sahen sie nur als ihren Vorläufer an und warfen ihm seine Verbindung mit der weltlichen Macht vor.

Eine zweite Wurzel der Wiedertäufer ist in Zwickau fassbar, wo um dieselbe Zeit von den Böhmischen Brüdern beeinflusste Schwärmer auftreten. Thomas Müntzer nennt sie spöttisch die „Zwickauer Propheten" und distanziert sich von ihnen.

Verbreitung

Das Einschreiten Zwinglis gegen die „Taufgesinnten" gab den Anlass zu ihrer raschen Verbreitung:

In Mähren gründete Jakob Hutter Kollektivsiedlungen, in denen die Wiedertäufer unter sich lebten und Gütergemeinschaft hielten. In den USA und Kanada leben heute noch „Hutterische Brüder". In den Niederlanden sammelte Menno Simons (1492–1561) die Taufgesinnten, die nach ihm als „Mennoniten" bezeichnet werden. Auch diese Gemeinschaft besteht bis heute weiter.

Erwachsenentaufe bei den Wiedertäufern, Zeichnung in einer Täuferhandschrift um 1600

Zeugen Jehovas

Gründung und Geschichte

Der Gründer der Ernsten Bibelforscher oder der Zeugen Jehovas (seit 1931) war der amerikanische Kaufmann Charles Taze Russell (1852–1916). Er stammte aus einer presbyterianischen Familie. Frühzeitig beschäftigten ihn religiöse Fragen. Die Adventisten beantworteten sie ihm. Zugleich aber wurden neue Fragen nach der Endzeit und der Wiederkunft Christi in ihm geweckt. Er trieb mit Freunden ein laienhaftes Bibelstudium. Er war der Meinung, dass in der Bibel ein göttlicher Plan vorliege. Den sieben Schöpfungstagen sollte die Zeitdauer der Welt entsprechen (7 x 1000 Jahre). Für die Wiederkunft Christi nannte Russel erst das Jahr 1874, später 1914 und 1918.

Neuer Anfang

1879 trennte sich Russel von den Adventisten und gründete die Zeitschrift „Zions Wachtturm". 1881 fasste er seine Anhänger in der „Zions Watch-Tower Bible and Tract Society" zusammen. Russell setzte sein ganzes Vermögen für seine Bewegung ein. Seine Predigten ließ er durch eine eigene Zeitungsgesellschaft verbreiten. Vor dem Ersten Weltkrieg machte er mehrere Missions- und Predigtreisen durch Europa und Asien. Er starb 1916 auf einer Missionsreise im Westen der USA. Russells Nachfolger wurde der Kaufmann J. F. Rutherford (1869–1942).

Lehre der Zeugen Jehovas

1914, so erklärt man, habe Gott mit der Aufrichtung seines Königreiches zunächst im Himmel begonnen. Satan sei auf die Erde geworfen worden. Er hetze die Nationen in Kriege und suche durch internationale Vereinigungen wie den Völkerbund, die katholische Kirche, die ökumenische Bewegung und die UNO die Wiederherstellung der Gottesherrschaft zu verhindern. Alle gegenwärtigen Staaten und ihre Lebensordnungen gelten als Satanswerk, deshalb halten sich die Zeugen Jehovas von ihnen fern. Aus diesem Grunde, nicht aus pazifistischen, verweigern die Zeugen Jehovas jeden Kriegsdienst. Auch Erdbeben, Naturkatastrophen, die Erfindung der Atombombe und die Vorstöße in den Weltenraum sollen auf den Endkampf in den letzten 1000 Jahren der Welt hindeuten. Zu den Endereignissen gehört auch der große Feldzug, zu dem sich die Zeugen Jehovas auf Grund ihres Bibelstudiums gerufen wissen. Nach ihrem Glauben werden aber nur 144 000 Erwählte (Offb 7,4) „in den Himmel kommen". Den „anderen Schafen" des Herrn soll ewiges Leben auf Erden (einem irdischen Paradies mit allen Errungenschaften modernster Technik) unter der Regierung der wiedererschienenen biblischen Patriarchen zugesichert sein.

Organisation

Die zentralistische Leitung der Zeugen Jehovas in Brooklyn/New York sichert den einheitlichen Charakter und die Stoßkraft.
Unter der Zentrale in Brooklyn arbeiten die Zweigbüros der Länder, unter diesen wieder die Dienstleiter der verschiedenen Bezirke in den Ländern, die Ortsgruppenleiter unter sich haben. Als Mitglieder der Gesellschaft werden nur die „Verkündiger" gezählt. Das sind Anhänger, die sich restlos in den Dienst der Propaganda stellen. Die sogenannten „Pioniere", die noch nicht Vollmitglied sind, helfen ihnen dabei. Sehr stark wird der militärische Charakter der Arbeit als „Dienst" oder „Felddienst" für den König Jehova betont. Man zählt daher auch die für die Arbeit geleisteten „Dienststunden" und „Dienstjahre".
Die Zeugen Jehovas lehnen den Bau einer Kirche ab. Sie führen auch keine Kirchenregister. Die Taufe (Tauchtaufe) steht am Beginn ihres neuen christlichen Lebens, einmal jährlich wird das Abendmahl als Gedächtnisfeier begangen. Der Mittelpunkt ist die Verkündigung ihrer Bibeldeutung. Dabei bedienen sie sich aller modernen Mittel der Propaganda. In Brooklyn/New York verfügen sie über einen eigenen Verlag, eine große Druckerei, eine eigene Sendestation und eine Ausbildungsstätte für Prediger.
In Deutschland publiziert seit den neunziger Jahren ein ansehnlicher Verlag in Selters bei Limburg ein vielseitiges Schrifttum. Für 1998 werden weltweit 5 888 650 Verkündiger angegeben.

Quiz für Kenner

Überlege bei jeder Frage, welche Antwort die richtige ist. Die Anfangsbuchstaben der richtigen Lösungswörter ergeben hintereinander gelesen eine Aussage über die Mitglieder der verschiedenen christlichen Gemeinschaften.

1. **Was ist die anglikanische Kirche?**
   Freikirche · Brüderunität · Staatskirche
2. **Wer ist ein Heiliger der katholischen Kirche?**
   Ignatius von Loyola · Menno Simons · Peter von Chelcicky
3. **Was ist die Grundlage aller christlichen Kirchen?**
   Buch Mormon · Duden · Evangelium
4. **Welche Forderung des Evangeliums betonten die Waldenser?**
   Armut · Feuertaufe · Krankenheilung
5. **Welches Buch der Herrnhuter ist weit verbreitet?**
   Gospelsong-Buch · Losungen · Common Prayer Book
6. **Was fordern die Böhmischen Brüder?**
   Laienkelch · Apostelkonzil · neue Dogmen
7. **Wodurch kommt der Mensch nach Calvin zum ewigen Heil?**
   Theologiestudium · gute Werke · Erwählung
8. **Wer steht an der Spitze der Neuapostolischen Kirche?**
   Konsistorium · Stammapostel · Präsident
9. **Was fällt uns im Kirchenraum einer orthodoxen Kirche auf?**
   Orgel · Ikonostase · Kirchenbänke
10. **Welche Kirche ist Freikirche?**
    Anglikaner · Orthodoxe · Neuapostolische Kirche
11. **Was lehnen die Altkatholiken ab?**
    Liturgische Gewänder · (einige) Dogmen · Alkohol
12. **Wo tauschen die Methodisten ihre Erfahrungen aus?**
    (bei) Wallfahrten · (auf) Gemeindekonferenzen · (im) Parlament
13. **Wie geschieht die Aufnahme in eine Baptistengemeinde?**
    Erwachsenentaufe · Prüfungsgespräch · Versiegelung
14. **Worin äußerte Luther Kritik am Ablasshandel?**
    Ein' feste Burg ist unser Gott · Bann-Androhungsbulle gegen den Papst · Thesen
15. **Was ist ein Amt in der Katholisch-Apostolischen Gemeinde?**
    Apostel · Patriarch · Superintendent
16. **Was ist das Kennzeichen eines Soldaten der Heilsarmee?**
    Mitra · Talar · Uniform
17. **Was spielt eine Rolle bei den Adventisten?**
    Ohrenbeichte · Fußwaschungsfeiern · Straßenmission
18. **Welches ist ein Heiligtum der Mormonen?**
    Kaaba · Tempel · Peterskirche

*Gott ist reich genug für alle.
Er will keine „geschlossene Gesellschaft".*

Bischof Franz Kamphaus

Religionen als Wege zum Leben

DIE GROSSEN WELTRELIGIONEN

MARCO POLO IM LANDE DER KATHAI

Er war der erste Europäer, der Kathai (China) als Weltreisender besuchte. Er bemühte sich, die Sprache der Kathaier und das Mongolische zu erlernen, da er mit Vater und Onkel vor den Großkhan Kublai, Kaiser über das riesige Reich Kathai, hintreten sollte, um die Geschenke und das Schreiben des Papstes zu überreichen.

Marco überredete seinen Freund Matteo zu einem Besuch im größten Tempel der Stadt. Vier Mönche, in schwarze Gewänder gekleidet, gingen gemessenen Schrittes mit andachtsvollen Gesichtern zum Eingang. Im dämmrigen Dunkel der riesigen Tempelhalle lehnte sich Marco an eine rotlackierte Säule und sah auf die in der Mitte liegende Gottheit. Hinter ihr standen die goldenen Figuren von Priestern, so naturgetreu nachgebildet, dass man erschaudernd vermutete, sie würden aus ihrer Reglosigkeit erwachen und gute Werke vollbringen oder mit zornigen Gesichtern die sündigen Menschen strafen. Flackernder Kerzenschein huschte über die goldenen Figuren, und Räucherstäbchen erfüllten den Raum mit heiligem Duft. Die Menschen warfen sich vor der Bildsäule mit der Gottheit nieder und murmelten Gebete. Auch Marco und Matteo sanken auf die Knie, um die fremden Bräuche nicht zu verletzen. Sie atmeten auf, als sie wieder durch die Klosterpforte ins Freie kamen.

„Ich verstehe nicht", sagte Marco nachdenklich, „wie es möglich ist, dass nicht alle Menschen den einzigen wahren Christengott anerkennen! Die Anhänger des Mohammed verehren Allah; manche Völkerschaften glauben an mehrere Gottheiten; die Tataren verehren ein höchstes Wesen und eine Anzahl mächtiger Geister, die sie Ongot nennen. Und alle Religionen werden in den Reichen Kublaikhans geduldet: Muslime, Christen, Buddhisten und Anhänger anderer Lehren leben auf dem Hof des Großkhans und bemühen sich, ihn von der Richtigkeit ihrer Lehre zu überzeugen."

Marco Polo
(geb. 1254 in Venedig, gest. 1324 ebenda)

Die grossen Weltreligionen
Die Statistiken über das Bekenntnis der Menschen zu den verschiedenen Religionen unterscheiden sich sehr voneinander. Auch verstehen sich viele Asiaten als Anhänger mehrerer Religionen (z. B. Buddhisten und Konfuzianer). Für die Verbreitung der großen Religionen ergibt sich nebenstehendes Bild.

Etwa ein Fünftel der Menschheit lebt ohne Bindung an eine dieser Religionen.

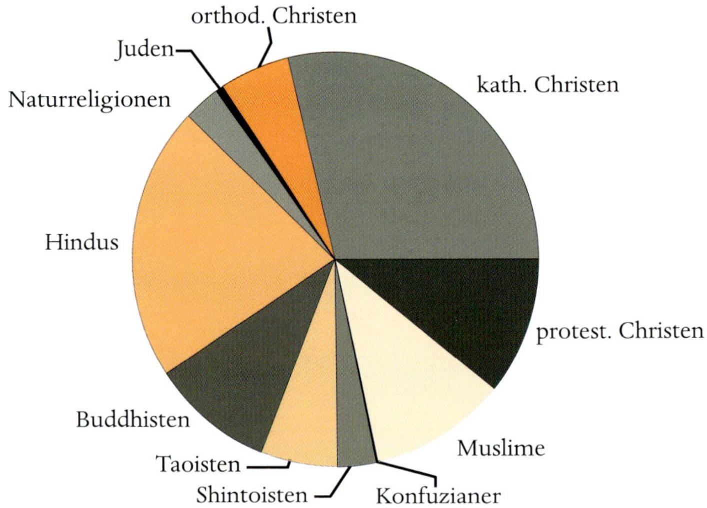

Mit den Worten „In diesem historischen Moment braucht die Menschheit Gesten des Friedens und Worte der Hoffnung" hatte Papst Johannes Paul II. als Antwort auf den Terroranschlag am 11. September 2001 in New York die Vertreter aller Religionen zum Gebet um den Frieden eingeladen. Mehr als 400 Religionsführer aus aller Welt folgten der Einladung zum Weltfriedensgipfel am 24. Januar 2002 in Assisi.
Dem Weltfrieden dient auch der Dialog um ein Weltethos. Auf dem Parlament der Weltreligionen 1993 in Chicago, an dem 6500 Menschen teilnahmen, wurde formuliert: „Mit Weltethos meinen wir keine neue Weltideologie, auch keine einheitliche Weltreligion", sondern „einen Grundkonsens bezüglich bestehender verbindender Grundhaltungen". Dazu gehören die Verbote von Diebstahl und Tötung sowie die Gebote der Wahrhaftigkeit und der Elternversorgung. Ansatzweise ist in allen Religionen die Goldene Regel bekannt: *Was du nicht willst, das man dir tu, das füg auch keinem andern zu.* Vorbilder für diese Lebenshaltung sind „heilige Gestalten" in allen Religionen.

Durch den interreligiösen Dialog machen wir Gott in unserer Mitte gegenwärtig. In dem Maße, wie wir uns gegenseitig im Dialog öffnen, öffnen wir uns Gott.

Papst Johannes Paul II.

Vom Nebeneinander zum Miteinander –

Gebetstreffen des Papstes mit Vertretern der Weltreligionen

Papst Johannes Paul II. 1986 beim Gebetstreffen mit Vertretern der Weltreligionen in Assisi

Indien auf der Suche nach Gott

BRAHMANISMUS
Herkunft: aus der vedischen Religion der Ureinwohner Indiens
Lehre: Brahma ist oberster Gott, Seelenwanderung
Kult: Opfer
Kennzeichen: Kastenwesen

HINDUISMUS
Hindu (persisch: „Indien")
Herkunft: aus dem Brahmanismus im 7.–9. Jh. n. Chr.
Merkmal: Weit voneinander abweichende Glaubensvorstellungen und Kulte bestehen nebeneinander.
Verbreitung: Indien

BUDDHISMUS
Stifter: Buddha (etwa 560–480 v. Chr.)
Lehre: Versuch, das Leiden zu erklären und zu überwinden
Weg: Mönchtum, Meditation
Verbreitung: Sri Lanka (Ceylon), Korea, Japan, Vietnam, Tibet, Mongolei
(seit dem 10. Jh. aus Indien durch Hinduismus und Islam verdrängt)

Inderin aus Jaipur mit Kastenzeichen auf der Stirn

BRAHMANISMUS

DAS OPFER ÖFFNET DEN HIMMEL
Die Religion des frühen Indiens war eine Opferreligion. Man brachte den Götterbildern Rinder, Schafe, Ziegen, Reis, Gerste, Milch und Butter zum Opfer.

SEELENWANDERUNG
Die Menschen wollen durch das Opfer mit der Gottheit vereinigt werden. Sie glauben aber, dass sie zuvor viele Male wiedergeboren werden. Sie sind überzeugt, dass sie früher schon einmal ein anderes Leben hatten. Je nachdem, ob sie in ihrem Leben Gutes oder Böses getan haben, werden sie nach ihrem Tod wieder ein Mensch oder ein Tier, arm oder reich. Die Inder glauben, dass ihre Seele so lange wandert, bis sie gut genug ist, um endlich bei Gott zu sein. Dann ist sie erlöst. Gute Taten kürzen das schwere Schicksal (= Karma) einer langen Seelenwanderung ab.

DIE TOTEN WERDEN VERBRANNT
Nach dem Tod wird der Leichnam auf einer Bahre zum Verbrennungsplatz getragen. Dort wird der Scheiterhaufen errichtet und der Körper unbekleidet daraufgelegt: Der Mensch muss die Welt so nackt verlassen, wie er sie betreten hat. Dabei werden Verse aus dem Rigveda gesprochen: „Seele des Verstorbenen, fahr dahin, zieh deines Weges – des alten Weges –, den unsere Vorfahren vor dir gegangen. Schau auf zu den beiden Königen, den mächtigen: Varuna und Yama, die sich erfreuen an Opfergaben. Mögest du vereint werden mit den Vätern und den Lohn empfangen für alle deine Opfergaben, die dort oben gehäuft sind. Kehre wieder zurück in deine Heimat; nimm an eine herrliche Gestalt."

ALS MOSE AUS ÄGYPTEN ZOG
Fast zur gleichen Zeit, als Mose das jüdische Volk aus Ägypten führte und die Weideplätze des Gelobten Landes suchte, drangen von den Hochflächen Asiens Indogermanen in das Gebiet des Ganges und südwärts bis Ceylon vor (1500 v. Chr.).
Nach der Besitzergreifung des Landes verwandelten sich ihre kriegerischen Tugenden in friedliche. Jetzt konnten sie sich mit dem Wunder des Lebens befassen, das hier so üppig blühte. So wuchs ihre Neigung zur Betrachtung und schauenden Hingabe.
Die heilige Schrift der indischen Frühzeit, Veda genannt, berichtet von vielen Göttern. Die drei Hauptgötter von ihnen sind Brahma, Vishnu und Shiva.
In dieser indischen Götterdreiheit haben alle Wesen ihren Ursprung, zu ihr kehren sie zurück. Sie ist Schöpfer, Erhalter, Zerstörer. Brahma ist der erste Gott dieser Dreiheit. Nach ihm nennen sich die Priester des Brahmanenglaubens **Brahmanen**.

Die Quelle, aus der ihr schöpft, muss tief genug sein.

Mutter Teresa

PRIESTER
KRIEGER • ADEL
HÄNDLER • BAUERN
PARIAS

Indischer Asket neben einer blumengeschmückten Kuh beim Kumb-Mela-Fest

Buddhistische Stupa in Svayambhunath

Die Kasten

Die Priester nehmen den höchsten sozialen Rang ein: Sie gehören zur vornehmsten Kaste. Die Krieger und Adelsangehörigen – wohl wegen ihrer Verdienste bei der Eroberung – gehören zur zweiten Kaste; Händler und Bauern zur dritten Kaste. Während diesen drei Kasten alle Wege zum Wohlstand offenstehen, leben die Mitglieder der niedrigsten, der vierten Kaste (die Parias, auch „Unberührbare" genannt) gesetzlos und gemieden im tiefsten Elend. Das schwere Los dieser Menschen erklärte man sich als Strafe für Verfehlungen in einem früheren Leben und fand es deshalb gerecht.
Das Los der Frauen war noch härter. Sie hatten selbst in den höheren Kasten nicht die geringste Freiheit; sie wurden vom Mann nicht höher geachtet als irgendein Gegenstand seines Besitzes. Das Gesetz gebot den Frauen, beim Tod ihres Mannes auch ihr Leben zu beenden (Witwenverbrennung).

Buddhismus

Wer kein Liebes hat

Einstmals verweilte Buddha im Palast der Migaramata. Zu dieser Zeit war gerade eine Enkelin der Visakha Migaramata gestorben, die sie sehr liebte und die ihre Freude war. Da kam Visakha zur heißen Tageszeit mit nassem Gewand und nassem Haar zu Buddha, brachte ihm ehrfurchtsvollen Gruß und setzte sich zu seiner Seite nieder.
Wie sie an seiner Seite saß, sprach Buddha zu Visakha: „Warum, Visakha, bist du zur heißen Tageszeit hierhergekommen, mit nassem Gewand und nassem Haar?" – „Meine Enkelin, Herr, ist gestorben, die ich liebte und die meine Freude war. Darum bin ich zur heißen Tageszeit hierher gekommen, mit nassem Gewand und nassem Haar!" – „Würdest du dir nun wünschen, Visakha, so viele Söhne und Enkel zu haben, wie Menschen in Savatthi sind?" – „Das möchte ich mir wohl wünschen, Herr, so viele Söhne und Enkel, wie Menschen in Savatthi sind." – „Wie viele Menschen sterben nun wohl, Visakha, täglich in Savatthi?" „In Savatthi, Herr, sterben täglich zehn Menschen oder auch neun Menschen oder auch acht, sieben … sechs … fünf … vier … drei … zwei oder auch nur ein Mensch. In Savatthi, Herr, findet das Sterben der Menschen kein Ende." – „Wie meinst du nun, Visakha, würdest du dann irgendwann und irgendeinmal kein nasses Gewand und kein nasses Haar haben? – Wer hundertfaches Liebes hat, Visakha, für den gibt es hundertfaches Leid. Wer neunzigfaches Liebes hat, für den gibt es neunzigfaches Leid … Wer ein Liebes hat, für den gibt es ein Leid; wer kein Liebes hat, für den gibt es kein Leid. Frei von Schmerz, frei von Verzweiflung sind sie, so sage ich."

Gibt es keine Erlösung aus diesem Leiden?

Siddhartha Gautama, mit dem Ehrennamen „Buddha“ = „der Erleuchtete“, versuchte, diese Frage zu beantworten. Buddha wurde etwa 560 v. Chr. bei Patna, am südlichen Abhang des Himalaya, geboren. Sein Vater gehörte zur Adelskaste. Indische Legenden erzählen von einer wunderbaren Geburt Buddhas: „Auf dem Wege zum Besuch ihrer Eltern gebar die Mutter ihren Sohn, ein wunderbarer Glanz erstrahlte am Himmel, Götter verneigten sich vor dem Neugeborenen.“ Seine Eltern erzogen ihn in Bequemlichkeit und Luxus. Sie versuchten, den Anblick von Leid und Not von ihm fernzuhalten. Das war nicht möglich. Der Luxus, der ihn umgab, und sogar seine schöne junge Frau konnten ihn nicht von der leidenden Menschheit ablenken. Immer mächtiger wurden in ihm die Vorstellungen und der Wunsch, ein Heilmittel gegen dieses Übel zu finden, bis er es nicht mehr ertragen konnte. In tiefer Nacht verließ er den Palast und seine Lieben und wanderte allein hinaus in die weite Welt. Lang und mühselig war die Suche nach Antwort auf seine Fragen. Schließlich, nach sieben Jahren, kam ihm die Erleuchtung, als er unter einem Peepalbaum (Pappelfeige) in Gaya saß, und er wurde zum Buddha, dem Erleuchteten.

Buddhistische Novizen bitten um Almosen.

Buddha gibt eine Antwort

In seiner berühmten Benarespredigt sagte Buddha: „Geburt ist Leiden; Alter ist Leiden; Krankheit ist Leiden; Tod ist Leiden; mit Unlieben vereint sein ist Leiden; von Lieben getrennt sein ist Leiden; nicht erlangen, was man begehrt, ist Leiden. Ruhe und Frieden gibt es erst in der Welt des reinen, in sich ruhenden Seins, im Nirwana. In diesem aufzugehen ist das Ziel.“
Buddha weist den Menschen Wege, auf denen sie dahin gelangen können.

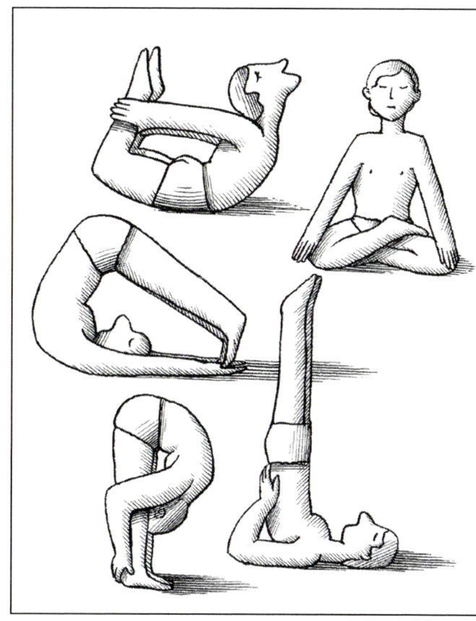

Stellungen bei der Meditation

Wege zum Heil – nach der Lehre Buddhas

Der erste Weg ist der Weg der Erkenntnis. Das Herz soll sich loslösen vom Irdischen, der Welt entsagen, Armut und Keuschheit achten. Durch Yoga-Übungen (bestimmte Sitzhaltungen, Atemgymnastik) versucht sich der Mensch von der menschlichen Leidenswelt loszulösen und sich schließlich in absoluter Ruhe in Einheit mit Gott zu versetzen. Ziel ist das Erlöschen jeglicher Unruhe. Durch solche Meditation wird der Mensch ruhig und sieht tiefer als im normalen, unruhigen Tagesleben.
Der andere Weg ist auch in der Benarespredigt aufgeschrieben – es ist der Weg der richtigen Haltung.

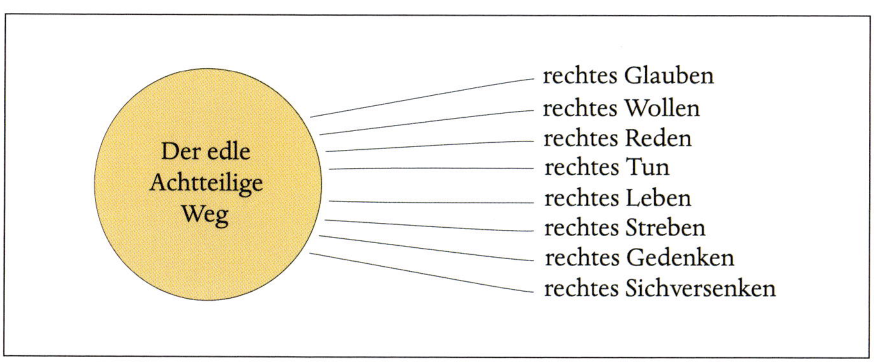

Ähnliche Gebote wie im Christentum gibt es außerdem: nicht töten, nicht stehlen, nicht Unkeuschheit treiben, nicht lügen. Zudem sollen Buddhisten nichts Berauschendes trinken.

Buddha-Statue in Bihar, Indien

Auflösung von S. 82 (Quiz für Kenner):
1. Staatskirche, 2. Ignatius von Loyola, 3. Evangelium, 4. Armut, 5. Losungen, 6. Laienkelch, 7. Erwählung, 8. Stammapostel, 9. Ikonostase, 10. Neuapostolische Kirche, 11. (einige) Dogmen, 12. (auf) Gemeindekonferenzen, 13. Erwachsenentaufe, 14. Thesen, 15. Apostel, 16. Uniform, 17. Fußwaschungsfeier, 18. Tempel. – SIE ALLE SIND GETAUFT.

Buddhas Wege – Wege für alle?

Buddha zeigt den Menschen einen Weg, wie sie sich selbst vom Leid erlösen können. Aber nur wenige Menschen haben die Möglichkeit, ihn zu gehen. Nicht jeder kann sich von der Welt zurückziehen und der tatenlosen Selbstvervollkommnung leben.
Um Buddha scharten sich Jünger, die als Mönche durch Betrachtung, Yoga-Übung und den achtfachen Weg die Befreiung vom Leid suchten. In ihrem Inneren war die Not besiegt, aber am Leid der Welt änderte sich nichts. Die von Buddha verheißene Erlösung ist im Weltleben nicht zu gewinnen. Wer das Feld pflügt oder in der Fabrik arbeitet, ist noch nicht zur wahren Erkenntnis gelangt. Er würde sonst von aller Tätigkeit absehen. Dem einfachen Menschen kann es höchstens gelingen, in seinem nächsten Leben als Mönch wiedergeboren zu werden.
Ein Buddhist kann nicht wie ein Christ zu Gott beten: „Dein Reich komme." Die Hoffnung auf eine erlöste, heile Welt kennt er nicht. Für ihn ist und bleibt die Welt in Ewigkeit eine Welt voller Leid. Ebenso wenig kennt er den Begriff „Sünde". Der Mensch kann den verkehrten Weg gehen, aber das bedeutet keine Verletzung der Liebe. Für den Buddhisten ist dieser Weg falsch, weil er der längere Weg zum Nirwana ist.
Der Buddhismus konnte nicht Volksreligion werden. Er hat sich in der bodenständigen Form des Hinduismus durchgesetzt.

Die Göttin Saraswati wird auch mit vielen Händen abgebildet, ebenso wie Shiva. Mit ihren Händen kann sie helfen, heilen, segnen und austeilen.

Buddha, der Lehrer

Finde die sieben Änderungen im rechten Bild.

Hinduismus

Der Gott mit den vielen Händen

Die Hindus verehren zahlreiche Götter. Von diesen werden Brahma, Vishnu und Shiva als Hauptgottheiten verehrt. Es ist nicht wichtig, welche Vorstellungen sich die Hindus von Gott machen oder welche Namen sie ihm geben. Wichtig allein sind:

- die Hingabe an die Gottheit
- die Erlösung der Menschen durch die Götter
- die Erkenntnis, dass Götter in Menschen oder Tieren Gestalt annehmen
- der Glaube an die Seelenwanderung.

Das ganze indische Alltagsleben ist von der Religion geprägt. Ausdruck der Verehrung der Götter sind:

- Waschen, Einsalben und Schmücken der Götterbilder mit farbigen Stoffen
- Darbringen unblutiger Götternahrung (Gerste, Reis) in den Feiern zum Erwachen des Götterbildes, seiner Mahlzeiten, seines Schlafes
- Prozessionen, bei denen das Götterbild in einem riesigen Wagen durch die Straßen gezogen wird.

Sehr verbreitet ist auch der Heiligenkult. Aus der Frühzeit des Hinduismus besteht bis heute der Brauch, der Göttin Kali blutige Opfer darzubringen.

Aus dem Glauben, dass die Götter auch in Tieren Gestalt annehmen, stammt die Verehrung heiliger Tiere, vor allem der weißen Kühe, der Affen und der Schlangen. Auch Pflanzen und Berge, Ströme und Seen werden als heilig verehrt. Heilig sind der Fluss Ganges und die Stadt Benares, die das Ziel vieler Wallfahrten sind.
Der Hinduismus hat einen fast unübersehbaren Strom religiösen Schrifttums. Die ältesten Schriften gelten als die wichtigsten. Es sind die vier Veden aus der Zeit zwischen 1000 und 500 v. Chr. Das Wort „Veda" stammt aus dem Sanskrit, der altindischen Sprache, und bedeutet „Wissen". Die Veden enthalten Götter- und Opferhymnen, aber auch Zauberformeln.

Benares, die heilige Stadt am Ganges

Wer Benares besucht, wird seine tiefsten Eindrücke an den Ghats empfangen. Es sind jene Stätten am Ganges, wo täglich das Zeremoniell der Opferungen und Waschungen stattfindet. Wenn die ersten Strahlen der Morgensonne an das Flussufer dringen, erwachen die Ghats zum Leben. Wir erleben das Schauspiel von einem Boot aus.

Benares gilt als das religiöse Zentrum des Hinduismus. Die Pilger kommen aus ihren spartanisch eingerichteten Herbergen, den Dharamsalas, zum morgendlichen Bad. Mit gefalteten Händen stehen sie im Wasser und beten mit geschlossenen Augen, das Gesicht der aufgehenden Sonne entgegengewendet. Dazwischen tummeln sich Kinder im kühlen Nass. Einige Hindus spülen sich den Mund mit dem lehmigen Wasser des Flusses, opfern Mariengold, weißen Jasmin, Milch, Rosen und Nelken. Die Frauen baden in voller Kleidung, ihren Sari Stück für Stück waschend. Auf den Stufen der Ghats hocken die Pilger. Priester sitzen unter Sonnenschirmen aus getrockneten Palmenblättern, in religiösen Büchern lesend. Die Männer lassen sich vor dem Bad die Kopfhaare abrasieren. Der Boden ist bedeckt von schwarzen Haarbüscheln. Dazwischen bewegen sich die Sadhus, Asketen, die sich das Gesicht mit Asche bestäuben und sich aufgrund eines Gelübdes die Haare nie mehr schneiden lassen, bürsten oder kämmen. Der dichte Filz ihrer Haare ist bei einigen rot gefärbt. Bettler erheben ihre Hände, ein Almosen erheischend. Leprakranke waschen ihre verstümmelten Gliedmaßen im Fluss, Heilung ihres Leidens erhoffend. Der gutturale Gesang einiger älterer Männer dringt zu uns herüber, vermischt sich mit den Rufen der Bootsleute zu einer akustischen Kulisse von fremdartigem Reiz. Junge Männer sind mit Yoga beschäftigt. Daneben sitzt ein alter Mann mit geschlossenen Augen, versunken in tiefer Meditation. Die Formen des geistlichen Lebens in den Ghats wechseln stark. Ein bestimmtes, feststehendes Ritual gibt es nicht.

Rituelle Waschungen im heiligen Strom Ganges in Benares

Straßenszene in Delhi

Blick auf die Tempelbauten von Somnathpur in Südindien aus dem Jahr 1268. Die Außenwände sind mit unzähligen Figuren aus der hinduistischen Mythologie geschmückt.

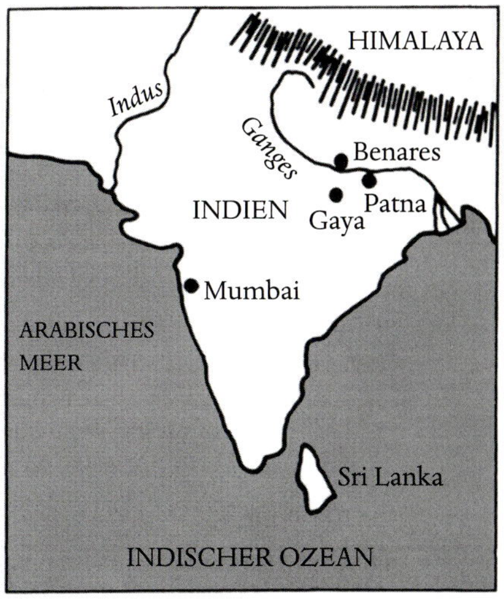

Der Subkontinent Indien

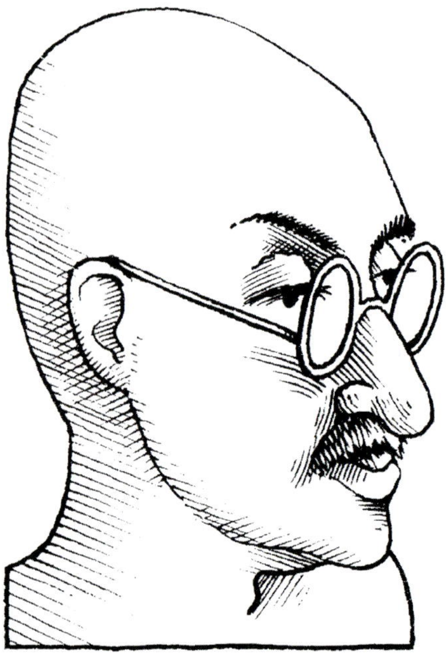

Ein Hindu lebt nach der Bergpredigt
Dieser Hindu heißt Mahatma Gandhi. Er wurde 1869 als Sohn angesehener Inder geboren, studierte in England Jura und ließ sich in Bombay als Rechtsanwalt nieder. 1893 ging er nach Südafrika, wo viele seiner Landsleute in Bergwerken arbeiteten. Er wollte als ihr Anwalt für ihre Rechte streiten. Täglich erlebte er Ausbrüche von Gewalt und Rassenhass zwischen Weißen und Farbigen. Ihm gingen die Augen auf. Er sah hier das gleiche Unrecht, das er aus seiner Heimat zu Genüge kannte. Die Kolonialmacht England behandelte hier wie dort Inder wie Menschen zweiter Klasse. Aufstände wurden blutig niedergeschlagen. Religiöse Spannungen zwischen Hindus und Muslimen schufen zusätzliche Fronten.
Gandhi gab seine Tätigkeit in Südafrika auf und kehrte 1914 nach Indien zurück, um seinen Landsleuten zu helfen. Er erkannte, dass er handeln musste und dass Gewalt kein Mittel zur Befreiung war. Davon wollte und musste er seine Landsleute überzeugen. So rief er zum gewaltlosen Boykott der Ämter, Gerichte und Schulen auf. Die Inder sollten Militärdienst und Steuern verweigern, sie sollten Gesetze, welche die Menschenwürde missachten, brechen und dafür freiwillig Gefängnisstrafen auf sich nehmen, aber nicht mit Gewalt antworten. Für diese Erziehung seines Volkes opferte er seine Kräfte und sein Vermögen. Nach jahrelangem Dulden und Reden und Leiden konnte er sein Volk auf friedlichem Weg in die Unabhängigkeit führen. Gandhi sagte selbst, er habe viel von der christlichen Bergpredigt gelernt.
Am 30. Januar 1948 wurde er von einem fanatischen Hindu und Gegner seines Weges erschossen.

Die Stadt mit ihren schmalen, lärmenden Straßen, den lichtarmen, engen Gassen, Palästen, Türmen und mehr als 2000 Tempeln gehört gleich Babylon, Ninive und Theben zu den ältesten Stadtgründungen der Menschheit überhaupt. Schon zur Zeit Buddhas war die Stadt alt. Der heilige Ganges berührt die Stadt in einem weiten anmutigen Bogen. Der Ganges entspringt nach dem Hinduglauben aus dem Himmel. Seine Wasser stürzen vom Kopf des Gottes Shiva herab und waschen jede Seele rein.
Am Vishwanath-Tempel, der wegen seiner vergoldeten Dächer auch der „Goldene Tempel" genannt wird, erleben wir die Verehrung Shivas. Durch ein kleines vergittertes Fenster gelingt es uns, einen Blick in das Innere zu werfen, denn der Zutritt ist für Ausländer verboten. Die Gläubigen drängen sich um ein mit Gangeswasser gefülltes Becken, in dessen Mitte das Phallussymbol* steht. Sie murmeln Gebete, opfern Blumen und benetzen sich die Stirn mit dem heiligen Wasser. Eine Leiche wird durch die Gasse getragen, gefolgt von Männern mit kahlgeschorenen Köpfen, denn nur Männer dürfen die Toten begleiten. Unter Schellen- und Glockenklang und rhythmischem Gesang wird der mit einem roten Tuch verhüllte Leichnam auf einer Trage aus Bambusstangen zum Manikarnika-Ghat, der Verbrennungsstätte, gebracht. Die Verbrennung erfolgt unmittelbar nach der Feststellung des Todes. Auf den gemauerten Sockeln des Verbrennungsghats brennen die Feuer. Dünner Rauch steigt auf. Die Leiche wird auf einen Holzstoß gelegt und mit weiteren Holzscheiten bedeckt. Der nächste Angehörige zündet den Holzstoß an. Nach zwei bis drei Stunden wird die Asche unter Blumenopfern dem Ganges übergeben, der sie fortträgt bis an den Golf von Bengalen. Wir stehen auf der Terrasse einer Pilgerherberge und blicken auf die brennenden Holzscheite. In den kahlen Räumen des Hauses leben ein Dutzend alter Frauen; voller Gebrechlichkeit kriechen sie auf dem Boden entlang. Sie haben nur noch den einen Wunsch: hier am Ganges zu sterben und verbrannt zu werden. Wenige Meter entfernt sind junge Männer dabei, für die nächste Verbrennung Holz zu zerkleinern und abzuwiegen. Heilige Kühe durchwandern die Gasse, behindern den Verkehr. An den Ghats findet der Hinduismus seinen unmittelbaren Ausdruck.

Nach H. Langer, aus einem Reisebericht

*Fruchtbarkeitszeichen

Totenbestattung in Indien, am Manikarnika-Ghat: Die Leiche wird verbrannt, die Asche in den Ganges gestreut.

Hindus des 20. Jahrhunderts über Christentum und Religion

Die Hindus sind unermüdlich im Suchen nach Wahrheit. Sie prüfen alles. So setzen sie sich auch mit dem Christentum auseinander. Bezeichnend ist dabei ihre Offenheit und Toleranz.

Mahatma Gandhi

„Die einzige Gestalt, in der Gott einem Hungrigen begegnen kann, ist die Gestalt des Brotes.

Das Gebet ist die Rettung meines Lebens gewesen. Ohne das Gebet wäre ich schon längst irre geworden. Ich habe einen großen Anteil an den bittersten öffentlichen und privaten Erfahrungen gehabt. Sie stürzten mich zeitweilig in Verzweiflung. Und wenn ich die Verzweiflung überwand, so verdanke ich das nur dem Gebet."

Forderungen Gandhis an die Christen

„Als Erstes würde ich den Rat geben, dass die Christen alle miteinander anfangen müssen, wie Jesus Christus zu leben.

Zweitens würde ich raten, dass sie ihre Religion in die Tat umsetzen.

Drittens würde ich vorschlagen, dass sie den Nachdruck auf die Liebe legen, denn die Liebe ist der Mittelpunkt und die Seele des Christentums.

Viertens möchte ich raten, dass sie die nichtchristlichen Religionen und ihre Kultur mit mehr Mitgefühl studieren, damit sie das Gute finden, das in ihnen ist, so dass sie mit mehr Mitgefühl an die Leute herantreten."

Ein Mensch sei ein Christ an Barmherzigkeit, ein Mohammedaner in der genauen Beobachtung äußerer Bräuche und ein Hindu in der allumfassenden Milde gegen alle lebenden Wesen.

Ramakrishna

Jawaharlal Nehru an seine 13-jährige Tochter Indira

„Wie wenig gleichen sich doch die Bergpredigt und das moderne europäische oder amerikanische Christentum! Es ist daher nicht verwunderlich, dass viele Leute der Ansicht sind, Bapu (Mahatma Gandhi) stehe der Lehre Christi weit näher als die meisten der sogenannten Anhänger Jesu im Westen."

Auflösung von S. 88 (Buddha, der Lehrer):
Die sieben Unterschiede sind zu finden am rechten Fuß, an der rechten Hand, Schlangenauge rechts, Gewandstreifen links, linkes Ohr, Kopfschmuck und am Sockel unten.

Das Ende der Welt

Nach einer alten indischen Legende soll es in der Stadt Benares einen Tempel geben, in dem der indische Gott Brahma bei der Schöpfung der Welt drei diamantene Stäbchen aufgestellt und auf einen von ihnen 64 goldene Ringe aufgeschichtet hat. Der größte Ring liegt unten, jeder folgende ist kleiner als der vorhergehende. Die Priester des Tempels sind verpflichtet, diese Ringe Tag und Nacht ununterbrochen von einem Stäbchen auf ein anderes zu übertragen, wobei sie das dritte als Hilfsstäbchen benutzen können. Dabei müssen sich die Priester an folgende Regeln halten:

1.
Jeder Ring ist einzeln zu übertragen.

2.
Kein größerer Ring darf auf einen kleineren gelegt werden.

In der Legende heißt es, dass, sobald alle 64 Ringe übertragen sein werden, das Ende der Welt gekommen ist. Berechne die Zeit bis zum Ende der Welt, indem du für einen Zug eine Sekunde Zeit annimmst!

Hinweis:
Führe den Versuch mit 2 Münzen auf 3 Untertassen, dann mit 3 und auch 4 Münzen aus und zähle jeweils die notwendigen Umlegungen. Stelle eine Zahlenfolge auf, aus der du die Umlegungen für 64 Münzen errechnen kannst!

Ein Inder geht durch die Zeit …

Wir gehen mit ihm und sehen dabei:

1. Angehörige der niedrigsten Kaste
2. heilige Schriften der Frühzeit
3. einen Wallfahrtsort
4. einen qualvollen Zustand
5. einen Angehörigen der obersten Kaste
6. den Namen eines indischen Gottes
7. wie die Buddhisten ihr Lebensziel bezeichen
8. wie Inder ihr Schicksal bezeichnen

Wir begegnen:

9. dem heiligen Fluss
10. der indischen Volksreligion
11. der nachdenklichen Betrachtung
12. einem Priester des Brahmanismus

Und hören die Namen:

13. eines indischen Religionsstifters
14. eines weltbekannten indischen Philosophen und Politikers, der 1948 ermordet wurde
15. einer Methode der Meditation

Die Bezeichnungen findest du, wenn du die Buchstaben bei den einzelnen Stationen meditierend ordnest. Wie die Inder ihren Weg durch die Zeit nennen, kannst du auch erfahren. Die Zahl an jeder Station gibt an, welchen Buchstaben des gefundenen Wortes du unterstreichen musst. Lies dann diese Buchstaben hintereinander.

Gott Shiva als Nataraja (König der Tänzer)

> *Jeder könnte die Welt verbessern;*
> *wenn er nur bei sich anfangen wollte.*
>
> *Karl Heinrich Waggerl*

Auflösung von S. 91 (Das Ende der Welt):
Für 2 Münzen sind 3 Umlegungen notwendig = 2 · 2 – 1,
für 3 Münzen sind 7 Umlegungen notwendig = 2 · 2 · 2 – 1,
für 4 Münzen sind 15 Umlegungen notwendig = 2 · 2 · 2 · 2 – 1,
also für 64 Münzen: 64-mal die 2 mit sich selbst multipliziert – 1 (= $2^{64} - 1$).
Das sind: 18.446.744.073.709.551.615 Umlegungen!
Wenn man für jeden der notwendigen Züge eine Sekunde braucht, ergeben sich bei 86.400 Umlegungen pro Tag fast 585 Milliarden Jahre!

Die ostasiatischen Religionen

So fern, wie für uns Ostasien ist, so fremd uns die Lebensgewohnheiten der dortigen Menschen anmuten – so unbegreiflich sind für uns auch die Religionen der Menschen in Indien, China, Japan, Tibet und im Inselreich Polynesien. Dennoch wollen wir uns einen kleinen Überblick verschaffen.

Das Zeichen „Yin und Yang“

Konfuzianismus – Taoismus

Den alten chinesischen Weltanschauungen gemeinsam ist die Theorie über den Bau und die Harmonie des Weltalls. Danach gibt es ganz am Anfang eine Ur-Einheit, die sich in zwei Kräfte geteilt hat:

Yang (hell, warm, bewegend, erzeugend, männlich) und
Yin (finster, kalt, ruhig, empfangend, weiblich).

Chinesische Kinder lernen im Konfuzius-Tempel in Peking die Regeln des chinesischen Philosophen.

Beide bedürfen einander: Aus ihrer Spannung entsteht alles. Zuerst entsteht aus Yang der Himmel und aus Yin die Erde, dann aus ihnen zusammen alle anderen Wesen. Die Jahreszeiten zum Beispiel verdanken ihre Existenz einmal einem Sieg von Yang (Sommer), zum anderen einem Sieg von Yin (Winter). In einer Zeitspanne von 129 600 Jahren vollzieht sich ein Kreislauf von der Ur-Einheit zur Schöpfung des Weltalls und wieder zur Einheit, um darauf wieder aufs Neue zu beginnen. Und so weiter.
Die Kraft, die hinter allem steht, wird Tao genannt, das heißt „der Weg“. Dieser ist schon in der Ur-Einheit enthalten und bewirkt die Harmonie vom Ganzen der Schöpfung. Suchen nach dem Tao ist Suchen nach dem richtigen Lebensweg. Zwei Männer haben vor zweieinhalbtausend Jahren einander verwandte Lehren entwickelt, die bis heute als große Religionen bestehen.

Kung-fu-Tse

(541–478 v. Chr.): Die Lateiner nannten ihn Konfuzius. Er war Philosoph und zugleich Staatsmann, deshalb entwarf er eine sehr praktische, aufs Tun gerichtete Lehre über den richtigen Lebensweg. Wesentlich bei ihm sind die Verehrung der Ahnen, Güte gegen die andern, Pflege der Gemeinschaft und Erlangen der Weisheit.
Die Lehre des Konfuzius breitete sich schnell über China aus. Er selbst genoss schon zu Lebzeiten große Verehrung. Der Konfuzianismus war bis 1912 Staatsreligion in China.

Taoistischer Heiliger, auf ein Baumblatt gezeichnet

Lao-Tse

(= alter Meister) lebte zur gleichen Zeit wie Kung-fu-Tse. Auch er war ein Philosoph. In seinem wichtigsten Buch, „Tao-Te-King“, schrieb er über „den Weg und die Tugend“. Er gab der Lehre des Taoismus den Namen.
Lao-Tse lehrte, durch Betrachtung zur inneren Ruhe zu kommen. In dieser Ruhe findet der Mensch den Ur-Grund aller Dinge und damit das höchste Glück. Das „wirkliche Nichthandeln“ ist das wahre Ideal des Menschen.
Später wird die Lehre sehr vereinfacht oder gar verwaschen. Ein primitiver Volksglaube entsteht daraus, weil der hohe Anspruch für den Durchschnittsmenschen eine Überforderung darstellt. Im alten China war die Lehre sehr verbreitet. Heute hat der Taoismus weltweit schätzungsweise 400 Millionen Anhänger.

Auch die schönsten Waffen sind unheilbringende Geräte.

Lao-Tse

Shintoismus

(shin = Gott, to = Weg, shinto = Weg der Götter) Diese Religion kennt keinen Gründer. Sie ist gewachsen aus der Naturreligion, die in Japan seit Jahrtausenden vorherrscht. Das Hauptverbreitungsgebiet ist Japan. Im Jahre 1868 wurde der Shintoismus zur Staatsreligion in Japan erklärt. Der Kaiser, Mikado genannt, wurde zur Gottheit erhoben und genoss göttliche Verehrung. Damit sollten Buddhismus und Konfuzianismus zurückgedrängt werden.

Shintopriester in Japan bei einer Segnung

Shinto, der Weg der Götter

Lehre

Zahlreiche Naturgottheiten werden verehrt. An ihrer Spitze regiert die Sonnengöttin Amaterasu. Die Hauptfeste sind eng verknüpft mit dem Reisanbau. Geistig nahm der Shintoismus alle wesentlichen Gedanken des Buddhismus auf. Die Anhänger verstehen den Gehorsam gegen Götter und Kaiser als Naturgesetz. Jeder Japaner, der dem Shintoismus angehört, glaubt, von Gott abzustammen.
Jahrhunderte hindurch war es möglich, Buddhist und Shintoist gleichzeitig zu sein. Sogar von Kaisern ist dies überliefert. Im 18. Jahrhundert begann die Loslösung vom Buddhismus, der dann später zur Privatreligion erklärt wurde.

Heute

Nach dem Zweiten Weltkrieg wurde auf Anordnung der amerikanischen Besatzungsmacht der Shintoismus als Staatsreligion abgeschafft (am 15. Dezember 1945). Kaiser Hiroito erklärte am 1. Januar 1946 die bisherigen religiösen Staatsdogmen zu Mythen. Der Shintoismus besteht als Privatreligion weiter. Die tiefe Verwurzelung im Leben und Denken der Japaner ist die Hauptursache dafür, dass das Christentum in Japan nur sehr langsam Fuß fassen kann.

Lamaismus

Etwa seit dem 7. Jahrhundert hat sich in Tibet diese Sonderform des Buddhismus entwickelt. Sie wurde von den Mongolen übernommen. Bis zum 20. Jahrhundert genoss sie auch in China staatliche Förderung.

Gebäude im Kloster Gandan Khiid in der mongolischen Hauptstadt Ulan Bator. Es ist das größte buddhistische Kloster des Landes.

Gebetsmühlen

Das Wort „Gebetsmühle" wird bei uns abwertend gebraucht. Aber welche Vorstellungen hat der Tibetaner davon? Durch Gebete und Bannformeln will sich der Gläubige vor den Dämonen, den bösen Geistern, schützen. Er schreibt oder druckt die Texte auf Papierstreifen und legt sie in eine Trommel, die sich um ihre Achse dreht. Menschenkraft, Wind oder Wasser treiben diese Gebetsmühle an. Nach der Vorstellung der Gläubigen hat das Drehen der Gebete in der Trommel dieselbe Wirkung wie das Aufsagen sämtlicher darin enthaltenen Gebete.
Verständlicher wird dieser Brauch noch durch den Hinweis auf die Gebetsflaggen. Zauberformeln oder Gebete oder Flüche schreiben die Tibetaner auch auf Fahnen und lassen diese dann im Winde wehen. Der Wind liest und trägt das Aufgeschriebene ins ganze Land, das nun am Segen und am Fluch teilhat.

Auflösung von S. 92 (Ein Inder geht durch die Zeit):
1. Parias, 2. Veda, 3. Benares, 4. Leiden, 5. Priester, 6. Vishnu, 7. Nirwana, 8. Karma, 9. Ganges, 10. Hinduismus, 11. Meditation, 12. Brahmane, 13. Buddha, 14. Gandhi, 15. Yoga – SEELENWANDERUNG.

Lehre

Der Buddhismus war keine Religion des Volkes. Seine Lehren stellten zu hohe Ansprüche. Deshalb überlagerten alte tibetanische Vorstellungen von allen möglichen Geistern und Zaubern den Buddhismus und vereinfachten ihn. So entstand der Lamaismus. Mittelpunkt ist seit dem 14. Jahrhundert das Kloster von Lhasa. Der Abt dieses Klosters gilt als Verkörperung des „Schutzheiligen" von Tibet. Er wird Dalai Lama (tibet. = Ozean [des Wissens]) genannt. Von der Mitte des 17. Jahrhunderts an war er der geistliche und weltliche Herrscher Tibets. 1955 wurde der Dalai Lama Vorsitzender der Autonomen Verwaltung im Rahmen der VR China. Bis 1959 herrschte er gemeinsam mit dem Pantschen-Erdeni-Lama, dem Abt eines anderen tibetanischen Klosters. Seitdem regiert der letztere allein; der Dalai Lama lebt, von den chinesischen Kommunisten vertrieben, im Exil in Indien.

Ein buddhistischer Mönch des Klosters in Ulan Bator dreht an den Gebetsmühlen.

Polynesische Religionen

Auf der weitverstreuten Inselwelt Polynesiens lebt eine Vielzahl verschiedener Rassen: die eingeborenen Polynesier, Japaner, Chinesen, Inder, Philippinos und auch Europäer. Es fällt schwer, die Vielfalt ihrer religiösen Formen auf einen Nenner zu bringen. Gemeinsam sind allen ein ausgeprägter Ahnenkult und eine bunte Mythologie. Dem Charakter dieser Naturreligionen entspricht eine unübersehbare Fülle von Riten und Bräuchen. Stellvertretend für alle werden drei Eigenarten in der Randspalte erklärt.

Tätowierte Maori-Krieger bei einer Demonstration im Jahr 2004 auf Neuseeland

Tabu – ein religiöses Verbot, das sich auf Gegenstände, Orte, Zeiten, Wörter, Speisen, Menschen, Tiere, Taten usw. beziehen kann. Übersetzen kann man das Wort nicht, manchmal bedeutet es „nicht berühren", dann wieder „sich enthalten". Ein Tier, das „tabu" ist, darf nicht getötet werden. Ein Häuptling ist Nachkomme der Götter. Niemand darf mit ihm essen: Er ist „tabu". Wörter, die „tabu" sind, darf niemand aussprechen.

Tätowierung – eigentlich Tatau-ierung von tatau = Zeichen. Seeleute brachten diesen Brauch von Tahiti mit und ließen sich Muster oder Figuren in die Haut ritzen. Der Farbstoff sitzt unter der Hautoberfläche und ist zeitlebens sichtbar. Der Brauch, die Haut farblich zu schmücken, ist typisch für die Naturreligionen. Das zeigen auch die Kriegsbemalung der Indianer, die Kastenzeichen bei den Indern und die Tanzbemalung bei afrikanischen Stämmen.

Kawabereitung – Die Wurzel des Kawapfeffers ist der Ausgangsstoff für die Bereitung eines berauschenden Kultgetränkes, das man Kawa nennt. Die Wurzel muss zerkaut werden. Das besorgen meist alte Frauen. Anschließend wird die gesammelte Masse rituell zubereitet und genossen.

Den Sinn des Lebens erschliessen

Viele große Religionen sind im Laufe der Geschichte untergegangen. Zumeist sind sie Urheber großer, bedeutender Kulturen gewesen. Wir denken an die Ägypter, an die Babylonier, an die Mayas in Mittelamerika oder an die Indianer. Wir sind gewohnt, diese und andere als „Heiden" zu bezeichnen, womit man meint: Sie haben keinen Glauben. Wenn man jedoch genauer hinsieht, stimmt das plötzlich nicht mehr.

Der Hinduismus zeigt deutlich, was Religion will:

- **den Sinn des Lebens erschließen,**
- **den Menschen gut machen,**
- **das Bleibende finden lassen**
- **und für alle Frieden schaffen.**

Der Islam

Der Halbmond ist Symbol des Islam. Kuppel der Großen Moschee in Haram Scharif nahe Mekka

Die Kaaba in Mekka

Jeder Muslim, der nach Mekka pilgert, will den schwarzen Stein küssen, nachdem er siebenmal die Kaaba (sprich:Ka-aba) umschritten hat. Es ist ein heiliger Stein, den schon die Araber vor Mohammed als Glücksbringer verehrt haben und dessen wirkliche Herkunft keiner kennt. Er sieht schwarz aus wie Basalt oder Lava, soll aber ein Meteorit sein, also ein aus dem Weltraum auf die Erde gestürzter Stein, von 30 cm Durchmesser. Er wird seit unvordenklicher Zeit in der Kaaba aufbewahrt. Dieses Gebäude steht im Hofe der Moschee von Mekka, umgeben von Minaretten und Tempelgebäuden. Es ist 10 Meter breit, 12 Meter lang und 15 Meter hoch. Schon lange vor Mohammed war es Kultstätte der Araber. Er hat die Kaaba dann verehrt als ältesten Tempel der Erde, der von Abraham selbst erbaut worden sei. Die Kaaba ist bis heute Ziel der Gebetsrichtung der Muslime in aller Welt.

Das ist das Zentrum des Islam: die Kaaba in Mekka.

Kurz und bündig
Islam = arabisch: „Hingabe an Gott“
Stifter: Mohammed (geb. um 570 in Mekka, gest. 632 in Medina)
Kern der Lehre: Es gibt nur einen Gott: Allah. Und Mohammed ist sein Prophet
Hl. Buch: Koran
Anhänger: Muslime oder Moslems
Verbreitung: Orient, Ozeanien, Afrika

Das Geheimnis des schwarzen Steins

Ein Blick auf die Landkarte Arabiens zeigt, dass etwa ein Drittel des Landes Wüste ist und das übrige dürre Steppe, die sich nur kurze Zeit mit frischem Grün bedeckt. Den Arabern, die mit ihren Karawanen durch die Wüste zogen, waren deshalb Sonne, Mond und Sterne Wegweiser. Man verehrte sie als Götter neben noch vielen anderen Göttern. Die Araber pilgerten zur schwarzbehangenen würfelförmigen Kaaba mit ihrem eingemauerten schwarzen Fetischstein in der heiligen Stadt Mekka. Sie umschritten in Prozessionen die Kaaba und feierten Opferzeremonien. Auch das Judentum und das Christentum war ihnen nicht unbekannt. Schließlich lag Arabien an der Handelsstraße zwischen Palästina und dem Arabischen Meer, über das der Handel die Kaufleute weiter nach Indien führte. Die Beziehungen zum Volk Israel waren uralt. Die Kaaba wurde sogar als eine Stiftung Ismaels, des Sohnes von Abraham, betrachtet. Es gibt eine Überlieferung, wonach jener Stein von Adam aus dem Paradies gebracht wurde, der ursprünglich weiß gewesen und durch die Sünden der Menschen schwarz geworden sei.

Allah und sein Prophet Mohammed

Bis zum 5. Jahrhundert hatte sich das Christentum hauptsächlich um das Mittelländische Meer herum ausgebreitet. Es hatte in den Stürmen der Völkerwanderungszeit den Untergang des Römischen Reiches überdauert. Zu dieser Zeit wurde in Mekka (um das Jahr 570 n. Chr.) dem arabischen Kaufmann Abdallah ein Sohn geboren, den er Mohammed, d. h. der Ersehnte, nannte. Mohammed, früh verwaist, nahm als Junge mit seinem Onkel an Karawanenfahrten teil und wurde später selbst Kaufmann, nachdem er eine reiche Kaufmannswitwe geheiratet hatte. Auf seinen Wüstenfahrten begegnete er in der Einsamkeit Gott. Vielleicht war der Verlust seiner drei Söhne durch eine Seuche Grund, oft mit Gott im Gebet zu sprechen. Zweifelte er, der reiche Kaufmann, am Sinn des Lebens, weil der Tod so grausam in sein Leben eingegriffen hatte? Ahnte er ein höheres Lebensziel, als es Wohlstand und Reichtum bieten? Ähnlich hatte Gott schon Buddha angesprochen und auf den Weg geführt. In einer Wüstenhöhle ließ Mohammed sich von dem blinden Maruka Ibn Naufat, einem entfernten Verwandten seiner Frau, belehren aus den heiligen Schriften der Juden und Christen. So vorbereitet, meinte Mohammed, in der Wüstenstille Gott selbst sprechen zu hören. In der von ihm niedergeschriebenen heiligen Schrift des Korans beschreibt er seine Vision, seine Sicht von Gott.

Kairo ist eine Hauptstadt des Islam. Unser Bild zeigt drei Moscheen, links das höchste Minarett Kairos mit 81,5 m Höhe.

Es gibt keinen Gott ausser Allah

Der Glaube an einen einzigen Gott wurde der Angelpunkt der Lehre Mohammeds. Er erklärte die Abkehr von der Vielgötterei. Gott (Allah), der Alleinige, Allgegenwärtige, ist für Mohammed ein Wesen, das nicht beschrieben werden kann. Es ist schon Sünde, Gott erklären zu wollen. Ewig verdammt sind diejenigen, die sich anmaßen, Gott darzustellen in Bild, in Stein oder im Wort. Gott ist wie das Licht, wie die Flamme, wie das Meer, ewig veränderlich, nie fassbar. Wer Gott erfassen, darstellen will, zeigt damit seinen Mangel an Glauben. Aus diesem Grund finden wir nirgends in der Welt des Islam Bilder von Gott, auch nicht von Menschen. Die Muslime schmücken ihre Moscheen mit Ornamenten. „Gott ist unfassbar. Verdammt seien diejenigen, die ihm Menschliches zuschreiben. Gott ist Einer, ein ewig Reiner, hat nie gezeugt, und ihn gezeugt hat keiner."

Mohammed grenzt seinen Glauben bewusst vom Christentum ab und sagt: „Jesus ist ein gottbegnadeter Prophet; verdammt seien diejenigen, die ihn als Sohn Gottes ansprechen. – Es gibt keinen Gott außer Allah, und Mohammed ist sein Prophet!"

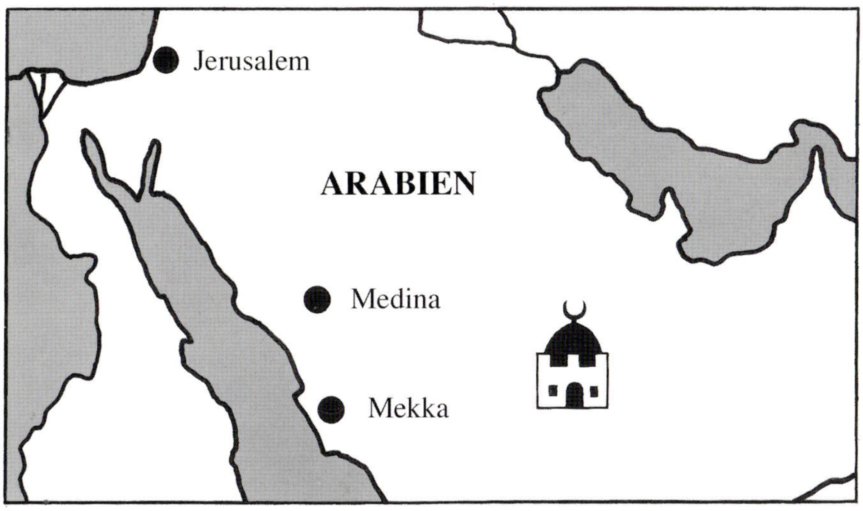

Der Ost sah Gott
und hat die Welt
vergessen.
Der West vergaß Gott
und hat die Welt
ermessen.

Muhammad Iqbal

Nichts Neues im Osten

Mohammed verkündete im Wesentlichen nichts Neues. Seine Kenntnisse von Judentum und Christentum hatte er über viele Mittelsmänner – und deshalb nicht rein – erhalten. Der Koran beruht auf dem Grundsatz, dass es nur eine einzige wahre Religion gibt, die Gott von Anfang der Welt an durch seine Propheten Adam, Noach, Abraham, Mose und Jesus hat verkünden lassen. Mohammed als letzter und bedeutendster Prophet sei berufen, diese Lehren von Verfälschungen und Irrtümern, von abergläubigem Beiwerk und Entstellungen zu reinigen. In der dritten Sure des Korans heißt es:

„Allah, es gibt keinen Gott außer ihm. Geoffenbart hat es dir die Schrift in Wahrheit, bestätigend das früher schon Geoffenbarte. Er offenbarte die Thora und das Evangelium schon vordem, um die Menschen zu leiten, und nun offenbarte er den Koran. Die wahre Religion von Gott ist der Islam*."

Arabischer Nomade in Tunesien

Das Pilgerfest des Jahres 621 benutzte Mohammed, um Jünger zu gewinnen; aber gleichzeitig fand er auch Feinde seines neuen Glaubens. Er musste sogar aus Mekka fliehen, da ihm Mord angedroht worden war. Nach der Legende warnt ihn der Engel Gabriel. Mit Mohammeds Flucht nach Medina (Hedschra), einem für die Weltgeschichte entscheidenden Tag, beginnen die Mohammedaner ihre Zeitrechnung. In Medina fand Mohammed die Ruhe, um Baustein für Baustein seines neuen Glaubensgebäudes zusammenzufügen.

* Islam = die vollständige Hingabe an Gott

Das Neue Testament im Koran?

Aus dem Koran:
Und die Engel sprachen: „O Maria, siehe, Allah hat dich auserwählt vor den Frauen aller Welt. … Siehe, Allah verkündigt dir ein Wort von ihm, sein Name ist der Messias Jesus, der Sohn der Maria.“ … Sie sprach: „Mein Herr, woher soll mir ein Sohn werden, wo mich kein Mann berührte?“ Er sprach: „Also schafft Allah, was er will; wenn er ein Ding beschlossen hat, spricht er nur zu ihm: ‚Sei!‘, und es ist.“

Koran, 3. Sure, 37-49

Aus dem Neuen Testament:
Da sagte der Engel zu ihr: „Fürchte dich nicht, Maria; denn du hast bei Gott Gnade gefunden. Du wirst ein Kind empfangen, einen Sohn wirst du gebären: dem sollst du den Namen Jesus geben.“ … Maria sagte zu dem Engel: „Wie soll das geschehen, da ich keinen Mann erkenne?“ Der Engel antwortete ihr: „Der Heilige Geist wird über dich kommen, und die Kraft des Höchsten wird dich überschatten. … Denn für Gott ist nichts unmöglich.“

Lk 1,30.31.34.35.37

Der Engel Gabriel als Bote Gottes, arabische Malerei, 14. Jh.

Die Vertreibung aus dem Paradies

Nach dem Sündenfall wies Gott Adam, Eva, den Teufel und die Schlange durch verschiedene Tore aus dem Paradies. Adam befahl er, aus dem Tor der Reue hinauszugehen, um ihm anzudeuten, dass er durch Reue einst wiederkehren könne. Und Adam kam auf den Berg Sarandib auf Ceylon, wohin er den Duft des Paradieses mitbrachte. – Eva verließ den Garten durch das Tor der Barmherzigkeit und befand sich dann in Dschaddoh. – Die Schlange ging durch das Tor des Zornes und landete in der Wüste Sahara.
Hundert Jahre vergingen, da erbarmte sich Gott des ausgestoßenen Adam, und er befahl ihm, einer Wolke zu folgen, die ihn zu einem Ort führen werde, der gerade dem himmlischen Thron gegenüberliege, und daselbst einen Tempel zu bauen. Adam, der noch immer so groß war, wie ihn Gott geschaffen hatte, legte in wenigen Stunden den Weg von Indien nach Mekka zurück, wo die Wolke, die ihn führte, stehen blieb. Auf dem Berge Arafa*, in der Nähe von Mekka, fand er zu seiner großen Freude Eva wieder, daher dieser Berg seinen Namen hat. Die beiden fingen nun an, miteinander den Tempel zu bauen, zu dem der Engel Gabriel einen Plan brachte und einen hellstrahlenden Edelstein aus dem Paradies, der später von den Sünden der Menschen befleckt und schwarz ward. Dieser schwarze Stein ist das größte Heiligtum der Kaaba; er war ursprünglich ein Engel, der die Bestimmung hatte, den Weizenbaum im Paradies zu bewachen und den Menschen, falls er sich ihm nähern sollte, zu warnen. Wegen seiner Nachlässigkeit ist der Engel in einen Stein verwandelt worden und wird erst am Tag des Gerichtes seine frühere Gestalt annehmen und zu dem Heer der Engel zurückkehren. Mit Augen und Zunge wird er alsdann auferstehen und Zeugnis ablegen denen, die ihn bei ihrer Pilgerschaft berührt und verehrt haben.

* arafa (= arabisch: wiedererkennen)

Arabische Legende

Die erste Sure des Korans entspricht unserem Vaterunser

Im Namen Allahs, des Erbarmers, des Barmherzigen!
Lob sei Allah, dem Weltenherrn, dem Erbarmer,
dem Barmherzigen, dem König am Tag des Gerichts!
Dir dienen wir, und zu dir rufen um Hilfe wir;
leite uns den rechten Pfad, den Pfad derer, denen du gnädig bist,
nicht derer, denen du zürnst, und nicht der Irrenden.

Die fünf Grundpfeiler des Islam
besagen alles, was Mohammed gewollt hat.

Jedes Muslim heilige Norm ist

1. Das Glaubensbekenntnis: Es ist kein Gott außer Allah, und Mohammed ist sein Prophet.
2. Der „Saalat“, die fünf täglichen Andachtsübungen, die mit ausdrucksvollen Körperbewegungen verbunden sind.
3. Der „Sakat“, die religiöse Steuer als Almosen für die Armen
4. Das Fasten im Monat Ramadan, nur vom Morgen bis zum Abend; denn „Gott will es euch leicht machen; der Mensch ist ja ein schwaches Geschöpf“ (Sure 4,32).
5. Der „Hadsch“, die Pilgerfahrt zur Kaaba mit ihren alten Gebräuchen. Jeder Erwachsene muss wenigstens einmal im Leben daran teilnehmen.

Kachel mit Arabesken. In der islamischen Kunst ist die bildliche Darstellung von Gott und von Menschen nicht erlaubt. Als dekorativer Schmuck werden Blattranken und Schriftzeichen verwendet.

Freitagsgebet in der Moschee in Pforzheim

Diese Grundpfeiler sind auch den einfachsten Menschen als ihr Weg zum Paradies zugänglich. Sie sehen: Wenn wir regelmäßig zu Allah beten, liegt der halbe Weg hinter uns. Wenn wir fasten, kommen wir bis an die Pforte des Paradieses. Wenn wir Almosen geben, wird uns der Eingang geöffnet. Wenn wir uns für den Glauben an Allah einsetzen und einmal im Leben nach Mekka gepilgert sind, dann werden wir nach dem Tod im Paradies weiterleben.
Eine Vorschrift, den Freitag als Feiertag zu halten, kennt der Muslim nicht. Zwar sollen die Männer der Freitagspredigt beiwohnen und in dieser Zeit soll der Handel ruhen. Aber danach ist der Freitag ein Tag wie jeder andere. Nach dem Koran hat Allah an einem Freitag Adam erschaffen und ins Paradies gesetzt und an einem Freitag wurde Adam auch aus dem Paradies vertrieben.
Nach dem Tod wird der Muslim mit dem Gesicht nach Mekka in ein Grab gelegt. Wer in das Grab hineinsteigt, um den Toten zu betten, muss barfuß und barhäuptig sein, seine Kleider aufknöpfen und sprechen: „Im Namen Allahs. Gott, gib, dass dieser Tote mit deinem Propheten vereinigt wird. Gott, wenn er ein Wohltäter war, vermehre seine Wohltätigkeit, wenn er schlecht gehandelt hat, vergib ihm, hab Erbarmen mit ihm und lass ihm seine Sünden nach.“

Was ist für Andersgläubige vom Islam sichtbar?

Moscheen
das sind die Gotteshäuser der Muslime. Das Wort Moschee kommt aus dem Arabischen und heißt: „Anbetungsort“. Die Gläubigen versammeln sich in ihnen zum gemeinsamen Gebet und zur Freitagspredigt. Die Gebetsnische (Mihrab) liegt in der Richtung nach Mekka. Neben ihr steht der Predigtstuhl (Mimbar). Den Gottesdienst leitet ein dafür geeignetes Gemeindemitglied oder ein Imam, der Vorsteher der Gemeinde. Er hält dann die Ansprache. Im Hof der Moschee befindet sich meist ein Reinigungsbrunnen und das Minarett, ein hoher Turm. Von diesem aus kündet der Gebetsrufer (Muezzin) die Gebetsstunden an: „Gott ist groß! Ich bezeuge, dass es keinen Gott gibt außer Allah und dass Mohammed der Gesandte Gottes ist. Herbei zum Gebet.“

Medressen
das sind islamische Hochschulen, in denen die Auslegung des Koran, die Rechtswissenschaft, Grammatik, Rhetorik u. a. gelehrt werden.

Tanzende Derwische
sind Muslime, die Gott dienen durch gelebte Armut. Sie werden auch Sufis genannt (nach dem groben Wollkleid, das sie tragen) oder Fakire (arabisch) oder Derwische (persisch), was beides „die Armen“ bedeutet. Diese Mönche leben ehelos in Gemeinschaft, lehnen irdischen Besitz ab und halten das Gesetz in aller Strenge. Gepflegt wird das oftmalige Wiederholen der Namen Gottes in verschiedenem Rhythmus und Tonfall, im Chor und allein. Einmalig sind ihre meditativen Tänze, die mit asiatischer Mystik und Musik den nüchternen Islam beleben.

Die Welt des Islam

In den acht islamischen Begriffen ist je ein Buchstabe falsch. Schreibe die richtigen Buchstaben hintereinander auf. Dann ergeben sie, nacheinander gelesen, die Bezeichnung für die Flucht des Propheten Mohammed von Mekka nach Medina im Jahre 622.

DERWISCO

MOSLAM

RAMALAN

IRLAM

MOSIHEE

ALLAN

SUDE

MINIRETT

Wettstreit in Spanien

In Spanien kam es durch das Miteinander von Christen, Muslimen und Juden zu einer kulturellen Blüte. Beteiligt waren zum Beispiel:

Gerbert von Aurillac, Priester aus Frankreich, studierte auch bei den Arabern in Córdoba und Sevilla, wurde 999 Papst mit dem Namen Silvester II. Er machte die arabischen Ziffern in Europa bekannt (⟶ S. 102).

Avicenna, arabisch Ibn Sina (980–1037), einflussreicher Arzt und Philosoph, verband Aristoteles mit der christlichen Theologie. Seine medizinischen Schriften waren über Jahrhunderte maßgebend an den Universitäten Europas.

Ramon Llull (Raimundus Lullus, um 1235–1315), empfahl dem Papst, nach spanischem Vorbild Sprachschulen für Arabisch und Hebräisch einzurichten, um das Gespräch zwischen Christen, Juden und Muslimen zu ermöglichen (⟶ S. 56 und 291).

Maimonides, eigentlich Mose ben Maimon (1135–1204), jüdischer Philosoph, bereicherte die jüdische Philosophie durch den von Arabern übersetzten Aristoteles und beeinflusste die scholastische Theologie. (⟶ S. 318)

Die Ausbreitung des Islam

Eine wichtige Grundaussage des Islam ist seine Lehre vom Kismet. Kismet nennt er das, was von der Vorsehung jedem zugeteilt wird, ohne dass er es durch seinen Willen abwehren kann. Der Muslim weiß, dass er dem blind waltenden Schicksal, dem Fatum, nicht entrinnen kann, wenn es seinen Tod beschlossen hat, und dass er unversehrt aus der Schlacht herausgehen wird, wenn seine Stunde noch nicht gekommen ist. Diese Überzeugung war die stärkste Waffe der Streiter auf den Eroberungszügen der Kalifen. Außerdem glauben sie, dass Glaubenskämpfer sofort ins Paradies eingehen, während die anderen Menschen nach ihrem Tode zunächst im Grab bleiben und erst am Jüngsten Tag auferweckt werden für den Himmel oder die Hölle. Nur so ist einsichtig, wie der Islam im Namen des Propheten Mohammed ganze Staatswesen mit Waffengewalt aufbaute. Hier erwies sich der Dschihad, der „Heilige Krieg", als Missbrauch der Religion. Das arabische Wort Dschihad bedeutet eigentlich „Anstrengung" um der Sache Gottes willen und kann den äußeren wie auch den inneren Kampf bezeichnen. Der geistliche Kampf wurde aber über den kriegerischen Einsatz gestellt.

Mohammed hatte eine seinem arabischen Volk angepasste Religion aus Judentum, Christentum und dem arabischen Vielgötterglauben geformt. Er war überzeugt, der Prophet Arabiens, und am Ende seines Lebens sogar, der Prophet für die ganze Welt zu sein. Dabei beteuerte er selbst aber ausdrücklich, er sei ein Mensch wie jeder andere (Sure 7,95 f.). In seinem Munde wäre das Jesuswort aus dem Evangelium undenkbar: „Wer von euch kann mir eine Sünde nachweisen?" (Joh 8,46).

Nach Mohammeds Tod am 7. Juni 632 breitete sich die arabische Macht über die ganze Mittelmeerwelt aus. Sie drang bis Konstantinopel und Spanien vor, zeitweise sogar bis Südfrankreich. Dabei sollten die unterworfenen Juden und Christen als „Besitzer des Buches" nach der von Mohammed gebotenen Toleranz nicht Muslime werden. Als Bürger zweiter Klasse konnten sie autonom leben, mussten aber hohe Steuern zahlen. Einen Bekehrungseifer entwickelten die Araber nur gegenüber denen, die viele Götter verehrten.

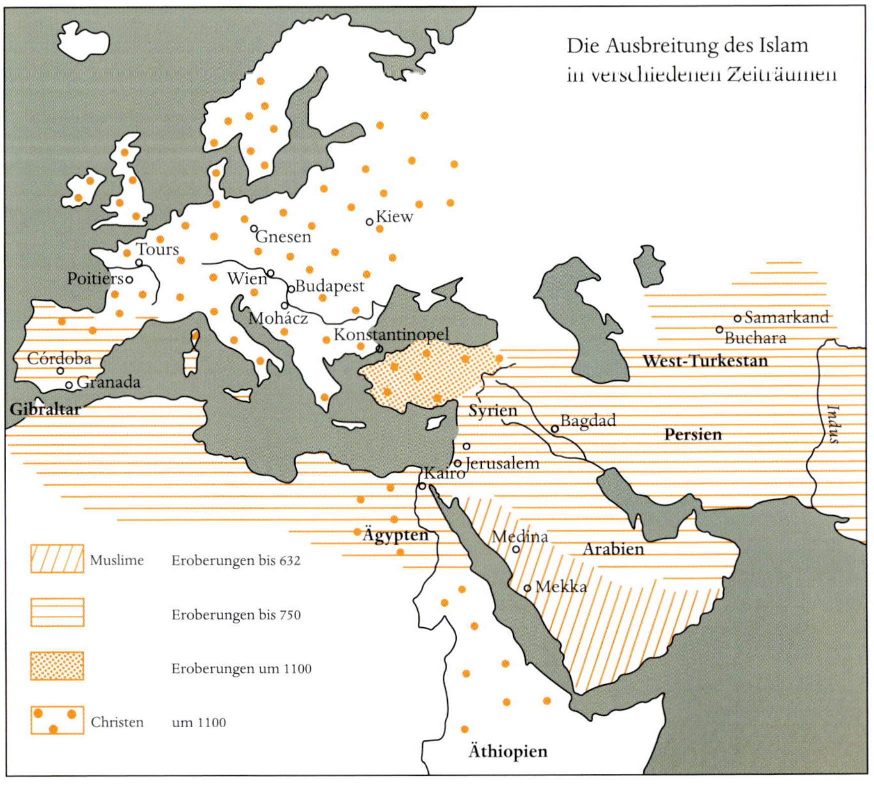

Die Ausbreitung des Islam in verschiedenen Zeiträumen

Die arabische Kultur

Nach den ersten hundert Jahren der Eroberung wurden Bagdad, Damaskus, Samarkand, Kairo und Córdoba zu bedeutenden Kulturzentren des Islam. Araber, Perser, Griechen, Inder, Syrer und Juden trafen sich in Bagdad und tauschten ihr Wissen aus. Die Araber übersetzten z. B. die wichtigsten Werke der Griechen (Ptolemäus, Aristoteles). Sie übernahmen vieles aus der antiken Kultur und vermittelten es später dem mittelalterlichen Europa. Die arabischen Gelehrten verfassten Sammelwerke über Geschichte, Medizin, Geografie und Astronomie. Dichtungen und die „Märchen aus Tausendundeiner Nacht“ preisen die Weisheit des Kalifen Harun ar-Raschid (786–809).
Auf den Handelswegen kamen die Waren des Orients nach Europa: Zucker, Orangen, Damast, Alkohol. Später dann wurden arabische Gelehrte als Professoren an die ersten italienischen Universitäten geholt.

Alhambra (arab. = die Rote). Blick in den Löwenhof der Burg von Granada, Palastbau der letzten Dynastie der spanischen Araber aus dem 13./14. Jahrhundert.

Die Kunst der Mauren

Streng geschlossen und abwehrend wirkten die Bauwerke der Mauren von außen. Die Innenhöfe aber, meist mit einem großen Wasserbecken – wie eine Oase –, lenken den Blick von der Sonne zum Schatten, vom Heißen in die Kühle … und wir sind plötzlich mitten im Orient. Mitten im Orient – in Spanien!
Die Mauren, ein arabischer Volksstamm aus dem Atlasgebirge, bereicherten Spanien mit ihrer Kunst. Die Wände der Innenräume sind teppichartig mit Ornamenten überzogen. Die sehr dünnen Säulen scheinen unbelastet vom Gebälk zu sein. Darstellungen von Menschen und Tieren gibt es nicht, da der Prophet Mohammed dies verboten hatte. Alles wirkt zart wie ein Schleier, ohne den die arabische Frau früher nicht die Straße betreten durfte.

Musik und Dichtung

Mohammed liebte die Musik und die Dichtkunst nicht besonders. Die Musik hat deshalb nie Eingang in den Gottesdienst der Muslime gefunden. Zeitweise war sogar jede Musik (vokale und instrumentale) als verbotenes Vergnügen geächtet. Nur Trommel, Rhythmusstab und Tamburins waren erlaubt, weil sie bei Pilgerfahrten benutzt werden. Lieder bei der Arbeit, bei Hochzeiten und Geburtstagen wurden von Mohammed gebilligt.

Zeittafel

um 570 Mohammed in Mekka geboren

622 Flucht Mohammeds (Hedschra) von Mekka nach Medina

632 Tod Mohammeds in Medina

632–750 Ausbreitung des Islam und des arabischen Weltreiches

637 Eroberung Jerusalems

bis 650 Syrien, Palästina, Persien, Ägypten und große Teile Nordafrikas kommen unter islamischen Einfluss

bis 700 West-Turkestan (Samarkand) unterworfen

711 West-Spanien von Gibraltar aus erobert

712 Verbreitung des Islam in Indien

732 Sieg Karl Martells über die Araber bei Tours und Poitiers in Südfrankreich

750–918 Islamisches Weltreich unter persischer, dann türkischer Herrschaft

um 1280 Vordringen des Islam bis China und von dort nach Indonesien. Der Islam gewinnt aber nicht die gleiche Bedeutung wie der Buddhismus.

1453 Eroberung Konstantinopels, Ende des Oströmischen Reiches

1526 Sieg der Türken über die Ungarn bei Mohács. Buda und Pest werden von den Türken erobert.

1529 Türken vor Wien

1571 Die türkische Flotte wird im Mittelmeer von den Spaniern (im Bund mit Venedig und dem Kirchenstaat) bei Lepanto geschlagen. – Papst Gregor XIII. stiftet zum Gedenken an diesen Sieg 1573 das Rosenkranzfest (7. Oktober).

1683 Türken belagern Wien. „Heilige Liga“ (Österreich, Polen, Venedig, Moskau) gegen die Türken unter dem Protektorat des Papstes Innozenz XI.

2001 Johannes Paul II. betet während seiner Pastoralreise nach Syrien als erster Papst in einer Moschee in Damaskus. Dabei ruft er Christen und Muslime zu gegenseitiger Toleranz auf.

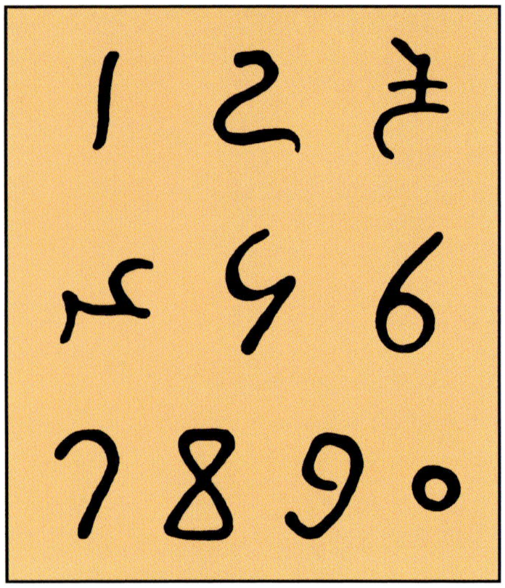

Die arabischen Ziffern

haben nicht die Araber, sondern die Inder erfunden. Durch den Handel waren im 7. Jahrhundert die indischen Zahlzeichen auf den Karawanenwegen bis nach Arabien vorgedrungen. Das arabische Wort „Sifr" für die Null, die die Araber den neun indischen Zahlzeichen anfügten, kam zu uns als „Ziffer" (jetzt Bezeichnung für alle Zahlzeichen).

Bei der Eroberung großer Teile Spaniens (711) brachten die Araber die „arabischen" Ziffern mit nach Europa. Gerbert von Aurillac, ein bedeutender christlicher Gelehrter und Priester aus Südfrankreich, hatte in Barcelona und dann bei den Arabern in Sevilla und Córdoba studiert. Später hatte er Italien, Deutschland und Frankreich bereist und in Reims Mathematik und Philosophie gelehrt. Im Jahre 980 war er Abt und Lehrer des späteren Kaisers Otto III., 999 Papst (mit dem Namen Silvester II.) geworden. Gerbert hatte die arabischen Ziffern wohl als Erster in Europa verbreitet und mit ihnen auch die Kenntnisse der für die damalige Zeit weit fortgeschrittenen arabischen Mathematiker.

Der Felsendom in Jerusalem

Der Felsen in Jerusalem diente der Überlieferung nach einst als Brandopferaltar im Tempel König Salomos. Nach der Zerstörung des Tempels im Jahre 70 n. Chr. durch die Römer ließ man die Stätte des einstigen jüdischen Tempels absichtlich verkommen, als sichtbares Zeichen für die Worte Jesu von der Zerstörung des Tempels. Erst 688–691 ließ der Kalif Abdelmalik über dem Fels den Felsendom errichten, der im eigentlichen Sinne keine Moschee ist, sondern ein allgemeines Heiligtum, in dem jeder beten kann, in dem aber keine öffentlichen Gottesdienste stattfinden.

Der heilige Felsen im Felsendom

Die ärztliche Wissenschaft

Nach der Erfindung der Buchdruckerkunst waren die Bibel und der „Kanon der ärztlichen Wissenschaft" von Avicenna die ersten Bücher, die im Europa des 15. Jahrhunderts gedruckt wurden.

Wer war dieser Avicenna? Ibn Sina – das ist sein eigentlicher Name – wurde 980 in der Nähe von Buchara im heutigen Usbekistan geboren. Schon mit 10 Jahren studierte er den Koran und lernte die arabische Sprache. Danach studierte er Philosophie, Logik, Mathematik und Medizin. Er kannte die berühmten Werke der antiken Medizin, die in die arabische Sprache übersetzt wurden, sowie die Grundlagen der indischen Medizin. Seine Erkenntnisse und Erfahrungen schrieb er nieder im „Kanon der ärztlichen Wissenschaft", der ihm Weltruhm brachte. Sechs Jahrhunderte lang war dieses Werk das Lehrbuch aller medizinischen Fakultäten Europas!

Je länger ich lebe, desto mehr
scheint es mir, dass die
individuellen Ereignisse
nicht zählen dürfen,
sondern nur die Hingabe
an etwas Größeres als wir.

Pierre Teilhard de Chardin

Auflösung von S. 100 (Die Welt des Islam):
Derwisch, Moslem, Ramadan, Islam, Moschee, Allah, Sure, Minarett – HEDSCHRA

Das Judentum

Juden beten an der Klagemauer in Jerusalem, an den letzten Resten ihres Tempels.

Abraham als Mittler des Segens

Der Herr sprach zu Abraham: Zieh weg aus deinem Land, von deiner Verwandtschaft und aus deinem Vaterhaus in das Land, das ich dir zeigen werde. Ich werde dich zu einem großen Volk machen, dich segnen und deinen Namen groß machen. Ein Segen sollst du sein.
Ich will dich segnen; wer dich verwünscht, den will ich verfluchen. Durch dich sollen alle Geschlechter der Erde Segen erlangen.

Gen 12,1–3

Ein Volk auf der Wanderschaft

„Ein wandernder Aramäer war mein Vater", so beginnt das Glaubensbekenntnis, das jeder fromme Israelit am Festtag der Erstlingsfrüchte ablegen musste – dann nämlich, wenn er die Erstlinge seines jährlichen Ernteertrages in den Tempel brachte. Ein wandernder Aramäer kam vom oberen Euphrat und zog, dem Ruf Gottes folgend, nach Kanaan. Er hieß Abraham.
Abraham ist der erste biblische Patriarch und lebte um 2000 vor Christus. Auf ihn als Vater des Glaubens berufen sich Juden, Christen und Muslime.

Kurz und bündig

Hebräer:
Im Alten Orient Bezeichnung für Tagelöhner, später Name für die Stämme der Israeliten.
Israeliten:
1. Alle Nachkommen der biblischen Patriarchen. 2. Nur die Bewohner des Nordreiches. Von diesen sind die Israelis zu unterscheiden, die Bewohner des heutigen Staates Israel.
Juden:
Bezeichnung der Judäer, der Bewohner des Staates Juda (Südreich). Seit dem Untergang dieses Staates im Jahre 587 v. Chr. ist die Bezeichnung für alle Israeliten üblich.

Es gibt nicht nur den Nutzen, es gibt auch den Segen.

Josef Pieper

Der siebenarmige Leuchter (Menora) ist heute ein religiös-nationales Zeichen der Juden.

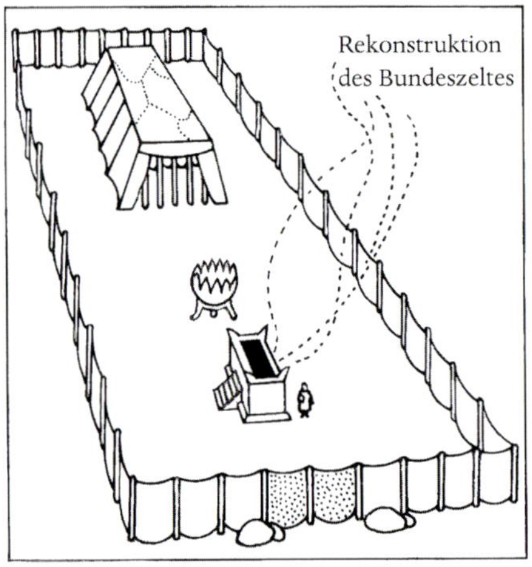

Bei dem Zug durch die Wüste ersetzte ein Zelt den Tempel als Ort der Gotteserfahrung. Im innersten Teil des Zeltes, dem Allerheiligsten, stand die Bundeslade. In ihr wurden die beiden Tafeln mit den Zehn Geboten aufbewahrt. Ein Bild von Gott gab es nicht.

יהוה

Der Gottesname Jahwe in hebräischer Schrift

Einzug mit den Thora-Rollen bei der Weihe der Synagoge in Dresden im Jahr 2001

Mose, der Führer

Die Ägypter zwangen die Israeliten zur Arbeit und verbitterten ihnen das Leben durch harte Fron. Sie mussten Ziegel brennen und Feldarbeit verrichten, wozu man sie mit Gewalt heranholte.

Die Bibel berichtet: „Ich nehme euch als mein Volk an und werde euer Gott sein. Und ihr sollt wissen, dass ich Jahwe bin, euer Gott, der euch aus dem Frondienst in Ägypten herausführt" (Ex 6,7).

Mose befreit sein Volk von der Arbeitsfron in Ägypten. Die Israeliten müssen dabei aber auch ihre scheinbare Existenzsicherheit aufgeben. In der Existenzunsicherheit bei der Wüstenwanderung kann Israel Gott kennenlernen als den, der die Menschen durch die Zeit führt und die Stämme zu einem Volk einigt.

Im Bund mit Gott

Das Volk Israel versteht sein Verhältnis zu Gott als einen Bund. In verschiedenen Bundesschlüssen verdichtet Israel seine Gotteserfahrung. Abraham, Noach und Mose erfahren den Gott Jahwe als den, der alles zum Leben Notwendige gibt, als Retter aus Bedrückung, als Friedensbringer. Das Volk antwortet mit Treue. Es will Jahwe als einzigen Gott anbeten und keine anderen Götter neben ihm dulden. Zeichen für den Bund sind der Regenbogen, der grünende Stab Aarons, die Bundestafeln des Mose. Chronik des Bundes zwischen Jahwe und Israel ist die hebräische Bibel, die in über tausend Jahren aus vielen mündlichen und schriftlichen Überlieferungen zu dem einen großartigen Buch wurde, das die Juden „die Weisung", „das Gesetz" nennen. Man könnte auch sagen: Es ist die Geschichte des Bundes mit allen Höhen und Tiefen, mit Israels „Widerspenstigkeit" und Jahwes unerschütterlicher Treue, mit der Mahnung der Propheten vor dem Abfall und mit den herrlichen Liedern auf Gottes Größe und Macht. Die einzelnen Bedingungen für den Bund sind im sogenannten Bundesbuch (Exodus 20,22 – 23,23) festgelegt. Es ist das Gesetz im engeren Verständnis. Sein Kern sind die Zehn Gebote. Die Bundestreue bekennt der fromme Jude im privaten Gebet am Abend und am Morgen wie auch bei der Liturgie in der Synagoge mit dem Schemá (siehe unten), das Selbstermahnung und „Glaubensbekenntnis" zugleich ist. Das Schemá übernimmt der Neue Bund vom Alten ohne Abstriche. So leitet Jesus die Verkündigung des „neuen Gebotes" mit dem Schemá ein:

Höre, Israel, der Herr, unser Gott, ist der einzige Herr. Darum sollst du den Herrn deinen Gott, lieben mit ganzem Herzen und ganzer Seele ... Du sollst deinen Nächsten lieben wie dich selbst. (Mk 12,29 f.)

Weil Gott allein Herr seines Volkes war, brauchte es keine Könige. Und wenn das Volk sich Königen unterordnete, erkannte es in ihnen den „Arm Jahwes". Das Unbehagen an den menschlichen „Herren" ließ im Volk immer mehr die Sehnsucht nach einem Gesandten Gottes wachsen. Das Warten auf diesen „Gesalbten", auf den Messias, klingt in den Liedern des Volkes und in der Predigt der Propheten. Ausdruck des Bundes ist auch die „Wohnung Jahwes", das Heiligtum der Juden. Das ist der Tempel in Jerusalem. Es gibt nur einen Tempel, und dieser ist Mittelpunkt in jeder Beziehung. Als die Römer im Jahre 70 n. Chr. den Tempel zerstörten, ging auch das jüdische Reich unter. Das Volk wurde in alle Winde zerstreut.

Synagoge in Pforzheim

Das volle Bethaus

Der Baalschem* blieb einst an der Schwelle eines Bethauses stehen und weigerte sich, es zu betreten. „Da kann ich nicht hinein", sagte er, „das Haus ist ja randvoll von Lehre und Gebet." Und als sich die Begleiter wunderten, weil ihnen schien, es könne kein größeres Lob geben als dieses, deutete er es ihnen: „Die Worte, die hier von den Leuten tagsüber ohne die wahre Andacht, ohne Liebe und Barmherzigkeit gesprochen werden, haben keine Flügel. Sie bleiben zwischen den Mauern, sie hocken am Boden, sie breiten sich Schicht auf Schicht wie moderndes Laub, bis der Mulm das Haus vollgepfropft hat und für mich darin kein Platz mehr ist."

Martin Buber, Chassidische Erzählung

* Baalschem ist der Stifter einer jüdischen Sekte (Chassidismus). Er lebte 1699–1760 in der Ukraine.

Leben nach dem Gesetz

Von einschneidender Bedeutung für die Lebensführung der Juden sind vor allem die zahlreichen Speisegesetze, die genau festsetzen, welche Speisen „koscher" (= hebr: tauglich) sind. Verboten ist z. B. Fleisch von Schwein, Kamel, Hasen, von Würmern und Insekten sowie Gemüse und Obst, die von letzteren befallen sind. Das Ritualgesetz scheidet streng zwischen Reinem und Unreinem. Unrein ist etwa eine mit einer bestimmten Krankheit behaftete Person, ein toter Mensch, ein totes Tier. Durch bestimmte Waschungen kann die Reinheit wiederhergestellt werden. Die Sabbatheiligung fordert große Disziplin. Der Sabbat beginnt am Freitag 45 Minuten vor Eintritt der Dunkelheit und wird durch zahlreiche Gebete, Riten und Bräuche begangen. An ihm hat jede Arbeit zu ruhen, auch viele andere Arten der Betätigung, z. B. Rauchen, Reisen, Schreiben, Telefonieren, Geld berühren, sind verboten.

Bei der Bar-Mizwa-Feier (= Sohn der Pflicht) feiern die Juden die Aufnahme der 13-jährigen Jungen in die Kultgemeinde.

Alltag

Das ganze tägliche Leben des strenggläubigen Juden wird von Gebeten umrahmt und durchzogen. Das Gebet ist in festgelegter Form am Morgen, Mittag und Abend zu sprechen. Beim Morgengebet wird ein Gebetsmantel (Tallit) umgelegt und werktags auch zwei Gebetsriemen (Tefillin) am linken Arm gegenüber dem Herzen und an der Stirn befestigt. An diesen ist je eine Kapsel mit Pergamentröllchen angebracht, auf denen Bibelstellen geschrieben stehen. Es gilt dies als buchstäbliche Erfüllung des Gebotes: „Es sei dir ein Zeichen an der Hand und ein Erinnerungsmal an der Stirn, damit das Gesetz des Herrn in deinem Mund sei." (Ex 13,9) Das Hauptgebet wird stehend, nach Jerusalem gewendet, gesprochen. Deshalb hängt in jüdischen Häusern eine mit Psalmenstellen versehene Tafel an der Wand, um die Himmelsrichtung anzuzeigen. Die Männer müssen beim Beten das Haupt bedeckt halten. Früher stand im Mittelpunkt des Gottesdienstes das Opfer. Tiere und pflanzliche Speisen wurden verbrannt. Nach der Zerstörung des Tempels trat an diese Stelle das Gebet. In den Synagogen versammelt sich die Gemeinde, deren Leitung in den Händen eines Rabbiners liegt, zum Gottesdienst. Die Führung beim Gebet hat ein Vorbeter, aber auch schon in biblischer Zeit gab es den Kantor.

Ein Jude betet an der Klagemauer mit Gebetsriemen und -kapsel (Tefillin)

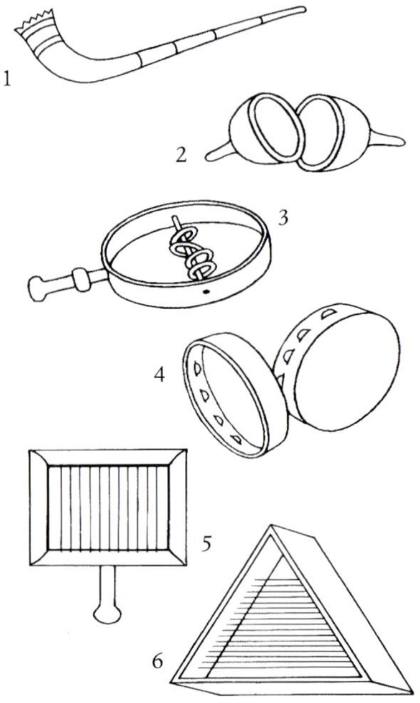

1. Das Horn („Schofar“) diente als Signalhorn beim Opfer und beim Sabbatanfang. Sein schriller Ton rüttelte das Volk auf, ließ es an die Posaune des Endgerichts denken.

Für die rhythmische Begleitung:

2. Die Zymbeln sind kleine abgeplattete oder ausgehöhlte Metallscheiben, ähnlich unseren kleinen Becken.

3. Das Sistrum ist ein tamburinartiger Reifen, bei dem Ringe, die auf einen Metallstab gezogen sind, beim Schütteln gegen diesen Stab schlagen.

4. Die Handpauken („Tuppim“) gleichen etwa den Tamburins.

Für die Begleitung der Psalmen:

5. Die Psalter waren viereckig und mit zehn Saiten bespannt. Die Saiten wurden angerissen.

6. Die Zither („Kinnor“) ist ebenfalls ein Zupfinstrument, aber mit Resonanzboden.

Die Besetzung des Tempelorchesters bestand in biblischer Zeit vermutlich aus 2–12 Holzblasinstrumenten (Flöten, Schalmeien), mindestens 2 Trompeten, einem Paar Zimbeln, mindestens 9 kleinen Saiteninstrumenten (Kinnor, Psalter) und 2–6 Harfen.

Die Musik der Juden

Schon zur Zeit König Davids priesen die Juden Gott mit Musik. Vom Dienst der Leviten steht im Alten Testament (2 Chr 5,12-13a) geschrieben: „Die levitischen Sänger … standen alle, in Byssus gekleidet, mit Zimbeln, Harfen und Zithern an der Ostseite des Altars. Bei ihnen waren hundertzwanzig Priester, die auf Trompeten bliesen. Es kam wie aus einem Mund, wenn die Trompeter und Sänger gleichzeitig zum Lob und Preis des Herrn sich vernehmen ließen.“ (Byssus ist ein feiner Leinenstoff.)

Jauchzt dem Gott Jakobs zu!
Stimmt an den Gesang,
schlagt die Pauke,
die liebliche Laute,
dazu die Harfe!
Stoßt in die Posaune
am Neumond und zum Vollmond,
am Tag unsres Festes!

Aus Psalm 81

Ein Jude bläst den aus einem Widderhorn gefertigten Schofar.

Das antike Mosaik zeigt König David beim Harfespiel.

Gott singt

Es heißt im Psalm: „Denn gut ist’s singen unserem Gott.“ Rabbi Elimelech deutet es: „Gut ist es, wenn der Mensch bewirkt, dass Gott in ihm singe.“

Martin Buber, Chassidische Erzählung

Festtage

Jeder Sabbat ist ein heiliger Tag

Es ist der Tag, an dem Jahwe selbst nach dem Schöpfungswerk geruht hat.

Die drei grossen Wallfahrtsfeste

Pascha ist das Fest, an dem die Juden an die Befreiung aus der Knechtschaft Ägyptens denken. Früher wallfahrteten sie zum Tempel und schlachteten dort Opfertiere, die sie dann aßen. Zu Hause feierten sie das Sedermahl und anschließend die sechs Tage der ungesäuerten Brote. Erst war es ein Frühjahrsfest der Hirten und Nomaden und lebt im Osterfest weiter.
Am **Erntedankfest** sollte jeder Israelit einen Teil vom Ertrag seiner Getreideernte im Tempel abliefern. Später wurde der Bundesschluss zwischen Gott und dem Volk auf dem Berg Sinai mit diesem Fest begangen. Die Christen feiern an dem entsprechenden Tag das Pfingstfest.
Am **Laubhüttenfest** lebten die Juden zur Erinnerung an den Zug durch die Wüste acht Tage lang in Laubhütten, die sie um den Tempel herum errichteten. Das Fest wurde genau sechs Monate nach dem Pascha begangen und war gleichzeitig ein Dankfest für die Wein- und Ölernte. Wasser- und Lichtfeiern in Jerusalem machten es zum fröhlichsten Fest der Juden.
Diese drei Feste werden von gläubigen Juden heute noch gefeiert.

Der Versöhnungstag,

Jom Kippur genannt, war bei den alten Juden ein Sühne- und Bußtag. Im Laufe der Zeit wurde er das heiligste Fest des Jahres. Die frommen Juden begehen ihn bis heute am 7. Tag im Monat Tischri (10. Monat), das ist im Herbst. Früher wurde ein Bock als „Sündenbock" in die Wüste gejagt.

Das Chanukka-Fest

wird feierlich mit dem Anzünden von Lichtern begangen. Man denkt dabei dankbar an das Entzünden des Leuchters im erneuerten Tempel 165 v. Chr.

Das Purimfest

hebr. purium = Lose. Es wurde für den Vernichtungsopfertag der Juden in Persien das Los geworfen, die Jüdin Ester wandte die Gefahr ab. Üblich ist eine Errettungsfeier mit Maskenzügen, Gaben an Arme, Wein und Freudenfeuer.

Mit dem Sedermahl beginnt das Paschafest.

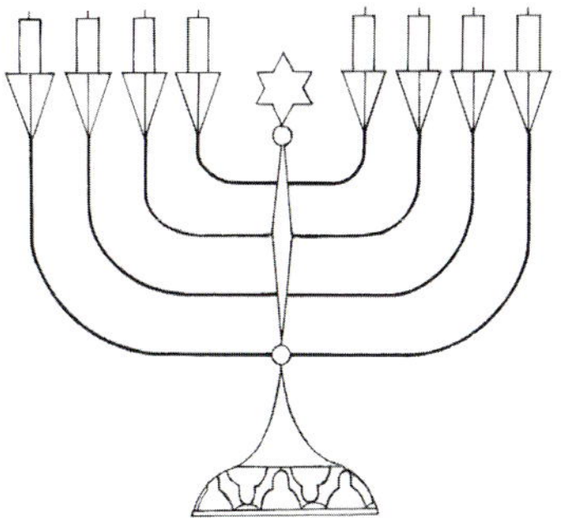

Chanukkaleuchter

Ich bin dein Gott

Den Gottesnamen JAHWE sprachen die Juden nicht aus. Sie umschrieben ihn mit „Herr". Wie das Wort auf Hebräisch heißt, erfährst du, wenn du Folgendes tust: Nummeriere die Buchstaben des Alphabetes. Du erhältst für jeden Buchstaben einen Zahlenwert (A = 1, B = 2 usw.). Das gesuchte Wort hat 6 Buchstaben. Als Schlüssel zur Lösung dienen diese Angaben zu den Buchstaben 1 bis 6 des Lösungswortes:

1. Buchstabe + 5. Buchstabe: die Summe ist 2

2. Buchstabe + 5. Buchstabe: die Summe ist 5

2. Buchstabe + 6. Buchstabe: die Summe ist 13

3. Buchstabe + 4. Buchstabe: die Summe ist 29

1. Buchstabe + 3. Buchstabe: die Summe ist 16

Krone der Weisheit
ist die Gottesfurcht,
sie lässt Heil und
Gesundheit sprossen.

Jesus Sirach 1,18

Weiser Rat

Einen weisen Rat aus dem Talmud nennt unser Rösselsprung.

ver	mand	la	✡
ner	du	le	be
nie	ur	sei	ge
in	warst	vor	tei

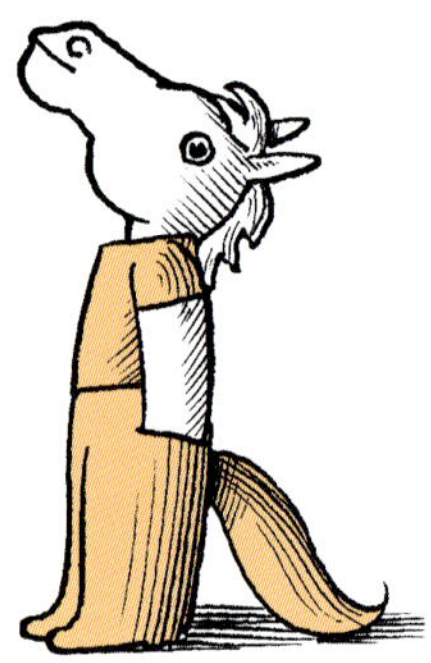

Wie heißt der Spruch?

„Nach Ihnen!"

Als Nuntius von Frankreich traf der spätere Papst Johannes XXIII. einmal mit dem Oberrabbiner von Frankreich vor einem Einmannlift zusammen, den sie beide benutzen wollten. „Nach Ihnen!", sagte höflich der Rabbiner. Und höflich antwortete der Nuntius: „Nein! Bitte Sie zuerst!" Endlich erklärte der Nuntius nach einer längeren Verlegenheitspause: „Sie fahren unbedingt vor mir, denn erst kommt das Alte und dann das Neue Testament."

Leid und Treue des Gottesvolkes

Wir Christen verdanken den Juden viel. Jesus Christus war Jude. Die Grundlage unseres Glaubens, die Heilige Schrift, ist jüdisches Geistesgut oder auf diesem gewachsen. Paulus war jüdischer Gesetzeslehrer, die Apostel entstammten dem Volk der Juden. So können wir wohl sagen: Wir sind Verwandte der Juden. Aber wir Christen haben uns von der wirren Idee vergiften lassen, dass es Juden waren, die Jesus Christus gekreuzigt haben. So kam es zu Judenhass und Judenverfolgung. Wir beklagen es heute und bitten um Verzeihung. Wir tragen als deutsche Christen auch schwer an der Untat, die einmalig in der Geschichte dasteht: an der Vernichtung von sechs Millionen Juden durch die Nationalsozialisten. Immerhin waren Menschen eines Volkes daran beteiligt, das Jahrhunderte hindurch christlich geprägt war.
Ist es nicht ein Wunder, dass die Juden diese Schmach zwar nicht vergessen können, aber doch verzeihen?
Aus dem Ghetto von Warschau, in das die Nazis Tausende polnischer Juden gepfercht hatten, um sie dann 1944/1945 vollständig zu vernichten, ist ein Wort überliefert, das von tiefem Glauben zeugt:

„Ich glaube an die Sonne, auch wenn sie nicht scheint.
Ich glaube an die Liebe, auch wenn ich sie nicht spüre.
Ich glaube an Gott, auch wenn ich ihn nicht sehe."

Im März 2000 bat Papst Johannes Paul II. an der Klagemauer in Jerusalem Gott um Vergebung für die Mitschuld der Christen an der Verfolgung der Juden. Den Text fügte er nach jüdischem Brauch in eine Spalte der Tempelmauer.

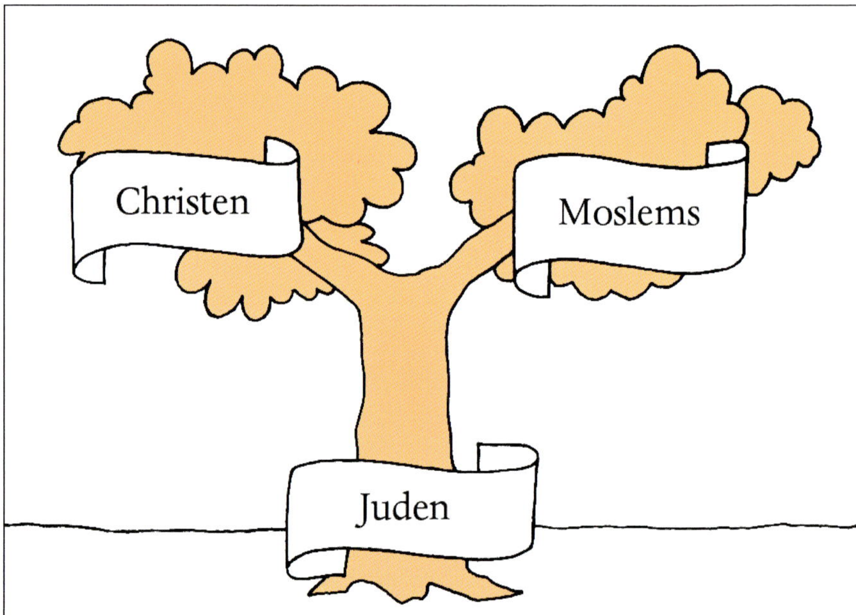

Christentum und Islam fußen auf dem Judentum.

Weise Lehre

Der Talmud ist eine jüdische Lehrschrift, die den Inhalt der Bibel erläutert. Im Talmud sind verschiedene literarische Formen gesammelt, z. B. Sprüche, Anekdoten, Erzählungen und wissenschaftliche Abhandlungen. Grob gesehen entstand er im Anschluss an die Bibel, also in den ersten Jahrhunderten unserer Zeitrechnung. Abgeschlossen ist er eigentlich noch nicht, obwohl um 500 schon eine gewisse Grundstruktur festlag.

Warum Religionen?

> ***Von den ältesten Zeiten bis zu unseren Tagen findet sich bei den verschiedenen Völkern eine gewisse Wahrnehmung jener verborgenen Macht, die im Laufe der Dinge und in den Ereignissen des menschlichen Lebens gegenwärtig ist. Diese Erkenntnis durchtränkt ihr Leben mit einem tiefen religiösen Sinn.***
>
> *II. Vatikanisches Konzil*

Die katholische Kirche antwortet auf dem II. Vatikanischen Konzil (→ S. 330 ff.): Die Menschen erwarten von verschiedenen Religionen eine Antwort auf ungelöste Rätsel der menschlichen Situation:

Was ist der Mensch?
Was ist Sinn und Zweck unseres Lebens?
Was ist das Gute; was ist Sünde?
Woher kommt das Leid und welchen Sinn hat es?
Was ist der Weg zum wahren Glück?
Was ist der Tod, das Gericht und die Vergeltung nach dem Tode?
Woher kommen wir und wohin gehen wir?

Naturreligion

Der Mensch einer niederen Kulturstufe war früher abhängig von den Naturereignissen. Bald erfuhr er sie als hilfreich, bald als tückisch und grausam. Die Naturerscheinungen deutete er als Tun von Geistern und Göttern. Durch starre Magie, aber auch durch Gebet und Opfer versuchte er, die Götter zu beeinflussen und sich von der Angst vor ihnen zu befreien. Es entstanden Riten und Kult. Blutige Tier- und sogar Menschenopfer sollten die Götter besänftigen, Fruchtbarkeitsriten das Wachstum und die Witterung beeinflussen.
Schon in frühen Zeiten sah der Mensch den Tod nicht als das Ende des Lebens an. Den Verstorbenen wurden Nahrung, Schmuck und Gebrauchsgegenstände mit ins Grab gegeben, damit ihnen in der „anderen" Welt daran nichts fehle.
Wie sich diese Menschen die Entstehung der Erde und der Gestirne dachten, können wir aus ihren Erzählungen, den Mythen, schließen.

Die Sonnenscheibe von Nebra um 1500 vor Christus. Sie wurde 1999 gefunden und gilt als Zeugnis des Denkens und der Religion der Menschen in der Bronzezeit.

Existenzreligion

Was existiert, das ist vorhanden. Die Menschen haben es an sich, sehr schnell zu fragen: Warum bin ich vorhanden? Bin ich überhaupt notwendig?
Die Religionswissenschaftler sagen uns, dies sei der Punkt, an dem die zweite wesentliche Stufe der Entwicklung der Religionen ansetzt. Der Mensch hat viel dazugelernt. Inzwischen weiß er, weshalb es regnet oder blitzt und dass die Sonne ein Himmelskörper ist. Er kann Gut und Böse unterscheiden. Er kann die Welt erklären. Aber wozu und für wen ist sie da? Wozu die Sterne und die Menschen? Das muss doch einen Sinn haben! Sonst könnte es auch nicht-sein. Wo ist der, der es weiß, der es so und nicht anders gemacht hat? Diesen will ich befragen! Freilich weiß der Mensch schon längst, dass dieser – den er Gott nennt – den Sinnen verborgen ist. Aber es gibt Spuren von Gott in der Welt und im Menschen selbst. Durch Denken (Philosophie) und Forschen (Wissenschaft) versucht er, Gott näherzukommen. Wer Gott so befragen will, muss würdig sein für das Gespräch mit ihm. Er muss innerlich werden und heilig leben.

Die Weisen aus dem Morgenland forschen in den Schriften und sind dem Geheimnis Gottes auf der Spur. Mosaik in Ravenna. Ein Restaurator ersetzte die Kronen durch die „phrygischen" Mützen.

Von Weg und Ziel

Das Labyrinth aus farbigen Steinen liegt vor der Kirche. Sein Durchmesser mag zehn Meter betragen. Es sei dem Labyrinth von Chartres nachgebildet, heißt es auf einer Schautafel. Der Weg zur Mitte sei 170 Meter lang. Ein christliches Labyrinth kenne keinen Irrweg. Ich sehe, dass es keine todbringende Falle ist wie das aus dem Mythos von Kreta.

Mir kommt der Weg nach Emmaus in den Sinn, der die Jünger zur Erkenntnis führt. Ich erinnere mich der Erfahrung auf dem Jakobusweg, dass der Weg heilsam und wichtiger als das Ziel sein kann. Und die Kirche liebt die Wege, die Prozessionen, die Wallfahrten. Sie begeht ihre Feste.
An der Autobahnkirche St. Christophorus in Himmelkron nahe der Autobahn Berlin-München tappt eine Katze mit mir über die Steine. Sie schleicht sich anmutig zwar, aber regelwidrig über das Kunstwerk an mich heran. Sie sucht eine Hand, die ihr das Fell krault. Die Ordnung unter ihren Pfoten bleibt ihr wohl verborgen. Der Mensch aber sieht mehr. Er kann den Sinn finden und den Bauplan des Schöpfers erahnen.

Auflösung von S. 107 (Ich bin dein Gott):
1. und 5. Buchstabe sind A (= 1). 2. Buchstabe ist D (= 4), 3. Buchstabe ist O (= 15), 4. Buchstabe ist N (= 14), 6. Buchstabe ist 1 (= 9). ADONAI.

So stellte sich ein Buchmaler die Anrede Gottes an Mose im Dornbusch vor.

Offenbarungsreligion

Gott antwortet dem Menschen und tut ihm kund, was nicht einfach aus den Dingen zu lesen ist. Er offenbart sich. Der Mensch erfährt
- von Gottes eigenem inneren Leben (z. B. Dreifaltigkeit)
- von Gottes Verhältnis zum Menschen (z. B. Hingabe seines Sohnes für die Menschen, Verheißung des Himmlischen Jerusalems)
- von Gottes Forderungen an die Menschen (z. B. die Zehn Gebote, die Seligpreisungen in der Bergpredigt).

Der Mensch erfährt Gott als einen Gott des Lebens, durch den Bund mit Israel und durch die Auferweckung Jesu. Jesus hat sich als einer ausgewiesen, der von Gott Wichtiges zu sagen hatte: „Mein Vater“, konnte er zu Gott sagen, und uns hat er gelehrt, „Unser Vater“ zu sagen.

Gottes Gnade ändert das Bewusstsein des Menschen und bestimmt sein Handeln. Auf diese Weise offenbart sich Gott und lässt sein Heilshandeln offenbar werden. Und doch gibt Gott auch jedem Menschen die Freiheit, ihn zu lieben oder abzulehnen.

Die klugen Jungfrauen freuen sich über die Offenbarung: Sie sind eingeladen ins Himmlische Jerusalem. Figuren am Magdeburger Dom aus dem 13. Jahrhundert

Wer weiss in den Weltreligionen Bescheid?

Unter den folgenden 24 Fragen stehen jeweils 6 Begriffe, von denen du die zur Frage passenden heraussuchen sollst. Dann schreibe die fettgedruckten Buchstaben auf. Wenn es die richtigen sind, ergeben sie hintereinander gelesen einen Ausspruch von Edith Stein, der bekannten jüdischen Ordensfrau, die 1942 im KZ Auschwitz starb.

1. Welche dieser Städte sind Wallfahrtsorte?
Mekk**a** – Dres**d**en – **L**ourdes – Jerusa**l**em – Gen**f** – B**e**nares
2. Welche der folgenden Wörter gehören zu indischen Religionen?
Alla**h** – Ka**s**te – Nir**w**ana – K**a**rma – Gange**s** – Me**d**ina
3. Welche sind jüdische Musikinstrumente?
Sistrum – **C**ello – Sch**o**far – Ha**n**dpauke – P**s**alter – Zi**t**her
4. Findest du die katholischen Heiligen heraus?
A**g**nes – Gand**h**i – **E**lisabeth – Ka**t**harina – F**r**anz – B**u**ddha
5. Kennst du die christlichen Feiertage?
Montag – Ost**e**rn – Pfi**n**gsten – Versöh**n**ungsfest – So**n**ntag – Himmelfahr**t**
6. Welche sind jüdische Feiertage?
P**a**scha – La**u**bhüttenfest – Versöhnungs**f**est – Aschermittwoc**h** – Sabba**t** – Allerheili**g**en
7. Welche Begriffe gehören zum Islam?
B**e**nares – Med**r**esse – M**i**rab – Minare**tt** – maur**i**sche Kunst – Mo**s**chee
8. Welche dieser Wörter gehören zum Lamaismus?
M**o**se – K**o**ran – Tibe**t** – Dala**i**-Lama – Afrika – Gebets**m**ühle
9. Welche Religion lehrt den Glauben an die Seelenwanderung?
Ju**d**entum – indische Reli**g**ionen – Chri**st**entum – **Sh**intoismus – Isl**a**m – pol**y**nesische Religionen
10. Welche sind Opfertiere der Juden?
Ha**s**e – **L**amm – Sch**w**ein – T**a**ube – Ka**m**el – **I**gel
11. Welche sind Namen von Gottheiten?
Vishn**u** – Mo**h**ammed – **B**rahma – Jahw**e** – Bu**dd**ha – Derw**i**sch
12. Welche der folgenden Bücher gelten als heilig?
Dantes „**G**öttliche Komödie" – Kora**n** – Goethes „Faus**t**" – **V**eda – Bib**e**l – **D**uden
13. In welcher Religion bedeutet „Karma" Schicksal?
Ju**d**entum – indische **R**eligionen – Christ**e**ntum – **I**slam – p**o**lynesische Religionen – Shi**n**toismus
14. Welche der folgenden Begriffe bezeichnen Mönche?
Derwi**sch**e – La**m**as – Paria**s** – D**o**minikaner – Hebr**ä**er – K**a**lifen
15. Was war Buddha?
Pro**f**essor – Re**l**igionsstifter – Prin**z** – Sch**m**ied – K**r**ieger – R**i**tter
16. Was war Mohammed?
R**e**ligionsstifter – H**i**rt – Kaufma**nn** – Proph**e**t – F**i**scher – **G**ottheit
17. Welche dieser Begriffe sind einem Muslim vertraut?
S**e**elenwanderung – Su**r**e – Wit**w**enverbrennung – Ve**d**a – Shi**v**a – **K**ismet
18. Welche Religionen sprechen vom Reich Gottes?
Polynesische Reli**g**ionen – Jud**e**ntum – Sh**i**ntoismus – Br**a**hmanismus – Christe**n**tum – I**s**lam
19. Bei welchen Religionsgemeinschaften gibt es Wallfahrten?
Indische Religionen – ka**t**holische Kirche – e**v**angelische Kirche – Jude**n**tum – **I**slam – Adven**t**isten
20. Welche Religion hat ihren Ursprung in Japan?
Hind**u**ismus – Lam**a**ismus – **S**hintoismus – Ju**d**entum – I**s**lam – Chr**i**stentum
21. In welcher Religion wird Abraham verehrt?
Is**l**am – pol**y**nesische Religionen – Chr**i**stentum – Jud**e**ntum – Br**a**hmanismus – B**u**ddhismus
22. Welche Begriffe gehören zu den polynesischen Naturreligionen?
K**a**aba – Ta**b**u – M**o**se – Peter**s**dom – Beichtst**u**hl – Tätowi**e**rung
23. Kennst du das Symbol für den Heiligen Geist?
Taube – Fi**s**ch – Taberna**k**el – Christr**o**se – Bilea**m**s Esel – Gol**d**nes Kalb
24. Welche Blume gilt den Indern als heilig?
T**u**lpe – Lot**o**sblume – Gol**d**distel – S**e**erose – A**g**ave – Königi**n** der Nacht

Der jüdische Theologe Martin Buber sammelte im 19. Jh. **chassidische** Geschichten.

Der Felsen von Masada am Toten Meer war letzter Halt der Juden im Krieg gegen die Römer. Hier gaben sich 960 Juden selbst den Tod, um nicht den Römern in die Hände zu fallen. Heute werden hier die **israelischen** Soldaten vereidigt.

Ungezählte **Juden** starben in Auschwitz.

Schlag nach ⇨

Begriffe – Stichworte – Wissenswertes

CHASSIDISMUS (hebr. chassidim = die Frommen); Lehre einer ostjüdischen Sekte, die aktives Tun und Verantwortung des Einzelnen im Religiösen betont. Begründer Baal Schem Tov (1699–1760 in der Ukraine)

FATUM (lat. = Spruch); bedeutet in der antiken Mythologie das von den Göttern bestimmte unabwendbare Schicksal, Verhängnis.

HEBRÄER → Israel, → Juden.

HINDU Anhänger des Hinduismus. → S. 88

INDOGERMANEN (besser: Indoeuropäer) ist die Bezeichnung für die zwischen Indien und Westeuropa seit etwa 2000 v. Chr. lebende Völkergruppe, die einer gemeinsamen Sprachfamilie angehört. Zu dieser Familie gehören u. a. folgende Sprachen: das Indische mit dem Sanskrit, die Sprachen der Balkanhalbinsel, die germanischen, romanischen und slawischen Sprachen. Nichtindogermanische Sprachen in diesem Gebiet sind: Finnisch, Ungarisch, Türkisch, Hebräisch und Arabisch. → Völkerwanderung

ISRAEL 1400 v. Chr. wanderten hebräische Hirtenstämme in Palästina ein und unterwarfen die dort lebenden Kanaaniter und eroberten Jerusalem (König David). Im 10. Jahrhundert v. Chr. Teilung in das Nordreich (Israel) und in das Südreich (Juda). Das Nordreich wird 722 durch die Assyrer vernichtet; das Südreich zerschlagen 586 die Babylonier (Nebukadnezzar). Israel ist in der Folgezeit unter persischer, syrischer und zuletzt römischer Herrschaft. Heftige Aufstände gegen die römischen Besatzer enden 70 n. Chr. mit der Zerstörung Jerusalems und des Tempels durch die Römer. Endgültige Unterwerfung 132 bis 135 n. Chr.
Am 14. Mai 1948 wird mit Mandat der UNO der Staat Israel gegründet. Sofort kommt es zu Kriegen mit Nachbarstaaten, die bis 1967 dauern. Die nichtjüdischen Einwohner von Palästina, überwiegend arabische Palästinenser, protestieren in gewaltsamen Aufständen und fordern ihren eigenen Staat, der trotz Abschluss eines israelisch-palästinensischen Abkommens 1994 bis zum heutigen Tage nicht verwirklicht worden ist.

JUDEN Nach der Zerstörung Jerusalems und des Tempels im Jahre 70 verließen die Juden zum größten Teil ihr Land Palästina und verstreuten sich über die damals bekannte Welt. Immer wieder wurden sie ihres Glaubens oder ihrer Herkunft wegen unterdrückt und verfolgt. Erste Verfolgung in Deutschland um 1000; Isolierung in geschlossenen Stadtvierteln (Ghettos) seit dem 13. Jahrhundert. Während der Hitlerdiktatur von 1933 bis 1945 wurden sechs Millionen jüdische Frauen, Männer und Kinder systematisch ermordet (z. B. in Auschwitz, Majdanek, Bergen-Belsen).
Heute leben etwa 13 Millionen Juden in der Welt, davon 5,7 Millionen in den USA, 5 Millionen in Israel und mehr als 100 000 wieder in Deutschland.

KALIF (arab. = Nachfolger, Stellvertreter); Titel eines Herrschers im Islam. Der Kalif ist weltlicher und geistlicher Nachfolger Mohammeds.

KARMA (Sanskrit = die Tat); Schlüsselwort in der indischen Religion. Der Mensch kann durch seine „Taten" sein Schicksal bestimmen. Davon hängt z. B. ab, in welcher Gestalt er in einem späteren Leben (Seelenwanderung) wiedergeboren wird.

MUSLIM auch Moslem (arab. = sich Gott hingeben); Anhänger des Islam.

NOMADE Anhänger eines Hirtenvolkes, das innerhalb eines genau begrenzten Gebietes umherzieht, die Weidegründe und damit den Wohnsitz wechselnd.

RABBINER (aramäisch rabbi = mein Herr); Rabbi war in biblischer Zeit die gebräuchliche Anrede des Schriftgelehrten. Später wird von „rabbi" die Form Rabbiner abgeleitet, die den Geistlichen in der jüdischen Gemeinde bezeichnet.

RAMADAN Fastenmonat der Muslime, der jeweils in den 9. Monat des islamischen Mondkalenders fällt. Der Mondkalender der Araber hat zwölf Monate von abwechselnd 30 und 29 Tagen, hat also nur 354 Tage. Von unserem Sonnenkalender aus gesehen beginnt das arabische Mondjahr jeweils 10 Tage früher als im vergangenen Jahr. Im Ramadan enthält sich der Muslim tagsüber von Speisen und Genüssen. In der Nacht ist alles erlaubt, was nicht Sünde ist.

Muslim bei der rituellen Waschumg am Brunnen einer Moschee

RELIGION bezeichnet allgemein das Verhältnis des Menschen zu Gott beziehungsweise zur Gottheit. Der Mensch hat Religion, wenn er Verehrung und Anbetung zum Ausdruck bringt. Der Mensch findet Religion vor: in Handlungen (Waschungen, Opfer, Opfermahl), im Wort (Segnungen, Heiligen Schriften). Religion ist auch Antwort des Menschen auf das Erscheinen des Göttlichen. Kurz kann man sagen: Religion ist Hingabe an Gott, dem alle Heiligkeit gehört, und damit Teilhabe an Gottes Heiligkeit.

RIGVEDA → Veda

SANSKRIT altindische Sprache; im 4. und 5. Jahrhundert v. Chr. zur Kunst- und Gelehrtensprache geformt, die als solche bis heute lebendig ist.

SEELENWANDERUNG Nach antiken und indischen Vorstellungen ist gemeint ein Wiedereingehen der Seele in andere, höhere (z. B. Priesterkaste) oder niedere (z. B. Tier) Körper. In höhere Körper wandert die Seele, wenn der Mensch durch Karma („Taten") geläutert wurde. In niedere Körper geht die Seele ein als Folge von Schuld und Versagen.

Der **Rabbiner** öffnet die Thorarolle.

THORA (Tora, hebr. = Lehre, Weisung) ist ursprünglich die Bezeichnung für die fünf Bücher des Mose (= Pentateuch). Dazu gehören die Zehn Gebote, die rituellen Vorschriften und im Kern das im NT entfaltete Gebot der Nächstenliebe.

VEDA (auch Weda geschrieben); Sammlung der ältesten religiösen Schriften Indiens. Der Veda ist Grundlage der ältesten indischen Religionen, einer Naturreligion (Hauptgott Indra) mit Opferkult und Zauberglaube. Zum Veda zählen die Sammlungen Rigveda (Götterhymnen), der Samaveda (Opfergesänge), Artharwa-Veda (Zauberformeln) und andere.

VÖLKERWANDERUNG Ausgelöst wird sie durch Nahrungsmangel, wachsende Bevölkerung, Streben nach Macht, durch Krieg und Naturereignisse und andere Einflüsse. Völker lernen voneinander Fertigkeiten (Töpferei, Eisenherstellung) und bereichern einander durch Kultur, Sprache und Religion.
Die Wanderung der **Dorer** um 1000 v. Chr. leitet die hellenische Hochkultur in Griechenland ein.
Die **Kelten** gehören wie die Germanen zu den indogermanischen Volksgruppen. In vorchristlicher Zeit sind sie zwischen Ostfrankreich und Böhmen sesshaft und befinden sich auf der Stufe der Eisenkultur (Bergbau). Zwischen 450 und 250 v. Chr. wandern sie über den Rhein (Gallien) bis nach Spanien (Galizien), nach England (Gälen), in die Alpen (Helvetier), über den Balkan (Galata als Teil von Istanbul) bis nach Kleinasien (Galater). Reste der nordwärts gewanderten Kelten haben sich bis heute in der Bretagne, in Wales, Schottland und Irland (mit Gälisch als eigener Sprache) erhalten.
Im 2. und 3. Jh. wandern die **Goten** von der Ostseeinsel Gotland ans Schwarze Meer. Sie werden Christen (→ S. 282). Auf dem Konzil zu Nicäa 325 ist bereits das Bistum Gothia vertreten. Die vordrängenden Hunnen zerschlagen

Bereitung des Mahles zum Abend nach dem Fasten im **Ramadan**

Kunst der Völkerwanderung. Adlerfibel von Oßmannstedt bei Weimar, 5. Jh.

375 das gotische Reich. Die Westgoten ziehen daraufhin bis Gallien und auf die iberische Halbinsel, wo sie 711 von den Arabern vernichtet werden. Die Ostgoten wandern über Konstantinopel ins heutige Italien und besetzen das durch sittlichen Verfall geschwächte weströmische Gebiet. Unter dem Gotenkönig Theoderich wird bis 526 das Ostgotenreich zur politischen Vormacht des Abendlandes und Träger einer hohen Kultur. Die Kirchenbauten in der Residenzstadt Ravenna zeigen die auf der Wanderung aufgenommenen oströmischen Einflüsse.

Die teils kriegerische, teils missionarische Wanderung muslimischer **Araber und Berber** (Mauren) über Nordafrika bis nach Spanien im 8. Jh. n. Chr. führt dort im Miteinander von Juden, Christen und Muslimen zu einer kulturellen Blüte (um 1000), die durch die Vertreibung der Mauren ihr Ende findet. Diese wurde zuerst als Befreiung des Landes, vom 12. Jh. an aber als Kreuzzug verstanden. 1492 zieht sich der letzte maurische König nach Afrika zurück. In der Folge werden die spanischen Juden vertrieben und siedeln sich schließlich im Orient an. Getaufte Mauren oder Juden dürfen im Lande bleiben, wenn sie Glauben und Volkstum aufgeben.

Grabmal des Theoderich in Ravenna, das er sich zu Lebzeiten errichten ließ, und einziger erhaltener Bau der Ostgoten. Theoderich, arianischer Christ aus dem heutigen Ungarn, lebte zehn Jahre als Geisel in Konstantinopel. 475 wählten ihn die Goten zum König. Er baute ein mächtiges Gegenreich zu Ostrom auf und suchte überall Verbündete. Gegner aber brachte er ohne Skrupel um, z. B. Odoaker, den Herrscher der Westgoten, und den Philosophen Boetius, einen vermeintlichen Spion Ostroms. Theoderisch starb 526. Die rechtgläubigen Katholiken verbrannten seinen Leichnam und streuten die Asche in den Wind.

Auflösung von S. 108 (Weiser Rat):
Der Spruch aus dem Talmud lautet richtig:
VERURTEILE NIEMAND, BEVOR DU IN SEINER LAGE WARST.

Auflösung von S. 111 (Wer weiß in den Weltreligionen Bescheid?):
1. Mekk**a** – **L**ourdes – Jerusal**e**m – **B**enares, 2. Ka**s**te – Nir**w**ana – K**a**rma – Gange**s**, 3. **S**istrum – Sch**o**far – Ha**nd**pauke – P**s**alter – Zit**h**er, 4. A**g**nes – **E**lisab**e**th – Ka**t**harina – F**r**anz, 5. Ostern – Pfingsten – Son**n**tag – Himmelfahr**t**, 6. Pascha – Laubhüttenfest – Versöhnungsfest – Sabba**t**, 7. Medresse – Mirab – Minarett – Maurische Kunst – Moschee, 8. Tibet – Dala**i** Lama – Gebets**m**ühle, 9. Indische Reli**g**ionen, 10. **L**amm – Taube, 11. Vish**nu** – **B**rahma – Jah**we**, 12. **Koran** – **V**eda – Bi**bel**, 13. Indische **R**eligionen, 14. Derwi**sche** – La**ma**s – Do**m**inikaner, 15. Religionsstifter – Prin**z**, 16. **Re**ligionsstifter – Kaufma**nn** – Prophet, 17. Su**re** – **K**ismet, 18. Jud**en**tum – Christ**en**tum, 19. **In**dische Religionen – ka**t**holische Kirche – Jude**n**tum – Islam, 20. **S**hintoismus, 21. Is**l**am – Christentum – Judentum, 22. Tab**u** – Tätowie**r**ung, 23. **T**aube, 24. Lotosblume
ALLES, WAS SONST GETRENNT AUFTRITT, IST IM GLAUBEN VERSCHMOLZEN: ERKENNTNIS, LIEBE, TAT.

Wagnis und Vollendung

DIE KIRCHE UND IHRE HEILIGEN

EINE LEGENDE UM DEN HEILIGEN PETRUS

Als der berüchtigte Nero Kaiser des Römerreiches geworden war, ließ er in der Stadt Rom und im ganzen Reich die Christen verfolgen. Viele von ihnen wurden im Zirkus wilden Tieren vorgeworfen oder zum Schauspiel für das Volk öffentlich gekreuzigt.
Der heilige Apostel Petrus war das Haupt der jungen Kirche in Rom. Die Häscher suchten ihn bereits. Aber Petrus wollte nicht, dass die Christen ohne Führung wären. Deshalb schlich er auf Umwegen aus der Stadt. Und er war auch glücklich vor den Mauern Roms angelangt, als er sah, wie ihm jemand entgegenkam, der ein großes Kreuz auf den Schultern trug. Schon wollte sich Petrus verstecken, da erkannte er, dass es Jesus selbst war. Petrus fragte ihn: „Wohin gehst du, Herr?“ „Ich gehe nach Rom.“ „Was willst du in Rom, Herr?“ „Ich will mich noch einmal kreuzigen lassen, Petrus, weil du fliehst.“
Da erkannte Petrus, was der Herr von ihm wollte, und kehrte um. Er wurde auch gleich ergriffen und zum Kreuzestod verurteilt. Aber er wollte nicht wie sein Herr und Meister aufrecht am Kreuz sterben. So bat er, mit dem Kopf nach unten gekreuzigt zu werden.

Die Zeichen der Heiligen

Jesus sprach zu Petrus: „Ich werde dir die Schlüssel des Himmelreichs geben; was du auf Erden binden wirst, das wird auch im Himmel gebunden sein, und was du auf Erden lösen wirst, das wird auch im Himmel gelöst sein."

Mt 16,19

Zeichen als Kennzeichen

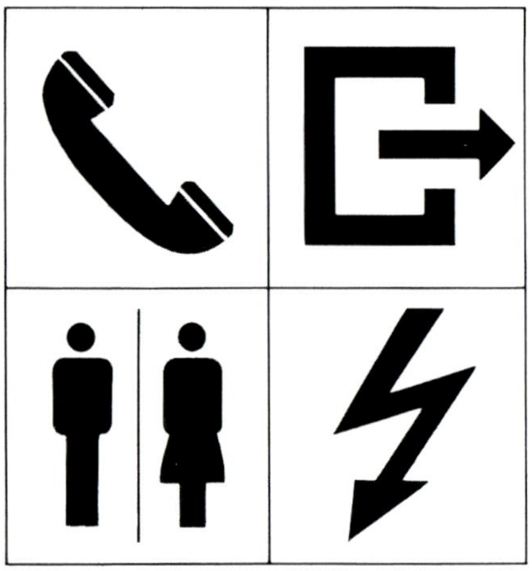

Eine Bilderschrift, die jeder versteht

Kennst du diesen Mann?

Woran hast du ihn erkannt? An dem Gegenstand, der ihm beigegeben ist. Diese Beigabe nennt man auch Attribut. Das Attribut sagt uns, wer dargestellt ist. Als die heilige Messe nur in lateinischer Sprache gefeiert wurde und die meisten Menschen weder lesen noch schreiben konnten, sollten die Bildwerke in den Kirchen die Menschen belehren. Bilder kann jeder lesen.

Wer ist wer?

Ordne die Namen richtig zu.

Andreas
Agnes
Martin
Nikolaus
Barbara
Katharina
Laurentius
Petrus

1 2 3 4

5 6 7 8

Kleines Lexikon der Bildersprache

Die Heiligen und ihre Attribute

1. Allgemeine Attribute a) für eine christliche Qualität
- z. B. Evangelist: Buch
- Märtyrer: Palme, Marterwerkzeuge
- Stifter: Kirchenmodell, Klostermodell

b) für einen Stand
- z. B. Bischof, Abt: Mitra, Hirtenstab
- König, Fürst: Krone, Zepter

2. Besondere Attribute a) für Ereignisse in Leben oder Legende
- z. B. Fisch und Schlüssel beim hl. Bischof Benno von Meißen

b) für das Patronat
- z. B. Wasserkübel beim hl. Florian

c) für eine Tugend
- z. B. Lilie beim hl. Josef

Altes Logo des St. Benno-Verlages. Es zeigt die Attribute des hl. Bischofs Benno von Meißen.

Abtstab
Benedikt
Bernhard v. Clairvaux
Scholastika

Adler
Evangelist Johannes

Baum
Sebastian
Bonifatius

Beil, Axt
Josef
Bonifatius
Matthias
Wolfgang
Judas Thaddäus
Simon Zelotes

Bettler
Martin
Elisabeth

Biene
Ambrosius

Bienenkorb
Johannes Chrysostomus
Bernhard v. Clairvaux

Brennendes Haus
Florian

Brot
Nikolaus
Elisabeth

Buch
Paulus
Bonifatius

Drache
Margarete
Michael
Georg

Engel
Matthäus

Fahne
Ursula
Mauritius

Fisch
Antonius v. Padua
Benno v. Meißen
Petrus

Giftbecher
Benedikt

Goldkugeln
Nikolaus

Hahn
Petrus
Veit

Herz
Augustinus
Ignatius v. Loyola
Franz Xaver
Margarete Maria Alacoque

Hirsch
Hubertus
Ida

Kelch
Barbara
Benedikt
Norbert
Bernhard
Thomas v. Aquin

Keule
Jakobus d. Jüngere

Kind
Ambrosius
Augustinus
Christophorus
Dorothea

Kirchenmodell
Heinrich II. und Kunigunde
Elisabeth
Hedwig

Körbchen
Dorothea

Kreuz
Petrus
Andreas
Philippus
Helena u. Konstantin
Franz Xaver
Johannes Nepomuk

Lamm
Johannes d. Täufer
Agnes
Patrick

Lanze
Thomas (Apostel)
Adalbert v. Prag

Lilie
Josef
Franz Xaver
Katharina v. Siena
Aloysius
Antonius v. Padua
Hermann Joseph

Löwe
Hieronymus
Markus

Messer
Bartholomäus

Mitra, zu Füßen
Bernhard v. Clairvaux
Albertus Magnus

Mohr (Neger)
Mauritius

Monstranz
Norbert
Thomas v. Aquin
Klara

Muschel
Jakobus d. Ältere

Namen Jesu (IHS)
Ignatius v. Loyola

Orgel
Cäcilia

Pfeil
Sebastian
Ursula

Pferd
Georg
Martin

Pilgerhut
Jakobus d. Ältere

Rad
Katharina
Georg

Rose
Elisabeth
Dorothea

Rost
Laurentius

Säge
Josef
Simon Zelotes

Salbbüchse
Maria Magdalena

Schiff
Nikolaus
Ursula

Schlüssel
Petrus
Benno v. Meißen
Marta

Schüssel mit Kopf
Johannes d. Täufer

Schwein
Antonius

Schwert
Paulus
Matthias
Judas Thaddäus
Simon Zelotes
Katharina
Martin
Thomas Becket

Sonne auf der Brust
Thomas v. Aquin

Steine
Stephanus
Thomas
Matthias

Stern
Thomas v. Aquin
Dominikus (an der Stirn)

Sternkranz
Johannes Nepomuk

Stier
Lukas

Taube
Gregor d. Große

Totenkopf
Einsiedler
Albert Magnus

Turm
Barbara

Waage
Erzengel Michael

Wasserkübel
Florian

Winkelmaß
Thomas (Apostel)

Wundmale
Franz v. Assisi
Katharina v. Siena

Zunge
Johannes Nepomuk

Cäsar, der „Sonnensohn"

Der Heiligenschein

Lorbeer vertreibt Läuse

Lorbeer als Gewürz kennt jeder. Uralt ist seine Verwendung beim Räuchern und beim Opfer. Verbrannter Lorbeer entwickelt einen scharfen, aber angenehmen Geruch. Lorbeer reinigt von Blutschuld, meinten die alten Griechen. Die römischen Soldaten benutzten Lorbeer als Läusebekämpfungsmittel. Sie wanden sich Zweige um das Haar. Ob daraus dann das Siegeszeichen wurde? Tatsache ist jedenfalls, dass zur gleichen Zeit Lorbeer als Zeichen der Macht, des Sieges und des Friedens verwendet wurde. Der siegreiche Feldherr wurde mit Lorbeer bekränzt. Der Sieger im Wettkampf bekam keine Urkunde, sondern Lorbeer. Bis heute ist der Lorbeerkranz ein Siegeszeichen und der Lorbeerzweig ein Friedenssymbol.

Licht vom Licht

Ein anderes Siegeszeichen und viel älter als der Lorbeerkranz ist das Licht. Herrlich und unübertroffen ist das Licht der Sonne. Herrscher werden mit der Sonne verglichen und mit einem Lichtkranz abgebildet. Sowohl im Buddhismus wie auch bei den Ägyptern gibt es Vorbilder dafür. Bei den Römern galt der Kaiser als Gottheit. Ein Lichtkranz um das Haupt oder um den ganzen Körper zeigt göttliche Hoheit an. Die Rekonstruktion einer über 30 Meter hohen Statue des römischen Kaisers Cäsar, die vor dem Kolosseum in Rom gestanden haben soll, zeigt das im Bild. Höchste Gottheit ist die Sonne, der Sonnensohn Cäsar spiegelt ihr Licht wider.

Der Auferstandene in einer Mandorla

Maria im Strahlenkranz

Gottvater mit dreieckigem Nimbus

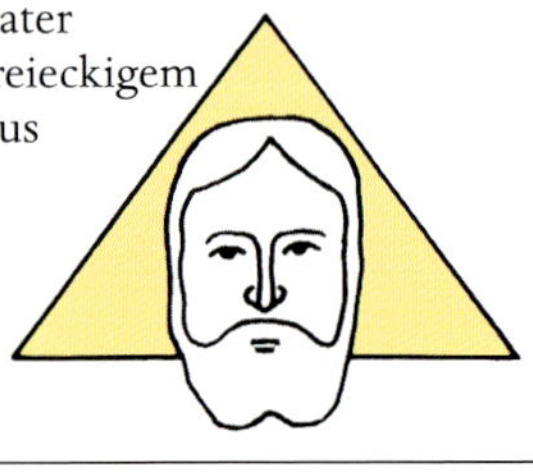

Heiligengruppe, Fresko an der Außenfassade der Klosterkirche Trojan in Bulgarien

Die christliche Kunst stellt seit dem 4. Jahrhundert den Auferstandenen in einem Strahlenkranz dar. Im Lichte Gottes schauen wir den lebendigen Christus. Gottes Heiligkeit offenbart sich in Jesus Christus, seinem Sohn. Das will die Kunst deutlich machen. Sie umkleidet den erhöhten Christus mit Licht. Den mandelförmigen Strahlenkranz nennt man **Mandorla** oder auch **Aureole** (von lat. aura = Morgenröte). Auch Maria, die Mutter Jesu, wird seit alter Zeit in einer Mandorla abgebildet.

Menschen, die die Güte Gottes sichtbar gemacht haben, werden mit einem Lichtschein um den Kopf dargestellt. Wir nennen ihn Heiligenschein oder **Nimbus**. Das Wort Nimbus stammt aus dem Lateinischen und bedeutet Wolke. Bei Jesus Christus finden wir oft das Kreuz im Heiligenschein.

Heilig sein, was heißt das?

In den germanischen Sprachen gibt es das Adjektiv „heil". Es bedeutet „gesund, unversehrt, vollständig". Das entsprechende Verb „heilen" bedeutet „gesund machen" oder „gesund werden".

heil → heilen → heilig

> ***Es gibt zwei Arten von Christen, den Nachfolger Christi und dann die billigere Ausgabe davon – den Bewunderer Christi.***
>
> *Søren Kierkegaard*

Das Wort „heilig" bedeutet ursprünglich „Gott eigen". Heilig ist, was Gott als Eigentum gehört. Im Lateinischen heißt das „sanctus". Heilig in seiner göttlichen Vollkommenheit ist Gott allein. Die „Heiligkeit" eines Menschen ist nur Abglanz der göttlichen Heiligkeit. Nur als Nachahmer Christi kann ein Mensch ein „Heiliger" genannt werden.
Der Apostel Paulus verwendet die Bezeichnung „Heilige" für die Glieder der christlichen Gemeinden. So schreibt er am Schluss seines Briefes an die Römer (16,15): „Grüßt Philologus und Julia ... und alle Heiligen, die bei ihnen sind." Im übrigen lässt Paulus in seinen Briefen keinen Zweifel daran, dass die Heiligung ständig neu zu vollziehen ist. Männer und Frauen haben zu allen Zeiten unter verschiedenen Bedingungen versucht, dies zu tun und Jesus nachzufolgen. Sie haben seine Botschaft für ihre Zeit neu entdeckt und oft gegen den Widerstand ihrer Mitmenschen vorgelebt. Die Namen vieler sind in der Vergangenheit versunken. Einige aber aus jeder Zeit hat die Kirche uns als nachahmenswerte Beispiele hingestellt und heiliggesprochen (kanonisiert). Von ihnen handelt dieses Kapitel.
Im Glaubensbekenntnis spricht die Kirche von der Gemeinschaft der Heiligen. Sie meint damit alle Lebenden und Verstorbenen, die durch die Taufe in den Leib Christi eingegliedert wurden.

Kloster Strahow in Prag. Hier ruhen die Gebeine des hl. Norbert von Xanten.

Heilig werden ist unbequem

Norbert von Xanten ist angeeckt

Norbert kam als Kind einer adligen Familie um 1082 in Xanten zur Welt. Herkunft, Begabung und eine erstklassige Bildung ließen erwarten, dass er eine einflussreiche Stellung bei Hofe oder als Kleriker erlangen werde. Aber es kam anders. Um 1115 übernahm Norbert, einer jähen Todesgefahr entronnen, die Lebensform eines Bettlers. Das galt als ungewöhnlicher Lebensweg und führt bekanntlich oft zum Konflikt mit der Familie. Norbert erlangte rasch den Ruf eines Bußpredigers, eines Propheten und Wundertäters. Junge Männer schlossen sich ihm an. Mit 13 Schülern begann er 1120 im Tal von Prémontré ein gemeinsames Leben. Das war der Beginn des Prämonstratenserordens, der sechs Jahre später die Bestätigung des Papstes erlangte. Norbert zog als Wanderprediger durch Frankreich, Belgien und Deutschland. Im Jahr 1126 wurde er zum Bischof von Magdeburg berufen. Es heißt, er sei barfuß in seine Bischofskirche eingezogen. Überhaupt sei er angeeckt, wo er nur konnte. Er verlangte, dass andere genauso rigoros wie er die Forderungen des Evangeliums verwirklichten. Das erregte Widerstand. Mindestens zweimal musste er um sein Leben fürchten und aus Magdeburg fliehen. Er starb 1134 und wurde in der Klosterkirche Unserer Lieben Frau in Magdeburg beigesetzt. Seine Gebeine gelangten 1627 infolge nicht restlos geklärter Umstände nach Prag ins Kloster Strahov. Deshalb wird Norbert als Landespatron der Böhmen verehrt.

Kaiser Otto I. stiftete den Magdeburger Dom, der 955 zur Kathedrale erhoben wurde.

Ein Stotterer schreibt Gedichte
Von Notker dem Stammler (840–912)
Ein Wagen quält sich auf buckligen Straßen bergan. „Zum Kloster Sankt Gallen?" – „Immer geradeaus." Der Herr von Thurgau sitzt steif im Wagen. Der Junge daneben hockt, viel zu still für seine sechs Jahre, in einer Ecke. „Lass ihn nur weinen", denkt der Vater. „Er muss von zu Hause weg, der Junge. Da wird er lernen, was ich nicht kann: lesen und schreiben. Das ist schon gut so."
„Dort ist das Kloster", sagt der Vater. „Die Söhne des heiligen Benedikt bauen sich ihre Kirchen und Häuser selber. Sie kennen sich aus in Handwerk und Kunst. Schau ihnen auf die Hände!" Der Junge schluckt und kämpft. Er will nicht weinen, er beißt sich auf die Lippen. Aber es bricht aus ihm heraus. „Vater, kehr um, bi-bitte!" Der große Mann sieht nur den kleinen sich quälenden Mund. „Sie werden mi-mich verlachen." Er legt die breite Hand auf den Kopf seines Jungen. Was soll er sagen? Er hat nicht gelernt, die Tränen der Kinder zu trocknen. So lässt er die Hand, wo sie liegt, und schweigt. Dann hält der Wagen an. Der Junge erlebt wie im Traum, dass ihm aus dem Wagen geholfen wird. Die weißen Gewänder der Mönche umflattern ihn wie Wolkenfetzen. Ganz weit oben hört er den Vater sprechen. Und durch die Tränen hindurch sieht er den Wagen des Vaters am Horizont verschwinden. So viele sind um ihn; sie nehmen sein Bündel, sie fassen seine Hand, und er geht leise mit. Sie bringen ihn aufs Lager. Dann gehen sie an die Arbeit zurück. Nur einer bleibt bei ihm, einer, der diese Stunde selbst durchlitten haben muss. Er legt dem Jungen feuchte Tücher auf die Stirn und die Hand auf den schreienden Mund, bis er schläft, der Kleine …
20 Jahre später. Es ist um das Jahr 870. Der „Kleine" ist an Leib und Seele ein Mann geworden. Er blieb im Kloster, der Stammler, wie sie ihn liebevoll nennen. Notker der Stammler betreut die große Bibliothek; er liebt die Bücher, weil sie ihm so vieles zu sagen haben.
Notker ist Lehrer in der Klosterschule; er liebt seine Schüler, und seine Schüler verehren ihn. Aber Notker schreibt lieber, als dass er spricht. Er schreibt Gedichte und Lieder mit mächtiger Sprache zum Ruhme Gottes und seiner Werke.

Die Kirche lebt vom Kampf Unheiliger um die Heiligkeit.
Joseph Ratzinger

Auflösung von S. 116 (Wer ist wer?):
1. Martin, 2. Laurentius, 3. Barbara, 4. Petrus, 5. Andreas, 6. Katharina, 7. Agnes, 8. Nikolaus

Die Heiligen sind die Antwort Gottes auf die Fragen der Zeit

Beispiele aus der Geschichte der Kirche

Zeit	Situation	Heiligentyp	Heilige
bis 300	Christenverfolgung	Märtyrer	Apostel, Laurentius, Polykarp, Felizitas
bis 600	Irrlehren	Kirchenlehrer	Ambrosius, Hieronymus, Augustinus, Gregor
bis 800	Aufbruch zu den „Heiden"	Missionare	Bonifatius, Lioba, Sturmius, Kilian
bis 1200	Macht der Kirche	Bettler	Franziskus, Dominikus, Elisabeth
bis 1700	Renaissance Reformation	Mystiker Seelsorger	Teresa von Ávila, Vinzenz von Paul, Philipp Neri, Ignatius
bis 1900	Rationalismus	„Kleine" Heilige	Thérèse von Lisieux, Pius X.
bis 1945	Macht des Staates	Bekenner	Bernhard Lichtenberg, Edith Stein, Maximilian Kolbe, 4000 Priester, in KZs umgekommen
bis heute	Kirche für die Welt	Versöhner	Johannes XXIII., Mutter Teresa, Oscar Romero

Jede Zeit hat alle Heiligentypen, die diese Übersicht aufführt. Dennoch sind einige beispielhaft für die Antwort, die Gott durch Menschen auf Fragen der Zeit gegeben hat. Heilige sind keine Besonderheit der katholischen Kirche, nicht einmal der Christenheit. Heilige Gestalten, heilige Männer – seltener Frauen – gibt es nahezu in allen Religionen.

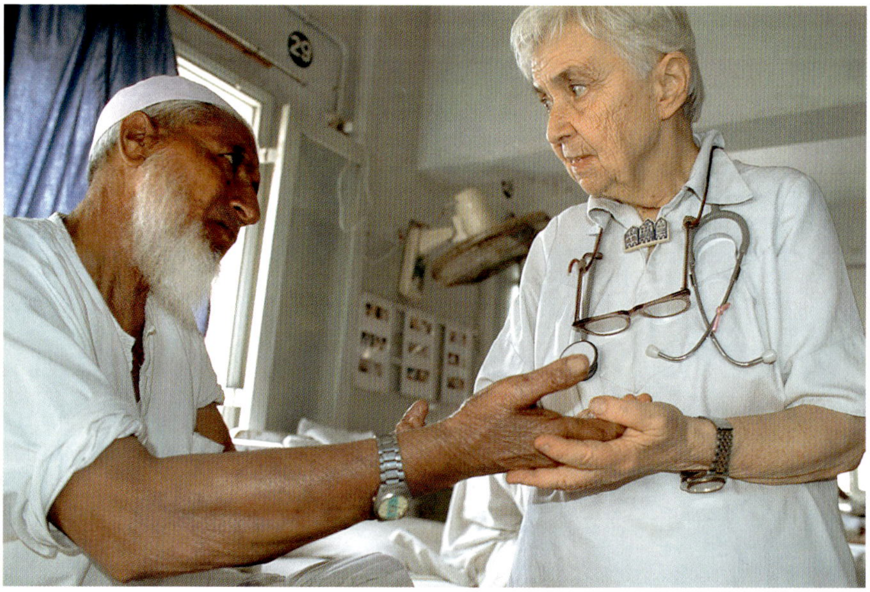

Ruth Pfau, Ärztin und Ordensfrau aus Leipzig, bekämpft die Lepra in Pakistan.

Auf die Probe gestellt

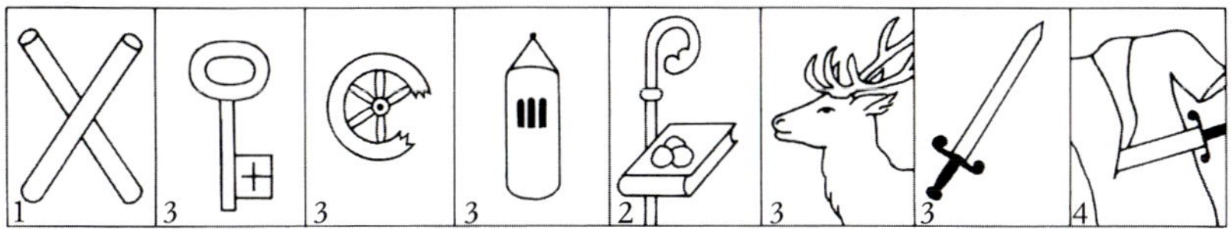

Wie heißen die Heiligen, deren Beigaben hier abgebildet sind? Einige solltest du jetzt schon kennen. Schreibe die gesuchten Namen auf! Unterstreiche dann in jedem Namen den Buchstaben, den die Ziffer angibt. Hintereinander gelesen, ergeben die unterstrichenen Buchstaben ein Fremdwort. Es ist der Fachbegriff für die Beigaben, an denen man die Heiligen erkennen kann. Lies dazu auch S. 116 f. und 140.

Die hll. Slawenapostel Kyrill und Method

Heilige als Erfinder

Welche große Bedeutung der hl. Benedikt mit der Gründung seines Ordens für die Kultur Europas hat, werden wir noch sehen. Eigentlich sind sie alle „Erfinder", sie haben Neues angestoßen, freilich meist im geistigen oder geistlichen Bereich.

Einige Beispiele
Die Missionare **Kyrill und Method** (9. Jh.) schufen die zum Teil auf griechischen Buchstaben fußende kyrillische Schrift (= Buchstaben der russischen, bulgarischen und serbischen Sprache).

Dem hl. **Franziskus** (1181–1226) verdanken wir die Weihnachtskrippe und den Kreuzweg.

Die Äbtissin **Hildegard von Bingen** (1098–1179) verfasste Schriften zur Heilkunde und Naturgeschichte in deutscher Sprache.

Thomas von Aquin († 1274) verband christliche Theologie mit griechischer Philosophie und bereicherte damit das abendländische Geistesleben bis heute.

Johann Baptist de la Salle (1651–1719) gründete den Orden der Schulbrüder und ist ein Bahnbrecher der modernen Pädagogik.

Johannes Bosco (1815–1888) führte neue Methoden der Jugenderziehung ein.

Hildegard von Bingen

Dabei dürfen wir nicht übersehen, dass noch viele andere Große der Kirche unvergängliche Werte geschaffen haben, ob sie nun als Heilige verehrt werden oder nicht. Und wir sollten auch die großen Anreger und Brückenbauer unserer Tage nicht vergessen, wie Teilhard de Chardin, Frère Roger in Taizé, Bischof Oscar Romero und Ruth Pfau. In Israel werden Kardinal Bea und Gertrud Luckner als „Gerechte" verehrt.
Ehrenbürgerin des islamischen Staates Pakistan ist die in Leipzig geborene Ordensfrau **Ruth Pfau**. 1960 begann sie als Ärztin im Aussätzigen-Ghetto von Karatschi mit der Betreuung von Lepra- und Tuberkulosekranken.

> *Heiligkeit muss stets*
> *neu erfunden werden,*
> *und zwar von allen Christen.*
>
> *Karl Rahner*

Nikolaus
einer der 14 Nothelfer

Schutzpatron der
Studenten und Wanderer,
Seeleute und Kaufleute,
Bäcker und Bierbrauer,
Leineweber und Tuchmacher,
Schreiber und Advokaten,
Gefangenen,
Apotheker,
der stillenden Mütter –
und sogar der Räuber,
Diebe und Landstreicher

Nikolaus ist gut

Er tat den Willen Gottes

← er sättigte Hungernde

← er kümmerte sich um Kinder

← er rettete Schiffbrüchige

← er ermöglichte Mädchen die Heirat

Der „liebe heilge Niklas"

Historisch gesichert ist, dass Nikolaus von Myra im 4. Jahrhundert gelebt hat und Bischof von Myra in Kleinasien gewesen ist. Er starb um 350, am 6. Dezember. Was die Legende von ihm berichtet, ist so vielfältig, dass Nikolaus in der Ostkirche und seit dem 10. Jahrhundert auch in der Westkirche (Abendland) große Verehrung genoss. Welche Berufe und Stände sich unter seinen Schutz stellten (man nennt das Patronat), ist erstaunlich.
Der Name Klaus oder Nikolaus ist einer der häufigsten Taufnamen in ganz Europa. An allen wichtigen Handelsstraßen und Schiffswegen finden wir bis heute Kirchen mit seinem Namen.

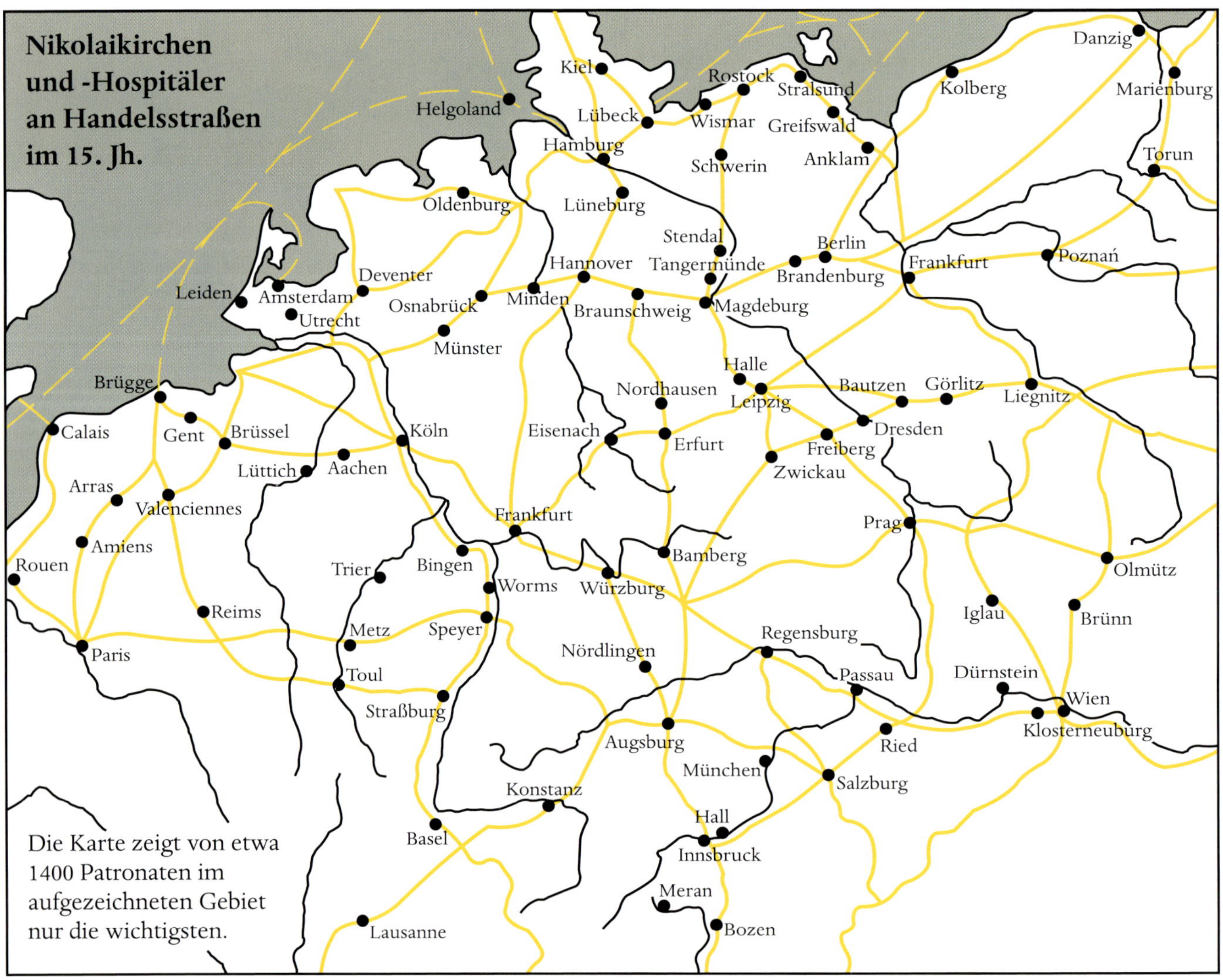

Nikolaikirchen und -Hospitäler an Handelsstraßen im 15. Jh.

Die Karte zeigt von etwa 1400 Patronaten im aufgezeichneten Gebiet nur die wichtigsten.

Das Leben der Heiligen

Erfundene Heilige?

Gegen die Heiligenverehrung wird manchmal eingeworfen, dass Heilige nie gelebt hätten. Die Kirche würde also die Gläubigen betrügen. Das wollen wir untersuchen. Nehmen wir ein Beispiel. Vom hl. Christophorus gibt es keinen geschichtlichen Beweis, dass er gelebt hat. Wir kennen diesen Heiligen nur aus Legenden. Außerdem fällt auf, dass der Name Christophorus – das heißt Christusträger – so zwingend mit dem Inhalt der Legende übereinstimmt. Man ist geneigt zu sagen: Der Name ist die Kurzfassung der Legende.
Nehmen wir einmal an, es hätte diesen Mann nie gegeben. Was wäre die Folge? Vorsicht! Nicht so schnell mit dem Wort „Lüge“ umgehen. Als ich fünf Jahre alt war, besuchte ich ein Puppentheater. Anschließend habe ich meine große Schwester gefragt: „Wo wohnt denn der Kasper?“ Ich habe nicht wissen wollen, ob es denn jemals einen Kasper gegeben hat. Ich habe selbstverständlich angenommen, dass es ihn gibt. Heute weiß ich, dass in der Figur des Kaspers Lebensweisheit angesammelt wurde. Tausende Menschen mögen solche Typen gewesen sein. Der Kasper auf der Bühne ist der typische Mensch, der immer das Gute tut und die anderen froh macht. Er will, dass die Zuschauer so handeln wie er selbst. Das können wir ganz einfach auf den hl. Christophorus übertragen. Es ist der Typ des guten Menschen, der anderen über Gefahren hinweghilft. Er muss sich dabei bewähren. Ausgerechnet ein Kind stellt ihn auf die Probe: In diesem Kind findet er seinen Herrn: Jesus Christus. Und dabei erkennt er, wie wichtig das Dienen ist.
Alles das ist so sehr menschlich, all diese Belehrungen braucht der Mensch. Und auf Geschichten hört er lieber als auf Standpauken. Dabei ist hier noch einmal zu betonen, dass fehlende geschichtliche Zeugnisse nicht zu vorschnellem Urteil führen dürfen. Es kann diesen einen gegeben haben, und es hat sicher Tausende gegeben, die wie Christophorus als „Christusträger“ gelebt haben. Die Legende will uns sagen, dass wir wie der Heilige unsere Mitmenschen zum anderen Ufer führen sollen.

Legende
ohne geschichtlichen Hintergrund

Die Legende vom Bauern Simon
Simon war ein frommer Bauer. Er hatte viele Kinder und noch mehr Knechte und Mägde, die alle die Stube des Hauses füllten. Er war betrübt. dass er so wenig allein sein konnte, um mit Gott zu sprechen und ihn zu treffen. Er verließ darum das Haus und den Hof und machte sich auf die Suche nach Gott. Lange Jahre wanderte er durchs Land, fortgezogen von der Sehnsucht nach Gott. Plötzlich spürte er, dass ihm Gott ganz nahe war: Es zog ihn mächtig zu einer Tür hin, auf der mit feurigen Buchstaben der Name Gottes geschrieben stand. „Endlich bin ich am Ziel“, dachte er. Mit zitternden Händen öffnete er die Tür – da stand er in seiner alten Stube mitten unter seinen Kindern und Knechten.

LEGENDE kann sein	**erzählerische Kurzform**
	Inschrift auf Münzen
	Inschrift auf Landkarten
	Bildunterschrift in Büchern

Daten oder Taten?

Wenn du einen Menschen liebst, liebst du ihn nicht wegen einzelner Daten, sondern wegen seiner Taten. In ihnen zeigt sich das Herz des Menschen. So ist das auch bei den Heiligen. Ihre Taten, die das Volk nicht vergessen wollte, berichtete es in liebevoll ausgemalten Geschichten. Einer erzählte sie dem anderen.
Jeder wollte seine Liebe zum Heiligen ausdrücken. So wurden die Geschichten ausgeschmückt, die Gestalt „vergoldet“ und das Böse „geschwärzt“. Einzelheiten waren nebensächlich und konnten entfallen oder ausgetauscht werden. Das Wichtige blieb ja die eigentliche Mitte der Geschichte: meist eine Tat der Liebe. Gottes Güte sollte aus der Heiligengestalt leuchten wie Sonne durch ein buntes Kirchenfenster.
Manchmal kam es vor, dass man Taten eines anderen berühmten Menschen auf den Heiligen der Legende übertrug. Das geschieht übrigens bis heute noch bei Anekdoten. Den Erzählern der Heiligenlegenden kam es ja in erster Linie nicht auf Personen an. Vielmehr war ihre Absicht, die Leser oder Hörer zur Nachahmung zu begeistern. Sie sollten so handeln wollen wie das Vorbild.
Aus mancherlei Quellen fließen Gedanken in die Heiligenlegenden. Im Erzählen werden aus den Gedanken bunte Bilder. Solche Bilder müssen schöner als die Wirklichkeit sein, weil es Bilder aus der heilen Welt Gottes sind. Sie sollen erbauen, Freude schenken und den Glauben stärken.
Darüber hinaus geben Legenden auch Auskunft über Sitten und Anschauungen der damaligen Menschen, weil ihr Ausgangspunkt die zwar erlöste, aber noch an den Nachwehen des Bösen leidende Welt ist.
Um Missverständnissen vorzubeugen, muss noch erwähnt werden, dass das Wort „Legende“ in vier Bedeutungen bekannt ist.

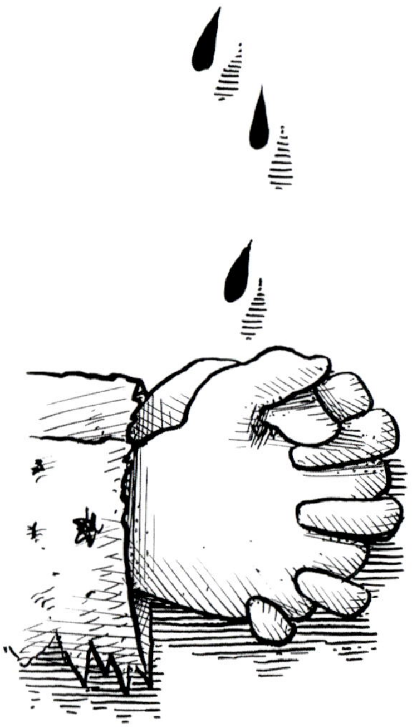

Legende
mit biblischem Hintergrund

Die Legende vom vierten König
In Russland erzählt man, dass nicht drei, sondern vier Könige auf dem Weg waren, um den neugeborenen König zu ehren. Der vierte König kam aus Russland. Auf seinem weiten Weg zur Krippe sah er viel Elend. Da er ein gütiges Herz hatte, konnte er nicht vorbeigehen, ohne zu helfen.
Er hatte als Geschenk für den König der Welt drei funkelnde Edelsteine im Gürtel. Als er eines Tages ein ausgesetztes Kind fand, kaufte er mit einem der Edelsteine einen Platz im Waisenhaus für das Kind. Einer Mutter mit vielen Kindern verhalf er mit der Weggabe des zweiten Steines dazu, dass sie nicht aus dem Haus hinausgeworfen wurden. Und einem Manne, der den König beleidigt hatte und deswegen in die Verbannung geschickt werden sollte, erwarb er mit dem dritten Stein die Freiheit. Dann gab er, um Not und Leid zu mildern, sein Ross, seinen Mantel und seinen Schmuck. Und als er nichts mehr zu geben hatte als seine eigene Kraft, tat er Arbeit für andere, pflegte Kranke und duldete Strafen für andere.
So kam er um viele Jahre später im Heiligen Land an. Alt und müde war er geworden. Ohne Gabe, doch voller innerer Freude trat er durch die Tore Jerusalems. Da war ein großes Gewimmel. Er wurde einfach mitgerissen und stand plötzlich vor einem Mann, der am Kreuze starb. Über ihm stand geschrieben: „Jesus von Nazaret, König der Juden“. Und der Sterbende schaute gerade auf ihn mit gütigem Auge. Da kniete der vierte König nieder und sagte: „Herr, endlich bin ich da, wohl mit leeren Händen, aber mit reichem Herzen.“ – „Ich weiß“, sprach der Herr am Kreuz, „doch alles, was du den Geringsten unter den Menschen getan hast, das hast du mir getan.“ Und er hieß den vierten König die Hände falten und ließ sterbend drei Blutstropfen in sie fallen. Dann neigte der Herr das Haupt und starb. Als aber der vierte König seine Hände aufmachte, um nach den Blutstropfen zu sehen, da waren es drei köstliche rote Edelsteine geworden.

Sankt Christophorus, einer der vierzehn Nothelfer

Legende
mit nicht nachprüfbarem geschichtlichem Hintergrund

Die Legende vom heiligen Christophorus
Ein sehr starker Mann fragte einen Einsiedler, wo er Gott finden könne. Der Einsiedler gab ihm zur Antwort: „Hier ist ein großer Fluss, aber keine Brücke. Du bist stark, trage die Menschen auf deinen Schultern über den Fluss!“ Der Mann tat, wie ihm geheißen, und man nannte ihn deshalb „Ophorus“, das heißt: der Träger.
In einer stürmischen Nacht rief ihn vom anderen Ufer her eine zarte Stimme. Ein Kind wollte hinübergetragen werden. Ophorus folgte dem Ruf und nahm mit Leichtigkeit das Kind auf seine Schultern. Doch mit jedem Schritt, den er ins Wasser tat, wurde das Kind schwerer und schwerer. Ophorus sank immer tiefer ein, bis das Kind schließlich mit seiner Hand das Haupt des Riesen unter das Wasser beugte. Am anderen Ufer angekommen, stand Ophorus allein da. Der Einsiedler sagte zu ihm: „Du hast kein gewöhnliches Menschenkind getragen. Du hast Christus getragen; er selber hat dich getauft. Von nun an sollst du ‚Christophorus‘ heißen, das heißt: Christusträger!“

DIE LEGENDE WILL ZUR NACHAHMUNG ANREGEN

Nachahmung	Deshalb ist es gleichgültig, ob eine bestimmte Person gemeint ist oder ob durch sie eine neue Person geschaffen wird. Vergleiche mit diesem Satz die Legende vom vierten König (S. 124).
Nachahmung	Deshalb ist die Legende nicht an geschichtlichen Tatsachen interessiert, sondern an der Tugend. Legende vom hl. Petrus (S. 115).
Nachahmung	Deshalb begnügt sie sich mit wenigen deutlichen Sprachgebärden (einfachen Formeln). Legende der hl. Katharina (S. 126).
Nachahmung	Deshalb kann die Legende sich in ihrer Bildsprache verändern, wenn die Verhältnisse der Zuhörer sich gewandelt haben. Legende vom vierten König (S. 124).
Nachahmung	Deshalb muss sie so erzählt sein, dass sie den Hörer anspricht und betroffen macht. Legende vom Bauern Simon (S. 123).

Die hl. Barbara gehört zu den volkstümlichen Frauen der Kirche, hier mit dem Kelch als Attribut.

LEGENDE

DEREN GESCHICHTLICHER HINTERGRUND TEILWEISE NACHPRÜFBAR IST

Die Legende von der hl. Barbara

Nach alter Überlieferung stammt Barbara aus der Stadt Nikomedien (heute Izmir) in Kleinasien. Ihr Todesjahr ist etwa 306. Sie gehört zu den vierzehn Nothelfern und wird als Patronin der Studenten, der Bergleute und für eine gute Sterbestunde angerufen.

„Ich muss verreisen", sprach der Vater, „und damit in der Zeit, da ich fort bin, dir keiner etwas zuleide tut, schließe ich dich in unsern Wachtturm ein. Zwei Fenster habe ich oben eingehauen, da kannst du hinausschauen aufs Meer und auf meine Rückkehr warten."
Barbara war ein so schönes und reines Mädchen, dass ihr Vater sie hegte und pflegte wie eine weiße Rose. Wenn er verreiste, bewahrte er sie in einem Turm auf, wo er ihr ein prächtiges Zimmer hatte einrichten lassen. Aber, was war geschehen? Als er diesmal von der Reise zurückkehrte, sah er ein drittes Fenster in die Mauer gebrochen und auf der Treppe ein Kreuz eingeritzt. „Was hast du getan?", rief er Barbara schon von weitem entgegen.
Was hatte Barbara denn getan? Sie hatte heimlich einen Priester zu sich kommen lassen. Der Priester erzählte ihr von Jesus Christus und vom Vater im Himmel, vom Heiligen Geist und von der Kirche und den Sakramenten. Da nahm Barbara den wahren Glauben an und ließ sich taufen. Das Kreuzzeichen des Heilands ritzte sie mit den Fingernägeln in die Wände ihres Turmes, und das dritte Fenster ließ sie machen zu Ehren der Allerheiligsten Dreifaltigkeit.
Der heidnische Vater, der sie so sehr geliebt hatte, hasste sie plötzlich. „Vor den Richter!", schrie er. „Ins Feuer! Unters Schwert!" Barbara war 14 Jahre alt, und der Richter scheute sich, dem schönen Kind etwas anzutun. Da schleppte der Vater sie zu den Henkern; die folterten und quälten sie sehr: Sie schnitten das standhafte Kind mit Messern und rissen ihr Fleisch mit Haken auf. Die hl. Barbara aber blieb in allen Qualen ihrem Heiland Jesus Christus treu. Da zog der Vater selbst das Schwert aus der Scheide und tötete sein Kind. Gott erschlug ihn auf der Stelle durch einen Blitz.

ATTRIBUTE DER HL. BARBARA

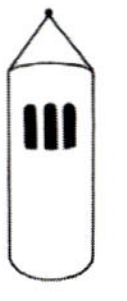

Turm
Hinweis auf ihre ungeteilte Liebe zu Jesus Christus

Kelch
Hinweis auf die Patronin der Sterbestunde

Schwert
Hinweis auf ihr Martyrium

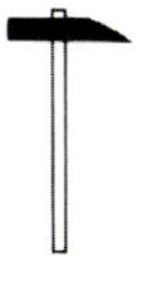

Bergmannsgerät
Hinweis auf die Patronin der Bergleute

Nehmt mich zum Vorbild, wie ich Christus zum Vorbild nehme.

Apostel Paulus, 1 Kor 11, 1

Die hl. Katharina von Alexandria, Patronin der Philosophen und Universitäten

Die heilige Katharina von Alexandria

Aus der Zeit der Christenverfolgung im Römerreich stammt der Bericht über ein Martyrium der heiligen Katharina. Ihr Grab in Alexandrien war wohl hoch geehrt. Als der Islam das Christentum in Afrika verdrängte, brachten die Christen die Gebeine ihrer Heiligen in Sicherheit, und zwar ins Kloster auf dem Sinai. Das stand damals unter dem Schutz des christlichen Kaisers.

Bald breitete sich die Verehrung der heiligen Katharina über ganz Europa aus und brachte die herrlichen Bilder hervor, welche die meist gekrönte Katharina mit einem zerbrochenen Rad und einem Schwert darstellen. Oft ist die Siegespalme hinzugefügt. Die Legende schildert sie als überaus kluge Jungfrau. Selbst der heidnische römische Kaiser ist ihr nicht gewachsen. Er lässt sich wie ein Gott verehren. Alle Bürger haben vor seinem Standbild Weihrauch zu opfern. Er nennt sich „der Göttliche" und „unbesiegbare Sonne".

Viele Christen können da nicht mitmachen und geraten in die Mühlen des Staates, so auch Katharina. Der Kaiser, angetan von ihrer Klugheit, bietet fünfzig Gelehrte auf, um sie von ihrem Glauben abzubringen. Doch Katharina bekehrt sie allesamt zum Christenglauben. Dafür wird sie auf einem mit Messern gespickten Rad gefoltert. Das Rad zerbricht. Unversehrt übersteht sie die Tortur. Schließlich wird sie enthauptet.

Katharina gehört zu den vierzehn Nothelfern und bildet mit Barbara und Margarete ein beliebtes Trio weiblicher Glaubenstreue. Der Volksmund dichtet: „Die Bärbel mit dem Turm, die Gretel mit dem Wurm, die Kathrin mit dem Radel, das sei'n die drei heilgen Madel."

Was hat Legende mit Sportbericht zu tun?

Entscheidend ist, dass die Legende den Hörer trifft. Der Hörer sieht sich plötzlich in dem Heiligen wieder. Er will auch „so einer" werden. Und da ist die Legende auf einmal gar nicht so weit entfernt von einem Beitrag im Sportteil unserer Zeitungen. Name und Rekordleistung verbinden sich zur einfachen Formel und werden „vergoldet".

Am Beispiel eines Heiligen unserer Tage lässt sich das Gesagte gut verdeutlichen. Wenn ich den Namen Maximilian Kolbe höre, fällt mir sofort ein: Er starb freiwillig für einen anderen im Hungerbunker. Was ich sonst über diesen Mann weiß, ist damit auf einen Nenner gebracht. Ich habe Bücher über ihn gelesen, habe in Auschwitz vor seiner Zelle gebetet und sein Bild in vielen Kirchen Polens gesehen. Ich erinnere mich an Bilder, die den geretteten Mitgefangenen vor dem Papst zeigen: ein Pole im Kreise seiner Familie. Mir fällt ein, wie selbst die brutalen Faschisten, die Millionen Menschen grausam vernichtet haben, beeindruckt waren von diesem katholischen „Pfaffen".

Das Rad ist zerbrochen
Das ist die einfache Formel, auch Sprachgebärde genannt.

Das Rad
ist Zeichen für die Sonne.

Die Sonne
ist Zeichen für die heidnische Gottheit.

Dann bedeutet das zerbrochene Rad: Die heidnische Gottheit ist überwunden. Das Christentum ist stärker als die heidnische Religion.

Name
Pater Maximilian Kolbe

Formel
stirbt freiwillig für einen anderen im Hungerbunker.

Name und Formel werden zu einem Anruf an mich. Ich steige in die Rolle des Franziskanerpaters und frage mich:

Kannst du das auch?

Oder ich stelle einfach fest:

Der war wirklich ein Christ!

Was ist eine Vita?

Hat das etwas mit den Vitaminen zu tun? Jawohl. Das lateinische Wort Vita heißt: Leben. Als literarische Form ist die Vita eine Lebensbeschreibung, die vorwiegend auf geschichtlichen Tatsachen beruht. Die folgende Vita der heiligen Königin Mathilde könnte so auch in einem Geschichtsbuch stehen. Diese sachliche Form zu schreiben ist zu allen Zeiten bekannt gewesen. So haben auch Heilige manchmal über sich selbst geschrieben, zum Beispiel der heilige Kirchenlehrer Augustinus (354–430) in seinen „Confessiones" („Bekenntnisse") – man würde heute Memoiren dazu sagen.

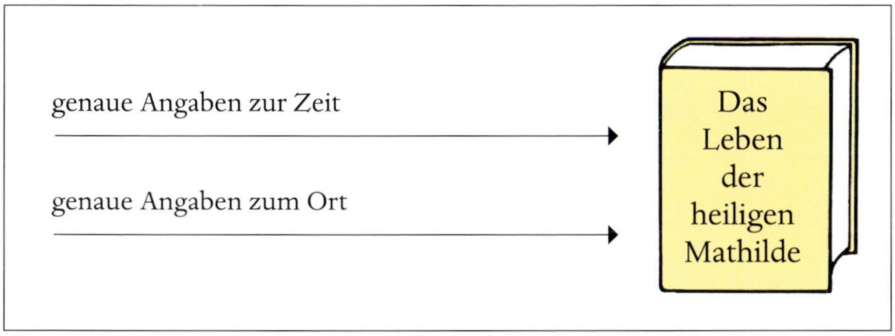

Gutsein ist ein weit gewaltigeres und kühneres Abenteuer als eine Weltumseglung.

G. K. Chesterton

Sankt Augustinus in der Zelle, Gemälde von Botticelli, 1495

Mathilde († 968)

In der Stiftskirche in Quedlinburg liegt neben König Heinrich seine Gemahlin Mathilde begraben. Sie ist um 895 als Nachfahrin Widukinds geboren. Dieser sächsische Edelmann hatte hundert Jahre früher Karl den Großen und den christlichen Glauben bekämpft, ehe er selbst die Taufe empfing.

Seit den Tagen des heiligen Bonifatius war es üblich geworden, dass Mädchen aus adligen Geschlechtern in Klöstern und Frauenstiften erzogen wurden. So wuchs Mathilde im Frauenstift zu Herford auf und lernte dort vielerlei Künste, vom Latein bis zur Buchmalerei. Angezogen von ihrer vielgerühmten Anmut kam der Herzogssohn Heinrich, fand Gefallen an ihr und führte sie zur Hochzeit. Mathilde wird ihm gern gefolgt sein und hielt ihn immer lieb und wert. Große Aufgaben stellte ihr das Leben als Herzogin, später als Königin und als Mutter von fünf Kindern.

Dieses erste deutsche Königspaar, Heinrich und Mathilde, lebte miteinander in einer glücklichen Ehe. Mathilde war von einer unermüdlichen Güte und Freigebigkeit und bewog auch ihren Gatten immer wieder zu Gerechtigkeit und Milde. Gemeinsam stifteten sie Kirchen und Klöster.

Als Heinrich allzu früh starb, wurde ihr ältester Sohn Otto von den deutschen Herzögen zum König gewählt. Die Mutter wollte aber lieber ihren zweiten Sohn Heinrich als König sehen, der dem Vater so sehr glich und an dem ihr Herz hing. Doch auch er starb in jungen Jahren. Mathilde hätte sich nun gern in ein stilles Witwenleben zurückgezogen. Aber König Otto vertraute der Mutter immer wieder große Aufgaben an. Nach seinem Sieg über die Ungarn in der Schlacht auf dem Lechfeld bei Augsburg im Jahr 955 hatte sie die kirchliche Siegesfeier vorzubereiten. Als Otto nach Rom reiste, um die Kaiserkrone zu empfangen, übertrug er ihr die Verwaltung des Reiches, zusammen mit den Bischöfen Bruno von Köln und Wilhelm von Mainz.

In Vorahnung ihres Todes begab sich Mathilde nach Quedlinburg. Am 14. März 968 starb sie. Mit ihr steht eine verehrungswürdige Frau am Anfang der deutschen Königsgeschichte.

Die hl. Mathilde, erste deutsche Königin, Statue im Dom zu Nordhausen

---

Auflösung von S. 121 (auf die Probe gestellt):
1. **A**ndreas, 2. Pe**t**rus, 3. Ka**t**harina, 4. Ba**r**bara, 5. N**i**kolaus, 6. Hu**b**ertus, 7. Pa**u**lus, 8. Mar**t**in – ATTRIBUT

Birgittenschwestern im Bremer Birgittenkloster. Das Kreuzsymbol mit den fünf Wundmalen ist das Zeichen des Birgittenordens.

Birgitta von Schweden

Birgitta (1303–1373) entstammte einer schwedischen Adelsfamilie. Schon mit elf Jahren verlor sie ihre Mutter. Drei Jahre später wurde sie mit dem 18-jährigen Amtmann Ulf Gudmarsson verheiratet. Acht Kindern schenkte sie das Leben. Ein starker Glaube verband die beiden Eheleute miteinander. Eine Wende brachte ihnen eine gemeinsame Wallfahrt nach Santiago de Compostela (1341–1342). Nach der Rückkehr zogen sich beide in ein Zisterzienserkloster zurück, wo Ulf schon bald darauf starb. Die so früh Witwe gewordene Birgitta, die weltgewandt als Gutsverwalterin und als Erzieherin am Königshof wirkte, erwies sich zugleich als geistliches Talent, dem prophetische und dichterische Gaben geschenkt waren. Ihre Visionen und Offenbarungen verband sie mit Weisungen an die Geistlichen, mit Belehrungen zum Beispiel über die Heiligkeit der Kirche und sogar politischen Botschaften.

Birgitta verließ Schweden, um das Heilige Jahr 1350 in Rom mitzufeiern. Hier verbrachte sie den Rest ihres Lebens, gründete den nach ihr benannten Birgittenorden, schrieb weiter ihre mystischen Erfahrungen nieder und pilgerte 1372 von Rom aus ins Heilige Land. Ein Jahr darauf starb sie am 23. Juli 1373 in Rom. Schon 1391 wurde Birgitta heiliggesprochen. 1999 ernannte Papst Johannes Paul II. die vorbildliche Familienmutter und mystische Visionärin zur Patronin Europas.

Woher wissen wir etwas über das Leben der Heiligen?

Wissen schöpfen wir aus vier Quellen: aus der mündlichen und schriftlichen Überlieferung; aus der örtlichen Verehrung; aus dem Heiligenkalender; aus der Kunst.

Verständlich ist, dass aus der jüngeren Zeit genauere Informationen (seit 1850 auch Fotografien) vorliegen. Dagegen sind uns von den Heiligen der ersten christlichen Jahrhunderte meist nur wenige zuverlässige Daten und oft nur Legenden überliefert.

Schriftliche Quellen über das Leben der Heiligen

Eigene Schriften der Heiligen (einige Beispiele)

Lebenserinnerungen

Augustinus von Hippo (354–430)	„Bekenntnisse“
Thérèse von Lisieux (1873–1897)	„Geschichte einer Seele“

Briefe

Papst Gregor der Große (540–604)	848 Brieftexte sind noch erhalten.
Bernhard von Clairvaux (1090–1153)	534 Brieftexte sind noch erhalten.

Ordensregeln

Benedikt von Nursia (um 480–543)	Benediktinische Mönchsregel
Ignatius von Loyola (1491–1556)	Er gab der Gesellschaft Jesu die Ordenssatzungen.

Dichtungen

Franz von Assisi (1182–1226)	Lieder, z. B. „Sonnengesang“
Thomas More (1478–1535)	„Utopia“

Pastorale und theologische Werke

Thomas von Aquin (um 1226–1274)	„Summa theologiae“
Ignatius von Loyola (1491–1556)	„Exerzitienbuch“

Paulus in römischer Haft. Hier schrieb er seine berühmten Briefe an die christlichen Gemeinden. Buchmalerei aus dem Kloster Reichenau, um 980

Schriften anderer über Heilige

Wenige Beispiele aus der großen Zahl erhaltener Schriften:

Briefe

Konrad von Marburg berichtet 1232 (ein Jahr nach dem Tod der hl. Elisabeth) in einem Brief an Papst Gregor IX. über die letzten Lebensjahre der hl. Elisabeth. Er schreibt von Wundern an ihrem Grab und bittet um die Heiligsprechung.

Tagebücher

Tagebücher von den „Schwestern von der Heimsuchung" berichten über den hl. Franz von Sales (1567–1622).

Lebensbeschreibungen

Im Auftrag der Bischöfe von Mainz und Würzburg schrieb der Priester Willibald von der Viktorskirche in Mainz in der Zeit von 755 bis 768 über das Leben des hl. Bonifatius: die „Vita S. Bonifatii".
(Bonifatius: um 675–754)

Erinnerungen

Von Kardinal R. Merry del Val, dem Staatssekretär von Pius X., sind die persönlichen „Erinnerungen und Eindrücke" in einem Buch erschienen.
(Pius X.: 1835–1914)

Nachschriften von Predigten

Ein Teil der Predigten des hl. Pfarrers von Ars wurde von Hörern mitgeschrieben.
(Johannes Maria Vianney, Pfarrer von Ars: 1786–1859)

Chroniken

Die Chronik des Thietmar von Merseburg, zwischen 1112 und 1118 geschrieben, enthält Nachrichten über den hl. Adalbert von Prag.
(Adalbert: um 956–997)

Gerichtsdokumente z. B. Vernehmungsprotokolle

Gerichtsakten aus der Zeit König Heinrichs VIII. von England geben Auskunft über den hl. Thomas More.
(Thomas More: 1478–1535)

Märtyrerakten

Die ältesten uns erhaltenen Märtyrerakten sind die des hl. Polykarp aus dem 2. Jahrhundert.

Unterlagen der Heiligsprechungsprozesse

Vatikanisches Archiv

Legenden

Jacobus de Voragine schrieb von 1263 bis 1273 etwa 180 Legenden von Heiligen auf: „Legenda aurea".

Bildnisse aus der Lebenszeit der Heiligen

Fresko des hl. Franz von 1224 in Subiaco, wo er im Kloster des hl. Benedikt weilte. Es ist das älteste Bildnis des hl. Franziskus von Assisi, noch zu seinen Lebzeiten entstanden. Das Bild ist ein Beweis für die Verehrung des Heiligen schon vor seinem Tode.

Originalfoto des hl. Johannes Bosco (1815 bis 1888). Don Bosco war ein begnadeter Erzieher. Schon seine Schüler hielten ihn für einen Heiligen. Er gründete die Genossenschaft der Salesianer, die sein Werk über die ganze Welt verbreitete. 1934 wurde er heiliggesprochen.

Aufenthaltsorte von Heiligen

Kloster San Damiano in Assisi. Hier lebten im 13. Jh. Franziskus und Klara von Assisi.

Blick in die Zelle des hl. Klaus von Flüe. An der Wand das Meditationsbild des Heiligen (Kopie), das nach seinen Visionen gemalt worden ist. Hier lebte er 20 Jahre als Einsiedler und Ratgeber, als Beter und Friedensstifter. Er ist Patron der Schweiz.

Katakombe San Callisto in Rom. Katakomben sind antike unterirdische Begräbnisstätten, die den frühen Christen für Totenmähler und Gottesdienste dienten.

Die Wartburg bei Eisenach. Hier wirkte die hl. Elisabeth. Sie kam als vierjähriges Kind von Ungarn nach Thüringen. Die junge Fürstin lebte ganz nach dem Vorbild des hl. Franziskus in Armut. Nach dem Tod ihres Gemahls Ludwig verließ sie mit ihren Kindern die Wartburg. In Marburg pflegte sie selbst Kranke. Schon mit 24 Jahren starb sie 1231.

Die Ruine der Agios-Titos-Basilika in Gortys auf Kreta, 6./7. Jh., erinnert an Titus, den Paulus mit der Leitung der christlichen Gemeinde in Kreta beauftragt hatte (Tit 1,5).

Über die Heiligsprechung

Der Anwalt des Teufels

Seit dem Mittelalter nimmt die Kirche Heilige nur in ihr Heiligenverzeichnis auf, wenn in einem regelrechten Prozess die Heiligsprechung erfolgt ist. Zuerst richtet ein Bischof oder eine Ordensgemeinschaft an den Papst die Bitte um Einleitung des Verfahrens. Auch müssen Beweise für ein heiligmäßiges Leben der Kandidaten beigebracht werden. Das Verfahren kann immer erst nach dem Tode des Betreffenden beantragt werden. Es müssen Zeugen gehört werden. Wie bei einem Gerichtsverfahren muss auch einer die Gegenseite vertreten. Ein Rechtsfachmann tritt dabei auf und bringt alle Argumente vor, die

seiner Meinung nach gegen die Heiligsprechung stehen. Diesen Mann nennt die Kirche „advocatus diaboli", das heißt „Anwalt des Teufels". Er ist nicht vorgesehen zur Erheiterung der Gläubigen. Vielmehr soll er zur möglichst sicheren Urteilsfindung beitragen. Solch ein Prozess kann viele Jahre dauern. Bei Nikolaus von Flüe (1417 bis 1487) zum Beispiel registrieren wir: Seligsprechung 1669, Heiligsprechung sogar erst 1947.

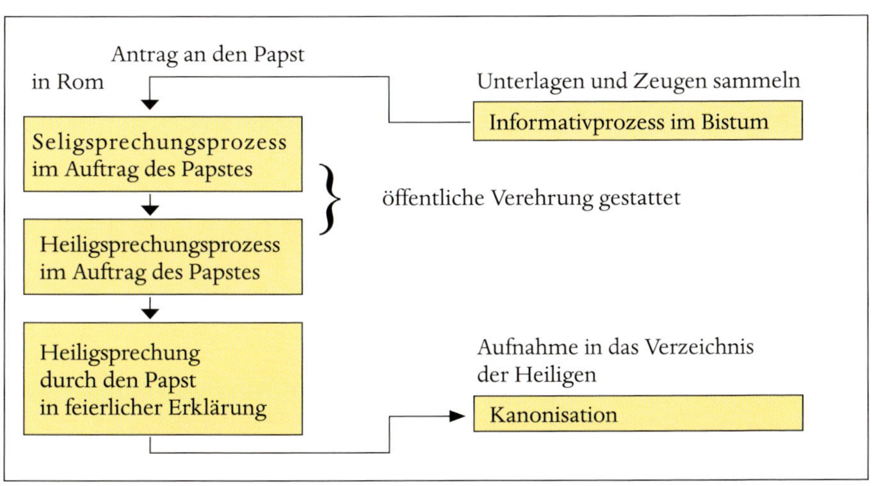

Wie eine Heiligsprechung vor sich geht

Die Heiligsprechung geschieht durch den Papst in einem festlichen Gottesdienst.
Nach dem Kyrie bittet der Bischof des Bistums, aus dem der künftige Heilige stammt, die Heiligsprechung vorzunehmen:

Heiligster Vater! Die heilige Mutter Kirche bittet Eure Heiligkeit, den seligen ... in den Katalog der Heiligen einzuschreiben, auf dass er von allen Gläubigen als Heiliger angerufen werden kann.

Dann singen alle Anwesenden die Allerheiligenlitanei. Danach betet der Papst:

Wir bitten dich, Herr, erhöre gütig die Bitten deines Volkes und erleuchte mit dem Lichte deines Geistes unsere Sinne, damit unser Dienst dir gefalle und der Erbauung deiner Kirche nütze.

Jetzt folgt die **Heiligsprechungsformel**.
Der Papst spricht:

Zur Ehre der Heiligen und Ungeteilten Dreieinigkeit, zur Erhöhung des katholischen Glaubens und zur Vermehrung des christlichen Lebens:
In der Autorität unseres Herrn Jesus Christus, der heiligen Apostel Petrus und Paulus und kraft eigener Vollmacht; nach reiflicher Überlegung und öfterer Anrufung der göttlichen Hilfe und nachdem Wir Uns mit mehreren Brüdern beraten haben, erklären und bestimmen Wir, dass der selige ... heilig ist, und schreiben ihn in den Katalog der Heiligen ein; Wir setzen fest, dass er in der gesamten Kirche unter den Heiligen mit frommer Haltung verehrt werden muss.
Im Namen des Vaters + und des Sohnes + und des Heiligen Geistes. Amen.

Der Bischof dankt dem Papst und sagt:

Heiliger Vater, im Namen der heiligen Kirche danke ich aufrichtig für die Verkündigung. Demütig bitte ich Eure Heiligkeit, anzuordnen, dass die erfolgte Heiligsprechung in die Apostolischen Bücher eingetragen werde.

Der Papst erwidert:

Wir ordnen es hiermit an.

Die Messe wird sodann in gewohnter Weise fortgesetzt.

Wie die Heiligsprechung zu verschiedenen Zeiten geschah

bis um 1000	Das Volk verehrt Glaubenszeugen und Nachfolger Christi als Heilige. Oft wird über dem Grab eine Kirche errichtet.	 ST. PETRUS	
bis um 1630	Heiligenkalender, Heiligenlegende und Reliquienkult stehen in Blüte.	Die Bischöfe beginnen zu prüfen, wen sie als Heiligen anerkennen. Sie bestimmen, wer in die Liste der Heiligen aufgenommen und verehrt werden darf.	 ST. BENEDIKT
seit 1630	Verehrung des Heiligen (Kult) ist erst gestattet, wenn das Verfahren zur Seligsprechung erfolgreich abgeschlossen ist.	Die Bischöfe leiten den Informativprozess ein: a) Zeugen und Zeugnisse beibringen für Tugend und Wunder; b) Antrag an den Papst leiten.	Festes Verfahren: 1. Informativprozess (Bischöfe), 2. Seligsprechungsverfahren (Rom), 3. Heiligsprechungsverfahren, 4. feierliche Verkündigung durch den Papst.

Die erste Heiligsprechung durch einen Papst war die des Bischofs Ulrich von Augsburg durch Papst Johannes XV. am 11. Juni 993

PIUS X.

Formen der Verehrung

Der Name wird den Christen in der Taufe gegeben. Dabei wird der Täufling mit Wasser, dem Symbol des Lebens übergossen, um zu zeigen, dass nun sein neues Leben mit Gott beginnt.

Namenstag und Geburtstag

Eltern erwarten ein Kind. Wird es ein Mädchen, wird es ein Junge? Sie wälzen dicke Bücher, um einen Namen zu finden. Die Mutter ist für Sophia oder Markus; der Vater hatte sich auf Marie oder Lukas eingespielt. Als das Kind geboren ist, einigen sie sich auf Thomas. Sie hatten in einem Heiligenbuch über Thomas von Aquin gelesen, der ein sympathischer Mensch und ein großer Denker der Kirche war. Sie knüpfen an den Namen, den auch der Patenonkel trägt, gewisse Hoffnungen für ihr Kind. Sie haben vielleicht dem Onkel viel Gutes zu verdanken.
Unsere christlichen Vorfahren bedienten sich gern des Heiligenkalenders. Das Kind wurde auf den Namen getauft, der sich am Tage der Geburt im Kalender fand. Zum Beispiel:

Juni
16. Benno, Anita
17. Gregor
18. Paula, Marianne
19. Romuald, Juliana
20. Adalbert, Adelgunde

Nehmen wir den 20. Juni als Tag der Geburt. Kam ein Mädchen zur Welt, erhielt es den Namen Adelgunde; war es ein Junge, nannten ihn die Eltern Adalbert. Geburtstag und Namenstag fielen also zusammen. Eine Trennung von Namenstag und Geburtstag kam auch vor und ließ eine doppelte Feier zu. Allerdings ist dabei auch zu sagen, dass es landschaftlich sehr unterschiedliche Gewohnheiten gab. Hier wurde der Namenstag groß gefeiert, dort der Geburtstag, oft auch beide Tage. Die evangelischen Christen pflegen den Namenstag nicht, weil sie die Heiligenverehrung als Antwort auf gelegentliche Übertreibungen in der katholischen Kirche ablehnen.

Wallfahrt zu Ehren von Yves Hélory, Patron der Juristen und bretonischer Nationalheiliger, in Côtes d' Armor

Aus gutem Grund

Das Bilderrätsel sagt, dass Menschen, die Gott lieben, keine Trauerklöße sein müssen. Wie heißt der Spruch?

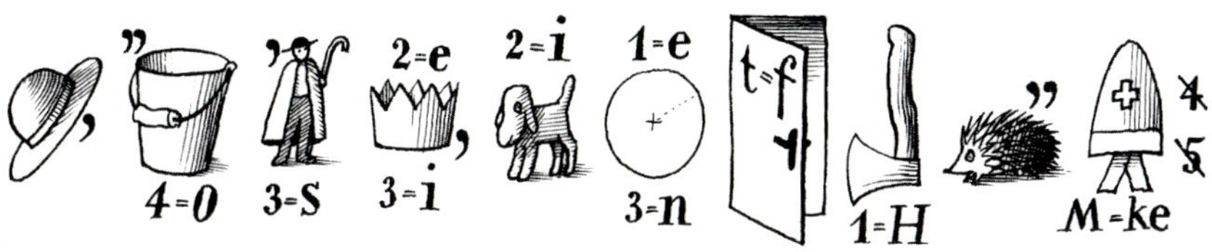

Der Kalender und die Heiligen

In den katholischen Kalendern stehen hinter der Tagesangabe meist mehrere Heiligennamen. In alter Zeit hatte das eine größere Bedeutung als heute. Jeder kannte den 14. Februar als Valentinstag und den 4. Dezember als Barbaratag. Im Allgemeinen ist der Todestag der Heiligen im Kalender verzeichnet, der als Heimgang zu Gott verstanden wird.
Bis heute sagt jeder „an Silvester" und meint den letzten Tag im Dezember. Viele wissen nicht mehr, dass Silvester I. ein heiliger Papst war, der im 4. Jahrhundert als Märtyrer starb.
Wer nun seinen eigenen Namenstag im Kalender sucht, wird manchmal nicht gleich den rechten Gedenktag finden. Woher kommt das?
Ein Grund ist, dass es mehrere Heilige mit demselben Namen gibt.
Zum Beispiel kennen wir den am 24. Juni erwähnten hl. Johannes den Täufer und den Apostel und Evangelisten Johannes, der am 27. Dezember verzeichnet ist. Ein anderer Grund kann die Herkunft des Namens aus einer anderen Sprache sein, zum Beispiel der russische Iwan (Johannes), die schwedische Kerstin (Christine) oder der französische René (Renatus).

Mit dem Martinsumzug erinnern die Kinder an die Mantelteilung Sankt Martins.

Das Kirchenjahr

Mit den Märtyrergedenktagen entstand der erste Ansatz zum Kirchenjahr. Schon im 1. Jahrhundert wurde das am Mondjahr orientierte bewegliche Osterfest mit vorausgehender Fastenzeit gefeiert. Die ersten festen, am Sonnenjahr orientierten Feiertage sind Epiphanie und Geburt Christi. Im 4. Jahrhundert führte Kaiser Konstantin zudem den Sonntag als Feiertag ein. Die Herrenfeste Pfingsten und Himmelfahrt bereichern später das Kirchenjahr.
Das Kirchenjahr dient den Christen als Orientierungshilfe für die Heilsgeschichte, die in seinem Verlauf dargestellt wird von Advent und Weihnachten bis Passion und Auferstehung. In den westlichen Kirchen beginnt es mit dem Advent, der in den verschiedenen Ländern vier bis sechs Wochen dauern kann. Die Ostkirche feiert am 1. September das erste Auftreten Jesu in Nazaret und den Sieg des Kaisers Konstantin über Maxentius im Jahr 312 als Beginn des Kirchenjahres. Einige Feste, z. B. Christi Himmelfahrt, Pfingsten, Fronleichnam, sind wie Ostern bewegliche Tage.

Vor ihrer Kirche in Hurghada (Ägypten) haben die koptischen Christen ein Bild des hl. Nikolaus aufgestellt. Mitten im Sommer grüßt er Einheimische und Touristen.

Heiligenverehrung durch Brauchtum

Zur Sommersonnenwende, am Johannistag (24. Juni), werden Feuer entzündet, die das zunehmende Dunkel erhellen und das Zeugnis des Johannes in den Herzen anfachen sollen.

Mit einem Kruzifix reiten am Ostermontag beim traditionellen Georgiritt die Männer zum „Ettendorfer Kircherl" bei Traunstein. Der Ritt findet alljährlich zu Ehren des heiligen Georg statt, der als römischer Offizier um 303 n. Chr. wegen seines Bekenntnisses zum Christentum enthauptet wurde.

Bischof Blasius starb in der Verfolgung des Kaisers Diokletian. Wir wissen wenig Sicheres über ihn. Legenden erzählen von der Heilung einer Halskrankheit durch ihn. Mit zum Christuszeichen (X) verbundenen Kerzen wird der Blasiussegen an seinem Sterbetag (3. Februar) gespendet.

Die Gnadenkapelle von Altötting zieht seit 500 Jahren ungezählte Wallfahrer an. Als Dank für eine Gebetserhörung bringen sie Erinnerungstafeln an. Bereits im 8. Jh. stand hier eine Taufkapelle der christlichen Missionare.

Sinterklaas, der holländische Nikolaus, wird mit seinen Begleitern, den Swaten Pieten (Schwarzen Petern), im Holländischen Viertel in Potsdam von Kindern begrüßt. Der Brauch erinnert an Bischof Nikolaus von Myra.

Der Altar als Heiligengrab

„Es ist gar nicht selbstverständlich, wie so ein Heiliger gelebt hat: als Bettler, als Gelehrter, als Herzogin. In Wirklichkeit war es meist ein gefährliches Abenteuer, das man immer erst hinterher als christliche Möglichkeit erkannt hat.“ So sagte Karl Rahner, ein bedeutender Theologe des 20. Jahrhunderts. Wir wollen die Heiligen als Vorbilder vor Augen haben. In unseren Kirchen und Wohnungen erinnern uns Abbilder an ihre Abenteuer für Gott.

Am Anfang des Christentums war das auch so. Wir wissen, dass die ersten Christen in Rom ihren Bischof Petrus sehr liebten. Als er dann wegen seiner Treue zu Christus getötet worden war, holten die Christen seinen Leichnam. Sie wollten den toten Leib bei sich haben und das Grab verehren. Dann bauten sie eine kleine Kapelle über dem Grab. Und weil immer mehr Menschen Christen wurden und viele am Grab des hl. Petrus beten wollten, mussten sie eine größere Kirche errichten. Bis sich schließlich die herrliche Peterskirche über dem Grab erhob, die heute noch Mittelpunkt aller katholischen Christen der ganzen Welt ist.

Die Liebe zum Heiligen zeigen die Christen in der Verehrung seines Grabes. Es ist übrigens keine besondere christliche Weise der Totenverehrung, über dem Grab Bauwerke zu errichten. Das taten schon fast alle Kulturvölker. Die Pyramiden in Ägypten sind das wohl meistbekannte Beispiel.

Der Name eines deutschen Bischofs

wird gesucht. Er ist der erste Heilige, der in feierlicher Form durch den Papst heiliggesprochen worden ist. Schreibe auf, was du auf die folgenden Fragen antwortest; unterstreiche von jedem Wort den zweiten Buchstaben! Hintereinander gelesen, ergeben sie den gesuchten Namen.

1. Wie heißt das Fremdwort für „Danksagung“, mit dem auch die Messfeier bezeichnet wird?
2. Kennst du den Namen der heiligen Landgräfin von der Wartburg?
3. Wie heißt der Gründer eines Bettelordens?
4. Welchen Beruf hatte der hl. Petrus?
5. Welches Attribut ist dem hl. Paulus beigegeben?
6. Wie heißt der Schutzheilige der Kraftfahrer?
7. Welchen Namen gibt die Bibel der ersten Frau?
8. Was war der hl. Martin von Beruf?
9. Wer wird scherzhaft der „Patron der Liederlichen“ genannt?
10. Wie heißt das Fremdwort für „Heiligsprechung“?
11. An welchem Attribut (Bauwerk) erkennst du die hl. Barbara?
12. Wie heißt der Heilige, der den Jesuitenorden gründete?
13. Wie heißt Abrahams Sohn, den Gott als Opfer forderte?
14. Wen nennt die Kirche „Vater des Glaubens“?
15. Wie heißt der dritte Evangelist?
16. In welcher europäischen Hauptstadt befinden sich die Gebeine des hl. Norbert?
17. Welche Heilige wird mit einem Lamm auf dem Arm abgebildet?

Heiligengrab und Altar

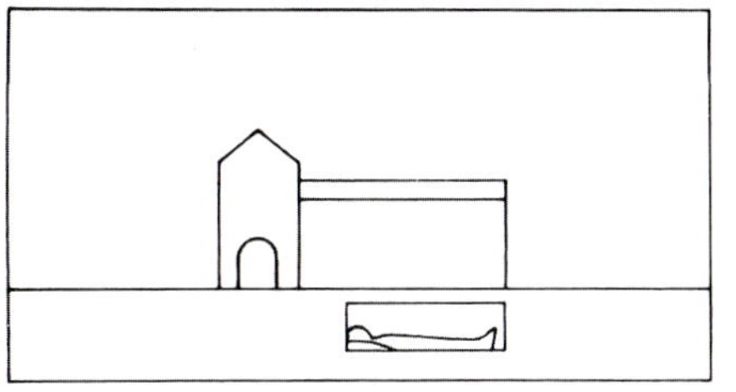
Die Kirche über dem Grab

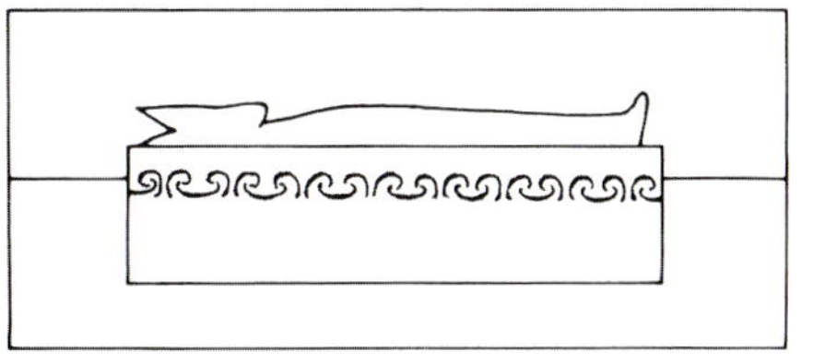
Das Grab als Sarkophag

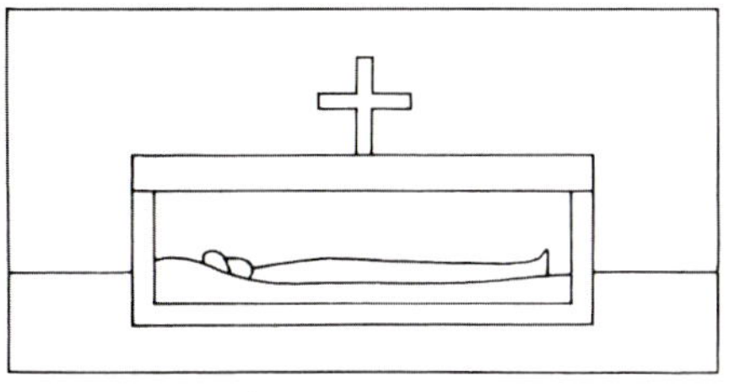
Das Grab im Altar

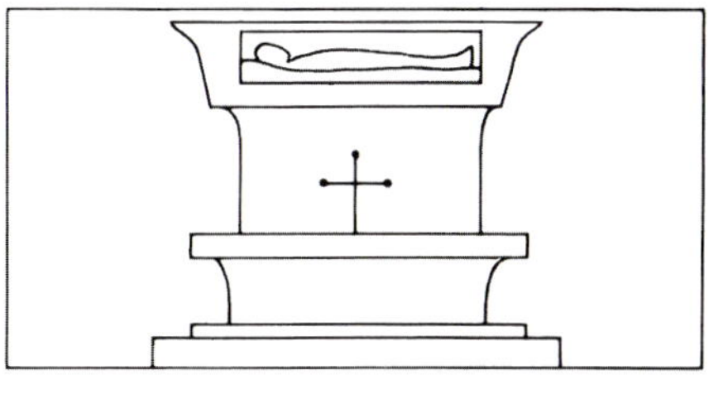
Das Grab über dem Altar

Bild des Heiligen über dem Altar

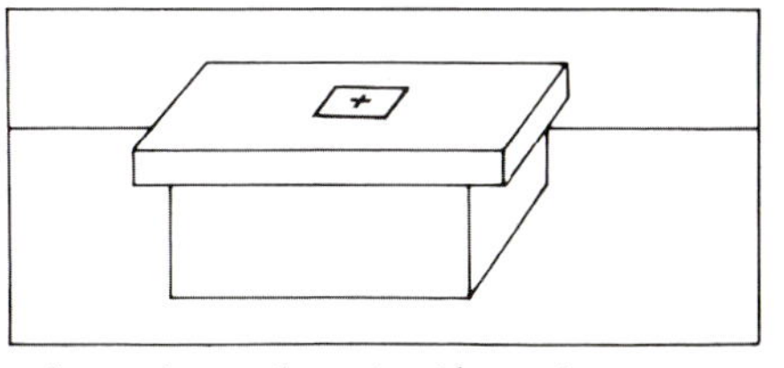
Reliquie des Heiligen im Altarstein

DIE RELIQUIEN

Das Wort Reliquie kommt aus dem Lateinischen: reliquiae = die Überbleibsel, der Rest. Man kann es am ehesten mit dem heute gebräuchlichen Wort Souvenir (frz. se souvenir = sich erinnern) vergleichen. Ein Souvenir ist ein fester Begriff geworden. Man besucht einen Aussichtsturm, und alles stürzt an den Kiosk. Ein Souvenir! Ja, das muss man haben, sonst ist die Reise nur halb so viel wert. Es erinnert mich an

Ereignisse *Personen*

Bauwerke *Reisen*

Reliquie kann sein	ein Kleidungsstück der Leichnam oder Teile davon ein Marterwerkzeug	} eines Heiligen
Reliquie gehört	einer Kirche einem Kloster einem Schloss	} zum Zeigen zum Aufbewahren zum Verehren

Zwei hölzerne Armreliquien in einem mit Sternen verzierten Reliquienschrein, um 1380, Marienkirche zu Kamenz (Sachsen)

Man sieht leicht ein, dass solche Gegenstände an den Heiligen erinnern wollen. Der Heilige aber wird ja nicht um seiner selbst willen geliebt und verehrt, sondern weil er seinen Glauben, das Gute, die Tugend, nachahmenswert gelebt hat. Er weist über sich hinaus auf Christus. Von daher allein ist auch die heilende und schützende Wirkung der Reliquien zu erklären. Die Heiligkeit von Christus, an der der Heilige Anteil hat, wird gegenwärtig durch den Körper und die Gegenstände an den Orten und sogar im Namen des Heiligen, der ganz wie Christus werden wollte.

Es wird viel über den Missbrauch erzählt, der im Mittelalter und später mit den Reliquien getrieben worden ist. Leider gab es den. Aber sind nicht alle guten Dinge der Gefahr des Missbrauchs ausgesetzt? Denke nur an die Tasten eines Computers! Man kann sich ihrer bedienen, um ein Gebet zu schreiben oder einen Fluch. Entscheidend ist also, dass die Menschen mit den Reliquien verantwortungsbewusst umgehen.

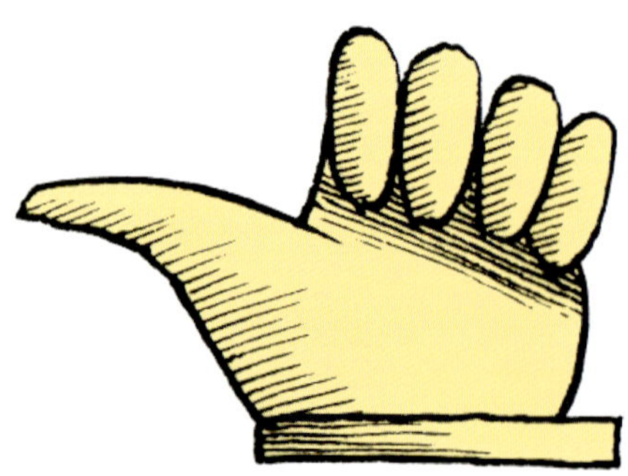

Das Haupt der hl. Elisabeth wird seit über 400 Jahren in einem Wiener Kloster aufbewahrt und verehrt.

Auflösung von S. 135 (Der Name eines deutschen Bischofs):
1. Eucharistie, 2. Elisabeth, 3. Franziskus, 4. Fischer, 5. Schwert, 6. Christophorus, 7. Eva, 8. Soldat, 9. Antonius, 10. Kanonisation, 11. Turm, 12. Ignatius, 13. Isaak, 14. Abraham, 15. Lukas, 16. Prag, 17. Agnes – ULRICH VON AUGSBURG. Er wurde am 11. Juni 993 durch Papst Johannes XV. heiliggesprochen.

Die Söhne

Drei Frauen holten Wasser am Brunnen. Nicht weit davon saß ein Greis auf einer Bank und hörte zu, wie die Frauen ihre Söhne lobten.
„Mein Sohn", sagte die erste, „ist ein geschickter und wendiger Junge. Er übertrifft an Behändigkeit alle Knaben im Dorf."
„Mein Sohn", sagte die zweite, „hat die Stimme einer Nachtigall. Wenn er singt, schweigen alle Leute still und bewundern ihn."
Die dritte schwieg. „Und warum lobst du deinen Sohn nicht?", fragten die beiden andern.
„Ich wüsste nicht, womit ich ihn loben könnte", entgegnete diese. „Mein Sohn ist nur ein gewöhnlicher Junge und hat nichts Besonderes an sich."
Die Frauen füllten ihre Eimer und gingen heim. Der Greis ging langsam hinter ihnen her. Er sah, wie hart es die Frauen ankam, die schweren Eimer zu tragen, und er wunderte sich nicht, dass sie nach einer Weile ihre Last absetzten, um ein wenig zu verschnaufen.
Da kamen ihnen drei Knaben entgegen. Der erste stellte sich auf die Hände und schlug Rad um Rad. „Welch ein geschickter Junge!", riefen die drei Frauen.
Der zweite stimmte ein Lied an, und die Frauen lauschten ergriffen, mit Tränen in den Augen. Der dritte Junge lief zu seiner Mutter, ergriff wortlos ihre beiden Eimer und trug sie heim.
Die Frauen wandten sich zu dem Greis und fragten:
„Was sagst du zu unseren Söhnen?"
„Eure Söhne?", sagte der Greis verwundert. „Ich sehe nur einen einzigen Sohn."

Russisches Märchen

Der blinde Josef lässt sich vom Jesusknaben führen. Statue von Friedrich Press im Krankenhaus St. Joseph-Stift in Dresden

Auflösung von S. 133 (Aus gutem Grund): Humor ist kein Hindernis für Heiligkeit.

Was der hl. Martin mit dem Kaplan zu tun hat

Martin wurde um 316 in . . . . . . geboren. Sein Vater soll ein römischer Staatsmann gewesen sein. Martin hatte schon als Junge von den . . . . gehört und wollte in ihre Gemeinschaft aufgenommen werden. Dafür war aber eine längere Probezeit notwendig. Am Ende dieser Zeit, die man . . . . nennt, erhielt der Bewerber die Taufe. Als Martin mit 15 Jahren in das römische Heer eintrat und als . . . . . . diente, war er noch nicht getauft. Eines Tages begegnete er einem frierenden . . . . Schon wollte er weiterreiten. Er hatte ja nichts bei sich als die Waffen und seinen . . . . Jedoch er besann sich, nahm das . . . . und zerteilte seinen Mantel. Die eine Hälfte schenkte er dem Bettler. Diese Begebenheit erzählten sich die Leute über Martin, als er schon berühmt und . . . . in der französischen Stadt Tours (sprich: tuhr) war. Als er am 8. November 397 starb, verehrten ihn die Christen als Vorbild der . . . . Sie wollten ein Andenken von ihm aufbewahren und wählten sein Mönchskleid. Das sollte sie an die Tat der . . . . erinnern. Von diesem Mönchsgewand bekam der Aufbewahrungsraum im fränkischen Königspalast in Paris den Namen „Kapelle" (lat. Cappa = Gewand, Mantel, Kapuze). Später ging der Name „Kapelle" auf andere kleinere Kirchenräume über. Die Geistlichen an einer Kapelle bezeichnet man als Kapellan (Kaplan).

Kleine Hilfe: Bischof, Soldat, Nächstenliebe, Ungarn, Katechumenat, Mantelteilung, Bettler, Christen, Soldatenmantel, Schwert (ä = 1 Buchstabe).

Die Wallfahrt

Die Christen haben schon frühzeitig heilige Stätten (Apostelgräber, Märtyrergräber) besucht. Die mittelalterliche Kirche kannte drei große Ziele frommer Sehnsucht: Jerusalem, den Ort des Herrengrabes, und das Heilige Land; Rom mit den Gräbern der heiligen Petrus und Paulus und Santiago de Compostela in Spanien (das „westliche Jerusalem") mit dem Grab des heiligen Apostels Jakobus des Älteren. Dieses der ganzen Welt gehörende Heiligtum brachte nicht nur die abendländische Kultur, die schönen Künste, vor allem die Architektur, in unvergleichlicher Weise zum Blühen, vielmehr umfasste der Weg nach Santiago mit seinen Pilgerscharen aus aller Herren Ländern die ganze mittelalterliche Christenheit. Der Apostel Jakobus wurde mit seinem Pilgerhut, der Muschel, der Kürbisflasche und dem Wanderstab der Schutzpatron und das Sinnbild irdischer Pilgerschaft.

Früher sammelten sich die Pilger aus dem Osten und aus Skandinavien in den großen Hansestädten an der Küste der Ostsee und fuhren mit Schiffen bis nach Bordeaux in Frankreich. Die meist aus alten Handelsstraßen entstandenen Pilgerwege bilden heute ein weit verzweigtes Wegenetz, das sich durch das gesamte Abendland zieht und dessen Wege sich schließlich zum sogenannten Camino Francés vereinigen, jener hochmittelalterlichen Hauptverkehrsachse Nordspaniens, die von den Pyrenäen bis zum Apostelgrab reicht und die alten Königsstädte Pamplona, Burgos und León miteinander verbindet. Seit dem 11. Jahrhundert sind Pilger auf dem über 700 km langen Camino Francés unterwegs, der 1993 in das UNESCO-Welterbe aufgenommen wurde. Sie legen entweder den Weg von ihrer Heimat aus oder den Weg durch Spanien, mindestens aber die letzten 100 km der Strecke zu Fuß oder zu Pferd oder die letzten 200 km per Fahrrad zurück. Dies wird mit Stempeln von einzelnen Stationen in einem Pilgerausweis dokumentiert. In Santiago erhalten die Pilger dann eine Urkunde, die Compostela. Seit den 1970er Jahren erlebt die Pilgerschaft auf dem Jakobsweg einen großen Aufschwung. Viele alte Jakobspilgerwege wurden in Deutschland in den letzten Jahren wiederbelebt. Besonders viele Pilger ziehen im „Heiligen Jahr" – wenn der Festtag des hl. Jakobus, der 25. Juli, auf einen Sonntag fällt – nach Santiago.

Die Kathedrale in Santiago de Compostela ist ersehntes Ziel von Pilgern aus aller Welt. Hoch oben vom Portal grüßt sie eine Statue des hl. Jakobus (→ Bild S. 275)

Verdiente Rast auf dem Jakobsweg

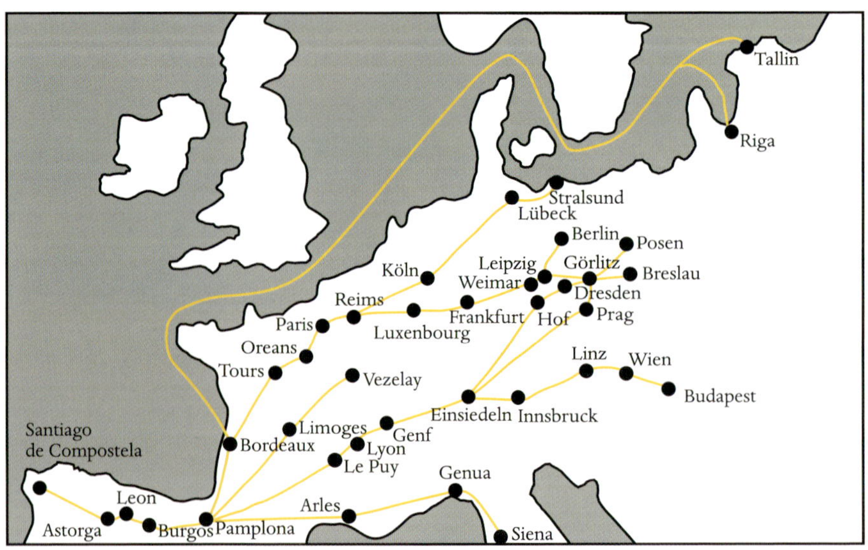

Die Hauptwege nach Santiago des Compostela zu Lande und zu Wasser

Kennst du die Heiligen?

Du kannst dein Wissen überprüfen. Zu fünf heiligen Männern und Frauen sind Aussagen gemacht. In jeder der drei folgenden Gruppen kommt jeder Heilige einmal vor. Versuche, die Namen zu finden (drei der Heiligen sind rechts abgebildet), und schreibe zu jedem der fünf Namen die Nummern der dazugehörigen Aussagen. Es müssen dann hinter jedem Namen drei Zahlen stehen. Ihre Summe ist bei allen Heiligen gleich. Sie sagt dir, wie viele Stunden diese Heiligen täglich für Gott gelebt haben.

A

1. Sie stammte aus einfachen Verhältnissen und wurde die Frau eines römischen Kaisers.
2. Auf zahlreichen Brücken in Tschechien, Österreich und Polen ist sein Standbild anzutreffen.
3. Er gilt als der bedeutendste Gelehrte, Theologe und Heilige des christlichen Altertums.
4. Die hochherzige thüringische Fürstin nahm sich tatkräftig der armen Menschen an.
5. Ihm verdankt die Kirche ihr liturgisches Nachtgebet, die Komplet.

B

6. Nachdem man sie von ihrer Burg vertrieben hatte, lebte sie selbst in Armut und Elend.
7. Er war Doktor des Kirchenrechts, Domherr und Generalvikar des Erzbistums Prag.
8. Auf dem Monte Cassino gründete er ein Kloster, das zur Wiege für viele Mönchsklöster wurde.
9. Sein bekanntestes Werk sind die „Bekenntnisse", in denen er die Geschichte seiner Jugend und seiner Bekehrung aufgeschrieben hat.
10. Der Legende nach soll sie das Kreuz des Herrn in Jerusalem aufgefunden haben.

C

11. Durch seine Mönchsregel wurde er zum Vater des abendländischen Mönchtums.
12. Nach zügelloser Jugend bekehrte er sich und starb 430 als Bischof von Hippo (Nordafrika).
13. Sie ist die Mutter eines für das Christentum bedeutenden Kaisers des Römerreiches.
14. 1231 starb sie im Alter von 24 Jahren; sie ist die Schutzpatronin der caritativen Vereinigungen.
15. 1393 wurde er in der Moldau ertränkt. Er gilt als Märtyrer des Beichtgeheimnisses.

Man muss die Menschen froh machen.

Elisabeth von Thüringen

Die erste Stufe der **Kanonisation** ist die Seligsprechung, hier die des Kardinals Clemens August von Galen im Jahr 2005, der in der Nazizeit gegen die Tötung behinderter Menschen energisch auftrat.

Aus der Lauretanischen **Litanei**

Der Tod des **Märtyrers** Sebastian. Gemälde von Albrecht Altdorfer, um 1510/12

Schlag nach ⇨

Begriffe – Stichworte – Wissenswertes

ATTRIBUT (lat. attribúere = zuteilen, beifügen); beigefügtes Kennzeichen, bei Heiligen in Form eines Gegenstandes oder Wesens, das auf Besonderheiten ihres Lebens (z. B. Elisabeth mit dem Brotkorb, Hubertus mit dem Hirsch) oder ihres Martyriums (z. B. Paulus mit dem Schwert) hinweist. → S. 117

BIOGRAFIE (griech. biós = Leben + graphein = schreiben); Lebensbeschreibung → Legende, → Vita

INFORMATIVPROZESS (auch Informationsprozess); ein mit der Gerichtsverhandlung vergleichbares Verfahren, bei dem nicht das Böse, sondern das Gute bewiesen werden soll. Er geht dem Seligsprechungsverfahren voraus.

KANONISATION (lat. canon = Regel, Richtschnur); Heiligsprechung; Aufnahme eines Seligen in das Verzeichnis (Kanon) der Heiligen.

KIRCHENLEHRER → S. 236

KULT (lat. cólere = pflegen); auch Kultus. Kult ist die öffentliche Ausübung von Religion, vor allem der Gottesdienst. Die öffentliche Verehrung von Heiligen nennt man (Heiligen-)Kult.

LEGENDA AUREA (lat. = Goldene Legende); eine von Jacobus de Voragine im 13. Jahrhundert verfasste umfangreiche Sammlung von Heiligenleben. Sie ist nach dem Heiligenkalender geordnet.

LEGENDE (lat. legere = lesen); das Vorzulesende. Sie ist eine literarische Form, in der Name und Tugend eines Menschen (Heiligen) sich zum Anruf an den Hörer verbinden und zur Nachahmung (= Imitation) anregen. → Biografie, → Vita

LITANEI ist eine Gebetsform, bei der unterschiedliche Anrufungen (des Vorsängers) aneinandergereiht und mit gleichbleibenden Bittrufen (der Gemeinde) beantwortet werden.

LITERARISCHE FORMEN In der Gesamtheit der Literatur werden drei Gattungen unterschieden, die in unterschiedlichen sprachlichen Formen ausgeprägt sind.

Gattung	Lyrik	Epik	Dramatik
Sprachliche Form	Vers	Prosa	Drama
Literarische Form	Lied Hymne Psalm Ode Elegie Ballade usw.	Roman Novelle Legende Sage Fabel Märchen usw.	Tragödie Komödie Schauspiel Oper Operette Musical usw.

MADONNA (lat./ital. mia donna = meine Frau, Herrin); entsprechend im französischen „Notre Dame“ und im Deutschen „Unsere Liebe Frau“. Mit „Madonna“ bezeichnen wir meist eine Darstellung von Maria mit dem Jesuskind.

MÄRTYRER (griech. martys = Zeuge): Glaubenszeugen, die um des Glaubens willen Folter oder Tod erlitten.

MYTHE (griech. mythos = Rede, Wort); ist eine einfache welterklärende Formel, die Antwort auf Grundfragen des Menschen gibt, z. B. „Wie ist die Welt entstanden?" Wenn die Mythe dichterisch gestaltet ist, spricht man von Mythos.
Einfache Form = Mythe
Kunstform = Mythos

MYTHOLOGIE ist die Gesamtheit der Mythen eines Volkes, aber auch die Wissenschaft, die sich mit Mythen und Göttern befasst.

NEBENALTAR Die im 4. Jahrhundert beginnende Heiligenverehrung führt allmählich dazu, dass „neben" dem Haupt- oder Hochaltar (auf erhöhtem Chor über der Krypta) im Kirchenschiff Nebenaltäre entstehen. Sie sind Heiligen gewidmet. Im Mittelalter gab es im Magdeburger Dom zeitweilig 48 Nebenaltäre, die die Zünfte ihren Schutzpatronen gestiftet hatten.

Nebenaltar in der gotischen Johannes-Kathedrale in Breslau

14 NOTHELFER Gruppe von 14 Heiligen, deren Martyrium zu Verehrung und Schutzbitte in besonderen Anliegen anregte. Anlass zur Anrufung eines Heiligen als Nothelfer war oft ein verwandter oder gleichartiger Beruf oder eine Lebenslage. Die Gruppe der 14 Nothelfer bildete sich im 14. Jahrhundert in den Diözesen Bamberg und Regensburg. Bedeutendstes Kultzentrum wurde im 15. Jahrhundert der Wallfahrtsort Vierzehnheiligen bei Bamberg. Die meistbekannte Liste:

Name	Attribut
Achatius	Dornenzweig
Aegidius	Hindin (Hirschkuh)
Barbara	Turm, Kelch mit Hostie
Blasius	Kerze
Christophorus	Jesuskind auf den Schultern
Cyriakus	Teufel
Dionysius	Kopf in den Händen
Nikolaus	drei Goldklumpen, Anker
Eustachius	Hirschgeweih mit Kreuz
Georg	Pferd, Drachen
Katharina von Alexandrien	Schwert, zerbrochenes Rad
Margareta	Drachen
Pantaleon	Salbfläschchen
Veit	Kessel

In Vierzehnheiligen bei Bamberg werden die 14 **Nothelfer** seit alten Zeiten verehrt.

OSTKIRCHE ist die Gesamtheit der christlichen Kirchen in Osteuropa und dem Vorderen Orient. Näheres dazu S. 34 und 76.
Die Ostkirche kennt viele Formen der Heiligen- und der Marienverehrung (Ikonostase, Litaneien, Wallfahrten, Kerzenopfer u. a.).

PATRON (lat. patronus = Schutzherr, Verteidiger). Der Namenspatron ist ein Heiliger, auf dessen Namen wir getauft sind. An seinem Gedenktag feiern wir unseren Namenstag. Der Kirchenpatron ist einer, dem eine Kirche geweiht ist (z. B. Nikolaikirche). Die Schutzherrschaft eines Heiligen über eine ihm geweihte Kirche nennen wir Patrozinium. Es gibt Patrone für bestimmte Berufe (z. B. Florian für die Feuerwehrleute) und Gruppen (z. B. Johannes Bosco für die Jugendlichen).
Zum Patron Europas ernannte Papst Johannes Paul II. den Vater des westlichen Mönchstums, den heiligen Benedikt von Nursia. Mitpatrone Europas sind die heiligen Kyrill und Method, Birgitta von Schweden, Katharina von Siena und Maria Benedicta vom Kreuz (Edith Stein).

Ostkirchliche Marienikone, Tretjakow-Galerie Moskau, 14. Jahrhundert

Ein Pilger auf dem Jakobsweg mit der Muschel als typisches Pilgerzeichen

PILGER (lat. peregrinus = ausländisch); bezeichnet ursprünglich die nach Rom wallfahrenden Ausländer, dann auch Wallfahrer zu Heiligtümern wie Jerusalem oder Santiago de Compostela. Diese Pilger bilden Bruderschaften mit Rechten (Herberge, Ausweise) und Pflichten und prägen seit dem 8. Jh. eine einmalige christliche Kultur entlang der europäischen Jakobswege (mit Bauwerken und Brauchtum) bis zum Ziel in Nordspanien. → S. 138

RELIQUIE (lat. reliquiae = die Überbleibsel); Andenken an Heilige. Das Bedürfnis des Menschen nach Andenken (Souvenirs) führt im Heiligenkult zur Übertragung der Verehrung der geschätzten Person auf Gegenstände. Ursprünglich ist es der tote Leib. Dann werden auch Kleidung, Marterwerkzeuge u. ä. in die Verehrung einbezogen. Der Brauch, tote Leiber aufzubewahren und zu verehren, ist auch heute bekannt. → S. 136 f.

RITUS ist eine sinnvolle Ordnung, die sich in symbolischer Handlung, in Bewegung, Gesang und anderen Lebensformen äußert und durch vorgegebene Abläufe und geregelte Wiederholungen gestaltet wird. Gottesdienst bedarf immer des Ritus. → S. 21 (Weihwasser), 23 (Taufe), 41 (orthodoxe Liturgie), 105 (Juden), 109 (Naturreligionen), 312 (Ketzer)

SANKT (lat. sanctus = heilig); auch Sanct geschrieben; zur Kennzeichnung von Heiligen vor deren Namen gesetzt, z. B. Sankt Peter oder St. Peter.

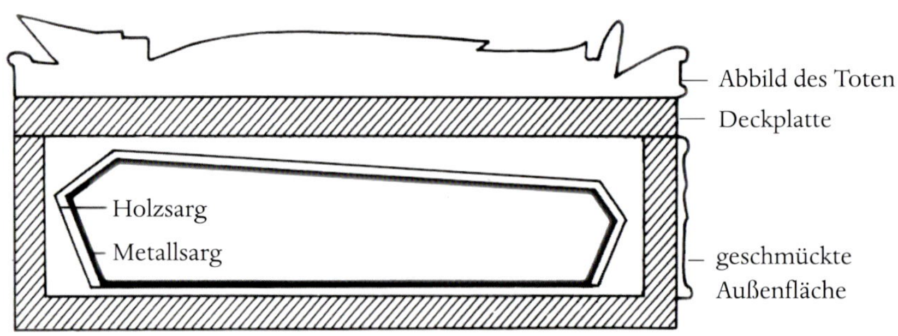

Schnitt durch einen Sarkophag

SARKOPHAG (griech. sarkophagos = Fleischfresser); davon „Sarg" gebildet; ursprünglich ein Sarg aus Stein von Assos (Kleinasien), der das Fleisch des Toten allmählich zersetzt. Später auf alle Steinsärge übertragen.

SCHUTZMANTELMADONNA Dieses Motiv hat seinen Ursprung im mittelalterlichen Rechtsleben: Adlige Frauen, die von Verfolgten um Fürsprache angerufen wurden, durften diesen unter ihrem Mantel Asyl gewähren. Der Gedanke vom schützenden Mantel der Gottesmutter wurde besonders von den Zisterziensern und Dominikanern verbreitet. Auch in der theologischen Literatur und in volkstümlichen Marienliedern spielt er eine Rolle, z. B. „Maria, breit den Mantel aus".

SCHUTZPATRON → Patron. Im Mittelalter auch der von einer Gilde, einer Zunft oder Bruderschaft (Vereinigung von Kaufleuten, von Handwerkern bzw. von religiös Gleichgesinnten) verehrte Heilige.

SPRACHGEBÄRDE ist eine stark verkürzte Aussage, die noch andere Inhalte wiedergibt. Sie ist Kern der Heiligenlegende, z. B. Martin teilt seinen Mantel.

VITA (lat. = Lebensbeschreibung [eines Menschen]); Der Begriff wird im engeren Sinn für die Lebensbeschreibung von Heiligen gebraucht.

Seit dem 13. Jahrhundert gibt es das Bild der **Schutzmantelmadonna**.

Auflösung von S. 139 (Kennst du die Heiligen?):
St. Helena 1 + 10 + 13 = 24, St. Nepomuk 2 + 7 + 15 = 24, St. Augustinus 3 + 9 + 12 = 24, St. Elisabeth 4 + 6 + 14 = 24, St. Benedikt 5 + 8 + 11 = 24.
Die Bilder zeigen die hll. Helena (und Konstantin), den hl. Nepomuk und die hl. Elisabeth.

Stein und Stimme loben Gott

KUNST IN DER KIRCHE

DAS MÄRCHEN VOM KÖNIG UND SEINEN SÖHNEN

Ein König hatte zwei Söhne. Als er spürte, dass sein Ende nahe war, rief er die Söhne zu sich. Er sprach: „Ich möchte, dass nach meinem Tode das Reich ungeteilt erhalten bleibt. Deshalb verfüge ich, dass derjenige die Krone erhalten wird, der den Thronsaal am besten ausschmücken kann. Ihr habt dafür einen Tag Zeit."

Da machte sich der ältere Sohn auf den Weg und kam auch bald mit einem Wagen voller goldener Strohgarben zurück. Diese brachte er kunstfertig überall im Thronsaal an und war selbst von dieser Pracht sehr angetan. Er meinte, der Vater müsse nicht auf die Rückkehr des Bruders warten. Einen besseren Schmuck könnte dieser nicht ersinnen. Der Vater aber hielt an seinem Wort fest. „Ich werde abwarten", sagte er, „bis auch dein Bruder seine Aufgabe erfüllt hat."

Dieser betrat erst am Abend die dunkle Halle, aus der alles Stroh entfernt worden war. In die Mitte des Thronsaales stellte er eine Kerze und zündete sie an. Und ihr Licht erfüllte den Raum bis in den letzten Winkel.

Da sprach der König zum älteren Sohn: „Du hast den Thronsaal über und über mit Stroh angefüllt. Das ergab einen ungewohnten und schönen Anblick. Aber dein Bruder erhellte mit nur einer Kerze das Dunkel des ganzen Raumes. Darum soll er König werden." Und er übergab dem zweiten Sohn die Krone des Königreiches.

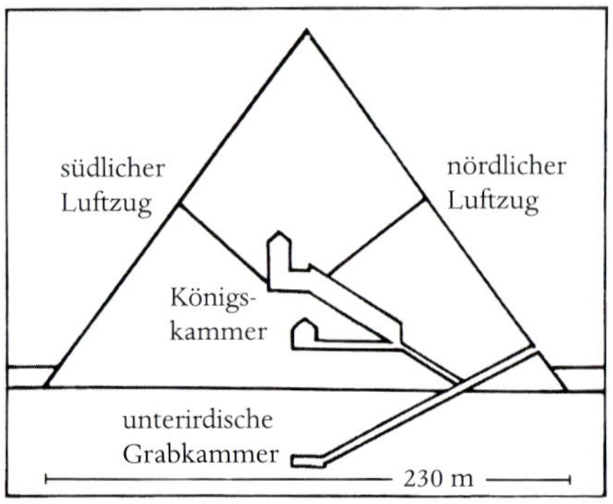

Schnitt durch die Cheopspyramide von Gizeh in Ägypten

Schönheit aus Marmor

Vor 2400 Jahren haben griechische Bildhauer unter der Leitung des genialen Phidias einen Tempel errichtet, der zu den schönsten Bauwerken der Welt zählt.

Seit 1900 versucht man nun, das kostbare Marmorwerk zu restaurieren, den „Parthenon" genannten Tempel auf der Akropolis in Athen. Es war ein der jungfräulichen Göttin Athene (von griech. parthenos = Jungfrau) geweihtes Heiligtum. Ein Standbild der Göttin befand sich ursprünglich im Innern.

Bedenken wir: Über vierhundert Jahre vor Christi Geburt haben die Griechen eine Feinheit des Ausdrucks und der Gestaltung erreicht, die wir im Laufe der Jahrhunderte immer nur nachahmen konnten (Renaissance, Barock, Klassizismus). Innen und außen befanden sich Bildtafeln, sämtlich in Marmor gehauen. Daraus sollte der Beschauer erkennen, wie tüchtig die Griechen waren. Sagen und Mythen in Stein geben Auskunft über ihr Wesen und Denken. Allein an der Außenseite waren ringsum 92 Bildwerke, sogenannte Metopen, angebracht. Sie sind ca. 1,30 Meter hoch und 1,20 Meter breit. Nur 40 sind noch am Tempel vorhanden, leider nicht alle in bestem Zustand. 15 weitere werden in London aufbewahrt, drei in Athen und eines in Paris. Von zwölf Metopen weiß man nur durch Zeichnungen.

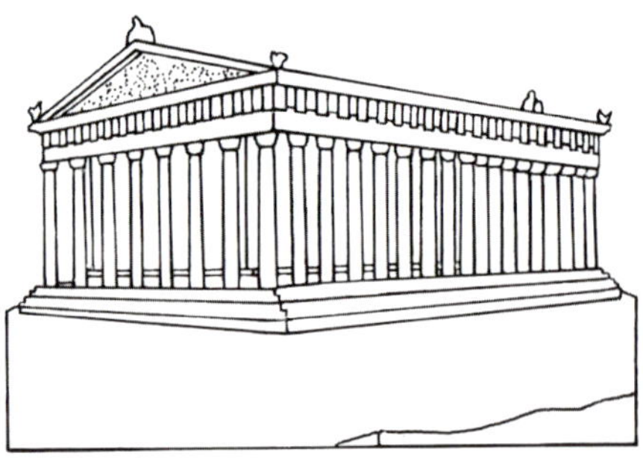

Rekonstruktion des Tempels der Athene, 447-432 v. Chr. erbaut

Mehr als Stein

Geheimnis am Nil

Die ägyptischen Pyramiden von Gizeh gehörten einst zu den sieben Weltwundern und sind als einziges davon erhalten, obwohl ihre Errichtung rund 4600 Jahre zurückliegt.

Ungelöstes Rätsel: Was war der Antrieb für diese Riesenbauwerke vor 4600 Jahren?

Meistens werden sie als Pharaonengräber bezeichnet. Es wurde aber niemals eine Mumie in einer Pyramide gefunden. Andere nannten sie Denkmäler der Vereinigung von Ober- und Unterägypten oder einfach Denkmäler, die an die Macht der Pharaonen des Alten Reiches erinnern. Weil sie exakt auf die Himmelsrichtungen ausgerichtet sind und Zusammenhänge zwischen inneren Gängen und Sternbildern nachgewiesen wurden, vermuteten Forscher verschlüsselte Daten in ihnen. Andere folgerten aus frappierender Übereinstimmung bei allen Pyramiden (Lage auf einem Hügel, mit dem Nil durch feste Steinrampe oder durch Kanäle verbunden, nachgewiesene Barkenstationen), dass die Pyramiden an eine frühe Flutkatastrophe erinnern, womöglich an den Untergang von Atlantis. Oder haben die Tempelpriester ein Arbeitsprogramm ersonnen, um die Menschen während der hunderttägigen Nilüberschwemmung mit sinnvoller Arbeit zu beschäftigen? Haben etwa neuere Religionswissenschaftler recht, die in der Form der Pyramiden den „Urhügel" erkennen? Nach der Vorstellung der alten Ägypter erhebt sich am Anfang aus dem Chaos der Urflut ein Hügel, auf dem der Schöpfergott thront. Wird dieses Rätsel jemals gelöst werden?

Das Bauwerk gibt Auskunft

Das Bauwerk gibt uns manches Rätsel auf. Aber wir erhalten auch Auskünfte. Zum Beispiel: Die Ägypter müssen damals in der Lage gewesen sein, ungefähr 70 000 Arbeiter unterzubringen, zu ernähren und zu organisieren. Das setzt Planung und Werkzeuge voraus. Wir vermuten eine hochentwickelte Vermessungstechnik. Wir werden angeregt, uns über Land und Leute von damals ein Bild zu machen. Jedes Bauwerk gibt Auskunft über den Menschen, der es errichtet hat, und über seine Welt. Und wir ahnen: Die Pyramide ist

mehr als ein Steinberg
Vielleicht ein Königsgrab? Vielleicht ein Denkmal? Vielleicht eine Sternwarte? Vielleicht ein Glaubenszeichen? Vielleicht ein Urhügel?

Im Bauwerk spiegelt sich das Denken der Menschen.

An diesen zwei Beispielen soll etwas klargemacht werden:

Täglich und besonders auf Reisen sehen wir Zeugnisse christlicher Kunst und christlichen Bauens. Wir gehen daran vorbei. Schau hin! Hier haben Christen ihr Denken und ihren Glauben in Form gefasst.
Du sollst lernen:
zu sehen – was ist das?
zu fragen – wozu ist das gebaut?
zu verstehen – und daran zu wachsen.

Ernste Frage

Der Apostel Paulus hat die Christen mit einem Bauwerk verglichen.
Das Bilderrätsel gibt Auskunft, wie Paulus das meint.

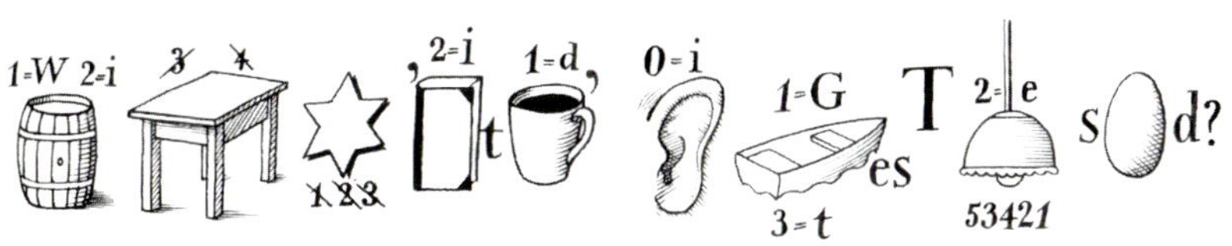

Wie die alten Römer bauten

Quadrat und Kreisbogen sind die Grundformen, aus denen sich die römischen Bauten in der Regel zusammensetzen. Als unsere Vorfahren in Europa ihre ersten Kirchen selbst bauten, nutzten sie die Bauerfahrungen der Römer. Die Baumeister der Karolingerzeit hielten sich streng an die quadratische Form. Die Grundformen erfahren vielfache Abwandlungen. Der Kreis wird verwandelt zum Halbkreis und zur Kugel bzw. zum Kugelausschnitt. Das Quadrat erscheint räumlich als Würfel und führt konsequent auch zur Verwendung des Prismas. Du kannst das an der Abbildung erkennen. Sie wirkt wie aus dem Baukasten. Du kannst dir die Türmchen und Apsiden (so nennt man die halbrunden Anbauten) wegdenken und auch die Seitenschiffe auf einer Seite, dann kommt die Grundform des Kreuzes deutlich zutage.

Wer hat den Tempel gebaut? Vom Bildhauer Phidias sprachen wir schon. Sicher hatte er einige bedeutende Mitarbeiter. Den Auftrag aber erteilte ein Politiker, der Staatsmann Perikles, also nicht ein König oder Adliger, sondern ein gewählter Vertreter der demokratischen Partei. Und welches Interesse hatte er an dem Tempel? Der Bau sollte religiösen Zwecken dienen. Das ist klar. Zugleich aber war er ein deutliches Zeichen des Selbstbewusstseins der Griechen. Ausdruck ihres Wissens und Könnens. Er war auch Bildungsstätte, er war

mehr als ein Tempel
Der Parthenon-Tempel war auch Ur-Kunde Bildungsstätte Zeichen des Selbstbewusstseins Kunstwerk Ruhmeshalle

Wer aber besitzt die Kraft, Gott ein Haus zu bauen?

2 Chronik 2,5

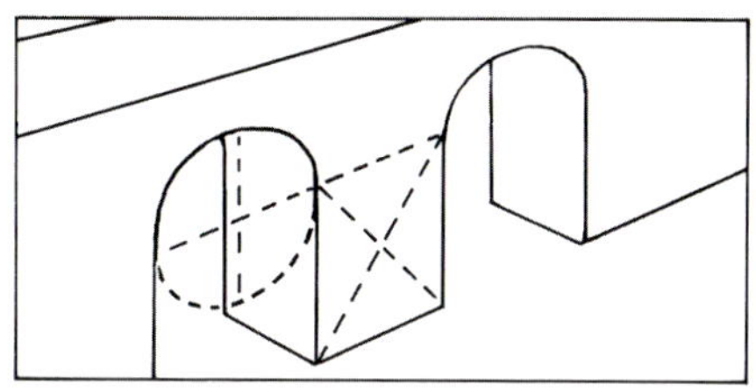

Die Grundfiguren der romanischen Bauweise: Kreis und Quadrat

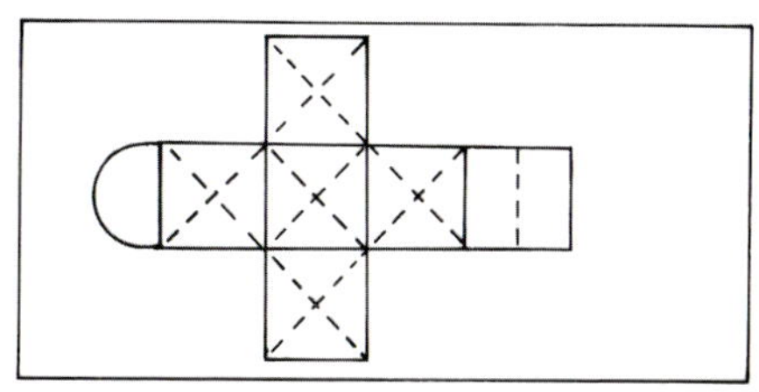

Vereinfachter Grundriss einer romanischen Kirche

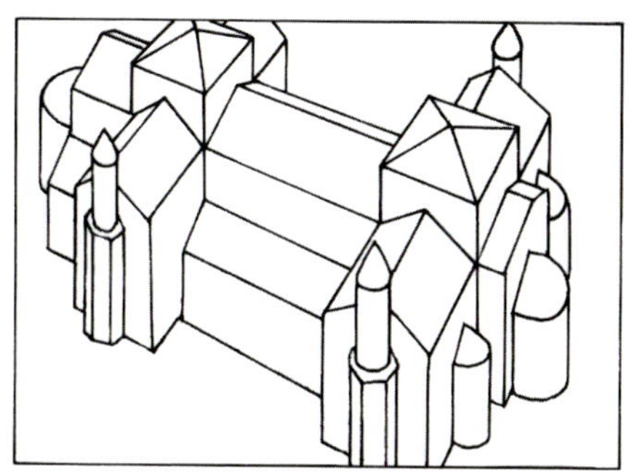

Romanische Kirche

Unsere Sprache zeugt bis heute davon, dass unsere Vorfahren das Bauen von den Römern gelernt haben. Hier einige Sprachvergleiche:

Deutsch	Lateinisch
Mauer	murus
Fenster	fenestra
Pforte	porta
Kammer	camera
Turm	turris
Ziegel	tegula
Keller	cellarium
Straße	via strata
Speicher	spicarium

Grundtypen der griechischen Säule

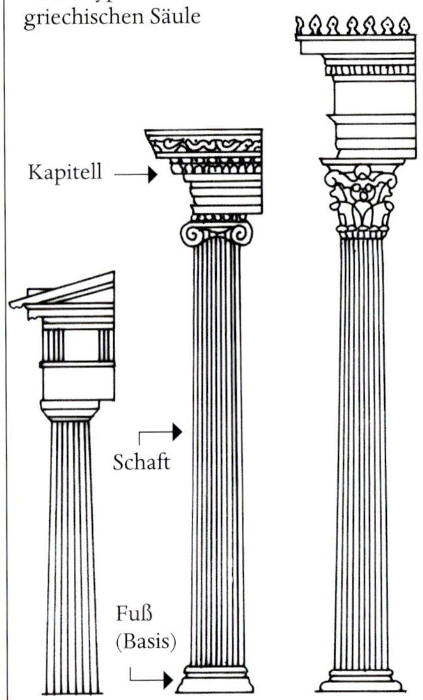

dorisch seit 625 v. Chr. | ionisch seit 570 v. Chr. | korinthisch seit 400 v. Chr.

Ich wollte, ich könnte eine kleine Säule sein, mein Gott, die etwas für dich stützte, gleichviel, was. Eine Säule, rau und ungeschliffen und im Hintergrunde stehend, wenn es so dein Wille wäre, aber dennoch von einigem Nutzen für dich! In dieser Hinsicht wenigstens kann ich eine solche Säule sein: Deine in der ganzen Welt zerstreuten Interessen sind uns anvertraut, dass wir sie alle stützen – durch das Gebet.

Ignatius von Loyola

In England wird eine Kirche gebaut
Was Abt Benedikt Biscop dazu unternimmt

Kaum ein Jahr nach der Gründung des Klosters fuhr Benedikt über den Ozean nach Gallien, warb Maurer an, die ihm eine Kirche aus Stein nach römischem Vorbilde ausführen sollten, erhielt solche und führte sie mit sich. Und derart gab er sich Mühe aus Liebe zum hl. Petrus, dem zu Ehren er die Kirche baute, dass ein Jahr nach der Grundsteinlegung der Dachstuhl aufgesetzt wurde und die Messe schon in der Kirche gefeiert werden konnte. Als der Bau vollendet war, schickte er seine Leute nach Gallien, die von dort Glasarbeiter, die bisher in England unbekannt waren, herüberholen sollten, damit sie die Fenster der Kirche, der Hallen und Gemächer einsetzten. So geschah es. Sie kamen und führten nicht bloß das ihnen aufgetragene Werk aus, sondern sie unterrichteten auch die Angeln in ihrem Handwerk.
Auch bedeutende Kunstgeräte für die hellen Hallen der Kirche, die verschiedenartigsten Gefäße, überhaupt alles, was für den Dienst des Altares und der Kirche brauchbar war, Gefäße und Gewänder, die in der Heimat nicht zu haben waren, besorgte der fromme Kaufherr in den Ländern jenseits des Kanals.
Aus Rom besorgte er die Bilder der Heiligen, um die von ihm erbaute Kirche des hl. Petrus auszustatten, nämlich ein Bild der seligen Gottesgebärerin und immerwährenden Jungfrau Maria und Bilder der zwölf Apostel. Hiermit schmückte er die Mittelwand und die Decke der Kirche, die vollständig getäfelt war …, so dass die Besucher der Kirche, auch die des Lesens unkundigen, wo immer sie hinblickten, den gütigen Anblick Christi und seiner Heiligen, wenn auch nur im Bilde, hatten …

Der Geschichtsschreiber Beda hat dies aufgezeichnet.
Er war selber Benediktinermönch und starb 735.

Sinnbild für Kraft und Beständigkeit

Säulen und Pfeiler sind zu allen Zeiten wichtige Bauelemente. Die Griechen fertigten Säulen zuerst aus Holz, später dann ausschließlich aus Stein. Wir unterscheiden bei ihnen drei Grundtypen: → Zeichnung links

In der **romanischen Baukunst** hatte die Säule meist einen glatten Schaft und, vornehmlich in Deutschland, oft ein Würfelkapitell. Seit der **Renaissance** im 16. Jahrhundert kamen die griechischen Grundtypen wieder in der europäischen Baukunst auf. Aufgrund ihrer tragenden Funktion ist die Säule ein Sinnbild für Kraft und Beständigkeit.
Säulen, auch Obelisken, waren bei den alten Ägyptern Sonnenzeichen, Zeichen für die Verbindung zwischen Himmel und Erde und damit auch Zeichen der Macht. Im Magdeburger Dom zeugen heute noch vier Porphyrsäulen in der Farbe des königlichen Purpurs davon, dass Kaiser Otto I. sich als Nachfolger des römischen Kaisers verstand. Das Material war aus Italien geholt worden. Schon Kaiser Karl der Große hatte ähnliche Säulen als sichtbare Zeichen seiner Macht in der kaiserlichen Pfalzkapelle zu Aachen aufstellen lassen.

Im Tempel von Jerusalem waren die Säulen – so sagt es uns das Alte Testament (1 Kön 7,21) – ein Hinweis auf die beständige Kraft Gottes. Bei den Christen sind sie ein Zeichen für die Apostel und deren Nachfolger, denn diese tragen – so wie die Säulen und Pfeiler – den Bau der lebendigen Kirche. Deshalb sehen wir z. B. in Köln, Halberstadt und Freiberg Apostelfiguren an den Pfeilern.
Pfeiler sind stehengebliebene Wandstücke zwischen Wandöffnungen. Daher müssen sie sich auch mehr als die Säulen konstruktiven Bedingungen beugen; z. B. bilden die Dienste (→ S. 199) beim Bündelpfeiler statische Widerlager für das Gewölbe.
Wo Säulen und Pfeiler abwechselnd die Last tragen (etwa im Langhaus der romanischen Kirchen), spricht man von Stützenwechsel. Dieser gliedert eine Wandfläche rhythmisch auf, so wie der Versfuß ein Gedicht.

Stützenwechsel in St. Godehard, Hildesheim

Was ist ein Symbol?

Als die Menschen sich noch nicht der Schrift bedienten, um Verträge zu schließen, taten sie dies durch Zeichen. Ein Stab, ein Ring oder eine Tafel wurde zerbrochen. Die beiden Vertragspartner erhielten jeder einen Teil. Sie konnten durch Zusammenfügen der passenden Teile ihren Vertrag beweisen. Auch Gastfreundschaft wurde durch solche Zeichen bekräftigt. Boten benutzten zum Beweis der Echtheit ihrer Nachricht ein „Symbol".
Das Wort kommt vom griechischen Verb sym-ballo = zusammenwerfen. Die beiden zusammenpassenden Teile (= Symbol) bilden ein Zeichen, das einen tieferen Sinn bedeutet und erschließt.

zwei Teile gehören zusammen

Das Symbol kann sein:

Zeichen, z. B.

Handlung, z. B. Handschlag, Tanz, Sakrament

Wort, z. B. Glaubensbekenntnis

Das Zeichen lässt eine Freundschaft, einen Vertrag, einen Menschen oder anderes wiedererkennen. Damit ist klar, dass nicht jeder den Sinn sofort versteht und dass ein und dasselbe Symbol verschiedene Deutungen zulässt.
Die Taube zum Beispiel ist in der Bibel Symbol der Wiedergutmachung von Sündenschuld. Auch bringen die Eltern Tauben als Opfertiere in den Tempel zum Dank für die Geburt ihres Kindes. In der Kirche ist die Taube Symbol für den Heiligen Geist. Als Symbol des Friedens ist sie nicht nur uns, sondern auch schon in der vorchristlichen Antike bekannt.

Zeichen des Hl. Geistes

Taube als Opfertier

Zeichen für Versöhnung

Viele Volksbräuche sind Symbole. So ist der Adventskranz ein Zeichen für das Hoffen der Christen auf den Erlöser. Das zunehmende Kerzenlicht weist auf das kommende Licht Christus. So werden Glaubensaussagen für die Sinne fassbar.

Warum aber bezeichnen wir das Glaubensbekenntnis als Symbolum, als Symbol? Das besteht doch nur aus Worten. Versuchen wir eine einfache Antwort: Der eine Teil des Zeichens ist das Wort, das wir sprechen. Der andere Teil ist meine Haltung, die mit den Worten zusammenpassen muss. Bei der Taufe und den anderen Sakramenten ist das äußere Zeichen Symbol für eine Gabe Gottes. Es wird etwas wirklich, was nicht zu sehen ist, was aber da ist.
Weil das Symbol eine tiefere Wirklichkeit erschließt, begegnet es uns vor allem in Religion, Kunst, Dichtung und Tanz.

CREDO IN DEUM
PATREM
OMNIPOTENTEM

Anfang des Symbolum apostolicum, des Apostolischen Glaubensbekenntnisses

Flechtband an einem Kapitell in der Kirche Barneville in der Normandie, 12. Jh.

Der Knoten als Symbol

In der christlichen Baukunst, namentlich in der Romanik, ist der Knoten ein beliebtes Motiv. Knotensäulen oder knotenartige, sogenannte Flechtbänder, sind oft zu sehen. Was wollen sie aussagen? Das Flechtband zeigt Ordnung und Harmonie. Der tiefere Sinn aber wird so erklärt: Der Knoten bindet böse Geister (= Dämonen) und soll ihr böses Wirken verhindern. So lassen sie den Menschen in Frieden. Der Knoten hatte also eine Dämonen abwehrende Bedeutung. In Verbindung mit dem Kreuz heißt das dann: Christus ist stärker als das Böse.

Flechtbänder am Portal der Stiftskirche Wechselburg

Symbol – Allegorie – Zeichen

Vom Symbol zu unterscheiden ist die Allegorie. Was ist das? Ein Gedanke, eine Vorstellung des Geistes wird in ein Bild gekleidet. Eine solche Allegorie ist die Darstellung der Gerechtigkeit als weibliche Person. Ihr sind die Augen verbunden, das heißt, sie schaut nicht auf die Person. Ihr ist es gleich, ob König oder Bauer vor ihr steht. Die Waage in ihrer Hand sagt uns: Sie wägt sehr genau Gut und Böse. Und das Gewicht entscheidet nicht nach Geschmack oder Verwandtschaft oder Geld.

Die Allegorie veranschaulicht begriffliche Gedanken.

Zeichen, die eine vereinbarte Deutung enthalten, gibt es viele. Wir führen als Beispiel die Verkehrszeichen an und aus diesen das Zeichen, dass eine Nebenverkehrsstraße kennzeichnet. Hier kann man nicht mehr von Symbol oder Allegorie sprechen.

Ich bin die Tür

Auf diesem Suchbild ist das berühmte Portal der Stiftskirche von Wechselburg abgebildet. Es wurde um 1175 gebaut. Im Bogenfeld siehst du als Zeichen für Christus das Lamm. Wenn du genau vergleichst, erkennst du auf dem rechten Bild sieben Unterschiede zum linken. Welche?

Auflösung von S. 145 (Ernste Frage):
Der hl. Paulus sagte: „WISST IHR NICHT, DASS IHR GOTTES TEMPEL SEID?" (1 Kor 3,16)

Mehr als Worte

Die belagerten Sänger

Die Kaiserin ist wütend. Sie will für sich und ihre arianischen Glaubensgenossen eine Kirche in Mailand haben. Aber der neue Bischof ist störrisch und weigert sich: „Die Basilika im Herzen Mailands dem Irrglauben überlassen? Nie und nimmer!"

Die Kaiserin Justina versucht es auf die sanfte Tour. „Wir sind doch auch Christen. Wir glauben doch auch an Gott. Wir sagen: ‚Jesus Christus ist dem Vater wesensähnlich.' Ihr sagt: ‚Er ist dem Vater wesensgleich.' Lassen wir die Spitzfindigkeiten! Vertragen wir uns!"

Ambrosius wird zu einem „klärenden" Gespräch eingeladen. Er erscheint nicht. Er schreibt einen Brief an die Kaiserin, worin er erklärt: „Um den Christusglauben gibt es kein Verhandeln." Die Kaiserin kocht. Sie droht mit Soldaten. Ambrosius, der Bischof, lässt sich nicht einschüchtern. Er schreibt: „Kaiserin! An keinem Privathaus darfst du dich vergreifen. Wie könntest du es wagen, ein Gotteshaus anzutasten?" Er liefert die Kirche nicht aus. Kaiserin Justina verfügt die Ausweisung des Bischofs aus Mailand. Aber der geht nicht.

Kurz vor Ostern des Jahres 386 schlägt die Kaiserin zu. Ihre Soldaten ziehen durch die Straßen Mailands. Die Marschrichtung sagt alles. Ihr Ziel ist die Basilika im Zentrum der Stadt. Hier, in der dichtgefüllten Kirche, spricht der Bischof mit ruhiger Stimme zu seinen Getreuen. Draußen umstellen die Soldaten die Kirche. Die Tore werden mit Barrikaden verbaut. Waffen klirren, Kommandos tönen in die gespannte Stille. Keiner darf heraus aus der Basilika, keiner darf hinein. „Wir werden sie schon weich machen. Irgendwann sind ihre Vorräte zu Ende." Verhärtete Mienen draußen. Und drinnen? Hört nur! Sie singen wieder. Sie singen die Psalmen, wie sie schon die alten Juden sangen. Aber sie singen auch zündende Lieder. Das ist etwas ganz Neues. Selbst die Goten unter den Soldaten, die nicht viel von Versmaß und Melodien verstehen, hören interessiert hin. Und mancher ertappt sich dabei, dass er die Melodien vor sich hin summt. Wenn sie nicht singen, beten sie oder hören den Worten ihres Bischofs zu. Ja, der kann reden! Der kann mit dem Wort umgehen. Man kann stundenlang an seinen Lippen hängen. Und jetzt hat man den Beweis, dass er nicht nur reden, sondern auch leiten kann. In guten Tagen zur Gemeinde halten, die Armen betreuen und die Kranken besuchen, das konnte er. Jetzt, wo es ihm selber an den Kragen geht, da kann er es noch besser. Nun erweist sich die Treue des Hirten zu seiner Herde. In den Nächten, wenn die Angst aufkommt und die Verzweiflung lauert, gönnt er sich kaum Ruhe. Mit seiner klaren Stimme fängt er an zu singen. Es sind seine Lieder, neue Lieder, zum Trost seiner Brüder und zum Lob Gottes von ihm verfasst und vertont. Sie sind die Waffen der Eingeschlossenen.

Drei Tage und drei Nächte dauert die Belagerung. Dann sieht die Kaiserin ein, dass sie verloren hat. Sie befiehlt den Rückzug ihrer Truppen.

Basilika San Ambrogio in Mailand. Hier wurde Augustinus getauft.

Die Hymnen des heiligen Ambrosius haben durchweg dieselbe Form, das sogenannte **Ambrosianische Metrum**:

acht Strophen
jede Strophe hat vier Zeilen
jede Zeile hat acht Silben

ve | ni, | re | demp | tor | gen | ti | um

Vom Hymnus „Veni, redemptor gentium" des hl. Ambrosius (4. Jh.) vergleichen wir die erste Strophe mit zwei Übertragungen:

Veni, redemptor gentium,
ostende partum Virginis,
miretur omne saeculum:
talis decet partus Deum.

In der Übertragung (Stundenbuch):

Du Heiland aller Völker, komm
Und zeig dich als der Jungfrau Sohn,
dass Staunen fasse alle Welt
ob solchem Wunder der Geburt.

In der Übertragung Leisentrits (1567):

Komm der Völker Heiland du,
Sohn der Jungfrau, eil herzu
Dass vor solcher Herrlichkeit
Staune Erd und Himmel weit.

Entstanden sind die Psalmen in einem Zeitraum von mehreren hundert Jahren, von König David bis Esra, von etwa 1000 bis 450 vor Christus. Ihre heutige Gestalt werden sie wohl erst nach dem babylonischen Exil erhalten haben. Die frühere Auffassung, die David als den alleinigen Dichter der Psalmen sieht, hält den Ergebnissen der heutigen Forschung nicht stand.
Ihre Verwendung im jüdischen Gottesdienst hat den Psalmen einen hohen Rang verliehen. Die junge Kirche übernahm sie in ihre Liturgie. Da diese Lieder eine Art Volksgesang gewesen sind, wurden sie auch bei Gastmählern gesungen und dort mit Lyra und Kythara begleitet. Den großen römischen Basiliken, die der Kirche nach ihrer Erhebung zur Staatsreligion zur Verfügung standen, waren nur geschulte Sänger gewachsen. Das führte dazu, dass das Volk zuhörte und nicht mehr mitsang.
Es lohnt sich, die sprachliche Gestalt der Psalmen etwas genauer zu betrachten. Da wir des Hebräischen nicht kundig sind, müssen wir uns mit einer Übersetzung begnügen. Das geht erstaunlich gut. Denn im Gegensatz zu unseren Liedern haben die Lieder der Bibel weder Endreim noch Versmaß. Die Zeilen sind unterschiedlich lang. Betont wird die Wortstellung. Auffallend ist, dass häufig ein und derselbe Gedanke mit anderen Worten ausgedrückt wird. Das nennt man Gedankenreim oder den Parallelismus membrorum (Membrum = Glied).

Du aber Herr, du thronst für immer und ewig, +
dein Name dauert von Geschlecht zu Geschlecht.

(Ps 102,13)

Diese Art des Parallelismus kam dem Wechselgesang von Halbchören sehr entgegen.

Auflösung von S. 148 (Ich bin die Tür):
Es fehlen: das Kreuz beim Lamm, linker Türklopfer, linkes Kapitell, linke Säule unten, Schwelle, rechts Kapitell, Zierform in der Türöffnung links oben.

Ambrosius (um 340 – 397)

Wer war dieser Mann? Er war der Sohn eines römischen Statthalters in Gallien. In Trier an der Mosel ist er geboren. In Rom studiert er und hat als gut gebildeter Römer eine glänzende Staatslaufbahn vor sich. Mit 31 Jahren ist er bereits römischer Statthalter mit Sitz in Mailand. Es spricht für seine Beliebtheit, dass das Volk ihn zum Bischof von Mailand wählt, als er noch nicht einmal getauft ist. Ambrosius lehnt strikt ab. Aber alle sind sich diesmal einig: die Katholiken, die Arianer und der Kaiser Valentian I. (der Gatte der Kaiserin Justina). So gibt Ambrosius nach, empfängt Taufe und Bischofsweihe, verlässt den Staatsdienst und widmet sich rückhaltlos der Gemeinde. Ihm kommt auch das Verdienst zu, wesentlich an der Überwindung der arianischen Irrlehre mitgewirkt zu haben.

Der hl. Ambrosius in einem Mosaik aus der Kuppel der Kapelle San Vittore in Ciel d'Ors in der Mailänder Ambrosiusbasilika, eine der frühesten Darstellungen des Heiligen, vermutlich aus dem 5. Jh.

Die Psalmen

Unbestritten gehört die Liedsammlung der Bibel, die wir Psalmen nennen, zum schönsten Gut der Weltliteratur. Diese 150 Einzellieder sind ein ständiger Dialog zwischen Gott und seinem Volk Israel.
Sie sind literarisch als Hymnen, Danklieder, Klagelieder, Bittpsalmen, Fluchpsalmen, Wallfahrtslieder, Weisheitslieder und messianische Gesänge einzuordnen. Üblicherweise werden sie in drei Gruppen zusammengefasst, in Hymnen, Klagelieder und Danklieder.

Aufbau der Psalmen

	Hymnen	Klagelieder	Danklieder
Einleitung:	Aufforderung zum Gotteslob	Anrufung Gottes	Erinnerung an die Großtaten Gottes
Hauptteil:	Motive des Rühmens	Die Not des Beters (meist in stilisierten Bildern)	Dank
Schluss:	Aufgreifen des Anfanges; Wunsch oder Bitte	Erhörungsgewissheit und Dank	Aufforderung zum Gotteslob

Die Christen haben die Psalmen von Anfang an in ihren Gottesdiensten gesungen und bis heute als kostbaren Schatz bewahrt.

Beispiel einer Psalmstelle mit Noten in der Schreibweise des Gregorianischen Chorals.

Pythagoras in der Schmiede

Ihr kennt ihn ja wohl, den alten Pythagoras. In der Schule habt ihr den „Satz des Pythagoras“ gelernt, aber auch, dass schon lange vor ihm die Babylonier damit umgehen konnten. Da hat mancher den Respekt vor Pythagoras verloren. Schade! Denn dieser Grieche hat neben anderen Geistesfrüchten etwas hinterlassen, was unser Leben schöner macht: unser Tonsystem. Und das kam so: Pythagoras war einmal in einer Schmiede. Der Schmied schlug auf verschieden große Eisenstücke ein. Je nach Größe erklang der Ton höher oder tiefer. Das machte den Philosophen nachdenklich. Er hatte die Gewohnheit, alles und jedes mit der Zahl in Verbindung zu bringen. Warum nicht auch den Ton? Zu Hause setzte er sich hin und dachte nach. Und da fiel ihm ein, dass eine gespannte Sehne auch einen Ton von sich gibt. Er suchte sich eine, spannte sie zwischen zwei Haken, zupfte sie an, und siehe da – ein Ton schwang durch den Raum. Als er nun die Sehne um genau die Hälfte verkürzte, erklang fast derselbe Ton wie vorher, nur viel höher. Pythagoras hatte die Oktave entdeckt. Er rechnete weiter und begeisterte auch seine Schüler für dieses ungewöhnliche Umgehen mit der Zahl. Jetzt teilte der Meister die Sehne in zwei ungleiche Strecken. Die eine davon war doppelt so lang wie die andere. Er ließ das längere Ende schwingen und hatte die Quinte entdeckt. Bei der Teilung der Sehne durch die Zahl 4 ergab sich die Quart.
Das ist natürlich nur ganz vergröbert wiedergegeben. Denn Pythagoras und seine Schüler haben lange gebraucht, bis sie unsere heutige Tonleiter gefunden hatten. Am Ende jedenfalls war eine Folge aus Halb- und Ganztonschritten gelungen, die zur Grundlage der europäischen Musik bis heute wurde.

Wir übertragen das Ergebnis in die Notenschrift:
Dann muss man aber gleich dazusagen,

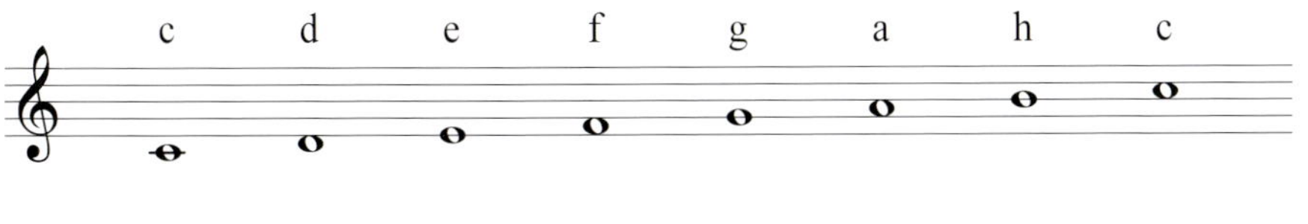

- dass Pythagoras keine Notenschrift kannte,
- keinen festen Ausgangspunkt für die Bestimmung der Tonsprünge hatte,
- die Benennung von Tönen durch Buchstaben (c, d, e usw.) nicht kannte.

Die Folge der Halb- und Ganztöne war und ist das Entscheidende

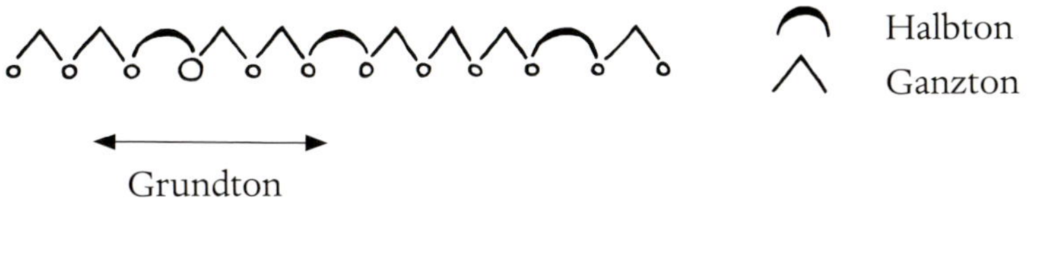

Dieser Holzschnitt von 1496 zeigt Pythagoras. Nach mittelalterlicher Überlieferung gilt er als Schöpfer des europäischen Tonsystems. Wir sehen, wie er mit verschieden schweren Gewichten die Saiten spannt. Durch die unterschiedliche Spannung der Saiten kann die gewünschte Tonhöhe erreicht werden.

Die 4 Hauptkirchentonarten

Grundton	Bezeichnung	Umfang
	dorisch	d–d'
	phrygisch	e–e'
	lydisch	f–f'
	mixolydisch	g–g'

Der Grundton ist Anfangston der Tonleiter.

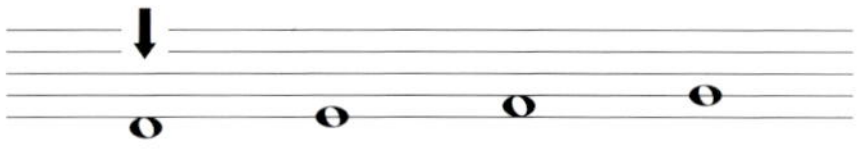

Die 4 Nebenkirchentonarten

Grundton	Bezeichnung	Umfang
d	hypodorisch	A–a
e	hypophrygisch	H–h
f	hypolydisch	c–c'
g	hypomixolydisch	d–d'

Hier liegt der Grundton in der Mitte.

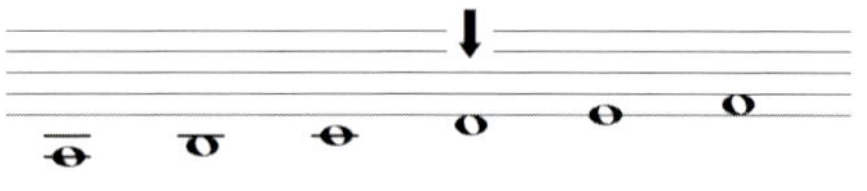

Die Kirchentonarten

Tonleitern entwickelten sich beim Melodieerfinden und wurden erst später abstrahiert. Bei den Chinesen zum Beispiel gibt es andere Tonleitern als bei uns. Die Kirchentöne stützen sich auf den aus der altgriechischen Musik übernommenen Tonvorrat. Auf vier Grundtönen wurden acht Leitern gebildet. Der Grundton, auf den sich alle Tonsprünge beziehen, kann am Anfang (Hauptkirchentonarten) oder in der Mitte (Nebenkirchentonarten) der Leiter liegen. Dadurch und durch die verschiedene Lage der zwei Halbtöne in der Leiter besteht ein großer Reichtum an Ausdrucksmöglichkeiten.
Im 12. Jahrhundert kamen sogar noch vier weitere Tonarten hinzu, von denen äolisch (a–a', Grundton a) die Vorform des Moll ist und ionisch (c–c', Grundton c) die Vorform des Dur. Erst etwa im 17. Jahrhundert setzten sich in der weltlichen Musik Dur und Moll durch und verdrängten die Kirchentonarten. Von J. S. Bach kennt sicher mancher Leser die Dorische Tocatta und Fuge. Komponisten der Gegenwart haben die Kirchentonarten wieder neu entdeckt. Die Kirche – auch katholisch (= allumfassend) in diesem Sinne – hat sich den Klangreichtum der musikalischen Formen immer bewahrt.

Kirchentonarten im „Gotteslob"

- „Nun lobet Gott im hohen Thron" – dorisch
- „Das Geheimnis lasst uns künden" – phrygisch
- „Gott sei gelobet" – mixolydisch

Musica mundana, musica humana und musica instrumentalis, dargestellt in einer französischen Handschrift um 1300

Die Tonlandschaft bei Dur und Moll

Die Lage der Halbtöne bleibt bei Dur und Moll immer gleich. Ändert sich der Grundton, wird die Lage der Halbtöne durch ♯ oder ♭, also durch Erhöhung oder Erniedrigung von Tönen, wiederhergestellt.

Das harmonische Weltbild

Pythagoras und seine Schüler hatten experimentell nachgewiesen, dass die reinen musikalischen Intervalle sich auf einfache Zahlenverhältnisse zurückführen lassen. Sie nahmen an, dass auch alle Bewegungen in der Welt, besonders die der Gestirne, durch die Zahl geregelt seien, und nannten das Sphärenharmonie. Wie der Kosmos sei das körperlich-seelische Leben des Menschen geordnet, deshalb sei Musik durch ihre Schwingung im Menschen dazu fähig, ihn zum Guten und zur Harmonie zu erziehen.
Kirchenvater Augustinus sieht durch den Bibelvers aus dem Buch der Weisheit (Weish 11,20) „Du hast alles nach Maß, Zahl und Gewicht geordnet" die antike Auffassung bestätigt und übernimmt sie. Die Musik soll die Sehnsucht nach Gott, der allein die Quelle aller Schönheit ist, entfachen und das Gebet wecken. Die Musik hat eine dienende Funktion und darf nicht die Sinne betören. Augustinus und seine „Kollegen" sprechen von drei Arten der Musik:

musica mundana	Musik der Weltalls
musica humana	Musik des Menschenseele
musica instrumentalis	die allein hörbare Musik der menschlichen Stimme und die von Instrumenten

An der Wiege der abendländischen Musik

Wie die Alten sungen

In der Zeit der Frankenkönige (7./8. Jh.) nahmen unsere Vorfahren den christlichen Glauben an. Doch es fehlten ihnen für den Gottesdienst die vorgeschriebenen Gesänge. Es stellte sich die Frage, ob diese Gesänge aus anderen Riten übernommen werden könnten, zum Beispiel aus dem mozarabischen (spanischen) oder ambrosianischen (mailändischen).
Um 750 entschied der Frankenkönig Pippin II. zugunsten der altrömischen Liturgie. Kantoren aus Rom brachten ihre Choralbücher mit, damit die Franken die Texte abschreiben konnten. Weil eine Notenschrift noch nicht erfunden war, sollten die fränkisch-germanischen Kleriker die Melodien auswendig lernen. Aber das Vorhaben klappte nicht. Die Franken konnten sich die Melodien einfach nicht merken.
Dieses Kapitel hätte sich erledigt, wenn es damals nur um liturgische Gesänge gegangen wäre. Tatsächlich war die Liturgiereform nur ein Teil eines hochpolitischen Planes. Dem Frankenkönig Pippin und seinem Sohn Karl schwebte die Errichtung eines Großreiches vor Augen. Als Vorbild sahen sie das römische Reich. Gemeinsame Religion aller Menschen in diesem Reich sollte das Christentum werden. Dieses erkannten sie als wichtige Klammer neben Sprache, Schrift, Kalender, Gewichten. Im Jahre 789 bestimmte Karl der Große in seiner Admonitio generalis (= Allgemeine Ermahnung), dass Schulen zu gründen seien und der Klerus die römische Liturgie und deren gottesdienstliche Gesänge erlernen und ordnungsgemäß singen solle.
Durch eine Verordnung von oben wird der liturgische Gesang gegen alle Erfahrung der Praktiker geregelt. Kann das gut gehen?
Eine plausible Erklärung bietet die neuere Musikwissenschaft. Sie untersucht die Gesänge der römischen Liturgie und die Musikkultur der Franken. Sie kommt zum aufregenden Ergebnis eines musikalischen Urknalls.

Der musikalische Urknall um 800

Auslöser: Ordnungspolitische Maßnahme Karls des Großen

Ort: der christliche Gottesdienst im Frankenreich

Beteiligte: primär melodische Musikkultur des Mittelmeeraumes, primär klangliche Musikkultur der nordischen Völker

Folgen: neue abendländische Musikkultur, gregorianischer Choral, Kirchentonarten, Schriftlichwerden der Musik, Mehrstimmigkeit, Notenschrift, Gleichgewicht von Melodie und Klang

König David als Psalmist, französische Buchmalerei, 13. Jh.

Die römischen Kantoren

gehörten einer Musikkultur an, die seit Jahrhunderten im Mittelmeerraum gewachsen war. Diese hatte hebräische, griechische, arabische, vielleicht auch altägyptische Wurzeln. Sie wurde einstimmig und vokal ausgedrückt. Flöte, Leier und Trommeln konnten begleiten. Diese Musik wurde mit den jüdischen Psalmen oder mit griechischen Rufen (Kyrie eleison) in den Gottesdiensten übernommen. Eine Notenschrift gab es noch nicht. Notiert wurde immer nur der Text.

Die fränkischen Kantoren

lebten in einer anderen Musikkultur. Ihr musikalisches Empfinden war durch den Klang von Luren und Glocken geformt. Natürliche Obertöne etwa bei Glocken oder Hörnern führten zur Ausbildung von zweistimmigen bis vielstimmigen Klängen, zur Fünftonreihe, bei der jeder Ton von jedem anderen der Reihe begleitet werden konnte. Primär in dieser Musikkultur war der stehende, in sich ruhende Klang.

Der Zusammenstoss in der Kirche

Nun sagt die neuere Musikwissenschaft, dass diese beiden Musikkulturen aufeinandergestoßen sind. Einer der Experten bezeichnet den Vorgang als musikalischen Urknall, der sich um 800 im christlichen Gottesdienst ereignete und eine neue Musikkultur entstehen ließ (Bernhard Morbach). Die überwiegend melodische und die überwiegend klangliche Musikauffassung stießen unter dem Druck der politischen Ordnung zusammen.
Und nur hier und in dieser Zeit entstand eine neue Musikkultur: die mehrstimmige Musik des Abendlandes. Dabei hat die Melodie ihre Freiheit eingebüßt und wird durch einen begrenzten Tonvorrat dargestellt. Sie gewinnt aber an Ausdruck, weil jeder Ton nun mit einer Klangvorstellung verknüpft ist (Kirchentöne, Dur, Moll).

Orgelpositiv, um 1610

Pippin bekommt ein Geschenk

Der fränkische Fürst ist enttäuscht. Dieser Holzkasten soll etwas Besonderes sein? Ist so etwas überhaupt als Geschenk tauglich und eines Kaisers würdig? Er schimpft innerlich mit dem byzantinischen Kaiser Konstantinos. Dann lässt er ins Kloster schicken. Die Mönche wissen viel. Aber die Mönche schnuppern an dem Kasten herum, klopfen ans Holz, zischen durch die Zähne und schauen sich vielsagend an. Womöglich ein Teufelswerk! Einer bewegt den Hebel – alle zucken zusammen. Oh! Etwas hat gepfiffen. Wieder tauschen die Mönche geheimnisvolle Blicke aus. Pippin kaut am Bart. Blödes Geschenk! Ein Gewand oder ein Pokal wäre ihm lieber gewesen. Da, wieder ein Pfiff! Aha! Der Bruder Tischler war wohl dem Rätsel auf der Spur? Wenn er den Hebel bewegt und eins der Klötzer niederdrückt, dann pfeift der Kasten. Hat man so was schon gesehen, geschweige denn gehört? Aber immerhin, wenn etwas Töne von sich gibt, heißt man es willkommen, sei es nun ein Tier oder ein Holzkasten. Das ist guter Klosterbrauch. Und schon fingern die Mönche mit kindlicher Freude an dem Kasten herum. Nur Pippin, der Kämpfer, traut dem Frieden noch nicht. Er rührt das Ding nicht an. Und dabei hätte er stolz sein können. Aber er wusste eben noch nicht, dass sein Name nun jahrhundertelang durch die Bücher wandern würde, weil der Frankenfürst Pippin die erste Orgel des Abendlandes sein eigen nannte.
Seitdem sind 1200 Jahre vergangen. Dieses Instrument wurde das liebste Kind der Instrumentenbauer. Sie schufen das Pedal und verzierten das Orgelgehäuse immer prächtiger. Was würde wohl der gute Pippin für Augen machen, wenn er eine der herrlichen Barockorgeln sehen und hören könnte!

Wie die Orgel in die Kirche kam

In der Antike diente die Orgel als Luxusinstrument im Theater, in der Arena und bei Gastmählern.
Als der byzantinische Kaiser Konstantion V. dem Frankenkönig Pippin eine Kleinorgel zum Geschenk machte (757), war die Orgel noch ein seltenes Instrument. In der Kirche wurde die menschliche Stimme beim Lobe Gottes so hoch geschätzt – wie jetzt noch in der Ostkirche –, dass erst im 12. Jahrhundert hin und wieder eine Orgel aufgestellt wurde. Im 14. Jahrhundert erweiterten das Pedal und die immer reichere Anzahl der Register den Klangreichtum der in England und Deutschland gebauten Instrumente. Diese Fülle des Klanges entsprach dem nordischen Musikempfinden.
Im Gottesdienst erklang die Orgel zunächst nur einstimmig im Wechsel mit dem Chor (der dabei den Text leise las). Früheste liturgische Orgelstücke sind im Robertsbridge-Fragment (1320) und im Buxheimer Orgelbuch (Mitte 15. Jh.) erhalten.

Große Orgel von Gottfried Silbermann im Freiberger Dom, geschaffen 1711 bis 1714. Mit 45 Registern und 2674 Pfeifen gehört sie zu den bedeutendsten Orgeln der Welt.

Romanik

900 – 1250

Die ältesten erhaltenen Bauwerke nördlich der Alpen stammen aus der Zeit, in der das Christentum angenommen wurde. Als Material benutzte man Bruchsteine, die mehr oder weniger behauen wurden.

Nur hervorgehobene Baupartien am Äußeren der Kirche trugen Schmuck, so das Portal oder die Apsis. Die Mauern waren von beachtlicher Stärke. Mauern von zwei bis drei Metern Stärke waren keine Seltenheit. Demzufolge fielen die Fensteröffnungen recht klein aus. Der Turm hatte etwas Trotziges an sich. Nur oben brachte man Fenster an. Wie eine Burg war die Kirche, fest und sicher. Sie stellte in Siedlungen meist den einzigen Steinbau dar. Die Häuser der Leute waren einfache Holzhütten.

Die Menschen dieser Zeit dachten nicht von heute auf morgen wie Christen. Sie brachten allerlei Dämonenvorstellungen mit in das christliche Denken. Die Kirche bekam daher eine doppelte Schutzfunktion. Sie konnte Festung sein in Kriegsgefahr, aber sie war zugleich auch Zufluchtsort gegen die bösen Dämonen. Der Herr und Stifter Jesus Christus war mächtiger. In seinem Hause wussten sich alle geborgen.

Die Georgsrotunde in Sofia, erbaut auf den Fundamenten einer römischen Therme, war danach Kirche, dann Moschee und ist schließlich nach sorgfältiger Restaurierung in jüngster Zeit wieder Kirche.

Klosterkirche der Prämonstratenser in Jerichow, um 1150. Sie ist ein Schmuckstück unter den erhaltenen romanischen Kirchen.

Dom zu Havelberg, 1170 geweiht. Diese Bischofskirche wurde an einem Hauptheiligtum der Wenden errichtet. Romanische Kirchen in Grenzgebieten mussten bei Gefahr auch Zufluchtsstätte sein.

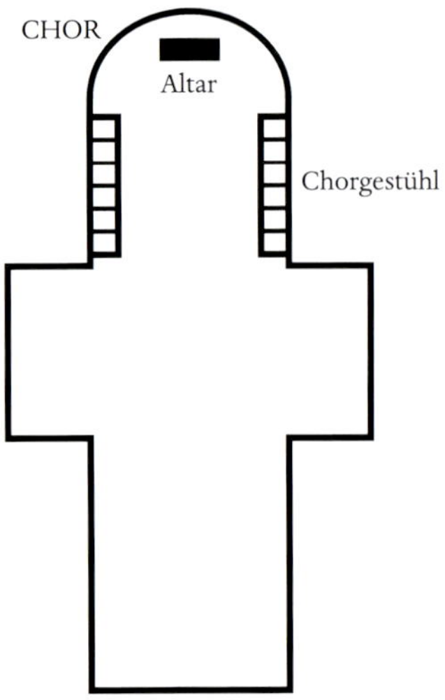

Der Chor im Chor

Als unsere Vorfahren Christen wurden, hatten sie verständlicherweise noch keine eigenen liturgischen Gesänge. Diese mussten aus der lateinischen Liturgie übernommen werden. Da nur die Kleriker Latein beherrschten, fiel ihnen die Rolle des Chorgesangs zu. In den Kirchen und in den Klöstern wurde der Gregorianische Choral gesungen. Papst Gregor der Große (540–604) soll eine umfassende Sammlung aller bis dahin vorhandenen Kirchenmusik angeregt haben. Der Gregorianische Gesang war in seinem Wesen einstimmig. Die Melodien folgten den verschiedenen Kirchentonarten.
Den singenden Klerikern war der Platz im Chorgestühl nahe dem Altar zugewiesen. Von diesem Chor ging die Bezeichnung „Chor“ auf den Bauteil der Kirche über.

Choralnoten, nach denen die Mönche sangen. Handschrift aus einem Chorbuch aus dem 15. Jahrhundert. Die Initiale D zeigt die Geburt Johannes' des Täufers.

Gotteslob in Stein

Du brauchst ein Blatt Papier und einen Stift. Jetzt schau dir die Wörter an. In jedem ist ein Druckfehler. Den sollst du ausbessern. Es muss immer ein sinnvolles Wort entstehen, das etwas mit Kirche zu tun hat. Die neu eingesetzten Buchstaben ergeben hintereinander gelesen den Namen eines Baustils und den eines darin vorkommenden typischen Schmuckelements.

Altas • Dum • Akbo • Trufe

Bamk • Mutra • Gelch • Küstel

Sälle • Lettler • Riakon • Giemel

Ergel • Plocke • Kanzol • Ferster

Bischok • Pontal • Kurche

Karze • Melse

Zeile aus einem Organum

Der Gregorianische Choral

Organum

Der Gregorianische Choral war in der Kultur des Mittelmeeres gewachsen. Die Kleriker und Mönche nördlich der Alpen, die im Chor der romanischen Kirche saßen und sangen, hatten aber ihre eigene Klangvorstellung. Ihnen erschien der Choral festlicher, wenn immer zwei verschiedene Töne gleichzeitig erklangen. In der Zeit um 800 hatte man schon mit einfachem Parallelgesang im Abstand von fünf Tönen angefangen. Vermutlich war der Zusammenklang beim Spielen auf den ersten Orgeln entdeckt worden. Daher nannte man solche Gesänge mit zwei Stimmen im Quintabstand ein Organum.

Tropus

Die strikte Parallelbewegung beim Organum erschien um 1000 dem bekannten Musiker-Mönch Guido von Arezzo zu hart. Er ließ den Gregorianischen Gesang, der die Hauptstimme ist (Cantus firmus), von einer zweiten, auf- und abschweifenden Stimme begleiten. Die Kleriker damals interpretierten und erläuterten gern die überlieferten Texte. Auf diese Weise entstand der Tropus, eine zweite Art von Mehrstimmigkeit.

Einen Tropus (Mehrzahl: Tropen) müssen wir uns so vorstellen: Eine Oberstimme singt ein bekanntes Choralstück, sagen wir ein „ Kyrie“ oder ein „Alleluja“. Dabei werden die einzelnen Töne sehr lange ausgehalten. Eine zweite Stimme singt in diese Längen hinein mehrere Töne. Es wurde immer beliebter, einen anderen Text dazu zu singen. Den zweiten Text hat man gern dem Kirchenjahr angepasst und reich ausgeschmückt. Der Tropus ist also ein Gesang aus zwei selbständigen Melodien und auch zwei Texten.

Sequenz

Wurde bei den Tropen die obere Stimme weggelassen, entstand eine neue Gattung von Lied: die Sequenz. Es war dann über Jahrhunderte hinweg Mode, Sequenzen zu dichten und zu vertonen. Es soll 20 000 davon gegeben haben. Die erste größere Sequenzsammlung stammt von Notker dem Stammler (→ S. 120). Das Konzil von Trient hat die Kirchenmusik neu geordnet und alle Sequenzen, bis auf wenige, verboten. Diese hatten, wild wuchernd, die eigentliche zeitlose Liturgie oft durch zeitgebundene Bilder in ihrer Sprache überdeckt. Nur wenige Sequenzen sind bekannt geblieben:

- die Pfingstsequenz „Veni Sancte Spiritus“
- die Mariensequenz „Stabat mater“ → S. 187 und 214
- die Totensequenz „Dies irae“, die viele namhafte Musiker neu vertonten.

Man weiß fast immer etwas über ein Volk, wenn man seine Lieder kennt.

Leonard Bernstein

In vielen Teilen der Welt gibt es Klangverbreitung durch Parallelgesang. Die einfachste Form ist schon, wenn Männer und Frauen zusammen singen. Über diese Formen ist die mehrstimmige Musik außerhalb Europas nicht hinausgekommen. Die Mehrstimmigkeit ist damit eine der großen bleibenden Schöpfungen der europäischen Kultur des Mittelalters.

Zeile aus einem Tropus (Modell)

Haltet doch Takt!

Im 12. Jahrhundert erklingen bei den Organa oftmals zu jedem Ton der Hauptstimme (Cantus firmus) mehrere Töne in den Begleitstimmen. Das führte in der Praxis zu Schwierigkeiten. Jede Stimme hatte ihre Melodie geübt und konnte sie. Aber welche Töne der 1., 2. und 3. Stimme mussten gleichzeitig erklingen? Heute sagt man: „Da hilft nur eins: Die Sänger müssen Takt halten!" Aber damals: woher den Takt nehmen? In der bisherigen Musik gab es keinen Takt, weil er nicht notwendig war. Der Rhythmus der einstimmigen Musik konnte frei strömen. Jetzt, in der mehrstimmigen Musik, muss der Rhythmus genau festgelegt werden. Die Melodie wird in zeitlich gleich lange Abschnitte geteilt.

Lieder ohne Taktstriche im „Gotteslob":

- „Gott, heilger Schöpfer aller Stern",
- „Ruhm und Preis und Ehre",
- „Komm, Heilger Geist",
- „Bevor des Tages Licht vergeht".

Johanneshymnus des Guido von Arezzo

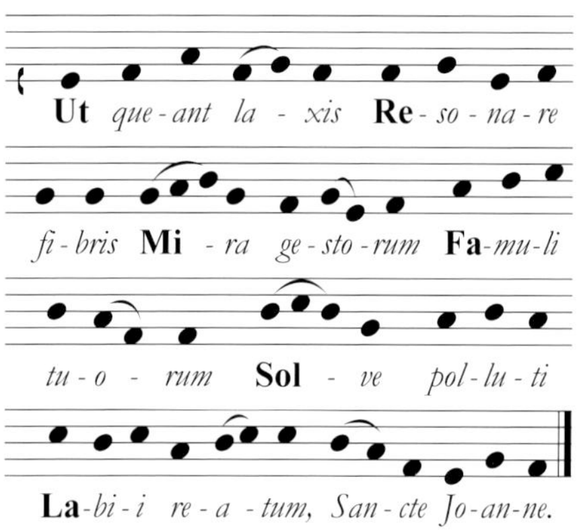

Auf Deutsch:
Damit die Diener mit lockeren Stimmen
die Wunder deiner Taten besingen können,
entferne die Schuld der unreinen Lippen,
heiliger Johannes.

Daraus ergibt sich eine Tonleiter. Mit der Hand kann der Chorleiter optisch den zu singenden Ton anzeigen. Allerdings kannte Guido noch keine Längen- und Dauerangaben der Notenwerte.

Der entscheidende Durchbruch zur heutigen Notenschrift hin geschah im 15./16. Jahrhundert, als die Mehrstimmigkeit exakte Angaben verlangte. Viele Sänger und Musiker mussten gleichzeitig die richtige Tonhöhe und Tondauer ablesen können.

Die Entwicklung der Notenschrift am Beispiel derselben Melodie zu „De profundis" (Psalm 130)

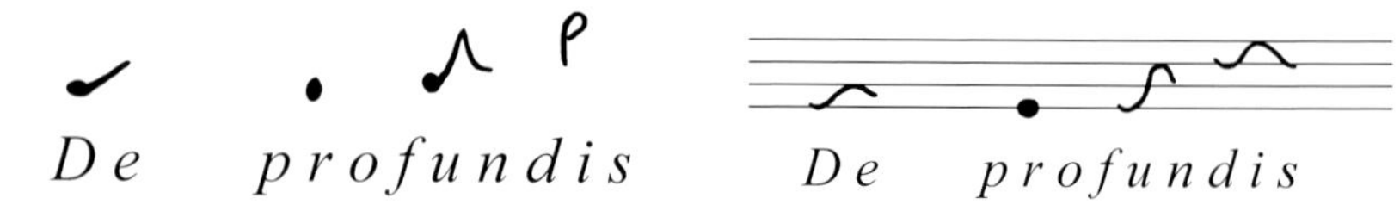

Neumen, St. Gallen, ca. 900 — Deutsche Neumen, 12. Jh.

Quadratnotation, seit ca 13. Jh. — heutige Notation

Der Chor und sein Gesangbuch

„Sollen das etwa Noten sein? Auf das Gesangbuch verzichte ich!" Sicher denkst du so! Anders dachten die Mönche und Kleriker vor tausend Jahren. Das Erlernen der vielen liturgischen Gesänge, von denen manche nur an einem einzigen Tag im Kirchenjahr gesungen werden konnten, war eine Strapaze!
„Die meisten haben von frühester Jugend bis ins graue Alter alle Tage für die Vorbereitung und Bewältigung des Kirchengesanges verwendet", bezeugte einer der Geplagten im 9. Jahrhundert. Die Neumen, so nennt man die Notenzeichen des Mittelalters, waren da schon eine Gedächtnisstütze. Zuerst waren es nur Akzentzeichen. Sie setzten die ungefähre Kenntnis der Melodie voraus. Da hatte um 1000 ein Benediktinermönch namens **Guido von Arezzo** (um 992–1050) eine großartige Idee. Er nahm einen alten Johanneshymnus aus dem 8. Jahrhundert und schrieb dafür eine Melodie. Diese hatte eine Besonderheit: Jede neue Zeile begann einen Ton höher. Diesen Hymnus prägte Guido seinen Schülern ein. Dazu erfand er sechs Zeichen, die er mit der Hand machte. So sangen seine Schüler beim Zeichen Ut unser jetziges c, beim Zeichen für Mi sangen sie e und so weiter. In Frankreich singt man heute noch nach diesem System, Solmisation genannt. Aus dem Ut wurde später Do, die Tonleiter wurde erweitert, die Zeichensprache vervollkommnet. Gleichzeitig hatte Guido noch einen Treffer zustande gebracht: Er hat die Notenlinien erfunden. Genauer gesagt: Es gab schon im 9./10. Jahrhundert ein Liniensystem, in das man den Text entsprechend den ungefähren Tonhöhen schrieb. Aber in Guidos System stand jetzt genau fest, dass der Abstand von Notenlinie zu Notenlinie eine Terz beträgt.
Um 1028 überreichte Guido seine Notenschrift Papst Johannes XIX. Der Papst konnte nach kurzer Erklärung eine ihm völlig unbekannte Melodie fehlerfrei absingen.
Das terzlinige System hat also bald tausend Jahre auf dem „Buckel"!

Perotinus Magnus (1160–1253)

war ein Magister an der Kirche Notre-Dame in Paris. Er führte eine Vorform des Taktes ein (Modus, Mehrzahl: Modi). Die Modi sind stets dreizeitig, aber nicht etwa, weil man nach der Melodie tanzen wollte: Die Drei wird genommen, weil sie das Symbol für die Dreifaltigkeit ist!
Durch die Modi wird die kunstvolle Mehrstimmigkeit der Gotik möglich. Perotinus selbst schrieb die ersten vierstimmigen Werke.

Der Übergang zur Gotik bahnt sich an

In der Spätromanik werden die Bauformen verfeinert. Portale und Wände werden reicher geschmückt. Ein typisches Beispiel dafür ist die Goldene Pforte am Freiberger Dom (um 1230). Im Innenraum nimmt die Zahl der Bildwerke zu. Denken wir nur an den Naumburger Dom mit Uta und den anderen Stifterfiguren vom Naumburger Meister.
Allmählich geht die spätromanische Bauform über in die frühe Gotik. Was ist die Ursache für den Wandel? Es ist der Geist, der sich wandelt. Der romanische Bau verkörpert eine Idee:

Der Kaiser und der Papst, beide von Gott mit ihrer Macht belehnt, sind Säulen des Reiches. Ihre Machtfülle wird zeichenhaft sichtbar gemacht in der Anlage der Gotteshäuser.
Zwei Türme, zwei Chöre kennzeichnen oft die romanische Basilika. In der Kirche finden Gottesdienste und Reichstage statt. Gottes Herrschaft zeigt sich in den zwei Gewalten: Schwert und Kreuz eifern um das Heil der Menschen des Reiches.

Die goldene Pforte am Dom zu Freiberg

Stifterfiguren Ekkehard und Uta im Naumburger Dom

Madonna von Turland, romanische Skulptur aus Frankreich, 12. Jh.

Das konnte nur so lange gutgehen, wie diese Macht glaubwürdig ausgeübt wurde und beide Herrscher sich einig waren. Als der Verfall der weltlichen Macht einsetzte und die geistliche Macht (die Bischöfe) sich allzu sehr weltlichen Dingen und Freuden zuwandte, brachen Einigkeit und Frieden zusammen. Die Fürsten lassen sich vom Kaiser nichts mehr sagen. Sie regieren nach ihren Ansichten. Kaiser und Papst liegen sich in den Haaren. So kann die Königshalle, die romanische Basilika, auch nicht mehr widerspiegeln, was nicht mehr vorhanden ist: die große Idee vom Heiligen Römischen Reich.
Hinzu kommen soziale Ungleichheit zwischen Adel und Volk. Der Handel blüht. Die Kaufleute der Hanse bereisen zu Lande und zu Wasser ganz Europa. Mit dem Handel erstarken die Städte und mit ihnen die Bürger. Ein neues Menschenbild entsteht.
Immer ist es die Kunst, die solchen Geisteswandel sichtbar macht. Realistische Züge und konkreter Gesichtsausdruck verdrängen die hoheitliche symbolische Haltung der romanischen Plastik. Man vergleiche nur die Madonna von Turland aus romanischer Zeit mit dem Vesperbild (Pietà) aus gotischer Zeit.

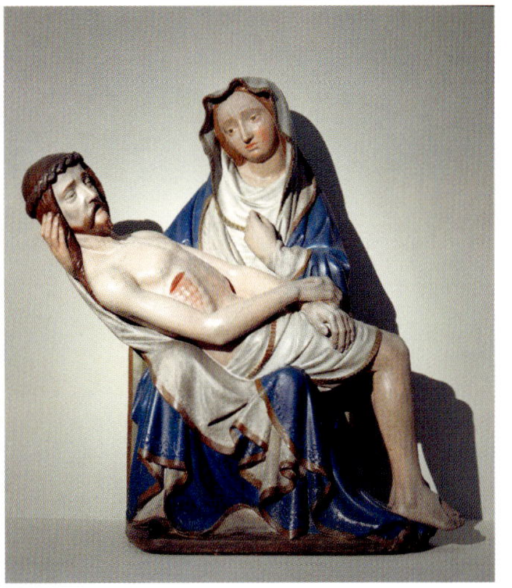

Gotische Pietà, Böhmen um 1400

Gotik

ETWA 1250–1525

Urbild aller Gotik: die Abteikirche St-Denis in Frankreich, um 1140

Querschnitt von drei Kirchen

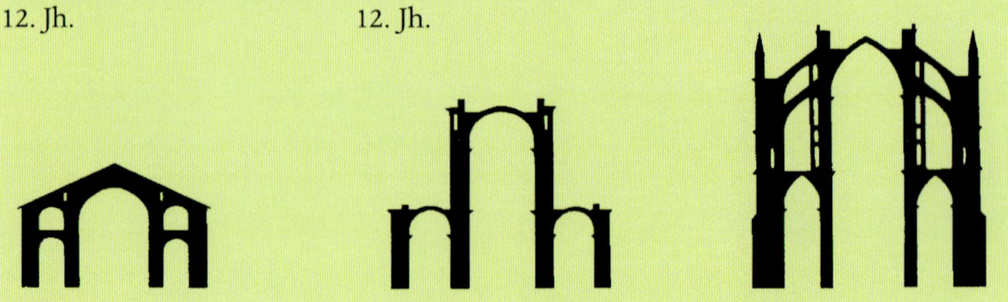

Allmählich lernten die Menschen, die Steine besser zu bearbeiten. Sie lernten, wie man bauen muss, damit die Mauern trotz größerer Höhe und größerer Fenster sicher und fest stehen. Diese technischen Möglichkeiten – aus der Zeit nach 1300 sind uns sogar Grundrisse und Pläne von den großen Bauten erhalten – erlaubten dem Künstler, seine Fähigkeiten voll auszunutzen, seiner Phantasie freien Lauf zu lassen. Die dicken Wände der Kirche lösten sich in viele bunte Glasfenster auf. Schien die Sonne herein, war die Kirche wirklich ein Abbild des vom Lichte Gottes überfließenden Himmels.

Die bunte Welt des Lichtes holte die Menschen einzeln zur Begegnung mit Gott und schmiedete sie nicht so fest zu einer Gemeinschaft zusammen wie die dicken Mauern der romanischen Zeit. Die Menschen erlebten die Gottbegegnung weniger in der Gemeinschaft des Mahles, deshalb vielleicht war es auch möglich, dass der Lettner die Kirche sichtbar in zwei Räume trennen konnte. Die Bilderwand in der orthodoxen Kirche entspricht dem Lettner in manchen mittelalterlichen Kirchen.

Die Gotik ist eine von Frankreich ausgehende, um 1140 schon als Stil ausgebildete Bauweise, die sich schnell über Nordeuropa ausbreitete. Als ersten Wegbereiter weist die Forschung den Abt Suger von St-Denis aus, der zum ersten Mal an Portalen der Kirche Figuren aus dem Alten Testament anbringen ließ. Das Innere der Kirche stellt sich als Christus selbst dar, der das Neue Testament einleitet. Also geht der Mensch symbolisch durch das Alte Testament (= Portal) in das Neue Testament (= Kirchenraum). Die Länge der Kirche versteht sich als eine Straße, die zu Gott führt, der verborgen ist. Die gotische Kirche soll Abbild des „himmlischen Jerusalem" sein. In der Größe des Raumes, der in den Himmel strebt, wird der Mensch ganz klein. Er ist sich seiner Schuld bewusst. Das drückt der Künstler durch die Natürlichkeit seiner Kunstwerke aus. Der Grundriss zeigt meist Kreuzform. Die Portale tragen reichen Schmuck.

An den Säulen weisen Heiligenfiguren auf die Verbindung zwischen streitender und triumphierender Kirche hin. Tiere und Pflanzen sind in das Lob der Steine einbezogen. Selbst die bösen Geister und Dämonen haben in dem Ganzen ihren Dienst, wenn auch nur als Wasserspeier oder als Beigabe von Heiligen. Die Freude an solchen Symbolen ist kennzeichnend für die Gotik.

In der Zeit der Gotik wurde auch das Natürliche darstellungswürdig. Neben Darstellungen Christi und der Mutter Maria gibt es aus dieser Zeit Plastiken von Heiligen und Stiftern in den Kirchen. Im Meißner Dom stehen im Chor die Stifter Kaiserin Adelheid und Kaiser Otto I. Die Bildwerke stammen vermutlich vom gleichen Meister, der in Naumburg die berühmten Stifterfiguren schuf (→ S. 159).

Auf dem Fussboden

Das hier abgebildete Labyrinth befindet sich auf dem Fußboden der Kathedrale von Chartres (Frankreich). Dort misst es zwölf Meter im Durchmesser! Das Labyrinth ist ein Bild für unseren Lebensweg. Am Abend des Ostertages gingen der Bischof und die Kleriker der Kathedrale den Weg im Labyrinth. Sie warfen sich dabei gegenseitig einen Ball zu. Der Ball erinnerte an die siegreiche Sonne und diese an den auferstandenen Christus. Damit wurde Christus gefeiert als Sieger über das Labyrinth des Erdenlebens.

Suche im Labyrinth den Weg zur Mitte!

Schmuckformen der Gotik

Die Schmuckformen der Gotik sind nicht zur Freude der Menschen geschaffen worden. An den Dächern und Türmen finden wir sie an Stellen, die kaum ein Mensch sehen kann. Sie helfen, den Dom Abbild des „himmlischen Jerusalem“ werden zu lassen.

Das **Maßwerk** füllt architektonische Flächen mit Mustern, die mit dem Zirkel konstruiert, d. h. „gemessen“ werden. Kreise aber, als Bilder der Sonne, schützen nach der damaligen Auffassung vor den Mächten der Finsternis.

Die sonnenähnliche **Fensterrose** an der Eingangs- oder Westseite des gotischen Domes sagte den Eintretenden: Gott ist Licht. Zugleich ist die Rose ein Abbild des „himmlischen Jerusalem“.

Dienste werden die langen dünnen Säulen genannt, die einer Wand oder einem Pfeiler vorgelagert sind. Ihr „Dienst“ besteht darin, dass sie die Gewölberippen tragen.

Als **Wimperg** wird der aufwärtsstrebende gotische Ziergiebel über Fenstern oder Türen bezeichnet.

Die **Fiale** bekrönt in Form eines emporsprießenden schlanken Türmchens die Strebepfeiler (⟶ Grafik unten).

Die **Kreuzblume** ist eine im Quer- und Längsschnitt kreuzförmige Blume. Sie dient der Bekrönung der Türme, Wimperge, Fialen und Giebel. Sie entspricht dem heutigen Kreuz auf einem Kirchturm.

Krabben (Kriechblumen) verstärken als blattartige Verzierungen an Kanten den Eindruck der Aufwärtsbewegung. In Stein dargestellte Pflanzen (auch an Kapitellen, Gewölbeschlusssteinen u. a.) weisen auf den Garten des himmlischen Paradieses der Endzeit hin.

Kämpfer: Trageplatte zwischen Last (Mauerwerk eines Bogens oder der Wand) und Stütze (Pfeiler oder Säule). Meist liegt der Kämpfer auf einem Kapitell.

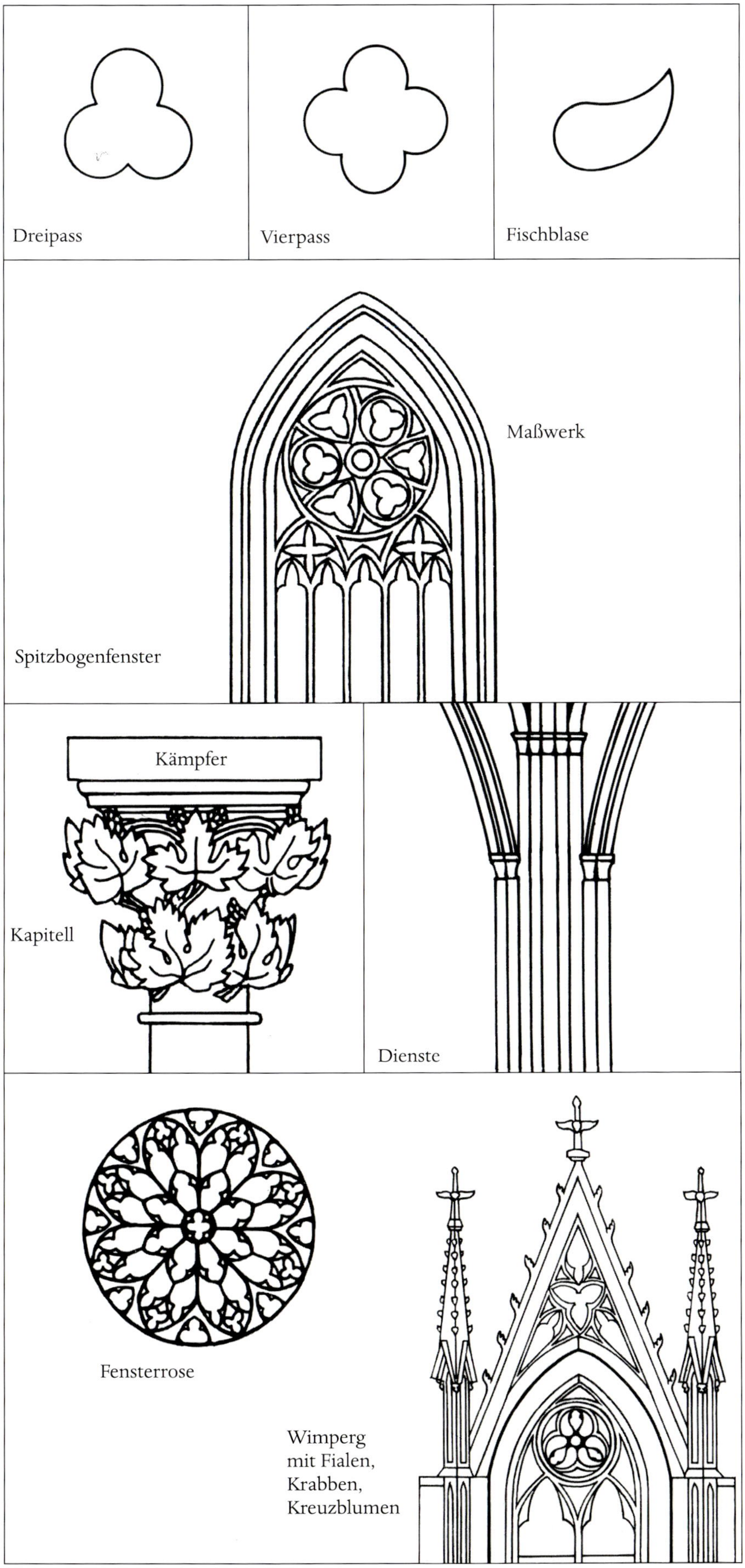

Wasserspeier dienen dem Abfluss des Regenwassers. Auch sollen sie vor dämonischen Bedrohungen schützen, weil die Dämonen ihr Abbild nicht ertragen können und davor fliehen. Die Künstler konnten bei der Gestaltung der Wasserspeier ihrer Phantasie freien Lauf lassen.

Wer war Peter Parler?

Kennst du Peter Parler? Wenn du diese und die folgende Seite gelesen hast, wirst du einiges von ihm wissen.

Name:
....
Vorname:
....
Geboren in:
....
Beruf:
....
Wo befinden sich Werke von ihm?
Sein bekanntestes Werk?
Wie nennen wir die Epoche, in der er wirkte?
Welche Schule gründete er?
Wo war er tätig?
Wo und wann starb er?

So hat sich Peter Parler mit seinem Steinmetzzeichen auf der Brust selbst abgebildet. Büste am Triforium des Veitsdoms in Prag

Auflösung von S. 156 (Gotteslob in Stein): Altar – Dom – Ambo – Taufe – Bank – Mitra – Kelch – Küster – Säule – Lettner – Diakon – Giebel – Orgel – Glocke – Kanzel – Fenster – Bischof – Portal – Kirche – Kerze – Messe. Der Baustil heißt ROMANIK, das Schmuckelement RUNDBOGENFRIES.

Interview mit Herrn Parler

Reporter: *Herr Peter Parler, Sie sind berühmter Dombaumeister in Prag. Viele Städte haben Plätze und Straßen nach Ihnen benannt. Macht Sie das stolz?*

Peter Parler: *Nun ja, ich freue mich natürlich, dass meine Leistungen in der Architektur anerkannt werden. Aber Sie wissen ja, dass mein Name auch für meine Mitarbeiter steht, für die Ausbilder der Steinmetze, für die Künstler aller Sparten, die hier am Dombau mitwirken. In unserer Bauhütte sind immerhin einige Hundert Fachleute beschäftigt. Und jeder tut das Seine.*

Reporter: *Sie haben schon in Köln gearbeitet?*

Peter Parler: *In unserem Beruf sind die Wanderjahre sicher die wichtigsten. In dieser Zeit lernen wir die großen Vorbilder kennen. Nach Abschluss der Lehrzeit bei meinem Vater Heinrich Parler in Schwäbisch Gmünd war ich in Köln. Dort durfte ich als Bildhauer tätig sein.*

Reporter: *Seit wann sind Sie in Prag, Herr Parler?*

Peter Parler: *Das ist jetzt schon gut 30 Jahre her. Nach 1330 ernannte mich der Bischof zum Werkmeister am Dombau zu Prag.*

Reporter: *Was ist die Aufgabe des Werkmeisters?*

Peter Parler: *Da lassen Sie mich etwas weiter ausholen. – Die Bauhütte hat sich gebildet aus dem Bauwesen der Klöster. Dort waren Mönche als Bauleute und Künstler tätig. Sie bildeten auch den Nachwuchs aus. Der klösterliche Baubetrieb erwies sich als ideal. Hohe Leistungen der Baukunst und auch der bildenden Kunst waren die Folge eines Zusammenschlusses von so vielen verschiedenen Berufen. Die klösterliche Bauhütte legte Wert auf strenge Disziplin.*

Reporter: *Waren die Mitglieder der Bauhütte sämtlich Mönche?*

Peter Parler: *Zunächst ja. Aber mit dem Aufblühen der Städte entstanden Bauhütten, deren Mitglieder nicht Mönche waren.*

Reporter: *Die klösterlichen Bauhütten bauten doch nicht ewig an einem Kloster oder einer Klosterkirche. Warum sind sie nicht in den Städten eingesetzt worden?*

Peter Parler: *Das ist mehrfach geschehen. Wir kennen ja die Bauhütte der Zisterziensermönche, die um 1230–1235 am Magdeburger Dom arbeitete. Nur: Die klösterliche Bauhütte stößt hier an deutliche Grenzen. Mönche haben ihre Regel, ihre Klöster, ihre Verpflichtungen. Und die großen gotischen Dombauten brauchen Künstler, denen eine gewisse Freizügigkeit eigen ist.*

Reporter: *So hat sich die weltliche Bauhütte entwickelt?*

Peter Parler: *Ja, aber auf den immerhin 300-jährigen Erfahrungen der Mönche fußend.*

Reporter: *Wer vertritt den Werkmeister bei Abwesenheit oder Krankheit?*

Peter Parler: *Der Parlier tut das. Er muss Meister oder Geselle sein. Seine Sache ist die Betreuung der Bauhütte am Bauplatz.*

Reporter: *Der Name kommt von dem französischen Wort parler = sprechen. Was besagt das?*

Peter Parler: *Der Parlier oder Polier ist Sprecher der gesamten Bauhütte. Es gibt Fragen, die mit dem Bauverwalter oder dem Hüttenmeister geklärt werden müssen. Das tut der Parlier, der Sprecher.*

Reporter: *Hat Ihr Name etwas damit zu schaffen?*

Peter Parler: *Natürlich. Eigentlich war mein Eigenname ein Berufsname. Viele meiner Vorfahren hatten das Amt des „Parliers".*

Reporter: *Stehen die Bauhütten von Prag, Köln, Straßburg, Magdeburg usw. in Verbindung miteinander?*

Peter Parler: *Die Bauhütten Europas pflegen gute Kontakte. Wenn ein Geselle zum Beispiel von Prag nach Köln geht, nimmt er Kontakt auf. Das geschieht schon allein durch die Wanderschaft der Gesellen. Die Baukunst der Gotik ist nicht denkbar ohne den geistigen und geistlichen Zusammenhalt der Bauhütten und den damit gegebenen Erfahrungsaustausch.*

Reporter: *Eine letzte Frage, Herr Parler. Was meinen Sie zu der oft geäußerten Ansicht, die Baumeister der nachromanischen Zeit bauten mit den Domen Denkmäler für die aufstrebende Macht der Städte?*

Peter Parler: *Tatsache ist, dass gerade in unseren Tagen die reichen Städte sich Bauwerke leisten können, die alles Dagewesene übertreffen. Tatsache ist auch, dass unser Bauen und unsere Bildwerke dem freien Menschen der Stadt entsprechen. – Aber übersehen Sie bitte nicht, dass dieses Tun nicht zuerst am Rathaus, sondern am Gotteshaus beginnt. Wir Bauleute verstehen unser Bauen letztlich als Gottesdienst.*

Reporter: *Herr Parler, ich danke Ihnen herzlich für die Auskünfte, die uns helfen werden, Ihr Werk besser zu verstehen.*

Dieses Bild von 1448 gibt einen Einblick in das mittelalterliche Bauwesen. Die große Kirche im Vordergrund wird aus Ziegeln erbaut, der Ostchor ist bereits vollendet

Das Steinmetzzeichen der Parler

Veitsdom in Prag, Blick in den Ostchor von Mathias von Arras und Peter Parler

Anmerkung

Peter Parler ist 1399 in Prag gestorben. Das vorstehende Gespräch ist erfunden. Die Fakten entsprechen aber dem Stand der wissenschaftlichen Forschung über Peter Parler. Sein Geburtsdatum blieb unbekannt. Seine Schule wirkte bis ins 15. Jahrhundert. Peter Parler hat auch viele andere Bauwerke geschaffen, z. B. die berühmte Karlsbrücke über die Moldau in Prag. (→ S. 165)

Aus der Geschichte des Kölner Doms
Auf den Fundamenten des karolingischen Vorgängerbaus von 804 wird 1248 der gotische Dom begonnen. Die Bautätigkeit erlahmte mit Ausgang der Gotik 1560. Erst 1842 wird der Bau nach den alten Plänen mit romantisch-politischem Schwung fortgesetzt und 1880 geweiht.

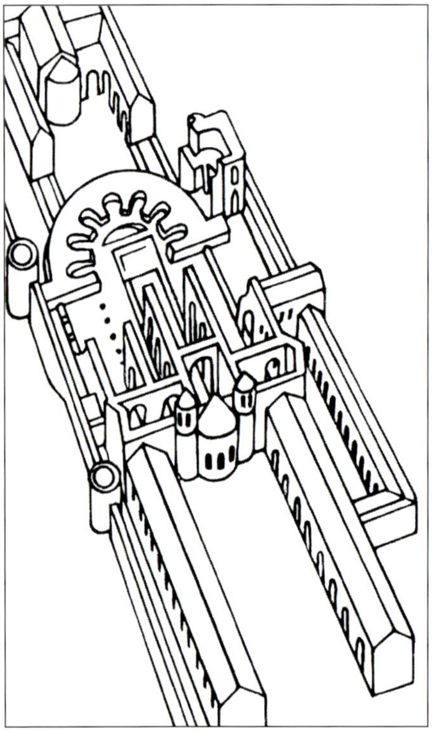

Kölner Dom, 1248

Kölner Dom, 1560

Die Simultankirche in Bautzen (→ S. 53) lässt deutlich die Achsenbrechung erkennen.

Woher kommt der Knick?

An vielen Kirchen ist eine Eigentümlichkeit in der Gestaltung des Grundrisses zu beobachten. Die Mittellinie, die auch Längsachse heißt, weist im Chorraum eine Brechung auf. Einfach gesagt: die Kirche gerät aus der Mitte. Man bezeichnet diese Abweichung von der Mittellinie als Achsenbrechung.
Unklar ist die Ursache der Achsenbrechung. Es gibt verschiedene Deutungen: welche im einzelnen Fall zutrifft, können auch die Fachleute nicht immer eindeutig beantworten.

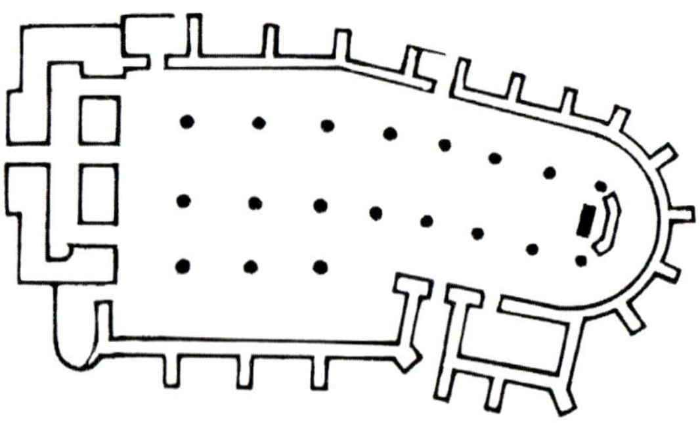

Erklärungsversuche

- Man musste abweichen, weil das Baugelände dies verlangte.
- Die Brechung spielt auf den sterbenden Jesus an, der am Kreuz sein Haupt geneigt habe.
- In der Regel wurden die Kirchen früher geostet. Die Ostung bedeutet Ausrichtung auf die aufgehende Sonne. Die Sonne ist Ursymbol für den göttlichen Kyrios Christus, die „Sonne der Gerechtigkeit". Die Ostung wurde am Patronatsfest der Kirche vorgenommen, z. B. Nikolaus am 6. Dezember. Wurde dieselbe Kirche während der oft langen Bauzeit einem anderen Patron geweiht, z. B. Petrus (29. Juni), war der Sonnenstand jahreszeitlich bedingt ein anderer. Die neue Achse weicht nun von der alten ab.
- Die alten Baumeister haben astronomische Kenntnisse im Grundriss verarbeitet. So kann z. B. aus dem Brechungswinkel der Weihetag oder der Tag des Kirchenpatrons erschlossen werden.

Bauwesen im Mittelalter

9–12. Jh. Klosterwerkstatt

Mitglieder
Ordensleute, die zeitlebens im selben Orden leben, dem Abt unterstellt

Architekt
ein Geistlicher oder ein Mönch

Mönche

Ausbildung
ordenseigene Schulen

Bauern

12–15. Jh. Bauhütte (Gotik)

Mitglicder
keine Ordensleute; strenge Disziplin in der Hütte, Hüttengeheimnis, aber Austausch von Wissen und Fertigkeiten

Werkmeister
Hüttenmeister (magister operis)

Parlier
Sprecher u. Betreuer der Bauhütte

Freie Handwerker
Meister und Gesellen

Ausbildung
Lehrzeit 2–3 Jahre, Wanderzeit – Geselle, Wanderzeit – Meister, Leiter eines bestimmten Objektes bei entsprechendem Nachweis – Werkmeister

Bürger und Bauern
im Auftrag des Bauherrn

Gemeinsam

Gesamtleitung

Mitarbeiter
Vermesser, Maurer, Zimmerleute, Steinmetzen, Bildhauer, Fensterglaser, Maler

Hilfskräfte
Erdarbeiter, Holzlieferanten, Steinbrecher, Transporteure, Gerüstbauer

Der Bau der Karlsbrücke in Prag wurde nach Plänen von Peter Parler 1357 begonnen.

Stein auf Stein

Für dieses Quiz brauchst du Papier und Stift. Schreibe die Lösungswörter untereinander. Ihre Anfangsbuchstaben ergeben, hintereinander gelesen, die Bezeichnung für ein Bauwerk.
Wie heißt

- die Prager Brücke, die von Peter Parler erbaut wurde?
- in der Kirche der Ort, wo das Wort Gottes verkündet wird?
- im Freiberger Dom jene Kanzel, die wie eine Blume gestaltet ist?
- ein mittelalterliches Schlaginstrument?
- das aus dem Griechischen stammende Wort für „Frohbotschaft“?
- ein mittelalterliches Blasinstrument, das heutzutage als Nationalinstrument der Schotten gilt?
- ein Kennzeichen des romanischen Stils, das bei Bauten an Fenstern und Portalen verwendet wird?
- der Chorraum einer Kirche noch?
- die Trennwand, die früher den Kirchenraum in einen Teil für Priester und Mönche und in einen für die Gemeinde gliederte?
- ein in der Kunst häufig als Kindergestalt (als „Putte“) dargestelltes himmlisches Wesen?

Romanisches Kreuz auf dem Hülfensberg im Eichsfeld, 12. Jh.

Die vielfältigen Erfahrungen des Leidens der Menschen in den Zeiten der Pestseuchen sind in die Kunst der Gotik eingebracht. Vergleiche beide abgebildeten Kreuze.
Oben das romanische Kreuz mit dem König, dem Herrscher, ist eher ein Siegeszeichen. Die Haltung des Gekreuzigten können wir als königlich erhaben bezeichnen.
Unten ein gotisches Kreuz. Jesus, der geschundene, leidende Mensch, wird als unser Bruder Abbild auch unserer Not.

Gotisches Kreuz im Hieronymus-Kloster im Lissaboner Stadtteil Belém. Das Kloster gehört zum UNESCO-Weltkulturerbe.

Teilhabe und Abstand

Bildhaft lässt sich die Epoche der Gotik als Zeit von Licht und Schatten erklären. Die Heiligkeit Gottes ist so groß, und die Unheiligkeit der Menschen ist so tief, dass es keine Gemeinschaft von oben und unten geben kann. Abstand und Verehrung aus der Ferne sind folgerichtige Verhalten, auch im Gottesdienst. Der gotische Mensch betet an, demütig und mit inniger Hingabe. Die für die Kranken aufbewahrten Hostien werden jetzt Gegenstand der Verehrung, die sich völlig neue Formen sucht. Reichgeschmückte Sakramentshäuschen werden zum „Zelt des Höchsten“, lateinisch zum „Tabernakel“. Andachten zu Ehren der Eucharistie und des Herzens Jesu werden zunehmend beliebt. Die Schau der Eucharistie tritt an die Stelle des Mahles. Das Fronleichnamsfest mit glanzvollen Prozessionen trägt das kostbare Geschenk Christi hinaus in die Welt, um sie zu heiligen und ihr Gottes Dasein unter den Menschen geheimnisvoll nahezubringen. Das Ewige Licht vor dem Sakramentshaus wird allmählich fester Brauch. Mitte und Höhepunkt der Messfeier wird das Erheben und Zeigen der Gestalten von Brot und Wein. Vor solchem Geheimnis kann sich der Christ nur klein machen. So wird das Knien, das tausend Jahre im Kaiserkult geübt und dem österlichen Menschen eher zuwider war, zum Ausdruck der Anbetung. Die zuinnerst christliche Haltung, das Stehen als Ausdruck der erlösten und erhöhten Geschöpfe, rückt in Nischen der Liturgie.
In dieser Zeit erlebt die Marienfrömmigkeit eine hohe Blüte. Diese hatten schon die Benediktiner gepflegt. Nun tragen auch die Zisterzienser in besonderem Maße durch Predigt und durch Einführung bunter Andachtsformen dazu bei. Ihr geistiger Vater, der hl. Bernhard von Clairvaux, gab dazu wichtige Anstöße. Maria wird seit der Minnezeit besonders als Jungfrau verehrt. Sie erscheint aber auch als die Königin des Himmels. Maria ist ganz bei Gott. So kann sie Brücke werden von Gott zum Menschen.

Himmlische Harmonie im Dom zu Meißen

Die Gotik wendet sich auch bürgerlichen Bauten zu. Rathäuser, Türme und Brücken entstehen und verkünden das gewachsene Selbstbewusstsein des Stadtmenschen.
Der Name Gotik hat erst im 19. Jahrhundert die Bedeutung bekommen, die wir heute kennen. Vorher galt gotisch als barbarisch, weil die Goten in der Völkerwanderung die antike Kultur zerstört und eine neue, fremde Kultur begründet hatten, die eben als barbarisch, als „gotisch", herabgemindert wurde. Dort, wo kein Naturstein zur Verfügung stand, benutzte man den Backstein, den „gebackenen" Lehmziegel. Man spricht dann von Backsteinbauten.

Wir unterscheiden in unserem Raum:	**Frühgotik**	**Hochgotik**	**Spätgotik**
	etwa 1250–1350	etwa 1350–1450	etwa 1450–1550

Rathaus und Nikolaikirche in Stralsund

Kloster Chorin. Der Ziegel gibt einen warmen Ton.

Backsteingotik: Kirche „Maria auf dem Sande" in Wrocław (Breslau)

Mit Meisterhand

Aus den folgenden Silben sind neun Wörter zu bilden, deren erste Buchstaben, von oben nach unten gelesen, einen Stadtnamen ergeben. Dort steht der ab 1209 errichtete erste gotische Großbau in Deutschland.

a – ak – bis – bo –do – e –ge – gen – got – got – ka – ker – li – lob – mat – mi – ner – ni – po – rich – rund – stel – tes – tes – thä –tum – ul – um – us – van

1. Evangelist
2. Jünger Jesu (im engeren Sinn)
3. alte Bezeichnung für Friedhof
4. vom hl. Dominikus gegründeter Predigerorden
5. aus dem Griechischen stammendes Wort für „Frohe Botschaft"
6. Kirchenbezirk
7. Vorname des ersten Bischofs, der formal heiliggesprochen wurde
8. typisches Kennzeichen der romanischen Bauweise
9. Titel eines Gebet- und Gesangbuches

Auflösung von S. 165 (Stein auf Stein): Karlsbrücke, Ambo, Tulpenkanzel, Handtrommel, Evangelium, Dudelsack, Rundbogen, Altarraum, Lettner, Engel – KATHEDRALE

Schöne Tür von Witten in Annaberg

In dieser Epoche lebten ...

Hans Witten

(geb. um 1460 in Niedersachsen, gest. um 1525 im Erzgebirge) war bis 1938 nur als der „Meister H. W." bekannt. Nach langer Forschung gelang es einem Kunsthistoriker, den Namen des Bildschnitzers festzustellen. Am Altar in Borna und an der Schönen Tür in Annaberg fand er an versteckter Stelle das Zeichen „H. W.". Durch den Vergleich von Arbeitstechnik und künstlerischem Stil konnte er diesem Künstler noch weitere unsignierte Werke zuschreiben. Frühwerke fand er in der Nähe von Braunschweig und Meisterwerke im obersächsischen Gebiet: die Chemnitzer Schmerzensmutter, das Portal der Schlosskirche in Chemnitz und die Tulpenkanzel in Freiberg. In den in Frage kommenden Arbeits- und Wohnorten des Künstlers suchte der Forscher in alten Rechnungsbüchern, Kaufverträgen und Steuerlisten nach Personen mit den Anfangsbuchstaben H. W. Durch gründliche Vergleiche konnte er H. W. eindeutig als das Künstlerzeichen von Hans Witten aus Köln ermitteln.

Veit Stoss

(geb. um 1440 in Nürnberg, gest. 1533 in Nürnberg) war der bedeutendste spätgotische Bildschnitzer. Er gab 1477 sein Bürgerrecht in Nürnberg auf und schuf in Krakau für die deutsche Gemeinde den Hochaltar in der Marienkirche. 1496 kehrte er nach Nürnberg zurück, schnitzte den Englischen Gruß, einen figurenreichen Rosenkranz u. a. In seinen Darstellungen zeigt sich ein leidenschaftlicher Ausdruck, den Barock schon vorausahnend. Veit Stoß starb erblindet in seiner Heimatstadt.

Englischer Gruß in der St. Lorenzkirche in Nürnberg

Selbstbildnis Riemenschneiders am Marienaltar der Creglinger Herrgottskirche

Tilman Riemenschneider

(geb. um 1460 wahrscheinlich in Heiligenstadt im Eichsfeld, gest. 1531 in Würzburg) war Bildhauer und der große Bildschnitzer der Spätgotik. Er arbeitete ab 1483 in Würzburg. Als erster verzichtete er darauf, die Figuren farbig zu fassen (d. h. zu bemalen). Seine Schnitzaltäre (z. B. Heiligenblutaltar in Rothenburg ob der Tauber) lassen eine tiefe christliche Lebensauffassung spüren. Aus dieser Haltung heraus schlug sein Herz für die Unterdrückten und ließ ihn für die Bauern Partei nehmen. Nach der Niederwerfung der Aufstände hatte er hart dafür zu büßen: Einziehung seines Vermögens, Verlust des Bürgermeisteramtes, Kerker, Folter.

Selbstbildnis Vischers am Sebaldusgrab

Peter Vischer der Ältere

(geb. 1455 in Nürnberg, gest. 1529 in Nürnberg) übernahm 1487 die väterliche Gießhütte, die eine der bekanntesten Deutschlands war. Vischers frühe Werke sind noch rein gotisch, z. B. das Grabmal des Erzbischofs Ernst im Magdeburger Dom von 1495, ähnlich das Grabmal des Grafen von Henneberg und seiner Frau in der Stiftskirche in Römhild. Später Einfluss der Renaissance. Berühmt das Sebaldusgrab (mit Selbstdarstellung) in Nürnberg.

Stefan Lochner

(geb. 1410 wahrscheinlich in Meersburg am Bodensee, gest 1451 in Köln) ist der Hauptmeister der Kölner Malerschule. Seine zart-innigen Mariendarstellungen (Madonna im Rosenhag, die Veilchenmadonna) und der Glanz der hellen, duftigen Farben zeigen, wie man sich in dieser Zeit die Mutter Jesu vorstellte. Sein Hauptwerk ist das Altarbild der Stadtpatrone im Kölner Dom. Es stellt auf der Mitteltafel die Huldigung der Drei Könige dar, auf den Hügeln St. Ursula und St. Gereon mit reichem Gefolge. Lochner starb im Armenhaus.

Lochner: Madonna im Rosenhag

Hans Memling

(geb. um 1433 bei Aschaffenburg. gest. 1494 in Brügge) erhielt seine Ausbildung bei Lochner in Köln oder bei R. van der Weyden in Brüssel. Memling erzählt oftmals mehrere Szenen einer Geschichte mit zahlreichen Figuren auf einem einzigen Bild. Seine Hauptarbeiten: das Altarwerk in der Marienkirche in Gdansk (Jüngstes Gericht, Hölle und Himmelfahrt) und der Ursulaschrein mit vielen Szenen aus der Geschichte der hl. Ursula im Johannishospital in Brügge.

Wolgemut: Gemälde von Albrecht Dürer

Martin Schongauer

(geb. um 1445 in Colmar, gest. 1491 in Breisach) war ein bedeutender Maler der Spätgotik. Als Meister des Kupferstichs verfeinerte er die Technik und betonte Licht und Schatten in seinen Stichen, z. B. in seiner „großen Kreuztragung“ und im Bild des hl. Antonius.

Memling: Jüngstes Gericht

Michael Wolgemut

(geb. 1434 in Nürnberg, gest. 1519 in Nürnberg) gehörte zur Nürnberger Malerschule. Er war Lehrer Albrecht Dürers. In seiner Werkstatt arbeitete Wolgemut gemeinsam mit vielen Gesellen. Bekannt sind von ihm die Gemälde am Hochaltar in der Zwickauer Marienkirche. Er lieferte auch Holzschnitte für die Schedelsche Weltchronik.

Schongauer: Der hl. Antonius

Adam Krafft

(geb. um 1460 in Nürnberg, gest. 1508/1509 in Schwabach bei Nürnberg) wurde in Nürnberg als Steinbildhauer ausgebildet. 1477 arbeitete er mit am Neubau von St. Lorenz (Spätgotik). Nach längerer Wanderschaft errichtete er 1490 in Nürnberg eine Werkstatt und schuf Bildwerke in schlichter Innigkeit und volkstümlicher Kraft, vor allem Reliefs. In seinen Werken vollzog er den Schritt von der Spätgotik zur Renaissance. Alle Werke von ihm befinden sich in Nürnberg: z. B. Sakramentshaus mit Selbstdarstellung als Träger in der Lorenzkirche, sieben Reliefs zu den Kreuzwegstationen.

Krafft: Selbstbildnis in der Nürnberger Lorenzkirche

De Machaut empfängt die Personifikation der Natur, die ihm Gefühl, Rhetorik und Musik vorstellt. Französische Buchmalerei

Guillaume de Machaut

(geb. um 1300 wahrscheinlich in Machaut, Nordfrankreich, gest. 1377 in Reims) war der bedeutendste Musiker und Dichter des 14. Jahrhunderts. Als Priester, Ratgeber und Diplomat begleitete er König Johann von Böhmen auf seinen Reisen durch Ungarn, Polen, Flandern und Italien. Zuletzt war er Domherr in Reims. Er schrieb Messen, Motetten, aber auch weltliche Musik: mehrstimmige Balladen, Rondos und Chansons.

Josquin des Prés

(um 1450 geb. in den Niederlanden, gest. 1521 in Condé). Im 14. und 15. Jahrhundert wurde an den großen Kathedralkirchen in den Niederlanden und angrenzenden Gebieten die mehrstimmige Musik sehr vervollkommnet. Einer von den vielen bekannten Meistern dieser Epoche war Josquin des Prés. Von 1474 an war er in Italien, später sogar acht Jahre lang an der päpstlichen Kapelle in Rom. Die Kompositionen dieser Zeit wurden immer kunstvoller. Es entstanden freie Kompositionen, die nicht mehr den Gregorianischen Choral als Cantus firmus benutzten. Kanons wurden in geistliche und weltliche Werke eingeflochten.

Musikinstrumente des Mittelalters

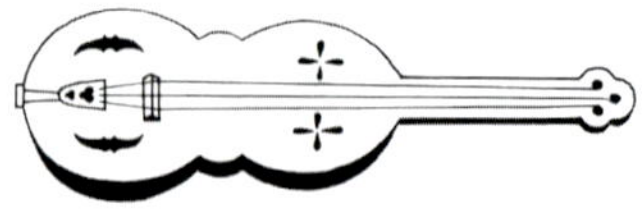

Die **Fiedel** ist das im Mittelalter am meisten gespielte Instrument. Sie wurde gezupft oder gestrichen. Anfangs hatte sie nur eine Saite oder zwei; aber im 10. Jh. baute man Fiedeln mit drei und vier Saiten; im 11. Jh. mit 5 Saiten.

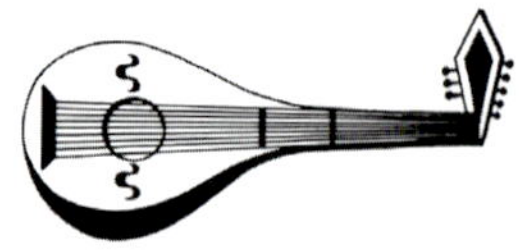

Die **Laute** ist etwa seit dem 10. Jh. in Europa bekannt. Im 14. Jh. wurde sie sehr beliebt und verdrängte immer mehr die Harfe.

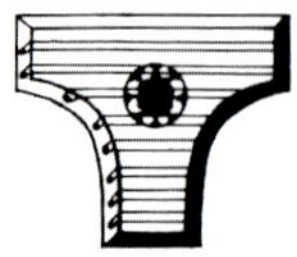

Beim **Psalterium**, einer Rahmen- oder Brettzither, werden die Darm- oder Metallsaiten mit den Fingern gezupft.

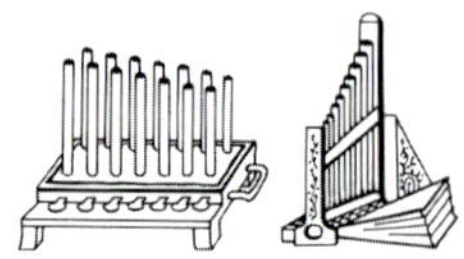

Das **Portativ** ist eine kleine Tragorgel mit 6–28 Lippenpfeifen; seit dem 12. Jh. in Westeuropa ziemlich verbreitet.

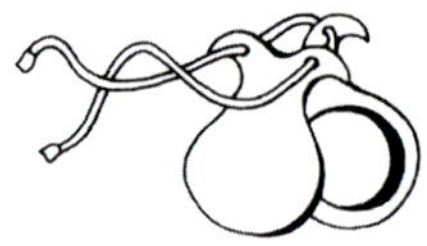

Im Mittelalter gab es bereits eine erstaunliche Vielfalt an Schlaginstrumenten, die sich ja leicht herstellen ließen: Trommeln aller Art und Größe, auch Schellentrommeln, Sistren (⟶ S. 106), Becken, Glockenspiele, Schellen und **Kastagnetten**.

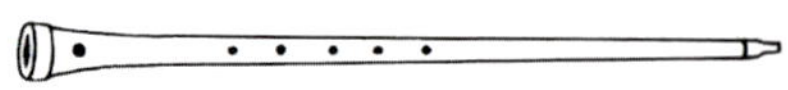

Die **Blockflöte** gehört zu den ältesten Musikinstrumenten der Menschheit. Nach Mitteleuropa kam sie wahrscheinlich im Mittelalter aus Asien über Osteuropa einerseits, über Nordafrika, Spanien andererseits.

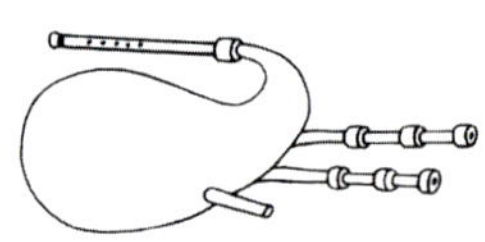

Der **Dudelsack,** ein volkstümliches Instrument. kam auch aus dem Orient zu uns. Heute schottisches Nationalinstrument.

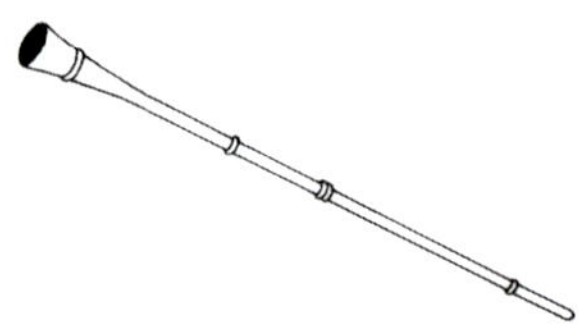

Die **Busine** (Trompete ohne Krümmung) stammt von den Sarazenen, den im Mittelmeergebiet lebenden Muslimen. Aus ihr haben sich die heutigen Trompeten entwickelt.

Heinrich Isaac

(geb. um 1445 in den Niederlanden, gest. 1517 in Florenz) war Hofkomponist von Kaiser Maximilian I. Mehrere Reisen führten ihn nach Italien. Isaac komponierte geistliche und weltliche Musik. Bekannt ist er heute vielen durch die Melodie zu „Innsbruck, ich muss dich lassen …“. Diese Melodie steht im „Gotteslob“ mit den beiden Texten: „O Welt, ich muss dich lassen“ und „O wunderbare Speise“.

Kunst verlangt Künstler

Die mehrstimmige Kirchenmusik war um 1500 so kunstvoll geworden, dass geschulte Chöre gebraucht wurden. Den ersten „geschulten" Chor gab es allerdings schon lange vorher, schon im 4. Jahrhundert: die Schola cantorum in Rom. Papst Gregor der Große sorgte später für den Bestand dieser Schola. In einem Waisenhaus ließ er den Sängernachwuchs erziehen. Im Mittelalter setzten die Klöster und die Kathedralkirchen ihren Ehrgeiz darein, die beste Schola cantorum und einen guten Magister capellae (Kapellmeister) zu haben. Vorbild war stets die römische Schola. Aus dieser römischen Schola wurde im 15. Jahrhundert die „Päpstliche Kapelle", die aus nur 9–12 Mitgliedern bestand. Noch heute bestehen Chöre bzw. Kapellen aus dieser Zeit!

Kapelle

1. Kleine Kirche
2. Im Mittelalter und in der Renaissance: Kleriker, die im Gottesdienst singen. Der Magister capellae hat die Leitung. Im 16. Jahrhundert zählen auch Instrumentalisten dazu.
3. Jetzt: Bezeichnung für ein Orchester (Staatskapelle, Tanzkapelle)

Von der Litanei zum Lied

„Wer keine Psalmen wisse, soll mit lauter Stimme ‚Kyrie eleison – Christe eleison' anstimmen", so heißt es in einer Gottesdienstanweisung aus dem Jahre 858. Bei den Fürbitten, bei Wallfahrten und Prozessionen wurde nämlich die Allerheiligenlitanei gesungen, und zwar lateinisch. Das Volk antwortete mit den immer gleichbleibenden Teilen:

Kyrie eleison (griech. = Herr erbarme dich) und
Ora pro nobis (latein. = Bitte für uns)

Das Kyrie eleison richtet sich an Christus, den Herrn der Kirche, und eignet sich als Bekenntnis und Antwort wie das „Amen". Das „Kyrieleis" wanderte von der Allerheiligenlitanei in die ersten geistlichen Volkslieder. Daher die Bezeichnung „Leisen", in der Einzahl „Leis" oder „Leise".

Lieder mit Kyrieleis-Ruf im „Gotteslob":
- „In gotes namen varen wir ..."
- „Nu biten wir den heiligen Geist"
- „Syt willekomen, herre Krist ..."

Kreuzchor
Um 1225 wird in Dresden die Kreuzschule gegründet. Ein Alumnat für die Sänger ist seit 1388 nachweisbar.

Dresdner Kapellknaben
1548 wird die Dresdner Hofkapelle gegründet. Zu ihr gehören in erster Linie Sänger, und zwar „11 große Personen zum Bass, Alt und Tenor und 9 Knaben zum Diskant". In der Kantoreiordnung von 1548 wurde festgelegt, „dass alle Cantores teglich eine Stunde, auch sunsten, wann sie unser Capellmeister zum ubersingen fordern wirt, unweigerlich kommen und erscheinen sollen".

Thomanerchor
Schon 1519 singt der Leipziger Chor zur Eröffnung der Disputation zwischen Luther und Eck. Es erklingt eine 12-stimmige Motette.

Regensburger Domspatzen
1502 wird eine sicher schon seit langer Zeit bestehende Schola „reorganisiert".

Die Nachtigallen von Poznan (Posen)
Dieser weltbekannte Knaben- und Männerchor entstand an der Erzbischöflichen Domschule in Poznan (Posen) zu Beginn des 16. Jahrhunderts. Nach wechselhaftem Schicksal wurde vor 100 Jahren der Chor im Sinne der Tradition neu organisiert und von bedeutenden Leitern (darunter auch zwei Priestern) auf ein hohes Niveau geführt.

Wiener Sängerknaben
1498 ließ Kaiser Maximilian den Befehl ausfertigen, „für die Hofburgkapelle in Wien Sänger zu unterhalten". Die ersten Sänger kamen aus den Niederlanden, die damals führend in der Musik waren. Der Bischof von Wien übernahm selbst das Amt des Kapellmeisters und Kantors. In den 500 nachfolgenden Jahren war der wohl berühmteste Sängerknabe Franz Schubert, der von 1808 bis 1813 dem Chor angehörte.

Gespannt verfolgen die Erfurter, wie ihre Glocke nach der letzten Reperatur 2004 wieder an ihren angestammten Platz im Mariendom zurückkehrt.

Allerlei über Glocken – Einige Weltrekorde

Die schwerste Glocke
ist die KOLOKOL im Kreml in Moskau.
Gegossen: 1733 durch Montorin
Gewicht: ca. 4000 Zentner

Die wohlklingendste Glocke
ist die GLORIOSA im Erfurter Dom.
Gegossen: 1497 durch Geert van Wou
Gewicht: ca. 227 Zentner

Die kleinste Glocke
und zugleich älteste Bronzeglocke stammt aus Assyrien und soll im 7. Jahrhundert v. Chr. gegossen worden sein. Sie war nur 9,5 cm hoch. In den Kriegswirren 1945 ging sie verloren. Ein Abguss wird im Glockenmuseum zu Apolda aufbewahrt.

Ursprungsland
der Glocke soll Babylonien sein. Unser Wort „Glocke" kommt aus dem Keltischen, was für den irischen Ursprung unserer Tradition spricht.

Das Material
der Glocke besteht im Allgemeinen aus Bronze (Legierung aus 80 Prozent Kupfer und 20 Prozent Zinn), die den besten Ton ermöglicht. Für Glockenspiele wird in unserer Zeit auch Porzellan verwendet. Stahlglocken sind selten wegen ihrer geringen Klangqualität.

Der Glockenton
wird im Osten durch Anschlagen der starr hängenden Glocke erzeugt. Im Westen dagegen entsteht nach alter Tradition der Ton durch den in der Glocke mitschwingenden Klöppel.

Zur Ehre Gottes

Die tiefe Stimme Erfurts
Darf ich mich vorstellen? Ich bin eine „‚sie" von zwei Meter fünfzig Durchmesser. Mein Körper wiegt 227 Zentner und besteht von Kopf bis Fuß aus Bronze. Ich habe eine wohlklingende Stimme. Über einem tiefen Grundton schwebt ein Schleier von Obertönen. Nun wisst ihr, dass ich eine Glocke bin.
Mein Alter? Man zählt mich zum Jahrgang 1497. Meine Herkunft? Von Hause aus bin ich Thüringerin. Mein Vater stammte aus den Niederlanden. Er hieß Gert van Wou. Meine Mutter ist die Erde. Im Lehm bin ich geformt worden wie vier meiner älteren Geschwister. Sie trugen übrigens den gleichen Namen wie ich. Alle sind sie vor mir durch Blitzschlag, Brand und Riss verstummt. Ich habe, ihr könnt es aus meinem Geburtsjahr errechnen, ein hohes Alter erreicht. Zweimal in meinem Glockenleben war ich schwer krank. Das erste Mal geschah es am Heiligabend des Jahres 1984. Zwei Männer hatten mich eben zum Läuten angeschoben, weil das der Motor alleine nicht schaffte. Als aber der Klöppel die ersten Klänge aus mir herausholen wollte, verschlug es mir die Stimme. Ich schepperte wie ein Milcheimer. Mein Bischof schaute sorgenvoll zum Turm hinauf und fragte den Dombaumeister: „Kann ihr noch geholfen werden?" Der gab sich zuversichtlich: „Das lässt sich heutzutage heilen." Der Klöppel hatte wohl all die Jahre meinen Leib so derb geklopft, dass ich ausgerechnet zum Weihnachtsfest verwundert schweigen sollte. Und ich hätte doch so gern in das Gloria der Engel eingestimmt. So aber wurde aus meiner Glockenstube neun Monate lang eine Krankenstation. Mein Bronzeleib erfuhr eine Kur durch Schweißen.
Die zweite Krankheit ereilte mich neunzehn Jahre später. Alle hörten es sofort an meiner brüchigen Stimme, dass mir ein haarfeiner Riss zusetzte. Dieses Mal wurde ich ausgebaut und in eine Spezialwerkstatt nach Nördlingen gebracht. Das Bild zeigt mich bei meiner Rückkehr, wie ich über den Häusern von Erfurt schwebte und mit einem Kran in den Turm gehoben wurde. Tausende Menschen standen da unten mit dem Bischof und dem Dombaumeister und den Theologiestudenten vom nahen Priesterseminar und mit den Stadtgrößen und Zeitungsleuten als Augenzeugen. Und wenig später durften sich alle als Ohrenzeugen über meine erneute Heilung freuen. Das könnt ihr euch gewiss gut vorstellen.
Als ich mich bei euch vorhin vorstellte, nannte ich meinen Namen nicht. Den sollt ihr nämlich selber finden.

Wie heisst die Glocke?

Es sind acht fünfbuchstabige Wörter zu finden. Deren letzte Buchstaben ergeben die Lösung.

1. Stimme einer Glocke
2. Wie heißt die Königin der Musikinstrumente?
3. anders für Klavier
4. hohe Männerstimme
5. Plural von Cello
6. Geschwindigkeit in der Musiksprache
7. Grundrissform eine Glocke
8. anders für Bratsche

1				
2				
3				
4				
5				
6				
7				
8				

Die Menschen in der Zeit der Gotik vollbrachten große Leistungen. Aber ein Kennzeichen dieser Epoche sind vielerorts unfertige Bauwerke, die erst im 20. Jahrhundert vollendet wurden.

Der Meißner Dom vor und nach Vollendung der Türme 1929.

1492

Der Seefahrer Christoph Kolumbus will mit seinem Schiff nach Indien, landet aber in Amerika

Der Bauer stund auf im Lande!

Aufstände der Bauern gegen die Fürsten in ganz Europa

1500 – 1700

Achtung,

Herr Johann Gensfleisch zu Gutenberg hat eine Bibel mit beweglichen Lettern gedruckt. Das mühselige Abschreiben per Hand entfällt.

1 + 4 + 5 + 5

Achtung!

Dreißig Jahre Krieg

Er dauert von 1618 bis 1648.

Aus einem anfänglichen Glaubenskrieg wird ein dreißigjähriger Krieg um die Vormacht in Europa. Beteiligt sind: England, Holland, Dänemark, Schweden, Spanien, Frankreich und Deutschland.

IM NAMEN ALLAHS!

Die Türken fallen in Ungarn ein und besetzen Budapest. Ungarn wird 150 Jahre unter türkischer Herrschaft leben.

1541

Jahr des Herrn 1517 +

Augustinermönch und Magister der Theologie zu Wittenberg

Dr. Martinus Luther

verfasst in Wittenberg 95 Thesen über den Ablass.

Das Ende Wichtige Ereignisse leiten **der Gotik ist** eine neue Epoche ein. **gekommen.**

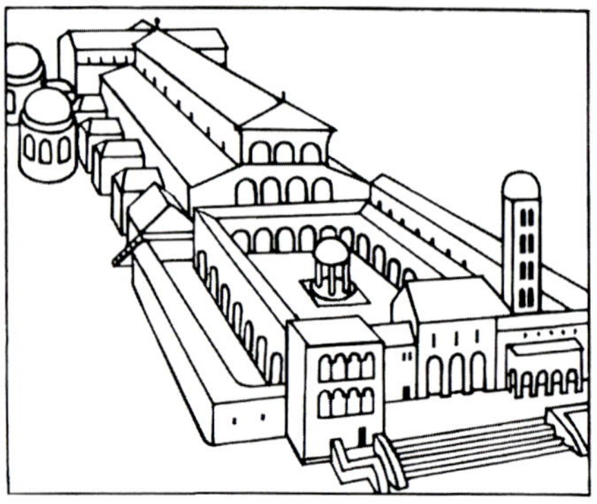

1200 Jahre stand die alte Peterskirche.

Die alte Basilika

Im Vatikan befindet sich ein Wandbild, das die alte Peterskirche darstellt. Sie war eine mächtige Basilika mit 5 Schiffen. Man weiß, dass die Gesamtanlage, die unsere Zeichnung wiedergibt, eine Länge von 243 m hatte. Gebaut wurde sie um 320 n. Chr. auf Veranlassung des ersten christlichen Kaisers Konstantin. Über dem Grab des hl. Petrus sollte eine würdige Gedächtniskirche sein. Äußerlich zeigte sich die Kirche schlicht. Aber im Inneren entfaltete sich eine große Pracht. Im 15. Jahrhundert wurde ein Neubau der Kirche beschlossen. Sie stand damals immerhin schon 1200 Jahre. Über 50 Jahre zog sich die Planung hin, bis im Jahre 1506 der Grundstein für die neue Kirche gelegt wurde. Nur wenige alte Bauelemente konnten in den Neubau einbezogen werden.

Die neue Peterskirche

Von 1506 bis 1626 dauerte die Bauzeit. Rechnen wir noch 50 Jahre Planung und noch einmal 50 Jahre hinzu, die für die Vollendung der Innenausstattung benötigt wurden, ergeben sich gute 200 Jahre. Und es entstand die damals größte christliche Kirche. Man sieht es den Fotos nicht an, dass 54 000 Menschen in ihr Platz finden, dass die Kuppel 132 m hoch und der Innenraum 213 m lang ist. Ein ganzes Heer von Künstlern war beschäftigt. Auf den nächsten beiden Seiten nennen wir die wichtigsten Architekten.

Renaissance

1520–1625

Ein neues Denken erfasste die Menschen. Es kam von Italien her und orientierte sich schon im 14. Jahrhundert mehr und mehr an der vorchristlichen Kunst und Wissenschaft. Das Alte sollte Auskunft geben auf die Fragen der Zeit. „Wiedergeburt" hieß jetzt die Parole (frz. renaissance, von lat. renatus = wiedergeboren).

Die Künstler schufen überragende Kunstwerke, aber die Kunstabsicht hatte sich gewandelt. Der Realismus, den der Naumburger Meister schon vor gut 200 Jahren eingeleitet hatte, fand hier seine klassische Form. Im Mittelpunkt stand nun der Mensch mit seinen Problemen. Die Kunst, die bisher ganz im Dienst der Verkündigung stand, diente jetzt dem Menschen, seinem Nutzen und seiner Freude. Maße und Schmuckwerk wurden auf den Menschen ausgerichtet. Es wurden auch prächtige Rathäuser, Schlösser und Bürgerhäuser gebaut. Diesem Blickwechsel ist die Ostkirche nicht gefolgt.

Es blieb jedoch nicht viel Zeit, sich dem Bauen hinzugeben. Die Unzufriedenheit mit den gesellschaftlichen Verhältnissen führte zu Unruhen und zur Reformation. Katholiken und Protestanten bekämpften sich und hatten keine Muße mehr, Gott zur Ehre zu bauen. Die Bilderstürmer geisterten durch Europa und zerschlugen Statuen und Bildwerke. „Du sollst keine Bilder machen von Gott", steht in der Bibel. Das nahmen sie aus Ärger über Kirche und Feudalherren wörtlich. Sie vernichteten die hölzernen und steinernen Bilder – nicht um Werte blind zu zerstören: Sie wollten aufmerksam machen auf den Geist der christlichen Lehre. Unversehens aber gesellte sich kalte Wut von Fanatikern zu den gutgemeinten Ideen. Unwiederbringliche Kunstwerke wurden zertrümmert.

Die Renaissance blieb ein Durchgang. Denn Europa kam nicht zur Ruhe. Der 30-jährige Krieg brachte Leid, Not, Armut, Pest und Tod mit sich. Von 1618 bis 1648 war ein Stillstand auf nahezu allen Gebieten der Kunst zu vermelden.

Auflösung von S. 167 (Mit Meisterhand): 1. Matthäus, 2. Apostel, 3. Gottesacker, 4. Dominikaner, 5. Evangelium, 6. Bistum, 7. Ulrich, 8. Rundbogen, 9. Gotteslob – MAGDEBURG

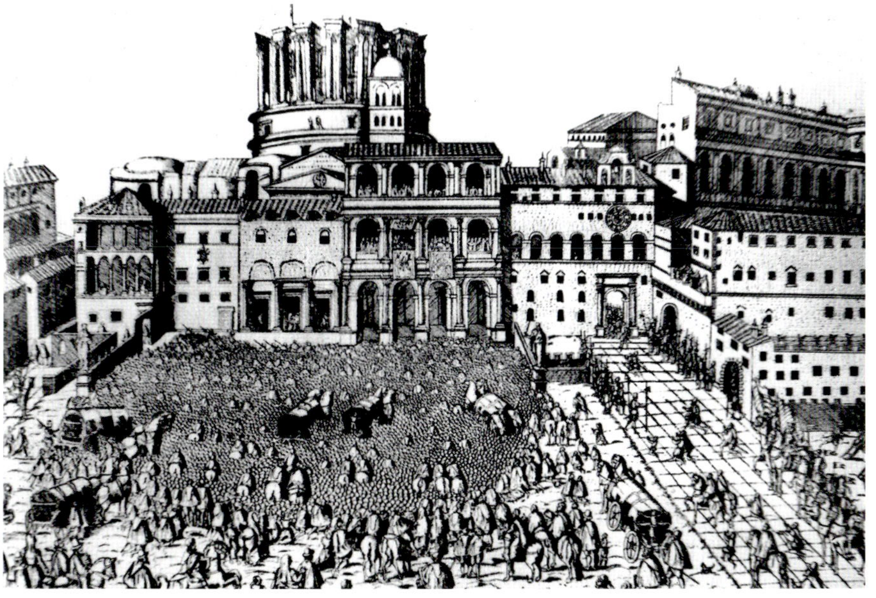

Austeilung des päpstlichen Segens. Die neue Peterskirche im Bau, Stich aus dem 16. Jh.

Der Petersplatz heute. Nach über 120 Jahren Bauzeit wurde 1626 die damals größte Kirche eingeweiht. Die vorgelagerten Kolonnaden umrahmen den Vorplatz und führen den Besucher gleichsam in die Kirche hinein: zum Hochaltar, der vom Bronzebaldachin Berninis überdacht ist, zur Pietà von Michelangelo (⟶ S. 176) und zu den Papstgräbern – zur Mitte der Christenheit.

Donato Bramante
war von 1506 bis 1514 Architekt am Petersdom. Er entwarf den ersten Bauplan für einen Zentralbau, ein kühnes Projekt, das nach seinem Tode Raffael weiterführte.

Raffael (Raffaelo Santi)
war als Bauleiter seit 1515 tätig. Er starb 1520. Wir kennen sein berühmtes Bild „Die Sixtinische Madonna" in der Dresdner Gemäldegalerie.

Michelangelo Buonarroti
hat ab 1546 unentgeltlich bis zu seinem Tode (1564) die Bauarbeiten geleitet.
Die Kuppel ist sein Werk. Vergleichen wir einmal eines der alten Wunderwerke von Rom, das Pantheon aus dem 2. Jahrhundert, mit der Kuppel. Beide sind fast gleich groß. Das Pantheon misst innen 43 m Durchmesser, ebenso hoch ist die Kuppel vom Fußboden aus gemessen. Die Peterskuppel hat einen Durchmesser von 42 m. Sie ruht auf dem 46 m hohen Mittelschiff. Bis zur Spitze sind es von unten aus 132 m. Man kann sich vorstellen, welche gewaltigen Fundamente und Pfeiler notwendig waren, um dieser Kuppel Halt zu geben.

Petersdom und Pantheon im Vergleich

Carlo Maderna
war Baumeister von Beruf und ab 1607 am Bau von St. Peter tätig, vollendete das Langhaus, das ursprünglich nicht geplant war, und gestaltete die Fassade des Domes.

Gian Lorenzo Bernini und **Francesco Borromini**
waren mit vielen anderen maßgeblich an der Innenausstattung beteiligt, die sich bis Ende des 17. Jahrhunderts hinzog. Bernini ist außerdem der Schöpfer der grandiosen Platzanlage vor der Peterskirche (1655–1667). Diese sogenannten Kolonnaden tragen 94 Statuen, jede 3,20 m groß. Wir zählen 284 Säulen und 88 Pfeiler.

Papst Urban VIII. hat die Kirche 1626 feierlich eingeweiht, genau 1300 Jahre später, als die alte Petersbasilika durch Papst Silvester I. eingeweiht worden war.

Michelangelo Buonarroti
(1475–1564)
Der Italiener gehört zu den größten Künstlern überhaupt. Im Alter von 25 Jahren schuf er die Marmorskulptur „Pietà" (Maria trauert um ihren Sohn). Als Baumeister der Peterskirche krönte er diese mit der herrlichen Kuppel. Seine Deckenfresken der Sixtinischen Kapelle im Vatikan setzten neue Maßstäbe in der europäischen Kunst. So gilt Michelangelo als Begründer des Barock. Auch als Dichter machte sich das greise Genie durch seine Sonette einen Namen.

Albrecht Dürer
(1471–1536)
Sohn eines Goldschmiedes, kam mit 15 Jahren in die Lehre zu Meister Michael Wolgemut und war schon mit 23 Jahren selbständiger Maler, Kupferstecher und Zeichner. Er gilt als bedeutendster Vertreter der Kunst in seiner Zeit und darüber hinaus. Seinem Arbeitseifer verdanken wir mehr als 1000 Meisterwerke.

Gläubiges Genie

Mit 25 Jahren hat Michelangelo das hier abgebildete Kunstwerk geschaffen. Es befindet sich im Petersdom zu Rom. Dargestellt ist die um ihren Sohn trauernde Mutter Maria. Wie diese Mariendarstellung in der Kunst genannt wird, ergibt sich aus den Anfangsbuchstaben der Lösungsworte.

1. Schutzheiliger
2. Heimatland Michelangelos
3. Niederländischer Humanist
4. dessen englischer Freund und Heiliger
5. Leonardos Hauptwerk in Mailand

Dich ruf ich, Herr, dich einzig ruf ich an
gegen mein blindes nutzloses Beginnen:
Du machst mich neu von außen und innen,
Wille, Verstand und was ich langsam kann.

Michelangelo Buonarotti,
übersetzt von Rainer Maria Rilke

Vom Steinmetzzeichen zum Namenszeichen

Im Mittelalter blieben die Künstler anonym. Nur am Steinmetzzeichen ließ sich die Bauhütte erkennen. Als sich die Maler, Goldschmiede und andere Künstler im 15./16. Jahrhundert aus der Bindung der Zünfte lösten, zeichneten sie ihre Werke selbstbewusst mit einer eigenhändigen Signatur.

Gut bist du, Herr, gut über alles Maß, denn du lässt mich tätig sein und schaffen und reichst mir selber die Mittel zur Hand! Ich will dir danken dafür, Tag und Nacht und jeden Augenblick, mein Herr und mein Gott!

Christoph Kolumbus

Die Welt mit neuen Augen sehen

Das haben Kolumbus, Kopernikus und auch die Künstler Michelangelo und Dürer (→ S.176), Leonardo da Vinci, aber auch der Theologe Erasmus getan.

Astronomie

Nikolaus Kopernikus (1473–1543)

Der Domherr zu Frombork, ein Pole deutscher Abstammung, erkannte durch unermüdliche Beobachtung des Himmels die Unrichtigkeit der vorherrschenden Vorstellungen des überlieferten Weltbildes. Nach der Lehre des Ptolemäus, der um 120–147 in Alexandria lehrte, bildete die Erde den Mittelpunkt der Welt. Dieses geozentrische Weltbild wurde durch das heliozentrische (die Sonne als Mittelpunkt) des Nikolaus Kopernikus abgelöst. Andere Gelehrte wie Kepler, Galilei und Newton bauten auf dieser umwälzenden Erkenntnis auf und lehrten, dass die Erde nur ein Planet unter anderen Planeten sei und mit diesen gemeinsam die Sonne umkreist. Die scheinbare Drehung des Himmels wird als Folge der Achsendrehung der Erde erklärt.

Bildende Kunst

Leonardo da Vinci (1452–1519)

In dieser Zeit wird in der bildenden Kunst die Zentralperspektive gefunden. Bei dieser steht der Mensch im Zentrum und zeichnet die Welt, wie er sie sieht. Weit entfernte Gegenstände erscheinen klein, unabhängig von ihrer Bedeutung. Die unendliche Ferne wird zum Punkt. Wir kennen andere Sichtweisen in der ägyptischen Kunst und in der Ikonenmalerei. Da wird die umgekehrte Perspektive angewandt. Bei der Ikone nimmt der Goldgrund (der Ewigkeit) die ganze Fläche ein. Die Lichtwellen davor abgebildeter Personen treffen sich im Auge des Betrachters. Einen der genialen Umsetzer der Zentralperspektive sehen wir in Leonardo da Vinci. Sein berühmtes Wandgemälde „Das Abendmahl" in Mailand gilt als Paradebeispiel dafür. Auch sein Bildnis der „Mona Lisa" in Paris wie auch sein gesamtes Schaffen als Philosoph, als Schriftsteller und als Erfinder von Maschinen macht den Menschen als Mitte offenbar.

Geisteswissenschaft

Erasmus von Rotterdam (1466–1536)

Der niederländische Augustinerchorherr und Theologe gilt als einer der größten Geister seiner Zeit. Er war ein Freund des hl. Thomas More. Er wirkte für eine menschliche Gesinnung und Bildung durch die geistige Wiedererweckung des Altertums. Er gab griechische und lateinische Werke neu heraus. Seine umfassende Kenntnis der Bibel und der Kirchenväter ließ ihn als Mann der ersehnten Reform der Kirche erscheinen. In Luthers Kirchenreform sah er aber nur ein wissenschaftliches Wortgefecht, dem er auswich. Er verwarf jeden Krieg, setzte sich ein für die Frauenbildung und die Freiheit der Wissenschaft. Die Güter der Welt sah er als Gabe Gottes für alle an und lehnte den Privatbesitz ab. Die persönliche Tragik dieses Humanisten bestand darin, dass er wegen scharfer Kritik an der Kirche zu den Wegbereitern der Reformation zählte, andererseits aber nach erfolgter Kirchenspaltung schmerzlich an ihr litt und vergeblich zur Einheit im Glauben mahnte.

Singt dem Herrn ein neues Lied!

Musik zum Lobe Gottes in immer neuer Form

lange vor Christi Geburt	**Psalmen** und andere Kultlieder *Gemeinde / Vorsänger*
4. Jh.	Altchristlicher **Hymnus** *Gemeinde*
7. Jh.	**Gregorianischer Choral** *Schola cantorum, Kleriker, Mönche*
9./10. Jh.	**Frühe Mehrstimmigkeit** Organum, Tropus, Sequenzen *Kleriker, Mönche*
12. Jh.	**Kunstvolle mehrstimmige Gesänge** z. B. Sonnengesang des hl. Franziskus *Kleriker, Knabenchöre, Schola cantorum, später: „Päpstliche Kapelle“*
16. Jh.	**Liturgischer Volksgesang** in deutscher Sprache *Gemeinde*

Das Oratorium wird geboren

aus den geistlichen Spielen und Gesängen des Mittelalters im Betsaal (dem Oratorium) der vom hl. Filippo Neri 1575 in Rom gegründeten Bruderschaft von Priestern und Laien (= Oratorianern). Es gehörte zu den geistlichen Übungen der Oratorianer. Zunächst handelte es sich um improvisierte Konzerte, aus denen dann das Oratorium mit biblischen Texten entstand, parallel zur Oper mit meist „weltlichen“ Texten. Bis in die Gegenwart haben Komponisten von Rang diese musikalische Gattung gepflegt, z. B. Georg Friedrich Händel „Messias“, Joseph Haydn „Die Schöpfung“, Olivier Messiaen „Franziskus“, Krystof Penderecki „Die sieben Tore Jerusalems“, Sofia Gubajdulina „Die sieben Worte“ (Jesu am Kreuz).

Das deutsche Kirchenlied

Die ersten volkstümlichen Kirchenlieder gab es – Wie könnte es anders sein! – bei den Böhmen. Dort singt und spielt ja jeder schon von Kindheit an! Dort entstanden auch die ersten reformatorischen Bewegungen im 15. Jahrhundert. Für die Hussiten und die Böhmischen Brüder wurden die Lieder in der Volkssprache dann zu Bekenntnisliedern.

In der Reformationszeit erschien dann bald das erste evangelische Gesangbuch mit deutschen Liedern. Michael Vehe, Dominikaner und Stiftspropst in Halle, erkannte das Gebot der Stunde und veröffentlichte 1537 in Leipzig das erste katholische Gesangbuch: „Ein New Gesangbuechlin Geystlicher Lieder“ mit 52 Liedern in deutscher Sprache.

„Wer unterm Schutz des Höchsten steht …“, das Adventslied „Aus hartem Weh …“ und „Mitten im Leben …“ standen schon in diesem Vorgänger unseres „Gotteslobes“!

Eine Seite aus Vehes Gesangbuch. Es war das erste katholische nach der Reformation.

Herr Schütz macht eine Reise

Also geschieht es Anno Domini 1617, lange vor Erfindung der Eisenbahn, was bedeutet, dass Herr Schütz mit der Postkutsche von Weißenfels nach Dresden reist. Was will er denn in Dresden? Er möchte sich beim Kurfürsten als künftiger Hofkapellmeister vorstellen. Kaum sitzt er, da überfällt den jungen Mann ein Tiefschlaf ohne Gegenwehr.
Miteins hält der Wagen. Ein dunkelhaariger Mann klettert herein, zieht seinen Hut und stellt sich vor: „Giovanni Pierluigi da Palestrina". Ein zweiter Herr folgt ihm und sagt: „Mein Name ist Orlando di Lasso." Die beiden setzen sich und beginnen ein wortreiches Gespräch. Herrn Schütz scheinen sie zu übersehen. Dem aber geht plötzlich ein Licht auf. „Ja richtig", denkt er „der Dunkle muss der Palestrina sein, der Kapellmeister an Sankt Peter in Rom." Herr Schütz möchte sich seinerseits vorstellen. Jedoch seine Stimme versagt, der Hals ist wie zugeschnürt. „Und der Orlando, der ist doch der große europäische Kapellmeister an der Lateranbasilika, der viele Jahre in München wirkte. Welche Fügung des Himmels. Beide fahren in meiner Kutsche! Aber sie sollen doch schon längst gestorben sein! Sind sie nicht im gleichen Jahr, 1594, gestorben, der eine in München, der andere in Rom?" Aber Herr Schütz kann nicht fragen, er ist wie gebannt. Jetzt hört er, wie Palestrina seinem Kollegen zuraunt: „Der da, das ist der Schütz, ein Deutscher." Orlando di Lasso zieht einen riesigen Rosenkranz aus der Tasche. „Beten wir für ihn", sagt er, „er ist doch Protestant." Palestrina bekreuzigt sich schleunigst.

Herr Schütz schwitzt. Er ist doch auch Christ. Gilt nicht sein ganzes Musizieren der Ehre Gottes? Aber sagen kann er nichts, die Stimme gehorcht ihm nicht. Nach dem letzten Amen hört er Palestrina sagen: „Der Schütz hat nicht bei uns das ehrliche Handwerk des Kirchenmusikers gelernt, sondern bei Monteverdi das Opernschreiben. Passen Sie auf, er wird die erste deutsche Oper komponieren." „Woher weiß der Meister davon?", fragt sich Herr Schütz. „Bisher hatte ich niemanden in die Partitur meiner Oper ‚Daphne' schauen lassen. Jetzt fängt der auch noch an, eine Melodie daraus zu pfeifen. Nur der letzte Ton, der stimmt so nicht."
In diesem Augenblick bekommt der Wagen einen Stoß. Heinrich Schütz erwacht. Er sieht sich allein in der Kutsche. Draußen grüßt die Wache des kurfürstlichen Schlosses. Das Ziel der Reise ist erreicht. Etwas benommen betritt er das kopfsteinige Dresdner Pflaster.

Orlando di Lasso
(1532–1594)
stammt aus Flandern, war Laterankapellmeister in Rom und ab 1556 Hofkapellmeister in München.

Giovanni Pierluigi da Palestrina
(1525–1594)
Kapellmeister an St. Peter in Rom, ist Schöpfer zahlreicher Messen, bringt das Wort in seinen Werken zur Geltung.

Claudio Monteverdi
(1567–1643)
Kapellmeister beim Herzog von Mantua, ab 1613 erster Kapellmeister an der Markuskirche in Venedig. Opern und Kirchenmusik werden dramatisch gestaltet durch Einbeziehung des Orchesters.

Heinrich Schütz
(geb. 1585 in Köstritz, gest. 1672 in Dresden)
Landgraf Moritz gewährt ihm 1609 ein Stipendium für musikalische Studien bei Giovanni Gabrieli in Venedig. 1613 kehrt Schütz zurück, 1617 wird er zum kurfürstlich-sächsischen Hofkapellmeister in Dresden ernannt. Bei einem erneuten Studienaufenthalt 1628 in Venedig gibt ihm Claudio Monteverdi wichtige Anregungen.
Heinrich Schütz verbindet in seinen Werken deutsche Tradition mit italienischen Neuerungen.

Heinrich Schütz, Gemälde eines unbekannten Meisters

Auflösung von S. 172 (Wie heißt die Glocke?): 1. Klang, 2. Orgel, 3. Piano, 4. Tenor, 5. Celli, 6. Tempo 7. Kreis, 8. Viola – GLORIOSA.

Hans Sachs, Holzschnitt eines unbekannten Meisters

Hans Sachs
(1494–1576) Deutscher Dichter. Nach Abschluss der Schuhmacherlehre durchwanderte er fünf Jahre lang Deutschland von Lübeck bis Wien, ließ sich dann als Handwerksmeister in seiner Heimatstadt Nürnberg nieder. Vom Weber Lienhard Nunnenbeck in die Dichtkunst eingeführt, wurde er bald zum führenden Kopf der 250 Handwerkerpoeten Nürnbergs („Meistersänger"). Neben seinem Tagewerk als Schuhmacher schrieb er mehr als 200 dramatische Werke und etwa 6000 Erzählungen, Gedichte, Fabeln, Legenden, Lieder und Schwänke. Die Besserung des Menschen ist neben der unbeschwerten Fröhlichkeit Hauptanliegen seiner Dichtungen. Als Anhänger der Reformation schrieb er Gedichte, die wirksam zur Verbreitung des neuen Gedankengutes beitrugen.

Quiz mit Noten

Die Antworten zu den Fragen sind der folgenden Melodie als „Text" unterlegt. Schreibe die gefundenen Wörter auf und unterstreiche die in Klammern genannten Buchstaben; sie ergeben hintereinander gelesen eine Errungenschaft des Mittelalters auf musikalischem Gebiet.
Von wem stammt die Melodie? Der Name des Komponisten ist auch im Text enthalten. Wie heißt der richtige Text zur Melodie?

1. Lied der Juden und Christen (5), 2. Komponist frühester Mehrstimmigkeit (2), 3. Schlaginstrument (1), 4. Bischof, der im 4. Jahrhundert Hymnen dichtete (4), 5. Hofkapellmeister in Dresden (1), 6. Gleichmäßig rhythmische Unterteilung eines Musikstückes (1), 7. Hofkomponist Kaiser Maximilians I. (1), 8. Noten des Mittelalters (4), 9. So nennt man die Melodiestimme bei Mehrstimmigkeit (10), 10. Besitzer der ersten Orgel in Mitteleuropa (2), 11. Bezeichnung für die früheste Mehrstimmigkeit (3), 12. Berühmter Knabenchor (1), 13. Kapellmeister an St. Peter in Rom (4), 14. Heilige Handlung (griechische Bezeichnung) (2), 15. Komponist an der Markuskirche in Venedig (4.)

Von Renaissance-Kirchen gibt es nur wenige Beispiele. Hier die Kirche „S. Croce degli Armeni" in Venedig, 16. Jh.

Zahlreich sind die weltlichen Bauwerke aus der Renaissance: Augsburger Rathaus, erbaut 1615–1624.

Barock

ETWA 1600–1750

Wallfahrtskirche Frauenberg bei Admont in Österreich

Wallfahrtskirche Vierzehnheiligen bei Bamberg
Johann Balthasar Neumanns Meisterwerk ist von außen und innen (→ unteres Bild) ein typisches Beispiel barocker Baukunst.

Wir erinnern uns. Von Italien kam die „Wiedergeburt", die Renaissance. Lehrmeister waren die alten Griechen. Sie gaben die Ideale für das Bauen und Denken. Sie formten die Lebenssicht der nachgotischen Welt, auch der christlichen. Die Wissenschaften blühten, die Künste triumphierten. Italien hatte in den Wissenschaften die besten Köpfe. Und in den Künsten allemal. Alle Augen schauten auf Italien. Und viele reisten dorthin, um Anteil am Aufschwung zu erhalten. Es hätte eine goldene Zeit werden können, aber es kam anders. In Deutschland brodelte es.

Längst waren die Auseinandersetzungen um Glaubensfragen zum reinen Machtkampf entartet. Die vielfältigen Verbindungen der Fürstenhäuser bewirkten nun noch, dass sich die Zahl der Kämpfenden vervielfältigte. Fast ganz Europa führte Krieg. Die Geschichtsbücher erzählen mit Schaudern von diesem dreißig Jahre währenden Elend. Schlagartig erstarben Kunst und geistiges Leben. Not und Tod bestimmten von 1618 bis 1648 die Lage. Das Geld wurde für den Krieg verzehrt, die Kraft erstarb im Töten und Überleben. Und als der Krieg vorbei war, lag Europa erschlafft am Boden. Die Bevölkerung war gewaltig geschrumpft. Ganze Ortschaften lagen verwüstet oder verlassen. Wie lange würde es dauern, bis die Wunden geheilt wären?

Erstaunlich schnell erholten sich die vom Krieg heimgesuchten Gebiete. Sofort erwachten die alten Verbindungen nach Südeuropa und in den Westen. Dort hatten die Menschen weniger unter dem Krieg zu leiden gehabt.

Johann Balthasar Neumann
(getauft 1687 in Eger [Cheb], gest. 1753 in Würzburg), der letzte überragende Barockarchitekt, lernte das Glockengießerhandwerk. Dann war er Ingenieur der Artillerie und wurde später Baumeister des Würzburger Fürstbischofs. Er war eine überaus schöpferische Persönlichkeit, baute Kirchen, Schlösser und Amtsbauten, aber auch Fabriken, Wohnhäuser, Straßen und Brücken.

Die Kennzeichen barocker Kunst

Der Name „Barock“ stammt aus dem Portugiesischen und bezeichnet eine schiefgeschliffene Perle. Geschwungene Linienführung und Bewegung, Schmuckfülle und Farbreichtum kennzeichnen diesen Stil. Gewaltige Kuppeln wölben sich über runden, ovalen und polygonen Grundrissen. Stattliche Fassaden und riesige Stufenanlagen werden gebaut. Das Tageslicht wird raffiniert genutzt, um dem Raum eine geheimnisvolle Wirkung zu geben.
Im Unterschied zu Romanik und Gotik ist der Barock nicht nur eine Ausdrucksform der bildenden Kunst. Alle Lebensäußerungen erfasst er, wie Frömmigkeit, Theologie, Musik, aber auch Oper und Theater, Schulwesen und Philosophie.

Francesco Borromini
(geb. 1599 bei Como [Italien], gest. 1667 in Rom) war Schüler von Maderna, schöpferischer Vertreter des Hochbarocks in Rom. Sein Streben, gerade Linien und ebene Flächen der Architektur in Bewegung aufzulösen, wird vor allem in Deutschland (Spätbarock) aufgenommen und weitergeführt. Seine wichtigsten Werke befinden sich in Rom, z. B. das Oratorium des hl. Philipp Neri, die Kirche zur hl. Agnes.

Andreas Schlüter schuf um 1700 das stattliche Reiterstandbild des Kurfürsten Friedrich Wilhelm in Berlin-Charlottenburg.

Andreas Schlüter
(geb. um 1660 in Danzig, gest. 1714 in Petersburg) war gleich bedeutend als Bildhauer und Architekt. Nach wenigen eigenen Arbeiten in Warschau wirkte Schlüter um 1700 als Oberbaudirektor und Hofbildhauer in Berlin. In Ungnade gefallen, arbeitete er ab 1713 für Zar Peter den Großen in Petersburg.

Italien und Frankreich wurden für die Fürsten und Reichen in den deutschen Ländern die großen Vorbilder für Kunst und Kultur. Aus Italien wurden Architekten, Maler und Bildhauer, auch Sänger und Schauspieler geholt. Aus Frankreich kamen die Köche, Gärtner, Tänzer und Sprachlehrer. Diese Menschen aus Italien und Frankreich waren katholisch. Sie wollten sich auch in der neuen Heimat zum Gottesdienst versammeln. So entstanden in evangelischen Gebieten erste katholische Gemeinden, im wahrsten Sinne des Wortes Diasporagemeinden. Andererseits gingen die jungen Prinzen nach Italien und Frankreich auf die sogenannte „Kavalierstour“. Sie lernten die dortige Lebensart kennen und ahmten sie zu Hause nach. Sodann schickten sie Leute aus verschiedensten Berufen dorthin zur Ausbildung. Da kamen diese zum ersten Mal mit Katholiken in Berührung und erlebten deren Gottesdienst und Weltsicht. Zurückgekehrt fanden manche den Weg zur katholischen Kirche.

Ein barockes Kleinod ist die Kirche zur heiligen Agnes in Rom von F. Borromini.

Der Himmel auf Erden

In dieser Zeit war ein Orden der Kirche zum Träger der Verkündigung geworden: der Jesuitenorden. Bestens geschulte Männer, die sich als Soldaten des Papstes verstanden, in absolutem Gehorsam der Kirche dienten und als Priester und Ordensleute durch ein heiliges Leben ein Beispiel geben wollten, hatte Ignatius von Loyola um sich versammelt. Sie schwärmten in alle Welt hinaus und kamen auch über die Alpen. Überall, wo sie bleiben konnten, zeugen bis heute Kloster- und Kirchenbauten in barockem Stil von ihrer Tätigkeit und von ihrem Eifer, alle Gebiete für den katholischen Glauben wieder zurückzugewinnen. Eine Bautätigkeit, die alles bisher Dagewesene in den Schatten stellte, setzte ein. Die erstarkten Landesfürsten wetteiferten mit den Kirchen und Klöstern um die größere Pracht. In erstaunlich kurzer Zeit waren alle Gattungen der Kunst voll erwacht. Alte Kirchen werden im neuen Stil umgebaut, neue Gotteshäuser wachsen in den Himmel. Und überall hilft die Kunst verkünden, dass Gottes Herrlichkeit schon in dieser Zeit anbricht. Der Reigen der Heiligen und der Engel, der Farben und Klänge ist etwas ganz Neues, was den Beschauer fast überwältigt. Alles ist in Bewegung. Die Liturgie ordnet sich als heiliges Schauspiel ein in diese himmlischen Kulissen, und der Mensch darf mitspielen.

Himmlische Musik

In den barocken Kirchen geht die irdische Welt unmerklich in die himmlische über. Alle Künste lassen die Weitsicht des Barock sichtbar werden. Gemeinsam schaffen Architektur, Malerei, Plastik und auch die Musik ein Gesamtkunstwerk, das durch Licht und die feiernde Gemeinde noch vervollkommnet wird. Die Musik führt durch den Widerhall der himmlischen Chöre in überirdische Sphären. Deshalb lieben die Chöre den Platz auf der Empore. Und wenn möglich, können zwei oder mehr Chöre auf verschiedenen Emporen das Lob Gottes erschallen lassen. Singt dann ein zweiter Chor leise ein „Echo", entsteht der Eindruck von grenzenlos weitem Himmel. In der Instrumentalmusik wird durch den Wechsel zwischen Solisten und Orchester das gleiche Ziel verfolgt. Die Komponisten dieser Zeit nutzen die baulichen Möglichkeiten und schreiben mehrchörige Kirchenmusik, allen voran Claudio Monteverdi an der Markuskirche in Venedig (1613). In Deutschland und Österreich sind Dresden, Mannheim, Wien und Salzburg Zentren der katholischen Kirchenmusik.

Vorrang der katholischen Länder

Reich ausgeprägt ist der Barock vor allem in katholischen Regionen und Ländern, weil er dem umfassenden Glauben der katholischen Kirche entspricht. Der Anstoß aus Italien wurde unterschiedlich aufgenommen und weiterentwickelt. Das zeigen die lebendig gestalteten Kirchen und Klosteranlagen in der Lausitz (Neuzelle; St. Marienthal), in Böhmen (Prag, St. Nikolaus), in Süddeutschland (Vierzehnheiligen; Ottobeuren), in Schlesien (Grüssau, jetzt Krzeszów) und in Österreich (Wien, Karlskirche; Melk an der Donau). Strenger und ruhiger wirken die Kirchen in Polen und Frankreich. Üppige Pracht dominiert in Spanien, Portugal und Südamerika.

Der Dom „St. Salvator und Bonifatius" in Fulda ist ein Werk von J. Dientzenhofer.

Dientzenhofer

Drei geniale Baumeister dieses Namens stammen aus einer einfachen bayrischen Maurerfamilie. Sie haben den Barock in Bayern, Franken und Böhmen maßgeblich beeinflusst.

Christoph Dientzenhofer
(geb. 1655 in Flintsbach/Oberbayern, gest. 1722 in Prag) ist bekannt durch sein Hauptwerk: Die Kirche St. Nikolaus auf der Kleinseite in Prag.

Johann Dientzenhofer
(geb 1665, gest 1726 in Bamberg), ein Bruder von Christoph Dientzenhofer, baute von 1704 bis 1712 den Dom in Fulda und später die Klosterkirche Banz.

Kilian Ignaz Dientzenhofer
(geb. 1689 in Prag, gest. 1751 in Prag) ist Sohn des Christoph. Von ihm stammt die Kirche zu Wahlstatt bei Liegnitz und die Konzeption der Wallfahrtskirche in Grüssau

---

Auflösung von S. 180 (Quiz mit Noten):
1. Psal**m**, 2. P**e**rotinus 3. **H**andtrommel, 4. Ambrosius 5. **S**chütz, 6. **T**akt, 7. **I**saac, 8. Neu**m**en, 9. Cantus fir**m**us, 10. P**i**ppin, 11. Or**g**anum, 12. **K**reuzchor, 13. Pal**e**strina, 14. L**i**turgie, 15. Mon**t**everdi. MEHRSTIMMIGKEIT. Heinrich Isaac (siehe Seite 170.)

Auflösung von S. 176 (Gläubiges Genie):
1. **P**atron, 2. **I**talien, 3. **E**rasmus, 4. **T**homas, 5. **A**bendmahl – PIETÀ.

Balthasar Permoser
(getauft 1651 in Traunstein/Österreich, gest. 1732 in Dresden) war ein Bauernsohn und ging bei einem Bildhauer in Salzburg in die Lehre. Zur Weiterbildung wanderte er nach Italien und arbeitete hauptsächlich in Florenz. 1689 wurde er nach Dresden als Hofbildhauer berufen. Nach 1710 war er Leiter der Bildhauerstätten beim Bau des Zwingers. Es bestand eine gute Zusammenarbeit mit Pöppelmann.

Selbstbildnis Balthasar Permosers

Matthäus Daniel Pöppelmann
(geb. um 1662 in Herford, gest. 1736 in Dresden) war ein vielseitiger Architekt des Spätbarocks. Er gestaltete Kirchen, Schlösser (Moritzburg), Gartenanlagen u. a. Über seine Lehr- und Wanderjahre wissen wir fast nichts. Ab 1705 war er Landbaumeister Augusts des Starken. Pöppelmanns Hauptwerk ist der Dresdner Zwinger, der durch die Zusammenarbeit mit Permoser eine Spitzenleistung des europäischen Barocks wurde.

Kronentor am Zwinger in Dresden

Nepomuk

Im Bild des Brückenheiligen Johann Nepomuk erkennen wir vier Zeichen: Kleid, Kreuz, Brücke und Sternenkranz.
Das Kleid sagt aus, dass der Mann Priester war. Johannes stammte aus Nepomuk in Böhmen, einer Stadt, die bis heute besteht. Seit 1370 war er Kleriker in Prag und später sogar Generalvikar des Erzbischofs Johann Jenstein von Prag.
Das Kreuz in der Hand eines Märtyrers erzählt von Treue, die stärker als der Tod ist. Sein Bischof und der unberechenbare König Wenzel hatten einen Rechtsstreit, in dessen Verlauf der König den Bischof und einige seiner Domherren gefangen nahm. Als der Erzbischof entkommen konnte, wurde sein Stellvertreter gefoltert und zu Tode gequält.
Die Brücke erinnert daran, dass Nepomuk am 20. März 1393 sterbend oder schon tot von der Karlsbrücke in Prag in die Moldau geworfen worden ist. Das Bild der Brücke kann auch Symbol der Versöhnung von Tschechen und Deutschen sein. Nationalistische Spannungen waren der Hintergrund des Ketzerprozesses gegen Jan Hus. Die Auswanderung der deutschen Studenten aus Prag und die Gründung der Universität Leipzig 1409 sind der gleichen Wurzel entsprungen.
Der Sternenkranz ist das vierte Zeichen. Es erzählt den grausamen Tod des Priesters als Opfer des Beichtgeheimnisses. Danach sei Johann Nepomuk der Beichtvater der Königsgemahlin gewesen. König Wenzel habe den Priester unter Druck gesetzt, damit er ihm die Beichte seiner Gattin preisgebe. Wie es das Beichtgeheimnis verlangt, habe der Priester geschwiegen, auch in der Folter und im Sterben. Die fünf Sterne um sein Haupt sind fünf Buchstaben und bilden das lateinische Wort tacui (= ich habe geschwiegen).

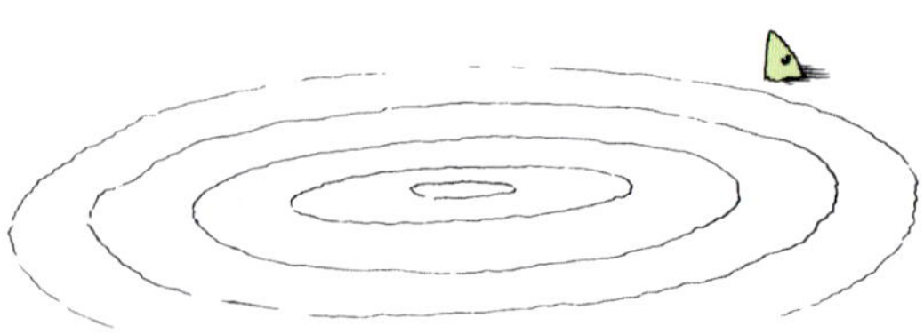

Johannes Nepomuk wurde 1729 heiliggesprochen. Sein Grab wird im Veitsdom zu Prag verehrt.

Künstlertraum

Wenn das Rössel richtig springt, erhältst du einen Ausspruch von Michelangelo.

mel	ge	de	die
an	nem	stammt	✹
hört	him	kunst	lan
☾	sie	kei	vom

Die Kathedrale und frühere Hofkirche der Wettiner in Dresden, erbaut vom Italiener Chiaveri, ist ein gutes Beispiel für eine gemäßigte barocke Formensprache.

Georg Raphael Donner

(geb. 1693 in Esslingen/Niederösterreich, gest. 1741 in Wien) arbeitete als Bildhauer in Wien, Salzburg, Bratislava und in der Slowakei. Seine Figuren führte er meist in Bleiguss aus. Ein Meisterwerk ist die Gruppe mit dem hl. Martin in Bratislava.

Standbild des hl. Martin in Bratislava

Johann Bernhard Fischer von Erlach

(geb. 1656 in Graz, gest. 1723 in Wien) ist einer der Hauptmeister des österreichischen Barocks. Er war vorwiegend in seiner Heimat tätig, aber auch in Prag, Berlin und Breslau (Wroclaw).

Karlskirche in Wien, erbaut von Johann Bernhard Fischer von Erlach

Gaetano Chiaveri

(geb. 1689 in Rom, gest. 1770 in Foligno/Italien), ein italienischer Barockarchitekt, stand zunächst im Dienst Zar Peters des Großen und der polnischen Könige. 1737 holte ihn der Sohn Augusts des Starken an den sächsischen Hof. Hier, im evangelischen Dresden, baute Chiaveri für den katholischen Hof von 1738 bis 1754 die „Hofkirche“ (jetzt: Kathedrale). Wegen Streitigkeiten reiste er jedoch vor der Beendigung der Bauarbeiten ab.

George Bähr
(geb. 1666 in Fürstenwalde / Erzgebirge, gest. 1738 in Dresden) war Ratszimmermeister in Dresden. Im Alter von 60 Jahren begann er, die Frauenkirche zu bauen, ein Meisterwerk des protestantischen barocken Kirchenbaus. Sie brannte 1945 nach einem Bombenangriff aus und stürzte einen Tag später ein.
Unter großer internationaler Beteiligung wurde sie wiederaufgebaut als völkerverbindendes Zeichen des Friedenswillens. Die Einweihung erfolgte im Herbst 2005.

Johann Sebastian Bach
(geb. 1685 in Eisenach, gest. 1750 in Leipzig) Johann Sebastian war zuerst Organist in Arnstadt, dann in Mühlhausen, später Hoforganist und Kapellmeister in Weimar und Köthen, seit 1723 Thomaskantor in Leipzig. Grundlage seiner geistlichen Musik ist der Choral der Reformationszeit. Er schrieb etwa 220 Kantaten für den Sonntagsgottesdienst, Motetten, Messen, das Magnifikat, Passionen und das Weihnachtsoratorium. Dazu kommen noch Orchestermusik, Kammermusik, Werke für Orgel und zuletzt, als er schon fast erblindet war, die Kunst der Fuge.

Der evangelische Barock

Nach der Einführung der Reformation wurden in der Regel vorhandene Kirchen für den evangelischen Gottesdienst umgestaltet. Die Kanzel als Ort der Verkündigung des Wortes Gottes erhielt einen zentralen Platz.
Für die Zuhörer wurden wie in einem Hörsaal Bänke aufgestellt und auf die Kanzel ausgerichtet.
In der Zeit des Barock bauten die evangelischen Gemeinden ihre neuen Kirchen oft auf einem kreisförmigen oder ovalen Grundriss mit vielen Emporen. Meist steht vor dem Altar der Taufbrunnen. Die Taufe ist Zugang zum Sakrament und zum Wort Gottes. In manchen Kirchen wurde die Kanzel über dem Altar und über der Kanzel noch die Empore der Sänger und die Orgel angebracht. Auch das ist eine theologische Aussage.
Der Raum ist durch maßvolle Linien und wenig Bildwerk geschmückt. Es gibt keine Heiligenfiguren und keinen heiligen Bereich. Die Architektur des Raumes spricht durch Symbole wie Dreieck und Ellipse. Eigentlicher Schmuck der Kirche ist die anwesende Gemeinde und ihr Gottesdienst. Dazu gehört wesentlich die Musik als Verkündigung, nämlich Lied und Choral, Passion und Weihnachtsoratorium sowie solistisches Orgel- und Instrumentalspiel.
Zwischen 1600 und 1750 lag die Blütezeit des deutschen Orgelbaus. Arp Schnitger, Zacharias Hildebrandt sowie die Brüder Andreas und Gottfried Silbermann bauten wunderbare Orgeln (→ S. 154), die noch heute zum Lobe Gottes und zur Erbauung der Menschen erklingen.

Innenansicht der Kirche in Carlsfeld (Erzgebirge)

In dieser Epoche lebten ...

Wolfgang Amadeus Mozart
(geb. 1756 in Salzburg, gest. 1791 in Wien) Im Alter von 8 Jahren trat Mozart als „musikalisches Wunderkind“ in London und Paris auf. Mit 14 bis 17 Jahren komponierte er auf Italienreisen seine ersten Opern. 1781 gab Mozart seine Stellung als Konzertmeister und Organist beim Erzbischof in Salzburg auf und lebte als freier Künstler in Wien. Mozart ist der Komponist mit der wohl reichsten künstlerischen Phantasie und schöpferischen Kraft. In wenigen Lebensjahren schuf er bedeutende Opern, 48 Sinfonien, viele Instrumentalkonzerte, Kammermusik und für die Kirche 15 Orchestermessen, Litaneien, Motetten und zuletzt das Requiem. Er wusste, dass er dieses für sich selbst schrieb.

Antonio Vivaldi
(geb. 1678 in Venedig, gest. 1741 in Wien) Vivaldis Vater war Geiger im Orchester der Markuskirche in Venedig. Er erteilte seinem Sohn zeitig musikalischen Unterricht. Antonio wurde nach seiner Priesterweihe auch Geigenlehrer und Dirigent an einem von der Kirche betreuten Mädchenwaisenhaus. Unter seiner Leitung überflügelte das Orchester zeitweise die der anderen Waisenhäuser. In solchen Bewahranstalten (ital. conservatorio) erhielten die Kinder eine umfassende Gesangs- und Instrumentalausbildung. Der Name Konservatorium ging deshalb später allgemein auf musikalische Ausbildungsstätten über. Für sein Mädchenorchester schrieb Vivaldi hauptsächlich Konzerte mit einem oder mehreren Soloinstrumenten, aber auch Opern, zwei Oratorien, Kantaten, Motetten und Messen. Seine Musik hatte eine starke Wirkung auf J. S. Bach.

Georg Friedrich Händel
(geb. 1685 in Halle, gest. 1759 in London) Schon als 17-jähriger Student der Rechtswissenschaften übernahm Händel den Organistendienst an der Reformierten Kirche in Halle. Er entschied sich bald ganz für die Musik. Bei einem vierjährigen Aufenthalt in Italien lernte der junge Händel die katholische, lateinsprachige, klangprächtige Kirchenmusik kennen. Ab 1711 wirkte er in London. Berühmt wurde er durch sein Oratorium „Der Messias“. Für weitere Oratorien nahm er dramatische Texte aus dem Alten Testament: Ester, Saul, Israel in Ägypten, Samson, Josef und seine Brüder, Judas Makkabäus, Salomon, Jefta u. a. Händel schrieb außerdem Opern und viele Werke für Soloinstrumente und Kammerorchester.

Joseph Haydn
(geb. 1732 in Rohrau/Niederösterreich, gest. 1809 in Wien) Ab 1740 war er Chorknabe am Dom St. Stephan in Wien. Nach dem Stimmbruch erwarb er sich notdürftig seinen Lebensunterhalt und betrieb nebenbei autodidaktisch Musikstudien. 1769 wurde er in den Dienst des Fürsten Esterhazy als Kapellmeister aufgenommen. 1780 schon war Haydn berühmt in ganz Europa. Neben Streichquartetten, Sinfonien und Opern schrieb er Musik für den Gottesdienst, u. a. die Nelsonmesse, ein Stabat mater, „Die sieben Worte des Erlösers am Kreuz“ und das Oratorium „Die Schöpfung“.

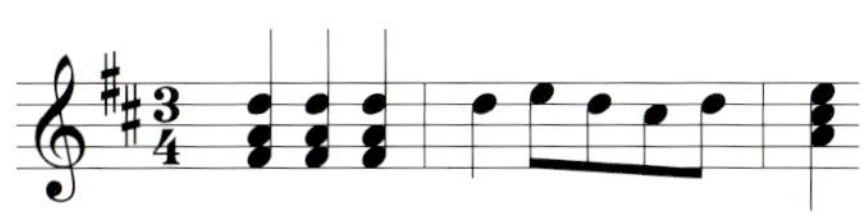

Der Dichter Giovanni Carpani fragte seinen Freund Joseph Haydn, wie es doch zugehe, dass seine meisten Kirchenstücke gar zu munter, ja humoristisch-leichtfertig geraten seien. Hierauf antwortete Haydn: „Ich weiß es nicht anders zu machen; wie ich's habe, so geb ich's. Wenn ich aber an Gott denke, so ist mein Herz so voll Freude, dass mir die Noten wie von der Spule laufen. Und da mir Gott ein fröhliches Herz gegeben hat, so wird er mir's schon vergeben, wenn ich ihm fröhlich diene.“

Klassizismus

1760–1830

Karl Friedrich Schinkel, Ölgemälde von Carl Friedrich Ludwig Schmid

Mein Name ist Schinkel

Vermutlich muss ich mich erst einmal vorstellen. Denn ich bin schon 1781 geboren. Das ist immerhin über 200 Jahre her. Ich wohne in Berlin und habe Frau und Kinder. Meine Frau nennt mich Fritz, aber eigentlich habe ich zwei Vornamen – Karl Friedrich. Von Beruf bin ich Baumeister. Nebenbei male ich Bilder und schreibe Bücher.

Meine liebste Tätigkeit ist das Bauen. Ich zeige euch zwei Bilder von meinen Bauwerken. Allerdings habe ich die Bauten nicht mit eigenen Händen errichtet, das taten die Steinmetzen, Maurer und Zimmerleute. Ich habe sie ausgedacht und gezeichnet. Zuvor aber bin ich eifrig in die Lehre gegangen und habe geforscht, wie die Menschen früher gebaut haben. Ihr kennt die großen Baustile schon: die Romanik, die Gotik und den Barock. Ich bin noch weiter zurückgegangen und habe die Bauwerke der alten Römer und Griechen studiert. Sie haben uns vieles zu geben und zu sagen. Ich schreibe „uns“ und meine damit auch meine Kollegen, zum Beispiel Karl Gotthard Langhans, den Erbauer des berühmten Brandenburger Tores in Berlin, oder Friedrich Willhelm von Erdmannsdorff, den Schöpfer des Wörlitzer Schlosses, und meinen Schüler Ludwig Persius, von dem die Friedenskirche in Potsdam stammt. Auf zwei Männer muss ich euch nun noch aufmerksam machen. Beide haben nichts gebaut, sie haben aber unsere Kunstrichtung geistig vorbereitet:

Altes Museum Berlin, gebaut 1824–1830. Als Vorbild für dieses Bauwerk diente Schinkel der griechische Tempel.

Symmetrie und Säule

Nun wird es Zeit, dass ich euch auf die Formen hinweise, an denen ihr die Kunst unserer Zeit erkennen könnt. Die Schmuckformen an unserer Architektur sind ausnahmslos griechischer oder römischer Herkunft. Die Palmette, den eleganten ionischen Eierstab und den Mäander will ich euch aufzeichnen. Mit Kubus, Kugel, Zylinder, Kreis und Dreieck wird Klarheit der Gliederung erreicht. Wichtigstes Bauglied ist die Säule. Wir achten auf strenge Symmetrie und sind sparsam in Farbe und Ausstattung gemäß der Formel, die Winckelmann für die griechische Antike gefunden hat: edle Einfalt und stille Größe.

Winckelmann und Mengs

Johann Joachim Winckelmann wurde 1717 als Sohn eines Schuhmachers in Stendal geboren. Er wollte zuerst evangelischer Pfarrer werden, ging dann aber als Bibliothekar auf Schloss Nöthnitz bei Dresden. Hier wurde er katholisch. Gegen die spätbarocke Kunst, die er in Dresden vor Augen hatte, schrieb er sein Programm von einer neuen Kunst. Darin heißt es: „Der einzige Weg für uns, groß, ja, wenn es möglich ist, unnachahmlich zu werden, ist die Nachahmung der Alten.“

Er meint mit den Alten hauptsächlich die Griechen. In Rom, wo er in den Dienst des Vatikans trat und Präsident aller Altertümer in und um Rom wurde, verband ihn eine innige Freundschaft mit dem Maler Mengs.

Johann Joachim Winckelmann. Ölgemälde von Anton Raphael Mengs

Selbstbildnis von Anton Raphael Mengs

Anton Raphael Mengs, der 1728 in Aussig (Usti, Böhmen) zur Welt kam, lernte in Dresden bei seinem Vater das Malen. Auch er empfing in dieser Stadt wichtige Impulse für sein Schaffen. Mengs ging nach Rom und wurde wie Winckelmann katholisch. Übrigens schuf er das große Gemälde „Christi Himmelfahrt“, das den Hauptaltar der Dresdner Kathedrale schmückt. Auch Mengs hat die Nachahmung der Antike und der italienischen Renaissance als Weg zur vollkommenen Kunst beschrieben.

Die Würde des Menschen

Was aber, so werdet ihr fragen, hat uns denn so getrieben, unbedingt bei den Alten in die Schule gehen zu wollen? Ich antworte: die Sorge um die Würde des Menschen. Wo war sie denn vergessen worden? Selbstherrliche Fürsten feierten rauschende Feste auf Kosten ihrer Völker. Sie missbrauchten ihre Macht. Das Volk erhob sich und verteidigte die Würde des Menschen in blutigen Straßenschlachten. Das war *das* Signal. Freiheit, Gleichheit und Brüderlichkeit, die alten Tugenden in der Bibel, kamen der Revolution von 1789 in Frankreich als ihre Parolen gerade recht.

Oder denkt an die Auswirkungen, die das sprunghafte Aufblühen der Technik mit sich brachte. Nicht erst die Erfindung der Dampfmaschine durch James Watt im Jahre 1769 ermöglichte den Aufbau großer Industriebetriebe, die den Besitzern immer mehr Gewinn brachten, aber die Arbeiter weiter in Armut leben ließen. Auch hier wurde die Würde des Menschen verletzt. Revolutionen bahnten sich an, um sie zu verteidigen.

Wir Künstler treten auf unsere Weise für die Würde des Menschen ein. Winckelmann hatte uns auf das Ideal des Menschen in der griechischen Antike aufmerksam gemacht. Unsere Dichter stellten es auf der Bühne vor Augen, so Goethe in seinem Schauspiel Iphigenie. Wir alle glauben, dass die Kunst erziehen kann. Deshalb wollen wir mit den von uns gebauten Theatern, Museen, Bibliotheken, Schulen und Universitäten die Menschen bilden.

Zudem sieht unsere Zeit in Jesus Christus einen großen Humanisten, einen wichtigen Erzieher der Menschheit. Als evangelischer Christ habe ich das ständig bei meinem Tagewerk im Sinn. Ein Beispiel dafür seht ihr im Bild auf dieser Seite. Diese Kirche ist nicht Festung oder himmlisches Jerusalem. Ich spiele auf Romanik oder Gotik an, ihr habt es gemerkt. Sie zeigt vielmehr eine fast mönchische Armut. Trotz der Säulen bleibt sie schlicht und zurückhaltend. Erkennt ihr, dass die Kirche meine christliche Auffassung vom Menschen widerspiegelt?

„Edle Einfalt, stille Größe“, dieses Ideal des Klassizismus gilt auch für Schinkels Dorfkirche in Neuhardenberg.

Weg zur Mitte

Wer findet den schönen Spruch von Caspar David Friedrich heraus?

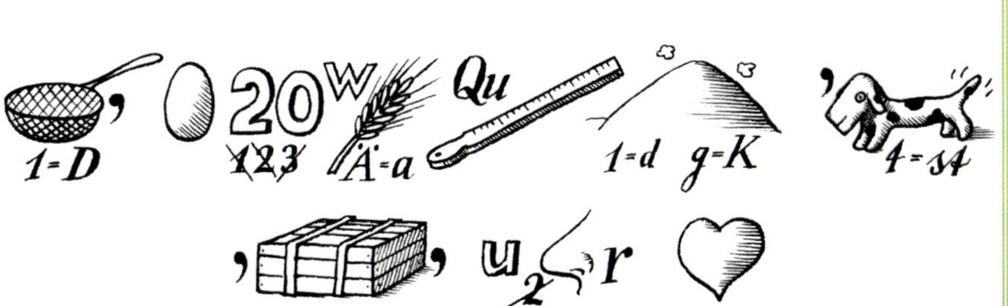

Klassisch
bedeutet das Allgemeingültige, Vollendete, Vorbildliche.

Klassik
ist eine Kunstepoche, deren Ausdrucksformen die Spitze der Vollkommenheit erreicht haben.

Klassizismus
nennen wir die Epoche in der europäischen Literatur und Kunst, die sich an der klassischen Antike ausrichtete (1760 bis 1830).

Auflösung von S. 185 (Künstlertraum):
DIE KUNST GEHÖRT KEINEM LANDE AN, SIE STAMMT VOM HIMMEL.

Neugotik und Neuromanik

Fast 500 Jahre blieb der Kölner Dom unvollendet. Nun ermöglicht die wirtschaftliche Lage die Vollendung nach alten Plänen. (→ S. 164)

Das Erfurter Rathaus wurde ab 1869 im Stil der Neugotik errichtet.

Im 18./19. Jahrhundert kam eine geistige Strömung auf, die viele Kunst- und Wissensgebiete erfasste. Wir nennen sie Romantik, weil sie romanhaft-schwärmerisch alte Idylle aufleben lässt. Die große Vergangenheit wird heraufgeholt. Eifrig wird die Gotik kopiert. Vorbild ist die Gotik des Kölner Domes, der von 1842 bis 1880 endlich vollendet wird. Nicht nur Kirchen, sondern auch Bahnhöfe, Kasernen, Krankenhäuser, Postämter und gar Fabriken entstehen im „gotischen" Stil, genannt Neugotik oder Neogotik.
Auch die romanische Bauweise wird eifrig kopiert, allerdings etwas später. So registrieren wir bis ins beginnende 20. Jahrhundert Bauten aller Art in teilweise gekonnter Nachahmung der Romanik. Dieser Stil wird als Neuromanik oder Neoromanik bezeichnet.

Das Erzbischöfliche Ordinariat in Freiburg im Breisgau wurde um 1900 im Stil der Neuromanik errichtet. Blick in das prachtvolle Treppenhaus

Rückblick und Wandel

Bisher waren Leitideen der Gotik oder der Romanik oder der antiken Klassik maßgebend. Zu Beginn des 20. Jahrhunderts bahnt sich ein Wandel in der Baukunst an. Dem dienten neue Baustoffe wie Stahl und Beton, aber auch neue Ideen. Zu nennen sind zwei Baumeister. Der eine ist **Auguste Perret** (1874–1954), der 1922 in Le Raincy die Kirche Notre Dame aus Stahlbeton errichtete. Der andere ist **Otto Bartning**, der 1928 in Essen eine evangelische Kirche aus Stahl und Glas baute. Beide hätten auch mit dem neuen Material alte Bauweisen nachahmen können. Doch sie wollten offenbar nichts vortäuschen. „Wir leben heute. Wir bauen heute. Wir haben heute Christus zu verkünden."

Stahlkirche in Essen von Bartning

Kunst heute

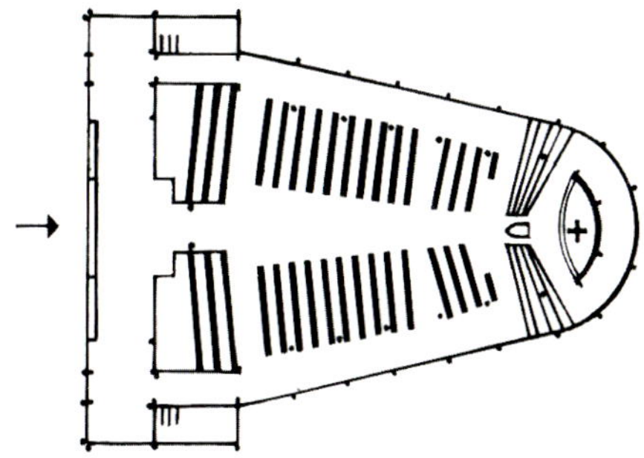

Stahlkirche in Essen, Grundriß

Leitbild Betlehem

Mit Millionen Toten und zerbombten Städten hatte der Zweite Weltkrieg allenthalben seine Spuren hinterlassen. Deutschland beklagte oder verdrängte seine Schuld an der Vernichtung von Millionen Juden. Das Schlüsselwort für diese bittere Erfahrung heißt Auschwitz und meint das im heutigen Polen gelegene frühere Konzentrationslager der Nazis. Es hatten die Literaten soeben die Frage gestellt, ob man nach Auschwitz noch Gedichte schreiben könnte. Und die Zeit, in der viele junge Leute mit Scham auf ihre schuldig gewordenen Eltern zeigen und aussteigen aus einer scheinbar heilen Welt, bahnt sich an. „Wo war Gott in Auschwitz?", löst ein Aufbegehren der damaligen Jugend aus und bleibt als Frage bis heute.
Zehn Jahre nach dem Ende des Zweiten Weltkrieges wird die Wallfahrtskirche von Ronchamp eingeweiht. Es ist, als hätten die Sünden der Welt alle Mauern verbogen, als müsste sich Gott hinter dicken Wänden vor dem bösen Menschen schützen. Es sieht aus, als würden sich die Linien schämen, gerade zu sein. Der Bau, den **Le Corbusier** geschaffen hat, erinnert eher an den armseligen Stall von Betlehem, in dem Menschwerdung geschieht und ein neues Zeitalter anbricht. Zur gleichen Zeit erhebt der Jesuit Karl Rahner seine Stimme: „Der Christ der Zukunft wird ein Mystiker sein, oder er wird nicht mehr sein." Ist hier das Zweite Vatikanische Konzil schon erahnt, das einen Umbau der Kirche einleiten wird?

Wallfahrtskirche in Ronchamp. Ein neues Zeitalter des Kirchenbaus beginnt.

Einmalig seit 500 Jahren

Die wohl bekannteste Kirche der Neuzeit schuf der Architekt Le Corbusier. Als evangelisch-reformierter Christ baute er eine katholische Wallfahrtskapelle im französischen Ort Ronchamp (in den Vogesen nahe der Schweizer Grenze).
Viele sagen, er habe damit die eindrucksvollste Kirche der letzten 500 Jahre errichtet. Sie ist auf einem Hügel gebaut. Sie ist Ziel und Beobachtungspunkt mit aufnehmenden und ausstrahlenden Kurven. Innen weitet sich der Raum, fällt der Fußboden abwärts, steigt das Gewölbe. Alles bewegt sich zum Altar hin.

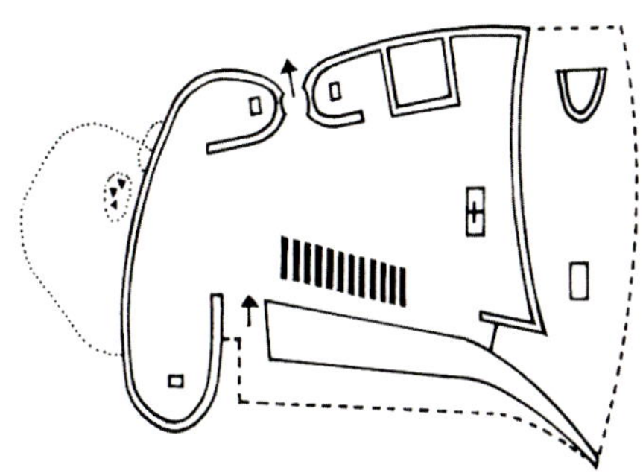

Grundriss der Wallfahrtskirche in Ronchamp von Le Corbusier

Auflösung von S. 189 (Weg zur Mitte):
DIE EINZIG WAHRE QUELLE DER KUNST IST UNSER HERZ.

Die Betonkirche in Ronchamp soll nach Le Corbusier ein Ort der Ruhe und des Gebetes sein.

Le Corbusier bei der Einweihung 1955:
„Als ich diese Kapelle baute, wollte ich einen Ort der Ruhe, des Gebetes, des Friedens und der inneren Ruhe schaffen. Das Gefühl des Geheiligten belebte unser Streben. Manche Dinge sind heilig, andere nicht, seien sie nun religiös oder nicht …
Verstreute Zeichen und einige geschriebene Worte lobpreisen die Jungfrau (Notre Dame du Haut). Das Kreuz – das wirkliche Kreuz des Leidens – ist in dieser Arche aufgerichtet; das christliche Drama hat nun von diesem Ort Besitz ergriffen. Exzellenz, ich übergebe Euch diese Kapelle aus verlässlichem Beton; sie wurde vielleicht mit Tollkühnheit, gewiss aber mit Mut errichtet. Ich hoffe, dass sie bei Euch und bei allen, die diesen Hügel besteigen, ein Echo finde auf das, was wir hier eingeschrieben haben."

Gebet ist das Atemholen der Seele.

John Henry Newman

Niemeyer baute die Kathedrale in Brasilia und integrierte dabei die bildende Kunst

Oscar Niemeyer
Der bekannte brasilianische Architekt (geb. 1907) baute ab 1957 Brasilia, die neue Hauptstadt seines Vaterlandes. Er entwarf die wichtigsten öffentlichen Gebäude: die Residenz des Präsidenten, das Kongressgebäude, das Theater und die Kathedrale (Bild). Seine Bauten zeigen Einfachheit und Harmonie und fügen sich gut in die Landschaft ein.

Das himmlische Jerusalem

Ganz anders spricht der Engländer **Frederick Gibberd** (1908–1984). 1962 bis 1967 baut er die katholische Kathedrale in Liverpool. Konsequent setzt er dabei die vom Vatikanischen Konzil erneuerte Liturgie um. Das Äußere gestaltet er selbstbewusst und mit britischem Stolz als das Himmlische Jerusalem. Die an eine Krone erinnernde Erhöhung über dem Zentrum weckt Bilder aus der Offenbarung des Johannes, etwa das des Lammes auf dem Thron oder das der mit den zwölf Sternen gekrönten Frau.

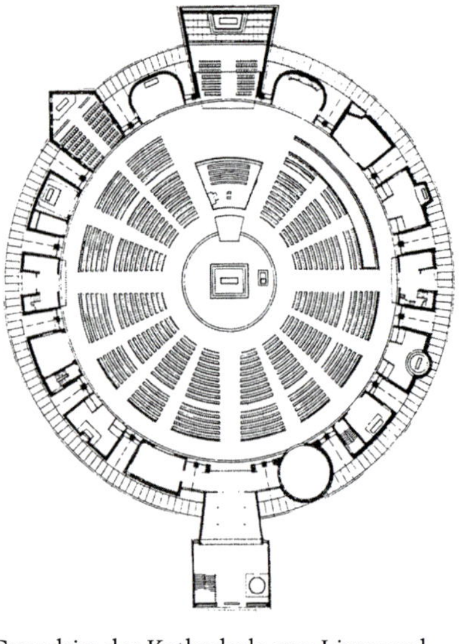

Grundriss der Kathedrale von Liverpool

Faszinierend ist die Kathedrale von Liverpool als in Stein gefasstes Zweites Vatikanum.

Bergende Arche und Schiff

Nach diesen biblischen Bildern wurde die Kirche in Nowa Huta errichtet.

Auch in Polen werden die neuen Linien aufgegriffen: Kirche in Nowa Huta.

Ein Schüler kam zum Rabbi und fragte ihn: „Früher gab es Menschen, die Gott von Angesicht gesehen haben. Warum gibt es die heute nicht mehr?“ Da antwortete ihm der Rabbi: „Weil sich heute niemand mehr so tief bücken kann.“

Brunnen und Turm für Pilger

Archetypische Symbole setzt Mario Botta in seinen Bauwerken um.

Mario Botta vor seiner Kirche Santa Maria degli Angeli auf dem Monte Tamaro

Wojcech Pietrzek
baute im polnischen Nowa Huta eine Kirche nach dem Vorbild von Ronchamp wie eine bergende Arche oder ein Schiff. 1969 hatte Kardinal Wojtyła den Grundstein gelegt, 1977 konnte er die Weihe vollziehen. „Wir haben eine große Kirche gebaut, damit Christus hier leben, hier heilen und hier heiligen kann“, sagte der spätere Papst.
Die große Arbeitergemeinde fühlt sich in dieser Kirche zu Hause. Es ist ganz selbstverständlich, dass Eltern auch mit ihren Kinderwagen hineinfahren. Kein festes Gestühl versperrt den Weg zum Altar. Die fließenden Linien der Kirche deuten an, dass es keinen Trennungsstrich zwischen der Stunde des Gottesdienstes in ihren Mauern und dem Leben draußen bei der Arbeit gibt.

Innenansicht der Kirche von Nowa Huta

Mario Botta
(geb. 1943 in der Schweiz) arbeitete einige Monate bei Le Corbusier. Er baute 1979 die Bibliothek des Kapuzinerklosters in Lugano, 1994 die Kapelle Santa Maria degli Angeli auf dem Monte Tamaro (Schweiz) und 1996 die Kathedrale von Evry bei Paris. Seine Bauwerke stehen als nach außen geschlossene Würfel oder Zylinder in Kontrast zur umgebenden Landschaft. Bei einigen Sakralbauten muss der Beter von oben in den Raum hinabsteigen, gewissermaßen in den Urgrund seiner Existenz. Botta sieht im Kirchenbau eher eine Stätte der Gottesbegegnung als ein modernes Gemeindezentrum. „Die Architektur [...] muss also total im Dienst der Harmonie des Menschen stehen.“

Marc Chagall, weißrussischer Jude in Frankreich

Henry Matisse
(1869–1954) war zunächst Jurist und kam 1890 zur Malerei. Mit über 70 Jahren erhielt er den Auftrag, im südfranzösischen Vence die Rosenkranzkapelle der Dominikanerinnen zu gestalten. Er schuf den Altar mit Standkreuz, die farbigen Glasfenster, großflächige Kachelbildnisse des hl. Dominikus und der Gottesmutter mit Kind und eine Keramikwand mit den Kreuzwegstationen. Auch die Architektur verantwortete er. „Ich will, dass man sich beim Eintritt in meine Kapelle gereinigt und seiner Lasten ledig fühle."

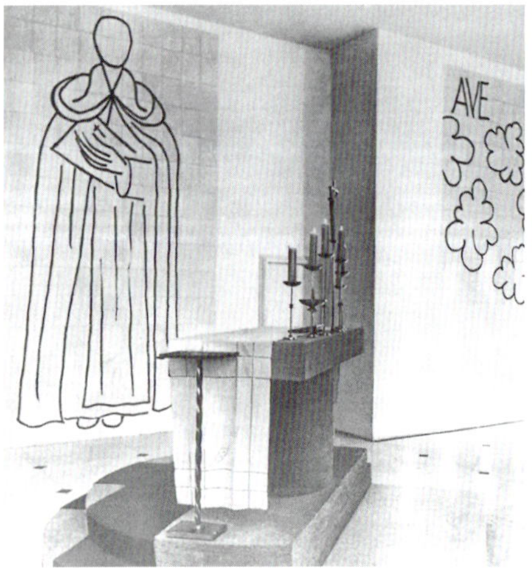

Henry Matisse: Kachelbild des hl. Dominikus, Rosenkranzkapelle in Vence

Georges Rouault
(sprich: ru-ó, 1871–1958), französischer, tieffrommer Glasmaler und Restaurator, war ein Zeitgenosse von Matisse und lebte in Paris. Zu seinen Themen gehören die Passionsgeschichte und Szenen aus dem Alten Testament.

Zeitgemäss und überzeitlich

Dem russischen Juden **Marc Chagall,** der 1887 im Ghetto Witebsk/Weißrussland geboren wurde, in Petersburg Malerei studierte und 1922 nach Frankreich übersiedelte, gab die Bibel nahezu alle Themen vor. Ab 1931 arbeitete er an Radierungen zum Alten Testament. In Vence lernte er Henry Matisse kennen und eines seiner Werke, die berühmte Rosenkranzkapelle. Von 1957 an gestaltete Chagall farbige Glasfenstern für die Synagoge in Jerusalem, für die Kathedralen in Metz und Reims, für das Fraumünster in Zürich, für Sankt Stephan in Mainz. In Nizza errichtete er ein Museum, in welchem er auf großen Ölbildern das Alte Testament von der Erschaffung des Menschen an erzählt. Chagall wurde durch zahlreiche Ausstellungen in aller Welt geehrt und bekannt. Er bildete einen eigenen Stil heraus mit Elementen, die er immer neu gruppierte. Auch das Kreuz Jesu und die heilige Maria mit dem Kind gestaltete er in seinen Glasfenstern und Bildern. Bekannt ist auch die „Chagall-Bibel", die 180 Gemälde, Radierungen und Aquarelle Chagalls zu biblischen Themen enthält.

Glasfenster „La Paix" (Der Frieden) in Sarrebourg/Frankreich von 1976. Zum Lebensbaum mit dem Menschenpaar fügt Chagall die Vision des Jesaja vom Friedensreich und links dessen Anfang mit Jesu Einzug und Kreuzigung in Jerusalem.

Die Kirche St. Josef in Dresden wurde um 1970 durch Friedrich Press neu gestaltet

Gedanken in Form gebracht

Friedrich Press (1904–1990), geboren in Westfalen, arbeitete nach Lehr- und Studienjahren in Dresden überwiegend sakrale Kunst und gestaltete Kirchenräume in ganz Deutschland. Beim Umbau der Jugendstilkirche St. Josef in Dresden hat er die Grundidee des Himmlischen Jerusalems aus der Apokalypse gewählt und den Altarbezirk als den Thronsaal des Lammes gestaltet. Als sein bedeutendstes Werk gilt die Pietà aus weißem Meißner Porzellan in der Kathedrale zu Dresden, die am 13. Februar 1976, dem Gedenktag der Zerstörung Dresdens im Zweiten Weltkrieg, in der Kathedrale geweiht wurde.

Das Bild der Pietà wird seit dem 14. Jahrhundert meist als Plastik dargestellt. Die Mutter Jesu trauert um ihren toten Sohn, den sie als Kind auf dem Schoß trug und jetzt als Leichnam trägt. Warum macht es der Bildhauer so schwer, Maria und Jesus als Menschen zu erkennen? Friedrich Press: „Ich bringe den Gedanken in die Form. Die Figuren macht sich der Betrachter selbst, er hat sie in der Erinnerung.“ → S. 137

Berufung ist mehr

Bei richtiger Lösung des Rösselsprungs ergibt sich ein Ausspruch des Komponisten Robert Schumann.

fen	be	die	ist	licht
in	zens	des	lers	li
ruf	tie	chen	sen	des
her	den	künst	mensch	✻

Das Himmlische Jerusalem

Ich sah die heilige Stadt, das neue Jerusalem, von Gott her aus dem Himmel herabkommen; sie war bereit wie eine Braut, die sich für ihren Mann geschmückt hat.

Da hörte ich eine laute Stimme vom Thron her rufen: Seht, die Wohnung Gottes unter den Menschen! Er wird in ihrer Mitte wohnen, und sie werden sein Volk sein; und er, Gott, wird bei ihnen sein.

Offb 21,2–3

Vesperbild

Das Abendgebet der Kirche heißt Vesper (lat. vespera = Abend). Dies ist die Stunde der Abnahme Jesu vom Kreuz und der Annahme des toten Jesus durch seine Mutter. (→ S. 159)

Pietà

ist der italienische Name für das Bild der trauernden Mutter Maria mit dem Leichnam Jesu auf dem Schoß. Die lateinische Herkunft ist „domina nostra de pietate“ (= „unsere Herrin vom Mitleid“). Berühmt ist die Pietà von Michelangelo (→ S. 176).

Das Bild von Press mahnt an jene Stunden des 13. Februar 1945, als Dresden unter Bomben in Trümmer sank. Hier sinkt der zerbrochene Jesus in die Erde. Sein Kopf fällt wie abgebrochen. Aber die Mutter hält die Hoffnung in ihren Händen, die Krone des unvergänglichen Lebens.

Pietà in der Kathedrale zu Dresden

Dem „lieben Gott" widmete Anton Bruckner seine 9. Symphonie.

Die Kunst für Gott

Anton Bruckner und Igor Strawinski

Vom Dichter Herrmann Hesse stammt der Ausspruch: „Mir ist oft gesagt worden, es gäbe heute keine frommen Menschen mehr. Man könnt ebenso gut sagen, es gäbe heute keine Musik und keinen blauen Himmel mehr." Bei einem nur oberflächlichen Blick auf die Komponisten der Gegenwart fällt auf, wie viele von ihnen religiöse Themen und Texte in ihren Werken verarbeitet haben. Der große österreichische Tonkünstler **Anton Bruckner** (1824–1896), der erst Sängerknabe, dann Domorganist in Linz und schließlich weltbekannter Komponist war, widmete seine 9. Sinfonie „dem lieben Gott". Von **Igor Strawinski** (1882–1971) wissen wir, dass er 1910 seine russisch-orthodoxe Kirche verlassen hatte. Dann erlebte er bei der Feier des 700. Todestages des heiligen Antonius in Padua am Grab des Heiligen eine Sternstunde. Später nannte er „jenen Augenblick des Erkennens den wahrhaftigsten meines Lebens". Er ließ sich 1926 wieder in seine Kirche aufnehmen und komponierte von nun an viele geistliche Werke. Dazu gehören das „Pater noster" (1926), eine „Psalmensymphonie" (1930), „Credo" (1932), „Ave Maria" (1934) und eine „Messe" (1948). Die Messe sei für die Kirche komponiert, nicht für den Konzertsaal. „Sie ist liturgisch, fast schmucklos", meinte er. „Das Credo daraus ist der längste Satz. Es gibt so viel zu glauben." Als Strawinski gefragt wurde: „Die Kunst dem Volk oder die Kunst der Kunst?", antwortete er ehrfürchtig: „Die Kunst für Gott." Dieses kurze Credo Strawinskis haben wir über das Kapitel gesetzt, weil es auch für die meisten der hier erwähnten Komponisten gelten kann.

Oliver Messiaen

(1908–1992) Der Franzose liebte den gregorianischen Choral und ebenso indische wie griechische Musik, Zahlenmystik und Vogelstimmen. Sein Werk ist vom katholischen Glauben durchdrungen. Seine Oper „Der heilige Franz von Assisi" erlebte unter Udo Zimmermann im Jahr 1998 eine beachtete Aufführung in Leipzig.

Neue Wege in der modernen Musik beschritt der Franzose Olivier Messiaen.

Arvo Pärt

(geb. 1935 in Estland) arbeitete erst als Tonmeister beim estnischen Rundfunk, schrieb Musik für Fernsehfilme und Werke der Zwölftonmusik. Dann lernte er Musik des Mittelalters kennen, wurde orthodoxer Christ und schuf eine „Missa syllabica". Er vertonte die „Passion nach dem Evangelisten Johannes" (1976/77). Seit 1981 lebt er in Berlin. 2005 erhielt er den Europäischen Musikpreis. Werke: „Tabula rasa" (1977), „Summa" (eigentlicher Titel „Credo", wegen sowjetischer Zensur verschlüsselt, 1978), „Stabat Mater" (1985), „Te Deum" (1986), „Magnifikat" (1989), „Berliner Messe" (1990).

Sofija Asgatovna Gubajdulina
(geb. 1931 in der Tatarischen Republik) hat asiatische und muslimische Wurzeln sowie ostkirchliche Prägung. Ihre Werke verkünden fast immer religiöse Erfahrungen: „Stufen" (nach „Marienleben" von Rainer Maria Rilke, 1972) und „Sieben Worte" (Jesu am Kreuz, 1982), beide Titel sind wegen sowjetischer Zensur verschlüsselt, „Stunde der Seele", „Sonnengesang" (1997) und „Johannespassion" (2000).

John Tavener
(geb. 1944 in London) ist musikalisch von Strawinsky und Messiaen beeinflusst, geistlich vom spanischen Mystiker Johannes vom Kreuz. Seit 1977 bekennt er sich zur russisch-orthodoxen Kirche. Werke: „Cain and Abel" (1965), „Magnificat" (1986), „Ikon of the Trinity" (1990), „Apolytikon of St. Martin" (1997), eine Kammeroper „Mary of Egypt" (1992), „The Apocalypse" (1994) und eine Kantate „Fall and Resurrection" (2000 in der St. Pauls-Kathedrale von London aufgeführt).

Andrew Lloyd Webber
(geb. 1948 in London) schrieb 1968 das Rock-Oratorium „Joseph" (in Ägypten). Sein Musical „Jesus Christ Superstar" von 1971, eine Vertonung der Passion Jesu, ist bis heute aktuell und hat die Gattung geistliche Musik bereichert. Nach Musicals „Cats", „Evita" und „Phantom der Oper" brachte er 1985 ein „Requiem" im klassischen Stil für die Totenmesse.

Musik als Gebet

Krysztof Penderecki

Krysztof Penderecki (geb. 1933 in Polen) lehrt seit 1972 an der Musikhochschule Krakau. In der Spalte der aufgeführten Kompositionen kommt er häufig vor. An seinen geistlichen Werken erkennt man einen der „knienden" Komponisten unserer Tage. Über seine christliche Ausrichtung sagt er selbst: „Ich entstamme einer sehr gläubigen Familie und war als Kind sehr gläubig. Natürlich glaubt man, wenn man erwachsen ist, anders." Mit den „Psalmen Davids" begann 1958 sein weltweiter Erfolg. 1962/63 schrieb er die „Lukaspassion" und 1978 „Das verlorene Paradies". Gebet sind seine Vokalwerke fast ausnahmslos: „Dimension der Zeit und der Stille" (1960), „Dies irae" (Sequenz aus der Totenmesse, 1967), „Kosmogonie" (1970 zum 25-jährigen Bestehen der UNO), „Canticum canticorum Salomonis" (1974), „Magnifi kat" (1974), „Te Deum" (1979), „Lacrimosa" (1980), „Polnisches Requiem" und „Lobgesang der Cherubim" (1987), „Die sieben Tore von Jerusalem" (1997). In seinem Werk finden wir nahezu alle musikalischen Gestaltungsmittel und Stilrichtungen, eine phantasievolle Verwendung der Instrumente und Klangerzeugung.

Gesänge aus Taizé

Jacques Berthier (1923–1994) war Kirchenmusiker und Komponist in Paris. Mit dem für die Musik in Taizé verantwortlichen Frater Robert Giscard entwickelte er das Genre „Gesänge aus Taizé". Das waren zuerst lateinische Kanon-Gesänge wie „Magnifikat" und „Cantate domino". Ab 1979 begann er mit „Jesus remember me", auch andere Sprachen einzubeziehen. Für die Communauté von Taizé komponierte er 284 kurze, mehrstimmige Gesänge mit Instrumentalbegleitung, oft auch mit Überstimmen für Solisten. Berthier schuf auch Messen und Orgelwerke. Seine „Gesänge aus Taizé" gelten jedoch als die am weitesten verbreitete christliche Musik der Gegenwart. Besonders Jugendliche werden durch dieses singende Beten zur Begegnung mit dem göttlichen Du und zu gläubiger Erfahrung von Gemeinschaft geführt.

Text: altkirchlich, Musik und Satz: Jacques Berthier

Der Komponist Penderecki bei einer Probe

Werke von Komponisten der Gegenwart

Aus dem Alten Testament
Psalmen (Str., Pend.)
Canticum cant. Salomonis (Pend.)
Kain und Abel (Tav.)

Aus dem Neuen Testament
Passion (Pend., Web., Gub., Pä.)
Jesus Christ Superstar (Web.)
Sieben Worte Jesu (Gub.)
Stabat mater (Pä.)
Magnifikat (Pend., Tav., Pä.)
Ave Maria (Str.)
Apokalypse (Tav., Pend.)

Aus der Liturgie
Messe (Str., Pä.)
Requiem (Pend., Web.)
Dies irae (Pend.)
Credo (Str., Pä.)
Pater noster (Str.)
Te Deum (Pä. Pend.)
Sakramentshymnus (Mess.)
Ikon of the Trinity (Tav.)

Aus dem Kirchenjahr
Himmelfahrt (Mess.)
Jesu Geburt (Mess.)
Lobgesang der Cherubim (Pend.)
Oper: Franz von Assisi (Mess.)
Sonnengesang (Gub.)
St. Martin (Tav.)

Die Abkürzungen bedeuten: Gub. = Sofija Asgatovna Gubajdulina, Mess. = Oliver Messiaen, Pä. = Arvo Pärt, Pend. = Krysztof Penderecki, Str. = Igor Strawinski, Tav. = John Tavener, Web. = Andrew Lloyd Webber.

Auflösung von S. 195 (Berufung ist mehr): Licht senden in die Tiefen des menschlichen Herzens ist des Künstlers Beruf.

Das Geschenk des Armen

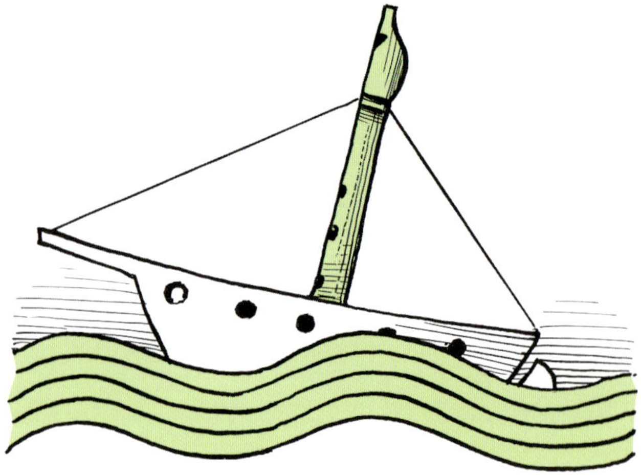

Nur noch halb stand die Sonne über dem Horizont, als der alte Fährmann dreimal die Glocke anschlug. Groß und Klein, Dick und Dünn, Alt und Jung, Reich und Arm drängten aufs Boot. Doch zuerst musste jeder für die Überfahrt zahlen; dem wachsamen Alten entging keiner.

Viele hielten ihre Münzen schon abgezählt in Händen. Sie kannten sich aus. Einige suchten erst in ihren Taschen, lässig oder umständlich oder auch aufgeregt.

Es gab aber auch welche, die offensichtlich kein Geld hatten. Sie boten dem Fährmann Waren an: einen Korb mit frischen Kartoffeln der eine, ein Suppenhuhn ein anderer, eine Tasche voll Äpfel ein dritter. Einer versuchte es sogar mit einem Buch, und auch dieses Zahlungsmittel ließ der alte Fährmann gelten.

Jetzt rief er dem letzten noch Wartenden zu. Es war ein Blinder, ein nicht mehr junger Mann, der eine Flöte mit sich trug. Ohne das Instrument loszulassen, hielt er es dem Fährmann hin. „Mein einziger Besitz“, sagte er dabei leise. Der Fährmann nickte ein zweites Mal und stieß ihn an, wie die anderen aufs Boot zu gehen.

Die Strömung war nach dem Ablegen noch nicht recht spürbar, da setzte der Blinde seine Flöte an die Lippen und spielte. Und er spielte so schön, dass alle Unterhaltung auf dem Boot aufhörte und viele still dastanden und lauschten.

Für eine lange Viertelstunde wurde so aus dem Ärmsten unter allen der Reichste. Für diese eine Viertelstunde, die nicht mehr zu Ende gehen wollte, wurde aus dem Bettler ein König, der alle beschenkte. Er baute eine Brücke in eine andere Welt jenseits des Alltags.

Bilder und Zeichen

Ordne die nachstehenden Namen den Bauwerken zu. Die Ziffer unter diesen gibt an, welchen Buchstaben des Künstlernamens du jeweils unterstreichen musst. Die unterstrichenen Buchstaben ergeben hintereinander gelesen einen Begriff, der in Kunst und Leben eine große Bedeutung hat.

SCHINKEL
PERMOSER
PHIDIAS
BARTNING
MICHELANGELO
PARLER
AMBROSIUS
NIEMEYER

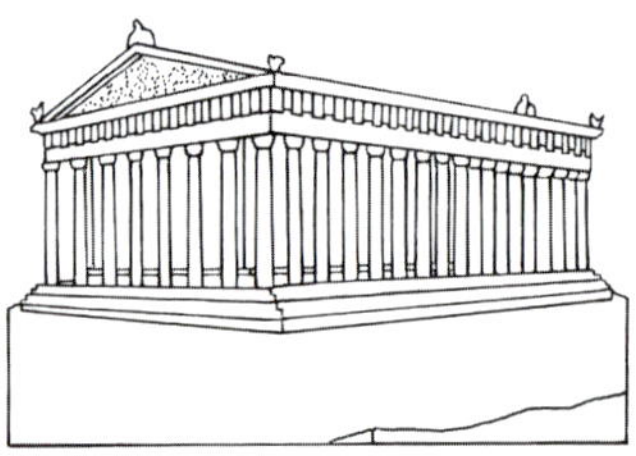

2.

1.

3.

1.

5.

5.

6.

3.

Schlag nach ⇨

Begriffe – Stichworte – Wissenswertes

ANTEPENDIUM (lat. antependere = davorhängen); Altarvorhang, Altarverkleidung aus Holz oder Metall.

APSIS (griech. = Krümmung, Gewölbe); halbkreisförmiger Raumabschluss der Basilika. Die Bezeichnung wird später auch auf mehrseitigen Chorabschluss (Chor) übertragen.

ARKADE (lat. arcus = Bogen [als Waffe], Krümmung); Bogen oder Bogenreihe, auf Säulen oder Pfeilern ruhend.

BALDACHIN Schirmdach auf Freistützen.

BAROCK → S. 182: Kennzeichen barocker Kunst.

BASILIKA (griech. basileíos = König); Königshalle; in der Antike Markt- oder Gerichtshalle. Als im 4. Jh. das Christentum im Römischen Reich Staatsreligion wurde, feierten die Christen ihre Gottesdienste in Basiliken.

BIEDERMEIER Wohnkultur und Innenarchitektur der klassizistischen Stilepoche als Ausdruck bescheidener bürgerlicher Lebenshaltung, zweites Viertel des 19. Jh.

BYZANTINISCHE KUNST Altchristliche Kulturepoche von etwa 530 n. Chr. an. In diesem Stil ist die Sophienkirche (Hagia Sophia) in Konstantinopel (= Byzanz) erbaut als jahrhundertelang größter Kuppelbau der Welt.

DIENSTE in der gotischen Baukunst lange, dünne Säulchen, die entweder als Bestandteil eines Bündelpfeilers oder auch eines Wandpfeilers als Stützen der Gurte und Rippen eines Kreuzrippengewölbes „dienten".

FIALE in der Gotik ein Pfeileraufsatz in Form eines spitzen Türmchens; als Schmuck der Strebepfeiler.

FISCHBLASE ein in der Gotik häufig verwendetes Maßwerkornament, das einer Fischblase ähnlich ist. Drei oder mehrere in Kreisform zusammengepasste Fischblasen wurden gern als Schmuck für gotische Fenster benutzt.

FRESKO (ital. = frisch); Wasserfarbe wird auf den frischen Mörtelputz aufgetragen. Gemälde dieser Art behalten sehr lange ihre kräftige Farbwirkung.

FRIES Flächenstreifen oder streifenartiges Feld, das die Wand eines Bauwerkes schmückt, gliedert oder abschließt; meist waagerecht.

GOTIK Kunstepoche vom späten 12. bis zum 15. Jh. Die Bezeichnung kam im 15. Jh. im verächtlichen Sinne auf. Die Italiener sahen die Goten als Zerstörer Roms an. Die typischen Bauelemente der Gotik wurden in Frankreich ausgebildet. Es sind Kreuzrippe und Spitzbogen. → S. 160

HYMNUS ein feierliches Loblied. Es kann sehr verschiedene Formen haben, z. B. der Osterhymnus: „Christ ist erstanden ..." oder die Nationalhymne.

JOCH ursprünglich ein waagerechtes Element auf zwei Stützen, z. B. bei einer Brücke: Abschnitte zwischen zwei Pfeilern. In der Baukunst ein jeweils von vier Stützen begrenzter Abschnitt beim Gewölbe.

KÄMPFER Tragplatte zwischen Pfeiler und Last.

KAPITELL (lat. capitellum = Köpfchen); auch Kapitäl; Kopf der Säule oder des Pfeilers, meist verziert.

Dorfkirche St. Thomas mit **Apsis**, Chorraum, Schiff und Turm in Pretzien/Sachsen-Anhalt

Byzantinische Kunst: Gottesmutter, Kreta, 15. Jh.

Fialen am gotischen Mailänder Dom

Am 15. Oktober 1880 wurde der Schlussstein in die **Kreuzblume** eingesetzt. Sie krönt den Südturm des Kölner Doms. Die riesige Kreuzblume besteht aus mehreren tonnenschweren Steinblöcken.

Krypta der Stiftskirche in Quedlinburg

Der **Palas** der Wartburg bei Eisenach gilt als prächtigster weltlicher romanischer Bau. Landgraf Ludwig IV., der Gemahl der hl. Elisabeth, ließ ihn um 1220 vollenden.

KLASSIZISMUS Stilepoche von etwa 1760 bis 1830. In ihr werden Formen aus der italienischen Renaissance und der antiken griechischen und römischen Kunst wiederbelebt. Reaktion auf den Barock.

KRABBEN (Kriechblumen) sind blattartige Knollen, die auf Wimpergen, Giebeln und Fialen in regelmäßigen Abständen hinauf„kriechen".

KREUZBLUME die kreuzförmige, aus Blattwerk gebildete Spitze gotischer Türme, Giebel, Wimperge, Fialen

KRYPTA (griech. kryptein = verborgen, begraben); Grab- oder Reliquienraum unter dem erhöhten Chor romanischer Kirchen.

LISENE flacher, nur wenig aus der Mauer vortretender Wandpfeiler ohne Kapitell und Basis, dient zur Gliederung der Wände im Innern und Äußern.

METRUM Versmaß, das Zahl und Lage der betonten und unbetonten Silben festlegt.

NEUGOTIK Wiederentdeckung des Mittelalters im 18./19. Jh. unter der Maxime „Zurück zur Natur". Eine ähnliche Suche nach verlorenen Werten vollzog die Neuromanik.

ORGANUM Bezeichnung für die frühe mittelalterliche Mehrstimmigkeit, Grundlage ist der liturgische Choralgesang.

PALAS Wohnbau einer mittelalterlichen Burg.

PFEILER senkrechte Stütze von rechteckigem oder achteckigem Querschnitt, freistehend oder an die Wand gebunden. Besondere gotische Formen sind im Inneren der Bündelpfeiler und am Außenbau der Strebepfeiler.

PILASTER ein flach aus der Wand hervortretender Pfeiler, der wie eine Säule in Fuß, Schaft und Kapitell gegliedert ist; dient der künstlerischen Wandgestaltung.

PLASTIK (griech. plássein = kneten, formen, gestalten); Kunstwerk aus Ton, Gips, Wachs u. a.

RELIEF (frz. relever = hervorheben); Bildhauerarbeit, bei der die Figuren nur halb aus dem Stein heraustreten, also mit dem Hintergrund fest verbunden sind.

RENAISSANCE → S. 181 im Text „Barock"

RIPPE steinerner Stab zur Aufnahme der Gewölbelast des Kreuzrippengewölbes.

ROMANIK erster klar ausgeprägter europäischer Baustil, aus der Bauerfahrung der Römer erwachsen; 11.–13. Jh.

SKULPTUR (lat. sculpere = schnitzen); das Werk des Bildhauers aus Stein, Holz u. a.

TRIPTYCHON (griech. tri = drei und ptychos = Falte); dreiteiliges Bild, wie es für Flügelaltäre im Mittelalter üblich war.

WASSERSPEIER ein an mittelalterlichen Dächern angebrachter Wasserablaufstein, in phantasievollen Gestalten ausgeführt.

WIMPERG in der Gotik ein Ziergiebel über Portalen und Fenstern, mit Krabben besetzt, mit einer Kreuzblume bekrönt und von Fialen flankiert.

Bete und arbeite

ORDENSLEUTE
GESTERN UND HEUTE

CHINESISCHE FABEL

Auf dem Omei-Berg gab es viele Klöster. Die Mönche der großen Klöster waren sehr reich, die der kleinen dagegen sehr arm.
Eines Tages kam ein armer Mönch zu einem der reichen Mönche, um sich von ihm zu verabschieden. Er wollte eine Pilgerreise nach Putuoshan unternehmen, einer Insel im Östlichen Meer. Das war eine sehr weite Reise, die über viele hohe Berge und reißende Ströme führte. Der reiche Mönch wunderte sich. „Was nimmst du mit auf den Weg?", fragte er. „Nur einen Becher und eine kleine Schüssel", entgegnete der andere, „den Becher für Wasser und die Schüssel, um etwas Reis zu erbitten."
„Ich beabsichtige selbst, nach Putuoshan zu pilgern", sagte der reiche Mönch, „seit mehreren Jahren treffe ich schon Vorbereitungen dazu. Aber bis jetzt konnte ich noch nicht fort, denn es fehlt immer noch das eine oder andere. Ich glaube, mein Freund, du stellst es dir zu einfach vor."
Nach etwas über einem Jahr kehrte der arme Mönch von seiner Pilgerfahrt zurück und berichtete dem reichen Mönch von seinen Erlebnissen. Der wurde etwas verlegen, behauptete aber auch jetzt, dass seine Vorbereitungen für die Reise immer noch nicht abgeschlossen wären.

Es gibt sie auch heute noch: Einsiedler Ernstl im Wald bei Pfarrkirchen

Kamadulenserkloster Bielany in Polen. Kirche mit den Häusern der Einsiedler

Antonius, der Ureinsiedler, Fresko im Andreaskloster auf dem Berg Athos

Einsiedler – Eremiten

Anders leben

In den ersten christlichen Jahrhunderten, mit dem Nebeneinander von heidnischen und christlichen Bräuchen und Lebensanschauungen, kehrten entschiedene Christen den Städten den Rücken zu. Dort verführte Luxus zu oberflächlichem Leben. „Asketen“ nannte man diese Menschen, die als Einsiedler oder Eremiten ein enthaltsames Leben entgegen den Gewohnheiten der Welt führten, um Gott in der Einsamkeit der Wüste zu begegnen und zu dienen. Als das Christentum nach den Verfolgungszeiten nun zum Anfang des vierten Jahrhunderts zur Staatsreligion im Römischen Reich erklärt worden war, kamen die Mitläufer dazu. Es war jetzt vorteilhaft, ein Christ zu sein, und nicht mehr lebensgefährlich wie zuvor. In dieser Zeit haben die „Aussteiger“ das Evangelium und die Kirche vor Verfall und Entwertung bewahrt. Sie lieferten sich bewusst den Unsicherheiten des Lebens aus. Damit gaben sie ein Zeichen für die ungeminderte Kraft der Botschaft Jesu.

Wegweiser
Der Rösselsprung ergibt einen Ausspruch von Papst Johannes Paul II.

tus	die	weg	
re	kir	der	zu
treu	chris	ist	der
che	wah	e	

Paulus von Theben – Der erste Mönch

Paulus wurde um 230 in Ägypten geboren. Seine Eltern waren angesehene Leute. Sie erzählten ihrem Jungen viel von Gott und Jesus Christus. Aber schon zeitig verlor er seine Eltern. Während der Christenverfolgung unter Kaiser Decius (249–251) floh er vor seinen heidnischen Verwandten. In der Wüste bei Theben, westlich des Nils, verbarg er sich in einer Höhle. Hier blieb er auch, als die Verfolgung vorüber war. Eine Palme und eine Quelle boten ihm Kleidung und Nahrung. Viele Jahre übte sich Paulus von Theben im Schweigen vor Gott. Nur selten kamen die Landsleute, um sich Rat zu holen oder mit dem Einsiedler zu beten. Kurz vor seinem Tod fand ihn ein anderer Einsiedler. Das war der jüngere Antonius. Er begleitete ihn auf dem letzten Weg, bestattete ihn und erzählte der Welt sein Leben. So wissen wir, dass Paulus von Theben der erste Einsiedler war.

Antonius – Einsam für Gott

Im Jahre 251 erblickte im damals christlichen Ägypten in einer gläubigen Familie der Sohn Antonius das Licht der Welt. Er erhielt eine gute christliche Bildung. Im Gottesdienst hörte er die Forderung des Evangeliums „Wenn du vollkommen sein willst, geh, verkaufe deinen Besitz und gib das Geld den Armen.“ Mit etwa 18 Jahren, nach dem Tod seiner Eltern, befolgte er diese Forderung und zog sich in die Wüste zurück. In der Nähe seiner Heimatstadt in Mittelägypten hatte er Einsiedler erlebt und kurze Zeit bei ihnen gelebt. Streng genommen war er also nicht der erste christliche Einsiedler. Aber er galt schon damals als Leitgestalt der Einsiedler und zog viele Schüler an, die wie er leben wollen. In Scharen suchten sie ihn auf, wo immer Antonius sich niederließ, in seinem ägyptischen Felsengrab, in einem verlassenen Kastell oder in einer Hütte am Roten Meer, die mehrfach zerstört und immer wieder aufgebaut und bis heute von Menschen bewohnt wird. Schon zu seinen Lebzeiten war er als Ratgeber und Wundertäter bekannt und berühmt. Seit 315 sind Eremitenkolonien im Geiste des Antonius am Rande der Nitrischen und der Syktischen Wüste entstanden. Als er 356, über hundert Jahre alt, in seinem Kloster starb, bewahrte die Kirche sein Leben als Beginn der klösterlichen Lebensführung. Der heilige Athanasius schrieb eine Biografie über ihn und machte ihn somit „welt"bekannt.

Seine Gebeine gelangten um 1000 nach Frankreich und befinden sich heute in Arles. Zahlreiche Bruderschaften, Orden, Spitäler und Kirchen fügen sich unter sein Patronat. Beliebtes Attribut des Heiligen ist das Schwein, welches mit einer Glocke am Hals die Gesunden warnt und den Pestkranken seine Ankunft und Heilung ankündigt.

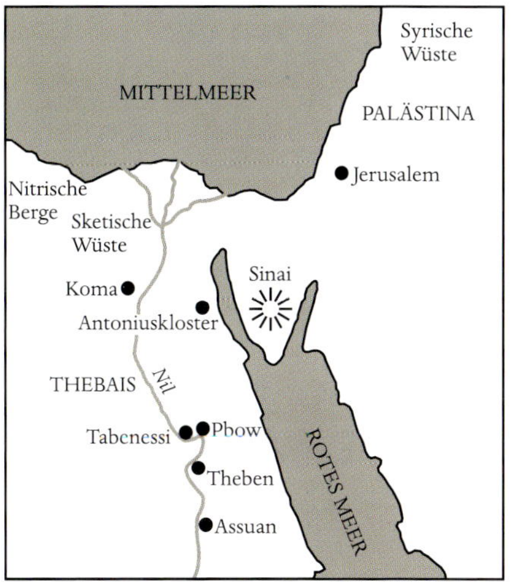

In Ägypten und Palästina entstanden im 4. Jh. n. Chr. die ersten christlichen Klöster der Koinobiten (→ S. 236), die nach dem Beispiel des Wüstenmönchs Antonius lebten.

Pachomius – gemeinsam für Gott

Das Beispiel der Einsiedler führte den koptischen heidnischen Soldaten Pachomius zum Christentum und zur Nachahmung dieser Eremiten. Den Gefahren, die das ungeregelte Einsiedlerleben in sich barg, begegnete Pachomius für sich und seine Schüler mit einer festen und strengen Organisation nach militärischem Vorbild. Seine Regel für die mönchische Lebensgemeinschaft im Kloster (Koinobitentum) war einfach: Jeder musste sich einem Noviziat unterziehen und dabei lernen, auf eigenen Lebensstil, auf Familie und Besitz zu verzichten. Je 40 Männer, die jeweils die gleiche Arbeit (Teppich- und Korbflechten, Handwerk, Ackerbau) verrichteten, bewohnten ein Haus. Sie nahmen die Mahlzeiten gemeinsam ein und hatten regelmäßig geistige Übungen zu vollziehen. Dem Abt war unbedingt zu gehorchen. Zum Kloster gehörten 30–40 Häuser, also etwa 1200–1600 Insassen. Alle unterstanden einem Abt.

Die Schwester des Pachomius, Maria, gründete das erste Nonnenkloster. Der Name „Nonne" kommt aus dem Koptischen und bedeutet „keusch, rein".

Pachomius starb 348.

Erstaunlich rasch entstanden weitere Klöster, vor allem in Ägypten, dann in Syrien und Palästina. Dem missionarischen Eifer dieser Mönche und Nonnen ist es zu verdanken, dass die koptische Landbevölkerung im Laufe des 4. und 5. Jahrhunderts fast vollständig christlich wurde.

Blick auf das Simeonkloster in Assuan

Aus der Regel des Pachomius

1. Wenn am Tage zum gemeinsamen Gebet geblasen wird und einer einen Psalm zu spät kommt, der soll vom Obern getadelt werden, und er muss bei Tisch stehen. Wer aber in der Nacht länger liegen bleibt und drei Psalmen zu spät kommt, der soll beim Psalmengebet und bei Tisch einen Strafplatz erhalten.
2. Jeder muss den ihm gegebenen Auftrag wiederholen; wenn er etwas vergessen hat oder den Befehl nicht sogleich wiederholt, soll er bestraft werden.

…

7. Die Brüder dürfen nicht allzu sehr mit Arbeit überladen werden, sondern es soll ihnen eine angemessene Beschäftigung gegeben werden.

Wer klug ist, schweigt.

Aus Afrika

Auflösung von S. 198 (Bilder und Zeichen): 1. Tempel auf der Akropolis in Athen von **Ph**idias, 2. Basilika des hl. **A**mbrosius in Mailand, 3. Gotisches Fenster am Veitsdom in Prag von Peter Parler, 4. Am Petersdom in Rom hat **M**ichelangelo mitgebaut, 5. Dresdner Zwinger von Perm**o**ser, 6. Altes Museum Berlin von Schin**k**el, 7. Stahlkirche in Essen von Bartni**n**g, 8. Kathedrale in Brasilia von Ni**e**meyer – HARMONIE.

Ora et labora

Die Benediktiner

Gift im Becher

„Ein eifriger Student, dieser Benedikt, er wird einmal ein großer Lehrer werden." Das ist das einhellige Urteil an der Hohen Schule zu Rom. Nein, das war es. Denn plötzlich ist der Musterschüler verschwunden, und niemand weiß, wohin. Dann sickern Nachrichten durch: „Er ist in den Bergen. Er ist Einsiedler geworden." Nun, das war nichts Aufregendes. Man beruhigt sich schnell. Wer mit dem Geist zu tun hat, weiß um die Anfälligkeit der Begabten für Sonderlichkeiten.

Ungestört und unbeschwert lebt Benedikt in der Stille des Waldes als Einsiedler. Die Umstände sind erträglich. Das Mittelmeerklima ist das ganze Jahr über mild. Und die Mitmenschen sind duldsam und sehen in solcher Lebensweise nichts Ungewöhnliches. Sie spüren sehr genau, dass dieser junge Mann mit dem gesunden Blick nicht aus Verbitterung in die Einsamkeit gegangen ist.

So wundert sich auch niemand, als eines Tages eine Gruppe von Mönchen bei Benedikt auftaucht. Bewährte Einsiedler sind es offenbar, solche, die sich wie die orientalischen Wüstenmönche für ein gemeinsames Leben zusammengetan haben. Nun suchen sie einen neuen Vorsteher, den sie in ihren Reihen nicht gefunden haben. Sie bitten Benedikt, ihr Vorsteher zu werden. Der sieht den Männer in die Augen und erkennt Gottesfurcht und Willen zur Vollkommenheit, aber auch die Unbeugsamkeit des Stolzes. Er will ihnen sagen, dass er sie achtet, aber nicht mehr wird biegen können. Sie bitten ihn beharrlich mit Hinweis auf seine Jugend und seine hohe Bildung.

Benedikt entscheidet gegen seinen ersten Eindruck und geht mit ihnen. Von heut auf morgen wird er zum Abt, zum Vater einer vielköpfigen geistlichen Familie. Mit Feuer und heiligem Eifer wirft er sich in das unbekannte Abenteuer. Er fordert von den anderen, was er von sich selbst fordert. Er stellt richtig, was er als falsch erkennt. Er hält an zu Gebet und Fasten. Er will das einfache Leben der Jünger Jesu sichtbar werden lassen.

Die knorrigen Männer knirschen, aber sie können sich nicht mehr beugen und biegen. Ihr guter Wille schwindet. Im Herzen nisten sich Groll und Unmut ein. Hätten sie nur Worte dafür gefunden und Benedikt ins Angesicht wider-

Der heilige Benedikt von Nursia, Gemälde von Hans Memling, um 1485

Durch seine Ordensregel und die darin begründete Lebensform ORA ET LABORA haben Benedikt und sein Orden das Angesicht Europas wesentlich mitgestaltet. Im Jahr 529 schloss die letzte griechisch-römische Akademie ihre Pforten, während Benedikt auf dem Monte Cassino sein Kloster gründete.

Die Neuzeit beginnt und mit ihr der Einfluss der Benediktinerklöster auf nahezu alle Bereiche in Kirche und Welt. In unseren Tagen wurde Benedikt durch Papst Paul VI. als Vater Europas und durch Papst Johannes Paul II. als Patron Europas geehrt.

Alter Holzschnitt zur Legende

Stundenplan

Nimm Transparentpapier, schneide dir davon ein Rechteck 2,1 cm x 3,1 cm. Lege dieses durchsichtige Papier der Reihe nach auf die folgenden Bildchen und zeichne immer mit einem Stift die Linien nach. Hast du diese bei allen Bilder sauber nachgezogen, ergibt sich eine Ordensregel.

standen. So aber verschließen sie sich im Schweigen, das immer eisiger wird und schließlich im kalten Hass mündet. Sie wollen Benedikt loswerden. Was führen sie im Schilde?

Es kommt der Tag, da es geschieht, was sie sich erdacht haben. Und Benedikt ist der Einzige, der nicht davor erschrickt.

Es ist Festtag. Das Essen fällt darum reichlicher aus als sonst. Benedikt sieht nicht ihre wirren Blicke, als er die Speisen segnet. Nun hebt er die Hand über den Becher. „Sei gesegnet, Frucht des Weinstockes, im Namen des Schöpfers …" Er zeichnet das Kreuz über den Wein. Da, ein Schlag, ein Klirren! Der Becher zerspringt in hundert Scherben. Goldener Wein rinnt über die Tischplatte. Keiner spricht. Benedikt schaut in leere Augen. Ruhig und klar ist seine Stimme, als er spricht: „Warum musstet ihr Gift nehmen, um mich aus eurer Mitte zu drängen? Gott möge euch verzeihen, und auch ich verzeihe euch."

Und Benedikt geht zurück in seine Einsamkeit und hört, was Gott ihm zu sagen hat. Bald gründete er, gereift durch das Scheitern, an anderem Ort eine andere Gemeinschaft. Ihr gibt er eine Regel des Lebens aus dem Geiste des Evangeliums. Sie wird das Angesicht Europas über Jahrhunderte gestalten.

Auf die Füße kommt unsere Welt erst wieder, wenn sie sich beibringen lässt, dass ihr Heil nicht in Maßnahmen, sondern in neuen Gesinnungen besteht.

Albert Schweitzer

Das Programm des hl. Benedikt

„Ora et labora", zu deutsch „Bete und arbeite", ist die große Überschrift über dem Leben nach der Regel des Vaters Benedikt. Und der Unterschied zu den schon bestehenden Klöstern liegt in der Wertschätzung der Arbeit. Gottesdienst und Arbeit bestimmen das Leben der neuen Gemeinschaft, die sich als Familie unter dem Abt als Vater versteht.

An erster Stelle steht die Pflege des Gottesdienstes und des Stundengebetes. Nichts darf der Liturgie, nichts darf dem Dienst vor Gott vorgezogen werden.

An zweiter Stelle steht die Arbeit, zuerst das handwerkliche Schaffen, später auch die geistige Tätigkeit. Bau- und Landarbeiter, Künstler und Wissenschaftler verrichten ihren Dienst vor Gott und an der Welt in völliger Gleichheit. Wer in den Verband aufgenommen werden wollte, musste zu dieser Gleichheit ja sagen. Gebet und Gottesdienst sind vergleichbar dem senkrechten Balken des Kreuzes Christi. Die Arbeit stellt den waagerechten Balken dar.

G
•
E
•
A • R • B • E • I • T
•
E
•
T

Die notwendigen Voraussetzungen für das Zusammenleben der Klostergemeinschaft hatte Benedikt im Evangelium gefunden. Dort sind sie als Ratschläge für die Jünger gesagt, die mit besonderem Eifer Jesus nachfolgen wollen:

Die Armut,
weil der Reichtum leicht zum „Schatz" wird. Jesus sagt: „Eher geht ein Kamel durch ein Nadelöhr, als dass ein Reicher in das Reich Gottes gelangt" (Mt 19,24).

Der Gehorsam,
weil Gottes Wille und Wort oberstes Gebot sind. Jesus sagt: „Wer bei euch der Erste sein will, soll der Sklave aller sein. Denn auch der Menschensohn ist nicht gekommen, um sich dienen zu lassen, sondern um zu dienen und sein Leben hinzugeben …" (Mk 10,44–45).

Die Ehelosigkeit,
weil der Unverheiratete ganz frei ist für den Dienst am Reiche Gottes. Jesus fordert die zur Ehelosigkeit und Keuschheit auf, die sich ausschließlich dem Himmelreich weihen wollen. Er sagt aber auch: „Nicht alle können dieses Wort fassen, sondern nur die, denen es gegeben ist" (Mt 19,11).

Die Hausordnung der Mönche

Von den ägyptischen Klöstern übernahm Benedikt manche wichtige Anregung für seine Gemeinschaft. Er passte die Erfahrungen der ägyptischen Koinobiten sorgfältig den abendländischen Verhältnissen an. Mit altrömischer Klarheit und praktischer Lebensweisheit legte er 529 eine Klosterverfassung mit 73 Kapiteln fest, die ihn zum „Vater des abendländischen Mönchtums" machte. So entstand eine Hausordnung, eine Regel, die über viele Jahrhunderte Geltung behalten und das gesamte geistliche und geistige Leben in Europa nachhaltig beeinflussen sollte. Auch Frauen folgten dieser Regel, z. B. seine Schwester Scholastika.

+

Aus der Klosterregel des hl. Benedikt

Wie der Abt sein muss: Ein Abt muss immer eingedenk bleiben, wie er genannt wird, und durch sein Verhalten den Namen des Oberen rechtfertigen. Denn der Glaube sieht in ihm den Stellvertreter Christi im Kloster. Deshalb darf er nichts lehren, anordnen oder gebieten, was den Vorschriften Gottes zuwider wäre …

+

Gastfreundschaft grossgeschrieben

Seit Vater Benedikt sein erstes Kloster auf dem Monte Cassino errichtet hat, das war im Jahre 529, halten seine Söhne das Gesetz der Gastfreundschaft in Ehren. Zum Kloster gehört meistens ein Gästehaus. Jederzeit wird der Gast aufgenommen und ohne Entgelt beköstigt. Im gemeinsamen Speisesaal der Mönche erhält der Gast den Ehrenplatz nahe beim Abt. Wein und besondere Speisen werden allein dem Gast gereicht. Auch am Gottesdienst und am Chorgebet kann der Gast nach seinem Ermessen teilnehmen. In jedem Gast sehen die Söhne des heiligen Benedikt ihren Herrn und Meister Jesus Christus, der gesagt hat: „Was ihr dem geringsten meiner Brüder getan habt, das habt ihr mir getan."

+

Die Zeiteinteilung im Kloster

Der Tag begann mit dem Sonnenaufgang, die Nacht mit dem Sonnenuntergang. Die Spanne dazwischen war je nach Jahreszeit verschieden lang. Sie wurde in 12 Stunden (= Horen) geteilt.

Die evangelischen Räte

Das Gelübde ist ein Gott gegebenes Versprechen.

Der Mönch verspricht	**Armut**	**Gehorsam**	**Ehelosigkeit**
Das heißt	Verzicht auf persönliches Eigentum	Verzicht auf selbständige Lebensplanung	Verzicht auf Bindung an eine Familie
Damit sind in der Gemeinschaft	alle gleichgestellt	Ordnung und Aufgabenerfüllung möglich	alle „Brüder" in einer neuen Familie
Damit ist jeder Mönch	frei von unnötigen Sorgen, frei für die Hingabe	frei von Machtstreben, frei für jeden Dienst	frei von menschlichen Bindungen, frei für Gott

Benedikt mit seiner Schwester Scholastika. Fresco in der „heiligen Höhle" in Subiaco, wo Benedikt drei Jahre als Einsiedler lebte.

			etwa 6^h	9^h	12^h	15^h		18^h	
Antike Tageseinteilung	tempus matutinum		hora prima	hora tertia	hora sexta	hora nona	vespera		nox
	Morgengrauen		erste Stunde	dritte Stunde	sechste Stunde	neunte Stunde	Abend		Nacht
Gebetszeiten der Mönche	Matutin	Laudes	Prim	Terz	Sext	Non	Vesper	Komplet	Nocturn
	Frühgebet	Morgenlob						Abschluss	Nachtgebet

Benediktiner in ganz Europa

Bald entstanden an anderen Orten Klöster nach der Regel des Benedikt. Jede Gründung war in sich selbständig. Das schloss nicht aus, dass die Klöster untereinander gute Kontakte pflegten. Die Mitglieder jedoch wechselten nicht. Sie blieben, wenn sie sich nach ihrer Probezeit dazu entschlossen hatten, zeitlebens in derselben Gemeinschaft.

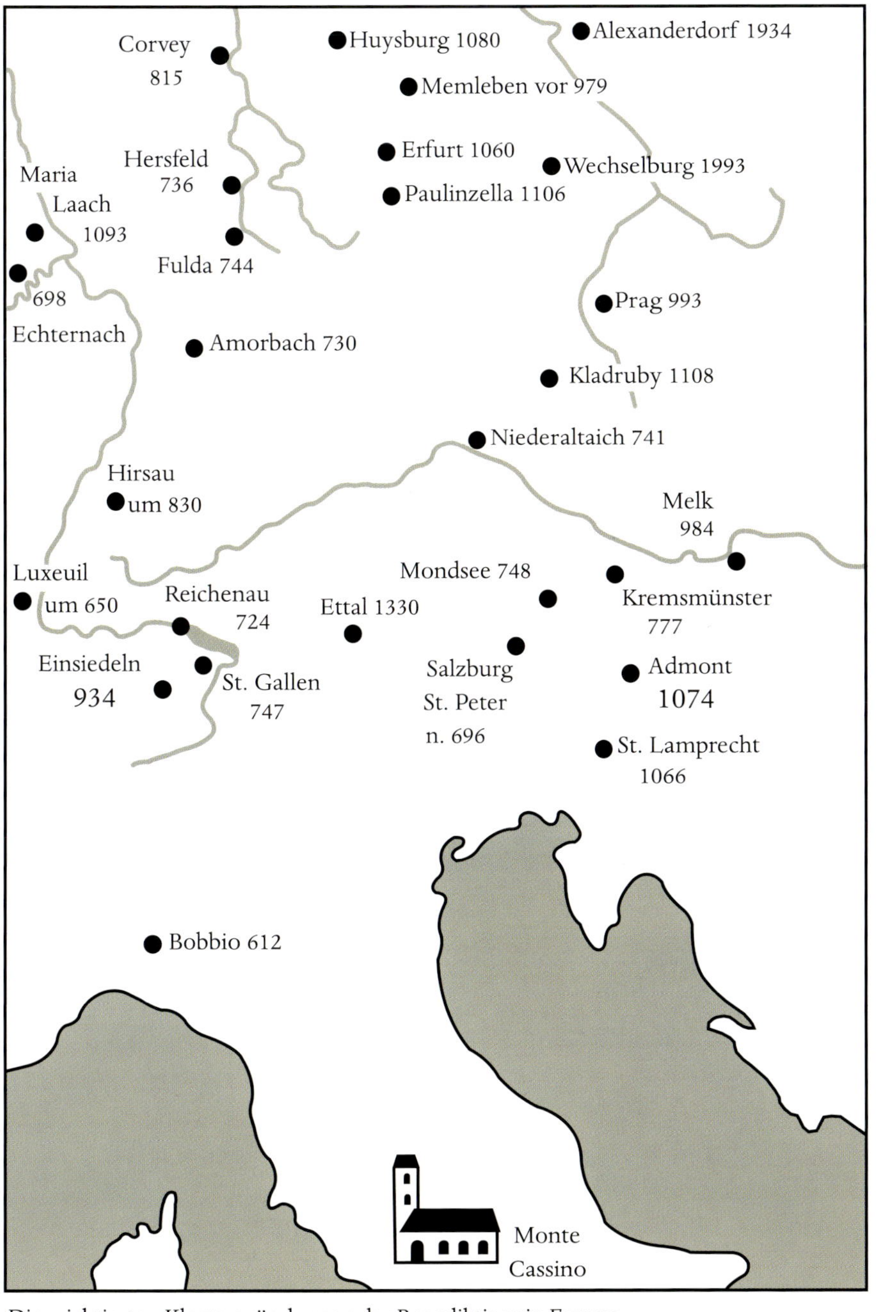

Die wichtigsten Klostergründungen der Benediktiner in Europa.

> ***Gib ihnen nicht bequeme Ruhe,***
> ***gib ihnen Glauben an Gerechtigkeit und Güte.***
>
> *Jewgeni A. Jewtuschenko*

Auflösung von S. 202 (Wegweiser): Der wahre Weg der Kirche ist die Treue zu Christus.

In dem 1803 aufgehobenen Kloster Huysburg leben seit 1972 wieder Benediktiner.

Klosterschulen

Die Klöster der Benediktiner waren oft mit berühmten Schulen verbunden. An diesen Schulen sollten die Geistlichen sich bilden, aber bald erhielten auch andere in ihnen Unterricht. Anfangs lehrte man neben dem Evangelium nur **Grammatik, Rhetorik** und **Dialektik,** aber seit etwa 800 n. Chr. kamen dazu **Musik, Arithmetik, Geometrie** und **Astronomie.**
Diese sind die sogenannten Sieben Freien Künste des mittelalterlichen Bildungswesens. Aus den Klosterschulen sind viele gelehrte Männer und Frauen hervorgegangen, die Gott mit ihrem Können und Wissen dienten.

Die Abtei Pannonhalma in Ungarn. Der Ort gilt neben Szombatheli als Geburtsort des hl. Martin. Hier besteht eine Theologische Hochschule und ein Gymnasium für 360 Schüler.

Gregor der Große, Papst und Kirchenlehrer

Benediktiner

Gregor der Grosse (um 540–604)

Heiliger Papst

Geboren in Rom, wo er in jungen Jahren auch als Stadtpräfekt tätig war und mehrere Jahre im Benediktinerkloster St. Andreas lebte. Gregor wurde Diakon des Papstes, Nuntius in Konstantinopel und 590 selber zum Nachfolger Petri berufen. Er legte den Grund für den künftigen Kirchenstaat, erkannte die Notwendigkeit der Mission bei den Germanen und veranlasste die Neuordnung der Liturgie und des Kirchengesanges (deswegen trägt der Gregorianische Choral [→ S. 156 f.] seinen Namen).

Gregor VII. (1023–1085)

Heiliger Papst

Sohn eines Bauern. Er lebte als Mönch Hildebrand im Kloster Cluny. Später wurde er Sekretär am päpstlichen Hof und erlangte großen Einfluss. 1073 wurde er zum Papst gewählt und führte einen erbitterten Kampf mit dem deutschen König und späteren Kaiser Heinrich IV. um die Rechte und Freiheiten der Kirche. Gregor musste der Waffengewalt Heinrichs IV. weichen und aus Rom fliehen. 1085 starb er in der Verbannung.

Seite aus dem Codex „Lob des Kreuzes" von Hrabanus Maurus mit einer Darstellung Kaiser Ludwigs des Frommen

Bonifatius (um 673–754)

Heiliger Missionar

Der Mönch Wynfried wurde in den südenglischen Klöstern Exeter und Nhutecelle als Schüler und dann auch als Lehrer geschätzt. Die Abts- und Bischofswürde schlug er aus. Er wollte Missionar sein. 718 erlangte er vom Papst die Vollmacht, in Germanien missionieren zu dürfen. Dabei erhielt er den Namen Bonifatius. 721 kam er nach Thüringen. 722 in Rom Weihe zum Missionsbischof ohne festen Sitz, 732 Erzbischof. Mit 80 Jahren unternahm er eine Missionsreise zu den Friesen, wo er am 5. Juni 754 den Martertod erlitt.

Hrabanus Maurus (780–856)

Heiliger Lehrer und Seelsorger

Hrabanus wurde in Mainz geboren und erhielt an der Hofakademie Karls des Großen in Tours seine Bildung als Schüler des berühmten englischen Mönchs Alkuin. Seit 803 leitete er die Klosterschule in Fulda, 847 wurde er Erzbischof von Mainz. Viele seiner Schriften dienten pastoralen Zielen und der Bildung der Priester. Er richtete Klosterschulen als Zentren geistiger Bildung ein, dichtete Hymnen (siehe Gotteslob Nr. 240), hielt in Mainz drei Synoden und weckte Interesse für Volksbrauch und Volkssprache. In seinem Umkreis entstand der „Heliand" (→ S. 287). Sein Ehrenname ist „Lehrer Germaniens".

Das Kloster Einsiedeln in der Schweiz. Hier lebte der hl. Wolfgang als Mönch.

Wolfgang (924–994)

Heiliger Bischof

965 wurde er Mönch des Klosters Einsiedeln in der Schweiz, dann Missionar in Ungarn, 972 Bischof von Regensburg. Er ermöglichte durch Verzicht auf die böhmischen Gebiete 973 die Gründung des Bistums Prag und sicherte so die Mission in Böhmen. Auch war er einer der Erzieher des heiligen Kaisers Heinrich II.

Gerhard von Csanád (um 980–1046)

Heiliger Erzieher und Bischof

Gerhard (ungarisch: Gellert) soll einem adligen italienischen Geschlecht entstammen. Er wurde Mönch und später Abt des Georgsklosters in Venedig. Als er auf einer Reise ins Heilige Land um 1015 durch Ungarn kam, bestellte ihn König Stephan I. zum Erzieher seines Sohnes Emmerich. 1023 ging Gerhard ins Benediktinerstift Bakony-Beel. 1030 wurde er zum Bischof der Diözese Csanád (im Banater Gebiet) ernannt. In einem Heidenaufstand wurde er beim Übersetzen über die Donau durch Steinwürfe und Lanzenstiche ermordet, und zwar bei dem nach ihm benannten Gellertberg in Budapest.

Notker von St. Gallen (840–912)

Seliger Dichter

Er war Lehrer und Leiter an der berühmten Klosterschule St. Gallen sowie der erste Komponist deutscher Abstammung und ein bedeutender Lyriker seiner Zeit. Lies auch die Geschichte auf S. 120.

Vom Beten

Mir scheint: im Beten verwandelt
der Mensch sich allmählich und kehrt
sich dem Heiligen zu, das er ehrt
und betend begehrt. Ganz im Stillen
vereint uns das mit dem Willen
des Höchsten, und nicht was wir wollen
wird wichtig, – nein, was wir sollen.

So seh' ich den Sinn uns'res Lebens.
Das heißt: kein Gebet ist vergebens.
Gott will seine Güte uns zeigen,
er hört uns, selbst wenn wir schweigen.

Lothar Zenetti

Der selige Notker am Schreibpult. Miniatur aus dem Jahre 1024

Gelungener Start

al – as – ber – burg – chris – far – ge – gie – huys – i – ka – ke – kel – la – li – na – na – nen – ot – pho – rus – sang – se – son – sonn – ta – ta – tag – tar – to – to – tur – um

Aus diesen Silben sind 11 Wörter mit nachstehender Bedeutung zu bilden. Ihre Anfangsbuchstaben ergeben hintereinander gelesen den Namen der Gründerin des Mutterklosters der Benediktinerinnen.

1. Tag des Herrn, 2. Schutzpatron der Kraftfahrer, 3. Benediktinerkloster nördlich des Harzes, 4. deutscher Kaiser im 10. Jahrhundert, 5. Ordnung des Gottesdienstes, 6. Opferstätte, 7. Dichtung des heiligen Franziskus, 8. Sakramentshäuschen, 9. älteste lateinische Bibelübersetzung, 10. Ort am See Gennesaret, 11. enthaltsame Lebensweise

Der hl. Bonifatius, Statue vor dem Dom St. Peter in Fritzlar

Auflösung von S. 205 (Stundenplan):
ORA ET LABORA

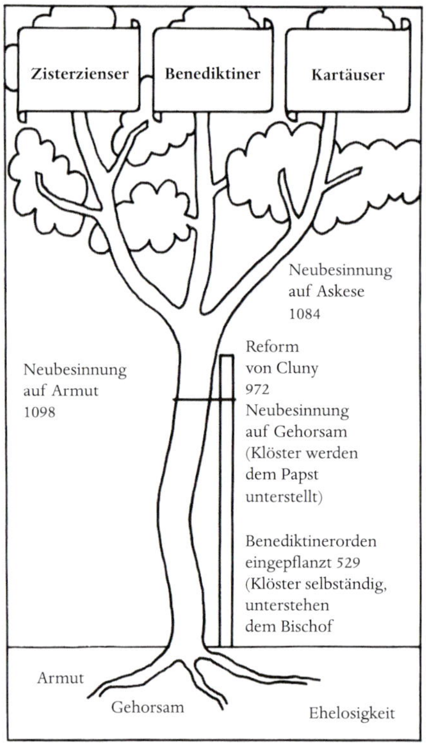

Aufbruch ins Neuland

Die Zisterzienser

Was hat Jesus gesagt? „Eher geht ein Kamel durch ein Nadelöhr, als dass ein Reicher in das Reich Gottes gelangt." Das hätten die Benediktiner über ihre Pforten schreiben müssen. Sie waren nämlich im Lauf der Jahrhunderte reich geworden. Ihre Arbeit hatte Früchte gebracht. Das ist an sich nicht schlecht. Aber Grundbesitz, Geld und Güter haben die Eigenschaft, das Herz der Menschen, auch das der Mönche, zu besetzen. „Wo euer Schatz ist, da ist auch euer Herz", sagt Jesus. Die Mönche hatten Armut gelobt, aber die Klöster hatten Überfluss. Ihre Erfolge in Wissenschaft und Kunst hatten ihnen Ansehen gebracht. Ihr Reichtum verlieh ihnen Macht. Beides schadet aber dem Geist. So überwog die Sorge um diese irdischen Güter mehr und mehr die Sorge um die Gaben Gottes.

Zurück zu den Quellen

Was Vater Benedikt gesagt hatte und was er gewollt hatte, das ging einigen immer wieder durch den Kopf. Sie konnten mit manchen Entwicklungen einfach nicht einverstanden sein. Sie forderten auf, die evangelischen Räte ernst zu nehmen, und gaben ein entsprechendes Beispiel. Drei dieser Männer sehen wir uns an: Bruno von Köln, Abt Robert und Bernhard von Clairvaux.

1084 stiftete der Deutsche **Bruno aus Köln** in einer wilden Gebirgsschlucht bei Grenoble die Einsiedelei „La Chartreuse". Die Mönche lebten streng voneinander getrennt in Einzelzellen und Einzelgärten. Diese Kartäuser sahen sich nur in der Kirche, im Kapitelsaal und in der Bibliothek. Die Askese ist ungewöhnlich hart. Bei ihnen gibt es kein Fleisch zu essen. Bis auf wenige Stunden in der Woche herrscht beständiges Stillschweigen. Sie leben nach der Regel des hl. Benedikt.

Wenig später, 1098, stiftete der strenge **Abt Robert** († 1108) das Benediktinerkloster Cîteaux (Cistercium). Er wollte die in den Benediktinerabteien eingerissene Verweltlichung wieder zu alter Strenge zurückführen. Die außerordentliche Härte des Ordenslebens schreckte aber viele ab, deshalb blieb unter ihm das junge Kloster unbedeutend. Erst unter dem Einfluss des **hl. Bernhard**, der 1113 in Cîteaux zum Mönch geweiht wurde, mussten Tochterklöster gegründet werden, weil viele Hunderte Einlass begehrten. (→ Übersicht der Tochterklöster, S. 212.)

Der hl. Bernhard ist der eigentliche Gründer des Zisterzienserordens.

Zisterzienser legen in der Schweizer Abtei Stift Heiligenkreuz ihr Gelübde ab.

Zum Ritter zu schwach

Aus dem Leben des Bernhard von Clairvaux

Bernhard war im Jahre 1090 auf einer Burg in Burgund als dritter Sohn eines Ritters geboren worden. Während seine Brüder sich gern in ritterlichen Spielen übten, sollte er, weil er zu schwächlich zum Ritter war, ein Gelehrter werden. Die Eltern schickten ihn in die Schule der Stiftsherren von St-Vorles. Bernhard redete selten mit Menschen; er liebte die Einsamkeit, weil er da ungestört mit Gott reden konnte. Als er 21 Jahre alt war, entschloss er sich, ins Kloster nach Cîteaux zu gehen.

Wenn er schon wegen seiner Schwächlichkeit nicht Ritter werden konnte, warum sollte er dann nicht Ruhm in der Wissenschaft erringen? – So dachten seine Verwandten. – Warum gerade ein Kloster, wo die Mönche sich alles selbst durch raue Handarbeit schaffen mussten? Aber Bernhard wollte Gott dienen und keine Ehre für sich. Wen Gott ruft, der muss kommen – sei er schwach oder stark. Bernhard, den seine Brüder früher oft verlacht hatten, redete ihnen so froh und ernst vom Dienste Gottes im Mönchsgewand, dass sein Onkel und vier seiner Brüder nun mit ihm gingen, der letzte folgte ihm später mit Bernhards altem Vater ins Kloster.

Der Glaube befähigt uns,
im Finstern vorwärtszugehen.

Roger Schulz

Alles unter einem Dach

Das Leben der Zisterzienser ist wie das der Benediktiner von der doppelten Aufgabe „Ora et labora", von Gebet und Arbeit, bestimmt. Deshalb suchen sie Wildnis und Einöde. Da finden sie Stille und genügend Arbeit.
Die Mönche wollen ganz frei sein für Gott. Nur Einzelne werden zu Priestern geweiht. Der wahre Mönch darf nicht predigen oder Seelsorge ausüben. Er soll beten und arbeiten. Aber die Arbeitsplätze liegen oft weit weg vom Kloster. Wie sollen da noch Einsamkeit und Gebetszeiten eingehalten werden? Die Zisterzienser greifen daher eine alte klösterliche Erfahrung auf. Sie gliedern Laien, die zwar im Orden, aber nicht auf die strenge Weise der Mönche leben wollen, in ihre Klosterfamilie ein. Diese Laienbrüder oder Konversen übernehmen vorwiegend die wirtschaftlichen Belange und entlasten so die Mönche, die sich in strenger Abgeschiedenheit dem Gottesdienst widmen können. Die Konversen haben große Bedeutung für die Kulturleistung der Zisterzienser. Ihr Anteil an der Gemeinschaft (z. B. um 1150 in Clairvaux: 200 Mönche und 300 Konversen) ist meist höher als der der Mönche.
Die Zisterzienser leben sehr arm, ihre Nahrung ist kärglich. Selbst in den Kirchen gibt es keinen Schmuck, keine farbigen Fenster, keine Bilder. Nur bemalte Holzkreuze sind gestattet. Steinerne Türme verbietet die Regel; erlaubt ist nur ein Dachreiter für eine kleine Glocke.

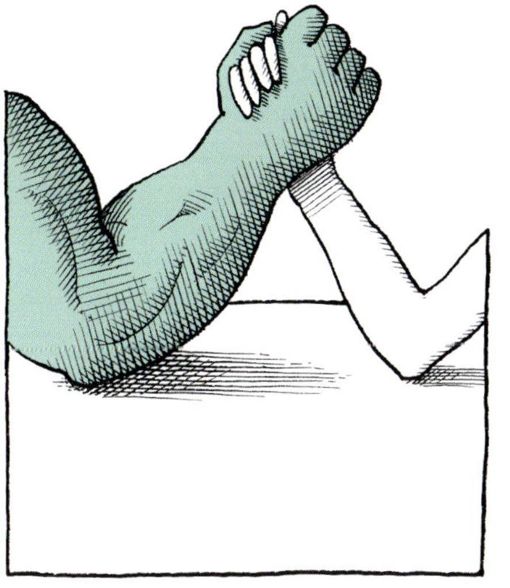

Dormitorium (Schlafsaal) in der ehemaligen Zisterzienserabtei Eberbach

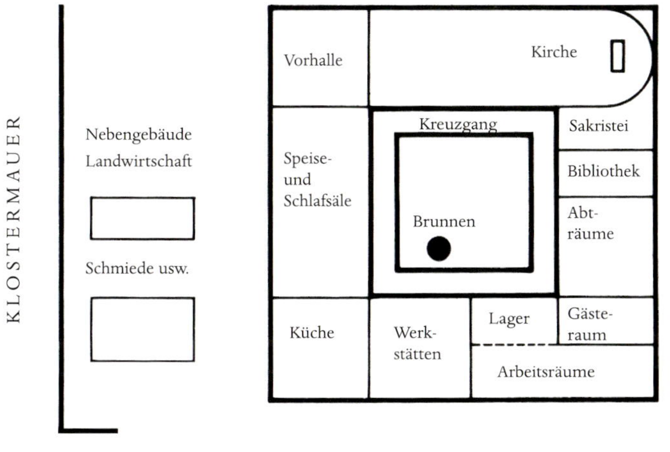

Schematischer Grundriss eines Zisterzienserklosters: Wohnräume, Speiseräume, Werkstätten und die Kirche liegen im Hauptkomplex, der mit dem Kreuzgang den Innenhof umschließt. Innerhalb der Klostermauern befinden sich weitere Gebäude wie Schmiede, Brauerei, Mühle. Alle lebenswichtigen Güter werden in eigenen Einrichtungen produziert.

Zwölf Mönche in weißen Kutten standen am Rande des Tales. Da unten in der Wildnis von Busch und Gestrüpp sollten sie ein Kloster bauen? Noch zögerten sie; da schritt Bernhard, der Jüngste und Zarteste, ihnen voran ins Tal hinab. Bald hörte man die Äxte und Beile klingen, bald hörte man Hacken und Sägen. Wer einige Zeit später ins Bittertal kam, sah ein festes Kloster da stehen, mitten in fruchtbarem Feld und blühendem Garten.
Das Tal nannten sie dann Clairvaux, das heißt auf deutsch „helles Tal", „Tal des Lichtes". Licht wird es dort, wo Menschen das tun, was Gott von ihnen will.
Bernhard wurde Abt des neuen Klosters. Hier verfasste er seine berühmten theologischen Traktate und seine in Frankreich und Deutschland sehr beachteten Predigten. Seine Themen holte er aus der Heiligen Schrift und aus dem Alltag. Er verteidigte den christlichen Glauben gegen manche Irrtümer in der Kirche.
Ein Thema wird ihm heute gern angekreidet. Gemeint ist sein Aufruf zum Kreuzzug ins Heilige Land zur Befreiung der christlichen Stätten mit Waffengewalt. Wir fragen, ob der überaus kluge Bernhard auf einem Auge blind oder dem Zeitgeist unterlegen war. Andererseits wurde er gern angerufen als Friedensvermittler und als Ratgeber des Papstes. Auch trat er entschieden ein gegen Gewalttaten der Kreuzzugsheere.
Unübersehbar ist sein Einfluss auf die theologischen Schulen einst und jetzt, sogar auf die Reformatoren (Calvin, Luther), auf Dichtkunst (Franziskus, Dante) und Musik, auf Architektur und bildende Kunst sowie auf die Frömmigkeit
Am 20. August 1153 starb Bernhard inmitten seiner Mönche in seinem Kloster Clairvaux. Er war ein Licht für die Kirche. 1174 wurde er heiliggesprochen und 1830 zum Kirchenlehrer ernannt.

Ehemaliges Zisterzienserkloster Lehnin

Ehemaliges Zisterzienserkloster Chorin

Im schwäbischen Kloster Oberschönefeld fertigen Zisterzienserinnen Messgewänder.

Tochterklöster der Zisterzienserabtei Cîteaux

Cîteaux
1098 gegründet
28 Tochterklöster

La Ferte	**Pontigny**	**Clairvaux**	**Morimond**
1113 gegründet 16 Tochterklöster in Frankreich und Italien	1114 gegründet 43 Tochterklöster in Frankreich und Italien	1115 gegründet 350 Tochterklöster hauptsächlich in Frankreich, Italien, Spanien, Schweiz und England	1115 gegründet 214 Tochterklöster hauptsächlich im deutschsprachigen Gebiet, auch in Spanien, Frankreich und Italien

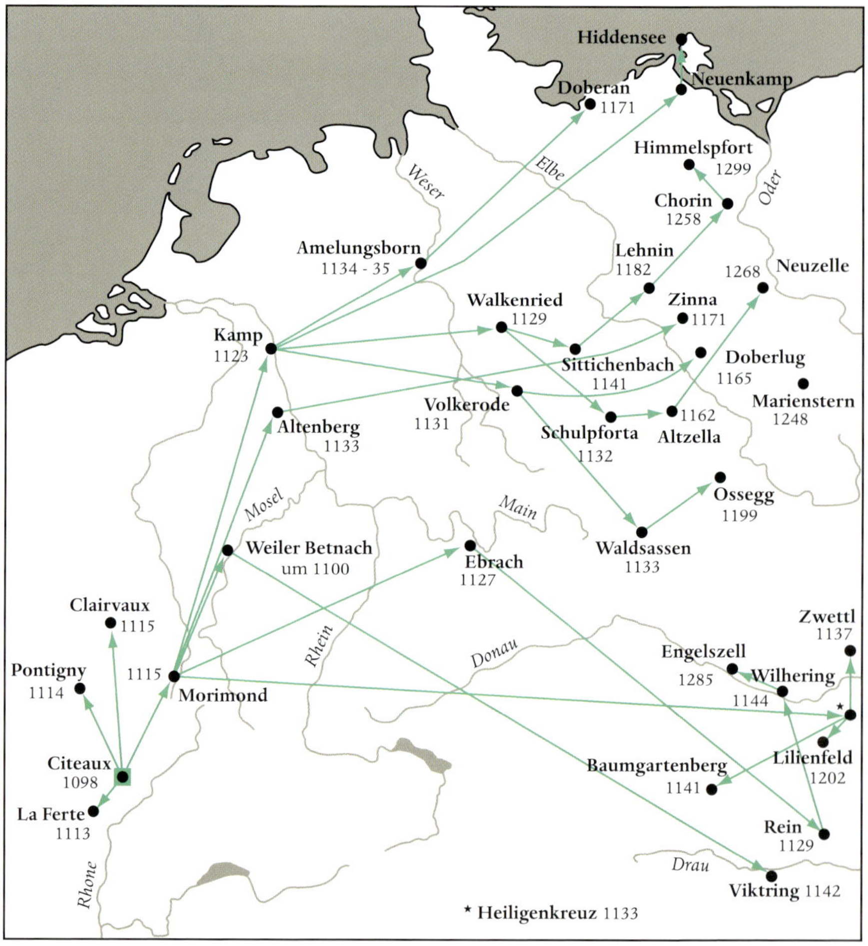

„Die Welt ist voller Mönche", frohlockte der hl. Bernhard. Nach zuverlässigen Quellen besaß der Orden beim Tode seines Gründers bereits 343 Klöster.

Der alte Fischer

Fischer waren draußen beim Fang mit ihrem Boot. Da kam ein Sturm auf. Sie fürchteten sich so sehr, dass sie die Ruder wegwarfen und den Himmel anflehten, sie zu retten. Aber das Boot wurde immer weiter weggetrieben von dem Ufer. Da sagte ein alter Fischer: „Was haben wir auch die Ruder weggeworfen! Zu Gott beten und zum Ufer rudern – nur dies beides zusammen kann da helfen."

Leo Tolstoi

Die 1248 gegründete Abtei Sankt Marienstern besteht bis heute ohne Unterbrechung. Sie war für die Rückgewinnung der Lausitz zur katholischen Kirche und das Schulwesen der Region bedeutend. Mutterkloster ist Marienthron bei Grimma (Nimbschen), das vorher in Torgau gegründet und erst 1277 dem Zisterzienserorden eingegliedert worden war.

Wo die Orden ihre Klöster bauten

Sankt Benediktus liebt die Höh',

der Zisterzienser Tal und See,

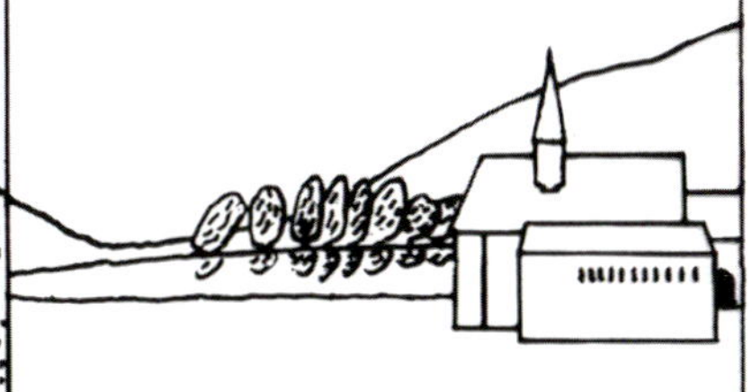

dem Bruder Franz die Stadt gefällt,

der Jesuit geht in die Welt.

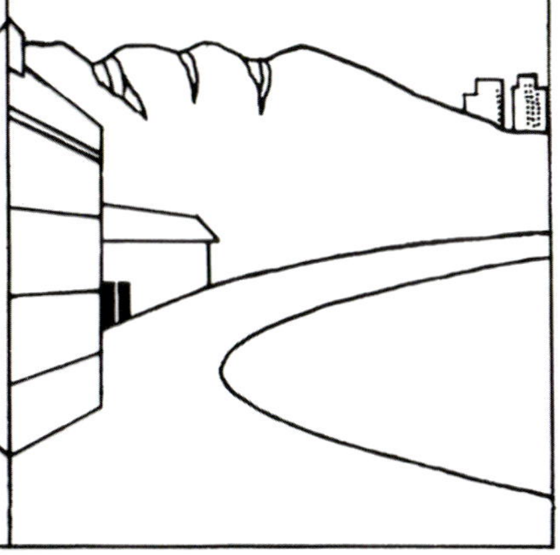

Ich danke Gott

Ich danke Gott mit Saitenspiel,
dass ich kein König worden;
ich wär' geschmeichelt worden viel
und wär' vielleicht verdorben.

Auch bet' ich ihn von Herzen an,
dass ich auf dieser Erde
nicht bin ein großer, reicher Mann
und auch wohl keiner werde.

Denn Ehr und Reichtum treibt und bläht,
hat mancherlei Gefahren,
und vielen hat's das Herz verdreht,
die weiland wacker waren.

Und all das Geld und all das Gut
gewährt zwar viele Sachen;
Gesundheit, Schlaf und guten Mut
kann's aber doch nicht machen.

Und dies sind doch, bei Ja und Nein,
ein rechter Lohn und Segen.
Drum will ich mich nicht groß kastein
des vielen Geldes wegen.

Gott gebe mir nun jeden Tag,
so viel ich darf, zum Leben;
er gibt's dem Sperling auf dem Dach,
wie sollt er's mir nicht geben.

Matthias Claudius

Auflösung von S. 209 (Gelungener Start): 1. Sonntag, 2. Christophorus, 3. Huysburg, 4. Otto, 5. Liturgie, 6. Altar, 7. Sonnengesang, 8. Tabernakel, 9. Itala, 10. Kafarnaum, 11. Askese – SCHOLASTIKA.

Franziskus predigt den Vögeln, Fresko in der Unterkirche von San Francesco in Assisi, um 1260.

Armut als Zeichen

Die Franziskaner

Ausgestiegen, um einzusteigen

Franziskus von Assisi (1182–1226)

In der Taufe ward er Johannes genannt. Doch wie die vornehme französische Mutter rufen ihn alle Francesco. Der Vater, ein wohlhabender Tuchhändler in Assisi, lässt dem Muttersöhnchen seine Spiele, seine Schwärmereien, seine Freunde. Aber dann kommt Franz nach einjähriger Gefangenschaft im Städtekrieg, nach Krankheit und Selbstfindung als junger Mann nach Hause. Das Familienoberhaupt nimmt seinen Wandel nicht zur Kenntnis und will den Sohn in die Kinderrolle zwingen. Ein Kampf bricht aus. Der Vater enterbt den Sohn und wirft ihn aus dem Haus. Der Sohn zieht auf dem Marktplatz seine Kleider aus und wirft sie dem Vater vor die Füße.

An dieser Stelle öffnet sich der Vorhang für das Spiel des Franz von Assisi, das seit 800 Jahren die Kirche in seinen Bann zieht. Der anwesende Bischof erweist sich als Meister der Zeichensprache. Er deckt seinen Mantel über den Nackten. Die Kirche nimmt den Ausgestoßenen auf. Franz erkennt in dieser Kindschaft seine neue Rolle. Als radikaler Habenichts und Obdachloser wird er der Kirche den Spiegel der Armut vorhalten. Er wird so tief in den Staub hinabsteigen, bis er die Schöpfung von innen sieht. Pflanzen und Tiere und Feuer und Wasser sieht er als seine Geschwister. Franz wird nicht verkommen und verlottern. Seine Kinderstube und der Bischofsmantel bewahren ihn davor.

In Scharen laufen sie ihm nach; die seine Sprache der Zeichen verstehen, füllen die rasch gegründeten Klöster: Männer erst, dann Frauen im Schweif der hellsichtigen Klara, die ständig die Szene beleben. Er wurde Jesus ganz ähnlich. In seiner mystischen Überhöhung des Kindlichen oder durch die an seinem Leib sichtbaren Wundmale des Gekreuzigten? Franz zeigt sich perfekt auf dem Hochseil ohne Netz. Die Prälaten halten den Atem an. Es kann doch nicht möglich sein, dass ein Amateur die Bergpredigt vorführt. Er habe die Kirche vor dem Verfall gerettet, sagt sogar der Papst. Meint er die Kapelle im Wald oder die Kirche der Apostel? Er hat Weihnachten gespielt mit richtigen Menschen und Tieren. Meint dieser Satz sein Talent für Auftritte oder die Geburt des ewigen Kindes in sich? Das Kind Franz findet den Weg zum Sultan und reicht ihm die brüderliche Hand. Das Kind Franz singt unbefangen vor großem Publikum ein Solo, das Lied von der Schwester Sonne und dem Bruder Tod. Er trägt es vor im speckigen Kleid der Aussteiger. Doch auch das legt er ab im vorletzten Akt. Da lässt er sich fast erblindet, sterbenskrank, obwohl erst vierundvierzig Jahre alt, kindlich nackt auf den Fußboden legen und hört den Gebeten seiner Brüder zu, bis er stirbt. Der Amateur Franz hat diese Szene selbst gestaltet, großartig einfach und fast nicht zu glauben. Und es wird bis heute das Stück immer wieder gespielt, in unseren Tagen eindrucksvoll mit Mutter Teresa und Frère Roger in der Hauptrolle.

Aus dem Sonnengesang

Sei gelobt mein Herr, mit all deinen Geschöpfen,
vor allem mit der edlen Schwester Sonne.
Sie bringt uns den Tag und das Licht.
Sie ist von dir, du Höchster, ein Gleichnis.

Sei gelobt, mein Herr, durch unsere Schwester, die Mutter Erde;
sie trägt und erhält uns
und bringt vielerlei Früchte hervor
und Kräuter und bunte Blumen.

Sei gelobt, mein Herr, durch unsern Bruder, den leiblichen Tod;
kein lebender Mensch kann ihm entrinnen.
Weh denen, die sterben in tödlichen Sünden.
Selig, die der Tod trifft in deinem heiligsten Willen.
Denn der zweite Tod kann ihnen nichts antun.

Franziskus von Assisi

Wie eine Sonne ging er der Welt auf.

Der große italienische Dichter Dante Alighieri über Franziskus

Bedeutende Franziskaner

Antonius von Padua (1195–1231)
berühmter Bußprediger

Bonaventura (1221–1274)
Kirchenlehrer

Jacopone da Todi (um 1230–1306)
vermutlich Dichter des „Stabat mater dolorosa“ (⟶ im „Gotteslob“)

OFM* – EIN PROGRAMM

Es ist heute noch erstaunlich, wie schnell dieses „Feuer" um sich griff: Zwölf Jahre nach der Gründung waren es 3000 junge Männer, die Franziskus folgten, die in bedingungsloser Armut das Evangelium verkündeten, die von Haus zu Haus zogen, sich ihren Unterhalt erbettelten und auf den Marktplätzen vom Leiden Christi predigten. In ganz Europa wurden sie gehört. Die Landgräfin von Thüringen, Elisabeth, lebte mit franziskanischen Geist. Kurz vor ihrem Tode, 1231 (sie starb mit 24 Jahren), ließ sie in Marburg ein Franziskus-Krankenhaus bauen, wo sie selbstlos Arme und Kranke pflegte.
Ungezählte weibliche Orden nahmen das Beispiel des hl. Franziskus auf. Ein weiblicher Franziskusorden wurde 1212 durch Franziskus und die hl. Klara gegründet. Diese Klarissen werden auch der Zweite Orden genannt, im Gegensatz zum Ersten Orden der Männer. Als eine der letzten Gründungen im Geiste des hl. Franziskus sei die Kongregation der Nazarethschwestern in Goppeln bei Dresden (gegründet 1921) angeführt.
Im Dritten Orden (→ S. 235), dessen Mitglieder sich Tertiaren nennen, sind Männer und Frauen vereint, die das Ideal des hl. Franz in ihrem Leben außerhalb der Klostermauern anstreben. Ihre regelmäßigen Zusammenkünfte stehen unter der geistlichen Führung des Ersten (oder Zweiten) Ordens.

* = ordo fratrum minorum (OFM) = Orden der einfachen Brüder

Lasst uns Verwandte von allen Kreaturen und allen Dingen sein.

Indianisches Gebet

BETTLER VON BERUF

Das klingt in unsern Ohren fremd. In einer Zeit, in der die Unterschiede zwischen Arm und Reich sehr groß waren, hatten Mönche freiwillig den niedrigen Lebensstandard eines Bettlers gewählt. Sie verzichteten auf jede sichere Einkunft und lebten nur von den milden Gaben der anderen. Das war ein Zeichen von Solidarität. Die Armen sahen in den Bettelmönchen ihre Brüder. Ihnen konnten sie glauben, wenn sie das Evangelium erzählten. Auch Reiche schlossen sich der Bewegung an, wie die hl. Elisabeth von Thüringen und die hl. Hedwig von Schlesien und viele andere.
Die Bettelorden hatten für ihre Zeit eine große Bedeutung. Zu ihnen rechnen wir die Franziskaner, Dominikaner, Karmeliten, Augustiner-Eremiten, Serviten und andere sowie die entsprechenden Frauenorden.

Franziskus, Fresko von Cimabue in der Unterkirche von San Francesco in Assisi, um 1280 gemalt

Franziskaner bei einem erholsamen Spaziergang, die Freude des Poverello im Gesicht

Das Kreuz aus der Kirche San Damiano in Assisi ist Symbol franziskanischer Gesinnung.

Die Barfüßerstraße in Erfurt an der Barfüßerkirche, der ehemaligen Franziskaner-Klosterkirche

STRASSENSCHILDER ALS GESCHICHTSBUCH

Kloſtergaſſe	wo sich ein Kloster befand
Brüdergasse	wo die Klosterbrüder wohnten
Frauenſteig	wo ein Kloster „Unserer Lieben Frau“ (Maria) stand
Nonnenweg	wo Klosterfrauen zur Kirche gingen
Predigergaſſe	wo Dominikaner ein Kloster hatten
Barfüßergasse	„Barfüßer“ nannte man die Brüder des hl. Franziskus

Die „Hunde des Herrn“ kommen

DIE DOMINIKANER

ES FOLGT DAS INTERVIEW DER WOCHE
Wir geben ein Gespräch wieder, das unser Korrespondent Anfang 1217 mit dem Heiligen Vater Honorius III. im Lateran führen durfte.

Reporter: *Heiliger Vater, Sie haben kürzlich einen neuen Orden bestätigt. Es stellt sich die Frage. ob die Kirche nicht bereits genügend Orden mit unterschiedlicher Zielsetzung hat. Ich denke besonders an den erst vor einiger Zeit gegründeten Orden der Franziskaner.*

Honorius*: Nachdem Unser Vorgänger Innozenz III. bereits die Vorgespräche geführt hat, haben Wir am 22. Dezember die Regel der Dominikaner anerkannt und damit einem neuen Orden wichtige Aufgaben in der Kirche zugewiesen.*

WIR BRINGEN KIRCHLICHE NACHRICHTEN:

Rom: Papst Honorius III. hat am 22. Dezember des vergangenen Jahres, also 1216, einen neuen Orden bestätigt. Es handelt sich, wie aus der Umgebung des Papstes verlautet, um einen Orden, der sich der Bekämpfung der Waldenser und Albigenser verschrieben hat. Deren Irrlehren sind besonders in Südfrankreich verbreitet. Die Mitglieder des neuen Ordens, die sich Dominikaner nennen, seien überwiegend bestens ausgebildete Priester.

Assisi: Wie erst jetzt bekannt wird, hat der Obere der Brüdergemeinschaft von Portiunkula, Franziskus von Assisi, vor einiger Zeit eine Predigtreise nach Frankreich beendet. Dabei sei es etwa vor einem Jahr zu einer intensiven Begegnung mit dem Spanier Dominikus gekommen.

Paris: Der Erzbischof von Paris hat in einer Predigt in der Kathedrale Notre-Dame eindringlich auf die Notwendigkeit einer besseren Ausbildung der Pfarrer hingewiesen. Wie der Erzbischof erklärte, sei die teilweise erschreckende Bildungsmisere Ursache für das Vordringen von Sekten.

Statistik: Im Mittelalter zählte man im deutschen Sprachgebiet 124 Klöster der Dominikaner.

Auf dem Gebiet der heutigen	um 1500	heute
Bundesrepublik Deutschland	101	15
Republik Österreich	13	4
Schweiz	10	3

Warum „Hunde des Herrn"?

Der Name ist daran schuld. Im Lateinischen heißt dominus „Herr" und canis „Hund". *Dominikanes* kann man also liebevoll spöttelnd übersetzen: „die Hunde des Herrn". Ein Hund mit brennender Fackel im Maul ist deshalb das Erkennungszeichen des hl. Dominikus auf bildlichen Darstellungen.
Dieser alte Spitzname der schwarzweiß gekleideten Mönche kam aus dem Lager der Ketzer und Irrlehrer. Denn die Dominikaner waren hinter ihnen her. Zuerst mit der Waffe des Wortes, dann leider auch als Werkzeug der Inquisition. Die „Hunde des Herrn" haben im Übereifer oft zugebissen. Besonders in Spanien, aber auch in anderen europäischen Ländern. Im Auftrag des

Dominikanerinnen beim Gebet in der Kirche des im 12. Jahrhundert gegründeten Klosters von Chalais nahe Grenoble in Frankreich

Papstes sollten sie herausfinden, wer da ein Anhänger falscher Lehren sei. Die Untersuchungen (lat. inquirere = untersuchen) unterstützte der Staat mit seinen Machtmitteln. Die Inquisition ist ein dunkles Kapitel in der Geschichte der Kirche. Wir werden uns damit noch ausführlich befassen. Lies dazu die Abschnitte auf S. 294 und S. 312 f., außerdem, im Zusammenhang mit dem Hexenwahn, auf S. 315 f.

Leben und Wirken des heiligen Dominikus

Um 1170 wird er in Caleruega (Spanien) geboren. 1184 beginnt er seine Studien in Palencia, die er in Paris vollendet. 1194 beruft ihn der Bischof von Osma in sein Domkapitel. Hier begegnet er den Waldensern (→ S. 67). Aus ihren Irrlehren erfährt er, dass nur Armut, einfaches Leben und Predigt zur Bekehrung führen. 1216 gründet er seinen Orden in Toulouse. 1218 wird er als Prediger nach Rom berufen. Während einer Missionsreise stirbt er 1221 in Bologna. Inzwischen lehren seine Ordensbrüder an vielen europäischen Universitäten. Im Jahr 1233 wird Dominikus heiliggesprochen.

Reporter: *Welches sind die neuen Aufgaben, Heiliger Vater?*

Honorius: *Es geht um die Seelsorge im weitesten Sinn. Der Orden wird besonders der Predigt seine Aufmerksamkeit schenken. Dazu gehört die Bildung der Priester, der Ausbau von Hochschulen und Knabenschulen. Eine zweifache Ausrichtung wird sein Wirken prägen: die Bekehrung der Irrlehrer in Frankreich und die Pflege der Gemeindeseelsorge.*

Reporter: *Wie lässt sich diese Zielsetzung mit dem alten Mönchsideal „Gebet und Arbeit" verbinden?*

Honorius: *Das haben Wir den Gründer auch gefragt. Und Wir haben zugestanden, dass der Orden statt der Handarbeit die „Kopfarbeit", also das Studium und die wissenschaftliche Beschäftigung, ins Leitbild nimmt.*

Reporter: *Der Benediktinerorden kennt die Bindung des Einzelnen an sein Kloster. Der Mönch bleibt ein Leben lang im gleichen Haus. Wie wollen die Dominikaner damit zu Rande kommen? Müssen sie nicht beweglich sein, wenn es ihnen mit ihrer Zielstellung Ernst ist?*

Honorius: *Wir haben dem Orden zugestanden, auf diese stabilitas loci, wie die Kirche sagt, zu verzichten.*

Reporter: *Wie es heißt, wird der Orden der Dominikaner in der Hauptsache aus Priestern bestehen. Lassen sich Priestertum und Ordensstand so einfach vereinen?*

Honorius: *Das war auch Unser Problem. Der Ordensstand zielt zuerst auf die Selbstheiligung der Glieder. Der Priester ist Hirt seiner Gemeinde und Spender der Heilsgaben Christi. Aber die Verkündigung verlangt es, dass diese Ordensmänner Anteil am Amt der Kirche haben. Es entbindet sie aber nicht von der Befolgung der evangelischen Räte. Sie werden aber Möglichkeiten finden müssen, beide Lebensformen zu verbinden.*

Reporter: *Somit wird der Orden keine Laien aufnehmen?*

Honorills: *O doch! Er wird auch Brüder brauchen, denen die Sorge um die Klöster und den Unterhalt obliegt. Auch sie versprechen, nach den Weisungen des Evangeliums zu leben, also Armut, Gehorsam und Keuschheit zu befolgen.*

Reporter: *Das war in unserer wöchentlichen Kirchensendung ein Interview mit Papst Honorius III.*

Albert der Große, auch Albertus Magnus genannt

Thomas von Aquin war Dominikanermönch und Hochschullehrer. Obwohl er nicht einmal 60 Jahre alt geworden ist und die meisten Reisen, auch nach Rom, zu Fuß bewältigte, schuf er ein umfangreiches Werk.

Die Leitung des Dominikanerordens heute

Gesamtorden	→	Ordensgeneral
Provinz	→	Provinzial
Konvent	→	Prior
Haus	→	Superior

Andererseits hat der Orden eine große Bedeutung für das Bildungswesen in der Kirche. Er trug im 13. Jahrhundert zum Aufschwung der Universitäten bei. In dieser Zeit wirkten die größten Theologen der Dominikaner. Es sind Albert der Große, Thomas von Aquin und Meister Eckhart.

Albert der Große (1195–1280)
Heiliger und Kirchenlehrer aus Schwaben (Albert Graf von Böllstädt), studierte in Padua, lehrte an den Universitäten Köln und Paris und war von 1260 bis 1262 Bischof von Regensburg. Seiner umfangreichen naturwissenschaftlichen, medizinischen und philosophischen Kenntnisse wegen wird er auch „Doktor universalis" genannt.

Thomas von Aquin (1235–1274)
stammte aus italienischem Adel, war Schüler Alberts des Großen und ist wie dieser heiliggesprochen und zum Kirchenlehrer ernannt. Thomas gilt als Hauptvertreter der scholastischen Theologie (→ S. 121, 128, 297, 309, 319).

Meister Eckhart (1260–1327)
aus Hochheim in Thüringen; lehrte als „Magister" („Meister") in Paris, Straßburg, Köln und Erfurt und war 1303 bis 1311 Ordensprovinzial für Sachsen. Er lehrte das Einswerden mit Gott, die Geburt Gottes in der Seele. Als Weg dahin dient nicht das Wissen, sondern die Gelassenheit und die Sammlung auf das Wesentliche. Schüler dieses „knienden Theologen" sind Heinrich Seuse und Johann Tauler.

Dichter und Denker

Der hl. Thomas von Aquin hatte vom Papst den Auftrag bekommen, die Texte für das damals neue Fest „Fronleichnam" zu schreiben. Thomas war nicht nur ein klarer Denker, sondern auch ein hochbegabter Dichter. Hier eine Kostprobe, die im Original lateinisch ist.
Wir haben sie in unsere Geheimsprache übersetzt. Du sollst sie ins Deutsche bringen. Wie? Das ist deine Sache. Nur soviel wird verraten: Es sind die fünf Vokale und ein Umlaut einzusetzen.

ds gh mns lsst ns k nd n,
d s ns g tt m z ch n b t.

Drei Dichtungen des hl. Thomas befinden sich im Gotteslob: Nr. 544, 545 und 546. Ist dieser Text dabei?

Man kann also das Wort von den „Hunden des Herrn" auch im guten Sinne auslegen. Hunde sind treu und wachsam. Die Dominikaner haben bis heute ihre Verdienste um das Christentum. Da aber inzwischen alle Priester ein gutes Studium nachweisen müssen, ehe die Kirche sie zum Dienst in der Gemeinde bestellt, ist ihre Zielstellung als Predigerorden nicht mehr so deutlich zu erkennen. In letzter Zeit sind sie mehr und mehr als Missionare in aller Welt tätig. Von den zahlreichen weiblichen Zweigen wurde der erste schon 1219 in Rom gegründet. Vier Päpste gingen aus dem Dominikanerorden hervor: Innozenz V., Benedikt XI., Pius V. und Benedikt XIII.

„Soldaten Christi“

Die Jesuiten

Auf chinesischem Schmugglerschiff

Es war die Zeit der großen Entdeckungsfahrten, in die Franz Xaver (1506 bis 1552) hineingeboren wurde: Neue Inseln, neue Länder und Völker wurden bekannt; sogar im Weltbild war eine Wende eingetreten.
Die Güter der neuentdeckten Länder lockten; es entbrannte der Kampf um die Vorherrschaft auf dem Meere und in anderen Erdteilen. Auf den Schiffen der Eroberer kamen immer auch Geistliche mit, damit sie den neugewonnenen Kolonien das Christentum brächten. Ein arges Hindernis bei der Verkündigung des Glaubens stellten oft die Christen aus dem Heimatland dar: Sie beraubten die Eingeborenen und machten sie zu Sklaven.
Aber an derlei Dinge dachte der junge Baske Franz nicht. Er war nach Paris gekommen, um an der Universität zu studieren. Er genoss das Leben in vollen Zügen; sportliche Wettkämpfe, Streitgespräche und Becherklang machten sein Leben aus – bis er den Mann traf, der seinem Leben eine neue entscheidende Wende gab: den ehemaligen Offizier Ignatius von Loyola. Mit fünf anderen schloss er sich diesem harten Basken, der so begeisternd vom Dienst unter den Fahnen Gottes redete, an. – Der neue Orden der „Jesuiten“ hatte sich ganz dem Papst zur Verfügung gestellt, und dieser sandte 1541 Franz als Apostolischen Nuntius nach Ostasien. Ein volles Jahr dauerte die Fahrt mit dem Segelschiff nach Indien. Krankheiten und Seenöte stellten das Unternehmen des Missionars oft in Frage. Er landete in Goa, der Hauptstadt des portugiesischen Kolonialreiches. Hier erkannte er, dass er vorerst einmal den Portugiesen das Christentum wieder predigen musste, denn ihr Lebenswandel war seiner Botschaft keineswegs förderlich. Seine besondere Liebe galt den Armen und Kranken. Er ging selbst zu den Reichen und sammelte für die Bedürftigen. Doch sein Eifer trieb ihn bald zu den Einheimischen. Er lebte mit den Perlenfischern an der Südostspitze Indiens und wurde bald wie einer von ihnen. Auch hier war auf die Dauer kein Bleiben für ihn. Weiter ging die abenteuerliche

Der hl. Franz Xaver predigt den Indern.

Eine Zunge und zwei Hände
hat uns Gott gegeben,
weil er will,
dass wir mehr tun
als reden sollen.
Das Wort ohne Werk ist tot,
ja die ganze Welt
ohne Liebe ist nichts wert.
Die Liebe aber hat ihren Sitz
nicht im Mund,
sondern im Herzen
aufgeschlagen.

Ignatius von Loyola

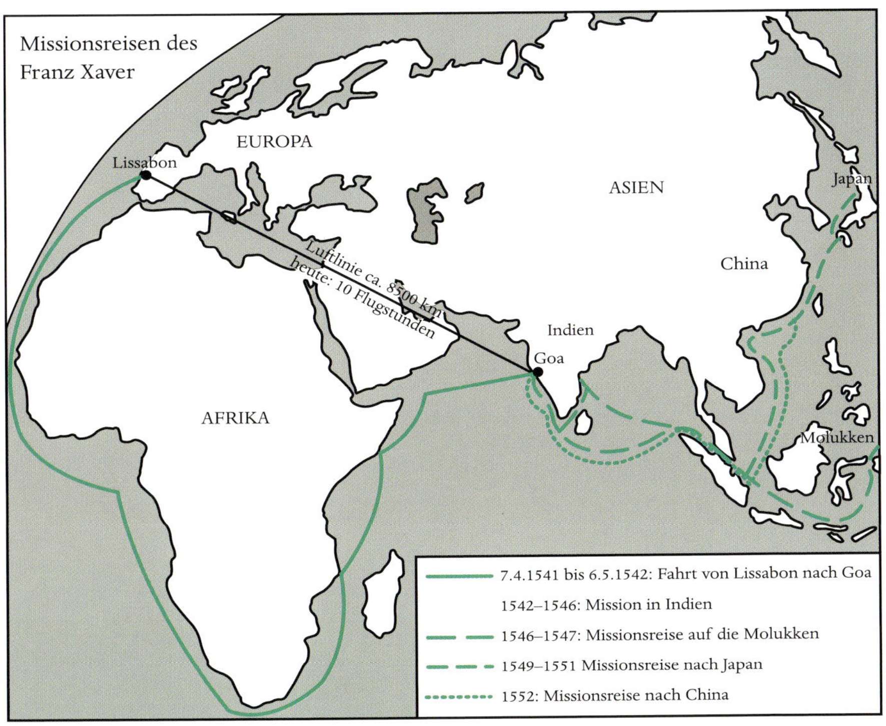

Omnia ad majorem Dei gloriam

Der Wahlspruch der Jesuiten:
Alles zur größeren Ehre Gottes.

Der Jesuit Petrus Canisius verfasste den ersten deutschen Katechismus.

Soldaten an zwei Fronten

1. Vertiefung des Glaubens
Persönliche Seelsorge beim verweltlichten Klerus und bei den vernachlässigten Laien durch Predigt und Exerzitien: in Italien, Spanien, Portugal, Frankreich, Deutschland, Irland, Polen.

2. Missionsarbeit
Missionsarbeit in den neuentdeckten Ländern: in Indien, Ostasien, bis China, Kongo, Brasilien, Abessinien.

Beide Aufgaben löste die **Gesellschaft Jesu** (**Jesuitenorden**).
Obwohl der Orden durchaus nicht gegen die Auswirkungen der Reformation gegründet wurde, ist es seine große Leistung, die Gegenreformation durch positiven Aufbau der katholischen religiösen Kräfte unterstützt zu haben. Wichtig sind dafür die von den Jesuiten gegründeten und geleiteten Schulen. Bedeutend auf diesem Gebiet: der hl. Petrus Canisius.

Beizeiten anfangen

Auch die Orden schicken ihre Vertreter nach Betlehem, um dem Kind in der Krippe zu huldigen. Der Dominikaner legt seine Gabe mit den Worten nieder: „Herr, ich bringe das Gold der Wissenschaft." Der Benediktiner sagt: „Hier ist der Weihrauch unserer Gebete." Der Franziskaner spricht; „Und hier, Herr, ist die Myrrhe unserer Armut." Inzwischen nimmt der Jesuit den heiligen Josef zur Seite und flüstert ihm zu: „Und wenn er ins Schulalter kommt, dann geben Sie ihn doch zu uns ins Internat. Wir werden schon etwas aus ihm machen."

Fahrt des Glaubensboten über die Inseln des Malaiischen Archipels und die Gewürzinseln der Molukken zum japanischen Inselreich. Oft entkam er knapp dem Tod, wagte auf eigene Faust sein Leben und ließ sich von anderen nicht von der Missionstätigkeit abhalten. Nach Japan kam er in der Dschunke eines chinesischen Seeräubers. Wieder blieb er hier kein Fremder: Ohne Ansehen der Person verkündete er das Evangelium. Er wagte sich bis in buddhistische Klöster. Sein großes Ziel war China, das „Reich der Mitte", das jedem Fremden den Zutritt verweigerte. Ein portugiesisches Schiff brachte ihn auf eine Vorinsel Chinas. Ein chinesisches Schmugglerschiff sollte ihn hier abholen, ließ aber auf sich warten. Dem Südländer machte der eisige Nordwind zu schaffen, heftiges Fieber packte ihn. Arm und verlassen, sein Ziel in fast greifbarer Nähe, starb der Abenteurer Gottes 1552.

Die Gründung des Jesuitenordens

Wer war der Gründer?

Und wie war dieser zeitgemäße Orden aufgebaut?
Iñigo Lopez de Loyola wurde 1491 im trutzigen Kastell seiner adligen Familie im Baskenland geboren. Bis zu seinem 26. Lebensjahr pflegte er die ritterlichen Ideale. Bei der Verteidigung der Zitadelle Pamplona zerschmetterte ihm eine Kanonenkugel das Bein. Lange Zeit war er ans Krankenbett gefesselt. Nur weil keine anderen Bücher aufzutreiben waren, las er ein „Leben Christi" und die Legenda aurea. Beim Lesen ging ihm das Heldentum der Heiligen auf, und er fasste den Entschluss, sich nach dem Beispiel der Heiligen dem Dienste Gottes zu weihen. Als Iñigo wieder gesund war, legte er seine Lebensbeichte ab. In Manresa als Einsiedler lebend, schrieb er seine Erfahrungen in seinem „Exerzitienbüchlein" nieder. Auf einer Pilgerfahrt nach Jerusalem wurde ihm klar: Einsatz für das Reich Gottes heißt nicht Einsiedlerleben und Weltflucht, sondern Arbeit in der Kirche und Studium. So setzte sich der 33-jährige Mann mit Jungen auf die Schulbank, um mit ihnen das Latein zu erlernen. Dann folgten Studienjahre in Alcalá und Salamanca. 1528 zog es ihn an die berühmte Pariser Hochschule. Sieben lange Jahre mühte er sich um Philosophie und Theologie. Unter den Studenten fand er Gleichgesinnte. 1539 stellte er mit ihnen den Verfassungsentwurf der Compañía de Jesús (Gesellschaft Jesu) auf. Den herkömmlichen Ordensgelübden fügten sie noch die Verpflichtung hinzu, auf jeden Wink des Papstes jederzeit frei sein zu können. Deshalb wurde die Verpflichtung zum Chorgebet, zum feierlichen Gottesdienst und zum Tragen einer Ordenstracht nicht übernommen, aber ein gründliches Studium und eine lange Probezeit gefordert.

Der neue Orden war ungewöhnlich beweglich und konnte sich allen Verhältnissen anpassen. Dadurch erreichte er auch erstaunliche Missionserfolge. Die Jesuiten gelangten als Glaubensboten bis ins Kongogebiet, nach Brasilien, Indien und China. Andererseits entsprach der hohen Aktivität der Jesuiten eine tiefe Frömmigkeit.
Große Bedeutung dafür gewannen die Geistlichen Übungen (= Exerzitien), die über 30 Tage in völligem Schweigen gehalten wurden. Auch Laien suchten durch Teilnahme an solchen Übungen Orientierung für ihr Leben.
Ignatius, so nennt sich Iñigo seit seiner Priesterweihe 1537, starb am 31. Juli 1556 in Rom. Damals hatte der Orden bereits über 1000 Mitglieder in fast 100 Häusern in 12 Ordensprovinzen. Eine große Zahl von Heiligen und Märtyrern ging aus der Gesellschaft Jesu hervor.

Auf der Leine

Die Gewänder, die hier auf der Leine hängen, gehören vier verschiedenen Ordensangehörigen. Versuche, sie richtig zuzuordnen! Als Hilfe können dir die Fotos auf den Seiten 207 bis 218 dienen. Schreibe die Namen der Orden in der hier abgebildeten Reihenfolge der Ordensgewänder auf. Unterstreiche jeweils den durch die Ziffer angegebenen Buchstaben. Setze ihnen ein „H" voran. Dann erhältst du eine andere Bezeichnung für Ordensgewand.

Die bedeutendsten Männerorden

Name	Gründungsjahr	Gründer	Mitglieder heute
Augustiner-Chorherren	4. Jh.	Augustinus von Hippo	800
Benediktiner	529	Benedikt von Nursia	8500
Kamaldulenser	1000	Robert von Molesme	100
Kartäuser	1084	Bruno von Köln	260
Zisterzienser	1098	Robert/Bernhard von Clairvaux	1292
Prämonstratenser	1120	Norbert von Xanten	1300
Franziskaner	1209	Franziskus von Assisi	18000
Kreuzherren	1211	Theodor von Celles	500
Dominikaner	1216	Dominikus	6300
Serviten	1233	sieben italienische Kaufleute	1300
Augustiner-Eremiten	1256	Clemens von San Elpidio	2900
Kapuziner	1525	Ludwig von Fossombrone	12600
Karmeliten	1534	Joh. vom Kreuz u. Teresa von Ávila	2100
Barmherzige Brüder	1537	Johannes von Gott	1300
Jesuiten	1540	Ignatius von Loyola	22500
Trappisten	1664	Armand Jean Le Bouthillier de Rancé	2500

Heiliger gesucht

Der Name des Gesuchten ergibt sich, wenn die Druckfehler durch die richtigen Buchstaben – nacheinander gelesen – ersetzt werden.

Steckbrief
Stanislaus, geboren 1550 im polnischen Rostkowo, adliger Herkunft, patholisch, möchte in den Jesuitenarden eintreten. Der Vater lehnt entschieden ab. Der Mohn flieht über Wien und Dillingen mit Hilfe des heiligen Pekrus Canisius nach Rom.
Von den Strapazen krang und erschöpft, stirbt er dort mit nur achtzehn Johren.
Die Kirche gedenkt seiner am 13. November.

Auflösung von S. 218 (Dichter und Denker). Durch Einfügen von a, e, ei, i, a, u, ü und e ergibt sich der Hymnus des hl. Thomas: Das Geheimnis lasst uns künden, das uns Gott im Zeichen bot. (GL Nr. 544)

Der selbstlosen,
opferbereiten Liebe
kann auf die Dauer
kein Mensch widerstehen.

P. Rupert Mayer SJ

Mit Hand und Mund

Gelebter Glaube im Orden

Nicht für eine Million!

Eine Filmschauspielerin hatte ihren Beruf an den Nagel gehängt und war plötzlich verschwunden. Die Zeitungen bedauerten diesen Schritt, aber Genaues wussten sie nicht zu berichten. Ein junger Reporter wollte der Sache auf den Grund gehen. Vielleicht gibt das einen saftigen Artikel und eine Anerkennung in klingender Münze. Wie ein Kriminalist sammelte er Anhaltspunkte über die Dame, bis er sie eines Tages vor sich sah: Im Kleid einer Ordensschwester, irgendwo in einem Krankenhaus für geistig behinderte Kinder, stand sie vor ihm und lächelte errötend aus ihrem Schleier.
„Schwester", stammelte er, „wie ist das nur möglich?" Der ehemalige Star aller Filmfreunde hatte dazu nichts zu bemerken. Sie führte ihn auf die Station. Sie zeigte ihm die Kinder, die sich an sie schmiegten, denen sie die Dienste einer Mutter schenkte. Der Reporter blieb ihr einen halben Tag auf den Fersen. Er machte sich Notizen, aber verhielt sich merkwürdig schweigsam. Als er sich verabschiedete, sagte er zu der Schwester: „Ich weiß nicht, ob ich Sie bewundern oder für verrückt halten möchte. Offensichtlich fühlen Sie sich recht wohl hier vor einem Publikum, dass an Ihnen hängt wie früher, zäh und begeistert. Erlauben Sie nur eine Frage: Was haben Sie davon? Was verdienen Sie dabei? Eine armseligere Tätigkeit kann ich mir für eine Frau wie Sie nicht denken. Ich würde das für eine Million Euro nicht tun." – „Ich auch nicht", sagte die Schwester und lächelte.

Schwester Margarita leitet eine katholische Schule in der angolanischen Provinzhauptstadt Huambo.

Mission

Bei den Entdeckungsfahrten der Spanier und Portugiesen (1492 Amerika, 1498 Seeweg nach Ostindien) verband sich die Gier nach den Reichtümern ferner Länder mit dem Missionseifer. Las Casas, ein spanischer Priester des Dominikanerordens (1474–1566) kämpfte leidenschaftlich gegen die Versklavung und Misshandlung der Indianer durch die Konquistadoren (die spanischen Eroberer). Durch seinen Einfluss am spanischen Hof erreichte er einen gesetzlichen Indianerschutz in allen neu eroberten Gebieten Amerikas.

Anfang des 17. Jahrhunderts begannen die Jesuiten die Mission unter den Indianern Paraguays. Sie gründeten eigene Indianersiedlungen, aus denen 1608 der berühmte Jesuitenstaat entstand, der die Indios auch vor den europäischen Eroberern schützte. Übrigens belebten sie die Kultur der Missionsländer. Hervorzuheben sind zwei bis heute bekannte Komponisten, Pater Domenico Zipoli SJ und Pater Martin Schmid SJ, die die Indios zu eigenen Kompositionen und zum Instrumentenbau anregten und auch mit ihnen musizierten.
Diese Missionen der Jesuiten bildeten eine straff geleitete Wirtschaftsgemeinschaft, die mit Erfolg bis 1750 bestand.

Aufbauhilfe
Das Benediktinerkloster Saalfeld (1071 gegründet) wurde Ausgangspunkt für die Besiedlung im Gebiet Probstzella – Ziegenrück – Triptis – Neustadt (Orla) – Orlamünde – Rudolstadt.
Der hl. Anno von Köln, Gründer des Klosters, rühmte sich, drei Dörfer, darunter das Waldhufendorf Langenschade, selbst angelegt und die Gründung von Friedebach und Hütten veranlasst zu haben.

Bildung
An der Erfurter Universität wirkten Augustiner-, Dominikaner-, Barfüßer- und Schottenmönche als Professoren. Die Schottenmönche lehrten hauptsächlich Experimentalphysik, Mathematik, Algebra und Logik. In mehreren Zimmern des Schottenklosters war das physikalische Kabinett aufgestellt. Auf dem Turm der Schottenkirche war eine bedeutende Sternwarte.
Aus den anderen Orden kamen vor allem die Lehrer der theologischen Fakultät. Da die Mönche unentgeltlich ihr Lehramt ausübten, war das für die Stadtkasse eine große Erleichterung.

Krankenpflege
Das schweizerische Kloster St. Gallen ist nicht nur wegen seiner Bedeutung für die deutschsprachige Literatur bekannt. Erinnert sei an die Hymnen des seligen Notker des Stammlers oder an die Schöpfung der althochdeutschen Schriftsprache durch Notker Labeo. Berühmt war auch das Hospital von St. Gallen. Im erhaltenen Klosterplan vom Jahre 820 ist ein eigener Krankenhauskomplex verzeichnet mit Hospital, Hospitalkirche, Ärztehaus und Arzneikräutergarten. In der Klosterapotheke brauten die Mönche des hl. Benedikt Mixturen und Salben. Zu den Behandlungsmethoden gehörte auch schon die Operation. Für die Betäubung verwendeten sie pflanzliche Stoffe und später auch Opium. Die hohe Spitalkultur der Mönche hängt eng zusammen mit der vom Evangelium geforderten Nächstenliebe.

Herbergen
Eine Passstraße über die Alpen von der Schweiz nach Italien führt über den Großen St. Bernhard. Dort steht in 2472 m Höhe seit 962 ein Hospiz, das der hl. Bernhard von Menthone stiftete. Die Mönche, Chorherren des Augustinerstiftes, haben die Verpflichtung, alle Reisenden zu beherbergen und, vor allem in den gefährlichen Jahreszeiten, Verunglückten Hilfe zu bringen. Dabei werden sie durch besonders abgerichtete Hunde (Bernhardiner) unterstützt.
1470 wurde an der mittelalterlichen Passstraße über den Thüringer Wald von der Johanniterkomturei Weißensee der „Obere Hof" als Herberge errichtet. Er bot den Reisenden und Fuhrleuten Rastmöglichkeiten, Verpflegung und Unterkunft. Heute ist an dieser Stelle der Kurort Oberhof.

Abkürzungen der Ordensnamen
Die meisten Gemeinschaften pflegen eine abgekürzte Erkennungsformel, die sie aus den Anfangsbuchstaben des lateinischen Titels bilden und ihren Namen beifügen

P. Rupert Mayer SJ

P. = Pater = Vater, weist den Ordenspriester aus
SJ = Societas Jesu = *Jesuit*

Fr. Johannes Berg OP

Fr. = Frater = Bruder; Ordensbruder
OP = Ordo praedicatorum, *Dominikaner*

OSB	Ordo Sancti Benedicti *Benediktiner*
OCist	Ordo Cisterziensis *Zisterzienser*
OFM	Ordo Fratrum Minorum *Franziskaner*
OFMCap	Ordo Fratrum Minorum Capuccinorum *Kapuziner*
OMI	Congregatio Missionariorum Oblatorum Beatae Mariae Virginis Immaculatae *Oblatenmissionare*
MSC	Missionarii Sacratissimi Cordis Jesu *Herz-Jesu-Missionare*
SVC	Societas Verbi Divini *Steyler Missionare (des göttlichen Wortes)*
SDB	Societas Sancti Francisci Salesii *Salesianer Don Boscos*

Kloster St. Gallen

Die Augustiner des Klosters St. Bernhard sind bekannt durch die Bernhardinerzucht.

Zisterzienser mit Käse aus der Abtei Cîteaux in Burgund

Schwestern von der Hl. Elisabeth teilen Essen an Bedürftige aus.

Ordens-Quiz

Unterstreiche die richtigen Begriffe. Dann ergeben deren Anfangsbuchstaben, von oben nach unten gelesen, den Wahlspruch der Jesuiten (⟶ Seite 219) auf Deutsch. (ö = oe; ß = ss)

Geburtsort des hl. Franz	Rom – Florenz – Assisi
Zisterzienserkloster	Erfurt – Lehnin – Paulinzella
Regel des hl. Benedikt	italienisch – hebräisch – lateinisch
Heilige, lässt in Marburg ein Krankenhaus bauen	Hedwig – Elisabeth – Ursula
Schwester des hl. Benedikt	Benedikta – Scholastika – Katharina
Orden mit Regel „Ora et labora"	Jesuiten – Franziskaner – Zisterzienser
Land, das der hl. Wolfgang missionierte	Dänemark – Polen – Ungarn
Benediktinerkloster mit Klosterschule	Reichenau – Erfurt – Doberan
Einer der evang. Räte	Stundengebet – Gehorsam – Chorgesang
Hier war Albert der Große als Bischof tätig	Augsburg – Regensburg – Prag
Was ist ein Habit?	Altargerät – Klosterteil – Ordenskleid
Einer der evang. Räte	Ehelosigkeit – Beten – Nachtwache
Buch der Gebetszeiten	Beichtbuch – Stundenbuch – Duden
Gebetszeit der Mönche	Sext – Oktave – Dekade
Was ist ein Eremit?	Baustil – Jesuit – Einsiedler
Lehrfach in Klosterschulen	Sport – Rhetorik – Physik
Von den evang. Räten abgelehnt	Fasten – Eigentum – Musik
Seliger Dichter	Notker – Petrus – Thomas von Aquin
Englisches Kloster, in dem Bonifatius Lehrer war	London – Dublin – Exeter
Benediktinerkloster im Schwarzwald	Hirsau – Chorin – Monte Cassino
Was die Dominikaner verbreitet haben	Kreuzweg – Rosenkranz – Weihnachtskrippe
Heilige der Wartburg	Monika – Elisabeth – Gertrud
Papst aus dem Benediktinerorden	Benedikt – Gregor der Große – Bernhard von Clairvaux
Gebiet, das durch die Jesuiten missioniert wurde	Afrika – Australien – Ostasien
Bedeutendster Theologe der mittelalterlichen Kirche	Franziskus – Paulus v. Theben – Thomas v. Aquin
Dritter Orden der Franziskaner	Tertiaren – Klarissen – Minoriten
Übung zur Glaubensvertiefung	Klausur – Exerzitien – Gotik
Ursprungsland der Jesuiten	Spanien – England – Polen

Aktionsgemeinschaft Liebe

Die Kongregationen

Seit dem späten Mittelalter hat die Kirche neue Ordensgründungen nicht mehr zugelassen. Die Anzahl der Gemeinschaften sollte begrenzt bleiben. Es gab ja Orden der unterschiedlichsten Art. Jeder, der suchte, konnte einen Orden mit einer Lebensform nach seiner Vorstellung finden.
Doch jede Zeit hat ihre besonderen Aufgaben. Die beginnende Neuzeit stellte viele Anforderungen, die Orden mit strenger Klausur nicht erfüllen konnten. Aber wie immer waren Christen bereit zu helfen. Sie schlossen sich zusammen. Die Form ihres gemeinsamen Lebens musste sehr beweglich gestaltet werden. Diese Gemeinschaften unterschieden sich von den Orden durch

1. den Verzicht auf die Klausur,
2. nur einfache Gelübde,
3. eine caritative Zielsetzung.

Gleichzeitig aber übernahmen sie Bewährtes für ihre Hausordnung aus der Ordensregel; als Grundlage: die evangelischen Räte. Solche Vereinigungen bestätigte der Papst als Kongregationen.
Einer, der sich nicht ganz gründlich auskennt, kann von außen her Orden und Kongregationen schwer unterscheiden. Das sieht man schon an der Zielsetzung. Die Franziskaner haben sicher auch caritativ gewirkt. Im strengen Wortsinn allerdings waren sie auch kein Orden, sondern mehr eine Bruderschaft. Das muss gesagt werden, damit man die Übersicht auf S. 230 nicht missversteht. Sie will nur grundsätzliche Unterschiede aufzeigen. Die Vielfalt in der Zielsetzung der einzelnen Orden kann sie nicht veranschaulichen. Der entscheidende Schritt hin zu den Kongregationen war, Gottesliebe inmitten der Welt sichtbar werden zu lassen.

Orden (Stand)	**Kongregation** (Zusammenschluss)
evangelische Räte	evangelische Räte
feierliche Gelübde	einfache Gelübde
strenge Klausur	Öffnung zur Welt

Im Geist der Liebe gesandt

Zu den Kranken:

Die **Barmherzigen Brüder** kümmerten sich unentgeltlich um die Krankenpflege. 1540 hatte der Portugiese Johannes von Gott diese Vereinigung gegründet. Sie unterhält vorzügliche Hospitäler auf dem ganzen Kontinent. Die Brüder leben nach der Augustinerregel.

Die **Kamillianer** entstanden aus einer Vereinigung von Krankenpflegern. 1582 hatte sie der hl. Kamillus von Lellis in Rom gegründet. 1591 wurde sie als Kongregation bestätigt.

Die **Vinzentinerinnen** oder **Barmherzigen Schwestern** gibt es seit 1633. Ihre Vereinigung wurde 1668 Kongregation. Die Schwestern widmen sich der Krankenpflege und Armenfürsorge.

Louise de Marillac

Die Vinzentinerinnen

Von zwei Heiligen soll hier die Rede sein. Sie lebten im 17. Jahrhundert in der Weltstadt Paris. Große Kriege brachten Unheil über ganz Europa. Die Zahl der Kranken und Armen stieg überall an. Christen, für die Nächstenliebe nicht nur ein leeres Wort war, konnten nicht zusehen, wie Kinder starben und alte Menschen verkamen. **Vinzenz von Paul,** ein Armenpfarrer, und **Louise de Marillac,** eine adlige Frau, fanden einen Ausweg.
Sie begeisterten viele andere für die Idee, gemeinsam Hilfe zu leisten. Sie gründeten die Gemeinschaft „Töchter der christlichen Liebe". Junge Mädchen und reife Frauen, die den Kranken und Armen dienen wollten, zogen zusammen in ein Haus. Sie legten die einfache Tracht der französischen Bäuerinnen an und begannen zu helfen. Als Vinzentinerinnen waren sie bald über Frankreich hinaus wirksam. Bis heute ist ihre besondere Aufgabe die Krankenpflege.

Niemand kann einem anderen
die Tränen trocknen,
ohne sich selbst
die Hände nass zu machen.

Aus Afrika

Auflösung von S. 287 (Heiliger gesucht): KOSTKA.

Maria Ward

> ***Früher konnte man meinen, der Christ habe eine Aufgabe in der Welt. Heute wissen wir, dass die Welt seine Aufgabe ist.***
>
> *Romano Guardini*

Ordensfrau von den Schwestern der Heiligen Elisabeth.

Die **Schwestern von der Heiligen Elisabeth**: Vier elternlose Bürgertöchter gründeten 1842 in Schlesien eine „Vereinigung zur Pflege hilfloser Hauskranker". Daraus erwächst die Kongregation, die das Volk „Graue Schwestern" nennt und die 1887 vom Papst bestätigt worden ist. 3600 Schwestern unterhalten in ganz Europa zahlreiche Krankenhäuser, Altersheime und caritative Einrichtungen.

Zu den Kindern und zur Jugend:

Die **Englischen Fräulein** widmen sich der Seelsorge und der Nächstenliebe. Maria Ward aus England gründete 1609 diese Vereinigung für den Jugendunterricht und die Krankenpflege. Vorbild waren ihr die Satzungen der Jesuiten. Maria Ward war mit ihren Eltern und anderen katholischen Engländern nach Frankreich geflohen.

Die **Salesianerinnen** erziehen Mädchen und erteilen ihnen Unterricht. Diese Kongregation stifteten 1610 der hl. Franz von Sales und Franziska von Chantal.

Die **Salesianer** gehen zu verstoßenen und verwahrlosten Kindern, die nie Liebe in ihrem Leben erfahren haben. Um ihnen zu helfen, gründete 1839 der hl. Giovanni (Johannes) Don Bosco die Gesellschaft des hl. Franz von Sales: die Salesianer. Sie bilden verwahrloste Jungen in eigenen Heimen (Oratorien) zu Handwerkern und auch zum späteren Priesterberuf aus.

Der Seiltänzer von Becchi

Es war ein schöner Sonntagnachmittag mitten im blühenden Mai, als Johannes Bosco seine erste Vorstellung gab. Hoch oben, zwischen zwei Akazienbäumen war ein Seil gespannt, zu dem die Leute des italienischen Dörfchens Becchi kopfschüttelnd aufschauten. Was, der Johannes Bosco, der Sohn der Frau Margareta, wollte darüberlaufen? Unsinn, er würde sich gar nicht hinaufwagen! Hin und her ging noch eine Weile Gerede und Gelächter. Als aber der kleine Johannes wirklich wie eine Katze an dem glatten Akazienstamm hinaufkletterte, ward es auf einmal atemlos still. Jetzt war er oben, stand auf dem Seil! Wie ein richtiger Seiltänzer im Zirkus lief er hin und her, vorwärts und rückwärts. Plötzlich ging er in die Kniebeuge, richtete sich wieder auf, warf sich mit einem Ruck herum und tänzelte in der entgegengesetzten Richtung über das Seil. Dann warf er den Hut in die Luft und fing ihn mit einem hellen Jauchzer wieder auf. Schließlich saß er rittlings auf dem Seil, schwang in den Stütz und sprang mit einem gewaltigen Satz zu Boden.
Die Zuschauer waren so verblüfft, dass sie eine Weile kein Wort hervorbrachten. Der kleine Johannes aber hob die Hand und rief: „Meine Herrschaften, das war der erste Teil der heutigen Vorstellung. Ein zweiter wird gleich folgen. Ich werde dann eine Reihe anderer Kunststücke zeigen. Vorher aber bitte ich um die Bezahlung."
Lachend griffen die Dörfler nach ihren schmalen Geldbeuteln, dachten, der Spaß sei ein paar Kupfermünzen wert. Aber Johannes schüttelte den Kopf und sagte: „Lasst eure Centesimi stecken! Ich will eine andere Bezahlung. Wir beten jetzt zusammen den Rosenkranz. Das soll die Bezahlung sein!" Nach dem Rosenkranz kam noch ein Marienlied. Dann ging die Vorstellung weiter.
Johannes wirbelte eine Menge Zinnteller in die Luft, fing sie geschickt wieder auf, warf sie wieder und wieder empor. So toll war das Spiel, dass die Leute fast nicht mehr mit den Augen folgen konnten. Dann balancierte der kleine Künstler auf Kinn und Nase eine Stange, auf deren Spitze ein alter Hut steckte. Hierauf kamen Saltos an die Reihe, große lebendige „Räder", die er mit Ar-

men und Beinen schlug. Es wurde einem toll im Kopf beim bloßen Zusehen. Ja, und dann? Dann legte Johannes wieder eine Pause ein, während er haargenau, Wort für Wort, die Predigt wiederholte, die der Pfarrer von Murialdo am Morgen gehalten hatte. Ein Gebet zum Schutzengel schloss diesen Teil.
Aber der kleine Bosco war noch nicht fertig. Jetzt schleppte er einen Tisch heran, auf dem allerlei geheimnisvolle Gegenstände zu sehen waren. Das war Boscos Zaubertisch. Und jetzt kamen all die Kunststücke, die er den Vaganten auf den Jahrmärkten abgesehen hatte.

Aus zwei Eiern wurden vier und sechs. Aus einem leeren Hut gackerte plötzlich eine Henne auf, und die Centesimi zog er den Buben aus der Nase, genau wie der Zauberkünstler auf dem Jahrmarkt die Talerstücke. Endlich, als die Sonne hinter den Bäumen verschwand und von Murialdo her die Marienglocke zu läuten begann, war Schluss.
„Kommt nächsten Sonntag alle wieder!", rief der kleine Künstler seinen Zuschauern zu. „Ich kann noch viel mehr Kunststücke. Vergesst euer Abendgebet nicht!"
Jahre vergingen. Aus dem kleinen Gaukler, der mit Seiltanzen und Zauberkunststücken für das Reich Gottes unter den Dorfbewohnern von Becchi geworben hatte, war der Priester Don Bosco geworden, der die Jugend von Turin um sich scharte. Nicht die feinen, wohlbehüteten Büblein waren der Gegenstand seiner Seelsorge, sondern die schmutzigen, verlausten, verwahrlosten Jungen, die an Leib und Seele zugrunde zu gehen drohten. Die Jungen aus den Barackenvierteln der großen Stadt, die gewohnt waren, vom Leben hin- und hergestoßen zu werden, spürten, dass hier eine große Liebe auf sie wartete.

Wilhelm Hünermann

Fröhlich sein, Gutes tun
und die Spatzen pfeifen lassen.

Johannes Bosco

In einem Straßenkinderprojekt der Don-Bosco-Mission in Freetown (Sierra Leone) werden Jugendliche im Nähen unterrichtet.

Teilnehmer des Straßenkinderprojektes der Don-Bosco-Mission in Freetown bei einer Kulturvorführung

Das Don-Bosco-Denkmal in Agrigent auf Sizilien erinnert an den Priester und Ordensgründer Giovanni (Johannes) Melchiorre Bosco.

Auflösung von S. 224 (Ordens-Quiz):
Assisi, **L**ehnin, **l**ateinisch, **E**lisabeth, **S**cholastika, **Z**isterzienser, **U**ngarn, **R**eichenau, **G**ehorsam, **R**egensburg, **O**rdenskleid, **E**helosigkeit, **S**tundenbuch, **S**ext, **E**insiedler, **R**hetorik, **E**igentum, **N**otker, **E**xeter, **H**irsau, **R**osenkranz, **E**lisabeth, **G**regor der Große, **O**stasien, **T**homas von Aquin, **T**ertiaren, **E**xerzitien, **S**panien – ALLES ZUR GROESSEREN EHRE GOTTES.

Auflösung von S. 221 (Auf der Leine):
I. Franziskaner, II. Benediktiner, III. Dominikaner, IV. Zisterztienser – HABIT.

Was sagen Sie dazu?

Herr F., Berlin: *Zugegeben, die Orden haben früher Entscheidendes geleistet, sie haben Krankenhäuser und Schulen gebaut, als die Gesellschaft noch nicht daran dachte. Sie waren da, wenn Notstände ihre Hilfe erforderten. Aber heutzutage hat der Staat alles im Griff. Deswegen sind auch die Orden überflüssig.*

Sabine M., Schwerin: *Ich würde gern als Ordensschwester leben und mich der Kirche zur Verfügung stellen. Aber mich stört das Gewand. Man müsste moderne Kleider tragen.*

Herr Z., Eisenach: *Es ist eine großartige Sache, wie die Schwestern im Elisabeth-Krankenhaus sich um die Kranken kümmern. Sie sind immer da und immer freundlich und halten ein gutes Klima im Haus. Und das für ein „Vergelt's Gott!".*

Frau M., Zwickau: *Meine Tochter will ins Kloster eintreten. Ich fragte sie: „Mädel, willst du dein ganzes Leben hinter Schloss und Riegel verbringen und versauern?" Sagt sie: „Mutter, wenn das Leben süß ist, versauert man nicht!"*

Pater Arnold Janssen, der die Genossenschaft der Steyler Missionsschwestern gründete, wurde 2003 heiliggesprochen.

Frauen in der Nachfolge Christi

Wusstest du schon,

dass in Europa die Krankenpflege vom frühen Mittelalter bis in die Neuzeit fast ausschließlich durch christliche Orden (Frauen und Männer) geleistet wurde?

dass die Anrede „Schwester" für die Ordensfrauen üblich ist, die ihren Dienst als Schwestern Christi versahen, und von den weltlichen Krankenschwestern übernommen wurde?

dass auch die früher üblichen Häubchen der Krankenschwestern von den Hauben der Ordensschwestern „abstammen"?

dass gegenwärtig rund fünfmal mehr Frauen als Männer einem Orden oder einer klösterlichen Gemeinschaft angehören?

Ein Hospital im Mittelalter

Dienerinnen des Heiligen Geistes

Der Volksmund nennt sie „Steyler Missionsschwestern". Gegründet wurde die Schwesternschaft 1889 im holländischen Steyl von Pater Arnold Janssen gemeinsam mit Helena Stollenwerk und Handrina Stenmans.

„Die Steyler Missionsschwestern wissen sich weltweit gesandt, die Erlöserliebe des dreieinigen Gottes allen Menschen zu verkünden und zu bezeugen", heißt es in ihrer Satzung. Diesen missionarischen Auftrag verwirklichen die 3700 Schwestern in 34 Ländern der Erde: in Lateinamerika und den USA, in Afrika wie in Indien, aber auch auf den Philippinen und sogar auf den Inseln der Südsee. Dort überall sind sie zu finden als Lehrerinnen in allen Arten von Schulen, angefangen vom Kindergarten bis hin zur Universität. Sie sind aber auch als Ärztinnen und Krankenschwestern in der einfachsten Buschhütte wie im modernsten Krankenhaus anzutreffen.

Etwa 780 Schwestern stammen aus dem deutschen Sprachgebiet. Der inzwischen größere Anteil an der Gesamtzahl der Dienerinnen des Heiligen Geistes ist nichteuropäischer Herkunft. Schwestern aus China, Japan, Indien, Indonesien und den Philippinen geben der Gemeinschaft ein neues Gesicht.

Das Generalat der Gemeinschaft ist in Rom. Die Zentrale der Norddeutschen Ordensprovinz ist in Wickede-Wimbern/Ruhr.

Mutter Teresa

wurde 1910 als Agnes Gonxha Bojaxhiu von albanischen Eltern im makedonischen Skopje geboren. Mit 18 Jahren trat sie in den irischen Orden der „Schwestern von Loreto“ ein, von dem sie als Lehrerin nach Kalkutta in Indien gesandt wurde. Sie wählte den Ordensnamen Teresa nach den beiden Mystikerinnen Teresa von Ávila und Thérèse von Lisieux. Um 1945 wurde ihr erlaubt, außerhalb des Klosters zu wohnen, damit sie unter den Armen in den Elendsvierteln von Kalkutta leben und ihnen in allen Nöten bis in den Tod beistehen konnte. 1948 gründete sie die Gemeinschaft „Missionarinnen der Nächstenliebe“, deren Oberin sie bis zu ihrem Tod 1997 blieb. Die sehr strenge und doch lebensnahe Frömmigkeit der Schwestern stößt sich nicht an Kastengrenzen der indischen Gesellschaft. Dieses christliche Zeugnis wird 1979 durch Verleihung des Friedensnobelpreises an Mutter Teresa weltweit anerkannt. Am 29. Oktober 2003 sprach Papst Johannes Paul II. sie selig.
Heute gehören 4000 Schwestern zur Gemeinschaft. 1966 entstand ein männlicher Zweig, dem rund 800 Brüder und Priester angehören. Seit 1976 gibt es einen kontemplativen Zweig des Ordens. In Deutschland bestehen Niederlassungen in Berlin, Hamburg, München, Essen, Chemnitz und Mannheim. Hier sieht sich der Orden, der inzwischen in 120 Staaten der Welt tätig ist, verantwortlich für Straßenkinder und Drogenabhängige, Aidskranke, Alkoholiker, Obdachlose und Gefangene.

Mutter Teresa trifft im Mai 1997 Papst Johannes Paul II., der sie im Oktober 2003, nur sechs Jahre nach ihrem Tod, seligspricht.

Wie es im Himmel viele Wohnungen gibt, so gibt es auch viele Wege dahin.

Teresa von Ávila

Über 200 Frauengemeinschaften

wirken im deutschen Sprachgebiet. Sie unterscheiden sich für den Außenstehenden nur wenig. Warum dann diese Fülle? Kann die Kirche das nicht vereinfachen? Sicher könnte sie das. Aber ihr kommt es vor allem darauf an, dass diese Frauen das Evangelium leben. Wie sie das tun und welche Aufgaben sie sich in der Welt suchen, hängt nicht zuletzt vom Gründer ab, von der Umwelt, von den Anforderungen und von der Regel, die das tägliche und geistliche Leben ordnet.
Ihre Spiritualität richtet sich grundsätzlich nach den Evangelischen Räten, trägt aber auch eigene Akzente, z. B. ein bestimmtes Jesuswort, eine Station aus dem Leben Jesu (Nazaret, Betanien …) oder das Vorbild eines Heiligen. Apostolat und Caritas sind die Hauptziele, Gebet und Kontemplation die tragenden Säulen dieser Gemeinschaften.
Die Vielfalt der Frauenorden ist so groß, dass man scherzhaft sagt, Gott selbst wisse zwei Dinge nicht: erstens, was ein Jesuit denkt, und zweitens, wie viele Frauenorden es gibt. Die Schwestern jedoch tragen still und mütterlich den Frieden in unsere Welt, auch wenn nicht alle wie Mutter Teresa mit dem Friedensnobelpreis ausgezeichnet werden.

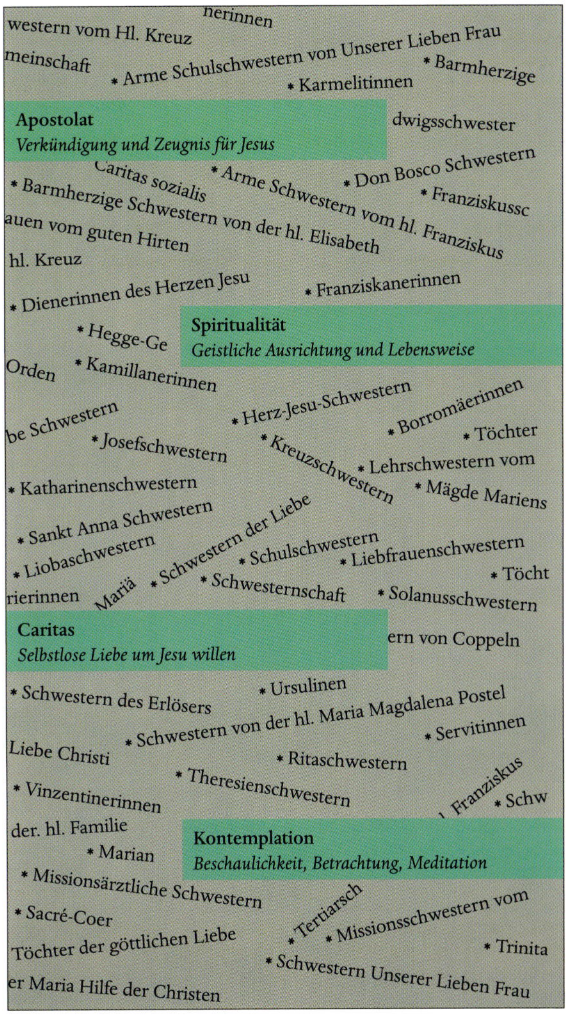

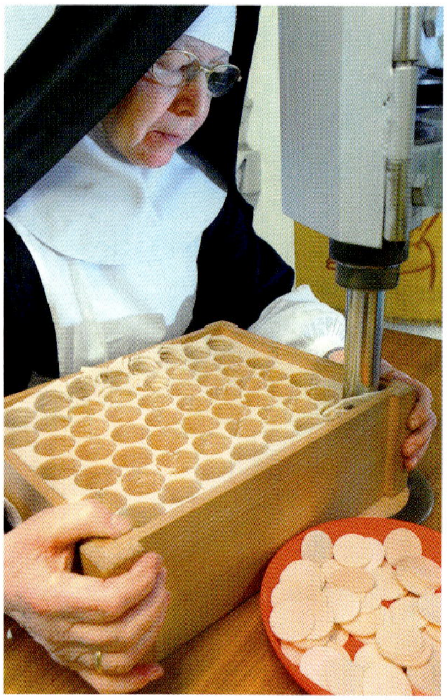

In der Hostienbäckerei des Osnabrücker Benediktinerinnenklosters

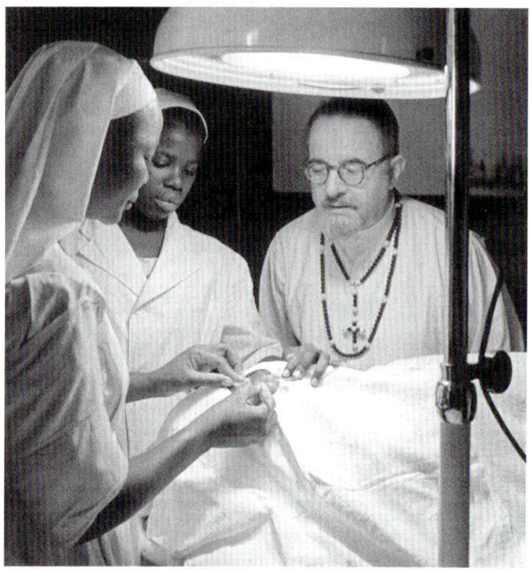

Operation im Missionshospital der Weißen Väter in Wagadugu (Burkina Faso)

Die Schwestern des Göttlichen Erlösers betreuen in Angola Waisenhäuser und Gesundheitsposten.

Männer und Frauen im Dienst der Kirche

Drei Formen des Lebens nach den evangelischen Räten

Im Orden	In der Kongregation	Im Säkularinstitut
z. B. Benediktiner, vom hl. Benedikt 529 auf Monte Cassino gegründet	z. B. Englische Fräulein, durch Mary Ward 1609 in England gegründet	z. B. Ancillae Christi Regis, durch einen Priester 1926 in Deutschland gegründet
Leben im Kloster Ordenstracht feierliche Gelübde	Leben in Gemeinschaft Ordenstracht einfache Gelübde	Leben einzeln oder in Gemeinschaft, keine Tracht, Gelübde oder Versprechen
Gebet und Arbeit Seelsorge Bildung Vorbild: ägypt. Mönche	**Caritas,** Bildung, Seelsorge, soziale Aufgaben Vorbild: Jesuiten	**Apostolat** Heiligung der Welt, Dienst in der Kirche Vorbild: die Orden
Abgeschiedenheit von der Welt	Öffnung und Dienst für die Welt	Dienst inmitten der Welt
Liturgie – Gottesdienst	Diakonie – Nächstenliebe	Martyria – Glaubenszeugnis

Aus dem Geist der evangelischen Räte

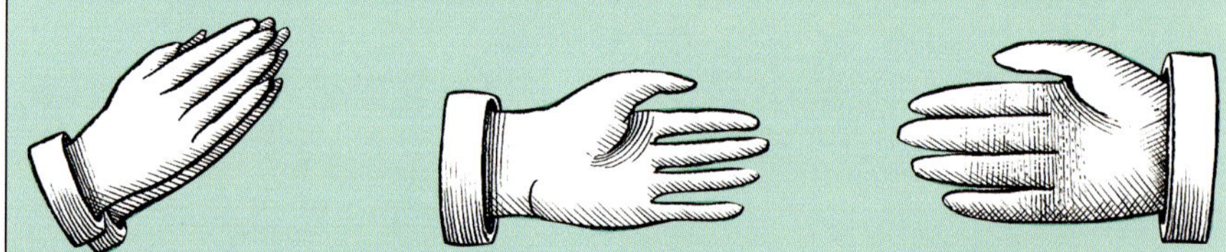

ca. 136 000 Mitglieder in etwa 90 Orden, davon 46 Männerorden	ca. 880000 Mitglieder in etwa 1000 Kongregationen	ca. 150 000 Mitglieder in etwa 400 Weltgemeinschaften
wichtige Gruppen:	davon	Mitglieder können sein:
Mönchsorden: Benediktiner OSB Zisterzienser OCist Trappisten OCSO Kartäuser OCart insgesamt: 10 **Bettelorden**: Dominikaner OP Franziskaner OFM Kapuziner OFMCap Karmeliten OCarm insgesamt: 17 **Regularkleriker**: Jesuiten SJ Theatiner CR insgesamt: 11 Orden	**Kleriker-Kongreg.:** Redemptoristen CSSR Oblatenmissionare OMI Salesianer SDB – Steyler Missionare Weiße Väter insgesamt: 84 **Laien-Kongreg.:** Männer: Schulbrüder Kleine Brüder Mariens insgesamt: 30 Frauen: Vinzentinerinnen Schulschwestern Graue Schwestern Borromäerinnen Missionarinnen der Nächstenliebe (Indien) insgesamt: um 1000 Gemeinschaften	Frauen Männer Verheiratete Priester Mägde Mariens Compagni des hl. Paulus (Madrid) Institution Theresiana (Madrid) Schönstatt-Werk

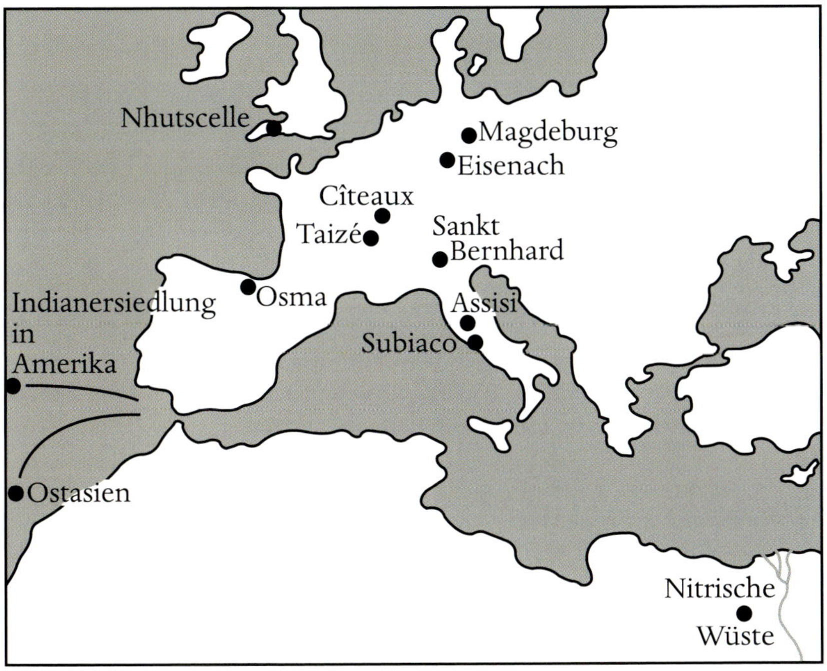

Ordensgeografie

Welcher Ort gehört zu welchen Ordensleuten und ihren Anhängern? Bei richtiger Zuordnung ergeben die ersten Buchstaben von oben nach unten gelesen die europäische Keimzelle der Orden.

1. Norbert von Xanten
2. Dominikus
3. Einsiedler Antonius
4. Roger Schutz
5. Elisabeth von Thüringen
6. Bernhard von Clairvaux
7. Franziskus
8. Bernhard von Menthone
9. Benedikt
10. Las Casas
11. Bonifatius
12. Franz Xaver

Nicht nur gestern!

Neue Wege der Nachfolge

DIE WELT BRAUCHT

Menschen, die unter ungläubigen Menschen leben und auch für diese ganz da sind.

Menschen, die einer weithin ungläubigen Welt mit ihrem Leben Zeugnis für Christus geben.

Menschen, die für die Wiedervereinigung der getrennten Christenheit leben.

Säkularinstitute

Für manchen nichtgläubigen Hilfesuchenden kann das Ordensgewand eine Schranke sein. Scheu und Unsicherheit halten ihn ab, um Hilfe zu bitten. Einem Menschen, der ihm äußerlich ganz gleich ist, vertraut er sich viel eher an. Ihren Mitmenschen äußerlich ganz gleich sind die Mitglieder der Säkularinstitute. Sie leben in der Welt, tragen keine Ordenstracht, sie arbeiten im Beruf oder im Dienst der Kirche, sie halten untereinander regelmäßig Kontakt, sie befolgen die evangelischen Räte. Manchmal leben mehrere Mitglieder in einer Mietwohnung zusammen. Die Zahl der Mitglieder von Säkularinstituten steigt ständig an.

Schönstatt-Werk

Der Pallotinerpater Josef Kentenich hatte 1914 den „Apostolischen Bund von Schönstatt“ ins Leben gerufen. Deren Mitglieder sollten ihren Glauben in Beruf und Familie bezeugen und verkünden. Daraus entstanden vier Säkularinstitute, nämlich:

- „Schönstätter Marienschwestern vom katholischen Apostolat“ (1926 gegründet, 1948 vom Papst anerkannt),
- „Frauen von Schönstatt“,
- „Marienbrüder“ und
- „Schönstatt-Priester“.

(lies weiter auf der nächsten Seite oben)

Schutzherrin des Schönstatt-Werkes ist Maria, die Mutter Jesu. Das auf S. 231 abgebildete Marienbild gilt den Mitgliedern der Familiengruppen und Säkularinstitute als Wahrzeichen.

Mädchen der Schönstatt-Jugend beim Weltjugendtag 2005 in Köln

Sant'Egidio

Die Gemeinschaft Sant'Egidio entstand 1968 an einem römischen Gymnasium aus einer katholischen Schülergruppe. Gründer ist der damalige Schüler und heutige Professor Andrea Riccardi.
Zur Gemeinschaft gehören heute etwa 40 000 Laien, Ordensleute und Priester aus 60 Ländern, vor allem aus Afrika und Lateinamerika. Ihr ehrenamtlicher Dienst gilt den Armen, den Randgruppen der Gesellschaft und der Verständigung unter Völkern und Religionen. Sant'Egidio genießt inzwischen einen internationalen Ruf als Vermittler in scheinbar verfahrenen Fällen bis hin zu Entführungen. 1992 erreichten seine Unterhändler einen Frieden in Mosambik, der hauptsächlich aufgrund des großen Vertrauens zustande kam, das ihnen von beiden Konfliktparteien entgegengebracht wurde. Auch in Albanien, im Kosovo, in Burundi und in Guatemala waren sie an Friedensgesprächen beteiligt. Nach einem Grundsatz von Papst Johannes XXIII. gehen die Mitglieder von dem aus, was eint, und nicht von dem, was trennt.
Jährlich laden sie zu internationalen Gebetstreffen im Geiste von Assisi ein. Im Jahr 2003 waren beim Friedensgebet in Aachen 450 Vertreter von Glaubensgemeinschaften aus aller Welt anwesend: Kardinäle, Rabbiner, islamische Gelehrte, Bischöfe, buddhistische Mönche und dazu 5000 Mitbeter und weitere Gäste.

Professor Riccardi über Aachen 2003:
„Je mehr man in die Tiefe seines eigenen Glaubens eintritt, ... um so besser verbindet man sich mit den anderen. Dies ist die authentische Erfahrung des Dialogs. Aus dem Dialog entstehen dann neue Energien des Friedens."

Ökumenische Kapelle im Begegnungszentrum der Fokolar-Bewegung in Ottmaring bei Friedberg

Riccardi mit Tettamanzi, Erzbischof von Genua, und Hasim IV., Patriarch von Antiochien bei „Schwesterkirchen und Brudergemeinschaften" 1999 vor einem Spruchband „Das, was uns verbindet".

Fokolar-Bewegung

Die 1943 von der Italienerin Chiara Lubich angeregte Gemeinschaft ist heute auf der ganzen Welt verbreitet. Etwa 100 000 Männer, Frauen, Kinder, Ordensleute und Priester gehören dazu. Der Name leitet sich vom italienischen Wort für Herd *focolare* ab, der Mitte der Familie. Die „Fokolarini" wollen das Evangelium glaubhaft leben und Jesus in der Mitte ihrer Lebensräume bewusst wahrnehmen. Aus der Einheit mit Jesus erwächst ihr Zeugnis vor der Welt, etwa nach der Formel: „Mitten in der Welt mit Jesus in der Mitte".
In Deutschland nennen sie sich „Fokolar-Bewegung e. V." Gemeinsam mit evangelischen Bruderschaften unterhalten sie seit 1968 ein ökumenisches Begegnungszentrum in Ottmaring bei Friedberg.

Verschiedene Formen – dasselbe Ziel

Fokolar St. Michael Taizé Diakonissen Opus Dei
Sant'Egidio Säkularinstitute Schönstatt

Ökumenische Communauté von Taizé

Die zu Ostern 1949 vom evangelischen Theologen Roger Schutz gegründete Bruderschaft unterscheidet sich kaum von einem Benediktinerkloster. Die Männer leben nach ihrer Regeln einfach und ehelos, beten und arbeiten, sind gastfreundlich und nehmen keine Spenden an. Ihre Familiennamen haben sie abgelegt. Jeder Einzelne befolgt die gemeinsam getroffenen Entscheidungen. Der Prior steht nicht eigentlich an der Spitze, sondern eher in ihrer Mitte. Die Communauté ist offen für jeden Christen, der zu ihr gehören will. 1969 wurden die ersten Katholiken aufgenommen. Der Prior Frère Roger schreibt: „Die Tatsache, dass katholische Brüder mitten unter uns leben, führt uns dazu, immer deutlicher die Einheit im Voraus zu verwirklichen und uns in Gemeinschaft mit jenem Mann zu wissen, der das Dienstamt des Dieners der Diener Gottes übertragen bekommen hat."
Der neunzigjährige Frère Roger wurde im August 2005 durch eine wohl geistig gestörte Frau während eines Gottesdienstes in der Kirche an seinem Platz durch Messerstiche tödlich verletzt. Zu seinem Nachfolger hatte Frère Roger im Einvernehmen mit den Brüdern noch zu Lebzeiten den katholischen Theologen Alois bestimmt. Heute leben hundert Brüder aus 25 Nationen in der ökumenischen Brüdergemeinschaft. Zu ihren Aufgaben gehören die täglichen Gottesdienste mit den inzwischen weltbekannten Gesängen (→ S. 197) und meditativer Stille sowie die geistliche Sorge um die Gäste aus aller Welt. Von Taizé geht ein „Pilgerweg des Vertrauens auf der Erde" aus, auf dem sich zehntausende Jugendliche aus ganz Europa und von anderen Erdteilen in Metropolen wie Budapest, Paris, London, Warschau und Rom zu Gebet und Gesang versammeln. Weitere Informationen befinden sich auf der Homepage der Communauté www.taize.fr, ebenso eine Vielzahl der Taizé-Gesänge.

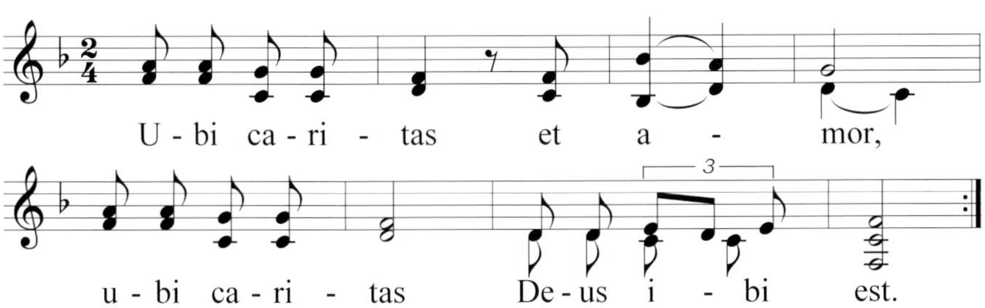

Text: Gesang aus Taizé, Music: Jaques Berthier
© Ateliers et Presses de Taizé, F-71250 Taizé-Communauté

Emblem der Bruderschaft von Taizé
Brot und Fisch erinnern an das Brotwunder und an das Mahl als Zeichen der Leben spendenden Einheit.

Finde dich niemals ab
mit dem Skandal der Spaltung
unter den Christen,
die alle so leicht
Nächstenliebe bekennen
und doch getrennt bleiben.
Habe die Leidenschaft
für die Einheit des Leibes Christi.

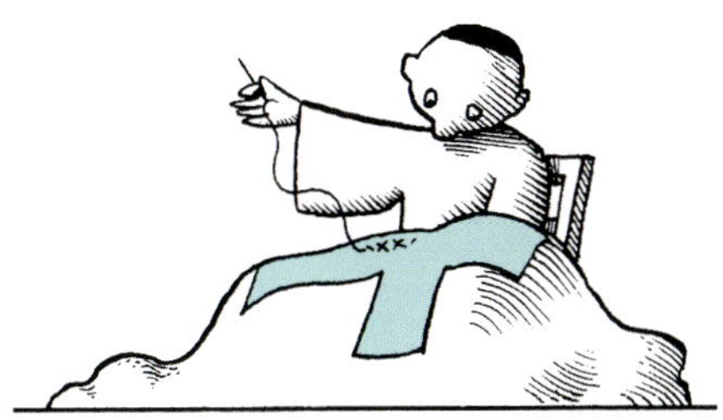

Aus der Ordensregeln von Taizé

Frère Roger beim 24. Europäischen Jugendtreffen in Budapest zum Jahresende 2001

Walther von der Vogelweide, der umherziehende Spielmann, dessen Musik im rauen Winter nicht gefragt ist, sieht das zu jeder Jahreszeit sinnvolle Leben der Zisterziensermönche:

„Süßer Sommer, wo bist du? Fürwahr, ich sähe gern wieder bebaute Äcker! Viel lieber, als länger in solch tatenloser Bedrängnis zu leben, in der ich jetzt festgehalten bin, viel lieber würde ich Mönch in Doberlug."

Werk Gottes – Das Opus Dei

Im Jahre 1928 gründete der drei Jahre zuvor zum Priester geweihte Josémaria Escrivá de Balaguer in der spanischen Hauptstadt eine neue Gemeinschaft, die sich von Beginn an deutlich von anderen Gruppierungen der Kirche unterschied. Die Männer und ab 1930 auch die Frauen seines „Werkes" behalten ihren Platz in der Welt, aber leben ohne förmliche Gelübde nach den evangelischen Räten der Keuschheit und des Gehorsams in straff organisierten Personalgemeinden. Die inzwischen 85 000 Mitglieder in 90 Ländern wollen das fromme Leben nicht den Pfarrern oder Ordensleuten überlassen, sondern es im Alltag praktizieren. „Heiligung des Alltäglichen" ist eines ihrer Ziele. Am Anfang hatte sich das Opus Dei gegen Vorwürfe zu verteidigen: Es sei ein Geheimbund. Die Mitglieder würden sektenartig erzogen. Besonders seit der Seligsprechung des Gründers 1992 bemühte sich die Gemeinschaft um ein offenes Erscheinungsbild, etwa durch Werbung im Internet. Im Oktober 2002 sprach der Papst den Gründer des Opus Dei heilig.

***Güte ist etwas so Einfaches:
immer für andere da sein;
nie sich selber suchen.***

Dag Hammarskjöld

Auflösung von S. 231 (Ordensgeographie): 1. Magdeburg, 2. Osma, 3. Nitrische Wüste, 4. Taizé, 5. Eisenach, 6. Cîteaux, 7. Assisi, 8. Sankt Bernhard, 9. Subiaco, 10. Indianersiedlung in Amerika, 11. Nhutscelle, 12. Ostasien – MONTE CASSINO.

Evangelische Michaelsbruderschaft

1931 bildeten in Marburg einige evangelische Pfarrer eine Gemeinschaft, die auf die Einheit und Erneuerung der Kirche ausgerichtet war. Inzwischen sind den heute 425 männlichen Mitgliedern verschiedenster Berufe auch Frauen zugeordnet. Arbeitsfelder sind beispielsweise Liturgie, Seelsorge, geistliche Übungen, Einheit der Christen und Diakonie.

Diakonissin bei einer Morgenandacht

Evangelische Schwesternschaft: Diakonissen

Im 19. Jahrhundert ist es im Raum der evangelischen Kirchen zur Neubesinnung auf das Amt des Diakons und der Diakonisse gekommen. Die soziale Herausforderung durch die Nöte des industriellen Zeitalters wurde an verschiedenen Orten durch Männer und Frauen aufgenommen, die sich dem Gedanken christlich begründeter Nächstenliebe verpflichtet wussten.

1836 gründete Theodor Fliedner, angeregt durch Vorbilder holländischer Mennoniten und durch die dienende Liebe der Engländerin Elisabeth Frey an gefangenen Frauen, die Diakonissenanstalt von Kaiserswerth. In der Grundordnung, die sich diese Schwesternschaft gab, heißt es: „Diakonissen sind Dienerinnen des Herrn Jesus Christus und um seinetwillen Dienerinnen an den Hilfsbedürftigen aller Art und Dienerinnen untereinander." Diese dreifache Ausrichtung des Diakonissendienstes bleibt kennzeichnend für die Schwesternschaften in den evangelischen Kirchen. Die Berufung durch Christus selbst, die Hinwendung zu dem Nächsten in der Not und der Wille zur Gemeinschaft untereinander haben die Schwesternschaften der evangelischen Kirchen fortan bestimmt. Bald kam es wie in Kaiserswerth an vielen Orten zur Gründung der so beschriebenen Schwesternschaften als Glaubens-, Dienst- und Lebensgemeinschaften. Sie sind untereinander verbunden durch den Austausch in der Kaiserswerther Generalkonferenz, zu der aus dem europäischen Raum über 100 Schwesternschaften gehören. Für die Schwesternschaften ist bis heute charakteristisch: die einheitliche Tracht, die Dienstbereitschaft nach erfolgter Sendung, die genossenschaftliche Lebensform bei Ablehnung eines persönlichen Lohn- und Gehaltsempfanges (die Schwestern erhalten ein gleiches Taschengeld).

Johann Hinrich Wichern, der Initiator der Inneren Mission der evangelischen Kirche, hat zugleich die Gründung von Bruderschaften angeregt.

Nach Dr. Reinhard Turre

Schlag nach ⇨

Begriffe – Stichworte – Wissenswertes

ABT (aramäisch abba = Vater); Vorsteher eines Männerklosters, einer Abtei; weiblich: „Äbtissin"

ASKESE (griech. askeo = sich üben); eine Haltung, die Entsagung und Verzicht einem höheren Ziel dienstbar macht (auch: Aszese).

AUGUSTINER-CHORHERREN OSA (= Ordo Sancti Augustini); ursprünglich die Mitglieder von Dom- und Kollegiatskapiteln (überwiegend Priester), die sich durch Gelübde gebunden hatten und ein gemeinsames Leben nach der Regel des hl. Augustinus führten, die dieser für eine Priestergemeinschaft in Tegaste im 4. Jh. verfasst hatte.

BARFÜSSER mittelalterlicher Name für die Franziskaner, weil sie keine Schuhe trugen

BETTELORDEN verzichten auf feste Einkünfte, etwa durch Grundbesitz. Sie leben von Almosen oder von Spenden. Unter Umständen müssen sie sich ihren Unterhalt erbetteln. Bettelorden sind: Franziskaner, Dominikaner, Kapuziner, Karmeliten und Barmherzige Brüder des Johannes von Gott.

CHORGEBET → Stundengebet, S. 206 und 238

DRITTER ORDEN vor allem bei den Franziskanern, wo 1212 ein weiblicher Zweig als „Zweiter Orden" entstand. Ein dritter Orden ist eine Vereinigung von „in der Welt lebenden" Laien und Priestern.

EREMITEN (griech. = Einsiedler); auch in allen großen orientalischen Religionen anzutreffen; im Christentum, besonders in der Ostkirche, sind sie Vorläufer der Mönchsbewegung; nach dem 4./5. Jh. deutlich geringer an Zahl.

EVANGELISCHE RÄTE aus dem Evangelium abgeleitete Ratschläge, die zur Heiligkeit führen sollen: Armut, Ehelosigkeit (Jungfräulichkeit), Gehorsam. Für die Bildung einer Ordensgemeinschaft sind sie soziale Voraussetzung. Für jeden Christen können sie wertvolle Tugenden sein.

EXERZITIEN geistliche Übungen (lat. = Exercitia spiritualia), die Ignatius von Loyola in seinem Orden einführte (Betrachtung, Gebet, Beichte, Kommunion, völliges Schweigen während der Exerzitien) und die 30 Tage dauern. Sie wurden bald, oft mit verkürzter Dauer, von anderen Orden übernommen.

GELÜBDE von geloben; bei Ordensleuten das frei gegebene Versprechen, die evangelischen Räte zu befolgen. Das Versprechen wird entweder *öffentlich gegeben*, d. h. im Namen der Kirche von einem Oberen entgegengenommen, oder privat. Es kann entweder *feierlich*, d. h. von der Kirche anerkannt, oder einfach abgelegt werden. Ein Gelübde kann *ewig*, d. h. für immer gültig, oder zeitlich befristet sein (Weisung des → Kirchenrechts: Canones 607 und 1192).

KARTÄUSER ein vom hl. Bruno von Köln 1084 gestifteter strenger Mönchsorden. Die Mönche leben in kleinen Einzelhütten, benutzen aber Kirche, Kapitelsaal, Speisesaal und Bibliothek gemeinsam. So sind Einsiedler- und Klosterleben miteinander verbunden. Der Name kommt vom französischen Ort Chartreuse, von wo der Orden ausging. Das Kloster der Kartäuser wird Kartause genannt.

Dieser meditierende Pater gehört zum **Bettelorden** der Franziskaner.

Die mit dem Friedensnobelpreis ausgezeichnete Mutter Teresa hatte ihr Leben nach den **evangelischen Räten** ausgerichtet.

Nach dem Ablegen der **Gelübde** unterzeichnet ein Mönch die Profess-Urkunde.

Antonius von Padua (1195–1231) war Franziskaner und ein berühmter Prediger. Er wurde 1946 zum **Kirchenlehrer** erhoben.

Die Benediktinerabtei Weltenburg an der Donau ist das älteste **Kloster** Bayerns.

KIRCHENLEHRER ein offizieller Ehrentitel der Kirche, der herausragenden Gottesgelehrten verliehen worden ist. Bisher wurden 33 kanonisierte Heilige zu Kirchenlehrern ernannt, 1295 die vier westlichen Kirchenväter Ambrosius, Augustinus, Hieronymus und Papst Gregor der Große, danach 1597 Thomas von Aquin und 1598 die östlichen Kirchenväter Athanasius von Alexandria, Basilius der Große, Johannes Chrysostomus und Gregor von Nazianz. Weiter wurden unter anderem ausgezeichnet 1830 Bernhard von Clairvaux, 1931 Albertus Magnus, 1946 Antonius von Padua und als Kirchenlehrerinnen 1970 die heiligen Frauen Katharina von Siena und Teresa von Ávila sowie 1998 Thérèse von Lisieux.

KIRCHENRECHT das verbindliche Gesetzbuch der lateinischen Kirche, genannt Codex, erwachsen aus Gesetzessammlungen in der Mitte des 12. Jh., zuletzt erneuert 1983 nach dem 2. Vatikanum als Codex Iuris Canonici (= Codex des kanonischen Rechts), Abk.: CIC, Canon = can.

KLAUSUR (lat. clausura = Enge, Sperre); in Klöstern und Ordenshäusern von den Insassen bewohnte Teile, die von Auswärtigen nicht betreten werden dürfen. Bei Orden mit feierlichen Gelübden dürfen die Insassen die Klausur nur unter bestimmten Bedingungen und mit Erlaubnis der Oberen verlassen.

KLERIKER werden im Gegensatz zu den Laien diejenigen genannt, die nach einem Theologiestudium die Weihe als Diakon, Priester oder Bischof empfangen haben. Das Wort (griech. klérus = Los, Anteil, Wahl) bezieht sich auf die Deutung eines „Amtes durch Gottes Wahl".

KLOSTER (lat. claustra = Riegel, Verschluß); Gebäude, in dem Mönche oder Nonnen in Gemeinschaft leben, meist gegen die Außenwelt abgeschlossen. Der Name ist auch für Häuser der Kongregationen üblich.

KOINOBITEN (griech. koinós bíos = gemeinsames Leben); auch Zönobiten genannt. Im 4. Jh. gründete der hl. Pachomius der Ältere (um 287–347) in Ägypten ein großes Kloster mit den Wesensmerkmalen

1. gemeinsames Leben;
2. Gleichförmigkeit in Kleidung, Nahrung, Lebensform;
3. schriftliche Regel auf der Grundlage des Gehorsams.

Als Pachomius starb, bestanden in Ägypten bereits neun Männerklöster (mit 9000 Mitgliedern) und zwei Frauenklöster. → S. 203

KONGREGATION (lat. congregare = zusammenkommen); ordensähnlicher Zusammenschluss von Männern oder Frauen, die unter einer Regel die → evangelischen Räte befolgen und einfache → Gelübde ablegen. Meist kommt ein karitatives, soziales oder pastorales Ziel dazu (Krankenpflege, Schuldienst, Seelsorge u. a.). Der Unterschied dieser Gemeinschaften zu den Orden ist nach außen oft nicht zu erkennen. Er ist meist kirchenrechtlicher Art.
Wir unterscheiden:
Laienkongregationen, davon ca. 30 männliche und ca. 1000 weibliche Formen, z. B. Kleine Brüder Jesu, Arme Schulschwestern, Franziskanerinnen;
Klerikerkongregationen, deren Mitglieder die Priesterweihe empfangen haben: Passionisten, Redemptoristen, Oblatenmissionare, Salesianer und 80 weitere.

KONVENT (lat. convenire = zusammenkommen); Klostergemeinschaft, Versammlung von Mönchen.

KONVERSEN (lat. convertere = sich zuwenden, sich bekehren); Mitglieder einer Klosterfamilie. Obwohl sie (noch) nicht die Berufung zum Mönch oder zur Nonne erkennen, wollen sie in lockerer Weise der Gebets- und Arbeitsgemeinschaft angehören. Ihre Gebetspflichten sind den Arbeitsaufgaben angepasst. Große wirtschaftliche Bedeutung hatten sie früher bei den Zisterziensern. → S. 211

LAIENBRÜDER sind bei den Orden solche Mitglieder, die wohl Gelübde abgelegt, aber keine Weihe (→ Kleriker) empfangen haben.

MENDIKANTEN (lat. mendicare = betteln); Bettler; im Mittelalter für die Bettelorden gebräuchlich, besonders für die Franziskaner und Dominikaner; „Bettelbrüder" → Bettelorden

MINORITEN (lat. minor = wenig, gering); fratres minores (= Minderbrüder), Name für Franziskaner

MÖNCH (lat./griech. monachus = Einsiedler); schon sehr früh auf alle in Klostergemeinschaft lebenden Männer angewandt; Ordensmann. Schwerpunkt der Mönchsregel (regula monastica) sind die evangelischen Räte.

NONNE (koptisch nonna = ehrwürdige Frau) → S.203; Mitglied eines weiblichen Ordens, Klosterfrau

NOVIZIAT Prüfungszeit, die dem Eintritt in einen Orden vorausgeht und die ein oder zwei Jahre dauert. Am Beginn des Noviziates erfolgt die Einkleidung (Anlegen des Ordenskleides), am Ende die Ablegung der Gelübde (meist erst für eine befristete Dauer von Jahren, dann endgültig). Die Anleitung der Novizen geschieht durch einen Novizenmeister (bei Novizinnen durch eine Novizenmeisterin).

ORATORIUM (lat. orare = beten) heißt erstens ein Raum für das Gebet oder den Gottesdienst meist einer klösterlichen Gemeinschaft, mit Erlaubnis des Bischofs eingerichtet.
Zweitens ist das Oratorium eine geistliche Gemeinschaft von Priestern und Laien, die im 16. Jh. vom hl. Filippo Neri in Rom gegründet wurde und auf Gelübde verzichtet. Es gehört zu den Gesellschaften des apostolischen Lebens und suchte neue Wege der Seelsorge und der Caritas. Kardinal Newman belebte das Oratorium im 19. Jh. in England. 1930 entstand ein Oratorium in Leipzig, dem später weitere von Aachen bis Frankfurt/Oder folgten. Gegenwärtig bestehen 71 Oratorien mit ca. 700 Mitgliedern.
Die dritte Bedeutung kommt einer musikalischen Gattung zu, die in der Bruderschaft des hl. Filippo Neri in Rom parallel zur Oper entstand → S. 178.

ORDEN (lat. ordo = Reihe, Ordnung); eine kirchlich bestätigte religiöse Gemeinschaft mit feierlichen Gelübden, z. B. Benediktiner, Zisterzienser, Prämonstratenser, Kreuzherren. Die katholische Kirche zählt zurzeit ca. 80 Orden, davon 46 männliche.

PATER (lat. = Vater), Anrede für Geistliche, bei uns vorwiegend für Ordensgeistliche übliche. Abk.: P. vor dem Namen, z. B. P. Damian de Veuster

PRIOR (lat. prior = der Frühere, Vordere); Vertreter des Abtes; bei kleinerer Gemeinschaft der Vorsteher der Mitglieder

PROFESS (lat. professio = öffentliche Erklärung); in den Orden und Kongregationen das feierlich gegebene, zeitliche oder ewige → Gelübde. Das Wort wird auch für eine Person, die ein Gelübde abgelegt hat, verwendet.

REGULARKLERIKER Mitglieder des geistlichen Standes, die einer Regel folgen, z. B. die Priester der Gesellschaft Jesu (Jesuiten). Kennzeichen: Verzicht auf Kloster, Chorgebet und Tracht.

SÄKULARINSTITUT (lat. saecularis = zur Welt gehörig und institutio = Einrichtung); Weltgemeinschaft; religiöse Gemeinschaft von Männern und Frauen, die in besonderer Weise in der Nachfolge Christi leben wollen. Es gibt sehr verschiedene Formen. Grundrichtung: Befolgung der evangelischen Räte, Verpflichtung auf eine Regel durch privates Gelübde, Versprechen oder Eid. Betonte Sonderziele: Laienapostolat, Seelsorge, Krankendienst, Leben im Alltag ohne Ordenskleid.

Am Habit eines Ordensbruders kann man nicht erkennen, ob er **Laienbruder** oder Ordensbruder mit ewiger Profess ist.

Äbtissin Maria Assumpta Schenkl mit einer **Novizin** im Kloser Helfta bei Eisleben.

Im **Orden** tragen alle das gleiche Kleid und haben dasselbe Leitbild. Aber jeder bleibt ein von Gott gewolltes Unikum.

Die **Theologen** Karl Rahner und Joseph Ratzinger bei der Würzburger Synode 1972

Lateinisches **Stundenbuch** aus dem 15. Jh.

Vom Papst anerkannt sind etwa 80 solcher Weltgemeinschaften, z. B. Ancillae Christi Regis (Dienerinnen Christi des Königs). Compagnia di San Paolo (Gemeinschaft des hl. Paulus), Mägde Mariens, Schönstatt-Werk. Über 300 weitere Säkularinstitute haben bisher noch keine päpstliche Anerkennung.

STIFT (z. B. Marienstift, Stiftskirche) eine kirchliche Gründung (Kirche, Krankenhaus, Altersheim usw.) mit „gestiftetem", also geschenktem, Vermögen, das nur zweckgebunden verwendet werden darf.

STUNDENGEBET ist das von Ordensleuten gemeinschaftlich verrichtete Gebet zu festgesetzter Tageszeit (→ Schema S. 206). In geregelter Folge werden Hymnus, Psalmen, Lesung aus der Heiligen Schrift und Gebete gesprochen oder gesungen. Bis zum II. Vatikanum wurden die Texte ausschließlich in lateinischer Sprache verwendet und deren Zusammenstellung als Brevier (lat. brevis = kurz) bezeichnet. Jetzt wird bei der Feier des Stundengebetes in der Regel die Muttersprache benutzt. Die zugehörige deutsche Textsammlung heißt Stundenbuch.
Weltpriester und Diakone übernehmen mit ihrer Weihe die Verpflichtung zum Stundengebet (nur Laudes, eine Tageszeit und Vesper). Zur Feier des Stundengebetes sind alle Glieder der Kirche eingeladen.

TERTIAREN → Dritter Orden

THEOLOGE (griech. theós = Gott und lógos = Lehre); Gottgelehrter; einer, der sich mit der Lehre von Gott auf wissenschaftliche Weise befasst. → Theologie, S. 60

ZÖLIBAT (lat. caelebs = Junggeselle); Ehelosigkeit der Priester, heute Voraussetzung für die Weihe in der lateinischen Kirche, in der Ostkirche nur für Bischöfe. Der Zölibat soll wie das Keuschheitsgelübde der Ordensleute Freiheit für Gott und ungeteilte Hingabe an die Menschen ermöglichen.

Patres der Prämonstratenserabtei Windberg beim Stundengebet. Sie tragen ihre weißen Alben nur beim liturgischen Dienst.

Quellen des Glaubens

HEILIGES LAND
HEILIGE SCHRIFT

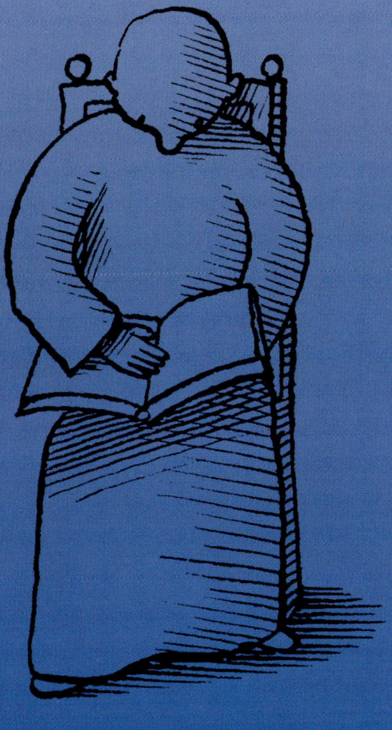

DER ANFANG DES FRIEDENS

Es waren zwei Brüder. Der eine von ihnen war verheiratet, der andere nicht. Sie hatten den ganzen Tag lang das Korn ausgedroschen und dann unter sich geteilt. Am Abend legte sich jeder bei seinem Kornhaufen nieder.

Des Nachts lag der verheiratete Bruder wach und dachte bei sich: „Ich bin jetzt ein reicher Mann. Ich habe Frau und Kinder und einen Überfluss an Getreide. Mein armer Bruder ist einsam und allein. Warum soll ich so viel mehr haben als er? Ich will ihn beschenken mit Korn von dem meinen." Und so trug er einen Teil seines Korns hinüber zum Kornhaufen seines schlafenden Bruders.

Bald danach erwachte der zweite Bruder und bedachte bei sich, wie viel mehr er besaß, als er brauchte, da er weder Weib noch Kind hatte. Würde er seinem Bruder etwas zum Geschenk anbieten, so würde der es vielleicht nicht annehmen. So stand er auf, nahm einen großen Posten seines Getreides und trug es hinüber zum Kornhaufen seines wieder eingeschlafenen Bruders.

Am Morgen wunderte sich jeder der beiden, wie es kam, dass er ebenso viel hatte wie zuvor. Und keiner konnte sich erklären, wie es zugegangen sei. Keiner sprach über die Vorgänge in der Nacht.

Gott aber hatte die Tat der Bruderliebe gesehen. Er beschloss, diesen Ort zum Betplatz zu machen für die Völker. Seitdem versammeln sich Muslime, Juden und Christen an diesem gesegneten Ort. Es ist der Tempelplatz zu Jerusalem.

Arabische Legende

Land und Leute zur Zeit Jesu

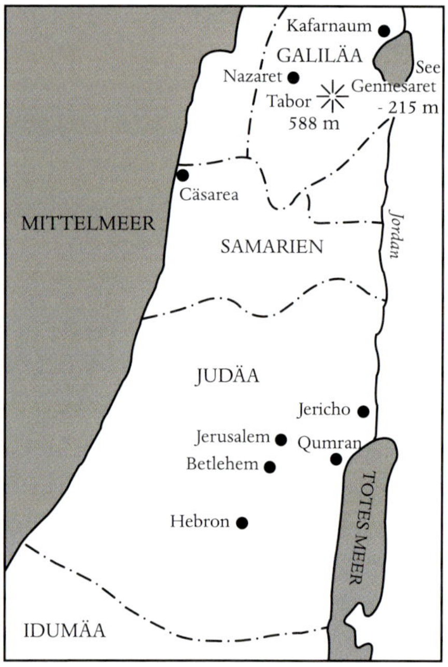

Das Land, wo Jesus lebte

Kein Christ kann ein echter Christ sein, solange er sich nicht seiner Verantwortung für die ganze Menschheitsfamilie bewusst ist und von aufrichtiger Liebe zu ihr getrieben wird. Es ist im Grunde seine Familie, und alle Menschen sind seine Brüder.

Augustin Kardinal Bea

Israel – Das Land, wo Jesus lebte

Israel ist ein schönes Land. An der Küste entlang zieht sich eine flache, schmale Ebene, die sehr fruchtbar ist. Dort wachsen Feigenbäume und Dattelpalmen. Auch Bäume mit Granatäpfeln oder Mandeln gedeihen. Weiter im Land beginnt bald eine Hügellandschaft. An den Hängen werden Weinreben angebaut. Schattige Haine mit Ölbäumen breiten sich aus. Dann aber geht es immer steiler bergauf. Durch das Land, von Jerusalem bis Nazaret, zieht sich ein Gebirge hin.

Auf der anderen Seite des Gebirges, in einem tiefen weiten Graben, fließt der Jordan. Auch dort gibt es fruchtbares Land. Der Jordan durchläuft den See Gennesaret und mündet schließlich in das Tote Meer.

Das Land umfasste zur Zeit Jesu drei Gebiete:

Galiläa, das Heimatland Jesu, Samarien und Judäa, wo die Hauptstadt Jerusalem liegt. In diesen drei Landesteilen lebten damals nicht mehr Menschen, als heute bei uns in einer einzigen Großstadt wohnen.

Die Lebensader im Heiligen Land war und ist der Jordanfluss. Hier empfing Jesus durch seinen Vorläufer Johannes die Taufe.

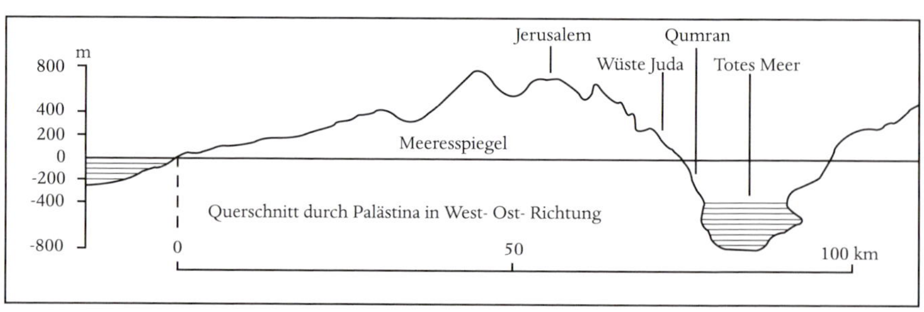

Alter Olivenbaum im Garten Getsemani

Jerusalem

Über diese Stadt und ihren Namen gibt es eine ganze Bibliothek. Der Name bedeutet wohl „Stadt des Gottes Schalem". Er wurde verschieden ausgesprochen: Urusalim, Urusalimu, Jerusólyma, Jerusalem. Die Araber nennen sie „El-Kuds", das heißt „die Heilige". Schon um 1000 v. Chr. hatte David sie zur Regierungsstadt ausgebaut. Auf dem Berge Zion errichtete Salomo den Tempel. Damit war die Stadt zum Heiligtum der Juden geworden. Im Jahr 70 n. Chr. zerstörten die Römer den Tempel. Die **Juden** zerstreuten sich über den Mittelmeerraum, aber Jerusalem blieb ihre Mitte. Mit dem Gruß „Nächstes Jahr in Jerusalem" verabschieden sich die Juden hoffnungsvoll noch heute. Den **Christen** ist die Stadt heilig, weil hier Jesus starb, weil hier die Jünger Zeugen der Auferstehung waren und der Heilige Geist die junge Christengemeinde schuf. Aber auch für die **Muslime** ist die Stadt heilig, weil Mohammed vom Tempelplatz in den Himmel entrückt wurde, um von Allah den Koran zu empfangen. Um 700 errichteten sie hier den Felsendom.

Blick auf die Grabeskirche. Auf den Bögen ist das Jerusalemkreuz zu sehen.

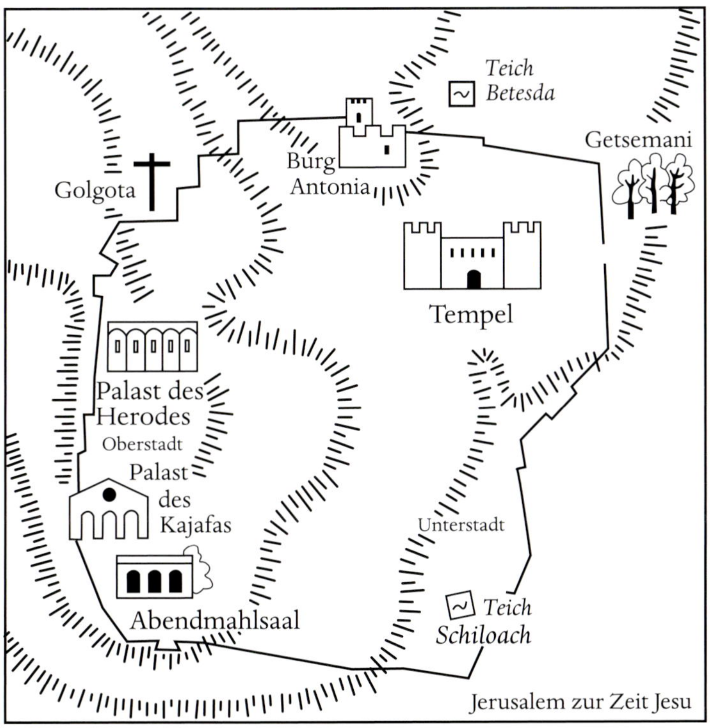

Jerusalem zur Zeit Jesu

Die heilige Stadt Jerusalem, wie sie heute aussieht

Licht im Dunkel

Trage die gesuchten Begriffe in die vorgesehenen Felder ein. In der markierten Senkrechten ergibt sich dann die hebräische Bezeichnung für den siebenarmigen Leuchter.

1					
2					
3					
4					
5					
6					

1. Gotteshaus der Juden in Jerusalem
2. Stimmung der Magier aus dem Morgenland, als sie den Stern sahen
3. Prophet in der Löwengrube
4. Biblisches Buch vom Auszug aus Ägypten
5. einer der Namen für das Volk Gottes
6. Titel der ägyptischen Könige

Unterhalb des Felsendoms steht noch die Klagemauer als Rest des alten Tempels.

Religiöse Gruppen in Israel

Über das, was der Glaube an Jahwe von ihnen verlangt, waren sich die Juden nicht einig. Die Samariter zum Beispiel wollten den Tempel in Jerusalem nicht anerkennen; sie beteten in eigenen Heiligtümern zu Gott. Außerdem hatten sie religiöse Bräuche anderer Völker übernommen.
Doch auch bei den Juden in Galiläa und Judäa gab es verschiedene Gruppen:
Die **Zeloten** wollten das Reich Gottes mit Gewalt herbeiführen, indem sie gegen die Römer mit Waffen kämpften. Auch Jesus hatte einen Jünger aus den Reihen der Zeloten.
Die **Sadduzäer** stellten den größten Teil des Hohen Rates. Zu ihnen gehörten vor allem reiche Tempelpriester und wohlhabende Familien, die wegen ihrer Geschäfte viel mit Griechen und Römern zusammenarbeiteten. Von diesen übernahmen sie Lebensweise und Weltanschauung. Sie wollten – wie die Samariter – nur die Bücher des Mose gelten lassen, glaubten nicht an die Auferstehung der Toten und kümmerten sich nicht sonderlich um die vielen Vorschriften und Gebote.
Anders die **Pharisäer**. Ihr Name bedeutet „abgesondert". Sie hielten sich streng an alle heiligen Schriften und beachteten dazu noch zahllose Vorschriften. Sie glaubten an die Auferstehung der Toten. Aus übertriebener Gesetzesfrömmigkeit wurden sie oft blind für die Nöte ihrer Mitmenschen.
Die **Esséner** nahmen nicht am Tempelkult und an den Tieropfern teil. Rituelle Waschungen spielten eine große Rolle. Sie lebten in Armut und Zurückgezogenheit in klosterähnlichen Ansiedlungen, vor allem in der Nähe des Toten Meeres (→ Qumran S. 250).

Im Evangelium

Hohepriester: Hannas, Kajaphas

Zeloten: Jünger Simon Kananäus wahrscheinlich Barabbas

Sadduzäer: Hohepriester Hannas und Kajaphas

Pharisäer: Nikodemus, Josef von Arimathäa, Paulus vor seiner Bekehrung

Der Tempel von Jerusalem

Jerusalem war eine große Stadt. Menschen aus aller Welt lebten hier oder kamen hierher, um Geschäfte abzuschließen. Wenn man eines der Stadttore durchschritten hatte und die Straßen und Gässchen zum Tempel hinaufstieg, konnte man alle möglichen Sprachen hören. An beiden Seiten der Straße boten Händler ihre Waren an. Galiläische Pilger kamen aus dem Staunen nicht mehr heraus. Reichgekleidete Männer und vornehme Frauen gingen durch die Straßen, aber auch unzählige Bettler und Krüppel baten um Almosen.
Das größte Erlebnis war für die Pilger, wenn sie zum Tempel kamen. Der Tempelbezirk war von einer Säulenhalle begrenzt, in der viele Schriftgelehrte ihre Studierzimmer hatten. Die Pilger gelangten zuerst in den großen „Vorhof der Heiden", den auch Nichtjuden betreten durften.
Über fünfzehn Stufen kamen die Pilger dann durch ein großes Bronzetor in den „Vorhof der Frauen". Warnschilder wiesen darauf hin, dass dieser Hof nur von Juden betreten werden durfte. Selbst die Römer hielten sich an diese Vorschrift. In diesem Hof mussten die Frauen und Mädchen zurückbleiben; nur Jungen und Männer durften in den nächsten Hof, den „Vorhof der Männer", hineingehen. Von hier aus konnten sie den Priestern zusehen, die auf dem Platz vor dem Tempel die Opfer darbrachten. Dort stand der große Opferaltar aus unbehauenen Steinen, hier wurden die Tiere geschlachtet, die von den Gläubigen gebracht worden waren.

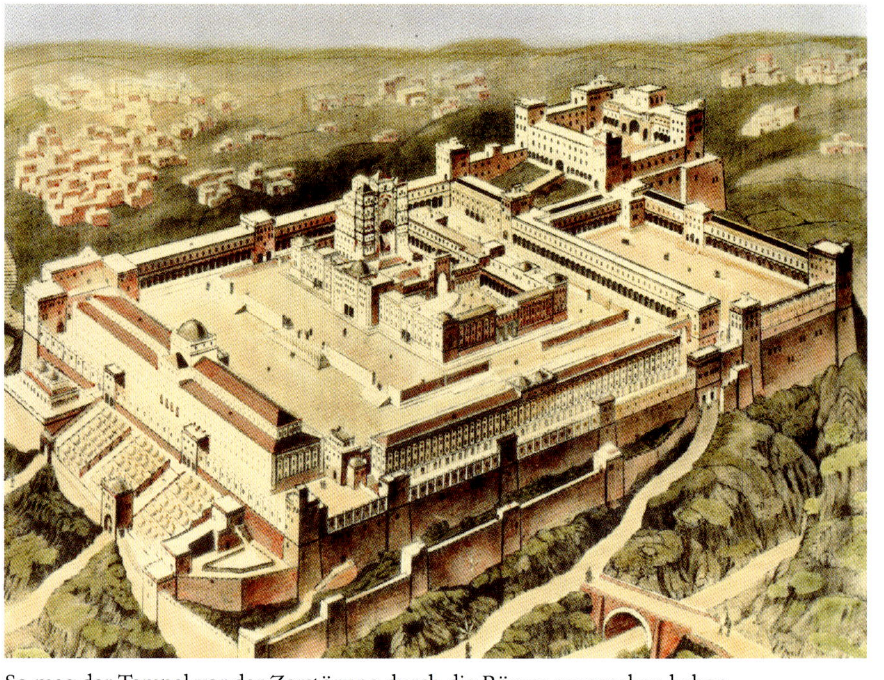

So mag der Tempel vor der Zerstörung durch die Römer ausgesehen haben.

Dahinter erhob sich das herrliche Tempelgebäude, das aus zwei Räumen bestand: dem Heiligen und dem Allerheiligsten. Das Heilige durften nur die Priester betreten; dort standen der siebenarmige Leuchter und der Tisch mit den Schaubroten. Das Innere des Allerheiligsten war ganz leer, im Unterschied zu heidnischen Tempeln, in denen die Bilder und Statuen der Gottheiten standen. Von Jahwe durften die Juden kein Bild machen, ja sie gewöhnten sich an, nicht einmal seinen Namen auszusprechen. Gott ist ganz anders als alle Bilder, die man sich von ihm macht. Das Allerheiligste durfte nur der Hohepriester betreten, und zwar einmal im Jahr, am Versöhnungstag Jom Kippur.

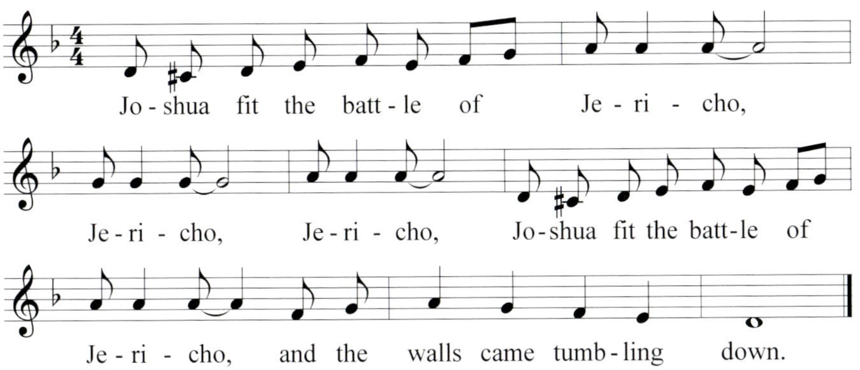

Josua schlug die Schlacht von Jericho, und die Mauern stürzten ein.

Jericho

Jericho ist der Name für eine der ältesten Städte der Welt. Die Überreste des alten Jericho liegen heute unter einem etwa 25 Meter hohen Ruinenhügel. Die Archäologen haben diesen Hügel wie eine Torte angeschnitten. So wurden alte Besiedlungsschichten sichtbar. Bei den Grabungen im Jahre 1952 stieß man auf die unterste Siedlung vor, die bis in die vorkeramische Jungsteinzeit zurückreicht (um 7000 v. Chr.). Darüber lagen Schichten von sechs zerstörten Städten. Auf diesem Hügel lag auch das alttestamentliche Jericho, das von den Israeliten unter Josuas Führung im 13. Jahrhundert v. Chr. mit Posaunenschall erobert worden war. Die letzten Anzeichen einer Besiedlung stammen aus dem 9. bis 6. Jahrhundert v. Chr.

Das Jericho zur Zeit Jesu lag etwa zwei Kilometer vom alten Jericho entfernt. Hier hatte Herodes Prunkbauten errichten lassen: ein Amphitheater, eine Pferderennbahn und Parkanlagen mit künstlichen Teichen.

Für uns erhält die Stadt Bedeutung durch die Heilung des blinden Bartimäus (Mk 10,46-52) und durch die Begegnung Jesu mit dem Oberzöllner Zachäus (Lk 19,1-10). Wir erinnern uns auch an die Parabel vom barmherzigen Samariter, die auf dem Weg von Jerusalem nach Jericho spielt (Lk 10,30-35).

Die Wüste zwischen Jerusalem und Jericho. Die Wüste – unberührt wie zu Jesu Zeit – weckt Erinnerung an Geschichten aus seinem Mund.

Ein Mensch bleibt weise,
solange er die Weisheit sucht.
Sobald er sie gefunden haben will,
wird er ein Narr.

Aus dem Talmud

Der Hirt im Heiligen Land liebt seine Aufgabe und sieht sie als Berufung an.

Samaria

ist eine von den Israeliten im 9. Jahrhundert v. Chr. gegründete Stadt. Samarien ist der Name für eine Berglandschaft im Nordreich des Landes. Hier lebten bis 721 v. Chr. Israeliten.

Dann wurde die Landschaft von den Assyrern erobert. Dreißigtausend Einwohner wurden verschleppt und durch fremde Bevölkerung ersetzt. So entstand ein Völkergemisch aus Israeliten und anderen Volksgruppen: die Samariter (oder Samaritaner). Es trat eine Entfremdung ein, die sich immer mehr verschärfte und schließlich in Feindschaft gegen die Juden umschlug. Als sich die Samariter einen eigenen Tempel auf dem Berg Garizim bauten, war auch die Glaubensspaltung endgültig vollzogen.

Zur Zeit Jesu galt bei den Juden das Wort „Samariter“ als Schimpfwort. Gegenseitige Belästigungen waren an der Tagesordnung. Wollte ein Jude vom Süden in das nördliche Galiläa, machte er lieber den beschwerlichen Umweg durch die Wüste östlich des Jordan, als durch das Land der Samariter zu ziehen.

Im Evangelium

der dankbare Samariter (einer der zehn geheilten Aussätzigen)
die Frau am Jakobsbrunnen

Das Tote Meer oder „Das Meer des Teufels“

Bis heute gibt es den Gelehrten viele Rätsel auf. Das Tote Meer ist 85 km lang und 17 km breit und damit ungefähr so groß wie der Balaton. Es hat eine Tiefe von ca. 400 m. Der Wasserspiegel liegt heute ca. 417 Meter unter dem Meeresspiegel und sinkt weiter.

Heute noch ist das Tote Meer ein Trugbild. Das Wasser schimmert aus der Nähe grünblau wie ein herrlicher Kristall. Aber über der ruhigen Wasserfläche schwebt eine heiße, trübe Luft, und ein unangenehmer Geruch lässt an die durch Feuer vernichteten Städte Sodom und Gomorra denken. Es ist der Geruch von Asphalt, der in kleinen Klumpen auf dem Wasser schwimmt. Das Tote Meer ist unerklärlich reich an Schwefel, Pottasche und Naphta. Sein Kalireichtum könnte den Weltbedarf auf 400 Jahre decken. Und noch einen Reichtum hat das Meer: das Salz. Am Südwestende gibt es große Salzlager. Das Wasser ist das salzreichste der Erde. Es hat einen Salzgehalt von 28 Prozent. Das Tote Meer hat keinen Abfluss, auch nicht durch Versickerung in den Boden. In der Hitze über dieser Höllengrube verdunsten täglich fast 15 mm der Wasseroberfläche. Das ist mehr als der Zufluss des Jordans! Alle Minerale des Flusses bleiben zurück. Der Salzreichtum des Sees nimmt immer weiter zu.

Man möchte von einem Wunder der Natur sprechen, aber es ist ein grausames Wunder. Denn das Salz tötet alles Leben. Die Fische, die vom Jordan hereinschwimmen, werden vergiftet. Es gibt kein Leben, weder Tier noch Pflanze, in dem so herrlich anzusehenden grün-blauen Wasser. Die Pilger früherer Zeiten haben das Tote Meer daher das „Meer des Teufels“ genannt.

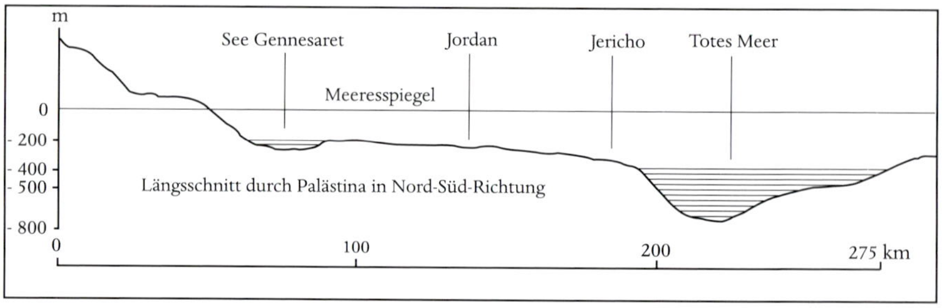

Satellitenbild des Jordangrabens vom See Gennesaret bis zum Toten Meer

Salzablagerungen am Ufer des Toten Meeres

Zeittafel

um 1700	Hammurapi in Mesopotamien Beginn der Patriarchenzeit (Abraham, Isaak, Jakob)
um 1600	Israel in Ägypten
um 1250	Auszug Israels aus Ägypten (Mose)
um 1200	Landnahme in Kanaan
um 1200 – 1020	Zeit der Richter (Jiftach, Samson, Gideon, Prophet Samuel)
um 1012 – 1004	König Saul
um 1004 – 965	König David
965 – 926	König Salomo (Bau des Tempels auf dem Berg Zion)
926	Teilung des Reiches Nordreich: Israel (926–721), Südreich: Juda (926–587)
um 900 – 600	die Propheten Elija, Elischa, Jesaja, Jeremia
721	das Reich Israel von den Assyrern besiegt, Israeliten nach Assyrien umgesiedelt
587	das Reich Juda von den Babyloniern besiegt, Zerstörung des Tempels, Babylonische Gefangenschaft, die Propheten Ezechiel, Daniel
538	Ende der Babylonischen Gefangenschaft Wiederaufbau des Tempels in Jerusalem,
332	Alexander der Große erobert das Land Juda, Juda bleibt bis 63 v. Chr. unter der Herrschaft seiner Nachfolger.
63	Jerusalem wird von den Römern erobert
40	Herodes wird von den Römern zum König der Juden ernannt.
um 7	Jesus von Nazaret geboren
4	Tod des Herodes
↑ *Zeit v. Chr.*	
↓ *Zeit n. Chr.*	
28–30	Wirken Jesu in Israel
um 30	Jesus gekreuzigt

Hebron

liegt 37 km südlich von Jerusalem. Es ist eine der ältesten Siedlungen des Landes. Schon im zweiten Jahrtausend v. Chr. war sie von Mauern umgeben. Später soll König David hier sieben Jahre regiert haben, ehe er seine Residenz nach Jerusalem verlegte. Von da an sank die politische Bedeutung Hebrons.

Cäsarea

ist zu unterscheiden von der Stadt Cäsarea Philippi, die etwa 40 km nördlich des Sees Gennesaret liegt.

Verbeugung vor dem Kaiser

Der Name Cäsarea ist eine Ehrung des römischen Kaisers und bedeutet: „die kaiserliche Stadt“. Caesaries heißt im Lateinischen „Haupthaar“ oder „Laub“. Ursprünglich war „Caesar“ ein Familienname. Der römische Diktator Gaius Julius Caesar hat den Namen berühmt gemacht. Sein Großneffe und Kaiser Oktavianus nahm den Namen Caesar dann als Titel an.

Aus dem Familiennamen wird ein Titel:

CAESAR
KAESAR
KAISAR
KAISER

Der Kaiser wurde zugleich „Augustus“ genannt (das heißt: „der Göttliche“) und beanspruchte religiöse Verehrung. Die ersten Christen blieben ihm diese schuldig, weil sie nur Christus als ihren Herrn anerkannten. Sie wurden deswegen blutig verfolgt.

Als die römischen Thermen in der Kaiserresidenz Trier (unser Bild) noch heile Bauwerke waren, galt im jüdischen Land „gebt dem Kaiser, was dem Kaiser gehört“ (Mk 12,17).

Im Evangelium

römische Kaiser: Augustus, Tiberius
römische Statthalter: Pontius Pilatus, Quirinius (Syrien)
jüdische Könige oder Fürsten: Herodes, Herodes Antipas …
Hoher Rat: Hannas, Kajaphas, Josef von Arimathäa, Nikodemus
Zöllner: Matthäus, Zachäus

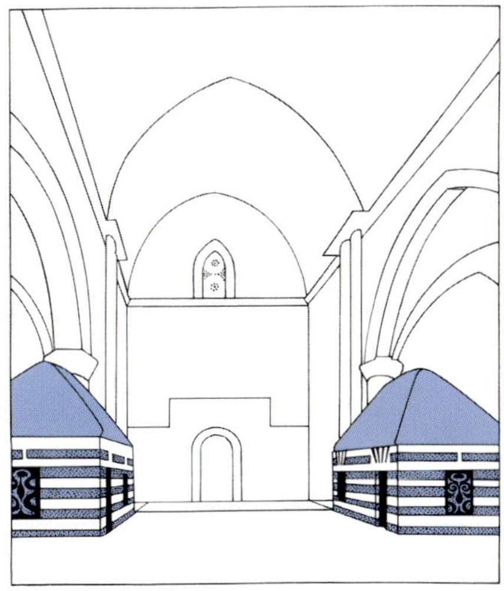

In Hebron verehren die Juden die Gräber von Abraham und Isaak und deren Frauen. Auch den Leichnam des Vaters Jakob holten die Israeliten aus Ägypten „heim“.

Gräber der Patriarchen

Die Gräber von Abraham, seiner Frau Sara, von Isaak, Rebekka, Lea und Jakob sollen noch existieren? Das klingt fast unglaublich! Die ununterbrochene Überlieferung über Jahrtausende hinweg sagt ja dazu und beruft sich auf Bibelstellen.
Abraham erwarb, so sagt das Alte Testament, als Sara gestorben war, für 400 Silberschekel von Efron ein Grundstück mit Höhle für eine Grabstelle. Der Vertrag wurde am Stadttor von Hebron geschlossen (vgl. Gen 23,1-17).
Später erfüllte Josef seines Vaters Jakob letzten Wunsch: Er brachte den Leichnam von Ägypten nach Hebron in die Grabhöhle (vgl. Gen 49,29-33; 50,1-44).
Zu allen Zeiten wurde in Hebron eine Höhle als Ruhestätte der Patriarchen verehrt. König Herodes der Ältere, als Bauherr berühmt, ließ das Heiligtum prächtig ausbauen. Steinquader von 7 m Länge und 1,5 m Höhe sind vor 2000 Jahren behauen, transportiert und hier zusammengefügt worden. Wie hat man das geschafft? In einem Bericht von 570 n. Chr. wird eine vierhallige christliche Basilika über der Höhle erwähnt.
Später haben dort die Kreuzfahrer eine gotische Basilika gebaut. Die Muslime verwandelten diese nach der Rückeroberung in eine Moschee, denn auch sie verehren Abraham. Sie hüten die Höhle. Niemand darf sie betreten: „Denn“, so sagen sie, „wer hinuntergeht, dem begegnet Abraham, und dann muss er sterben.“

Auflösung von S. 241 (Licht im Dunkel):
1. Tempel, 2. Freude, 3. Daniel, 4. Exodus, 5. Israel, 6. Pharao – MENORA.

Die Strafe der Kreuzigung

Die Römer hatten die Kreuzigung von den Persern und den Puniern übernommen, und wie diese nahmen sie auch Massenkreuzigungen vor. In Palästina gedachte man zur Zeit Jesu noch mit Grauen der Kreuzigung von etwa zweitausend Widerstandskämpfern, die der römische Feldherr Quintilius Varus im Jahre 4. n. Chr. in der Nähe von Jerusalem vollstrecken ließ. Varius ist derselbe, dessen drei Legionen 9 n. Chr. bei Kalkriese nördlich von Osnabrück durch Arminius in der sogenannten Schlacht im Teutoburger Wald vernichtend geschlagen wurden.
Die Strafe der Kreuzigung wurde vor allem über politische Täter verhängt. Cicero nannte sie „die grausamste und schmählichste Pein, die äußerste Sklavenstrafe".
Zur Hinrichtungsstätte musste der Verurteilte den Querbalken tragen, der etwa zwei Meter lang war. Der senkrechte Pfahl wurde in den Boden gerammt. Nachdem der Verurteilte mit den Händen an den Querbalken genagelt war, wurde dieser hochgezogen und am senkrechten Pfahl befestigt.

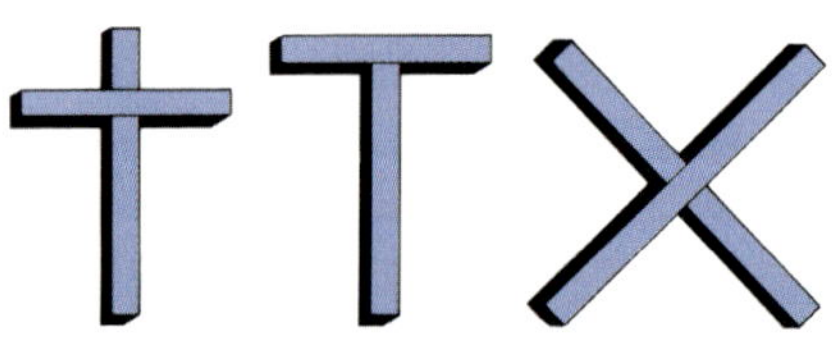

Großer Gott, hilf mir!
Du erbarmst dich doch
über ganz fremde Leut,
warum nicht über mich?

Jüdisches Stoßgebet

Die Herrschaft der Römer

Zur Zeit Jesu beherrschten die Römer ein riesiges Weltreich. Von Rom aus war es ihnen gelungen, fast alle Länder am Mittelmeer unter ihre Gewalt zu bringen. In den eroberten Ländern setzten sie Statthalter ein, auch Könige, die die Interessen des römischen Kaisers vertraten.
Auch Palästina, die Heimat Jesu, gehörte zum römischen Weltreich. Statthalter war Pontius Pilatus, ein Römer. Der Fürst Herodes Antipas hatte als Jude nicht viel zu bestimmen. Wichtige Entscheidungen fällte der römische Statthalter. So durften die Juden auch kein Todesurteil aussprechen. Nur Pilatus konnte Jesus zum Tod verurteilen. Daher wurde Jesus auch auf die Art hingerichtet, welche die Römer im ganzen Reich anwendeten. Es war der Tod durch Kreuzigung.
Die religiösen Angelegenheiten überließen die Römer den Juden selbst. Der Hohe Rat zu Jerusalem hatte die Aufgabe, die Gesetze des Mose auf die jeweiligen Verhältnisse anzuwenden. Auch über die Durchführung der Anordnungen wachte der Hohe Rat.

Was ist der Hohe Rat?

Älteste des Volkes
Hohepriester
Schriftgelehrte
zusammen 71 Männer

unter Herodes → Schattendasein

unter den römischen Statthaltern → Höchstes Regierungskollegium, abhängig von den Römern, regelt nur religiöse Angelegenheiten in völliger Freiheit.

Hoher Rat = Synhedrion (griech.)
= Sanhedrin (jüdisch)
= Synedrium (lat.)

Wenig duldsam waren die Römer in Geldangelegenheiten. Überall führten sie ein straff organisiertes Steuersystem ein. Die jüdischen Steuereinnehmer waren unbeliebt bei ihren Landsleuten. Sie galten als Feinde des Volkes, weil sie sich selbst und die römischen Unterdrücker bereicherten.
Aus der Heiligen Schrift wissen wir, dass sich die Juden nach Freiheit sehnten. Sie warteten inniger denn je auf den Messias, den Retter und Befreier vom römischen Joch. Immer wieder wagten einzelne Gruppen von Freiheitskämpfern Überfälle auf die Römer. Aber die Römer waren stärker. Die Freiheitskämpfer wurden aufgerieben und ihre Anführer zum Zeichen der Abschreckung gekreuzigt. Schließlich zerstörten die Römer die Hauptstadt Jerusalem und den Tempel, der für die Juden Mittelpunkt des Lebens bedeutete. Die Oberschicht wurde ausgerottet oder aus dem Lande vertrieben. Das Jahr 70 n. Chr. bedeutete das Ende der biblischen Heimat der Juden.

Juden flohen zuhauf in die umliegenden Länder bis nach Rom und Griechenland. Sie fanden überall schon jüdische Gemeinden vor und überlebten in der Diaspora. Auch den aus Palästina geflohenen Judenchristen nützten die jüdischen Strukturen in den Umländern. Palästina wurde römische Provinz, Jerusalem zur römischen Militärkolonie Aelia Capitolina, in die Juden keinen Zutritt hatten.
Kaiser Konstantin und seine Mutter Helena errichteten im vierten Jahrhundert erste christliche Kirchen in Jerusalem, Betlehem und Mamre bei Hebron. Danach setzten christliche Pilgerreisen ein, nach 330 wurden einige Klöster gegründet. 614 eroberten die Perser Jerusalem. Im Jahr 637 nahmen die Anhänger Mohammeds Jerusalem ein.

Die Festung Masada in der Nähe des Toten Meeres ist ein Ort voller Geschichte und Geschichten.

Auf einem steil abfallenden Tafelberg baute Herodes eine Festung mit unterirdischen Wasserspeichern und Nahrungslagern. Nach der Zerstörung Jerusalems verschanzten sich hier ca. 1000 Juden. Die Römer konnten diese Festung erst einnehmen, als sie eine Rampe aufschütten ließen. Als die Belagerer in die Festung eindrangen, fanden sie brennende Nahrungslager und Juden, die sich selbst getötet hatten. Heute werden auf dem Felsenberg die israelischen Soldaten vereidigt.

Dreimal Herodes

Im Neuen Testament wird mehrfach der Name Herodes gebraucht. Er steht aber bei drei Personen, die wir uns genauer ansehen wollen.

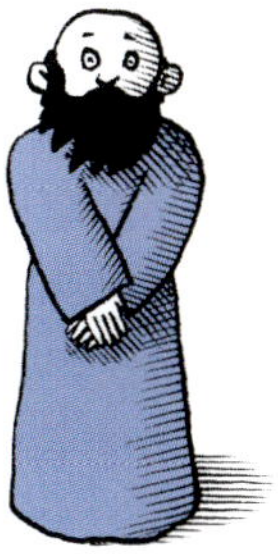

1. Der Vater

Name **Herodes der Ältere**
lebte 73–4 v. Chr.
regierte 37–4 v. Chr.
Eigenschaften: rücksichtslos, brutal gegen die eigenen Verwandten, misstrauisch; baufreudig
NT: Weise aus dem Morgenland; Kindermord zu Betlehem
Er war ein König von Roms Gnaden, baute Städte, baute auch den Tempel zu Jerusalem wieder auf. Errichtung der Festung Machärus, der Burg Antonia u. v. a. m.

2. Der Sohn

Name **Antipas** oder Herodes Antipas
lebte 20 v. Chr.–ca. 39 n. Chr.
regierte 4–39 n. Chr.
Eigenschaften: schlau, ehrgeizig, prachtliebend, ein gläubiger Jude
NT: Jesus nennt ihn „Fuchs"; Hinrichtung Johannes' des Täufers; Verspottung und Geißelung Jesu
Er war Landesfürst in Galiläa und wollte gern König werden, bewarb sich darum beim Kaiser in Rom. Sein Stiefbruder machte ihn aber so gründlich schlecht, dass der Kaiser ihn in die Verbannung nach Lugdunum (Lyon) schickte. Dort ist er wohl auch gestorben. (seine Frau: Herodias; deren Tochter: Salome.)

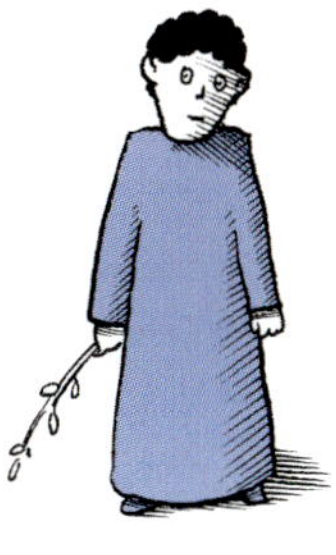

3. Der Enkel

Name **Agrippa I.** (im NT: Herodes)
lebte 10 v. Chr.–44 n. Chr.
regierte 41–44 n. Chr.
Eigenschaften: beachtet streng das jüdische Gesetz, daher beliebt beim Volk
NT: Maßnahmen gegen das junge Christentum, Verfolgungen, Hinrichtungen
Er wurde in Rom erzogen, wo er sich auch sehr lange aufgehalten hat. 41 wurde er zum König über ganz Palästina ernannt. Da seine Regierungszeit recht kurz war, sind seine Spuren nicht so deutlich zu erkennen.

Die Grabeskirche in Jerusalem erinnert an die Bestattung Jesu im Grab, das Josef von Arimathäa für den Herrn gab. Die Kreuzfahrer bauten über diesem Ort eine ihrer Kirchen.

Nazaret

Weder das Alte Testament noch irgendein antiker Historiker erwähnen diesen Ort. Und doch hat Nazaret schon zur Steinzeit existiert. Zur Zeit Jesu bedeutet es nicht viel. Heute zählt die Stadt etwa 25.000 Einwohner. Hier verlebte Jesus seine Kindheit und seine Jugend. Über diese Jahre schweigen die Evangelisten. Von Nazaret bis Kafarnaum sind es etwa 50 km. In Kafarnaum findet Jesus seinen Wohnsitz, seine Freunde und Schüler und auch wache Ohren für seine Botschaft.

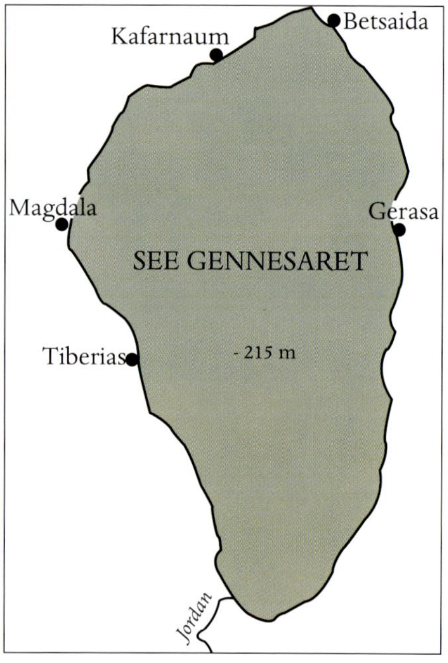

Der See Gennesaret, Schauplatz vieler Berichte der Evangelien

Der See Gennesaret

hat viele Namen in der Heiligen Schrift: See von Tiberias, See von Kinneret, See von Galiläa, Galiläisches Meer. Die Einheimischen nannten den See „das Auge Gottes". Er war zur Zeit Jesu ein verkehrsreiches Zentrum. Sein Fischreichtum bot Nahrung und Einkommen. Viele Jünger waren deshalb Fischer.
Der See bildet ein Oval von 12 km größter Breite und 21 km größter Länge und erreicht eine Tiefe von 45 Metern. Der Wasserspiegel liegt aber 215 m unter Mittelmeerniveau. Die bis zu 300 m Höhe ansteigenden Berge umsäumen die Ufer und bilden einen Kessel mit subtropischer Vegetation. Der Temperaturausgleich – Hitze im Kessel, Kälte auf den Bergen – bewirkt plötzlich auftretende Stürme.

Im Evangelium

Handwerker: Josef
Fischer: Petrus, Andreas, Johannes, Jakobus, Zebedäus, Philippus
Frauen: Maria, Marta, Maria aus Magdala
Kranke: Lazarus und Simon in Betanien;
Bettler: Bartimäus

Betlehem

Zur Zeit Jesu war es unwichtig, wo und wann ein Großer geboren war. Es zählte vor allem, was er bedeutete. Die Evangelisten gaben drei Auskünfte. Jesus kam aus Nazaret, weil er der Nazoräer genannt wird:

> *In jenen Tagen kam Jesus aus Nazaret in Galiläa und ließ sich von Johannes im Jordan taufen. (Mk 1,9)*

Oder er war von ganz oben, von Gott gesandt:

> *Es trat ein Mensch auf, der von Gott gesandt war. (Joh 1,14)*

Die biblisch Kundigen wussten Betlehem als seine Herkunft. Das war als „Haus Davids" allen Juden bekannt:

> *Als Jesus zur Zeit des Königs Herodes in Betlehem in Judäa geboren worden war. (Mt 2,1) So zog auch Josef von der Stadt Nazaret in Galiläa hinauf nach Judäa in die Stadt Davids, die Betlehem heißt. (Lk 2,4)*

Für die christliche Tradition hat Kaiser Konstantin der Große die Frage entschieden mit seinem Gespür für die Bedeutung von Größe. Er errichtete im Jahr 326 einen Kirchbau über der Geburtsgrotte in Betlehem.
Das Datum der Geburt Jesu wurde erst im Streit um sein wirkliches Wesen festgelegt. War Jesus Mensch, war er Gott, war er beides? Im 3. Jh. ließ sich der römische Kaiser am 25. Dezember als „Unbesiegbare Sonne" feiern. Das nahmen die Christen nicht hin. Ihre unbesiegbare Sonne (sol invictus) hieß Jesus Christus. So kam das Geburtsfest Jesu im Jahr 326 auf den 25. Dezember.

Geburtsgrotte Jesu mit dem „Stern von Betlehem"

Das Leben der einfachen Leute

Die einfachen Leute im Lande Israel lebten bescheiden. Die Männer arbeiteten als Hirten oder Bauern, Handwerker oder Fischer. Die Frauen der meist kinderreichen Familie kümmerten sich um die Hausarbeit. Sie sammelten Früchte, buken Brot, bereiteten die Mahlzeit. Die Woche über aß man Brot und Obst. Nur am Sabbat fiel das Mahl reichlicher aus. Dann gab es Fleisch, Fisch und Wein. Der Innenraum des Hauses diente gleichzeitig als Küche mit einer etwas erhöhten Feuerstätte. Die Vorräte lagerten in Krügen unter dem Fußboden. In diesem einzigen Raum schlief die Familie auch.
Das gesamte Leben der Juden war durch Vorschriften des Gesetzes geregelt. Am Sabbat durften die Juden kein Essen kochen, kein Feuer machen, nicht die geringste Arbeit verrichten, kein Wasser holen, keine größeren Wanderungen unternehmen und so weiter. Der ursprüngliche Sinn dieser Gesetze zielte auf das Wohl der Menschen und des Volkes ab.

Der Berg Tabor

liegt unweit von Nazaret. Er ist seit alter Zeit als heiliger Berg bekannt. Mit 588 Meter Höhe beherrscht er als einzige Erhebung seine Umgebung. In der christlichen Überlieferung ist der Tabor der Berg der Verklärung.

Die Verklärung Jesu war der Überlieferung nach auf dem Berg Tabor.

Kafarnaum

Die Stadt liegt am nördlichen Ufer des Sees Gennesaret. Jesus nannte sie „seine" Stadt. Sie ist Mittelpunkt vieler seiner Taten. In der Synagoge von Kafarnaum lehrte Jesus und erregte Aufsehen durch die Heilung eines Besessenen (Mk 1,23-27).

Ruinen der Synagoge in Kafarnaum, der Lieblingsstadt Jesu

Im Evangelium
Hauptmann von Kafarnaum, Synagogenvorsteher Jaïrus, Petrus, Andreas, Schwiegermutter des Petrus, sein Vater Jona, …

Jesus hat viele Namen

Durch die Mission der Jünger verbreitete sich das Christentum bald weit über Palästina hinaus. An vielen Stellen im Römischen Reich entstanden Christengemeinden. All diese Menschen, die sich taufen ließen, waren überzeugt: Jesus hat unser Leben verändert und ihm eine neue Richtung gegeben. Sie dachten darüber nach, was Gott mit Jesus, seinem Sohn, vorhat und was das für die Menschen bedeutet. Ihre Einsichten kleideten sie in Titel und Namen.
Juden, die Christen geworden waren, nannten Jesus mit den Worten des Alten Testamentes **Messias** oder **Menschensohn**. Damit wollten sie sagen: Jesus ist der Mensch, der ganz auf der Seite Gottes steht; so haben wir uns den Messias oder den Menschensohn, den die Propheten verheißen haben, schon immer vorgestellt. In Jesus sind die Schriften erfüllt.
Griechen, die sich taufen ließen, wussten nicht, was „Messias" oder „Menschensohn" bedeutet. Deshalb übersetzten sie das Wort „Messias" (= der Gesalbte) ins Griechische und sagten: **Jesus ist der Christus**. Der Titel „Christus" wurde zum Eigennamen Jesu.
Die Christengemeinden, für die das Johannesevangelium geschrieben worden war, nannten Jesus **Hirt, Licht** und **Brot**. Im Alten Testament auf Jahwe angewandte Titel wie **Herr und Gott** oder auf Könige bezogene wie **Sohn Gottes** wurden nun auf Jesus übertragen.
Auch später wurden immer wieder neue Namen für Jesus gefunden. Die Germanen zum Beispiel nannten ihn **Heliand** (Heiland). Die Indianer bezeichneten ihn als ihren **Häuptling**. Allen gemeinsam ist der Glaube, dass Jesus „für uns Menschen und zu unserem Heil" „vom Himmel gekommen" ist.

Buch des Glaubens

Bibelseminar

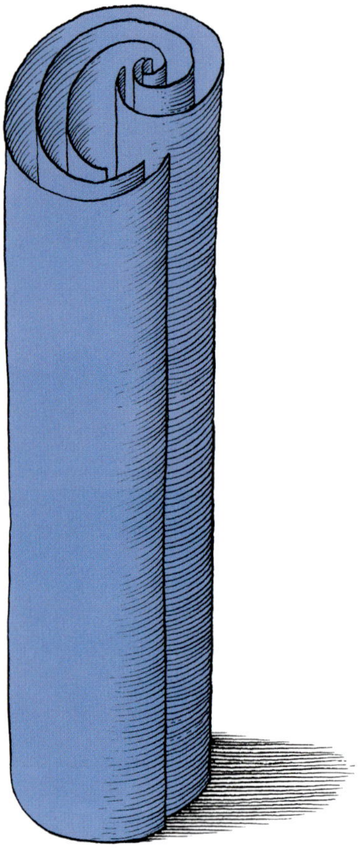

1. Abend: Rolle oder Buch?

Kaplan: *Wir beginnen heute mit einem Glaubensseminar. An vier Abenden wollen wir uns mit der Heiligen Schrift befassen. Damit das Unternehmen gelingt, ist es seit langem vorbereitet worden. Franz und Peter haben den ersten Abend übernommen.*

Peter: *In einer Besprechung haben wir überlegt, wie wir vorgehen, nämlich von außen nach innen. Heute werden wir uns deshalb mit dem Äußeren der Bibel befassen, gewissermaßen mit der Herstellung. Jetzt hat Franz das Wort …*

Franz: *… mit der Geschichte vom größten Handschriftenfund unseres Jahrhunderts.*

Die Sensation am Toten Meer

Eine Ziege wird weltberühmt

Die aufsehenerregende Geschichte begann an einem Sommertag des Jahres 1947. Der junge Beduine Mohammed ad-Dib hütete Ziegen in den Schluchten zwischen Betlehem und dem Toten Meer. Eine von ihnen war immer höher in die Kalkfelsen gestiegen. Er kletterte ihr nach und stieß plötzlich auf einen Spalt im Felsen. Die Öffnung führte in eine Höhle:
Im Dunkeln konnte er einige Krüge erkennen. Da ist sicher ein Schatz zu heben! Am anderen Tag untersuchte er mit einem Freund die Höhle genauer. Die beiden entdeckten einige Tonkrüge, die zwischen den Scherben anderer, zerschlagener Krüge standen. In den versiegelten Gefäßen fanden sie aber „nur" in Leinwand gehüllte Lederrollen, die mit merkwürdigen Schriftzeichen bedeckt waren. Eine Enttäuschung! Doch vielleicht ließ sich das Leder noch zum Schuhflicken verwenden, oder man konnte auf andere Art einen geringen Erlös herausschlagen. Kandu, der Antiquitätenhändler in Betlehem, ging auf den Kauf ein. Beim genauen Hinsehen entdeckte er nämlich Schriftzeichen auf der Lederrolle. Sollte das Leder etwa gar einen höheren Wert haben? Vielleicht liegen in der Höhle noch mehr solche Lederrollen? Einige Tage später ging Kandu mit allen gefundenen Rollen nach Jerusalem ins syrische Kloster Sankt-Markos. Die Mönche kennen sich doch mit alten Schriften aus! Der Metropolit des Klosters holte das Urteil verschiedener wissenschaftlicher Institute ein.
Sie maßen jedoch dem Fund nicht allzu viel Bedeutung bei. Erst einige Zeit später kam Professor Elizier L. Sukenik, der führende Archäologe der Hebräischen Universität zu Jerusalem, aus dem Urlaub zurück. Er sah die Rollen – und dachte anders. Er konnte Kandu gerade noch drei Rollen abkaufen.
Wenig später gab Professor Sukenik bekannt: „Ein Schrifttext des Propheten Jesaja ist entdeckt, er ist tausend Jahre älter als alle bisher bekannten."
Kurz darauf kamen Briefe aus aller Welt. Archäologen schrieben nach Jerusalem: „Herzlichen Glückwunsch zum größten Handschriftenfund unserer Zeit!"

Und wie ging es weiter?

Systematisch wurden dann 30 weitere Höhlen durchsucht. Man fand noch mehr Lederrollen, unzählige kleine Bruchstücke, Scherben und Münzen. Man hatte offensichtlich eine Bibliothek gefunden. Aber wer hatte die Rollen hier versteckt? Wann waren sie geschrieben worden?

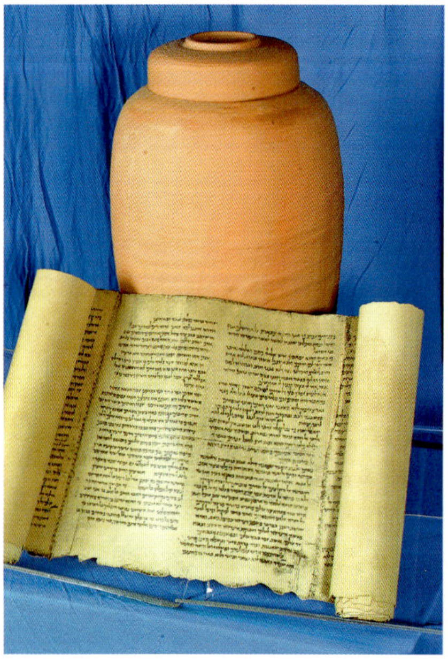

Ein Tonkrug aus dem 2. Jh. mit einer Nachbildung der Jesaja-Rolle

Etwa einen Kilometer entfernt waren Ruinen. Standen diese Ruinen in Beziehung zu den gefundenen Handschriften? Ende 1951 rüstete man eine Grabungsexpedition aus. 15 Mann begannen mit der Ausgrabung der Ruinen von Qumran. Die Ergebnisse übertrafen alle Erwartungen. Man fand ein Kloster. Viele Räume wurden freigelegt: ein Speisesaal für 200 Personen, eine Kammer mit einer Sammlung von 700 Tassen, zertrümmerte Schreibtische konnten wieder zusammengesetzt werden. Sogar drei Tintenfässer wurden entdeckt. Hier also waren die Schriftrollen geschrieben worden.
In den folgenden Jahren beschäftigten sich Gelehrte in aller Welt mit den Höhlenfunden und mit den Ergebnissen der Ausgrabungen. Das Wesentliche will ich für euch kurz zusammenfassen:

1. Das Kloster wurde zerstört.
2. Die Bewohner haben ihre Schriftrollen rechtzeitig in Sicherheit bringen können.
3. Das Kloster ist von etwa 140 v. Chr. bis 68 n. Chr. bewohnt gewesen. Aus dieser Zeit stammen die Handschriften.
4. Die Handschriften sind ein umfassender Beweis für die Echtheit des Alten Testaments. Besonderer Wert wird der über sieben Meter langen Jesaja-Rolle zugeschrieben.
5. Die Bewohner nannten sich „Söhne des Lichtes". Sie lebten in Armut und Abgeschiedenheit. Es waren Juden, die ganz im Geiste der Heiligen Schrift leben wollten. Die Großgemeinschaft versorgte sich in allem selbst.

Man vermutet, dass Johannes der Täufer und Johannes der Evangelist von ihrem Denken beeinflusst sind. → S. 242 (Esséner)

Peter: *Über Form und Material wird uns nun Bernhard erzählen. Als Buchbinder kann er das sachkundig.*

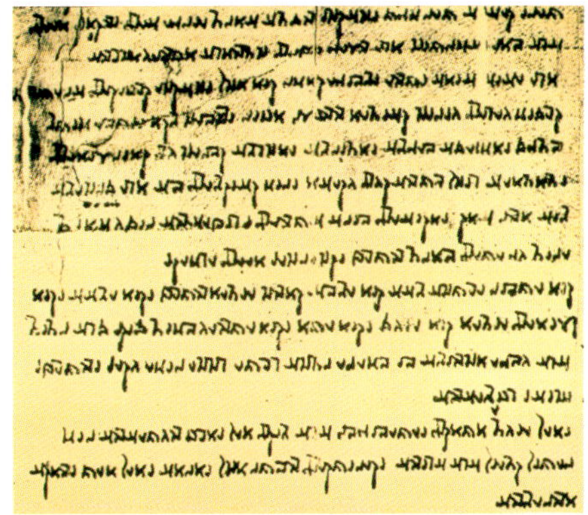

Die Jesaja-Rolle, die von Hirten gefunden wurde, ist ein Zeugnis für die Echtheit der Bibel.

Diese Höhlen dienten der Qumrangemeinschaft als Versteck.

Rolle und Buch

Franz und Peter erzählten von den Schriftrollen, die in Qumran gefunden worden sind. Die meisten dieser Rollen waren Papyrusrollen. Man fand aber auch Pergamentrollen. Als besonderer Fund wird eine Schriftrolle aus dünnem Kupferblech gewertet. Eine Schriftrolle ist so lang, wie es der Inhalt verlangt. Papyrusrollen von 10 Metern Länge sind keine Seltenheit. Manche Rollen, vor allem die aus Ägypten, brachten es sogar auf 40 Meter. Alte Abbildungen und Kunstwerke zeigen uns, wie der Leser sich ihrer bediente:

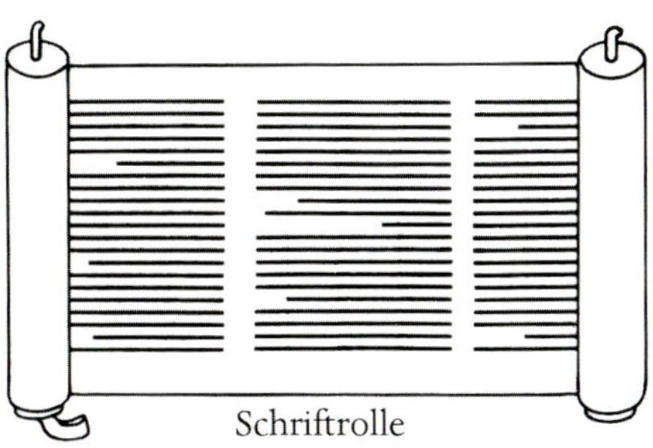

Schriftrolle

Codex

Mit der einen Hand wurde die Rolle gehalten; die andere rollte das Gelesene nach der Gegenseite wieder ein, so dass die Schrift wie ein Filmstreifen allmählich am Auge vorüberzog. Die Rollen konnten nur einseitig beschrieben werden. Das war ein Nachteil. Günstiger war es, wenn die Blätter in Buchform geheftet wurden. Da konnten beide Seiten beschrieben werden. Diese Buchform – die Blätter waren aus Papyrus, Pergament und später auch aus Papier – nennt man Codex.

Im Thora-Schrein werden die Schriftrollen mit dem Gotteswort sorgsam aufbewahrt.

Die Schreibgeräte des Altertums

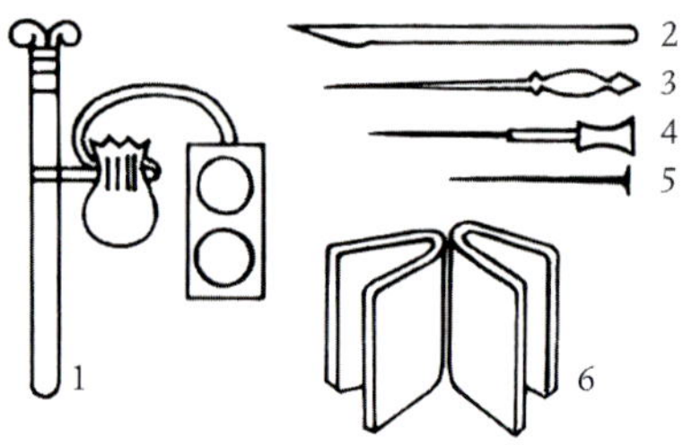

1 Schreibgeräte in Schutzhülle mit Beutel und Doppeltintenfass
2 Rohrfeder
3, 4, 5 Griffel aus Metall
6 Notizbüchlein aus Wachstafeln

Pergament ist teuer

Nun zum Schreibmaterial: **Papier vom Nil**

Das Schreibmaterial in den Zeiten vor Jesu Geburt (vor etwa dreitausend Jahre schon!) war Papyrus. Dieser wuchs an Flussufern und Teichen und wurde auf großen Feldern angebaut, vor allem im Nildelta. Das Mark dieser Sumpfpflanze verarbeitete man in Tempelwerkstätten, schnitt es in Streifen, legte diese kreuzweise übereinander und presste sie mit Nilwasser und Leim zusammen. So entstanden Blätter verschiedener Größe von hellgelber bis graugrüner Farbe. Viele dieser Blätter wurden zu Papierbahnen zusammengeklebt und dann in Rollenform in den Handel gebracht. Hier zeige ich euch ein Bild von Schreibgeräten und Schreibmaterial. Geschrieben wurde mit einer Feder aus Binsenrohr, deren Spitze gespalten war. Die Farbe wurde in einem Beutel aufbewahrt und bei Gebrauch in einem Napf angerieben. Oder sie wurde als fertige Rußtinte bezogen.

Ägypten besaß das Monopol der Papyrusherstellung. Um 200 v. Chr. hatte der König die Ausfuhr von Papyrus nach Pergamon verboten. Diese Stadt in Kleinasien hatte nämlich beschlossen, mit der größten Bücherei der Welt in Alexandrien zu wetteifern. Die Gelehrten von Pergamon störte dieses Ausfuhrverbot nicht. Sie bearbeiteten die Haut von Ziegen und Schafen mit Wasser, Bimsstein und Kalk. Dadurch wurden die Häute glatt und hell, so dass man auf ihnen schreiben konnte. In der Herstellung war dieser Beschreibstoff zwar teurer als Papyrus, dafür aber haltbarer. Der Name dieses neuen Beschreibstoffes ist „Pergament", benannt nach der Stadt Pergamon.

Franz: *Danke, Bernhard! Zur Erholung lese ich nun etwas vor. Anschließend habe ich ein Rätsel auf Lager.*

Evangeliar aus St. Jakob in Lüttich, Anfang 10. Jh. Der Buchdeckel ist mit kostbaren Elfenbein-Reliefs verziert. Diese zeigen links den thronenden Christus mit den Symbolen der vier Evangelisten (→ S. 266) und rechts Johannes den Täufer mit zwei Engeln.

Die Bibel an der Kette

Es stimmt: Man hat im Mittelalter die Bibel angekettet, so wie man es auch heute noch mit den Telefonbüchern in den öffentlichen Fernsprechzellen macht. Denn ein handgeschriebenes Exemplar der Heiligen Schrift war ein kostbarer Schatz, der wohlgehütet werden musste. Große Mühe und viel Zeit haben die Mönche in den Schreibstuben ihres Klosters darauf verwendet, die Bibel sorgfältig abzuschreiben und kunstfertig auszustatten, mit Miniaturen (Buchmalereien) zu schmücken und mit vergoldeten Initialen (Anfangsbuchstaben) zu versehen. Sie gehören mit zu dem Schönsten, was die deutsche Kunst des Mittelalters geschaffen hat.

Diese Kostbarkeiten, die heute ein Schatz unserer Museen und Bibliotheken sind, können in ihrem Wert nicht mit Geld gemessen werden. Es ist aber auch nicht ganz einfach, ihren Wert zur Zeit der Herstellung zu bestimmen. Um 1074 hat die Schönschreiberin Diemund von Wessobrunn für eine zweibändige Bibel ihrem Kloster ein Landgut erworben; dreihundert Jahre später kaufte die Abtei Johannisberg im Rheingau eine Bibel für 70 Gulden auf Raten, die innerhalb von vier Jahren abgezahlt sein sollten. Auch mit der Erfindung des Buchdruckes trat zunächst noch keine Preissenkung ein. Man hat den Wert der Gutenbergbibel, des ersten größeren Werkes der Buchdruckerkunst, auf 50 Gulden berechnet. Immerhin entsprach das einem mittleren Jahreseinkommen.

Dann aber sank der Preis: 1466 kostete ein fetter Ochse drei Goldgulden; die erste gedruckte deutsche Bibel, die Mentelinbibel, aber viermal so viel.

Wer wird es daher einem mittelalterlichen Kloster verargen wollen, wenn es seine Wertobjekte gegen Diebstahl sicherte – notfalls sogar mit einer Kette!

Peter: *Zum Abschluss unseres heutigen Abends haben wir eine Schriftlesung gewählt. Ihr werdet merken, weshalb wir gerade diesen Text ausgesucht haben.*

Zum Entziffern

Wir haben eine Schriftrolle mit merkwürdigen Zeichen gefunden:

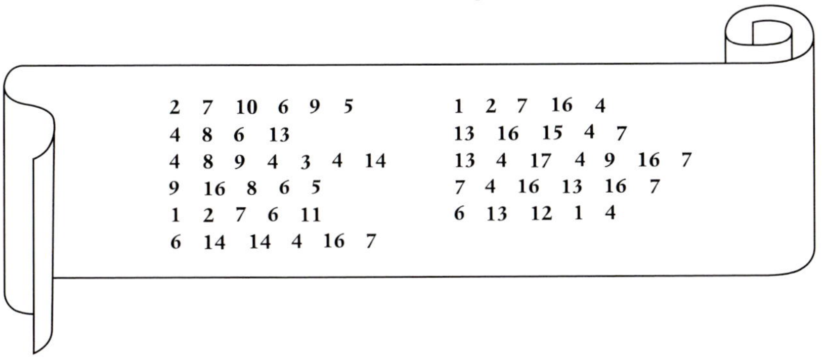

Wenn du folgenden Fragen die entzifferten Wörter richtig zuordnest, ergeben deren Anfangsbuchstaben den Namen eines wichtigen Höhlenfundes.

1. Wer führte das Volk Israel nach Moses Tod ins Gelobte Land?
2. Welcher Prophet fuhr auf feurigem Wagen gen Himmel?
3. Wer veränderte als Völkerapostel seinen Namen?
4. Wer wird „Vater des Glaubens“ genannt?
5. Welcher von Jakobs Söhnen wurde Minister in Ägypten?
6. Wie hieß der Bruder von Kain?
7. Wer war Jakobs ältester Sohn?
8. Welches Fest ist aus dem jüdischen Paschafest hervorgegangen?
9. Welchen seiner Freunde hat Jesus vom Tode auferweckt?
10. Welcher Evangelist wird mit dem Attribut des Stieres dargestellt?
11. In welchem Ort erkannten zwei Jünger den auferweckten Herrn?

Ein Papyrusrest fand sich mit den Schlüsselwörtern, die dir helfen können, die Schrift zu entziffern:

1 2 3 4 5 5 6 7	Lieblingsjünger Jesu
8 9 2 10	Was hat Jesus wunderbar vermehrt?
11 12 13 14	Fotomaterial
15 16 9 17	Gegenteil von lang

So kam er auch nach Nazaret, wo er aufgewachsen war, und ging, wie gewohnt, am Sabbat in die Synagoge. Als er aufstand, um aus der Schrift vorzulesen, reichte man ihm das Buch des Propheten Jesaja. Er schlug das Buch auf und fand die Stelle, wo es heißt:
Der Geist des Herrn ruht auf mir; denn der Herr hat mich gesalbt. Er hat mich gesandt, damit ich den Armen eine gute Nachricht bringe; damit ich den Gefangenen die Entlassung verkünde und den Blinden das Augenlicht; damit ich die Zerschlagenen in Freiheit setze und ein Gnadenjahr des Herrn ausrufe.
Dann schloss er das Buch, gab es dem Synagogendiener und setzte sich. Die Augen aller in der Synagoge waren auf ihn gerichtet. Da begann er, ihnen darzulegen: Heute hat sich das Schriftwort, das ihr eben gehört habt, erfüllt.

Lk 4,16–21

Ein jüdischer Junge mit Gebetsriemen (Tefillin), Umhang und Kippa liest ein Gebet.

Berge kommen nicht zusammen, aber Menschen.

Jüdisches Sprichwort

2. Abend: Ist die Bibel echt?

Peter: *Mir fiel die Aufgabe zu, euch darzustellen, wie die Bibel überliefert worden ist.*

Als die Bibel außerhalb Palästinas verbreitet wurde, entstanden Übersetzungen. Nicht immer enthielten die Übersetzungen den gesamten Text. Es wurden auch Teile ausgewählt, übersetzt und abgeschrieben, je nachdem, was man gerade brauchte.

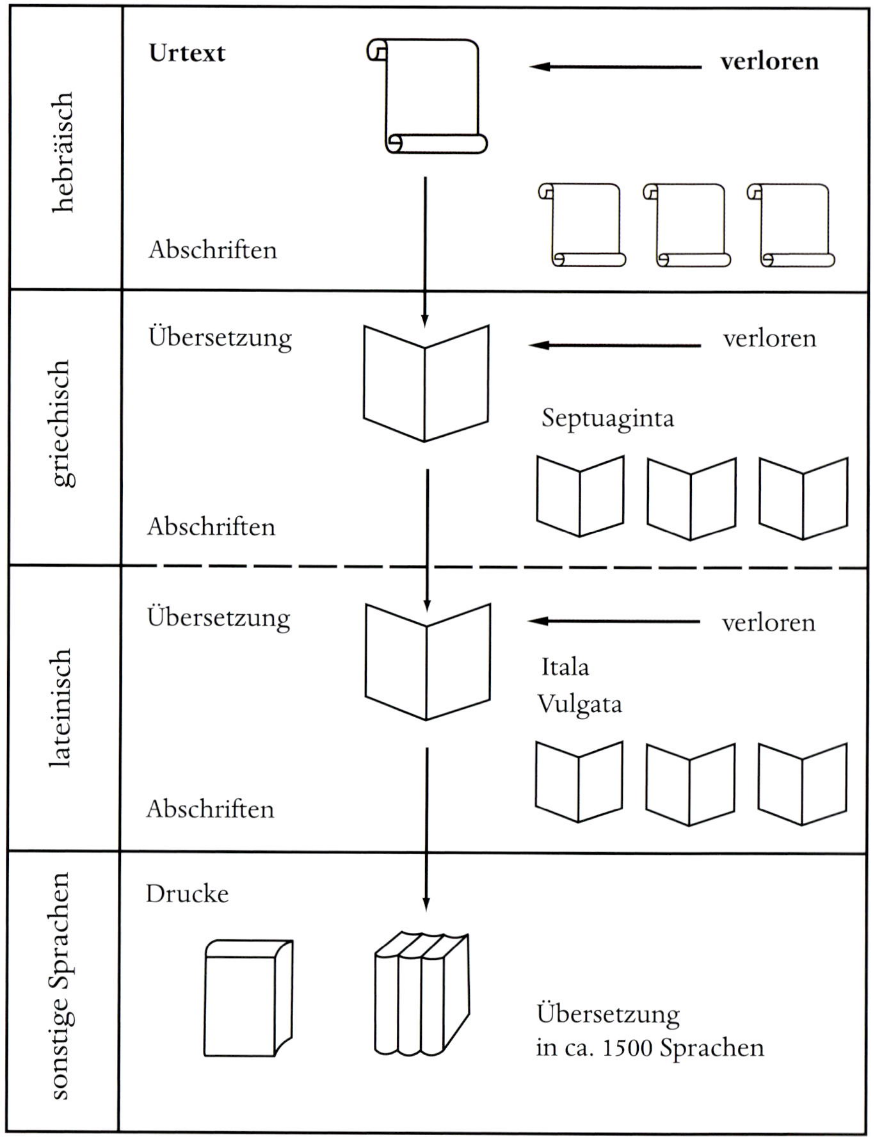

Über-lieferung + Über-lieferung + Über-lieferung + Über-lieferung + Über-liefe-

Ereignisse werden mündlich erzählt.

Ereignisse werden aufgeschrieben.

Die Schriften verschiedener Verfasser werden zu einer heiligen Schrift zusammengefasst.

Fragment der Qumran-Schriftrolle mit biblischen Texten aus dem 3. Jahrhundert v. Chr.

Erhaltene Abschriften des Alten Testaments

1. Hebräische Handschriften

Die Lexika geben ca. 1300 an, weisen aber darauf hin, dass durch viele Funde in der letzten Zeit die Zahl ins Unermessliche gestiegen sei. Wir heben heraus:

a) Qumranhandschriften:
Abschriften aus der Zeit um Christi Geburt

b) Prophetencodex des Mosche-Ben-Ascher:
älteste datierte Handschrift, 895 n. Chr.

c) Codex B 19 A von Petersburg:
älteste datierte vollständige Handschrift, 1008 n. Chr.

2. Griechische Handschriften

Erhalten sind zahlreiche Fragmente (= Bruchstücke) aus Papyrus und etwa 1500 Pergamenthandschriften. Davon nennen wir drei Beispiele:

a) Qumranhandschriften:
Schriftrollen und Papyri aus dem 1. Jh. v. Chr.

b) Papyrus Greek 458*:
enthält Teile des Buches Deuteronomium; 2. Jh. v. Chr.;
heute in Manchester

c) Papyrus Fuad 266*:
enthält Abschnitte aus dem Buch Genesis; 2. Jh. v. Chr.;
aufbewahrt in Kairo.

* Die Ziffern beziehen sich auf Nummerierungen in den Bibliotheken.

81 Papyri auf Papyrus geschrieben, meist nur einzelne Blätter oder Teile von den Blättern
ca. 3000 Handschriften in Buch- oder Rollenform, meist unvollständig; Pergament oder Papier
2135 Lektionare Sammlungen von Bibeltexten für den liturgischen Gebrauch; Buchform, meist Papier

Erhaltene Abschriften des Neuen Testaments

Die Zahl der gefundenen Abschriften nimmt ständig zu. Die älteste Abschrift des Neuen Testaments, die wir besitzen, ist der Rest eines Papyrus aus dem Anfang des 2. Jahrhunderts n. Chr. Zu den jüngeren Papyri gehört der sogenannte Papyrus Bodmer aus dem 7. Jahrhundert n. Chr. Er enthält die ganze Apostelgeschichte und die katholischen Briefe.

Das Alter der zweiten Gruppe, von den Fachleuten werden diese Handschriften auch Majuskel-, Minuskel- oder Unzial-Handschriften (nach der Art der verwendeten Buchstaben) genannt, reicht vom 4. bis 16. Jahrhundert. Dann setzt bekanntlich die Erfindung der Buchdruckerkunst neue Maßstäbe.

Das Neue Testament ist von allen Handschriften der Antike am besten bezeugt. Wir kennen Homers „Ilias". Die Schrift erzählt vom Kampf um Troja. Sie wurde 800 Jahre v. Chr. verfasst. Aber die erste vollständig erhaltene Handschrift ist nahezu 2000 Jahre jünger. Trotzdem zweifelt niemand an der Echtheit der Dichtung. Wie in der Tabelle ersichtlich, ist bei den Evangelien die entsprechende Zeitspanne wesentlich geringer.

Jahrhundert	1.	2.	3.	4.	5.	6.	7.	8.	9.	10.	11.	12.
Matthäus um 80 n. Chr.			◀	▬	▬	▬	▬	▬	▬	▬	▬	▬
Markus um 70 n. Chr.			◀	▬	▬	▬	▬	▬	▬	▬	▬	▬
Lukas um 80–90 n. Chr.			▬	▬	▬	▬	▬	▬	▬	▬	▬	▬
Johannes nach 90 n. Chr.		◀	▬	▬	▬	▬	▬	▬	▬	▬	▬	▬
Aristoteles 384–322 v. Chr.	◀									▬	▬	▬
Caesar 100–44 v. Chr.									▬	▬	▬	▬
Cicero 106–43 v. Chr.				▬	▬	▬	▬	▬	▬	▬	▬	▬
Homer um 800 v. Chr.		◀									▬	▬
Platon 427–347 v. Chr.		◀								▬	▬	▬
Sophokles 496-406 v. Chr.		◀									▬	▬
Tacitus 55–120 n. Chr.									▬	▬	▬	▬
Xenophon 430–354 v. Chr.		◀										▬

Das Neue Testament ist von allen Handschriften der Antike am besten bezeugt.
▬ ganze Handschriften ◀ Reste

Die Bibliothek des Zisterzienserinnenklosters Waldsassen umfasst über 2000 Bände mit theologischen Schriften.

1. Septuaginta
Schon lange vor Christus gab es Übersetzungen des Alten Testaments ins Griechische, und zwar für die griechisch sprechenden Juden in der Diaspora. Die bekannteste Übersetzung ist die Septuaginta. „Septuaginta" heißt „siebzig". Nach der Legende ist diese Übersetzung von 72 jüdischen Gelehrten in 72 Tagen angefertigt worden. Nach Auskunft der heutigen Bibelwissenschaft ist sie aber in dem langen Zeitraum von 250 bis 130 v. Chr. unter Mitwirkung einer unbekannten Zahl von Übersetzern entstanden.

2. Itala
Der Name Itala (die erste Silbe wird betont) weist darauf hin, dass diese Übersetzung in Italien entstanden ist. Sie folgt der Septuaginta, umfasst aber das Alte und Neue Testament. Ihre Sprache ist das Latein, deshalb wird sie auch Vetus Latina, d. h. „alte Lateinische", genannt. Sie ist um 200 n. Chr. entstanden.

3. Vulgata
Mehr Verbreitung fand die sogenannte Vulgata, das heißt übersetzt „die allgemein Verbreitete", die um 400 vom hl. Hieronymus begonnen wurde und ebenfalls auf der Septuaginta beruht. Sie wurde vom Trienter Konzil 1546 für maßgeblich erklärt. Beide sind im Schema auf S. 254 aufgeführt.

Auflösung von S. 253 (Zum Entziffern):
Schlüsselwörter: Johannes – Brot – Film – kurz.
Die richtigen Antworten: 1. Josua, 2. Elija, 3. Saulus, 4. Abraham, 5. Josef, 6. Abel, 7. Ruben, 8. Ostern, 9. Lazarus, 10. Lukas, 11. Emmaus – JESAJAROLLE.

Wichtige Bibelübersetzungen

Zeit	Name	Inhalt	Sprache	Übersetzer
250–130 v. Chr.	Septuaginta	AT	griechisch	viele Unbekannte
um 200 n. Chr.	Itala = Vetus Latina	AT/NT	lateinisch	unbekannt
um 380 n. Chr.	Gotische Bibel	AT/NT	gotisch	Bischof Ulfilas
um 400 n. Chr.	Vulgata	AT/NT	lateinisch	Hieronymus und andere
ab 1522 n. Chr.	Luther-Bibel	AT/NT	deutsch	Martin Luther
1978	Einheitsübersetzung	AT/NT	deutsch	zahlreiche Fachleute

Bibelübersetzungen ins Deutsche gab es lange vor Luther. Reste einer Matthäus-Übersetzung aus dem Jahre 748 sind in Wien erhalten (Mondseer Fragmente). Dann wurden immer wieder Teile übersetzt, vor allem die Psalmen und die anderen biblischen Lieder. Im Mittelalter sollen mehr als 3000 deutsche Bibelhandschriften im Umlauf gewesen sein, wobei alle möglichen Dialekte eine Rolle spielten. Die älteste gedruckte Bibel stammt aus Straßburg, 1466. Als Luthers Bibel erschien, gab es bereits 14 hochdeutsche gedruckte Bibeln. Das große Verdienst Luthers lag darin, dass er mit seiner frischen Übersetzung einen unschätzbaren Einfluss auf die hochdeutsche Sprache ausübte.

Karin: *Kannst du bitte die Namen der Übersetzungen erklären?*

Peter: *Da bin ich überfragt. Ich gebe die Bitte weiter. Herr Kaplan, helfen Sie mir?*

Kaplan: *Gern. Es sind drei Namen zu erklären: Septuaginta, Itala und Vulgata. Alles Wissenswerte dazu seht ihr in der linken Spalte.*

Ursula: *Abschließend befassen wir uns noch mit einem Problem, das durch die Bibelübersetzungen entstanden ist.*

Die Schreibweise biblischer Namen

Wenn einer Joseph heißt, wundert er sich vielleicht, weshalb früher sein Name mit ph, jetzt aber mit f geschrieben wird. Oder in der Kirche hören wir zum Beispiel eine Lesung aus dem Propheten Jesaja, früher Isaias. Und so geht das weiter. Betlehem und Nazaret werden ohne h, Timotheus und die Thessalonicher mit h geschrieben. Da sieht man nicht mehr durch. Auch der Bibelkenner muss aufpassen. Der Hiob wird jetzt zu Ijob und der Prophet Abdias zu Obadja. Woher kommt das?
Auf ihrer Wanderung durch die verschiedenen Übersetzungen veränderten sich auch die Namen. Siehe Beispiele auf S. 257.
Das Durcheinander wurde noch größer, als Christen verschiedener Bekenntnisse sich auf verschiedene Übersetzungen stützten. So sagten bis vor kurzem die evangelischen Christen „Hesekiel" und die katholischen „Ezechiel". Oder die katholischen nannten den Propheten Zefanja nach griechischer Art Sophonias. 1971 hat eine Konferenz aus verschiedenen Konfessionen eine einheitliche Regelung getroffen, die wir nach dem Tagungsort „Loccumer Richtlinien" nennen. Alle nach diesem Termin erschienenen Druckerzeugnisse halten sich im Allgemeinen an die neue Schreibweise. Diese geht auf die ursprüngliche Schreibweise zurück. Manchmal hat man allerdings Kompromisse machen müssen, wie bei Jesus, Maria, Jerusalem und Petrus. Bei Wörtern griechischer Herkunft gibt es einen Buchstaben, der bei uns mit th wiedergegeben wird. Deswegen bleibt z. B. der Timotheus mit h erhalten.
Wenn man's weiß, stört man sich nicht mehr an den Unterschieden.

Ursula: *Nächste Woche wird uns unser Kaplan als Fachmann mit den Inhalten der Bibel vertraut machen. Ich schließe die heutige Stunde mit zwei Sätzen:*

Voltaire, einer der Hauptvertreter der französischen Aufklärung, hat einmal über die Bibel geschrieben: „In fünfzig Jahren wird die Welt nicht mehr von diesem Buch hören!“ Das war vor etwa 200 Jahren. Welche Rolle die Heilige Schrift heute noch spielt, sagt uns eine Zahl: Die Bibel wurde bisher in über 2400 Sprachen übersetzt und gilt als das Buch, das am weitesten in der Welt verbreitet ist.

Kostbare Bücher

Auf beiden Bucheinbänden siehst du Ornamente. Gleiche Ornamente bedeuten gleiche Buchstaben. Du kannst diese Ornamentschrift entziffern, wenn du die Fragen zum linken Buch beantwortest (waagerecht fortlaufend). Schreibe dir auf einen Zettel, welches Ornament welchem Buchstaben entspricht!

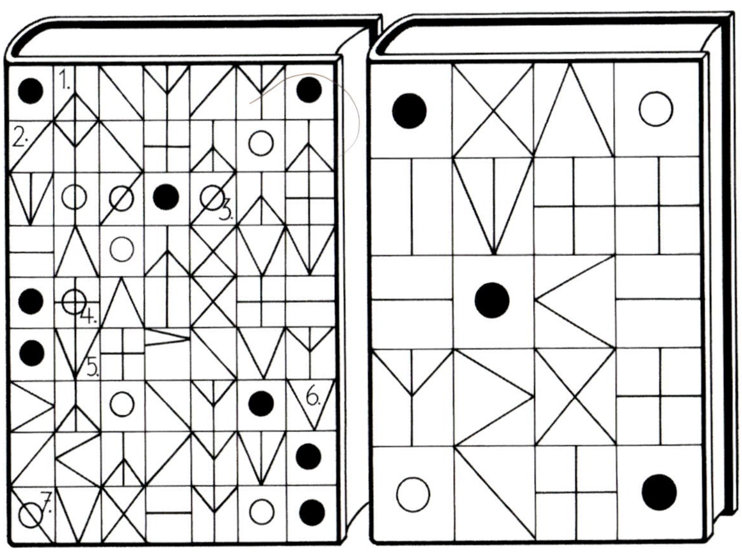

1. Älteste lateinische Bibelübersetzung
2. Sprache der Vulgata
3. Verfasser der Vulgata
4. Papyri mit der Apostelgeschichte
5. Griechische Bibelübersetzung
6. Übersetzer der gotischen Bibel
7. Berühmter Fundort von Schriftrollen

Auf dem rechten Buch steht der Name der ersten Übersetzung des Matthäusevangeliums ins Althochdeutsche. Diese ist in Bruchstücken erhalten.

griechisch	Petros = der Felsen
lateinisch	Petrus
deutsch	Peter
russisch	Петр
englisch	Peter
französisch	Pierre

aramäisch	Mirjam = die Herbe
griechisch	Maria
lateinisch	Maria
deutsch	Maria
englisch	Mary
französisch	Marie
russisch	Мария

aramäisch	Jerschalajim
griechisch	Jerusolyma
lateinisch	Jerusalem

Das kostbare Otto-Adelheid-Evangeliar aus Quedlinburg, um 1220–1230, mit einem Elfenbeinrelief, das Geburt, Taufe, Kreuzigung und Kreuzabnahme Christi zeigt

3. Abend: Den Verfassern auf der Spur

Joachim: *Ursula und Christa werden uns heute mit der Entstehung der Heiligen Schrift vertraut machen. Sie haben mich gebeten, eine Übersicht anzufertigen. Ich habe sie für alle sichtbar aufgehängt.*

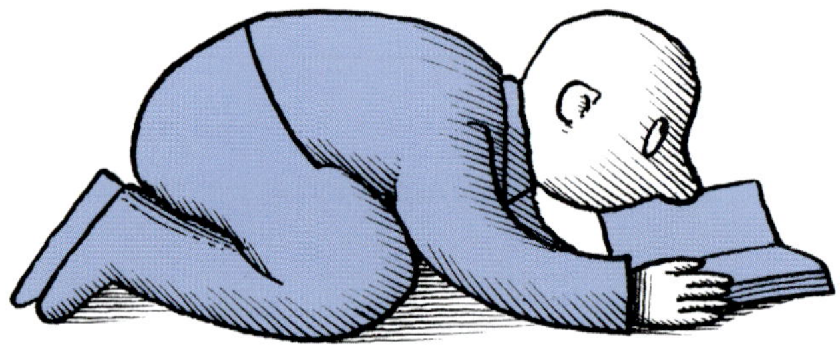

Wie das Alte Testament entstanden ist

Aufgeschrieben wird Gottes Handeln in der Geschichte des Volkes Israel.

		Mündliche Überlieferung: Erfahrungen, Erinnerungen, Lieder
Zeit der Könige		
1000 v. Chr.		erste Aufzeichnungen
900	Buch Samuel Buch Josua	Zeitgeschichte und Zeit der Richter
800	Pentateuch	Verheißung, Erwählung, Bund und Gesetz (Paradiesgeschichte bis Mose)
	einige Psalmen	
Zeit des Exils		
700	Jesaja	Mahnungen und Warnungen der Propheten
600	Jeremia	
	Bücher der Könige	Deutung der Königszeit
500	Buch Ijob	Sinn des Leidens
	Pentateuch (Endfassung)	Erinnerungen an Bund und Gesetz
Zeit nach dem Exil		
400	Buch Rut	Vertrauen auf Jahwe
Zeit der Fremdherrschaft		
300	Psalmen Bücher der Chronik	Tempel und Gesetz als Mittelpunkt für das Volk
200	Esra, Nehemia	Geschichte der Zeit
100	Weisheitsbücher	Weisheit der Juden, als Gegengewicht zur Weisheitsliteratur der sie unterdrückenden Völker

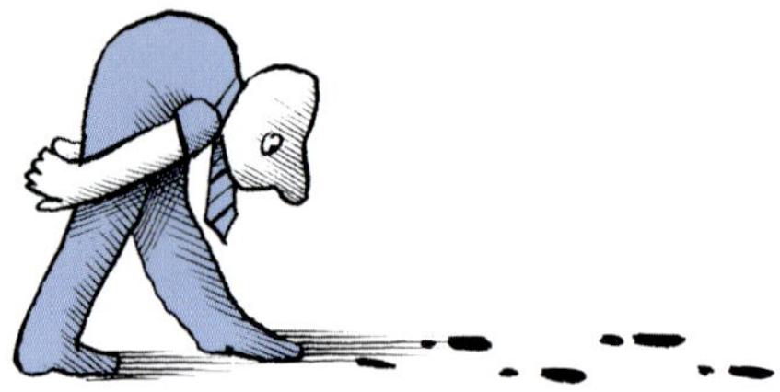

Jeder in seiner Weise

Einst sagte der Baal-Schem-Tow: „Wir sagen im Gebet: ‚… der Gott Abrahams, der Gott Jizchaks und der Gott Jakobs'. Warum sagen wir nicht ‚der Gott Abrahams, Jizchaks und Jakobs'? Damit ist gesagt, dass ein jeder der Ahnen zu Gott durch andere Vorstufen gelangte, ein jeder von ihnen erlebte Gott in seiner Weise. Jizchak und Jakob stützten sich nicht auf die Erkenntnisse Abrahams, sondern suchten selbst, ihn zu erkennen."

Chassidische Erzählung

Wer die Heilige Schrift kopiert, muss genaue Regeln beachten. Das Bild zeigt einen Thora-Kopisten.

Ursula: *Die Juden haben nicht etwa mit der Paradiesgeschichte zu schreiben begonnen und dann Jahr für Jahr ein Kapitel Bibel geschrieben. Nein, zuerst gaben sie Erfahrungen und Erinnerungen mündlich weiter. Erst um 1000 v. Chr., wie ihr seht, wurde das überlieferte Gut niedergeschrieben.*

Christa: *Das ist wichtig zu wissen:*
1. Die Schreiber haben Vergangenes aufgeschrieben.
2. Dieses „Vergangene" hat immer zu tun mit Gott, genauer: mit Gottes Handeln an seinem Volke.
3. Daher konnte das Vergangene als Auskunft für die Gegenwart bedeutsam werden.

Ursula: *Wir haben eine gute Darstellung dieser Aussage gefunden. Sie gibt zugleich den Glauben des Volkes Israel wieder und ist ein Aufriss für den Hauptblock des Alten Testaments, nämlich für die fünf Mosebücher; die heißen Genesis, Exodus, Levitikus, Numeri und Deuteronomium. Schaut euch rechts das Schema an.*

Wie das Neue Testament entstanden ist

Geschrieben wird, was für die ersten Gemeinden wichtig ist, keine Biographie Jesu!

Geburt Christi (um 7 v. u. Z.)		
		Lehre und Wunder Jesu werden von Mund zu Mund weitererzählt.
Kreuzigung Christi (30)		
		Aus dem Ostererlebnis heraus werden Leiden und Auferstehung Schwerpunkte der Verkündigung durch die Apostel. Erste Sammlungen von Jesu-Worten und Jesu-Taten.
um 50	Matthäus	macht erste Aufzeichnungen in Palästina oder Syrien.
um 60	Paulus	schreibt Briefe an die Römer und Korinther.
um 70	Markus	schreibt in Rom das Evangelium. Eine Quelle dafür ist der Augenzeugenbericht des Petrus.
um 80	Matthäus	schreibt in Syrien oder Antiochien das Evangelium.
um 80–90	Lukas	schreibt in Griechenland Evangelium und Apostelgeschichte.
nach 90	Johannes	schreibt in Kleinasien das Evangelium und die Geheime Offenbarung.
150		Verzeichnis der Bücher, die zum Neuen Testament gehören (= Kanon). Die Sammlung des Neuen Testaments ist abgeschlossen.

Christa: *Wie ihr rechts seht, treffen die drei oben genannten Punkte auch beim Neuen Testament zu. Sie sind aber stärker auf das Handeln Gottes durch seinen Sohn Jesus Christus ausgerichtet. Das Gottesvolk sind alle, die auf Jesus hören.*

Lese-schema

1. Im Anfang schuf Gott die Welt.
2. In Abraham und den Vätern Isaak und Jakob schuf Gott sein Volk.
3. Durch Mose führte Gott sein Volk aus der Knechtschaft in Ägypten heraus und brachte es nach Kanaan.
4. Dieser Glaube wird gefeiert im Kult (Gottesdienst, Priester, Tempel).
5. Dieser Glaube wird im Alltag gelebt durch Treue zu Gottes Lebensweisung (Gebete, Gesetz des Mose).

Glaube Israels:
Gott ist mit uns
im Bund!

Bau-schema

Die fünf Mosebücher

Neues Testament

Lese-schema

1. Gott hat Jesus als den wahren Messias (den Gesalbten) gesandt.
2. Jesus hat durch sein Wort und seine Taten die wahre Lebensweisung gegeben.
3. Jesus ist als Zeichen der Sünde dieser Welt und als Zeichen der Erlösung am Kreuz gestorben.
4. Gott hat Jesus auferweckt und ihn dadurch als seinen Sohn bestätigt.
5. Jesus ist mit seinem Geist bei den Seinen.
6. Jesus kommt wieder als der von Gott eingesetzte Richter und Vollender der Welt.

Credo der
Christen

Bau-schema

Karin: *Neulich nahm ich an einer Wallfahrt auf den Annaberg bei Opole in Polen teil. Dort erfuhr ich zu meinem Erstaunen, dass der Name der Mutter von Maria nicht aus der Heiligen Schrift bekannt sei. Woher kennt man ihren Namen?*

Kaplan: *Es gibt Namen, die sind in sogenannten Apokryphen überliefert. So die Namen von Joachim und Anna, den Eltern der hl. Maria.*

Karin: *Was sind Apokryphen?*

Kaplan: *Es sind bestimmte frühchristliche Schriften. Sie wurden nur in privaten Kreisen und nicht im Gottesdienst der Kirche verwendet. Sie gleichen in ihrer Darstellungsweise den Büchern der Heiligen Schrift. Aber sie sind nicht zum sogenannten Kanon des Neuen Testaments gezählt worden. Ich will euch einen Auszug aus einem apokryphen Buch vorlesen.*
„Josef nahm Jesus zuweilen mit sich und zog mit ihm in der ganzen Stadt umher; denn es kam vor, dass ihn die Leute um seiner Kunst willen riefen, damit er ihnen Türen, Melkeimer, Stühle oder Truhen anfertigte. Der Herr Jesus begleitete ihn auf allen seinen Gängen, und jedes Mal, wenn Josef bei seiner Arbeit etwas verlängern oder verkürzen, verbreiten oder verengen musste, sei es um eine Elle oder um eine Spanne, deutete Jesus auf den Gegenstand, und schon war Josefs Wunsch erfüllt, ohne dass er Hand anzulegen brauchte; denn Josef war wenig geschickt im Zimmermannshandwerk."

Karin: *Wer hat denn diese Schriften aus der Heiligen Schrift ausgeschlossen?*

Kaplan: *Auf diese Frage warte ich schon wegen der notwendigen Erklärungen. Dazu habe ich eine Tafel vorbereitet.*

Das sog. Protoevangelium des Jakobus aus dem 2. Jahrhundert erzählt in der Kindheitsgeschichte Marias vom Tempelgang Mariä. Gemälde von Vittore Carpaccio (um 1455 – 1526)

apokryph = verborgen, geheim

Apokryphen = frühchristliche (auch vorchristliche) Schriften mit frommem, aber romanhaft dargestelltem Inhalt, oft einer anerkannten Autorität zugeschrieben wie David, Thomas, Petrus. Im Gottesdienst wurden Apokryphen nie verwendet.

Kanon = Regel, Norm. Kanon nennen wir die Gesamtheit der Bücher der Heiligen Schrift. Die Apokryphen sind also nichtkanonische Schriften

Lehramt = ist nicht eine Behörde, sondern ein Auftrag, den Jesus seiner Kirche in den Aposteln und ihren Nachfolgern gegeben hat: seine Lehre unverfälscht allen Menschen zu verkünden. Man kann verkürzt sagen, dass der Papst und die Bischöfe das kirchliche Lehramt bilden.

Tradition = Überlieferung. Nach katholischem Verständnis gibt es zwei Säulen des Glaubens: die Heilige Schrift und die Tradition.
Tradition ist die Weitergabe (des Glaubens von Generation zu Generation) und auch das Weitergegebene (die von Jesus Christus geoffenbarte Wahrheit). Schrift und Tradition stehen in ständiger Wechselbeziehung.

Kennst du die Heilige Schrift?

Alle erfragten Orte sind auf der Landkarte angegeben. Trage in die Kästchen auf der Karte jeweils den Buchstaben der zugehörigen Frage ein. Bei richtiger Lösung ergeben die Buchstaben, zeilenweise von oben nach unten gelesen, einen Samen und eine Pflanze (von beiden erzählt Jesus in Gleichnissen), die es in Galiläa und Judäa gibt.

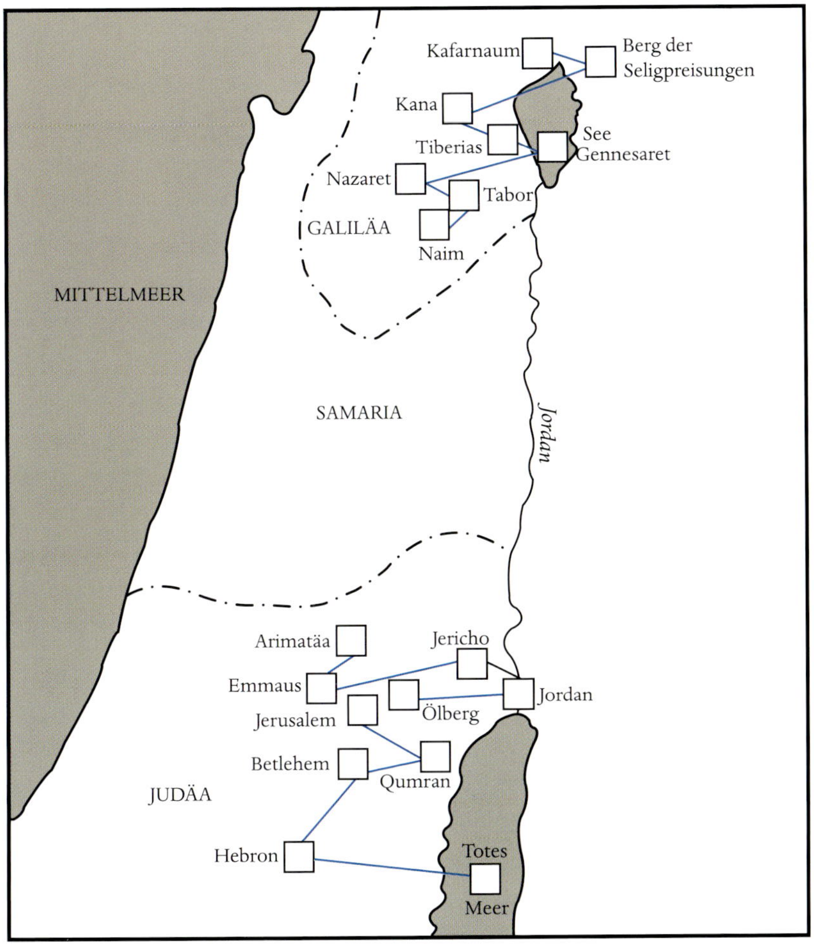

A Welche Stadt ist im Alten Testament als Geburtsort des Messias verheißen? **B** Wie heißt das Ruinenfeld, auf dem man 1947 die berühmten Handschriftrollen fand? **E** Wo hielt Jesus die Bergpredigt? **E** Auf welchem Berg wurde Jesus gefangengenommen? **E** In welches Dorf wanderten am Tage nach Ostern zwei Jünger? **F** Woher stammt der Ratsherr, der Jesus sein Grab überließ? **F** Nach welcher Stadt wird der See Gennesaret auch benannt? **G** Wo ließ sich Jesus taufen? **I** In welcher Stadt war der Oberzöllner Zachäus zu Hause? Von der gleichen Stadt wird im Alten Testament berichtet, dass Trompetenschall ihre Mauern einstürzen ließ. **K** Von welchem Gewässer wird der wunderbare Fischfang berichtet? **M** Die Oberfläche welches Sees liegt rund 400 m unter dem Meeresspiegel? **N** Wohin pilgerte der 12-jährige Jesus mit seinen Eltern? **N** Wie heißt die Stadt, in der Jesus einen toten Jüngling erweckte? **N** In welchem Dorf wirkte Jesus sein erstes Wunder? **O** Wie heißt der Heimatort von Jesus? **R** Wie heißt der Berg der Verklärung? **S** Wie heißt die Heimatstadt der Apostelbrüder Jakobus und Johannes und auch der Brüder Petrus und Andreas? **U** Wo ist das Grab von Abraham?

Die Heimatstadt der Heiligen Familie, Blick auf das heutige Nazaret

Der Gang nach Emmaus. Mosaik in San Apollinare Nuova in Ravenna, 6. Jh.

Blick von der Kirche auf dem Berg der Seligpreisungen zum See Gennesaret

Auflösung von S. 257 (Kostbare Bücher): 1. Itala, 2. lateinisch, 3. Hieronymus, 4. Bodmer, 5. Septuaginta, 6. Ulfilas, 7. Qumran – MONDSEER FRAGMENTE.

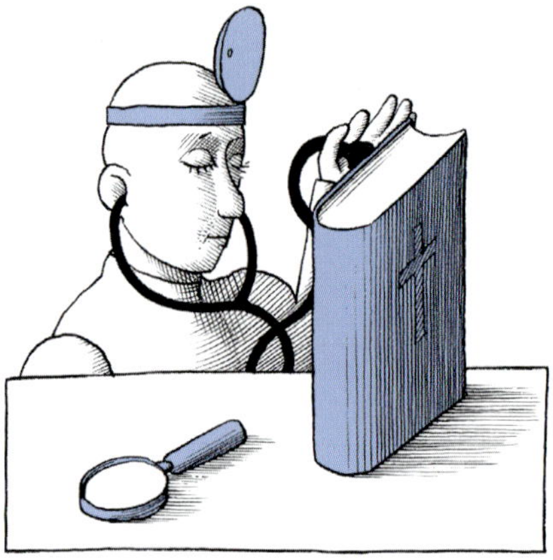

Das Wunder von Bern …
Ein Wunder, dass wir überlebt haben …
Das Wunder des hl. Maximilian Kolbe …
Ich weiß, es wird einmal ein Wunder geschehn …
Das Wunder der deutschen Einheit …
Ein Wunder, wie das Kind wächst …
Das Wunder des Samenkorns …
Der Kosmos ist ein Wunder …

Bodenmosaik aus der Zeit um 480 vor dem Altarstein der Brotvermehrung in Tabgha am See Gennesaret

Was denkt ein Kritiker?
„Unmöglich!" Oder: „Zauberei!"

Was denkt ein Gegner?
„Schwindel! Ein Kind kann das nachrechnen."

Was denkt ein Christ?
„Jesus zeigt: Er kann den Hunger stillen. Er ist das Brot für jeden Hunger. Er gibt die Fülle. Er kann es, denn er ist Gottes Sohn."

4. Abend: Verstehen wir die Bibel richtig?

Kaplan: *Für heute Abend haben wir eine Fragestunde angesetzt. Im Fragekasten stecken vier Zettel. Hier die erste Frage:*

Hat es wirklich Wunder gegeben?

Was ein Wunder ist, kann das Wort allein nicht erklären. Auch wir gebrauchen das Wort, wenn jemand einer großen Gefahr entronnen ist oder eine wirkliche Liebe erfahren hat. Dann sagt er: „Es war ein Wunder." In der Bibel werden viele Wunder erzählt. Im Alten Testament dienen sie dazu, die Großtaten Gottes zu verherrlichen und dichterisch zu überhöhen.
Im Neuen Testament werden zum Beispiel Heilungswunder erzählt. Man zweifelt heute nicht mehr daran, dass Jesus die Macht dazu hatte. Andere Wunder erzählen von Glaubenserfahrungen und kleiden sie in zeichenhafte und symbolgeladene Bilder.
Wir sehen uns drei Beispiele an:

Aus dem Alten Testament: **Gott rettet sein Volk**
Die Israeliten aber waren auf trockenem Boden mitten durch das Meer gezogen, während rechts und links von ihnen das Wasser wie eine Mauer stand. (Ex 14,29)

Die Erfahrung der Rettung wird dichterisch ausgeschmückt und überhöht. Wenige Verse zuvor wird eine natürliche Erklärung gegeben: Der Herr trieb die ganze Nacht das Meer durch einen starken Ostwind fort. Er ließ das Meer austrocknen, und das Wasser spaltete sich. (Ex 14,21)

Aus dem Neuen Testament: **Jesus heilt**
Da kamen viele Menschen und brachten Lahme, Krüppel, Blinde, Stumme und viele andere Kranke zu ihm; sie legten sie vor ihn hin, und er heilte sie. Als die Menschen sahen, dass Stumme plötzlich redeten, Krüppel gesund wurden, Lahme gehen und Blinde sehen konnten, waren sie erstaunt und priesen den Gott Israels. (Mt 15,30–31)

Jesus kann heilen. Auch heutzutage kommen Heilungen vor, die den Medizinern ein Rätsel sind. Aber die Heilige Schrift erzählt noch aus anderen Gründen davon: Sie will verständlich machen,
- dass Jesus von Gott gesandt ist,
- dass er die Menschen an Leib und Seele heilt,
- dass er die Welt erneuern will.

Aus dem Neuen Testament: **Das Brotwunder**
Und er nahm die sieben Brote und die Fische, sprach das Dankgebet, brach die Brote und gab sie den Jüngern, und die Jünger verteilten sie an die Leute. Und alle aßen und wurden satt. Dann sammelte man die übrig gebliebenen Brotstücke ein, sieben Körbe voll. Es waren viertausend Männer, die an dem Mahl teilgenommen hatten, dazu noch Frauen und Kinder. (Mt 15,36–38)

Die Bibel ausserhalb der Kirchenmauern

Immer wieder stoßen wir im täglichen Leben auf Worte aus der Bibel, vielleicht wissen wir es oftmals gar nicht.

Sogar Karikaturen

mit biblischen Themen sind keine Seltenheit.

... UND SIE FOLGTEN DEN STERNEN ...

Sprichwörtlich sind die Redensarten:

vom „Wolf im Schafspelz“ (Mt 7,15),
vom „Stein des Anstoßes“ (1 Petr 2,8),
„zum Tempel hinausjagen“ (Joh 2,15),
„von Pontius zu Pilatus laufen“ (Lk 23,6–11),
„sein Licht nicht unter den Scheffel stellen“ (Mt 5,15)

Die Europaflagge

Im Jahre 1955 wurde entschieden, welche Flagge für das vereinte Europa gelten sollte. Der Entwurf des belgisch-jüdisch-katholischen Paul Levi wurde angenommen. Warum zwölf Sterne auf blauem Grund? Levi kannte die Apokalypse des Johannes.

Dann erschien ein großes Zeichen am Himmel: eine Frau mit der Sonne bekleidet; der Mond war unter ihren Füßen und ein Kranz von zwölf Sternen auf ihrem Haupt. (Offb 12,1)

Im Alten Bund bewahren die zwölf Stämme Israels den Glauben an Jahwe. Im Neuen Bund ist der Glaube auf die zwölf Apostel gegründet. Mit der Frau ist also das Gottesvolk in Gemeinde und Kirche gemeint. Schon sehr früh haben die Christen die apokalyptische Symbolgestalt mit der Mutter Jesu gleichgesetzt, die ja auch Mutter der Kirche genannt wird. Es ist überliefert, dass Paul Levi durch eine sternenbekränzte Marienfigur zu seinem Vorschlag angeregt worden ist.

Grosse Meister

Johann Wolfgang von Goethe (1749 bis 1832) gestaltete den Prolog zu seinem „Faust“ nach dem Buch Ijob des Alten Testaments.

In der Oper „Zauberflöte“ von **Wolfgang Amadeus Mozart** (1756–1791) wird dem geschwätzigen Papageno ein Schloss vor den Mund gelegt. Der Textdichter **Emanuel Schikaneder** (1751–1812) hatte die Weisheitsbücher des Alten Testaments gelesen (Sir 22,27).

Arnold Schönberg (1874–1951) boten die alttestamentlichen Berichte aus dem Buch Exodus den Stoff für seine Oper „Moses und Aron“.

Thomas Mann (1875–1955) stellt in seinem vierbändigen Roman „Joseph und seine Brüder“ die Welt der Bibel (Gen 37–50) dem Rassenhass des Nationalsozialismus entgegen.

In der Oper „Der Weg der Verheißung“, die 1999 in Chemnitz ihre Europapremiere hatte, hält Theo Adam als Abraham den Sohn Isaak im Arm. Der Text stammt von Franz Werfel, die Musik von Kurt Weill.

Was ist ein Gleichnis?

Kaplan: *Das Gleichnis ist eine literarische Gattung. Es kommt auch in der Heiligen Schrift vor. Wir unterscheiden drei Formen:*

Das Gleichnis

im engeren Sinn vergleicht einen typischen Zustand oder alltäglichen Vorgang mit einer meist nicht anschaulichen Sache; es zielt auf einen **Vergleichspunkt.**

Mit dem Himmelreich ist es wie mit einem Senfkorn, das ein Mann auf seinen Acker säte. Es ist das kleinste von allen Samenkörnern; sobald es aber hochgewachsen ist, ist es größer als die anderen Gewächse und wird zu einem Baum, so dass die Vögel des Himmels kommen und in seinen Zweigen nisten.

Mt 13,31–32

Die Parabel

erzählt einen Einzelfall und vergleicht damit die Glaubensaussage; sie zielt auf einen **Vergleichspunkt**.

In einer Stadt lebte ein Richter, der Gott nicht fürchtete und auf keinen Menschen Rücksicht nahm. In der gleichen Stadt lebte auch eine Witwe, die immer wieder zu ihm kam und sagte: Verschaff mir Recht gegen meinen Feind! Lange wollte er nichts davon wissen. Dann aber sagte er sich: Ich fürchte zwar Gott nicht und nehme auch auf keinen Menschen Rücksicht; trotzdem will ich dieser Witwe zu ihrem Recht verhelfen, denn sie lässt mich nicht in Ruhe. Sonst kommt sie am Ende noch und schlägt mich ins Gesicht.

Lk 18,2–5

Die Beispielgeschichte

erzählt einen **Musterfall:**„So ist es richtig oder falsch!“

Zwei Männer gingen zum Tempel hinauf, um zu beten; der eine war ein Pharisäer, der andere ein Zöllner. Der Pharisäer stellte sich hin und sprach leise dieses Gebet: Gott, ich danke dir, dass ich nicht wie die anderen Menschen bin, die Räuber, Betrüger, Ehebrecher oder auch wie dieser Zöllner dort. Ich faste zweimal in der Woche und gebe dem Tempel den zehnten Teil meines ganzen Einkommens. Der Zöllner aber blieb ganz hinten stehen und wagte nicht einmal, seine Augen zum Himmel zu erheben, sondern schlug sich an die Brust und betete: Gott, sei mir Sünder gnädig!

Lk 18,10–13

Pharisäer und Zöllner, Holzschnitt von Julius Schnorr von Carolsfeld, 1860

Auflösung von S. 261 (Kennst du die Heilige Schrift?):
Betlehem, Qumran, Berg der Seligpreisungen, Ölberg, Emmaus, Arimathäa, Tiberias, Jordan, Jericho, See Gennesaret, Totes Meer, Jerusalem, Nain, Kana, Nazaret, Tabor, Kafarnaum, Hebron. – In Galiläa: **SENFKORN**, in Judäa: **FEIGENBAUM**.

Kaplan: *Wir kennen noch viele andere literarische Gattungen in der Bibel:*

Beispiele literarischer Gattungen aus der Heiligen Schrift

Gesetz

Heute, an diesem Tag, verpflichtet dich der Herr, dein Gott, diese Gesetze und die Rechtsvorschriften zu halten. Du sollst auf sie achten und sie halten mit ganzem Herzen und mit ganzer Seele.

Heute hast du der Erklärung des Herrn zugestimmt. Er hat dir erklärt: Er will dein Gott werden, und du sollst auf seinen Wegen gehen, auf seine Gesetze, Gebote und Rechtsvorschriften achten und auf seine Stimme hören.

Deuteronomium 26,16–17

Der Lobgesang Marias (Magnificat)

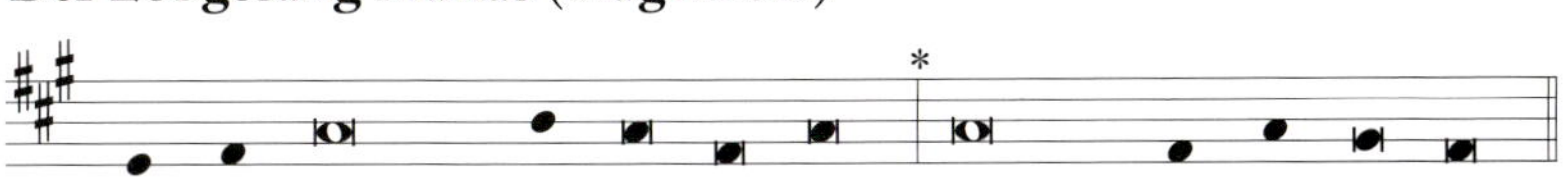

Meine Seele preist die Größe des Herrn, *
und mein Geist jubelt über Gott, meinen Retter.
  Denn auf die Niedrigkeit seiner Magd hat er geschaut. *
  Siehe, von nun an preisen mich selig alle Geschlechter!
Denn der Mächtige hat Großes an mir getan, *
und sein Name ist heilig.
  Er erbarmt sich von Geschlecht zu Geschlecht *
  über alle, die ihn fürchten.
Er vollbringt mit seinem Arm machtvolle Taten; *
er zerstreut, die im Herzen voll Hochmut sind;
  er stürzt die Mächtigen vom Thron *
  und erhöht die Niedrigen.
Die Hungernden beschenkt er mit seinen Gaben *
und lässt die Reichen leer ausgehn.
  Er nimmt sich seines Knechtes Israel an *
  und denkt an sein Erbarmen,
das er unsern Vätern verheißen hat, *
Abraham und seinen Nachkommen auf ewig.

Lukas 1,46–55

Psalm 117

Lobet den Herrn, alle Völker, preist ihn, alle Nationen!
Denn mächtig waltet über uns seine Huld, die Treue des Herrn währt in Ewigkeit. Halleluja!

Sprüche

Alles hat seine Stunde. Für jedes Geschehen unter dem Himmel gibt es eine bestimmte Zeit:
eine Zeit zum Gebären und eine Zeit zum Sterben, eine Zeit zum Pflanzen und eine Zeit zum Abernten der Pflanzen, eine Zeit zum Töten und eine Zeit zum Heilen, eine Zeit zum Niederreißen und eine Zeit zum Bauen, eine Zeit zum Weinen und eine Zeit zum Lachen, eine Zeit für die Klage und eine Zeit für den Tanz.

Kohelet 3,1–4

Beginn des Briefes an Philemon

Paulus, Gefangener Christi Jesu, und der Bruder Timotheus an unseren geliebten Mitarbeiter Philemon, an die Schwester Aphia, an Archippus, unseren Mitstreiter, und an die Gemeinde in deinem Haus: Gnade sei mit euch und Friede von Gott, unserem Vater, und dem Herrn Jesus Christus.

Philemon 1,1–3

Die Symbole der Evangelisten

Dafür gibt es verschiedene Deutungen. Am ehesten überzeugt die des hl. Hieronymus, des Schöpfers der Vulgata (340 bis 419).

Matthäus beginnt mit der Aufzählung des Stammbaumes Jesu. Daher sei der Mensch (oder Engel) sein Zeichen.

Markus erzählt zuerst von Johannes dem Täufer in der Wüste, dem Lebensraum des Löwen.

Lukas beginnt mit dem Opfer des Priesters Zacharias. Der Stier ist das Opfertier.

Johannes wird der Adler beigegeben, um des wahrhaft himmlischen Aufschwungs willen, mit dem er sein Evangelium eröffnet („Im Anfang war das Wort ...).

Wodurch unterscheiden sich die Evangelisten?

Kaplan: *Die Frage kann auch lauten: Wodurch unterscheiden sich die vier Evangelien? Denn unser Wissen über die Verfasser kommt fast ausschließlich aus ihren Berichten über das Leben Jesu. Der deutlichste Unterschied wird bestimmt durch*

die Absicht beim Schreiben,
den Blick auf die Leser.

Dazu kommen noch Unterschiede, die sich aus persönlicher Geschichte, Begabung und stilistischen Eigenarten ergeben.

Nun ist das sehr einfach dargestellt. Denn tatsächlich wissen wir über die Verfasser nur ungenügend Bescheid. Haben noch andere Schreiber an den Texten mitgewirkt? Haben die christlichen Gemeinden die Texte verändert? Sind Redaktoren nachträglich an die Evangelien herangegangen und haben ihre Vorstellungen eingebracht?
Über jede dieser Fragen gibt es dicke Bücher.
Darum wird in der Liturgie vor dem Verlesen eines Textes gesagt:
Aus dem Evangelium ***nach*** *Matthäus,* ***nach*** *Markus usw.*

Johannes, der Freund Jesu, deutet Jesu Leben und Worte und macht theologische Aussagen.

Ich bin die Tür
das Brot
der Weg
das Leben
das Licht
der Weinstock
die Wahrheit

Matthäus, der jüdische Zöllner, betont:
- Jesus ist die Erfüllung des Alten Testaments
- Jesus wird von Anfang an verfolgt: Israel nimmt ihn nicht an. Deshalb: Aussendung der Jünger zu den Heiden.

Nur bei Matthäus:
- Flucht nach Ägypten
- Aussendungsbefehl

Markus, der Begleiter des Petrus, schreibt am knappsten und betont:
- die Taten Jesu
- die wachsende Gegnerschaft
- das Dunkle des Kreuzes

Lukas, der griechische Heide aus Syrien, betont:
- das Erbarmen Gottes zu den Armen und Sündern

Nur bei Lukas:
- ausführliche Kindheitsgeschichte (Weihnachtsevangelium)

Viele Texte sind bei den Evangelisten Matthäus, Markus und Lukas fast wörtlich gleich (Synoptiker → S. 272), nur wenige sind Sondergut der einzelnen Evangelisten.

Kaplan: *Eine andere Frage ist die nach den Vorlagen. So nimmt man heute mit guten Gründen an, dass vor der Niederschrift der Evangelien schon Sammlungen von Sprüchen, Jesus-Worten und Jesus-Taten vorlagen, vor allem die Leidensgeschichte als Kern der Überlieferung.*

1. Die Botschaft von Kreuz und Auferstehung ist das erste, was die junge Kirche weitergab.

Jesus starb für uns, er überwand den Tod.
Jesus lebt.

2. Jesusworte und Jesusgeschichten wurden in den Gemeinden erzählt und von den Evangelisten gesammelt.

Weil Jesus lebt, kann er auch uns zum Leben führen.

3. Die Vorgeschichte von Jesus wurde durch die Evangelisten Matthäus und Lukas aufgeschrieben.

Gott wurde Mensch in unsrer Mitte.

Die Vorgeschichte (auch Kindheitserzählung genannt) hat Markus nicht. Sein Bericht beginnt mit der Taufe Jesu.
Auch bei Johannes fehlt sie. Er leitet sein Evangelium mit den Worten ein:

Im Anfang war das Wort. Es ist Fleisch geworden.

Wir unterscheiden daher Baurichtung und Leserichtung. → Randspalte

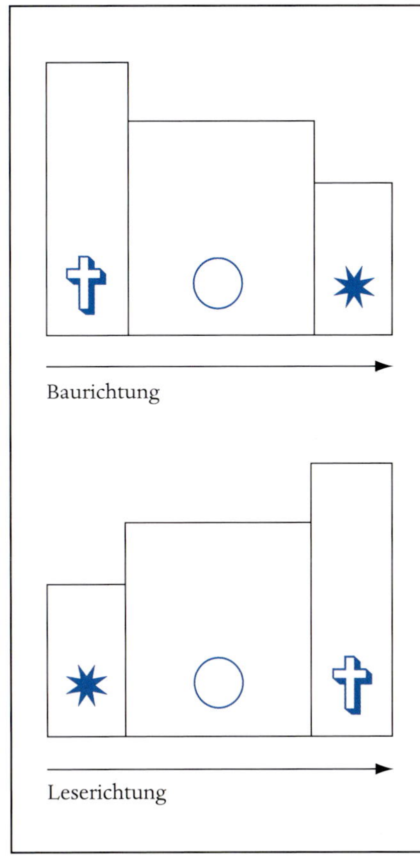

So entstanden die vier Evangelien

vor Ostern	Die Jünger erleben etwas mit Jesus.	
Ostern		
nach Ostern	Die Christen erzählen etwas von Jesus.	1. Passion und Auferstehung 2. Sprüche Streitgespräche Gleichnisse 3. Wundergeschichten
	Das wird aufgeschrieben.	Die vier Evangelien
	Mt Mk Lk Joh	
	Die „Vorgeschichte“ wird vor die Evangelien gesetzt.	Lk 1 und 2 Mt 1 und 2

Gott redet zum Menschen
in den Dingen und Wesen,
die er ihm ins Leben schickt.

Martin Buber

Das Katharinenkloster auf der Sinaihalbinsel. Hier fand Konstantin von Tischendorf 1859 den Codex Sinaiticus, die aus dem 4. Jahrhundert nach Christus stammende, älteste griechische Bibelhandschrift. Der Codex Sinaiticus enthält große Teile des Alten und das vollständige Neue Testament.

Kurz und bündig

Altes Testament

Abfassungszeit:
1000–100 v. Chr.

Ort:
vornehmlich Palästina

Sprache:
Hebräisch

Verfasser:
Angehörige des Volkes Israel (Propheten, Weisheitslehrer, Priester)

Zahl der Schriften:
insgesamt 45

Gliederung:
Geschichtsbücher, Lehrbücher, prophetische Bücher

Inhalt:
Gotteserfahrungen des Volkes Israel

Neues Testament

Abfassungszeit:
50–130 n. Chr.

Ort:
Mittelmeerraum

Sprache:
Griechisch

Verfasser:
Apostel, Apostelschüler und unbekannte Autoren

Zahl der Schriften:
insgesamt 27

Gliederung:
Evangelien, Apostelgeschichte, Briefe des Paulus, übrige Briefe, Offenbarung des Johannes

Warum sagen wir Altes und Neues Testament?

Kaplan: *Zuerst will ich das Wort erklären. Uns bekannt ist*

Testament
Verfügung eines Menschen über seinen Besitz und Willen nach seinem Tod

Als Bezeichnung für die Heilige Schrift bedeutet es

Testament = Bund

Bund = Vertrag

Alter Bund

Wir erinnern uns, dass im Alten Testament immer wieder vom Bund zwischen Gott und seinem Volk die Rede ist.

Bundesurkunde

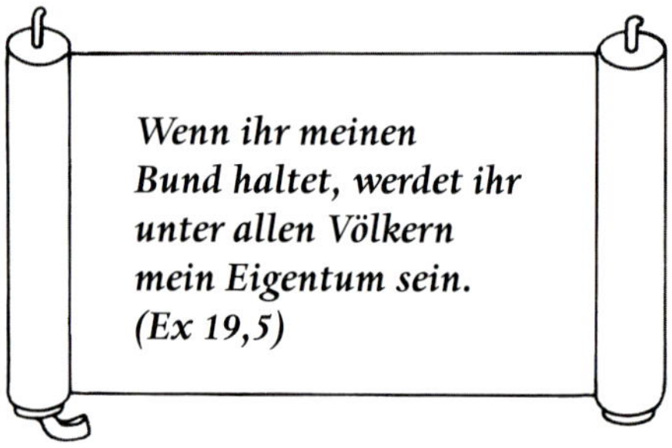

Die Bedingungen des Vertrages zwischen Gott und seinem Volk, das Zustandekommen, die Belastungen und die Verwirklichung sind in den Schriften des Volkes aufgeschrieben:

Die Schriften des Alten Bundes = **Altes Testament** (AT)
Hebräische Bibel
Bibel Israels
Erstes Testament

Neuer Bund

Im Neuen Testament verkünden die Evangelisten, dass Jesus durch sein Leben den Bund mit Gott verwirklicht und mit seinem Tod besiegelt hat. Damit ist das im Alten Testament ersehnte Gottesreich angebrochen. In diesen Neuen Bund ist nicht nur das auserwählte Volk eingeschlossen, sondern alle Menschen, die es wollen.

Bundeszeichen

Im gemeinsamen Mahl erfahren sich die Glaubenden als das neue Volk Gottes.

Die Schriften des Neuen Bundes = Neues Testament (NT)

Kaplan: *Wir sind mit unserem Bibelseminar am Ende. Wir haben manches dazugelernt. Das kann wichtig sein für unser Selbstverständnis als Christen. Doch wichtiger ist noch etwas anderes bei der Beschäftigung mit der Heiligen Schrift. Der große evangelische Theologe Dietrich Bonhoeffer soll uns das sagen:*

Ich glaube, dass die Bibel allein die Antwort auf alle unsere Fragen ist … Die Bibel kann man nicht einfach lesen wie andere Bücher. Man muss bereit sein, sie wirklich zu fragen. Nur so erschließt sie sich. Nur wenn wir letzte Antwort von ihr erwarten, gibt sie sie uns. Das liegt eben daran, dass in der Bibel Gott zu uns redet.

Dietrich Bonhoeffer

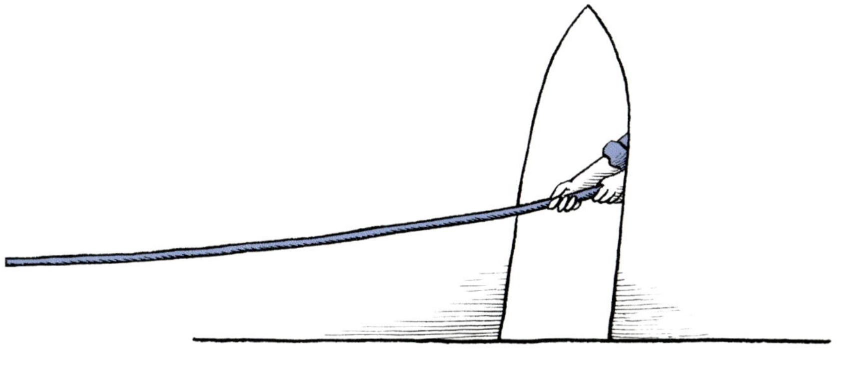

Jesus – Das Wort Gottes
Beispiel und Botschaft

Suche die richtige Antwort!
Die Anfangsbuchstaben der Lösungswörter (erstes Wort) ergeben den Namen Gottes im Alten Testament.

1. Wo wurde Jesus getauft?
a) Jordan
b) Rotes Meer
c) See Gennesaret
d) Tempel von Jerusalem

2. Was hat Jesus bei der Bergpredigt verkündet?
a) Hauptgebot der Liebe
b) acht Seligpreisungen
c) sieben Sakramente
d) Verheißung der sieben Gaben des Heiligen Geistes

3. Mit welchem Bild beschreibt Jesus das Reich Gottes in den Gleichnissen?
a) Weizen
b) fruchtbares Erdreich
c) Feigenbaum
d) Hochzeitsmahl

4. Was wird Jesus bei der Versuchung durch den Teufel versprochen?
a) Gesundheit
b) Weltherrschaft
c) Zufriedenheit
d) Ausdauer

5. Wie nennen wir die Frohe Botschaft?
a) Magnificat
b) Parabel
c) Evangelium
d) Genesis

Apokalypse von Albrecht Dürer → S. 176

Christus König, serbische Ikone, 1745

Erschaffung der Gestirne nach **Genesis**, Mosaik in San Marco, Venedig, um 1220

Schlag nach ⇨

Begriffe – Stichworte – Wissenswertes

APOKALYPSE (griech. = Enthüllung). Bezeichnung für die **Offenbarung des Johannes** (Offb), das letzte Buch im Neuen Testament. Nach der Überlieferung der Kirche schrieb der Apostel und Evangelist Johannes die Offenbarung als Trostbuch für die unter Verfolgung leidenden christlichen Gemeinden Kleinasiens. Aber er vertröstet nicht auf eine ferne Zukunft, sondern deutet die Gegenwart mit Blick auf den Herrn der Geschichte. Durch Jesus Christus ist das Heil bereits angebrochen. Das Böse zeigt sich noch mächtig, ist aber von der Wurzel her besiegt. Dies erklärt, weshalb die Offenbarung in späteren Drangzeiten der Kirche immer besondere Bedeutung gewann.
Kunst und Literatur deuten gern ihre Bilder, z. B. die Apokalyptischen Reiter (Albrecht Dürer), die sternbekrönte Frau (Paul Levis Europaflagge), das Buch mit den sieben Siegeln, das himmlische Jerusalem (Kirchenarchitektur).

APOKRYPHEN → S.260

BIBEL heißt eigentlich: „das Buch". Die Stadt Biblos war im Altertum für die Papyrusherstellung bekannt. Sie gab dem Buch den Namen, der dann Eigenname für die Heilige Schrift wurde.

CHRISTUS (griech. = Christos) ist die Übersetzung des hebr. maschiach = Messias und heißt „der Gesalbte". Gesalbt wurden im Alten Testament die Könige und Propheten zum Zeichen ihrer Erwählung durch Gott. Jesus als den Messias zu deuten, ist Glaube der Urgemeinde und Bekenntnis der Kirche.

ELOHIM ist eigentlich der Plural von El = Gottheit und bedeutet dann „die Götter", im Alten Testament wird der Begriff aber in der Singular-Bedeutung verwendet: „der Gott" oder „Gottheit".

EVANGELIUM (griech. eu-angélion = Frohe Botschaft); bezeichnet eine besondere literarische Gattung des Neuen Testaments. Es gibt vier Evangelien: 1. nach Matthäus (Mt), 2. nach Markus (Mk), 3. nach Lukas (Lk) und 4. nach Johannes (Joh).
Die Evangelien erzählen Worte und Taten Jesu. Sie berichten über sein Leiden und seine Auferstehung und bezeugen ihn als den Sohn Gottes. Sie wollen den Hörer zum Leben aus dem Glauben führen. → S. 266 f.

EXEGESE ist die wissenschaftliche Auslegung der Heiligen Schrift. Ihre wichtigsten Aufgaben sind:

1. die Textkritik; sie vergleicht Handschriften aus verschiedenen Zeiten und Orten;
2. die Literaturkritik; sie vergleicht die Bibel mit außerbiblischen Schriften, um zu klären, welche Quellen in der Bibel verarbeitet worden sind;
3. die Begriffsforschung; sie untersucht zentrale Bibelbegriffe im Vergleich mit anderen Sprachen;
4. die formgeschichtliche Forschung, sie untersucht die literarischen Gattungen der Texte und fragt nach deren Herkunft und Entwicklung;
5. die redaktionsgeschichtliche Forschung, sie untersucht, wie einzelne Texte in ein Buch eingeordnet worden sind und welche Absichten der Redaktor bei der Abfassung seiner Schriften hatte.

GENESIS (griech. = Entstehung) ist die Bezeichnung für das erste Buch Mose, das in seinem ersten Kapitel von der Erschaffung der Welt erzählt.

HEBRÄISCH ist die Sprache der meisten Bücher des Alten Testaments und auch des jüdischen Synagogengottesdienstes. Zur Zeit Jesu war Umgangssprache in Palästina das Aramäische, das dem Hebräischen ähnelt.

4 וְלָקַח הַכֹּהֵן הַטֶּנֶא מִיָּדֶךָ וְהִנִּיחוֹ לִפְנֵי מִזְבַּח יְהוָה אֱלֹהֶיךָ׃ 5 וְעָנִיתָ
וְאָמַרְתָּ לִפְנֵי יְהוָה אֱלֹהֶיךָ אֲרַמִּי אֹבֵד אָבִי וַיֵּרֶד מִצְרַיְמָה וַיָּגָר
שָׁם בִּמְתֵי מְעָט וַיְהִי־שָׁם לְגוֹי גָּדוֹל עָצוּם וָרָב׃ 6 וַיָּרֵעוּ אֹתָנוּ

Beispiel von hebräischer Schrift aus dem Buch Deuteronomium (26,4–5). Sie wird von rechts nach links geschrieben.

INSPIRATION (lat. inspirare = einhauchen; die „Eingebung"); bedeutet nach jüdischem und christlichem Verständnis: Der Geist Gottes wirkt in dem von Gott dazu ausersehenen Menschen so, dass dieser beim Schreiben das Wort Gottes im Gewand seines zeitbedingten Denkens irrtumsfrei wiedergibt. Deshalb ist der Inhalt der biblischen Schriften heilig. Daher kommt auch die Bezeichnung „Heilige Schrift" und der ehrfürchtige Umgang mit ihr bei Abschrift und Verwendung.

JAHWE (allgemein ausgesprochen „Jachwe") ist ein Wort hebräischen Ursprungs und bedeutet: „Der (für uns) da ist". Dieser alte Gottesname wird im Alten Testament mehr als sechstausendmal gebraucht. Die Juden wagten nicht, den Namen Gottes auszusprechen, sondern ersetzten ihn durch Adonai (= Herr). Im Hebräischen gibt es keine Zeichen für Vokale. Den Konsonanten JHWH wurden um 1100 n. Chr. die Vokale von Adonai unterlegt. So kam es bei den Christen aus Unkenntnis zu der unrichtigen Aussprache „Jahowa" oder „Jehova".

KANON (urspr. griech. = Schilfrohr, Messrute, dann Maßstab und Norm); bezeichnet bei der Bibel die Liste aller Bücher, die zur anerkannten Sammlung gehören und Norm des christlichen Lebens sind.

LEHRAMT Aus der Weisung des Evangeliums an die Apostel, die Botschaft Jesu allen Menschen zu verkünden, leitet die Kirche ihre Sorge um die Bewahrung und Weitergabe des Glaubens ab.
In erster Linie sind dafür die Nachfolger der Apostel, die Bischöfe, verantwortlich. Das Amt zu lehren gehört zu ihren eigentlichen Diensten. Anteil an diesem *ordentlichen Lehramt* haben alle, die in Einheit mit den Bischöfen den Glauben verkünden, also Pfarrer, Religionslehrer und Eltern.
Wenn die Bischöfe in außergewöhnlicher Form, nämlich auf einer Kirchenversammlung, und auf einmütige Weise eine Glaubens- und Sittenlehre verkünden oder wenn der Bischof von Rom (Papst) als oberster Lehrer der Kirche eine solche verbindlich erklärt, sprechen wir vom *außerordentlichen Lehramt*.

LEKTIONAR (lat. legere = lesen); das Lesebuch, aus dem ausgewählte Teile der Bibel (Perikopen) im Gottesdienst vorgelesen werden.

OFFENBARUNG bedeutet Enthüllung, Kundgabe von etwas Verborgenem. Der Begriff Offenbarung wird sehr verschieden erklärt, je nachdem, welches Gottes- oder Weltverständnis vorliegt. Das Neue Testament verkündet Jesus als die Offenbarung Gottes. Er ist das „Wort" Gottes.

PROPHET (griech. = Seher, Verkünder); im Alten Testament sind die Propheten Sprecher Gottes. Sie ermahnen das Volk zur Bundestreue und geben Weisungen im Sinne Gottes für Gegenwart und Zukunft. Das Konzil von Trient (1546) unterscheidet (nach dem Umfang ihrer Schriften) vier große und zwölf kleine Propheten. → folgende Seite

Ein Rabbiner singt **hebräische** Verse beim Entzünden des Chanukka-Leuchters.

An **Jahwes** Offenbarung erinnert der Dornbusch im Katharinenkloster auf dem Sinai.

Der **Prophet** Daniel in der Löwengrube (Dan 14,23–42), röm. Mosaik, 5. Jh.

„Tochter Zion" aus Georg Friedrich Händels Oratorium „Der Messias" (1742) → S. 187

Auflösung von S. 269 (Jesus – das Wort Gottes): 1a, 2b, 3d, 4b, 5c – JAHWE

4 große Propheten: Jesaja, Jeremia, Ezechiel und Daniel
12 kleine Propheten: Hosea, Joel, Amos, Obadja, Jona, Micha, Nahum, Habakuk, Zefanja, Haggai, Sacharja und Maleachi.
Auch im Neuen Testament ist die Gabe des Prophetentums bekannt, ebenso in anderen Religionen.

REDAKTION heißt die Anordnung von sprachlichem Gut, das veröffentlicht werden soll. Ein Bearbeiter, Redaktor genannt, sammelt und ordnet es aus verstreuten Einzelquellen. Er ist nicht Verfasser, aber seine Arbeit beeinflusst wesentlich die Aussage der Schrift.

SYNOPTIKER (griech. synopse = Zusammenschau) ist eine Bezeichnung für die drei Evangelisten Matthäus, Markus und Lukas. Ihre Berichte sind nämlich weitgehend ähnlich. Daher hat man zum Vergleich ihrer Texte diese in nebeneinanderstehenden Spalten abgedruckt. Von dieser Zusammenschau der Texte (= Synopse) ist die Bezeichnung abgeleitet.

ÜBERLIEFERUNG ist die Weitergabe aller Erfahrungen, Fähigkeiten und Werte, die früher gewonnen wurden und heute bedeutend bleiben. Sie kann mündlich (Tradition) und schriftlich (Heilige Schrift und andere Schriften) weitergegeben werden. Schrift und Tradition werden als die beiden Säulen der Kirche bezeichnet.

VULGATA → S. 256

ZION (oder Sion) ist der ursprüngliche Name eines Hügels in Jerusalem. Der Name wurde später auf den Tempelberg und auf die Stadt Jerusalem übertragen. Daher erklärt sich die Bedeutung von „Tochter Zion" als die Einwohnerschaft von Jerusalem.

Zitadelle mit dem Davidsturm in der Altstadt von Jerusalem

Pfingsten ist immer

GEMEINSCHAFT VON SÜNDERN UND HEILIGEN

EIN ZWIEGESPRÄCH

Weinend sagte Franziskus eines Tages zu Gott: „Ich liebe die Sonne und die Sterne. Ich liebe Klara und ihre Schwestern. Ich liebe das Herz der Menschen und alle schönen Dinge. Herr, du musst mir verzeihen, denn nur dich sollte ich lieben."
Lächelnd antwortete der Herr: „Ich liebe die Sonne und die Sterne. Ich liebe Klara und ihre Schwestern. Ich liebe das Herz der Menschen und alle schönen Dinge. Mein Franziskus! Du musst nicht weinen. Denn das alles liebe ich auch."

Umbrische Legende

Christentum als Sauerteig

Das erste Pfingsten

Zum Pfingstfest, dem alten Erntedankfest, kamen Juden aus allen Völkern nach Jerusalem:

Sie gerieten außer sich vor Staunen und sagten: Sind das nicht alles Galiläer, die hier reden? Wieso kann sie jeder von uns in seiner Muttersprache hören: Parther, Meder und Elamiter, Bewohner von Mesopotamien, Judäa und Kappadozien, von Pontus und der Provinz Asien, von Phrygien und Pamphylien, von Ägypten und dem Gebiet Libyens nach Zyrene hin, auch die Römer, die sich hier aufhalten, Juden und Proselyten, Kreter und Araber, wir hören sie in unseren Sprachen Gottes große Taten verkünden. (Apg 2,7–11)

Nach dem Pfingstfest kehrten sie in ihre Heimat zurück und waren vielleicht die ersten Boten des Evangeliums.
Die Verfolgung der Christen durch die Pharisäer veranlasste manche Judenchristen, nach Antiochien auszuwandern. Dadurch entstanden christliche Gemeinden in Samaria, Cäsarea und Damaskus.

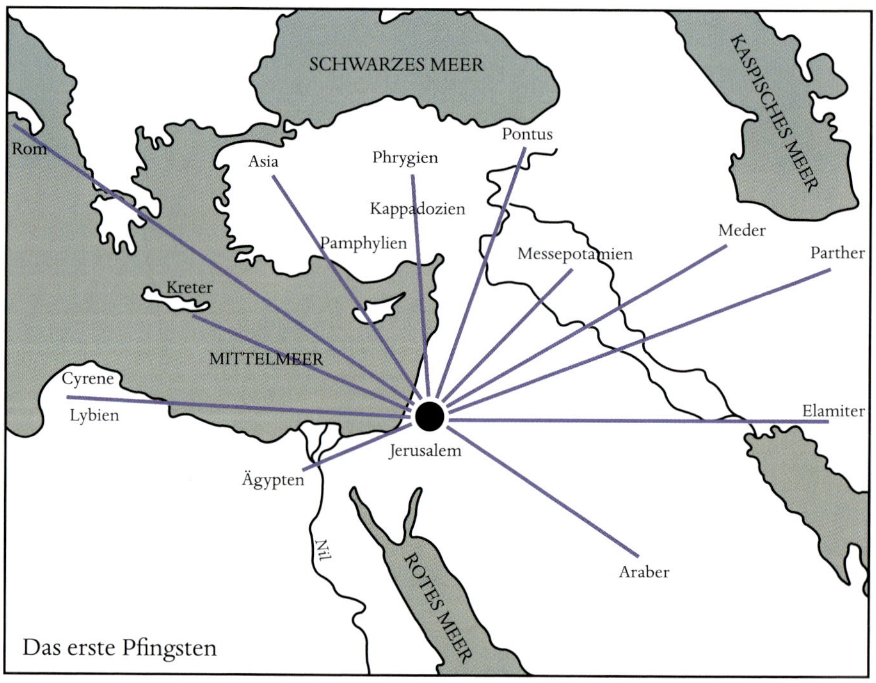

Die Ausbreitung des frühen Christentums in der antiken Welt

Die Aussendung der Zwölf

Dann rief er die Zwölf zu sich und gab ihnen die Kraft und die Vollmacht, alle Dämonen auszutreiben und die Kranken gesund zu machen. Und er sandte sie aus mit dem Auftrag, das Reich Gottes zu verkünden und zu heilen.
Er sagte zu ihnen: Nehmt nichts mit auf den Weg, keinen Wanderstab und keine Vorratstasche, kein Brot, kein Geld und kein zweites Hemd. (Lk 9,1–3)

Die zwölf Apostel

Zum engsten Kreis der Anhänger Jesu gehören die Apostel. Das Wort ist griechischer Herkunft und bedeutet „Gesandter, Bote“. Über das Leben und die Tätigkeit der Apostel berichten die Evangelien und die Apostelgeschichte wenig. Es geht ihnen ja auch vielmehr um Jesus und seine Botschaft. Diesem Mangel wollte die Volksliteratur der frühen Christenheit abhelfen. In zahlreichen Schriften wird dort in der Form der Legende berichtet, wie die Apostel in vielen Ländern den Glauben verkündet haben und welches Schicksal ihnen widerfuhr. Welche historischen Wahrheiten diese apokryphen Schriften vermitteln, ist nicht mehr auszumachen. Da wir aber wissen, dass auch die literarische Gattung der Legende auf ihre Art Wahrheit vermittelt, sind diese Berichte für uns nicht wertlos.

Petrus

Der Fischer Simon stammt aus Betsaida und war verheiratet. Sein Bruder Andreas gewinnt ihn als Jünger. Jesus gibt ihm den Namen Kephas (= Fels; griech.: petros). Nach dem Tode Jesu ist er der Führer der christlichen Gemeinde in Jerusalem. Um 42 verlässt er Jerusalem, kehrt aber zum Apostelkonzil (um 50) zurück. Sein Aufenthalt und sein Martertod in Rom während der Neronischen Christenverfolgung (zwischen 64 und 67) gelten als historisch sicher. Darstellung: mit Schlüssel. Fest: 29. Juni

Andreas
Der Bruder des Petrus ist wie dieser in Betsaida geboren und Fischer von Beruf. Er kommt aus dem Kreis der Jünger um Johannes den Täufer und gehört zu den ersten Schülern (Jüngern) Jesu.
Legende: Er soll am Schwarzen Meer gepredigt und in Patras (Griechenland) den Tod durch Kreuzigung erlitten haben.
Darstellung: lateinisches Kreuz oder sog. Andreaskreuz (→ S. 22).
Fest: 30. November

Jakobus der Ältere
ist der Bruder des Apostels Johannes. Ihr Vater heißt Zebedäus. Jakobus ist (spätestens) 44 durch Herodes Agrippa I. enthauptet worden. Nach alter spanischer Überlieferung werden seine Gebeine an dem berühmten Wallfahrtsort Santiago de Compostela (Sankt Jakob vom Sternenfeld) verehrt.
Darstellung: mit Schwert, Buch; seit dem 14. Jahrhundert: als Pilger mit Pilgerhut, Stab, Muschel, Tasche und Flasche. Fest: 25. Juli

Apostel Jakobus der Ältere mit den Pilgerzeichen Stab, Hut und Muschel, Kathedrale in Santiago de Compostela

Johannes
Der jüngere Bruder von Jakobus dem Älteren wird im Neuen Testament als Lieblingsjünger Jesu hervorgehoben. Seit dem 2. Jahrhundert gilt er auch als der Verfasser des vierten Evangeliums und der Apokalypse (was aber heute umstritten ist). Als sicher gilt, dass er in Ephesus wirkte und während der Christenverfolgung des Kaisers Domitian auf die Insel Patmos verbannt worden war. Er starb in hohem Alter eines natürlichen Todes.
Legenden erzählen auch von einem Martyrium in kochendem Öl oder vom Tod durch den Giftbecher.
Darstellung: mit Adler. Fest: 27. Dezember

Apostel Johannes, Frankreich, 15. Jh.

Philippus
Er kommt aus Betsaida in Galiläa und gehört zu den ersten Jüngern Jesu. Das Neue Testament erwähnt ihn als Fürsprecher der Menge bei der Brotvermehrung (Joh 6,5–7) und als Täufer des Äthiopiers (Apg 8,26–39).
Legende: Er sei in Kleinasien gekreuzigt und am Kreuz gesteinigt worden.
Darstellung: mit dem Tau-Kreuz oder mit dem Doppelbalken-Kreuz.
Fest: 3. Mai

Jakobus der Jüngere
ist als Sohn des Alphäus in Betsaida geboren und wird im Neuen Testament als „Bruder des Herrn", d. h. als Verwandter Jesu bezeichnet. In der Kirche von Jerusalem spielt er eine führende Rolle und nimmt auch am Apostelkonzil teil. Nach der Überlieferung stirbt er im Jahr 62 als Märtyrer.
Legende: Er sei von den Juden die Tempelmauer hinabgestürzt worden; weil er aber überlebte, gesteinigt, und weil er auch das überstand, mit der Walkerstange erschlagen worden.
Darstellung: mit Keule oder Walkerstange. Fest: 3. Mai

Thomas
ist aus dem Neuen Testament als Zweifler an der Auferstehung Christi bekannt (vgl. Joh 20,24–29).
Die Legende will wissen, dass er in Indien als königlicher Baumeister tätig war, den König bekehrt habe und bei der Zerstörung eines Götzenbildes von einem heidnischen Priester mit der Lanze erstochen worden sei (→ Thomas-Christen, S. 37).
Darstellung: mit Schwert, Lanze, Winkelmaß oder mit Steinen. Fest: 3. Juli

Der Apostel Thomas, Buchmalerei, 14. Jh.

Matthäus. Stickerei auf einem Vespermantel des 15. Jh., Dom zu Bautzen

Matthäus
ist zugleich als Evangelist bekannt, weil das erste Evangelium seinen Namen trägt. Vor seiner Berufung zum Apostel durch Jesus war er als Zolleinnehmer in Kafarnaum tätig.
Legende: Er habe in Palästina und dann in Äthiopien (Südägypten) und, nach anderen Berichten, in Persien gepredigt. Er erlitt wohl keinen Martertod, obwohl er in der griechischen Kirche als Märtyrer verehrt wird. Seine Reliquien befinden sich in Salerno.
Darstellung: mit Mensch oder Engel. Fest: 21. September

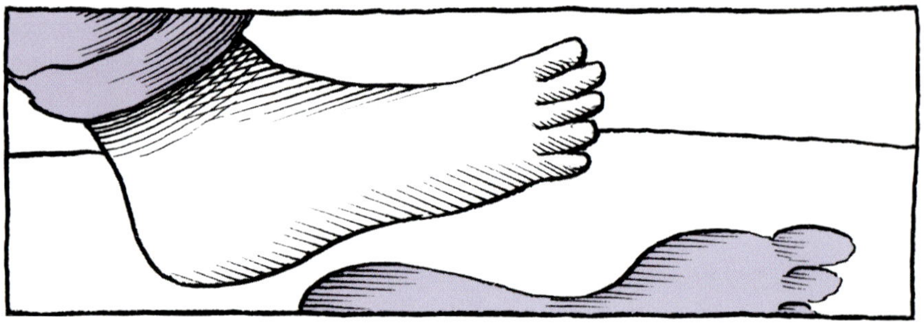

Bartholomäus. Silberreliquiar, um 1520, Domschatz zu Bautzen

Bartholomäus
Außer der Aufzählung in der Liste der Apostel bei Matthäus wissen wir nichts Gesichertes über ihn.
Legende: Es heißt, er sei in Armenien gestorben. Ihm sei die Haut bei lebendigem Leib abgezogen worden. Da er diese Qual überlebt habe, sei er enthauptet worden.
Darstellung: mit Buch, Messer; seit dem 14. Jahrhundert mit abgezogener Haut in der Hand. Fest: 24. August

Simon der Zelot
(= der Eiferer) gehört vermutlich wie Judas Thaddäus zu denen, die in Jesus einen politischen Befreier gesehen haben (→ Zeloten, S. 242).
Legende: Er habe in Ägypten und Persien gepredigt und sei mit Judas Thaddäus getötet worden.
Darstellung: mit Schwert, Knüppel, später auch mit Säge (obwohl keine entsprechende Legende überliefert ist). Fest: 28. Oktober

Judas Thaddäus, flämische Buchmalerei des Simon Bening, 13. Jh.

Judas Thaddäus
Von ihm wissen wir so gut wie nichts. Er scheint wie Simon zu einer Gruppe von nationalistischen Kämpfern gehört zu haben, die sich Zeloten (= Eiferer) nannten.
Die Legenda aurea erwähnt, dass Judas Thaddäus mit Simon in verschiedenen Ländern wirkte und mit diesem zusammen erschlagen worden sei.
Darstellung: mit Beil, Hellebarde, Schwert. Fest: 28. Oktober

Judas Iskariot
Er ist Jesu Verräter, der sich selbst erhängt hat. An seine Stelle wurde Matthias durch das Los zu den Aposteln hinzugewählt.
Darstellung: mit Strick, Geldbeutel, roten Haaren.

Es gehört zu deiner Berufung, das Evangelium von den Dächern zu rufen, nicht durch dein Wort, sondern durch dein Leben.

Charles de Foucauld

Die Wahl des Matthias
Und sie stellten zwei Männer auf: Josef, genannt Barsabbas, mit dem Beinamen Justus, und Matthias. Dann beteten sie: Herr, du kennst die Herzen aller; zeige, wen von diesen beiden du erwählt hast, diesen Dienst und dieses Apostelamt zu übernehmen. Denn Judas hat es verlassen und ist an den Ort gegangen, der ihm bestimmt war. Dann gaben sie ihnen Lose; das Los fiel auf Matthias, und er wurde den elf Aposteln zugerechnet. (Apg 1,23–26)

Die Berufung des Paulus
Denn ich bin der geringste von den Aposteln; ich bin nicht wert, Apostel genannt zu werden, weil ich die Kirche Gottes verfolgt habe. Doch durch Gottes Gnade bin ich, was ich bin. (1 Kor 15,9–10a)

Die beiden Apostel Petrus und Paulus auf einer Stola aus der Stickerei der Dillinger Franziskanerinnen, 20. Jh.

Matthias
Vor seiner Wahl in das Apostelkollegium hat er schon lange zu den Jüngern Jesu gehört.
Legende: Er habe in Äthiopien gewirkt und dort auch den Tod erlitten (durch Beil oder am Kreuz). Seine Reliquien wurden im 4. Jahrhundert im Auftrag der Kaiserin Helena nach Trier gebracht (Abteikirche St. Matthias) und waren besonders im Mittelalter Ziel vieler Wallfahrten.
Darstellung: mit Beil, Hellebarde, Schwert, Kreuz oder mit Steinen zu Füßen.
Fest: 24. Februar

Paulus
ist Sohn streng jüdischer Eltern, geboren in Tarsus (Kleinasien). Nach theologischer Ausbildung in Jerusalem ist er im Auftrag des Hohen Rates rastlos und fanatisch tätig, um gegen die Christen, die einen gekreuzigten Messias verehren, vorzugehen. Nach seiner Bekehrung und Berufung zum „Völkerapostel" ist er der eifrigste Missionar der jungen Kirche und zugleich ihr theologischer Lehrer. Er stirbt in der Neronischen Christenverfolgung; als römischer Bürger wird er mit dem Schwert enthauptet.
Darstellung: mit Buch, Schwert; meist kahlköpfig. Fest: 29. Juni

Apostel Matthias (links) und Philippus, Kirche in Tredez (Frankreich), 15. Jh.

Zeitgenossen Jesu
In der zweiten Spalte stehen jeweils drei Namen, von denen zwei im Evangelium vorkommen. Einer bleibt also immer übrig. Wenn du die Anfangsbuchstaben der übrig gebliebenen Namen unterstreichst und hintereinander liest, nennen sie einen Begriff, der für die Ausbreitung des Glaubens sehr wichtig war.

Röm. Kaiser	Augustus	Alfons	Tibenus
Röm. Statthalter	Ulrich	Pilatus	Quirinius
Röm. Besatzung	Kriegsknechte	Hauptmann	Scholastika
Zolleinnehmer	Matthäus	Zachäus	Stanislaus
Jüd. Könige	Eusebius	Herodes	Antipas
Hohepriester	Hannas	Kajaphas	Nikolaus
Pharisäer	Nikodemus	Damian	Josef von Arimathäa
Fischer	Jakobus	Ubald	Andreas
Frauen	Nora	Maria	Marta
Kranke	Bartimäus	Gregor	Lazarus

Die Katakombe San Callisto in Rom

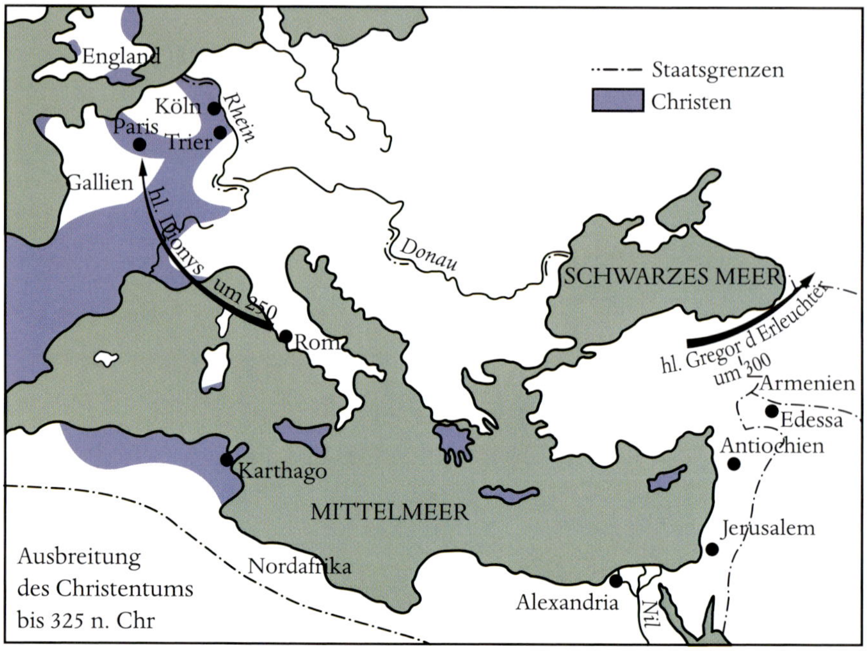

Das frühe Christentum im Weltreich der Römer

Unbeachtet, im Schatten des Judentums, breitet sich das Christentum aus. In den Städten bilden sich Gemeinden. Sie werden als jüdische Sekten angesehen. Vor allem aus den unteren Volksschichten kommen ihre Mitglieder: Sklaven, Freigelassene, Handwerker, Soldaten. In Rom, das damals schon eine Millionenstadt ist, wächst die Christengemeinde schnell. Den Mitbürgern fällt ihre Gastfreundschaft auf, ihre Nächstenliebe gegenüber Notleidenden und die gegenseitige Hilfe besonders in Zeiten der Bedrängnis. Inmitten andersgläubiger Menschen versammeln sie sich zum Gottesdienst. Dieser musste frühzeitig oder spät abends stattfinden: Ihr Herrentag war ein gewöhnlicher Wochentag. Die Form ihrer Feier hinter verschlossenen Türen stammte mit Gebet, Schriftlesung, Psalmen und Segen aus der Synagoge. Neu war die Form des Mahles und das Gabenopfer der Teilnehmer. Neu waren auch viele ihrer Gesänge, die Abendmahlsgebete und das Fürbittgebet. Sie beteten damals schon das Vaterunser.

Die junge Kirche auf dem Weg in die Welt 100–325 n. Chr.

In den ersten 300 Jahren finden wir die Christen vorwiegend in den Städten.

Um 100 n. Chr.
gab es bereits Gemeinden in Nordafrika, Persien und Armenien.

Um 130 n. Chr.
entstanden auch in Gallien und Spanien Gemeinden.

Um 180 n. Chr.
soll es schon Kirchen am linken Rheinufer (Köln und Trier vor 314) gegeben haben.

Um 200 n. Chr.
bestanden schon einzelne Gemeinden in England. Zur gleichen Zeit wurde Edessa in Syrien christlich.

Kirche im Felskloster Geghard, eines der wichtigsten religiösen Zentren der Christianisierung Armeniens im frühen 4. Jh.

Um 250 n. Chr.
wurden sieben Bischöfe von Rom nach Gallien geschickt, unter ihnen der hl. Dionysius nach Paris.
In Alexandrien war im 3. Jahrhundert die Mehrzahl der Einwohner christlich.

Um 300 n. Chr.
bekehrte der hl. Gregor der Erleuchter viele Einwohner Armeniens zum Christentum.
Zur gleichen Zeit lebten im Römischen Reich schon sieben bis zehn Millionen Christen. Etwa jeder sechste Bewohner war Christ. Das darf man einen einzigartigen Erfolg nennen, erst recht, wenn man bedenkt, dass in dieser ganzen Zeit die Christen oftmals grausam verfolgt worden sind.

Die Christenverfolgungen des Altertums

1. Verfolgung unter Kaiser Nero (regierte 54–68 n. Chr.)

Anlass: Stadtbrand in Rom; die Christen wurden als Schuldige bezeichnet.
Ausmaß: Verfolgung wohl nur in der Stadt Rom zwischen 64 und 68. Viele Opfer, darunter das Oberhaupt der Kirche, Petrus, und der Apostel Paulus.
Folgen: Die Bezeichnung „Christ" war jetzt geächtet.

2. Verfolgung unter Kaiser Domitian (regierte 81–96 n. Chr.)

Anlass: Die Christen weigerten sich, dem Kaiser göttliche Verehrung zu erweisen.
Ausmaß: Grausame Schauspiele der Hinrichtung von Christen im ganzen Reich. In diese Verfolgung fiel vermutlich die Verbannung des Apostels Johannes auf die Strafinsel Patmos.

3. Verfolgung unter Kaiser Trajan (regierte 98–117 n. Chr.)

Anlass: Der Kaiser erließ ein Reskript (schriftliche Anordnung): Die Christen waren nun als „unerlaubter Verein" verboten. Wer ihnen angehörte, wurde mit dem Tode bedroht.
Ausmaß: Verfolgungen im ganzen Reich, besonders heftig in Palästina und Kleinasien.
Beispiele: Bischof Simeon von Jerusalem wurde gekreuzigt; Bischof Ignatius von Antiochien in Rom den Tieren vorgeworfen.
Folgen: Das Reskript war lange Grundlage staatlicher Christenverfolgung.

4. Verfolgung unter Kaiser Marcus Aurelius (regierte 161–180 n. Chr.)

Anlass: Zahlenmäßiges Anwachsen der Christen; Hungersnot und Pest sowie Einfall fremder Völker ins Reich. Nach zunächst freundlicher Behandlung der Christen änderte der Kaiser unter dem Einfluss seiner Umgebung diese Haltung. Die Unglücksfälle wurden den Christen angelastet.
Ausmaß: Verfolgungen im ganzen Reich.
Beispiele: In Rom wurde der Philosoph Justinus mit sechs Gefährten enthauptet. In Lyon wurden Bischof Pontius und 50 Christen hingerichtet. Im Osten in Pergamon wurde die Christin Agathonike im Stadion verbrannt.

5. Verfolgung unter Kaiser Septimus Severus (regierte 193–211 n. Chr.)

Anlass: Jüdische Aufstände reizten den sonst duldsamen Kaiser. Außerdem war die Zahl der Christen bedrohlich angestiegen.
Ausmaß: lokale Christenverfolgungen
Beispiele: In Alexandrien werden Leonidas, der Vater des Origines, und mehrere Schüler der Katechetenschule hingerichtet. Im Amphitheater in Karthago werden die hl. Felizitas, die hl. Perpetua und drei Männer grausam gemartert.

Erstmals werden die Jünger Christen genannt

Die Apostelgeschichte berichtet: „In Antiochia nannte man die Jünger zum ersten Mal Christen." (11,26) Das heißt wohl, die Anzahl der Christen wuchs. Das heißt aber auch: Sie wurden gesehen und beobachtet. Durch wen? Durch Mitbürger, denen sie nicht ganz geheuer waren. Und auch das Auge des Kaisers sah ihr Eigenleben und ihren Glauben. Eine gefühlsmäßige Abneigung schob ihnen bald alles Ungemach vom Erdbeben bis zur Seuche in die Schuhe, erst gerüchteweise, dann mit Aufstand und Amtsgewalt. Zehn Wellen des Zorns gingen von den Großstädten Rom und Alexandria und Antiochia durch das Reich von Kleinasien bis Spanien, von Nordafrika bis Germanien. Zehn Wellen der Verfolgung, die von den Kirchenvätern mit den ägyptischen Plagen verglichen wurden; sie schlugen Wunden in den Leib der Kirche. Blutige Wunden, tödliche Schmerzen musste die junge Kirche erleiden über zweihundert Jahre lang. Verschieden heftig fegte der Sturm der Gewalt durch die Gemeinden, riss Männer und Frauen ins Martyrium, auch Bischöfe und Kinder verschonte er nicht.

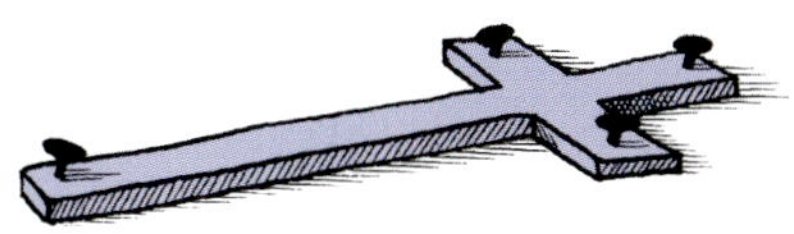

Dazwischen gab es auch Zeiten der Ruhe, in denen Kirchen aufgebaut und Gemeinden neu gebildet wurden. Erst am Beginn des vierten Jahrhunderts wurde das Christentum anerkannt, ja sogar zur Staatsreligion des Römischen Imperiums erhoben.

Diese Zeichnung wurde 1857 bei Ausgrabungen einer Schule für kaiserliche Hofpagen in Rom gefunden. Sie stammt aus dem 2. Jh. Dargestellt sind ein gekreuzigter Mann mit einem Eselskopf und ein Mensch mit erhobenen Händen. Die griechischen Buchstaben bedeuten: Alexamenos betet seinen Gott an. Offenbar war Alexamenos ein Christ, der in der Pagenschule ausgebildet wurde und über den sich seine Kameraden mit dieser Karikatur lustig gemacht haben.

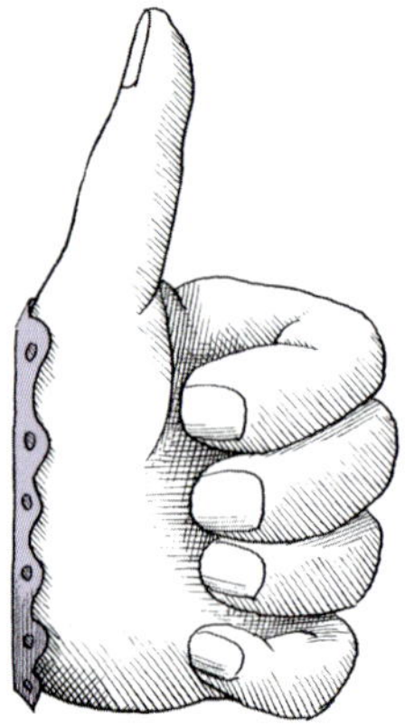

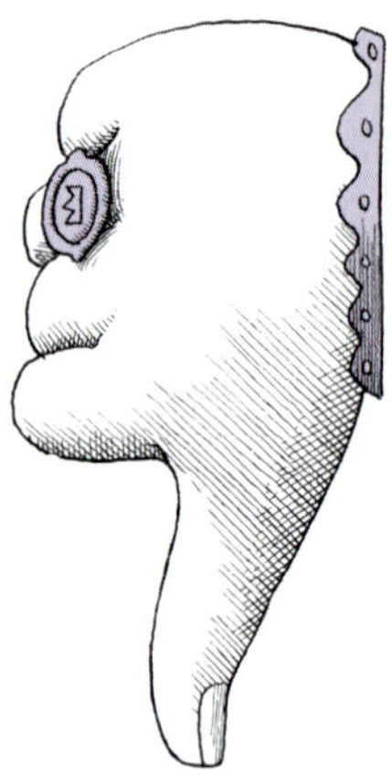

6. Verfolgung unter Maximinus Thrax (regierte 235–238 n. Chr.)

Anlass: Der barbarische Kaiser verfolgte alle Anhänger seines beliebten Vorgängers Severus Alexander, darunter auch die von diesem geschätzten Christen.
Ausmaß: Keine große Verfolgung, außer in den Provinzen Kappadozien und Pontus, wo infolge eines Erdbebens die Volksmenge fanatisch gegen die Christen vorging.
Beispiel: Papst Pontian, der Bischof von Rom, wurde auf die Insel Sardinien verbannt, wo er starb.

7. Verfolgung unter Kaiser Decius (regierte 249–251 n. Chr.)

Anlass: Der Soldatenkaiser wollte das ruinierte Reich wiederaufrichten und gegen äußere Feinde widerstandsfähig machen. Die Christen betrachtete er als innere Feinde, weil sie die einheitliche Reichsreligion nicht anerkannten und so die Einmütigkeit der Bewohner verhinderten.
Ausmaß: Alle Einwohner des Reiches mussten den Göttern ein Bittopfer darbringen. Die Teilnahme wurde amtlich bescheinigt und in Listen festgehalten. Wer das Opfer verweigerte, wurde mit Kerker, durch Entziehung von Besitz und Ehren, Verbannung, Strafarbeit in Bergwerken, Folter und Tod bestraft.
Beispiele: Papst Fabian wurde um 250 hingerichtet. Presbyter Pionius wurde verbrannt. Bischof Babylas von Antiochien und Bischof Alexander von Jerusalem starben im Kerker. Lehrer Origines wurde schwer gefoltert.

8. Verfolgung unter Kaiser Valerian (regierte 253–260 n. Chr.)

Anlass: Der christenfreundliche Kaiser änderte angesichts von Seuchen im Reich und unter falscher Beeinflussung seine Haltung zu den Christen.
Ausmaß: Kurze, aber grausame Verfolgung.
Beispiele: Papst Sixtus wurde mit vier Diakonen beim Gottesdienst in der Calixtus-Katakombe enthauptet. Diakon Laurentius erleidet den Feuertod (?). Bischof Cyprian von Karthago wird 258 n. Chr. enthauptet, Bischof Fructuosus von Tarragona (Spanien) mit zwei Diakonen im Amphitheater verbrannt.

Der Sohn des Kaisers, Gallenius (260–268 n. Chr.), anerkannte die Christen und erstattete ihnen die geraubten Güter und Ehren zurück. Es herrschte nun 30 Jahre Frieden.

Reiterstandbild des Kaisers Marc Aurel auf dem Kapitol in Rom

9. Verfolgung unter Kaiser Diokletian (regierte 284–305 n. Chr.)

Anlass: In den Städten entstanden ansehnliche Kirchenbauten. Christen hatten einflussreiche Ämter am Hof und im Heer inne. Von den 50 Mill. Einwohnern des Reiches waren 7–10 Mill. Christen.
Der Kaiser wurde überredet, gegen diese „Feinde des Reiches" vorzugehen.
303 n. Chr. brach der Sturm der Verfolgung los.
Ausmaß: Allen Christen wurden die bürgerlichen Ehren, Titel und Würden aberkannt. Gemeindevorsteher wurden zum Opfer gezwungen oder im Fall der Weigerung umgebracht. Christliche Soldaten wurden aus dem Heer ausgestoßen oder getötet (Marcellus, Dasius). Christliche Beamte im kaiserlichen Dienst wurden eingesperrt. Kirchen wurden niedergerissen, heilige Schriften verbrannt. In Ägypten fanden Massenhinrichtungen von Christen statt. Von der Verfolgung ausgenommen blieb die Präfektur Gallien (Frankreich, Spanien, Britannien).

Die bisher einheitliche Religionspolitik der römischen Kaiser brach 305 n. Chr. auseinander. Kaiser Diokletian legte sein Amt nieder. Im Westen des Reiches trat 306 n. Chr. unter Kaiser Constantius Chlorus Ruhe ein.
Im Osten des Reiches kam Kaiser Galenus an die Macht, der seinem Christenhass bis 311 n. Chr. freien Lauf ließ.
Erst als er von einer tödlichen Krankheit befallen wurde, erließen er und seine Mitregenten 311 n. Chr. das **Toleranzedikt zu Sardica**. Darin wurde die christliche Religion und ihre Ausübung durch Reichsgesetz für erlaubt erklärt.
In den folgenden Machtkämpfen um die Alleinherrschaft im ganzen Römischen Reich blieb Kaiser Konstantin Sieger. Er führte dann die eigentliche Wende herbei. Er erließ 313 n. Chr. das **Mailänder Edikt**:
- die Christen erhielten volle Religionsfreiheit,
- beschlagnahmtes Eigentum wurde zurückgegeben,
- die Christengemeinden wurden rechtlich anerkannt.

Das Christentum hatte seine Bewährungsprobe bestanden.
Obwohl das Christentum nun zur Staatsreligion im Römischen Reich erklärt worden war, brach noch einmal eine Verfolgung aus, die gottlob nur eine kurze Zeit dauerte.

In der Erkenntnis, dass die Religionsfreiheit nicht verwehrt werden dürfe, dass es vielmehr einem jeden gemäß seiner Gesinnung und seinem Willen gestattet sein solle, nach eigener Wahl sich religiös zu betätigen, haben Wir bereits früher den Befehl erlassen, dass es auch den Christen unbenommen sei, den Glauben beizubehalten, den sie selbst erwählt und im Kulte bekunden …
Ist es doch offensichtlich dem Ruhme unserer Zeit angemessen, dass jeder Freiheit habe, gemäß seinem Willen eine Gottheit zu erwählen und sie zu verehren. Dies haben Wir verfügt, damit es nicht den Anschein erwecke, als würde irgendein Kult oder irgendeine Religion durch Uns Hintansetzung erfahren …

Aus dem Edikt von Mailand (313 n. Chr.)

Das Kolosseum in Rom, eingeweiht 80 n. Chr., benannt nach dem in der Nähe aufgestellten Koloss des Kaisers Nero. Hier starben zahlreiche Christen den Martertod.

10. Verfolgung unter Kaiser Julian (regierte 361 – 363 n. Chr.)

Anlass: Der Kaiser, ursprünglich selbst Christ, wollte die alte Religion wieder einführen.
Ausmaß: Die Verfolgung dauerte nur kurze Zeit, weil der Kaiser im Kampf gegen die Parther fiel. Sein letztes Wort soll gewesen sein: „Galiläer, du hast gesiegt!"

*

Die Christen konnten nun in Frieden leben. Aber solche Zeiten sind für die Kirche meist schwierige Zeiten. Die Kirche war mit dem Weltreich verbunden. Nichtchristen wurden jetzt manchmal zurückgesetzt; manche schlossen sich, um Vorteile zu gewinnen, den Christen an. Deswegen wurde die Kirche von Außenstehenden sogar oft mit dem Staat gleichgesetzt, und das war nicht gut.

Der Sonntag wird eingeführt

Eine andere Seite soll nicht vergessen werden. Im Jahre 321 wird der Sonntag durch Kaiser Konstantin im ganzen Reich eingeführt. Er legt den Ruhetag auf den altrömischen Tag der Sonne (dies solis). Jede gewerbliche Tätigkeit musste an diesem Tag unterbleiben. Vorbild war der jüdische Sabbat, der bis heute in Israel gehalten wird. Alle Völker im Reich der Römer übernahmen den Sonntag. Die christlichen Missionare führten die Sonntagsheiligung auch in anderen Erdteilen ein. In der Gegenwart erfordert Globalisierung eine einheitliche Zählung der Wochentage. Der Sonntag erhält einen festen Platz auf dem siebten Tag. Er wird damit zum Geschenk an die zivile Welt. Im Grundgesetz der Bundesrepublik Deutschland ist der Sonntag als Tag der Arbeitsruhe und der seelischen Erhebung verfassungsmäßig geschützt.

Gefangene verschenken Kostbarkeiten

Drei Bilder aus der Zeit der Völkerwanderung

Die Kappadozier schufen die berühmten Höhlenkirchen. Die in weiches Tuffgestein geschlagene Höhlenkirche in Göreme in der heutigen Türkei gehört zum UNESCO-Weltkultur- und Naturerbe.

1. Bild: Von Barbaren verschleppt

Was trieb die Westgoten an, immer weiterzuziehen? Was suchten sie? Die Ostsee hatten sie schon überquert. Jetzt drängten sie zum Schwarzen Meer. Auf dem Weiterzug stießen sie in Kleinasien auf harten Widerstand. Unter den Kappadoziern machten sie einige Gefangene, die sie mitschleppten an die Nordküste des Schwarzen Meeres. Für die Gefangenen war das ein trauriges Los. Nicht nur, dass sie von barbarischen Goten beherrscht wurden und auf ihre gewohnte Lebenskultur verzichten mussten, grämte sie. Noch mehr vermissten sie ihren christlichen Gottesdienst. Wie konnten sie in der Unfreiheit Gottesdienst feiern? Sie mussten die gotischen Beherrscher für ihren Glauben gewinnen, als Missionare unter den Goten wirken und die „Gefangenen des Unglaubens" zum Christentum befreien.

2. Bild: Wulfila*

Fünfzig Jahre später wuchs im Gotenvolk ein Knabe heran. Sein germanischer Vater gab ihm den Namen Wulfila, einen bei den Goten üblichen Namen. Die Mutter Wulfilas war die Tochter von gefangenen Kappadoziern. Diese bekannten sich alle zum arianischen Christentum. Die Mutter ließ Wulfila taufen. Ihr Glaube wurde sein Glaube. Ihre Sprache wurde seine Muttersprache. Aber sein Vaterland blieb das Gotenreich.

Später kam Wulfila als Gesandter des Gotenkönigs Ariarchis nach Konstantinopel. Dort ging sein lang gehegter Wunsch in Erfüllung: Er wurde zum Bischof der Goten geweiht.

* auch Ulfilas (311–383)

Codex argenteus, Handschrift der gotischen Bibelübersetzung, 6. Jh., Oberitalien

3. Bild: Gold- und Silberbuchstaben auf Purpurgrund

Wulfila wusste, was seine Gläubigen brauchten. Er konnte das Evangelium lesen. Sie sollten es auch lesen können. „Ich werde meinem Volk die Bibel in seiner gotischen Sprache schenken. Die fehlenden Runen ergänze ich durch griechische und lateinische Buchstaben. Dem kostbaren Inhalt muss das Material entsprechen: Gold- und Silberbuchstaben auf purpurgefärbtem Pergament."

Bischof Wulfila übersetzte das Alte Testament aus der Septuaginta und das Neue Testament aus der Itala, aus dem Griechischen und Lateinischen also ins Gotische, aus der Muttersprache in die Sprache seines Vaters. Jetzt konnten die Goten das Vaterunser beten. „Vater" kann jeder doch nur in seiner eigenen Sprache richtig verstehen.

Vater unser, du in den Himmeln, heilig werde dein Name,	**Atta unsar, thu in himinam, weihnai namo thein,**
dein Königreich komme, dein Wille werde	**quimai thiudinassus theins, wairthai wilja theins,**
wie im Himmel auch auf der Erde.	**swe in himina jah ana airthai,**
Unser Brot das tägliche gib uns an diesem Tage,	**hlaif unsarana thana sinteinan gif uns himma daga,**
und erlass uns, dass wir schuldig seien,	**jah aflet uns thatei skulans sijaima**
gleichwie auch wir erlassen unseren Schuldnern.	**swaswe jah weis afletam thaim skulam unsaraim,**
Und bringe uns nicht in Versuchung,	**jah ni briggais uns in fraistubnjai,**
sondern erlöse uns von dem Bösen;	**ak lausei uns af thamma ubilin,**
denn dein ist das Königreich	**unte theina ist thiudangardi**
und die Macht und die Herrlichkeit in Ewigkeit. Amen.	**jah mahts jah wulthus in aiwins. Amen.**

Taufe des Frankenkönigs Chlodwig um 500 durch Bischof Remigius in Reims. Relief aus dem 13. Jh. am Dom zu Reims

Das Christentum überlebt

Das Ende des Weströmischen Reiches und die Völkerwanderung

Gegen Ende des 4. Jahrhunderts drangen germanische Völker in den römischen Staat ein: die Ost- und Westgoten, die Franken, die Vandalen, die Angeln und Sachsen. Diese bisher heidnischen Völker begegneten auf ihrer Wanderung dem Christentum und nahmen es größtenteils an.

Die Westgoten drangen ins heutige Rumänien ein und wanderten später weiter bis nach Spanien. Wulfila, 341–383 n. Chr. Bischof der Westgoten, erfand ein eigenes Alphabet und übersetzte die Heilige Schrift in die gotische Sprache.

Die Ostgoten bekamen durch Vertrag im heutigen Italien Land zugewiesen. Sie erkannten den römischen Kaiser an und mit ihm auch dessen Religion. Das entsprach der germanischen Ansicht von Religion und Stammesgefolgschaft.

Den Franken gelang es, unter König Chlodwig das alte römische Gallien zu erobern. Besonders in Südgallien blühte damals das kirchliche Leben; es gab viele Klöster nach ägyptischem Vorbild. Beim Tod des hl. Martin sollen über 2000 Mönche in Tours zusammengekommen sein. Aber erst als Chlodwig dem Gebet seiner katholischen Frau einen Sieg über die Alemannen verdankte, wurde er Christ. Im Jahre 496 n. Chr. ließ er sich mit 3000 Franken von Bischof Remigius in Reims taufen.

Noricum: In diese römische Provinz auf dem Gebiet des heutigen Österreichs kam 454 der heilige Severin. Er lebte als Asket und gründete Klöster. Er kaufte Gefangene frei, unterstützte Notleidende und wurde sowohl von den katholischen Romanen als auch von den arianischen Stämmen der Germanen verehrt. Er starb 482 in Mautern bei Krems an der Donau.

England: Papst Gregor der Große schickte 596 den heiligen Abt Augustinus nach England. König Ethelberth von Kent und seine Frau Berta ließen sich mit 10 000 Kriegern noch im gleichen Jahr taufen. Das Christentum Englands aus dem 2. Jahrhundert war durch kriegerische Einfälle fast gänzlich zerstört. Nun begann es wieder zu blühen.

Die gotische Kathedrale in Reims (Frankreich), erbaut 1211–1311

Gregor der Große an Abt Augustin, Bischof der Angeln:
„Weil die neue englische Kirche unter Gottes allmächtigen Schutz gebracht worden ist durch seine reichliche Gnade und durch deine Arbeit, so gestatten Wir dir, das Pallium zu tragen und an bestimmten Orten zwölf Bischöfe einzusetzen, die deiner Oberhoheit unterstehen sollen."

Auflösung von S. 277 (Zeitgenossen Jesu): Alfons, Ulrich, Scholastika, Stanislaus, Eusebius, Nikolaus, Damian, Ubald, Nora, Gregor – AUSSENDUNG.

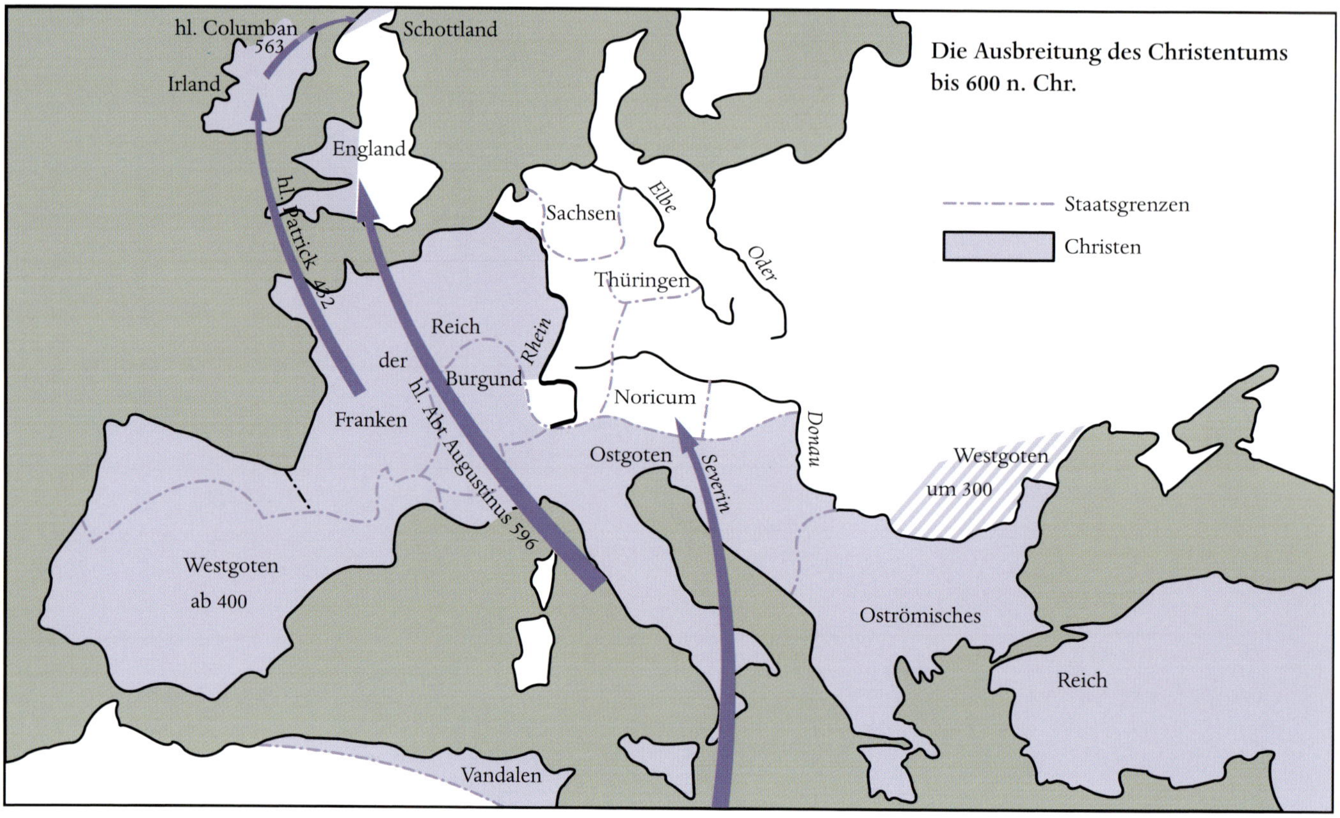

O Gott der elemente
o Gott der geheimnisse
o Gott der gestirne
o könig der könige
o könig der könige

deine freude die freude
dein licht das licht
dein krieg der krieg
dein frieden der frieden
dein frieden der frieden

dein schmerz der schmerz
deine liebe die liebe
die immerzu dauert
von ende zu ende
von ende zu ende

Alt-irisches Lied

Irland: Nach Irland brachte der heilige Patrick das Christentum um 432. Er stammte aus England und hatte in Gallien das Mönchtum kennengelernt. Die Legende berichtet, er sei dort dem heiligen Martin begegnet. Dieser hatte die ersten Klöster in Europa gegründet. Patrick pflanzte das Mönchtum in Irland ein. Es entstanden Mönchssiedlungen mit strenger asketischer Ausrichtung wie die im 3. Jahrhundert in Ägypten und Syrien, noch nicht der Benediktinerorden. Auch die irische Kirche wurde von den Mönchen geprägt. Die Bischöfe waren meist Mönche. Von Irland aus gingen irische Wandermönche als Missionare nach Island, Schottland, Gallien und wirkten fruchtbar im heutigen Deutschland (→ S. 285).

Irisches Keltenkreuz mit Einzelbildern aus dem Leben Jesu auf dem Alten Friedhof von Monasterboice in der irischen Grafschaft Louth

Die ersten Glaubensboten kommen in deutsches Gebiet 600–800 n. Chr.

Die Teilnahme am Wodanskult war Pflicht gegenüber den Göttern, aber auch gegenüber dem Stamm. Durch sein Fernbleiben vom Kult schloss sich der Germane selbst aus der Gemeinschaft aus und galt als Feind des Stammes. Deshalb wurde bei der Germanenmission meist der ganze Stamm christlich. Für einen Germanen war die Hinwendung zum christlichen Glauben also keine persönliche Entscheidung. Der Einzelne, der seine Zustimmung nicht gegeben hatte, sah das trotzdem nicht als Gewaltmaßnahme an, da Religion nicht als Privatangelegenheit galt.

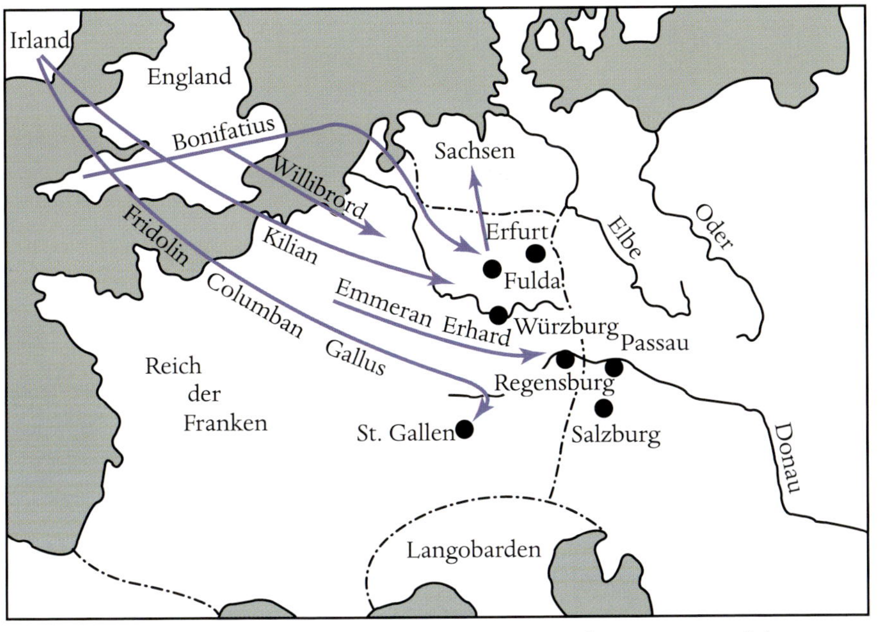

Die iro-schottischen und angelsächsischen Mönche kamen als Missionare auf das europäische Festland.

Gebet und Opfer sollten die Götter gnädig stimmen, Wohlstand, Frieden und Sieg bringen. Der Mensch suchte nach einer Bestätigung. Er glaubte an seine Götter, weil sie ihm halfen. Deshalb überzeugten die Missionare die Germanen häufig erst durch eine Kraftprobe zwischen der alten Religion und der christlichen Botschaft. Die Germanen erwarteten die Rache der Götter, z. B. beim Fällen der Wodanseiche. Als diese Rache ausblieb, war den Germanen bewiesen, dass Jesus Christus der mächtigere Herr war, und sie folgten ihm.

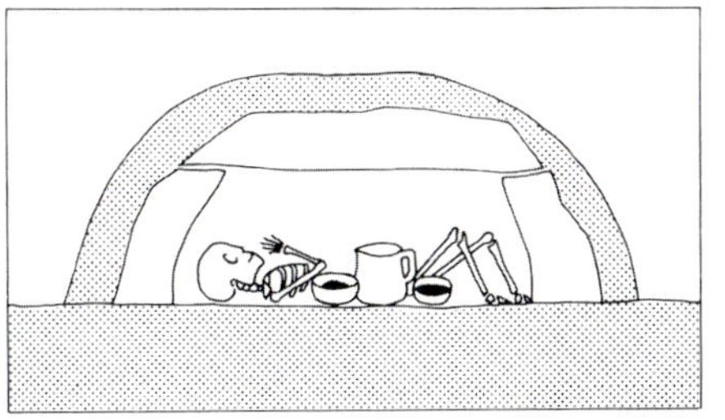

Schnitt durch ein Hünengrab. Aus der Art der Bestattung der Toten und den Beigaben kann man sicher auf einen Glauben an das Weiterleben nach dem Tode schließen.

Unser Land wurde in drei Wellen missioniert

Im 6. Jahrhundert
Das Christentum breitete sich langsam in den von Chlodwig und seinen Söhnen eroberten Gebieten aus.
Bistümer: Augsburg, Chur, Straßburg, Konstanz am Bodensee.
Am Mittelrhein waren wiederhergestellt: Mainz, Köln, Maastricht, Trier, Metz, Verdun.

Im 7. Jahrhundert
Irische Wandermönche missionierten und gründeten Klöster.
Kilian: in Thüringen, im östlichen Franken, in Würzburg;
Fridolin: am Oberrhein;
Columban: in Frankreich (Kloster Luxeuil in den Vogesen), Mainz, am Bodensee, zuletzt in Norditalien (Kloster Bobbio);
Gallus: (ein Gefährte des Columban) missionierte vom Bodensee aus in der Schweiz (später Kloster St. Gallen);
Emmeram: in Regensburg (Emmeramkloster).

Im 8. Jahrhundert
Angelsächsische Benediktinermönche missionierten und gründeten Bistümer.
Willibrord: in Friesland
Bistum: Utrecht, *Abtei:* Echternach
Winfried (Bonifatius): in Bayern, Hessen, Thüringen, Friesland
Bistümer: Regensburg, Freising, Salzburg und Passau (739), Würzburg, Bürraburg, Erfurt, Eichstätt (742), *Abtei:* Fulda (744)

Die Sonnenwarte von Goseck bei Weißenfels wurde als weltweit ältestes Observatorium dieser Art im Jahr 2005 entdeckt und rekonstruiert. Es gibt Auskunft über das kosmische Denken und die Religion der Erbauer vor 7000 Jahren.

Papst Gregor III. erhebt Bonifatius zum Erzbischof (um 732 n. Chr.):
„Dem ehrwürdigsten und heiligsten Bruder und Mitbischof Bonifatius, der zur Erleuchtung des Volkes in Germanien und anderer noch im Schatten des Todes weilender, im Irrglauben befangener Völker ringsum von dieser apostolischen Kirche ausgesandt ist, Gregor, Knecht der Knechte Gottes.
Große Freude erfüllte Uns, als Wir dein Schreiben, heiligster Bruder, gelesen hatten, dass du durch die Gnade unseres Herrn Jesus Christus sehr viele vom Heidentum und Irrglauben zur Erkenntnis des wahren Glaubens bekehrt hast. Und da Wir durch göttliche Unterweisung im Gleichnis belehrt werden, wie der, dem fünf Talente anvertraut waren, andere fünf dazugewann, so spenden Wir mit der ganzen Kirche so gewinnreichem Handel Beifall. Wir haben daher mit Recht das Geschenk des heiligen Palliums übersendet, das du kraft der Machtfülle des seligen Apostels Petrus annehmen und tragen mögest, und verordnen, dass du fortan als einer der Erzbischöfe mitgezählt werden sollst."

Fränkisches Taufgelöbnis (um 820 n. Chr.)

„Entsagst du dem Teufel?" –
„Ich entsage dem Teufel."

„Und allem Teufelsdienste?" –
„Ich entsage allem Teufelsdienste."

„Und allen Teufelswerken?" –
„Ich entsage allen Teufelswerken und -worten, Thunaer und Wotdan und Saxnote und allen Unholden, die ihre Genossen sind."

„Glaubst du an Gott, den allmächtigen Vater?" –
„Ich glaube an Gott, den allmächtigen Vater."

„Glaubst du an Christ, Gottes Sohn?" –
„Ich glaube an Christ, Gottes Sohn."

„Glaubst du an den Heiligen Geist?" –
„Ich glaube an den Heiligen Geist."

Ich bin Bonifatius

Was uns das Bonifatiusfenster im Erfurter Dom erzählt

„... der Abschied von meiner Heimat, von den Klöstern Exeter, wo ich zur Schule ging, und von Nhutscelle – dort war ich dann selbst Lehrer – fiel mir schwer. Aber es zog mich hinaus, hinüber aufs Festland. Den Friesen wollte ich den Glauben bringen. Doch der heidnische Priester Radbod vertrieb alle Glaubensboten, die in sein Land kamen. So wurde auch ich vertrieben und kam zurück in mein Kloster daheim. Sollte ich aufgeben? Es war eine Versuchung für mich, als mich die Brüder zu ihrem Abt wählen wollten. Doch ich fühlte in meinem Innern, dass mich eine andere Aufgabe erwartete.
Ein Jahr später sandte mich der Bischof von Rom am Grabe des Apostelfürsten ins Land der Hessen und Thüringer. Er verlieh mir dafür den neuen Namen des Tagesheiligen, des Märtyrers Bonifatius. Es begann für mich ein neues Leben. Meine Heimat, mein England und mein Nhutscelle, sah ich nie wieder.

Bonifatius erhält von Papst Gregor III. den päpstlichen Sendeauftrag für die Germanenbekehrung.

In der neuen Heimat errichtete ich zunächst zwei Stützpunkte für die Mission, das Michaeliskloster in Ohrdruf und ein weiteres in Erfurt. Denn ich erkannte klar, dass ich die Aufgaben nicht allein bewältigen würde. Dazu gehörte die Bildung und Erziehung der Jugend des Landes, der Söhne von Stammesfürsten und angesehenen Familien. Auch galt es, für einheimische Priester und Ordensleute zu sorgen. Dies schrieb ich nach England und bat um wirksame Hilfe.
Bald war ich nicht mehr allein. Helfer von drüben traten mir zur Seite und nahmen mir wichtige Aufgaben ab. Wigbert übernahm die Leitung der Klosterschule in Ohrdruf. Später sollte er Abt im Kloster Fritzlar werden. Lull übertrug ich das Amt des Erzbischofs von Mainz. Burchard gab ich den Bischofsstab für Würzburg. Von meinen Verwandten waren noch Wunibald und Willibald mit ihrer Schwester Walpurgis gekommen. Lioba, meine liebe eigene Schwester, war auch unter den Helfern. Sie wurde Äbtissin in Tauberbischofsheim, welches Mutterkloster vieler anderer Gründungen werden sollte.

Wie froh war ich über diese Hilfe! Auch die Bücher und Gewänder für den Gottesdienst hatten die Freunde aus England geschickt, die wir sehr brauchen konnten. Die Missionsarbeit war weit schwieriger, als wir es uns vorgestellt hatten. Wir sollten ein gutes Einvernehmen mit dem Frankenkönig erreichen und für die Leitung der Bistümer und Klöster sorgen. Lange hatte ich mit meinem lieben Sturmi nach einem geeigneten Ort für ein Kloster gesucht, das ich nach dem Vorbild von Monte Cassino zu bauen gedachte.
Bei aller Mühe und allem Wirken beschämte es mich, dass ich meiner eigentlichen Aufgabe, der Verkündigung der Botschaft des Evangeliums, nicht selber meine Kraft verliehen hatte. Als mir wieder einmal von einem Sachseneinfall berichtet worden war, dem dreißig unserer Kirchen zum Opfer fielen, dachte ich nicht an mein hohes Alter. Ich hörte nur den Ruf aus meinen jungen Jahren und ging zu den Menschen.
Einen ganzen Winter über war ich bei den Friesen und erzählte von der Frohen Botschaft. Anfang Juni sollte Firmung sein. Da wurde es auch für mich noch einmal Pfingsten, da oben bei Dokkum am Nordmeer. Ich wehrte mich nicht, als sie aus dem Hinterhalt mit Schwertern über uns herfielen und uns niedermachten."

Aus dem „Heliand"
(um 830 n. Chr.)

Da war es manchen kund
Über die weite Welt. Hirten hörten es,
die bei den Rossen draußen waren,
Männer auf der Wacht, die der Pferde pflegten
und des Viehs auf dem Felde. Sie sahn, wie die Finsternis
In der Luft sich löste, und Gottes Licht drang
Glanzvoll durch die Wolken, die Wächter dort
Bei den Hürden umhüllend. Da erschrak das Herz,
Der Mut der Männer, sie sahen den mächt'gen
Gottesengel kommen, er wandte sich gegen sie,
Befahl den Hirten, nicht zu fürchten
Ein Leid von dem Licht. „Liebes", so sprach er,
„Will ich vielmehr euch in Wahrheit melden,
Künden große Kraft! Christ ist geboren,
In der selbigen Nacht, der selige Gottessohn,
in Davids Burg, der himmlische Herr."

Bonifatiusreliquie in einem Bischofsstab

Otfried von Weissenburg
Der in der Klosterschule zu Fulda gebildete Benediktiner Otfried dichtet um 865 im elsässischen Kloster Weißenburg den „Krist", die erste deutsche Versdichtung mit Endreimen. Die vier Evangelien vereint er zu einem Epos, das Frohbotschaft und Deutung zugleich ist.
Vier Verse aus der Leidensgeschichte lauten:

Uns ist fruma in thiu gizált joh ségan filu mánagfalt,
sálida zi libe, thaz scádo uns hiar ni klibe.
Thes kruces horn thar óbana thaz zeigot uf in himila;
thie árma joh thie hénti thie zeigont wóroltenti.

Doch ist ein mannigfaltiger Segen
Im Zeichen des Kreuzes für uns gelegen.
Die Spitze ist auf gen Himmel gestellt,
Die Arme zeigen nach den Enden der Welt.

Ich werd es sagen sächsisch für die Sachsen
König Ludwig der Fromme, Sohn Kaiser Karls, und der gelehrte Abt des Klosters Fulda, Hrabanus Maurus, beauftragten um 830 einen einfachen Mönch, das Evangelium in die Sprache der Sachsen zu übertragen und in ihre Lebenswelt zu übersetzen. Der unbekannte Mönch schuf eine reizvolle Dichtung über den Helden Jesus in einer ritterlichen Umgebung unter dem Titel Heliand.

Zeittafel

um 30	† Jesus Christus
64	Erste Christenverfolgung in Rom unter Nero
67	Martertod der Apostelfürsten Petrus und Paulus in Rom
70	Zerstörung Jerusalems
107	Martyrium des hl. Ignatius, Bischof von Antiochien, in Rom unter Kaiser Trajan
177	Martyrium von etwa 50 Christen in Lyon unter Kaiser Marc Aurel
249–251	Planmäßige Verfolgung unter Kaiser Decius
255	Martyrium des hl. Cyprian
303–305	Christenverfolgung unter Kaiser Diokletian
313	Kaiser Konstantin gibt der Kirche die Freiheit (Edikt von Mailand)
325	Erstes allgemeines Konzil zu Nikaia (Nicäa)
337	† Kaiser Konstantin
356	† Antonius, der Einsiedler
361–363	Kaiser Julian, der Abtrünnige
373	† Athanasius, Bischof von Alexandrien
391	Das Christentum wird Staatsreligion im Römischen Imperium.
397	† Ambrosius, Bischof von Mailand
407	† Johannes Chrysostomus, Bischof von Konstantinopel
430	† Augustinus, Bischof von Hippo und größter abendländischer Kirchenlehrer
440–461	Papst Leo der Große
529	Gründung des Klosters Monte Cassino
547	† Benedikt, der Vater der Benediktiner
590–604	Papst Gregor der Große
um 732	Bonifatius wird zum Erzbischof ernannt.

Der Glaube wird weitergetragen 800 – 1100 n. Chr.

In diesen Jahrhunderten blühte die **nordische Mission**. Der hl. Ansgar († 865) aus dem Kloster Corvey an der Weser ging nach Dänemark und Schweden. 200 Jahre später setzte Adalbert von Bremen sein Werk fort. Dänemark ist seit 1026 christlich. Schweden zögerte mit der Annahme des Glaubens (Anfänge erst zu Beginn des 11. Jahrhunderts), während Norwegen schon Ende des 10. Jahrhunderts das Christentum annahm.

Im **Osten** konnten unter Kaiser Otto I. die wendischen Volksstämme für Christus gewonnen werden. Die Bistümer Brandenburg (950), Havelberg (auch 950), Magdeburg (962), Merseburg, Zeitz und Meißen (alle 968) wurden gegründet, 973 das Bistum Prag errichtet. Bischof Adalbert von Prag ging als Missionar zu den Preußen, wo er 997 am Frischen Haff als Märtyrer starb. Bruno von Querfurt ereilte dort 1008 das gleiche Schicksal. Im Jahre 1000 erfolgte die Gründung des Erzbistums Gnesen. In Mähren wirkten um 850 die Brüder Kyrill und Method als Missionare. Das ungarische Gebiet missionierte um 970 Bischof Pilgrim von Passau. 1001 konnte das Erzbistum Gran gegründet werden.

Im **Süden**, in den ehemals römischen Provinzen, lebten nach der Völkerwanderung nahezu keine Christen mehr. Als Karl der Große 796 über die Awaren siegte, konnte wieder an Mission gedacht werden. Der Kaiser übertrug sie den Bischöfen von Aquileja und Passau und dem Erzbischof von Salzburg. Sie wirkten, mit besonderem Erfolg Arno von Salzburg, in Kärnten und in der pannonischen und awarischen Mark. In die Kiewer Rus kam das Christentum von Byzanz aus. Großfürst Wladimir ließ sich und sein Volk im Jahre 987 taufen.

Boten unterwegs

Bilde aus den Silben die Namen von Glaubensboten und trage sie in der richtigen Zeile ein. Die gekennzeichnete Senkrechte ergibt dann den Ruf, dem sie folgten.

a – an – ba – ban – bert – co – dal – do – em – fri – fried – gal – gre – gor – ki – ky – li – lio – lin – lum – lus – mas – me – me – pa – ram – ril – rin – se – tho – thod – trick – ve – win

Zeit um	Glaubensbote	Missionsgebiet
300		Armenien
450		Österreich (Noricum)
50		Indien
430		Irland
850		Mähren
660		Würzburg
600		Schweiz
510		Oberrhein
570		Norditalien
660		Regensburg
735		Friesland
1050		Schweden
735		Tauberbischofsheim
850		Mähren

Glaubensboten in aller Welt

1492 hatte Kolumbus Amerika entdeckt. Andere wagten sich auch auf das weite Meer, entdeckten andere Länder und Völker. Alle diese Völker hatten noch nichts von Jesus Christus gehört.

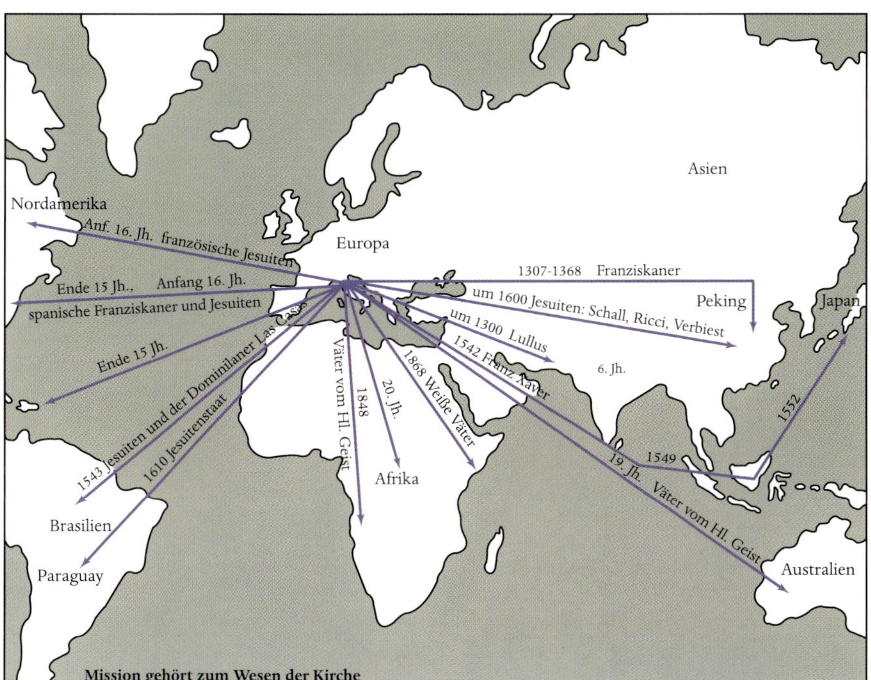

Fest zu Ehren der Kindheit Jesu auf den Philippinen

Messfeier in Senegal

Christliche Holzschnitzkunst aus Peru: Die Heilige Familie auf der Flucht.

Torbau in Trinidad aus dem Jahr 1706. Hier, im Hochland von Bolivien, hatten die Jesuiten im 17. Jh. einen katholischen Staat gegründet.

Zur Förderung der Weltmission schuf Papst Gregor XV. im Jahr 1622 die Kongregation zur Ausbreitung des Glaubens (de propaganda fidei)

Der Jesuit Johann Adam Schall von Bell als Priester, Astronom und chinesischer Mandarin im 17. Jh.

In Amerika

Auf den **westindischen Inseln** war das Christentum schon Anfang des 16. Jahrhunderts weit verbreitet.

Nordamerika: Im Norden wirkten französische Jesuiten, in den Südstaaten spanische Franziskaner und Jesuiten. 1783 gab es 30 000 Katholiken.

Südamerika: Es war für die Indianer schwer, an den Christengott zu glauben, da die Eroberer sie grausam behandelten. Der Dominikaner Las Casas trat deshalb wirksam beim spanischen Kaiser für sie ein. Las Casas starb 1566.

Seit 1543 wirkten Jesuiten in Brasilien. 1610 gründeten sie sogar in Paraguay einen eigenen christlichen Staat, der bis 1750 in Europa unbekannt blieb. Oberstes Ziel war für sie die Mission durch Bildung und Kunst. Sie förderten die Begabungen und das gemeinschaftliche Leben der an sich nicht sesshaften Indios. Zwei Missionare in Brasilien sind bis heute auch als Komponisten in Europa bekannt: Domenico Zipoli SJ (1688–1726) und Martin Schmid SJ (1694–1772).

In Asien

Ostasien: Schon im 6. Jahrhundert brachten Missionare von Persien aus das Evangelium nach Zentral- und Ostasien.

China: Im 13. Jahrhundert wirkten Franziskaner schon in China. 1307 bestand bereits das Erzbistum Peking. Nach 1388 ging das Christentum unter, als ein neuer Kaiser zur Regierung kam.

Erst um 1600 erhielten drei gelehrte Jesuiten – der Italiener Ricci, der Deutsche Adam Schall und der Niederländer Verbiest – durch ihre mathematischen und astronomischen Kenntnisse sogar Zutritt am Kaiserhof. 1692 wird das Christentum erlaubt. Auf Wunsch des chinesischen Kaisers, der europäische Musik kennenlernen wollte, schickte Papst Innozenz XII. um 1700 den Komponisten und Lazaristenpater Teodorico Pedrini nach Peking. Seine Musik sollte die Herzen für das Evangelium öffnen. Doch weil die Chinesen sehr in ihren Bräuchen verwurzelt waren, nahm ab 1700 das Interesse am Christentum wieder ab.

Indien und Japan: Raimundus Lullus (Ramon Llull, † 1316, → S. 291 f.) predigte in Nordafrika und an der Grenze Indiens. In Indien bestanden schon seit 1534 ein Bistum und ein Seminar zur Ausbildung der einheimischen Missionare in Goa. In Goa landete 1542 der Jesuit Franz Xaver und zog weiter nach Ceylon und Malakka. Er predigte auf den Molukken. 1549 kam er nach Japan. Bei der Überfahrt nach China (1552) starb er. In Japan hatte er eine japanische Kirche gegründet. Um 1600 besaß diese Kirche etwa 1 Mill. Anhänger. Schon seit 1587 wurden sie verfolgt, bis 1637 das Ende der Mission da war. Erst 1884 gab es Glaubensfreiheit. 1891 wurde das Erzbistum Tokio gegründet.

In Afrika

Der nordafrikanische Küstenstrich wurde als Randgebiet des Mittelmeeres schon frühzeitig christlich, später aber von den Muslimen erobert.

Nord- und Ostafrika wurde konsequent erst nach 1868 durch die Weißen Väter missioniert. Schon vorher hatte 1848 die Mission der Väter vom Heiligen Geist in Westafrika begonnen.

In Australien

Nach Australien kam im 19. Jahrhundert die neugegründete Missionsgesellschaft der Väter vom Heiligen Geist.

Wo Gott sein soll ...

Rösselsprung

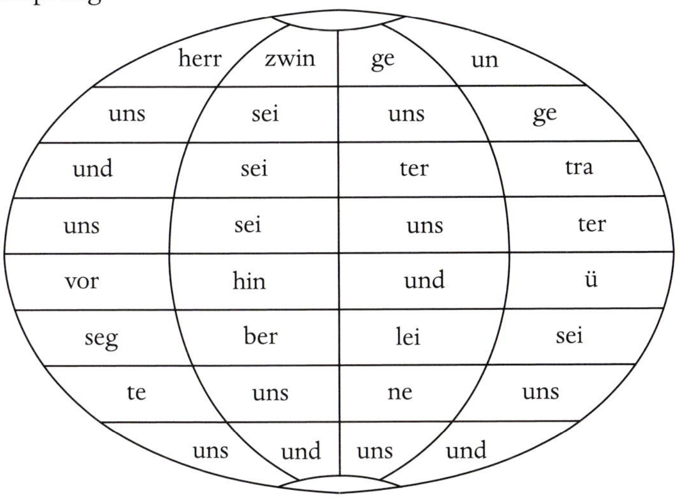

Die Auflösung des Rätsels nennt einen Spruch von Nathan Söderblom.

Wusstest du schon, ...

... dass bereits **Franz von Assisi**, das große Vorbild des seligen Ramon Llull, Verbindung mit dem islamischen Orient knüpfte, um auf friedliche Weise in das Kreuzzuggeschehen einzugreifen? Leider brachte ein Gespräch mit Sultan Melek el-Kamil im Jahr 1219 nicht die von Franz erhoffte Versöhnung zwischen Islam und Kirche.

... dass zweihundert Jahre später der deutsche Theologe, Philosoph und Kardinal **Nikolaus von Kues** (1410–1464) als Anwalt der Versöhnung von Juden, Christen und Muslimen aufgetreten war? Sein Bemühen blieb ohne Erfolg. Er war wohl seiner Zeit zu weit voraus.

... dass der italienische Jesuit **Paolo Dall' Oglio** sich 1980 im syrischen Bergland inmitten von Muslimen niederließ? Im Gebet und im Alltag wollte er islamischen und christlichen Glauben einander nahe bringen.

... dass ein **Parlament der Weltreligionen** 1993 in Chicago mit über 6500 Teilnehmern ein Weltethos proklamierte, das übereinstimmende ethische Regeln in den Weltreligionen feststellte?
→ S. 84 und 292

Selbsternannt und anerkannt

Auf der Sonneninsel Mallorca lebte einst ein Jüngling. Er war nicht nur überaus klug, Gott hatte ihm auch ein feines Aussehen geschenkt. Er hieß Ramon und war eines Edelmannes Sohn. Schon mit jungen Jahren musste er am Königshofe niedere Dienste tun. Nach der Schulzeit bestellte ihn der König zum Erzieher des Prinzen. Sein freundliches Wesen machte Ramon sehr beliebt, besonders bei den Damen des Hofes. Es heißt, er habe sein Herz ein um das andere Mal verschenkt, auch als er längst einem Weibe angetraut worden war. Aber Ramon galt auch als ein guter Lehrer.

Von seinem weit gereisten Vater habe er die Liebe zu fremden Sprachen geerbt. Bereits als Kind auf des Vaters Schoß hätte er die biblischen und arabischen Geschichten gehört und den Traum von der Einheit der Christen und Juden und Muslime geträumt. Der König nahm ihn in sein Gefolge bei mancher Reise nach Spanien, wo Ramon das friedliche Miteinander der drei Religionen mit eigenen Augen sah. Er war dabei, als der erste Franziskaner den König auf Mallorca besuchte. Ramon war immer begierig auf Neues. So lernte er ganz nebenbei, lateinisch und griechisch und türkisch zu schreiben und zu sprechen. Und seine Muttersprache, das Katalanische, formte er durch eigene Dichtung. Sogar die maurische Rechenkunst machte er sich zu eigen, der Prinzenerzieher von Palma.

Ja, und dann war er eines Tages spurlos verschwunden. Nach Monaten sickerte durch, dass Ramon auf dem Berg Randa gesehen worden sei. Dort hatten die Brüder des Heiligen Franziskus von Assisi soeben einen Stützpunkt ausgebaut. Wollte Ramon ein Franziskaner werden? Hatte er sich deshalb von Hof und Familie getrennt?

Schließlich gab Ramon öffentlich bekannt, dass er von jetzt an nur noch dafür leben wolle, die drei abrahamitischen Religionen zu versöhnen. Das Datum ist überliefert. Es war der 4. Oktober 1264. Am Gedenktag des heiligen Franz von Assisi begann Ramon Llull ein neues Leben. Er hatte offenbar Hilfe durch den König. Denn er richtete in dessen Jagdschloss Miramar im Norden der Insel eine Sprachschule für Glaubenslehrer ein. Auch Philosophie und Theologie, Medizin und Rechenkunst sollten sie lernen als künftige Diener der Einheit.

Standbild des Ramon Llull (1235–1316) in Palma de Mallorca. Er wollte Juden, Christen und Muslime versöhnen.

Auflösung von S. 289 (Boten unterwegs):
1. Gregor, 2. Severin, 3. Thomas, 4. Patrick, 5. Kyrill, 6. Kilian, 7. Gallus, 8. Fridolin, 9. Columban, 10. Emmeram, 11. Winfried, 12. Adalbert, 13. Lioba, 14. Method – GEHT IN ALLE WELT.

Angesichts aller Unmenschlichkeit fordern unsere religiösen und ethischen Überzeugungen:
Jeder Mensch muss menschlich behandelt werden!
Das heißt: Jeder Mensch – ohne Unterschied von Alter, Geschlecht, Rasse, Hautfarbe, körperlicher und geistiger Fähigkeit, Sprache, Religion, politischer Anschauung, nationaler und sozialer Herkunft – besitzt eine unveräußerliche und unantastbare Würde. Alle, der Einzelne wie der Staat, sind deshalb verpflichtet, diese Würde zu achten und ihren wirksamen Schutz zu garantieren.

Erklärung zum Weltethos,
Parlament der Weltreligionen
Chicago 1993

Und Ramon war der eifrigste Student an seiner Schule in Miramar. Wie nebenbei schrieb er 260 Bücher in Latein und Katalanisch, Lehrbücher, sogar einen Roman und Gedichte, eine Anleitung zum Bau einer Rechenmaschine. Die letzten 30 Jahre seines Lebens ist er rastlos unterwegs. Wohin? Warum?
Er wollte seinem Ziel näherkommen: Versöhnung der Religionen, Frieden unter Muslimen, Juden und Christen. Er besuchte die Franziskaner, um von ihnen zu erfahren, was der heilige Franz seinerzeit beim Sultan erreicht und weshalb er ihn nicht bekehrt hatte. Er lag vier Päpsten in den Ohren, damit sie an den Universitäten orientalische Lehrstühle errichten. Er ging selber nach Paris, hielt Vorlesungen in seinem Sinne. Er nahm an Generalkapiteln der Dominikaner teil, um ihre Mitwirkung als Prediger oder Wissenschaftler zu sichern.
Ramon zog schließlich selber mit Stab und Bündel als Missionar nach Nordafrika, nach Sizilien. Er war wie besessen von der Idee der Versöhnung. Dafür ertrug er Hitze und Kälte, Ablehnung und Hass, er soll sogar gesteinigt worden sein. Jedenfalls wurde der alte Einzelkämpfer todkrank auf das Schiff gebracht. Auf der Überfahrt starb Ramon Llull im 81. Jahr seines Lebens.
Als der selbsternannte Gottesbote im Hafen von Palma an Land getragen wurde, um in der nahen Franziskanerkirche beigesetzt zu werden, waren Tausende auf den Beinen. Sie grüßten ihren Landsmann wie einen Heiligen. Sie waren stolz auf ihn, der längst als Raimundus Lullus am Himmel der europäischen Wissenschaft glänzte und durch sein ungewöhnliches Leben den einfachen Menschen den Himmel geöffnet hatte.
Urlauber auf Mallorca sollten den Seligen der Insel am 3. Juli oder im täglichen Gewimmel auf dem Puig de Randa, dem Klosterberg im Süden der Baleareninsel, suchen und grüßen.

Mission unterm Regenbogen

Im Buch Genesis heißt es: „Und Gott sprach: Meinen Bogen setze ich in die Wolken; er soll das Bundeszeichen sein zwischen mir und der Erde" (Gen 9,13). Mit diesem Bund hat Gott in den Menschen die Sehnsucht nach der heilen Welt geweckt. Ein Parlament der Weltreligionen aus dem Jahre 1993 kam zu der Erkenntnis, dass in allen Weltreligionen gemeinsame ethische Werte zu finden sind. Diese seien die Verbote der Tötung und des Diebstahls, die Gebote der Wahrhaftigkeit und der Elternversorgung, die auf verschiedene Weise in der Goldenen Regel zusammengefasst sind. Diese lautet bei uns: „Was du nicht willst, dass man dir tu, das füg auch keinem andern zu." oder „Alles, was ihr von anderen erwartet, das tut auch ihnen."
Der katholische Priester und Theologe Hans Küng befasst sich seit langem mit dem Weltethos. Er sagt, es gebe keinen Frieden auf der Welt ohne Frieden unter den Religionen.
Einen Dialog zwischen Juden, Christen und Muslimen hatten früher schon der hl. Franziskus, der sel. Ramon Llull und der geniale Nikolaus von Kues, wenn auch erfolglos, versucht. Das gleiche Ziel haben Charles de Foucauld durch sein Leben unter den muslimischen Beduinen, Dag Hammarskjöld durch sein politisches Wirken und seine religiöse Dichtung, Mutter Teresa mit ihren heilenden Händen und viele andere auf viele andere Weisen angestrebt. Es wären hier Hunderte zu nennen, die sich als Werkzeuge eines Weltethos verstanden haben.
Dem Bemühen Hans Küngs, der seinem Glauben trotz Entzug der kirchlichen Lehrerlaubnis über Jahrzehnte treu blieb, um das Weltethos ist angesichts der heutigen Möglichkeiten im Austausch der Meinungen reicher Erfolg zu wünschen.

Hans Küng, der Spurensucher des Weltethos im Geiste des sel. Ramon Llull

Kirchengeschichte in Stichworten

ABENDLAND ist seit der → Antike die Bezeichnung für das Land, in dem die Sonne untergeht, also vom Standpunkt des Römers aus West- und Mitteleuropa. Als geschichtliche Einheit entsteht das Abendland nach dem Untergang des Weströmischen Reiches. Die Verbindung von christlicher Religion, germanischer Lebensart und römischem Recht leitet das Mittelalter ein. Später ist Abendland das Heilige Römische Reich Deutscher Nation und danach, besonders in der Auseinandersetzung mit den islamischen Türken, der Inbegriff für das christlich-katholische Europa. Auch Okzident (lat. = Untergang).

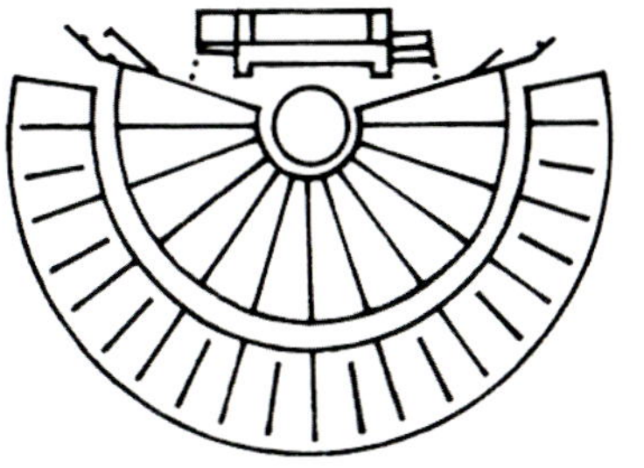

Aus dem griechischen Theater (→ oberes Bild), dessen ältestes Beispiel im Knossos auf Kreta erhalten ist, haben die Römer das **Amphitheater** (→ unteres Bild) geschaffen.

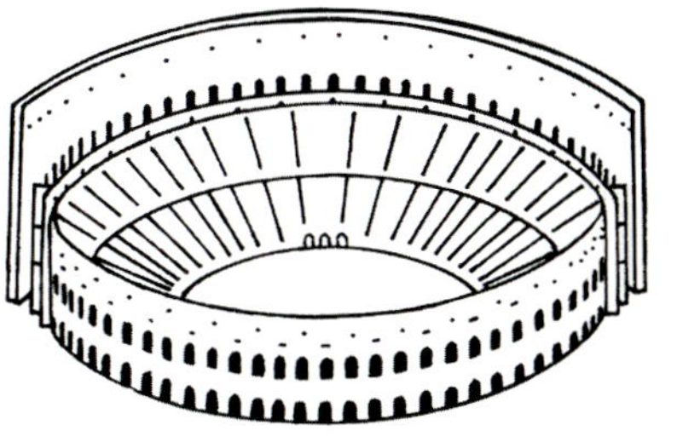

ALBIGENSER religiöse Schwärmer, nach der südfranzösischen Stadt Albi genannt. Sie gehörten zu den in Südfrankreich und Oberitalien verbreiteten Katharern (griech. = die Reinen), traten vom 11. bis Anfang des 13. Jahrhunderts auf und verlangten überstrenge Askese. Sie verwarfen z. B. die Ehe, die kirchlichen Sakramente, Altäre, Kreuze, die Verehrung von Bildern, Heiligen usw. Gefordert wurden Fasten und häufiges Gebet.

AMPHITHEATER (griech. amphi = auf beiden Seiten und ringsum) ist ein Theater, in dem der Zuschauerraum (theatron) nicht halbkreisförmig um die Bühne (skene), sondern rings um die ovale Arena angelegt ist. Im römischen Amphitheater wurden Gladiatorenkämpfe, Seeschlachten und Tierhetzen vorgeführt; im griech. Theater dagegen nur Schauspiele. Größtes Amphitheater ist das Kolosseum in Rom (→ S. 281) mit 50 000 Plätzen, eingeweiht 80 n. Chr., in dem nach der Überlieferung viele Christen den Martertod fanden.

ANTIKE (lat. antiquus = alt); Zeit des Altertums, die von der griechisch-römischen Kultur geprägt ist: für das Römische Imperium bis zum Beginn der Völkerwanderung (375), für Griechenland bis um 529 (Schließung der Akademie in Athen), für den islamischen Orient bis 622 (Entstehen des Islam).

APOSTEL (griech. apostelein = aussenden; Gesandter, Bote). Der Begriff ist typisch christlich zu verstehen und umfasst die 12 Mitglieder des engeren Jüngerkreises, einschließlich Matthias und Paulus.

ATHEIST (griech. = einer, der den Glauben an Gott ablehnt). Schon die Christen galten im Römerreich als Atheisten, weil sie die Götter des Staatskultes nicht anerkannten. Umgekehrt verfolgte die → Inquisition Andersdenkende als Atheisten. Unter praktischem Atheismus verstehen wir eine Gleichgültigkeit gegenüber jeder Religion.

Germanische frühchristliche Grabstele auf Island, 6. Jh. Auffallend sind Runen und die Kreuze auf dem schlichten Steinkörper.

GEGENREFORMATION nennen wir die Bestrebungen der Kirche, die Ausbreitung der Reformation zurückzudrängen, von etwa 1555 bis 1648. Besonders eingesetzt hat sich dabei der Jesuitenorden. Er verbreitete dabei den im 19. Jahrhundert fälschlich als Jesuitenstil bezeichneten barocken Kirchenbau. Die prunkvolle künstlerische Ausgestaltung sprach die Menschen an und führte sie zu einer optimistischen Weltanschauung.

GERMANEN Innerhalb der indoeuropäischen Sprachgruppen sind die Germanen ein Volksgemisch, das etwa um 750 v. Chr. im Raum von Skandinavien und der Ostsee zwischen Weichsel und Rhein geschichtlich fassbar ist.
Im 1. Jahrhundert n. Chr. teilten sie sich in 3 große Gruppen:
die **Nordgermanen** (heute Dänen, Schweden, Norweger, Isländer);
die **Ostgermanen** (Goten, Vandalen, Burgunder, Rugier, Gepiden u. a.);
die **Westgermanen** (darunter Sueben, Markomannen, Teutonen, Angeln, Sachsen, Friesen und Franken).

Mittelalterliches Hofportal mit Ringkreuz auf der Insel **Gotland** (Schweden)

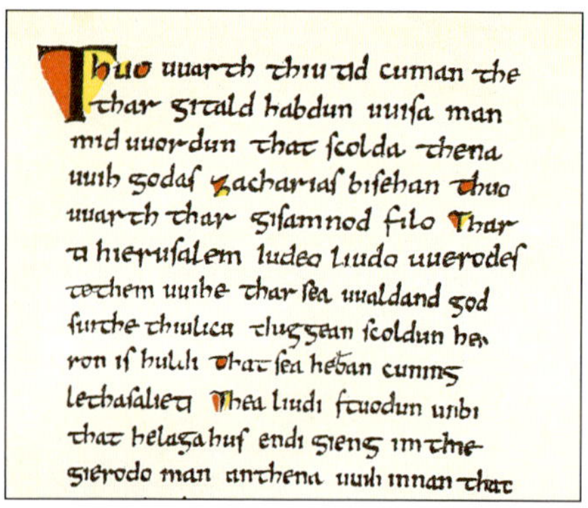

Thuo uuarth thiu tid cuman the
thar giuuald habdun uuisa man
mid uuerdun that scolda thena
uuih godas zacharias bisehan thuo
uuarth thar gisamnod filo thar
ti hierusalem iudeo liudo uuerodes
te them uuihe thar sea uualdand god
suithe thiulico thuggean scoldun her
ron is huldi that sea heban cuning
ledes alettin thea liudi stuodun umbi
that helaga hus endi gieng im the
gierodo man an thena uuih innan that

Eine Seite aus dem **Heliand**-Epos, 9. Jh.

Allee der Gerechten in der Gedenkstätte Yad Vashem in Jerusalem. Für jeden Menschen aus aller Welt, der Gut und Leben für verfolgte Juden eingesetzt hat, wird hier ein Baum gepflanzt.

Die Germanen waren maßgeblich an der Zerstörung des Römischen Reiches beteiligt und verhalfen dem für damalige Verhältnisse fortschrittlichen Feudalsystem zum Durchbruch im Abendland. Zugleich mit dem Römischen Reich löste sich auch die einheitliche römische Reichskirche auf. Es entstanden durch die Völkerwanderung auf dem alten römischen Gebiet arianisch-christliche Staaten (→ S. 114, 298 und 325).
Erst mit der Taufe Chlodwigs (495) und mit dem Erstarken des Papsttums unter Papst Gregor dem Großen (590–604) verlagerte sich das Schwergewicht des Abendlandes vom Mittelmeer in das katholische Reich der Franken. Damit wurde allmählich das arianisch geprägte Christentum der Germanen überwunden. Aus der Verbindung der später im Frankenreich regierenden Karolinger mit der Kirche in Rom entstand das Römische Kaisertum deutscher Nation.

GOTEN Dieser Teilstamm der Germanen (nach der Ostseeinsel Gotland genannt) wanderte seit etwa 150 n. Chr. ständig umher und entwickelte sich auf den Zügen zu einem wandernden Heer, das von der Ausbeutung unterworfener Stämme lebte. Im 4. Jahrhundert errichteten die Goten ein Reich am Schwarzen Meer, das 375 durch die Hunnen vernichtet wurde. Dies löste die sogenannte → Völkerwanderung aus.

HEIDEN Die Kirche früherer Zeiten nannte „Heiden" alle, die nicht getauft waren. Auch die Muslime galten in diesem Verständnis als Heiden, obwohl sie doch an Allah glauben. Die Urchristen waren vor ihrer Taufe entweder Juden oder Heiden und werden entsprechend Judenchristen oder Heidenchristen genannt. – Die Ehrfurcht vor der Überzeugung anderer gebietet heute die Vermeidung des Wortes „Heide".

HELIAND heißt der Titel einer altsächsischen Evangeliendichtung im Stabreim, die um 830 von einem unbekannten Geistlichen (Mönch?) verfasst worden ist. Christliches und altgermanisches Gedankengut verbinden sich im „Heliand" zu großartiger Dichtung. → S. 287

INQUISITION (lat. = Untersuchung); seit 1183 Gerichtsorganisation der katholischen Kirche gegen Irrlehrer, 1231 dem Dominikanerorden übertragen. Unterstützt durch die Machtmittel des Staates hat die Inquisition, besonders in Spanien, auch Gewalt angewendet. Im 16. Jahrhundert wurde sie gegen die Reformation eingesetzt und blieb bis ins 18. Jahrhundert wirksam.

JUDENVERFOLGUNG wird als Schoah (hebr. = Sturm, Untergang) oder häufiger als Holocaust (griech. holo kaustos = völlig verbrannt) bezeichnet. Schon aus vorchristlicher Zeit sind Anfeindungen gegen Juden bekannt. Unter den Karolingern und Ottonen waren sie geachtet als Gelehrte, Kaufleute und Händler. In der Zeit der Kreuzzüge wurden sie insgesamt mit der Schuld am Tode Jesu belastet. Das 4. Laterankonzil verlangte ihre Kennzeichnung durch einen gelben Fleck auf der Kleidung und den spitzen Hut. Ab 1290 wurden Tausende Juden aus England, Frankreich, Spanien und Portugal vertrieben und fanden in Russland und anderen östlichen Ländern neue Heimat. Luther und andere Reformatoren stellten die Verfolgung und Ausweisung von Juden nicht in Frage (Luthers Schrift „Von den Jüden und ihren Lügen", 1543). Während der Naziherrschaft von 1933 bis 1945 fand eine planmäßige Judenvernichtung statt. In eigens dafür errichteten Lagern sind sechs Millionen jüdische Männer, Frauen und Kinder zur Zwangsarbeit missbraucht oder umgebracht worden. In den Jahren danach entstand in Deutschland die Gesellschaft für Christlich-Jüdische Zusammenarbeit, um Schuld aufzuarbeiten und alte Feindschaft zu überwinden.

KETZER Im 11./12. Jahrhundert entstanden politisch-religiöse Bewegungen in Norditalien und Südfrankreich. Ihre Anhänger nannten sich „die Reinen" (griech. Katharer). Der Volksmund verwandelte das griechische Wort in „Ketzer". Von der Kirche wurde dann die Bezeichnung vor allem in der → Inquisition auf alle Irrlehrer oder Andersdenkende angewendet. (→ S. 312 f. und 315)

KIRCHENSTAAT Er entstand im 8. Jahrhundert durch Schenkungen der fränkischen Könige Pippin und Karl der Große an die Kirche in Rom. Im Laufe der Jahrhunderte häufige Gebietsveränderung durch kriegerische Auseinandersetzungen. 1870 wurde der Kirchenstaat dem entstandenen Königreich Italien einverleibt, der Papst „Gefangener im Vatikan". 1929 wurde durch die Lateranverträge der Vatikan ein selbständiger Staat.

Kardinal Gasparri und Diktator Mussolini besiegeln den Vatikan als **Kirchenstaat**.

KONSTANTINISCHE WENDE nennt man das geschichtliche Ereignis, in dessen Verlauf das Christentum aus der Situation der Verfolgung in eine vom Römischen Reich anerkannte Religion überwechselte. Äußeres Datum dafür ist die Veröffentlichung der gesetzlichen Grundlage, des Mailänder Ediktes, im Jahre 313.

KOPTEN sind Nachfahren der alten Ägypter, die hauptsächlich als Christen leben und 10–15 Prozent der ägyptischen Bevölkerung ausmachen. Trotz islamischer Umgebung sind bedeutende Klöster im Wadi Natron und am Roten Meer (z. B. das Antoniuskloster, → S. 36 und 203) erhalten.

Koptischer Priester am Aufgang zur Höhle des Mönchvaters Antonius in Ägypten

KREUZZÜGE sind militärische Großunternehmungen zur Befreiung des Heiligen Landes von der nichtchristlichen Türkenherrschaft im 11. bis 13. Jahrhundert. → S. 304–308.

KYRILL UND METHOD Die beiden Brüder werden als Slawenapostel verehrt, besonders in der Ostkirche.
Die lat. Schreibweise der Namen ist „Cyrill und Methodius". Sie entstammten einer Senatorenfamilie aus Saloniki (= Thessalonike). In Byzanz (= Konstantinopel, Istanbul) erwarben sie eine ausgezeichnete Bildung. Seit 863 wirkten sie gemeinsam als Missionare bei den slawischen Völkerschaften von Mähren und Ungarn.
Kyrill, geb. 827, vor seinem Eintritt in den Mönchsstand (867 in Rom) Konstantin genannt, übersetzte biblische und liturgische Texte in die Volkssprache und schuf dafür auch eine eigene Schrift. Diese wird als kyrillische Schrift bis heute in slawischen Ländern Osteuropas geschrieben. 869 starb er in Rom. Er gilt als Begründer der slawischen Literatur.
Method, eigentlich Michael, war wohl älter als sein Bruder. Sein Geburtsjahr ist nicht bekannt. In Rom wurde er 868 zum Priester und 869 zum Bischof geweiht. 885 starb er in Staré Mêsto, ca. 60 km östlich von Brno (Brünn) im heutigen Tschechien.
Die Kirche gedenkt dieser beiden Heiligen am 14. Februar. Kyrill und Method wurden 1980 von Papst Johannes Paul II. zu Mitpatronen Europas ernannt.

Die Slawenapostel **Kyrill** und **Method** in der sorbischen Pfarrkirche Storcha

MITTELALTER Der Begriff wird in der beginnenden Neuzeit aus tiefer Ablehnung heraus geprägt für den etwa tausendjährigen Zeitraum zwischen → Altertum und → Neuzeit.
Drei Phasen werden unterschieden: **Frühmittelalter** (etwa bis zur Abspaltung der Ostkirche 1054), **Hochmittelalter** (etwa bis 1400) und **Spätmittelalter** (etwa bis zur Entdeckung Amerikas 1492 oder bis zur Reformation 1517).
Im Mittelalter erlebte die Kirche unter Papst Innozenz III. (1198–1216) den Höhepunkt äußerer Machtentfaltung. Seit etwa der gleichen Zeit aber führten die religiösen Armutsbewegungen innerhalb und außerhalb der Kirche (Bettelorden, Waldenser) zu einer neuen Besinnung auf das Wesen des Evangeliums.

Muslime als Zeugen beim Bienenwunder Mohammeds, türkische Miniatur, 16. Jh.

Otto I., Kaiser der **Sachsen**, mit seiner ersten Gemahlin Editha, Skulptur im Dom zu Magdeburg, 13. Jh.

Säkularisierte Nikolausfigur in Myra. Auch die Muslime verehren den Heiligen mit Ehrfurcht.

MISSION (lat. mittere = schicken, senden); die Aussendung, die Botschaft, der Auftrag. Die Kirche versteht darunter die Aussendung von Missionaren zur Ausbreitung des Evangeliums. Mission kannten auch schon die Buddhisten und die Juden. Auch der Islam betreibt Mission. Die katholische Kirche hat zu allen Zeiten, wenn auch unterschiedlich in Art und Weise, Missionare ausgesandt.

MUSLIM (auch Moslem [arab.]); Anhänger des Islam, der von Mohammed (um 570–632) gestifteten religiösen Lehre. Seit 680 (Kämpfe um die Nachfolge Mohammeds) zerfällt diese in zwei Richtungen:
Hauptrichtung:
Sunniten: Sunna ist eine Sammlung von mündlich überlieferten Worten und Taten Mohammeds, neben dem Koran eine Glaubensgrundlage. Anhänger: um 600 Mill.
Nebenrichtung:
Schiiten: Sie verwerfen die Sunna. Sie betrachten als rechtmäßige Nachfolger des Propheten Mohammed und als Oberhaupt (genannt Imam) nur den Schwiegersohn des Propheten Mohammed (Ah) und dessen Nachkommen. Sie zerfallen in viele Sekten. Anhänger: um 30 Mill.
→ S. 96 ff.

NEUZEIT In langem Prozess ging das Mittelalter in eine neue Epoche über, deren Beginn unterschiedlich datiert wird und die durch Renaissance und Frühkapitalismus gekennzeichnet war. Im 20. Jahrhundert Übergang in „Neueste Zeit".

ORIENT (lat. oriri = aufgehen, entstehen; Osten); Bezeichnung für das Morgenland, also, wo die Sonne aufgeht. Gegensatz: Okzident = Untergang (→ Abendland).

REICH Das Wort ist keltischer Herkunft und bedeutete ursprünglich „Herrschaft, Regierung", dann bezeichnete es das Herrschaftsgebiet, z. B. Frankenreich, Österreich, Deutsches Reich. Übertragen: Pflanzenreich, Weltreich, Gottesreich …

SACHSEN Stamm der Westgermanen, ursprünglich in Nordwestdeutschland. Ein Teil ging um 450 n. Chr. mit Angeln und Jüten nach Britannien (Angelsachsen). Der andere Teil (Westfalen, Ostfalen, Engem) wurde durch Karl den Großen 772–804 in hartnäckigen Kämpfen christianisiert. Sächsische Herzöge waren seit dem 10. Jahrhundert deutsche Könige (z. B. Heinrich I.) und römische Kaiser (z. B. Otto I.). 1180 Auflösung des Herzogtums Sachsen unter Heinrich dem Löwen. 1260 Spaltung in Sachsen-Lauenburg, Sachsen-Anhalt und Sachsen-Wittenberg. Letzteres kam 1423 als Kurfürstentum an die Wettiner (Markgrafen von Meißen). Auf ihr Gebiet (Meißen, Thüringen, Vogtland) ging der Name „Sachsen" über.

SÄKULARISATION bezeichnet die Umwandlung von geistlichem Besitz in weltlichen. In der Reformation wurden Klöster säkularisiert, d. h., sie gingen aus der Hand der Kirche in die eines weltlichen Landesherren über.

SÄKULARISIERUNG Das Wort geht auf saeculum (lat. = Jahrhundert, Zeitalter) zurück, welches die Ewigkeit (= Aeternitas) als geistliche Seite der Schöpfung ausblendet und spätlateinisch im Sinne von Verweltlichung gebraucht wird. Die Religionen verwenden es als Beschreibung der Abkehr vom Glauben und dessen Ethik. Dem Handel unterstellt man gern säkularisierende Absichten, wenn dieser mit den religiösen Festen überwiegend materiellen Gewinn anhäufen will.

SARAZENEN sind im Altertum Angehörige eines Stammes in Arabien. Reste des Stammes leben heute noch dort. In den Kreuzzügen wurde die Bezeichnung verallgemeinernd auf Türken, Araber, → Muslime und sogar auf alle Nichtchristen übertragen.

SCHOLASTIK heißt „Schulwissenschaft“ und ist die an den mittelalterlichen (Hoch-)Schulen herrschende philosophisch-theologische Denkweise. Ihre Vertreter werden Scholastiker genannt. Sie versuchten, die christlichen Glaubenssätze durch die Philosophie zu stützen. Dabei beriefen sie sich vor allem auf die Lehren des griechischen Philosophen Aristoteles (384–322 v. Chr.). Die Scholastik trug wesentlich zur Förderung des Universitätswesens in Europa und auch zur Ausbildung der Naturwissenschaften bei. Sie bestimmte jahrhundertelang den Rahmen der Hochschulbildung. Höhepunkte erlangte sie im 13. Jahrhundert durch Albert den Großen (Albertus Magnus, → S. 218) und Thomas von Aquin. (→ S. 218)

Aristoteles, der griechische Universalgelehrte, wurde Lehrer der **Scholastik**.

SEVERIN An der Grenze zwischen Altertum und Mittelalter und zwischen romanischer und germanischer Welt lebte im Grenzland des Römischen Reiches an der Donau der hl. Severin. Faszinierend beschrieb Eugipius, der Schüler des Heiligen, dessen Leben. Severin hatte auf Gottes Geheiß seine Einsiedelei im Orient verlassen und war in die Provinz Noricum gekommen. Er gründete Klöster in Favianis (bei Krems) und Batavia (bei Enns) an der Donau. Von seinen Mönchen, unter denen auch Germanen waren, forderte er ein geregeltes, heiligmäßiges Leben und ermahnte sie zu Fasten, Gebet und Almosen. Auf seine Weisung hörten die katholischen Romanen in Noricum, aber auch die arianischen Fürsten der germanischen Stämme befolgten seinen Rat. Severin genoss hohes Ansehen besonders als Fürsprecher seines Volkes in den Grenzlandkämpfen. Er kaufte Gefangene frei und half Notleidenden. Er leitete mit ruhigem, klarem Geist notwendige Umsiedlungen vor den nachdrängenden Germanen. Severin starb 482 in seinem Kloster Favianis.

Severin, Heiliger der Völkerwanderung

SIMONIE Im Neuen Testament will ein Zauberer namens Simon dem hl. Paulus die Gabe des Heiligen Geistes abkaufen (Apg 8,18–24). Nach diesem Simon wird der Kauf oder Verkauf geistlicher Ämter (Bischof, Abt usw.) Simonie genannt. Obwohl das Kirchenrecht solche Geschäfte verbietet, wurde im Mittelalter nicht selten dagegen verstoßen. Das führte dann zum Investiturstreit. (→ S. 302 f.)

SORBEN zählen neben den Tschechen, Slowaken, Polen und Elbslawen zu den Westslawen. Diese verfestigten zwischen dem 7. und 10. Jahrhundert ihre Herrschaft westlich von Oder und Neiße. Durch Eroberungszüge fränkischer und deutscher Feudalherren seit dem 8. Jahrhundert wurden fast alle ihre Gebiete erobert. Lediglich in der Lausitz (Sachsen und Brandenburg) konnten sich die Milzener und Lusizer (= sorbische Stämme) der deutschen Einverleibung erfolgreich widersetzen. Anteil daran hatte sicher Bischof Benno (1010–1106), der festlegte, dass in den Kirchen sorbisch gesprochen werden sollte. Ihre Nachkommen bilden heute die nationale Minderheit der Sorben, die sich ihre slawische Sprache und eine lebendige Kultur erhalten konnte.

Sorbische Druschken in ihrer Festtracht

STAATSKIRCHE nennen wir eine Kirche, die mit dem Staat zu einem einheitlichen System verbunden ist. Die Leitung übt der Staat aus, er besetzt die hohen Kirchenämter, leitet das Schulwesen im Sinne der Kirche und erhebt Steuern für die Staatskirche. Nach der → Konstantinischen Wende war das Christentum Staatskirche (Staatsreligion) im Römischen Reich, im Mittelalter war sie es in Deutschland (unter katholischen und nach der Reformation zugleich unter katholischen und protestantischen Herrschern).

Nachgebauter Wachtturm am Limes im Rheingebiet. Der Limes sollte das Eindringen der Germanen ins Römische Reich während der **Völkerwanderung** verhindern.

Das Zeichen der **Waldenser**. Die Schrift „Licht leuchtet in der Dunkelheit", der auf der Bibel stehende Leuchter und die auf die sieben christlichen Gemeinden weisenden Sterne sind Zitate aus der Offenbarung des Johannes.

Auflösung von S. 291 (Wo Gott sein soll): Herr, sei vor uns und leite uns, sei hinter uns und zwinge uns, sei unter uns und trage uns, sei über uns und segne uns.

VÖLKERWANDERUNG (auch → S. 114) In großen Bewegungen vereinten sich Stämme und bildeten neue Völker. So wanderten **Goten** von der Ostseeinsel Gotland auf die Balkanhalbinsel, verschmolzen Kelten und Westgoten zu Spaniern sowie Römer und Germanen zu Italienern.
Die germanischen **Vandalen** zogen 406 vom Stammland Schlesien nach Spanien (V-anda-lusien) und bald weiter nach Nordafrika, wo sie das erste Germanenreich (429 bis 534) mit strengem arianischen Christentum auf römischem Boden gründeten. Damit leiteten sie den Untergang der blühenden nordafrikanischen Kirche und des Weströmischen Reiches ein.

Córdoba im südspanischen V-andalusien gehörte im 5. Jh. zum spanischen **Vandalen**reich. Später erbauten islamische Eroberer hier ihre große Moschee (Bildmitte). Wieder später fügten die Christen ihre Kathedrale in das Bauwerk. Die Altstadt mit der Moschee-Kathedrale Mezquita gehört heute zum UNESCO-Weltkulturerbe.

Die **Magyaren** drangen von Wolga und Ural aus in die ungarische Ebene ein und zerstörten 906 das christliche Mähren. Ihre Niederlage in der Schlacht auf dem Lechfeld durch den hl. Bischof Ulrich von Augsburg im Jahr 955 förderte ihr Sesshaftwerden. Unter König Stephan I., dem Heiligen (997–1038), wurden sie fest in die westliche Kirche eingegliedert.
Die aus Innerasien einbrechenden **Tataren** oder Mongolen besiegten 1241 ein deutsch-polnisches Ritterheer auf der Wahlstatt bei Liegnitz. Russland blieb bis 1430 unter mongolischer Herrschaft. Die russisch-orthodoxe Kirche wurde dadurch von der christlich-abendländischen isoliert.
Als Völkerwanderung ist auch das Eindringen der **osmanischen Türken** in den Balkan (von 1453 bis zum Teil 1913) und nach Ungarn (1529 und 1683) zu sehen. Das griechisch-orthodoxe Christentum blieb unter dem Osmanenregime bestehen und bewahrte die Balkanvölker vor der Preisgabe ihrer nationalen und kulturellen Identität.

WALDENSER 1176 wurde der Kaufmann Waldes aus Lyon in einer schlimmen Hungerszeit zum Armutsideal bekehrt. Ihm schlossen sich Gleichgesinnte an, die als Laien, immer zu zweit, auszogen, um das Volk zur Buße aufzurufen. Ihre Predigt griff das Papsttum und die ganze kirchliche Hierarchie an und legte die Heilige Schrift nach eigenem Ermessen aus. Das Laterankonzil von 1179 untersagte ihnen die Predigt. Da sie den Gehorsam verweigerten, wurden sie aus der Kirche ausgeschlossen (= exkommuniziert).

Kirche in Versuchung

Verantworteter Reichtum

Geistliche und weltliche Macht – Papst und Kaiser. Das Bild stammt aus dem „Sachsenspiegel".

Das Lehnswesen im Mittelalter

Lehnswesen bei den Germanen

Führer

Ich gebe dir:
Land
Schutz (Burg)
Straßen

Stammesglied

Ich gebe dir:
Früchte
Hilfe (beim Bauen)
Steine

Wir sind füreinander da
(leibeigen)

Bei den Germanen herrschte das Stammesdenken vor. Dies hatte seine Auswirkung bezüglich des Eigentums. Es gab Gemeineigentum an Grund und Boden. Die Führer waren Stammesälteste, also Mitglieder der jeweiligen Großfamilie (Sippe). Gemeinsames Leben erforderte gemeinsames Denken und Feiern.
Im Feudalismus übernahmen die Grafen, Herzöge oder Könige die Rolle des Stammesältesten. Im Laufe der Zeit nutzten sie ihre Vorteile immer mehr aus, häuften Besitz an und vermehrten ihre Macht. Vor allem Kaiser Otto I. band die Kirche in dieses Feudalsystem ein. Er machte auch die Bischöfe zu Feudalherren. Ihr eheloses Leben bot ihm die Gewähr, dass sie in ihrer Politik nicht Familieninteressen verfolgten. Erst 1803 fand diese Entwicklung ihr Ende. Aus den Fürst-Bischöfen wurden wieder geistliche Hirten.
Da die Kirche Vertreter auf der Seite des Volkes und auf der Seite der Fürsten hatte, wurde sie in die Konflikte voll einbezogen. Vor diesem Hintergrund bekommt der Lebensstil der hl. Elisabeth von Thüringen revolutionäre Züge.

Lehnswesen im Feudalismus

Lehnsherr

Lehnsmann

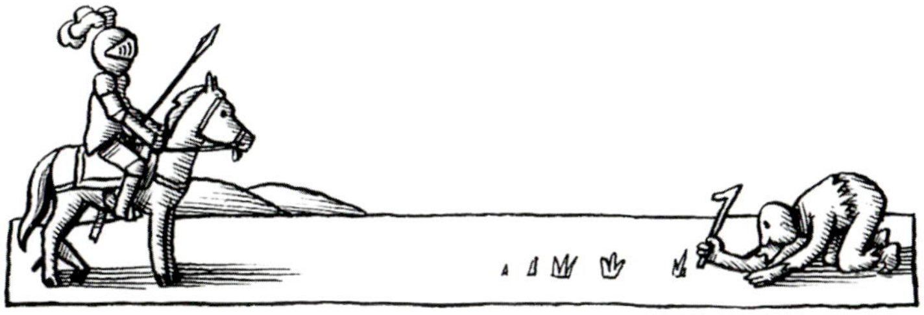

Mein ist das Land
Mein ist die Macht

Unterdrückung

Es entstehen zwei Klassen
wachsende Unterschiede
Bauernaufstände
Revolution

Geliehenes Land
Leibeigenschaft

Ausbeutung

Feudalismus
von althochdeutsch fi hu = Vieh, Vermögen; Epoche, die sich an die Sklavenhalterschaft anschließt und durch den Eigentumsbegriff der Germanen (Lehnswesen) gekennzeichnet ist.

Lehen
zu „leihen"; im Mittelalter wurden Grundbesitz oder sog. Gerechtsame (Zölle, Privilegien usw.) zur Nutzung überlassen. Dieses Lehen gab der Lehnsherr dem Lehnsmann (Lehmann). Als Gegengabe kamen Lehnsdienste wie Kriegsdienst, Abgaben, Bauarbeiten usw. in Frage. Das Lehnsrecht ist aus germanischen Rechtsvorstellungen erwachsen (Gut gegen Gut; alles gehört allen u. ä.) und bildete die Grundlage des mittelalterlichen Feudalsystems. Die sog. Lehnsherrlichkeit wurde erst 1848 abgeschafft.

Der Bauer zahlt dem Lehnsherrn den Zins. Er zeigt auf seinen Pflug. Mit diesem hat er seinen Ertrag erarbeitet. Bild aus dem „Sachsenspiegel".

Sachsenspiegel
Es handelt sich um ein Buch aus dem frühen 13. Jahrhundert mit der ersten deutschen Sammlung von Rechtsvorschriften. Verfasser ist der Ritter Eike von Repgow. Seine lateinische Erstfassung übertrug er ins Niederdeutsche.

Charles de Foucauld (1858–1916), zügelloser Aristokrat, dann Trappist und Priester, wollte leben, „wo die Menschen Jesus am meisten entbehren". Er starb als Opfer eines Raubüberfalls in der Sahara. In seinem Geiste entstanden 1933 die Orden der Kleinen Brüder Jesu und der Kleinen Schwestern Jesu. Als Beispiel radikaler Armut und tiefer eucharistischer Frömmigkeit wurde er 2005 seliggesprochen.

Der Kaiserthron Karls des Großen in der Aachener Pfalzkapelle ist Mitte des Aachener Doms.

Krone des hl. Stephan von Ungarn, eines Vorfahren der hl. Elisabeth

Auch der Übergang des hl. Franziskus auf die Seite der Armen war mehr als eine fromme Geste. Dennoch hatte es die Kirche nicht geschafft, auf Besitz und Macht zu verzichten. Sie musste später hart dafür büßen.
Da die Kirche auch als Lehnsherr auftrat, geriet sie im Verfall dieser Rechtsauffassung und ihrer Missbräuche in Widerspruch zu ihrer Grundauffassung und kam in Konflikte. Der Ruf nach Reform wurde in der Kirche selbst erhoben, aber nicht konsequent genug befolgt.
Auch durch das deutliche Zeichen, das der hl. Franziskus mit seinen Minderbrüdern gab, kam die Kirche nicht aus ihrer Verstrickung in den Besitz heraus. Vielleicht wären ihr dann Reformation und Säkularisation erspart geblieben, in denen ihr gewaltsam genommen wurde, was sie selbst „Güter dieser Welt" nennt.

Gebet des seligen Charles de Foucauld

Mein Vater, ich überlasse mich dir. Mach mit mir, was dir gefällt. Was du auch mit mir tun magst, ich danke dir. Zu allem bin ich bereit, alles nehme ich an. Wenn nur dein Wille sich an mir erfüllt und an allen deinen Geschöpfen, so ersehne ich weiter nichts, mein Gott. In deine Hände lege ich meine Seele.

Auf einen Blick

bis zum 3. Jh.	Gaben (Naturalien, Geld) wurden im Gottesdienst dem Vorsteher übergeben, als Opfer auf den Altar gelegt und dann als Geschenk Gottes durch die Diakone an Bedürftige der Gemeinde verteilt.
im 3. Jh.	Die kirchlichen Einkünfte kamen aus regelmäßigen Kollekten und aus kirchlichem Grundbesitz. Wurden Bischöfe aus reichen Familien gewählt, war es Sitte, dass diese größere Teile ihres Vermögens (auch Grundbesitz) der Kirche vermachten. Dies ermöglichte dem Bischof den Verzicht auf die Ausübung seines früheren Berufes.
751–756	Der Kirchenstaat entstand mit Hilfe des fränkischen Königs Pippin (→ S. 208, 295 und 303).
768–814	Kaiser Karl der Große setzte den von der Kirche seit 585 geforderten Zehnten gesetzlich durch. Stiftungen und Schenkungen von Adligen und kleineren Grundbesitzern führten zur Bildung von reichem Grundbesitz der Kirche.
936–972	Kaiser Otto I. machte sich von den rebellischen Stammesherzögen unabhängig. Er vergab Hoheitsgebiete als Lehen (→ S. 302) an Bischöfe, die damit geistliche Fürsten mit politischen Herrschaftsrechten und Pflichten (Heerfolge) wurden.
1803	Durch den Reichsdeputationshauptschluss zu Regensburg wurden die geistlichen Herrschaftsgebiete säkularisiert, d. h. aus der Herrschaft der Kirche in die des Staates übergeführt. Aus den Fürst-Bischöfen wurden wieder geistliche Hirten.
1870	Ende des Kirchenstaates

Abschied von Ruhm und Rang

Chronist: Man schreibt das Jahr 1228. Es ist das Jahr der Heiligsprechung des Franziskus von Assisi. Längst haben wache Christen die Impulse dieses Heiligen aufgenommen. Seine armen Bettelbrüder haben das Zeichen der Armut weitergetragen und auch in Deutschland sichtbar gemacht. Eine junge Landgräfin wagt es, als Angehörige des Adels die Armut konsequent zu leben. In den Augen der Welt ist dieses Wagnis gescheitert. Die Kirche jedoch hat in der Heiligsprechung ihr Tun als beispielhaft erklärt.

Wie kann ich eine goldene Krone tragen, wenn der Herr eine Dornenkrone trägt. Und er trägt sie für mich.

Hl. Elisabeth von Thüringen

Kind: *Die Landgräfin ist in Eisenach, Mutter!*
Mutter: *Die gute Frau Elisabeth! Gott möge ihre Güte lohnen.*
Kind: *Nein, Mutter, sie teilt nicht aus wie sonst.*
Mutter: *Dann pflegt sie die Kranken wohl.*
Kind: *Sie ist mit ihren Kindern da. Sie geht von Haus zu Haus. Der Nachbar sagte, sie sucht sich ein Quartier.*
Mutter: *Mein Gott, dann ist für sie kein Platz mehr auf der Wartburg. Dann hat Herr Heinrich Raspe gesiegt!*
Kind: *Hat er sie fortgejagt mit ihren Kindern?*
Mutter: *Der Herr Heinrich Raspe ist nicht schlecht. Er sagt sich halt: „So was geht auf einem Schlosse nicht. Sie schafft mir alles weg", wird er sagen. „Wir müssen doch auch leben", wird er sagen. „Man kann doch aus einem Schloss kein Kloster machen."*
Kind: *Aber sie tut doch nur, was Jesus sagt. Das ist doch nichts Schlimmes. Wer mehr hat und mit den Armen teilt, tut etwas Gutes.*
Mutter: *Sie ist eine Heilige, glaub mir's. Und was sie tut, ist etwas völlig Neues und Unbequemes. Sie untergräbt die alte, gottgewollte Ordnung. Seit Jahrhunderten ist es Sitte, dass die Herren oben leben, und wir leben unten. Nun kommt eine von ihnen zu uns. Ob das gut geht?*

Kind: *Dann können wir sie ja aufnehmen. In der Kammer ist doch Platz.*
Mutter: *Wer soll die Mäuler stopfen? Und soll die Fürstin auf dem Strohsack schlafen? Ich müsste mich doch Tag und Nacht in Grund und Boden schämen.*
Kind: *Sie hat uns in der Hungersnot ja auch besucht und Brot gebracht.*
Mutter: *Sie hat Almosen gegeben, wie es gute Fürsten immer taten. Das jetzt ist mehr. Sie wechselt den Stand. Und das muss wie eine Ohrfeige für alle wirken, die weiterhin sorglos auf ihren Burgen und Pfalzen wohnen. Sie leben von dem, was wir ihnen bringen. Auch der Kirche wird diese Art von Belehrung nicht behagen.*
Kind: *Hast du Angst, Mutter?*
Mutter: *Alle haben Angst, mein Kind. Du hast recht. Jeder soll an dem Platz bleiben, an den ihn Gott gestellt hat. Das ist Gottes Wille.*
Kind: *Weiß Elisabeth, was Gott von ihr will, Mutter?*

Chronist: Zwanzig Jahre ist Elisabeth alt, als sie die Wartburg verlässt. Ihr Gatte Ludwig war zum Kreuzzug ausgezogen und unterwegs der Pest erlegen. Elisabeth irrt mit ihren Kindern durch die Straßen Eisenachs, das dritte eben erst geboren. Sie geht nach Marburg. Dort wird ihr schließlich das Schloss als Witwensitz überlassen. Aber sie hat längst den Schritt in eine neue Lebensform getan. Von ihren Mitteln baut sie ein Spital, in dem sie selbst die Kranken pflegt. Die Kinder gibt sie zur Erziehung in gute Hände. Nun kann sie, ganz arm an Gütern, aber reich an Liebe, leben. Nicht lange, sie stirbt mit 24 Jahren, doch lange genug, dass ihr Zeichen gesehen wird.

Sárospatak in Nordungarn, sog. Roter Turm. Es wird heute allgemein angenommen, Elisabeth sei auf dieser Burg geboren.

Kaiser Otto II. setzt Adalbert von Prag im Jahr 983 durch Überreichen des Bischofsstabes in das geistliche Amt als Bischof von Prag ein.
997 starb Adalbert bei der Slawenmission (→ S. 288). Kaiser Otto III., der mit ihm freundschaftlich verbunden war, wallfahrtete im Jahr 1000 zu dessen Grab in Gnesen und gründete das Erzbistum Gnesen. Am Bronzeportal des Domes sind Szenen aus dem Leben des hl. Adalbert zu sehen.

Die Investitur

Der Kaiser als Stellvertreter Gottes

Nach ihrem Selbstverständnis als Stellvertreter Gottes in der Welt und Oberherr der Kirche ernannten die Kaiser seit Karl dem Großen die Bischöfe. Daraufhin übergab ihnen die Kirche die Zeichen des geistlichen Amtes (Investitur). Als aber unter Kaiser Otto I. die Bischöfe zu Feudalherren mit Herrschaftsrechten und -pflichten wurden, übernahmen sie mit dem geistlichen auch ein weltliches Amt. Sie bedurften damit einer zweifachen „Bekleidung“. Wer überreichte ihnen die beiden Vollmachten? Unter den Kaisern Otto I. bis Heinrich III. war die gebräuchlichste Form:

Der Kaiser ernennt den Bischof.

Der Kaiser überreichte dem Ernannten den Hirtenstab als Zeichen der bischöflichen Gewalt und seit Heinrich III. auch den Ring als Zeichen der Vermählung mit der Kirche. Diese Einführung in das geistliche Amt wird als Investitur bezeichnet (Laieninvestitur, weil ein Laie sie vornimmt).
Nach der Investitur erfolgte die kirchliche Weihe.
Der Kaiser nahm anschließend vom Bischof den Treueid entgegen. Zugleich übertrug er dem Bischof die herrschaftlichen Rechte (Gerichtsbarkeit, Zoll, Prägung von Münzen) und Pflichten (Abgaben und Dienste, z. B. Heerfolge).

Wenn Kaiser und Bischöfe die enge Verbindung von Reich und Kirche sauber durchgehalten hätten, wäre das die Verwirklichung des himmlischen Jerusalem geworden. Aber die Gefahr lag nahe, dass menschliches Versagen und Verweltlichung dieses Ideal verhinderten.

Kleider machen Leute
Vestis (lat.) heißt Kleid. Hinter unserem deutschen Wort „Weste“ verbirgt sich dieses lateinische Wort.
Investitur heißt „Einkleidung“. Im Mittelalter waren die Menschen so angezogen, dass man aus der Kleidung ihren Stand ablesen konnte. Im öffentlichen Bereich beschränkte man dieses Ankleiden auf das Überreichen bestimmter feststehender Symbole, zum Beispiel Krönungsmantel, Zepter und Krone für den König, Schwert und Schild für den Ritter, Schleier für die Ordensschwester. Die „Bekleidung“ (Amtseinsetzung) von Bischöfen ist die Investitur.

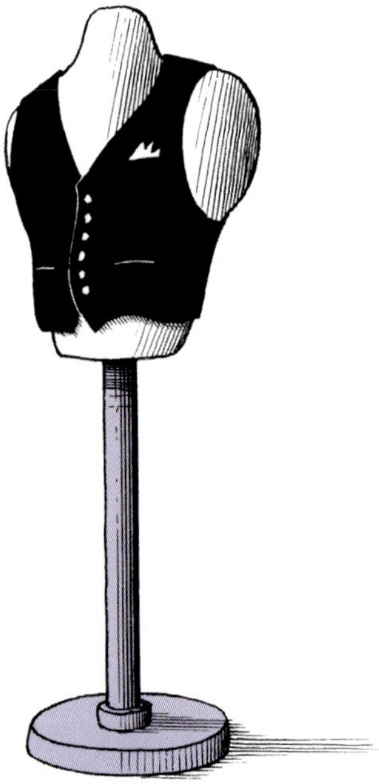

Der Papst als Stellvertreter Gottes

Die befürchteten Gefahren traten im Laufe der Zeit ein, und zwar zweifach. Vielen Bischöfen wurde vorgeworfen, sie kümmerten sich kaum oder nicht mehr um das kirchliche Amt. Den Kaisern kann man den Vorwurf nicht ersparen, dass sie Leute zu Bischöfen machten, die alles andere als geistliche Männer, sondern willige Werkzeuge der Krone waren. Das konnte die Kirche nicht guten Gewissens mit ansehen. So regte sich zuerst im Benediktinerkloster Cluny in Frankreich der Wille, dem abzuhelfen. Die Reformbewegung von Cluny fand viele offene Ohren. Ihr ging es darum, alle Missstände in der Kirche zu beseitigen. Dazu gehörte auch die Frage der Investitur. Dabei dachten die Theologen über das Amt des Papstes nach. Sie formulierten das Ergebnis, das sie aus dem Evangelium abgeleitet hatten, etwa so:

Oberster Herr ist Christus,
sein Stellvertreter ist der Papst,
er belehnt den Kaiser, indem er ihn krönt,
also hat sich der Kaiser unter die Gewalt des Papstes zu beugen.

Das war eine unerhörte Anmaßung in den Augen der weltlichen Herrscher. Es kam zu einem Streit zwischen Kirche und Reich. Dieser spitzte sich zu, als der Mönch Hildebrand aus der Reformbewegung von Cluny zum Papst gewählt wurde. Dieser einfache Bauernsohn, nun Papst Gregor VII., forderte Kaiser Heinrich IV. heraus und verbot diesem, die Bischöfe mit dem geistlichen Amt zu belehnen. Der Kaiser missachtete das Verbot. Daraufhin bannte der Papst den Kaiser. Der Kaiser plante, den Papst gewaltsam abzusetzen. Aber die Menschen nahmen den Spruch des Papstes ernst. Die Fürsten des Reiches verweigerten dem Kaiser den Gehorsam. Die Kirche verwehrte ihm ihre Dienste. Das hätte konsequent zum Machtverlust für Heinrich IV. geführt. So beugte er sich dem Bannspruch und zog 1077 zum Papst, um Lösung vom Bann zu erbitten. Dieses Ereignis ist als Bußgang nach Canossa in die Kirchengeschichte eingegangen. Vor aller Welt sollte damit sichtbar gemacht werden, wer die Obermacht hat.

Verlust der Einheit

Die Auseinandersetzungen um das Recht der Vollmachtsweitergabe an die Bischöfe endeten erst 1122 mit dem Wormser Konkordat. Dieses legte fest:
Das **Domkapitel** wählt in Gegenwart des Kaisers oder seines Vertreters den Bischof.
Der **Kaiser** überreicht dem Gewählten das Zepter als Zeichen der weltlichen Macht.
Der **Papst** übergibt dem Gewählten Ring und Stab (Investitur) und weiht ihn zum Bischof.
Die jahrzehntelangen Auseinandersetzungen zwischen Kirche und Reich um die Vorherrschaft schwächten die kaiserliche Macht und führten zum Erstarken der weltlichen und geistlichen Feudalherren. Die Rivalität zwischen Kaiser und Papst, die auch nach dem Wormser Konkordat bestehen blieb, förderte im 12. und 13. Jahrhundert das Emporsteigen zahlreicher Lehnsträger des Reiches zu unabhängigen Landesherren. Das war ein Grund dafür, dass später alle Versuche zur Bildung einer starken kaiserlichen Zentralgewalt scheiterten.

Der Geist baut die Steine, nicht umgekehrt.
Wo der Geist nicht baut, werden die Steine stumm.
Wo der Geist nicht lebendig ist, nicht wirkt und waltet,
werden Dome zu Museen, zu Gedenkstätten der Vergangenheit,
deren Schönheit traurig macht, weil sie tot ist …

Joseph Ratzinger,
seit 2005 Papst Benedikt XVI.

Der Kirchenstaat

Zum Selbstverständnis eines Herrschers im Mittelalter gehörte auch der Landbesitz. Von daher ist begreiflich, dass die Bischöfe von Rom durch Könige und Kaiser Land geschenkt erhielten und auch selbst erwarben. So entstand der Kirchenstaat vom 8. Jahrhundert an. Ausmaß und Grenzen änderten sich häufig. Die Sorge um den Bestand des Kirchenstaates beschäftigte einige Päpste sehr. Sie scheuten politische Händel und Kriege nicht, um ihr Hoheitsgebiet zu erhalten. Der Kirchenstaat ging 1870 zugrunde, als sich der italienische Staat die Gebiete gewaltsam einverleibte. Das Papsttum wurde frei für seine eigentlichen Aufgaben.

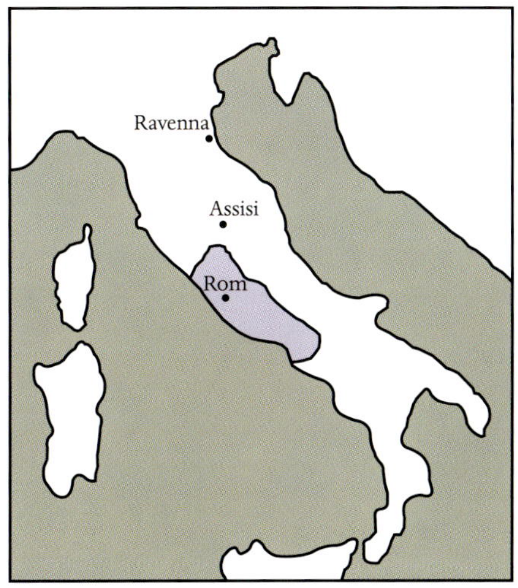

Der Kirchenstaat im 11. Jahrhundert

Bußgang des Kaisers Heinrich IV. 1077 nach Canossa. Links sitzt Abt Hugo von Cluny als Vermittler, rechts Mathilde von Tuscien, auf deren Burg das Treffen stattfand. Buchmalerei aus dem frühen 12. Jh.

Auf einen Blick

Ende 4. Jahrhundert
Das Christentum wurde Staatsreligion. Der Kaiser betrachtete sich als Vikar Christi. Der Krieg gegen Heiden wurde als Mission angesehen. Durch die Verbindung Staat – Kirche kamen z. T. Zwangsmissionierungen vor.

8.–11. Jahrhundert
Im islamischen Spanien herrschte auch nach der teilweisen Rückeroberung durch die Christen Toleranz zwischen Muslimen, Juden und Christen. (→ S. 100)

1096–1270
Kreuzzüge ins Heilige Land

1220–1250
Der deutsche Kaiser Friedrich II. residierte in Palermo. An seinem Hof, einem Mittelpunkt des geistigen Lebens, unterhält er ein jüdisches, ein christliches und ein muslimisches Orchester. Er lässt sie oft auch gemeinsam musizieren.

1226
Franz von Assisi †
Er lebte radikale Abwendung von Reichtum und Gewalt vor. Er forderte, dass Angehörige des Dritten Ordens keine Waffen tragen.

13. Jahrhundert
Die Kriege gegen die Mauren nahmen Kreuzzugscharakter an. Gewaltsame Bekehrung von Mauren und Juden in Spanien.

1962–1965
II. Vatikanisches Konzil: Die Kirche verwarf jede Diskriminierung eines Menschen, jeden Gewaltakt gegen ihn um seiner Rasse, seiner Farbe, seines Standes oder seiner Religion willen, weil das dem Geiste des Evangeliums widerspricht.

1999
Der israelische Dirigent Daniel Barenboim und der palästinensische Literaturwissenschaftler Ed Said gründeten das West-Eastern Divan Orchestra. In diesem spielen junge Musiker aus Israel, aus den palästinensischen Autonomiegebieten, aus Libanon, Ägypten, Syrien, Jordanien und Spanien. Gemeinsames Musizieren erzieht zum Aufeinander-Hören und damit zum Frieden.

Kirche in Versuchung

Verantwortete Macht

Die Kreuzzüge 1096–1270

Unruhe im Heiligen Land

Obwohl der Islam schon 637 die heilige Stadt Jerusalem erobert hatte und die arabischen Kalifen ganz Palästina und angrenzende Länder beherrschten, konnten doch die Christen ungehindert zu den Stätten pilgern, die ihnen durch das Leben und Sterben Jesu verehrenswert waren. Die Muslime arabischer Zunge duldeten die Juden und auch die Christen.
Nun aber – wir schreiben das Jahr 1080 – hatten türkische Muslime das arabische Kalifenreich vernichtet und gaben in ganz Kleinasien den Ton an. Die türkischen Sultane und ihre Untertanen erwiesen sich von Anfang an als christenfeindlich. Jerusalem war fest in ihrer Hand. Die zahlreichen Christen in Palästina wurden unterdrückt, den Pilgern wurde der Zutritt zu den heiligen Stätten verwehrt, Wallfahrten dorthin wurden lebensgefährlich.
Die türkische Macht ängstigte den Kaiser in Konstantinopel. Als die Türken seine Kaiserstadt, die zugleich Mittelpunkt des Ostreiches war, bedrohten, wandte er sich hilfesuchend an den Papst in Rom. Dort aber war Papst Gregor VII. selbst in Not. Er lag im Streit mit dem deutschen König Heinrich IV.

Die Kreuzzugidee: Christus, mit dem Schwert des Wortes im Mund und mit dem Wort des Lebens in der Hand, zieht im Kreuzzug voran.

Eine Welle der Begeisterung

Der Nachfolger, Papst Urban II., wurde erneut vom Kaiser bedrängt und berief zwei Kirchenversammlungen ein, auf denen er eine gewaltige Begeisterung für einen Kreuzzug entfachte. Als Treffpunkt aller Ritter wurde Konstantinopel ausgemacht. Aber noch ehe ein Riesenheer von über 200 000 Mann gerüstet war, sammelte der französische Eremit Peter von Amiens Bauern und zog mit ihnen los. Ihre Zahl wurde unterwegs dauernd verstärkt. Es mögen um 50 000 gewesen sein. Rausch und Abenteuerlust sind in ihnen wohl stärker gewesen als christliche Eigenschaften. Als sie durch das Rheingebiet zogen, richteten sie ein grausames Judengemetzel an. Ein Teil ging dann beim Marsch durch Ungarn und Bulgarien infolge wilder Zügellosigkeit zugrunde; der andere Teil, geführt von Peter von Amiens, erreichte zwar Kleinasien, wurde aber sofort durch die Türken vernichtet.

Durch die Kreuzzüge entstanden Kontakte vieler Art zwischen Abendland und Morgenland. So ist auch das Schachspiel in dieser Zeit nach Europa gekommen. Abbildung aus einer mittelalterlichen Handschrift im Escorial bei Madrid.

Hüter des Heiligen Grabes

Das Hauptheer, bestehend aus Franzosen und Normannen, zog unter Führung des Grafen Gottfried von Bouillon, Herzog von Niederlothringen. Es war gut gerüstet und setzte sich in der Hauptsache aus kampferfahrenen Rittern zusammen. Aber das Heer wusste nichts von den Strapazen, die es ertragen sollte; es kannte weder Volk noch Land im Orient; musste Mühen, Seuchen und Überfälle erleiden. Tausende starben unterwegs. Nach unsäglichen Qualen erreichte das Heer Kleinasien, eroberte Edessa (1097) und Antiochia (1098) und drang gegen Jerusalem vor.
Mehr als einen Monat belagerten die Kreuzfahrer Jerusalem.
Am 15. Juli 1099 wurde die Stadt eingenommen. Die Kreuzfahrer richteten ein schreckliches Blutbad an. Tausende Muslime wurden getötet.
Dann wurde ein Königreich Jerusalem errichtet mit den Grafschaften Edessa und Antiochien. Gottfried von Bouillon wurde die Königswürde angetragen, aber er lehnte ab. Er wollte nur „Hüter des Heiligen Grabes" sein und nicht herrschen. Sein Bruder Balduin wurde König von Jerusalem.
Zum Schutze der heiligen Stätten und der Pilger, zur Pflege der Kranken und Beherbergung von Wallfahrern wurden Ritterorden gegründet.

Brief Papst Gregors VII. an Kaiser Heinrich IV.

(Dezember 1074)

„Die von den Sarazenen bedrängten Christen des Orients haben mich gebeten, ihnen zu Hilfe zu kommen. Ich habe mich deshalb entschlossen, die Christen des Abendlandes zu einem Kriegszug aufzurufen. In Italien sind bereits mehr als 50 000 Mann bereit, unter meiner Führung womöglich bis zum Grabe des Herrn vorzudringen … So will ich diese Expedition unternehmen im Interesse des Glaubens und der Verteidigung der Christen. Während der Zeit dieser meiner Expedition in den Orient vertraue ich die römische Kirche deinem Schutze an."

in gottes namen faren wir,
seiner genaden begehren wir,
das helf uns
die gottes kraft
und das heilige grab,
da gott selber inne lag,
kyrieleison.

Lied der deutschen Kreuzfahrer

Um den Christen die Verehrung der heiligen Stätten zu ermöglichen, wollten die europäischen Kreuzritter die Stadt Jerusalem erobern. Im Bild ist das Heilige Grab in der Grabeskirche in Jerusalem zu sehen.

Wilhelm von Holland wird 1247 in Köln zum Ritter geschlagen

Nach der feierlichen Messe sprach der Kardinal: „Das aber ist die Regel des Rittertums: Zuvörderst mit frommer Sammlung täglich die Messe zu hören, für den katholischen Glauben kühn das Leben einsetzen, die heilige Kirche mit ihren Dienern von allen Bedrängern befreien, Witwen, Kinder und Waisen in ihrer Not beschützen, ungerechte Kriege vermeiden, unbillige Dienste verweigern, für die Rettung eines jeden Unschuldigen den Zweikampf annehmen, Turniere allein der kriegerischen Übung wegen besuchen, dem römischen Kaiser oder dessen Stellvertreter in zeitlichen Dingen ehrfurchtsvoll gehorchen, das Reich mit aller seiner Kraft unversehrt erhalten, die Lehen des Reichs oder Kaisers in keiner Weise veräußern und unsträflich vor Gott und Menschen in dieser Welt leben.“ Darauf folgte das Gelübde und der Ritterschlag durch den König von Böhmen.

Aus einer belgischen Chronik des Mittelalters

Kaiser Sigismund gibt 1414 Heinrich von Ulm den Ritterschlag. Holzschnitt von 1473

Die drei grossen Ritterorden

Neben vielen kleineren entstanden in der Zeit der Kreuzzüge die drei großen Ritterorden:

Templer	Johanniter	Deutscher Orden
um 1100	um 1119	1198
Sitz an der Stelle des Salomonischen Tempels in Jerusalem	Hospital neben der St. Johannes-Kirche in Jerusalem	aus einem deutschen Hospital in Akkon hervorgegangen

Hilfe im Zeichen des Kreuzes

Die Mitglieder der Ritterorden bildeten drei Klassen: Die **adligen Ritter** hatten die Aufgabe, die Pilger auf ihrer Wallfahrt ins Heilige Land zu schützen – notfalls sogar mit Waffen – und die Erkrankten zu pflegen. Die zweite, kleinere Gruppe war die der **Ordenskapläne**. Sie war für die geistliche Betreuung aller Ordensmitglieder zuständig. Die dritte Gruppe bildeten die **Laienbrüder**, die für die materielle Betreuung des Ordens zu sorgen hatten. Sie übernahmen alle erforderlichen Handwerke und auch den Waffendienst.

Vor dem Eintritt legten die Mitglieder die Ordensgelübde (Armut, Gehorsam, Keuschheit) in feierlicher Form ab. Zumeist lebten sie dann gemeinsam in den Ordensburgen. Der Groß- oder Hochmeister, der gewählt wurde, leitete den Orden. Reichtum und fehlende Aufgaben ließen das ursprüngliche Ideal der Ordensritter schnell verblassen. Die Ritterorden wurden bedeutungslos oder lösten sich auf. Die Idee jedoch, Armen, Kranken und Pilgern helfend beizustehen, lebt weiter, z. B. im Internationalen Roten Kreuz.

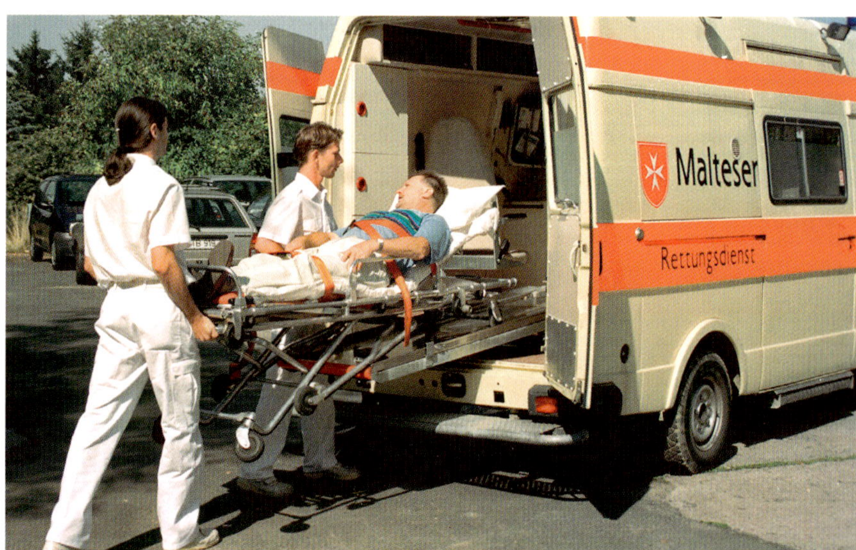

In der Tradition der Kreuzritter wirkt der Malteser Hilfsdienst in unseren Tagen.

Schutz gegen Willkür im Krieg

Internationale Abmachungen

1864
wird die Genfer Konvention als völkerrechtliche Übereinkunft beschlossen. Darin wird u. a. festgelegt:
- Verwundete, Kranke und Sanitätspersonal sind im Krieg als neutral zu betrachten.
- Kriegsgefangene sind menschenwürdig zu behandeln.

16 Staaten unterzeichneten.

Die Schrecken zweier Weltkriege führten zur Erweiterung der Konvention:

1929 (**Genf**)
- Krankentransporte und Krankenhäuser stehen unter Schutz.
- Lazaretthilfe wird allen Verwundeten zugesagt.

57 Staaten unterzeichneten.

1949 (**Genf**)
- In Kriegszeiten, bei Konflikten und in Bürgerkriegen sind Zivilpersonen zu schützen.

54 Staaten unterzeichneten.

1954 (**Genf**)
- Verbot von bakteriellen und chemischen Waffen
- internationale Kontrollen der Atomenergie

2006
Nach dem Beitritt von nunmehr 165 Staaten der Welt (darunter die USA, Russland und China) stellt das Genfer Rotkreuz-Abkommen das umfassendste Vertragswerk des Völkerrechts dar. Es enthält für den Fall eines Krieges bzw. bewaffneten Konflikts Regeln für den Schutz von Personen, die nicht an den Kampfhandlungen teilnehmen, dazu zählen Verwundete, Kranke, Schiffbrüchige der bewaffneten Kräfte sowie Kriegsgefangene und Zivilpersonen.

Schutz- und Erkennungszeichen:
rotes Kreuz auf weißem Grund,
roter Halbmond auf weißem Grund in den islamischen Ländern.

Selig die Barmherzigen

Die richtige Lösung ergibt einen Ausspruch von Henry Dunant über sich selbst.

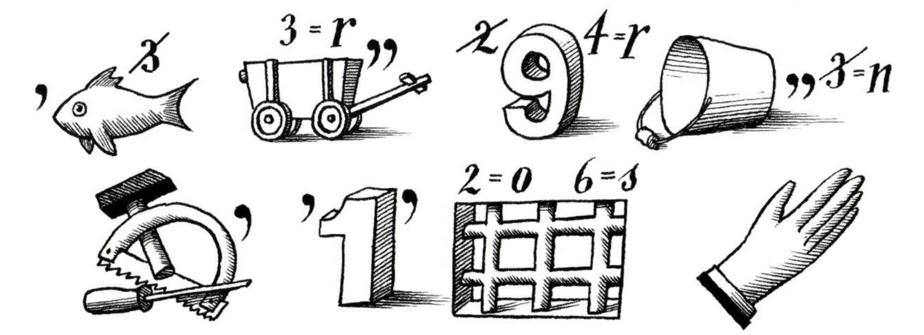

Das weisse Malteserkreuz auf rotem Grund

Die Johanniter hatten schon vor ihrer Teilnahme an den Kreuzzügen die caritativen Aufgaben der Krankenpflege an den Pilgern wahrgenommen. Da sie 1530 die Insel Malta zum Besitz erhielten, wurde der Johanniterorden allgemein Malteserorden genannt. 1798 wurde er von Napoleon aufgelöst.
Heute wirkt in manchen Ländern der Malteser Hilfsdienst, der junge Menschen zu selbstloser Hilfe vereint.

Das rote Kreuz auf weissem Grund

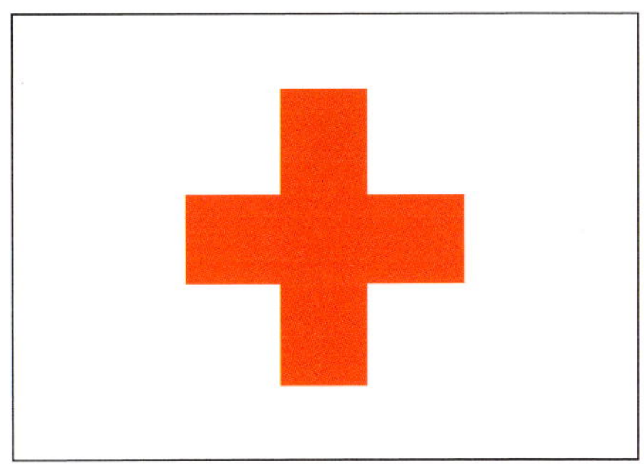

Auf einer Reise im Juni 1859 kam der Schweizer Kaufmann Henry Dunant (1828–1910) unmittelbar nach der Schlacht von Solferino auf das Kampffeld. Schwerverwundete lagen zwischen den Toten, ohne jede Aussicht auf Hilfe. Das Bild des Grauens ließ Dunant keine Ruhe. Er erreichte schließlich die Einberufung einer Konferenz, die 1864 in Genf das Internationale Rote Kreuz gründete. Zu Ehren Dunants wurde als Zeichen für diese Hilfsorganisation die farbliche Umkehrung des Schweizer Landeswappens gewählt. Dunant war die erste Persönlichkeit überhaupt, die den Nobelpreis erhielt.

Der rote Halbmond

Papst Urban II. ruft im Jahr 1095 zum Ersten Kreuzzug auf. Holzschnitt um 1480

Der Kinderkreuzzug

Der Hirtenjunge Stephan aus Frankreich und der zehnjährige Nikolaus von Köln zogen Kinder in hellen Scharen an. Was die Ritter nicht erreicht hatten, das wollten sie erreichen. Keine Warnung hielt sie von ihrem Kreuzzug ab. Sie wussten nicht, was sie erwartete. Die französischen Kinder kamen bei einem Schiffbruch auf dem Mittelmeer um oder wurden von Sklavenhändlern aufgegriffen. Nur ein kleiner Teil kehrte zurück. Die deutschen Kinder zogen über die Alpen. Tausende starben auf dem Marsch. Einen Rest von 20 000 Kindern überredete der Bischof von Brindisi zur Umkehr. Wie viele sind aufgebrochen? Wie viele sind umgekommen? Wir wissen es nicht.

Kinderkreuzzug heute: Sternsinger vor der Dresdner Kathedrale

Die Kreuzzüge

	Anlass/Ziel	Führung	Ergebnis
1. 1096–1099	• Befreiung der Christen vom Druck der Türken • Eroberung des Heiligen Landes	• keine zentrale Führung • Peter von Amiens • Gottfried von Bouillon	• Eroberung von Edessa, Antiochia und Jerusalem • Errichtung eines Königreiches Jerusalem • Gründung von Ritterorden
2. 1147–1149	• 1141 erobern Muslime Edessa, üben Druck auf die Kreuzfahrerstaaten aus	• Aufruf durch den hl. Bernhard • König Ludwig VII. von Frankreich • König Konrad III. von Deutschland	• Misserfolg des Kreuzzuges wegen Zwistigkeiten • Nebenerfolg: Kreuzfahrerflotte nimmt 1147 Lissabon den Mauren ab.
3. 1189–1191	• Sultan Saladin erobert 1187 Jerusalem und den größten Teil des Heiligen Landes.	• Kaiser Friedrich I. (Barbarossa)	• Der gut geplante Kreuzzug scheitert, da der Kaiser im Fluss Saleph ertrinkt. Das Heer löst sich auf.
4. 1202–1204	• Politischer Streit im byzantinischen Kaiserhaus. Hilferuf!	• Päpstlicher Beauftragter	• Plünderung Konstantinopels, Einsetzung eines lateinischen Kaisertums (1204–1261) • Vereinigung mit der Ostkirche scheitert am Widerstand der Bevölkerung
Kinderkreuzzug 1212	• Gewaltlose Eroberung des HeiligenLandes	• Hirtenjunge Stephan • Nikolaus von Köln (10 Jahre alt)	• Totaler Fehlschlag
5. 1217–1221	• Unterwerfung Ägyptens • Überwindung des Islams	• Päpstlicher Legat • König Andreas II. von Ungarn	• Schwere Niederlage der Kreuzfahrer 1221
6. 1228–1229	• Rückgewinnung des Heiligen Landes	• Kaiser Friedrich II.	• Mit starkem Heer im Rücken Verhandlungen: • Jerusalem für Pilger frei
7. 1248–54	• Rückgewinnung des 1244 an den ägypt. Sultan verlorenen Jerusalems	• König Ludwig IX., der Heilige, von Frankreich	• König und Heer in ägypt.Gefangenschaft. Freilassung gegen Lösegeld
1270	• Bekehrung des Sultans		• unterwegs in Tunis rafft eine Krankheit den König und Teile des Heeres hinweg

Heilige der Kreuzzugszeit

Benno von Meißen (1010–1106)
Bischof, Kanoniker, entstammte einem sächsischen Adelsgeschlecht und wurde Bischof von Meißen. Von Kaiser Heinrich IV. abgesetzt, weil er dessen Politik nicht unterstützte. Er gilt als Apostel der Sorben (Wenden). → S. 14
Seine Reliquien befinden sich im Liebfrauendom zu München. Fest: 16. Juni

Anselm von Canterbury (1033–1109)
Erzbischof, Begründer der Scholastik, wurde in Italien geboren, war in Frankreich Mönch und Abt und starb als Erzbischof von Canterbury (England). Er gilt als Vater der scholastischen Theologie, die den Glauben für die Vernunft einsichtig machen will. Fest: 21. April

Norbert von Magdeburg (von Xanten, 1080–1134) → S. 14, 119, 221
Bernhard von Clairvaux (1090–1154) → S. 128, 166, 210, 236
Hildegard von Bingen (1098–1179) → S. 121

Thomas Becket (1118–1170)
Erzbischof, Kanzler in England; er war Kanzler des englischen Königs Heinrich II. und wurde durch diesen in heftigen Streit um die Freiheit der Kirche gezogen. Thomas wurde wegen seiner klaren Haltung von vier Adligen in der Kathedrale von Canterbury erschlagen. Sein Grab war der wichtigste Wallfahrtsort von England, bis es in der Reformation zerstört wurde.

Dominikus (um 1170–1221) → S. 217
Franziskus von Assisi (1182–1226) → S. 26, 47, 121, 129, 214, 291 f., 300

Hermann Joseph von Steinfeld (1150– 1241 [oder 1225])
Ordenspriester, Mystiker; Hermann entstammte einer armen Kölner Familie und wurde Mitglied des Prämonstratenserordens. Er war ein bedeutender Prediger und geistlicher Führer, gab der Marienverehrung Impulse und fügte seinem Namen aus besonderer Verehrung des hl. Josef dessen Namen bei. Gehört zu den großen Mystikern seiner Zeit. Fest: 21. Mai

Albertus Magnus (= Albert der Große, 1193–1280) → S. 218, 236, 297
Elisabeth von Thüringen (1207–1231) → S. 120, 129 f., 136, 215, 299, 301
Bonaventura (1218–1274) → S. 214
Thomas von Aquin (1225/1226–1274) → S. 121, 128, 218, 236, 297, 319

Gertrud von Helfta (1256–1302)
Ordensfrau, auch „die Große“ genannt, Mystikerin der Herz-Jesu-Verehrung, lebte in der Abtei Helfta bei Eisleben. Fest: 17. November

Kreuzzug mit dem Schwert
Zweihundert Jahre lang zogen immer wieder Heere aus, um das Heilige Land und die Pilgerwege dahin zu sichern.
Für uns Heutige ist es schwer, die Kreuzzüge zu werten. Wir fragen doch mit Recht, ob dem Christentum ein Dienst mit dem Schwert zu erweisen ist. Und wir sagen eindeutig Nein dazu. Aber damals war die Antwort nicht so leicht zu geben. Selbst Kaiser und Päpste oder ein geistlicher Mensch wie der hl. Bernhard von Clairvaux riefen zur Teilnahme auf.
Insgesamt wurden sieben Kreuzzüge unternommen. Außer dem blutigen ersten, in dem ein christliches Königreich Jerusalem (1099–1187) entstand und dem unblutigen sechsten, bei dem Kaiser Friedrich II. durch Vertrag Jerusalem, Bethlehem und Nazareth erhielt, erreichten die Kreuzzüge keinen Zugang zu den heiligen Stätten und keinen Schutz für Pilger.
Die Misserfolge überwogen und trugen bei zur Auflösung des christlichen Abendlandes. Die Epoche der Einzelstaaten begann.
Wird nach 800 Jahren der Europäischen Union ein friedliches Miteinander gelingen?

Die Geschwister Hans und Sophie Scholl

Kreuzzug mit der weissen Rose
Die Geschwister Hans und Sophie gründeten 1942 mit anderen katholischen Studenten die Gruppe „Weiße Rose“. Hans hatte als Soldat das Unrecht des Krieges in Russland erlebt. Die Studentin Sophie erfuhr in der Heimat die menschenverachtende Macht der Nazis. Um ihren Mitmenschen Augen und Ohren zu öffnen, griffen sie zum Schwert des Wortes. Unter Lebensgefahr stellten sie Flugblätter her. Als sie diese verteilten, wurden sie gefasst, im kurzen Prozess zum Tode verurteilt und am 22. Februar 1943 hingerichtet. Hans war 25 Jahre alt, Sophie nur 21.
Ihr tapferer Einsatz für eine friedliche Welt und die Würde des Menschen lebt im Namen von Schulen und Straßen weiter.

Der hl. Vinzenz von Paul, Gründer der Vinzentinerinnen (→ S. 225)

Abbé Pierre
Ganz im Geiste des hl. Vinzenz gründete der Kapuzinerpater Abbé Pierre 1954 seine erste Emmaus-Bruderschaft zur Hilfe für Obdachlose und Gefangene. Als er im Januar 2007 in Paris stirbt, bestehen in der ganzen Welt 320 Kommunitäten in 39 Staaten. Der französische Staatspräsident Jacques Chirac ehrt ihn: „Frankreich hat eine große Persönlichkeit verloren, ein Gewissen, einen Mann, der das Gute verkörpert."
Geboren wurde Abbé Pierre 1912 in Lyon als Sohn eines reichen Seidenfabrikanten.

Abbé Pierre (1912–2007), das „Gewissen der französischen Nation"

Kreuzzug der Liebe

Vinzenz von Paul (um 1580–1660)

Sein Leben fiel in die Zeit des Dreißigjährigen Krieges. Wie ganz Europa blutete auch sein Vaterland Frankreich aus Hunderten von Wunden. Im Inneren tobte der Krieg des Kardinals Richelieu gegen die Hugenotten, nach außen führte der gleiche Kardinal im Bündnis mit Gustav Adolf von Schweden Krieg gegen das katholische Habsburg. Der Krieg war etikettiert als Religionskrieg. In Wirklichkeit aber ging es um blanke Macht: Wer erhält die Vormachtstellung in Europa? Vinzenz von Paul gab die Antwort der Liebe auf diese Frage.

Vinzenz von Paul wurde um 1580 in einem Dorf in Südfrankreich geboren. Er hatte sieben Geschwister. Vinzenz wollte Priester werden. Gönner ermöglichten ihm den Besuch der Schule und das Studium. Dann ging er nach Paris. Der junge Priester war am Ziel. Er hatte gute Einkünfte und dank seiner Begabungen eine blendende Karriere vor sich. Hier hätte seine Biographie enden können wie bei vielen seiner Studiengenossen. Der Aufstieg aus der Armut war gelungen, nun wurde gelebt. Aber hier begann plötzlich ein anderer Vinzenz zu wachsen. Unvermutet verschenkte er alles Geld, ging in die Seelsorge und kümmerte sich voller Eifer um die Armen und Unwissenden seiner Pfarrei. Was war geschehen? Er war einem Menschen begegnet, einem Priester, der ihn mit wenigen Worten aufrüttelte. Es war Kardinal Berulle, der Gründer des französischen Oratoriums. Diese Begegnung wurde für Vinzenz zum neuen Anfang.
Bald gründete er eine Gemeinschaft von Priestern, die wie er denken und handeln wollten. Sie nahmen sich der Not der Landbevölkerung an, kümmerten sich um Strafgefangene und Ausgestoßene. Eines Sonntags kam eine Frau zu ihm in die Sakristei und erzählte ihm von einer Frau, die in einem abgelegenen Dorf krank lag und keinerlei Hilfe erfuhr. Von der Not angerufen, suchte er nach einer Lösung und gründete die „Frauen der Liebe". Diese Vereinigung von Frauen half dem Landpfarrer bei der Linderung vieler Not. Aber diese Frauen hatten daheim ihre Familien und andere Pflichten. So erkannte Vinzenz bald die Notwendigkeit einer neuen Gründung. Er schuf das Institut der Vinzentinerinnen. Ein neuer Orden? Ja und nein. Einen Orden wollte Vinzenz nicht gründen. Aber andererseits brauchten die Frauen eine Lebensordnung und einen Ort in der Kirchengemeinschaft. Sie sollten auf den Straßen sein und in den Häusern der Armen; sie sollten aber auch eine Gemeinschaft bilden, in der sie sich geborgen wussten. Mit großer Liebe entwarf Vinzenz diese Lebensordnung der Vinzentinerinnen. Obwohl die Frauen in der einfachen Tracht der Landfrauen einherging, erkannte bald jeder in ihnen die „barmherzige Schwester". Vinzenz war ein Mann von Phantasie. Er schuf mit seinen „Schwestern" Häuser für Findelkinder, er baute Häuser für entlassene Strafgefangene, organisierte in Hungersnot die Versorgung der Bevölkerung. Riesige Summen gingen durch seine Hände; aber er verschenkte alles – er verströmte sich im Verschenken.
Auch um die Priester kümmerte sich Vinzenz. Nicht alle hatten eine gründliche Ausbildung wie er erhalten. Und nicht alle brannten vom Feuer des Evangeliums. Vinzenz sammelte die jungen Männer um sich, die Priester werden wollten. Er bildete sie an Herz und Seele.
Dieser Mann, durch dessen Hand Millionen flossen, blieb bedürfnislos und arm. Vom Fieber geschüttelt und ein schmerzendes Bein hinter sich her ziehend, starb er wie ein Bauer beim Pflügen, am 27. September 1660.
Er verwirklichte das Wort, das er seinen Schwestern gesagt hatte:
„Wenn wir alles für unsern Herrn hergeschenkt haben und nichts mehr zu schenken übrig bleibt, dann legen wir den Schlüssel unter die Tür und wandern still davon."

Nach Franz Peter Sonntag

Kirche in Versuchung

Verantwortetes Vertrauen

Interview mit einem Bischof

Reporter: *Herr Aurelius Augustinus, Sie sind Bischof der katholischen Kirche. Es wird gesagt, Sie selbst hätten die Anwendung von Gewalt gegen Irrlehrer befürwortet und damit späteren Missbräuchen Vorschub geleistet.*
Augustinus: *Du spielst auf die Inquisition an?*
Reporter: *Auch auf die Hexenprozesse und auf die Gewalt bei den Kreuzzügen.*
Augustinus: *„Nicht jeder, der dich schont, ist dein Freund. Nicht jeder, der dich schlägt, dein Feind. Wer einen Tobsüchtigen bindet und einen Schlafsüchtigen aufrüttelt, fällt beiden lästig und liebt doch beide." Solche Worte habe ich vor 1500 Jahren in einem Brief geschrieben. Und du wirst zugeben, dass sie noch heute gelten.*
Reporter: *In Ihren Briefen kann man aber auch nachlesen, dass Sie vom Kaiser verhängte Strafen gegen Irrlehrer billigten. Sie haben sich allerdings klar gegen die Todesstrafe ausgesprochen. Gefängnis, Züchtigung und Entzug des Eigentums haben Sie aber befürwortet. Auf Ihre Stimme als großer Denker der Kirche wurde gehört.*
Augustinus: *Schon damals wusste ich auch wichtige Gründe gegen die Anwendung von Gewalt gegen Irrlehrer. Die Beispiele, die ich um mich herum erlebte, haben mich aber belehrt, dass zum Schutze der Wahrheit der katholischen Kirche eine harte Hand notwendig war. „Strafe kann auch eine Form von Liebe sein."*
Reporter: *Das ist wohl nur zu begreifen aus den Verwicklungen und dem Verständnis von Recht und Gesetz der damaligen Zeit.*
Augustinus: *Sicher. Aber nicht nur. Ein Mörder wird auch zu deiner Zeit noch bestraft, indem ihm die persönliche Freiheit entzogen und er eingesperrt wird. Das geschieht zum Schutz des Wohles aller. Gleichzeitig ist es eine Strafe für die Untat.*
Reporter: *Mord und Irrlehre sind aber doch zwei Paar Schuhe!*
Augustinus: *Für den antiken Menschen meiner Zeit und für das Mittelalter nicht. Der Glaube wurde als das höchste Gut des Christen verstanden. Der Abfall davon galt als schlimmes Verbrechen. Davor sollte jeder, notfalls durch Strafe, bewahrt werden.*
Reporter: *Es wird angeführt, dass die Kirche zwar das Urteil gesprochen hat, aber die Ausführung dem Staat überließ. Ich meine, auch diese Tatsache entlastet die Kirche nicht von ihrer Verantwortung.*
Augustinus: *Du hast recht. Aber es ist – du hast es eben selbst angesprochen – bei der Beurteilung von geschichtlichen Dingen die Denkweise der jeweiligen Zeit zu beachten. Das Mittelalter kannte die Verbrennung auch für Zauberer, Mörder, Falschmünzer und andere Untäter. Du musst zudem die enge Verbindung von Staat und Kirche bedenken. Die Irrlehrer bedrohten ja auch die Grundlage der staatlichen und gesellschaftlichen Ordnung.*
Reporter: *Schon lange vor Ihrer Zeit, Herr Bischof, machten die Römer Unterschiede bei der Hinrichtung. Bekanntlich wurden römische Staatsbürger enthauptet, während über Sklaven der schmähliche und qualvolle Tod am Kreuz verhängt wurde. Bedeutet dann 1000 Jahre später die Verbrennung nicht einen Rückfall in alte Grausamkeit?*
Augustinus: *Bedenke, dass römisches Recht und germanisches Recht ganz verschiedene Wurzeln haben. Bei den Germanen gab es keine Sklaven, alle waren freie Menschen. Dafür aber kannten sie die Abhängigkeit von guten oder bösen Geistern. Der Mensch konnte total in die Macht des einen oder anderen geraten. Als Ergebnis kam er nach dem Tod in den Himmel der Götter oder in das Höllenfeuer der Teufel. Diese Sicht galt noch, als deine Vorfahren schon Christen geworden waren. In ihrer Vorliebe für Zeichen und Symbole sahen sie im Feuertod das Höllenfeuer. Wer durch sein Tun oder Reden zeigte, dass er den Himmel verschmähte, hatte keine Wahl mehr.*
Trotzdem – ich bleibe dabei – rechtfertigen solche Einsichten den Verbrennungstod als Strafe für Irrlehrer in keiner Weise. Du weißt wie ich, „dass niemand zur Einheit mit

Der heilige Augustinus

Augustinus (354–430) ist erst als Erwachsener Christ geworden. Als Bischof von Tagaste und später von Hippo (beide in Nordafrika) genoss er schon zu Lebzeiten den Ruf eines geistigen Riesen. Die Kirche verehrt ihn als Kirchenlehrer. Abgebildet wird er vor allem mit einem Herzen oder mit einem Kind (= Jesuskind) zu Füßen.
Die mit Anführungszeichen versehenen Texte dieses frei erfundenen Dialogs sind aus Briefen des hl. Augustinus übernommen.

Auflösung von S. 307 (Selig sind die Barmherzigen): Ich war nur ein Werkzeug in Gottes Hand.

Der Streit um die Wahrheit

1. Luzis Lösung
Sie sind Schwestern. Die ältere Luzi geht gern zum Religionsunterricht. Die jüngere Katrin nicht. Luzi kann das nicht begreifen. Der Glaube ist doch so wichtig für das Leben! Aber sie kann Katrin mit Worten nicht überzeugen. Da verhaut die große Schwester die kleine …

2. Die Lehre rein bewahren
Die Kirche war mit Recht besorgt um die Reinerhaltung der Lehre. Die Katharer sagten dasselbe von sich. Die stärkere Seite, also kirchliche wie weltliche Obrigkeit und aufgebrachte Volksmassen, wendete auch Gewalt an. Zum Teil willkürlich wurden Menschen der Irrlehre bezichtigt und dafür bestraft. Oft vermischten sich bei den Stärkeren die religiösen Ziele mit Aberglauben, Politik und Privatinteressen.

Der Mund der Wahrheit, Prüfstein für wahrhaftige Aussage. Kirche S. Maria in Cosmedin, Rom

3. Die Kirche will das Recht schützen
Um die Willkür der weltlichen Obrigkeit oder des Volkes zu zügeln, schuf die Kirche eine Gerichtsorganisation, die allein für die Ausforschung von Irrlehrern zuständig sein sollte. Ein Verdächtiger sollte nicht mehr wie Freiwild behandelt werden können. War aber ein Beharren auf eine Irrlehre erwiesen, dann sollte die weltliche Macht die Strafe vollziehen. Dieses kirchliche Gericht und auch das Gerichtsverfahren nennt man Inquisition (von lat. inquirere = ausforschen).

> ***Wenn du die Ewigkeit ins Auge fasst, dann wirst du dich von dem, was es in diesem sterblichen Leben zu leiden gibt, nicht verwirren lassen.***
>
> *Franz von Sales*

Christus gezwungen werden soll. Wir müssen das Wort wirken lassen, den Irrtum durch Erörterung bekämpfen und durch Gründe besiegen, damit wir nicht gezwungene Katholiken bekommen."

Öffentliche Verbrennung unliebsamer Bücher in Berlin 1933, am Beginn der Nazizeit

Die Inquisition

Die „Guten Menschen"
In den romanischen Ländern machte sich im 11. Jahrhundert eine Bewegung breit, deren Mitglieder sich „die Reinen" nannten (griech. Katharer). Daraus bildete sich das Wort „Ketzer". Schnell griff diese neue Bewegung um sich, weil ihre Forderungen von hohen Idealen getragen wurden. Die Grundgedanken brachten Kreuzfahrer vom Balkan mit. Von Köln aus drang diese griechisch-christliche Irrlehre bis nach England und Spanien vor.
Sie selbst nannten sich „Christiani" oder „Boni homines" (= Gute Menschen). Waldenser und Albigenser sind Gruppen dieser größten mittelalterlichen Sekte.

Der teuflischen Welt entsagen
Der Grundgedanke, aus dem sich alle Einzelheiten der Lehre ableiten lassen, ist der Gegensatz zwischen

der Seele des Reinen	**und**	**der von Gott abgefallenen bösen Welt.**

Die Anhänger der Sekte wollten zu diesen reinen Seelen gehören. Auf dem Wege zur Reinheit mussten sie Buße tun und der teuflischen Welt entsagen. Nur wer der Sekte beitrat, hatte die Möglichkeit, zum Himmel heimzukehren. Er musste jede Berührung mit der Welt vermeiden (Ehe, Fleischgenuss, Arbeit, Krieg usw.), um nicht sündig zu werden.
Die Kirche lehnten sie als Werk des Teufels ab. Trotzdem übernahmen sie im Laufe der Zeit Beichte, Bußordnungen, Taufe und andere Riten.
Das Entstehen der Sekte wurde begünstigt durch das Fehlen von zwei wichtigen Faktoren in der Kirche:

1. Es fehlte bis dahin ein formuliertes christliches Weltverständnis.
2. Es fehlte weithin eine geistliche Führung der Christen außerhalb von Klostergemeinschaften.

Als die Kirche, namentlich durch das Wirken der Dominikaner und Franziskaner, dieses nachholte – nicht ohne Herausforderung durch die Katharer –, verlor die Sekte ihre Bedeutung.

Das Inquisitionsverfahren

Der Inquisitor forscht verdächtige Personen aus. Dann erfolgt die Anzeige, der ein Gerichtsverfahren folgt.

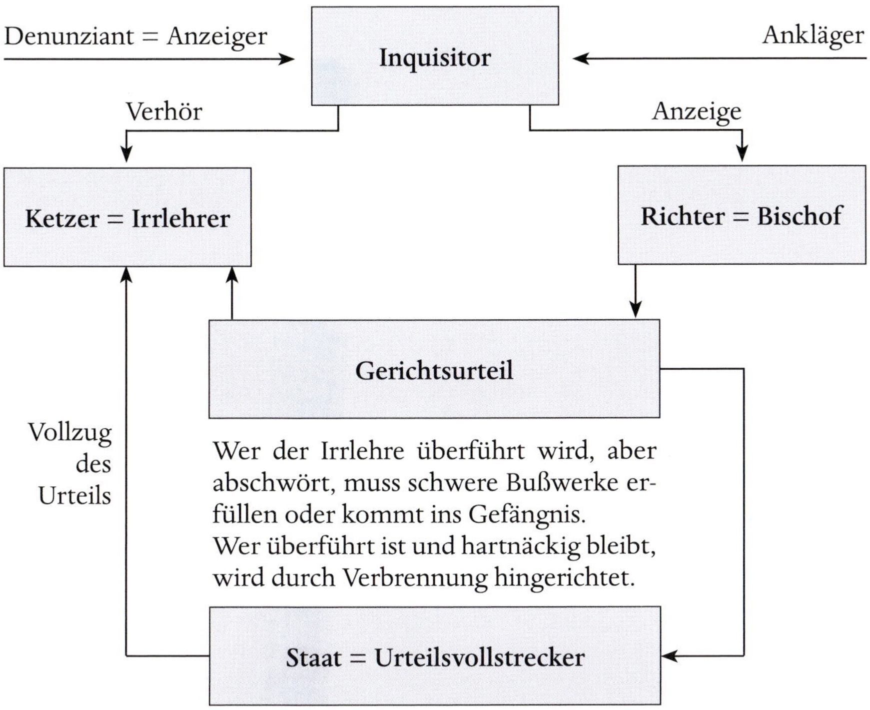

Hinrichtung und Verbrennung von Ketzern in Spanien. Kupferstich von Picart, 1723

4. Die Praxis sieht ganz anders aus

Mit der Einrichtung der Inquisition wollte die Kirche die Sorge um den wahren Glauben und die Maßnahmen dazu nicht mehr dem Belieben einzelner überlassen, sondern durch ein ordentliches Gerichtsverfahren regeln. Das war für sich betrachtet ein Fortschritt. Doch die Wirklichkeit sah vielfach anders aus. Im Eifer um die Lehre vergaßen einzelne Vertreter der Kirche bei der Inquisition ein Stück der Lehre Christi. Peinliche Verhöre, also Verhöre mit Folter, Kerkerhaft und Hinrichtung durch Verbrennung gehörten zu den Methoden der Inquisition.

Gegen krasse Auswüchse und Rechtsverletzungen erhoben bedeutende Theologen und Kirchenmänner der Zeit ihre Stimme. Die Einrichtung der Inquisition aber billigten sie.

1187 Einführung der Inquisition durch Papst Lucius III.

1231 Papst Gregor IX. überträgt die Inquisition den Dominikanern als Sonderaufgabe.

1233 In Deutschland kommt mit der Ermordung des Inquisitors Konrad von Marburg die Inquisition zum Erliegen.

1252 Papst Innozenz IV. erlaubt, die Folter anzuwenden, um Geständnisse zu erreichen.

5. Was sagen wir heute dazu?

Wir müssen die Inquisition als eines der dunkelsten Kapitel in der Geschichte der Kirche beklagen. Aber wir tragen als Glieder der Kirche auch das Kreuz ihres Versagens.

Zu einer gerechten Wertung allerdings müssten wir die gesamten Lebens- und Gesellschaftsanschauungen des Mittelalters berücksichtigen. Dazu könnte aber ein eigenes ganzes Buch geschrieben werden. (Lies noch S. 217, 294, 315 f., 321.)

Manche europäischen Länder blieben von der Inquisition verschont, so z. B. Polen, Ungarn, England. Sie ist auch nicht durch Jahrhunderte hin gleich intensiv tätig gewesen. In Deutschland war sie nach der Ermordung Konrads von Marburg 1233 abgeklungen, wurde aber 300 Jahre später im Zusammenhang mit dem Hexenwahn wieder tätig.

6. Die spanische Inquisition

Unrühmliche Bedeutung erlangte die Inquisition in Spanien besonders in der Zeit von 1478 bis 1484. Hier hatte sie mehr polizeiliche Funktion, da sie an den König und seinen Machtapparat gebunden war. Die Bischöfe, die zugleich weltliche Herrscher waren, bedienten sich dieser Machtmittel des Staates. Die spanische Inquisition ging scharf gegen die Juden und die Mauren (Anhänger des Islam in Spanien) vor, aber auch gegen verdächtige Landsleute. Tausende endeten auf dem Scheiterhaufen. In Spanien wurde das Amt des Großinquisitors geschaffen. Diesem Kirchenmann unterstanden alle Inquisitionstribunale.

Thomas More an seine Tochter Margarete:
Sicher kannst Du, Meg,
kein schwächeres,
kein zartfühlenderes Herz
haben als Dein Vater ...
und obwohl sich
meine Natur so heftig
gegen das Leiden sträubt
und mich ein Nasenstüber
fast zum Erzittern bringt,
so besteht doch gerade darin
meine große Stärke,
liebe Tochter, dass ich
in allen Todesängsten,
die ich durchgemacht habe,
dank der Barmherzigkeit
und Macht Gottes
niemals daran dachte,
in irgendetwas einzuwilligen,
was gegen mein Gewissen
gewesen wäre.

Thomas More verabschiedet sich auf dem Weg zum Schafott von seiner Tochter Margarete.

Wer die Wahrheit sagt,
muss ein gesatteltes Pferd
vor der Tür stehen haben.

Aus Spanien

Heilige auf dem Schafott

Thomas More (1478–1535) **und John Fisher** (1455–1535)

Thomas More wird als Heiliger über England hinaus hoch verehrt

König Heinrich VII. von England beantragte beim Parlament einen Steuerbetrag von 40 000 Pfund für die Heirat seiner Tochter. Da erhob sich der jüngste der Volksvertreter, der 25-jährige Rechtsanwalt Thomas More. Ruhig, aber sicher legte er dar, dass man um des königlichen Aufwandes willen das Volk nicht noch mehr in Anspruch nehmen dürfe. Damit zog er sich den bitteren Hass des Königs zu und nahm vom politischen Leben Abstand.
Nach dem Tod Heinrichs VII. kehrte er in die Politik zurück. Der neue König Heinrich VIII. erwählte ihn zum Vertrauten und schließlich zum Kanzler. Thomas hatte inzwischen eine Familie gegründet, mit der er ein glückliches Leben führte.
Die Freundschaft zwischen König und Kanzler wurde auf eine harte Probe gestellt, als Heinrich die Scheidung seiner Ehe beim Papst erzwingen wollte. Der Papst lehnte ab. Der König verschärfte seine Haltung gegen den Papst. Daraufhin legte More sein Amt als Kanzler nieder, was mit dem Verlust seines Vermögens bestraft wurde. Inzwischen hatte der König gegen das Recht der Kirche das Hoffräulein Anna Boleyn geheiratet. Um diesen Schritt zu rechtfertigen, ernannte sich Heinrich zum Oberhaupt der englischen Kirche und verlangte, dass diese Stellung durch einen Suprematseid von allen Beamten anerkannt würde.
Thomas More und sein Freund, der greise Erzbischof John Fisher, lehnten dieses Ansinnen ab. Für Thomas folgten nun 15 Monate Haft im Tower zu London. Der König und auch die Angehörigen baten ihn unter Tränen, doch nachzugeben. Im Prozess wegen Hochverrats wurden Thomas More und John Fisher zum Tode durch Enthauptung verurteilt.
Am 6. Juli 1535 wurden die beiden zum Richtplatz geführt. Als Thomas das Schafott bestieg, hob er die Hand und rief: „Ich sterbe als treuer Diener meines Königs, aber auch als treuer Sohn meiner Kirche. Gott schütze England!“ Nach diesen Worten kniete er nieder und betete das Schuldbekenntnis. Als er seinen Kopf auf den Richtblock legte, nahm er den Bart beiseite und sagte: „Der wenigstens hat keinen Hochverrat begangen.“
Thomas More und John Fisher starben, weil sie Gott mehr gehorchten als den Menschen.

Heinrich VIII. ließ Thomas More und John Fisher hinrichten.

Der Hexenwahn

Die weisen Frauen

Der Glaube an Hexen ist aus den religiösen Vorstellungen der Germanen hervorgegangen. Es wird vermutet, dass das Vorbild für die Hexe die Priesterinnen oder die sogenannten weisen Frauen sind. Diese bereiteten unter Hersagen von Sprüchen und Liedern einen zauberkräftigen Sud, mit dessen Hilfe sie, so heißt es, Hass und Liebe, langsames Hinsiechen, Misswuchs, Unwetter, aber auch Heilung von Krankheiten bewirken konnten.

Vom Frühlingsopfer zum Hexensabbat

Nach der Christianisierung der Germanen erhielt sich der Stand der weisen Frauen weiter. Aber man sah an ihnen nur noch schlechte Fähigkeiten: Ihre Verbindung zum Gott Wodan wurde als ein Bündnis mit dem Teufel gedeutet. Das Attribut Wodans, der Donnerblitz, verwandelte sich in den Hexenbesen, das Opfer am Frühlingsanfang zum Hexensabbat.
Kein Wunder, wenn die Menschen des Mittelalters sich Erkrankungen, Misswuchs, Landplage als Werke der boshaften Hexen erklärten. Und wer konnte wohl eine Hexe sein? Als Beweis für das Bündnis mit dem Teufel reichte schon ein vom Üblichen abweichendes Äußeres aus, eine Missbildung des Körpers, oft schon der bloße Verdacht oder auch nur die Abneigung gegen einen Menschen.

Zauber als Verbrechen gegen die Religion

Der „Sachsenspiegel“(→ S. 299) bewertete die Zauberei genau wie die Vergiftung oder den Unglauben und bedrohte sie mit dem Feuertod. Der Feuertod war schon nach ältestem germanischem Recht die Strafe für Giftmischerei. Seit dem Mittelalter wurde die „Hexerei“ als Verbrechen gegen die Religion angesehen und der Zuständigkeit der Kirche übergeben. Diese behandelte sie mit den gleichen Verfahren und Strafen wie die Ketzerei. Das Inquisitionsverfahren versuchte auf jede Weise, ein Geständnis zu erlangen. Weigerten sich die Angeklagten, dem Teufel abzuschwören, wurden sie dem Staat zur Vollstreckung der Todesstrafe (durch Verbrennen) ausgeliefert. Die erste „Hexenverbrennung“ erfolgte 1275 in Toulouse. Im Jahre 1489 erschien in Köln der berüchtigte „Hexenhammer“, in dem gezeigt wurde, wie weltliche und geistliche Richter gegen „Hexen“ verfahren müssen.

Hexenverbrennung 1555, Flugblatt aus Dermeburg am Harz, das den Feuertod dreier angeblicher Hexen darstellt.

Hexen rüsten für den Hexensabbat. Grafik von Hans Baldung-Grien, 1510

Der Irrtum wird überwunden

Erstaunlich ist die Tatsache, dass der Hexenwahn erst am Ende des Mittelalters ausbrach und sich bis lange in die Neuzeit hinein hielt. Unzählige Frauen, Mädchen und auch Männer starben auf dem Scheiterhaufen. Wie konnten nach über anderthalb Jahrtausend Christentum solche Wahnvorstellungen so um sich greifen?
Zwei Hinweise versuchen eine Erklärung:
Erst im 15. Jahrhundert wurde der Stechapfel durch Zigeuner nach Mitteleuropa gebracht und verbreitet. Der Genuss soll, ähnlich wie Haschisch, das Gefühl des Fliegens hervorrufen. Ein Bestandteil des Hexentrankes, der bei den Anklagen fast immer genannt wurde, war dieser Stechapfel.
Außerdem waren ab Ende des 15. Jahrhunderts bei Gerichtsverfahren nicht mehr wie bis dahin Beweise notwendig. Es genügte das Geständnis des Angeklagten, das mit der Folter herbeigeführt wurde.
Der Wahn des Hexenglaubens wurzelte so tief, dass es lange dauerte, bis er besiegt wurde. Gegen den Hexenwahn traten vor allem der Jesuit und Dichter Friedrich Spee (Anfang 17. Jahrhundert), der reformierte Prediger Balthasar Bekker in Amsterdam (Ende 17. Jahrhundert) und Christian Thomasius mit seinen „Lehrsätzen von dem Laster der Zauberei“ (1703) auf. Die Gesetzgebung hat den Hexenprozess Mitte des 18. Jahrhunderts zuerst in Preußen, dann in Österreich abgeschafft. Der letzte Hexenprozess fand 1793 in Poznań statt.

Friedrich Spee, Bronzestatue in Paderborn

Dieses Lied aus „Trutz Nachtigall“ steht heute auch im „Gotteslob“.

Sündigen ist menschlich; sich der begangenen Sünden zu rühmen, ist teuflisch.

Girolamo Savonarola

Trutz Nachtigall

Friedrich Spee im Kampf gegen den Hexenwahn (1591–1635)

Nicht im Mittelalter, sondern zu Beginn der Neuzeit kam es zu wirklichen Hexenjagden. Ein abergläubisches Volk suchte und fand Sündenböcke für vielerlei Unglück, für Krankheit, Missernte, Seuchen. Die Inquisition, bisher zum Aufspüren von Ketzerei eingesetzt, verfolgte nun auch die Hexen, unterstützt durch die „Hexenbulle“ von Papst Innozenz VIII. (1484) und den „Hexenhammer“ (1489), ein Buch gegen die Hexen, für weltliche Gerichte geschrieben. Jetzt war jeder Verteidiger von angeblichen Hexen von vornherein der Ketzerei und des Teufelsbündnisses verdächtig.

„Zu Osnabrück fielen dem Wahn in drei Monaten des Jahres 1583 nicht weniger als 121 Menschen zum Opfer. In Würzburg wurden in den beiden Jahren 1616 und 1617 insgesamt 187 Hexen hingerichtet. 1627–1630 sogar 1200 …“ (Gisbert Franz).

Nicht nur das unwissende Volk, sondern auch gelehrte Männer (sogar Luther) fürchteten sich vor Hexen. Das Vorgehen gegen sie wurde auch damit gerechtfertigt, dass man ihre Seele vom Teufel befreien und für das ewige Leben retten müsse. Vorherrschend war freilich die Angst vor den Hexen. Ihre Ausrottung empfand man als Segen. Man meinte, Gott damit einen Dienst zu leisten.

Friedrich Spee, ein Jesuitenpater, hatte als Beichtvater mehr als 200 angebliche Hexen zum Tode geleitet und kannte ihre Qualen in der Folter. Er durchschaute den Irrsinn der Prozesse: „Die ganze offizielle Hexenlehre stützt sich nur auf Ammenmärchen und auf erpresste Geständnisse Gefolterter. Gott weiß es, wie oft ich das unter tiefen Seufzern und in durchwachten Nächten überdacht habe und mir doch kein Mittel einfallen wollte, der Wucht der öffentlichen Meinung Einhalt zu gebieten.“

Friedrich Spee stand völlig allein mit dieser Ansicht. Dennoch wagte er die Veröffentlichung eines Buches, das ihn für immer berühmt gemacht hat. „Cautio criminalis“ war sein Titel und bedeutete etwa: „Vorsicht, ihr Herren Richter!“ Er forderte: „Man soll mit den Hexenprozessen aufhören, da feststeht, dass viele Unschuldige mit hereingezogen werden.“

Das Buch erntete zunächst entrüsteten Widerspruch, aber schließlich wurde es doch wirksam. Übersetzungen ins Deutsche, Flämische, Polnische und Französische beweisen das. Allmählich – im Bund mit der voranschreitenden Aufklärung – brachte es die Hexenprozesse zum Erliegen.

Er selbst hatte freilich wegen dieses Buches und seiner klaren, unbeugsamen Haltung viele Schwierigkeiten. Er wurde beinahe aus dem Jesuitenorden ausgestoßen. In der Stadt Peine entging er knapp einem Mordanschlag. Ein dabei zugefügter Schädelbruch hinterließ Kopfschmerzen und Schwindelanfälle sein ganzes Leben lang, und die Kopfnarbe trug ihm den Namen eines „lebenden Märtyrers“ Christi ein.

Der Jesuit und Hochschulprofessor verlor nie seine Freude und seine Liebe zur Kirche, er blieb tief mit Gott verbunden. Woher man das weiß? Er hat noch andere Bücher geschrieben. Sein „Güldenes Tugendbuch“ und sein Liederbuch „Trutz Nachtigall“ sind erst nach seinem Tode gedruckt worden. Viele seiner Lieder singen wir heute noch. Am ergreifendsten ist das Lied, in dem sich Spee – auch aus bitterer eigener Erfahrung – in das Leiden Jesu am Ölberg versenkt: „Bei stiller Nacht zur ersten Wacht“. Viele seiner Lieder hat er geschrieben, während er als Philosophieprofessor und Domprediger in Paderborn lebte. Zehn Jahre später lehrte er in Köln. Aber er lehrte nicht nur Moraltheologie, er lebte auch die Liebe. In Trier ist überliefert, dass der Professor Verwundete und Pestkranke pflegte – es war ja mitten im Dreißigjährigen Krieg. Dabei holte sich Spee den Tod. Er wurde nur 44 Jahre alt. Aber noch heute klingt sein Osterjubel:

„Lasst uns erfreuen herzlich sehr, alleluja!
Maria seufzt und weint nicht mehr, alleluja!“

Wer anders denkt, muss sterben

Pater Alfred Delp (1907–1945)

Alfred Delp trat kurz vor dem Abitur zur katholischen Kirche über und wurde 1926 Jesuit. Der Orden setzte ihn als Mitarbeiter der Zeitschrift „Stimmen der Zeit" ein, in der er als Zeitkritiker und Soziologe Beiträge schrieb. 1939 verboten die Nationalsozialisten die Zeitschrift. Die Oberen schickten ihn als Seelsorger nach München. Am 28. April 1944 wurde er verhaftet und wegen Hochverrats angeklagt, weil er geäußert hatte, das Dritte Reich werde zusammenbrechen. Solche Reden – mitten im Krieg – galten bei den Nazis als todeswürdiges Verbrechen. Pater Delp kam in Berlin nach Misshandlungen durch die SS in Haft. Durch das Zusammenspiel mutiger und geschickter Besucher gelang es, ihm das Notwendigste ins Gefängnis zu schmuggeln, so dass er mit gefesselten Händen seine berühmten Texte „Im Angesicht des Todes" niederschreiben und immer wieder – unter Verzicht auf äußere Dinge wie Gewänder und Kerzen – insgeheim die heilige Messe in seiner Zelle feiern konnte. Ein alter Gefängniswärter sagte damals: „Das sind mir neuartige Insassen hier im Gefängnis, jetzt auf meine alten Tage! Die halbe Nacht beten sie, am Tage studieren sie, und für unsereins haben sie immer noch ein gutes Wort!"
In der Gerichtsverhandlung Anfang 1945 wurde Pater Alfred Delp zum Tode verurteilt. Nach seinen Worten war sein Verbrechen, „dass ich an Deutschland glaubte, ... dass ich an jene simple Dreieinigkeit des Stolzes und der Gewalt (Nazipartei – Hitlerreich – Deutsches Volk) nicht glaubte, und dass ich dies tat als katholischer Christ und als Jesuit." Am 2. Februar 1945 starb Pater Delp in Plötzensee am Galgen. Seine Asche wurde aus Hass in alle Winde verstreut. Unweit der Hinrichtungsstätte, die heute Gedenkstätte für die Opfer der Hitlerdiktatur der Jahre 1933 bis 1945 ist, haben die deutschen Katholiken die Kirche „Maria Regina Martyrum" (Maria, Königin aller Blutzeugen) errichtet.

Wegen Widerstands gegen die Naziherrschaft hingerichtet: Pater Alfred Delp SJ. Aufnahme während der Verhandlung 1944 vor dem Volksgerichtshof in Berlin.

> ***Von der Übernahme und Erfüllung der Verantwortung hängt es ab, ob es sich wirklich um ein Gebet oder um ein frommes Gerede handelt.***
>
> *Alfred Delp*

Pawel Florenski (1882–1937)

In Deutschland ist sein Name kaum bekannt. Nach seiner Kindheit im Kaukasus, wo er die Natur und die Mineralien lieben lernte, begann er 1900 ein Studium der Mathematik, Philosophie und Religionswissenschaften in Moskau, das er mit Auszeichnung abschloss. Eine Professur schlug er aus. Sein Ziel war, Glaube und Welt zu verbinden. Er empfing 1911 die Priesterweihe und wurde sofort als Professor an die Moskauer Geistliche Akademie berufen. Mit der russischen Revolution 1917 begann eine systematische Verfolgung von Andersdenkenden und Christen. Unter diesen war auch Florenski. Aber seiner überragenden Kenntnisse wegen wurde er 1918 vom Staat in einer Kommission zum Schutz von Altertümern gewissermaßen versteckt und von 1921 bis 1924 auf einem Lehrstuhl für Kunst und für Physik „abgestellt". Sein Ansehen war so groß, dass er öffentlich in seinen Vorlesungen Priesterkleid und Brustkreuz tragen konnte. Bei einer neuen Welle der Kirchenverfolgung 1927 wurde er zu Verbannung und Zwangsarbeit verurteilt. Weil er sich standhaft weigerte, auf das Priestertum zu verzichten, suchten die kommunistischen Machthaber nach Gründen für seine Verbannung nach Sibirien. Sein letzter Brief aus Sibirien ist 1937 datiert. Paul Florenski ist 1987 als Märtyrer in den Kanon der Heiligen der Russisch-orthodoxen Kirche aufgenommen worden.

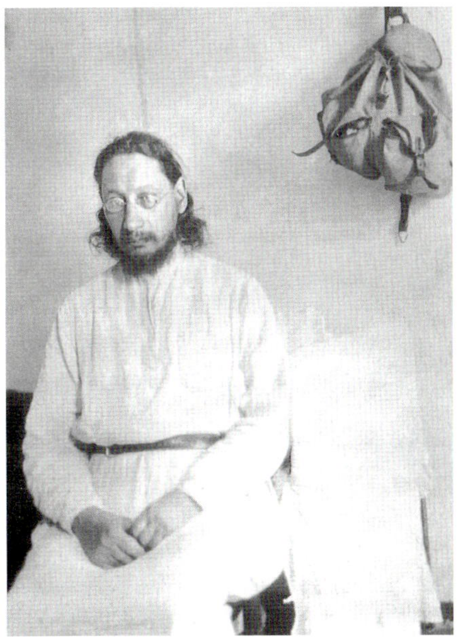

Pawel Florenski

Im Troparion „Zu den heiligen Neu-Märtyrern" heißt es:
O ihr zahlreichen Neu-Märtyrer und Bekenner! Ihr Bischöfe, ihr königlichen Leidensträger, ihr Priester und Mönche, ihr Nonnen und Laien, ihr Männer und Frauen und Kinder, die ihr mit eurer Geduld die guten Früchte zu Christus hingetragen!

Alte Universität in Heidelberg

Universität
(lat. universitas litterarum = Gesamtheit der Wissenschaften); alte Form der Hochschulen, hervorgegangen aus Klosterschulen (Schulpforta, St. Gallen), Domschulen (Erfurt) oder Stadtschulen.

Im Mittelalter sind Hauptlehrfächer:
Philosophie
– als Grundstudium
Theologie
– mit Vorrang unter allen Fächern
Recht
Medizin

Maimonides (1138–1204), jüdischer Gelehrter des Mittelalters aus Córdoba, wo dieses Denkmal steht. Ihm verdankt die scholastische Theologie (→ S. 297) die Kenntnis des Aristoteles. Mit seiner Bibeldeutung von Gott, Welt und Mensch war Maimonides für Juden, Christin und Muslime ein zeitloser Lehrer.

Die mittelalterlichen Universitäten

Lange Zeit hielten nur Priester und Ordensleute Vorlesungen an den Universitäten. Lehrveranstaltungen fanden in Klöstern (z. B. Leipzig) oder anderen kirchlichen Gebäuden und später in eigenen Schulgebäuden statt.
Meistens waren die Universitäten mit Zustimmung des Papstes errichtet worden, bildeten aber eine unabhängige Körperschaft. Ihr Einfluss im Mittelalter als sogenannte „dritte Macht“ (neben Staat und Kirche) wurde durch die Bedeutung der Sorbonne (Universität in Paris) unterstrichen. Im Streit zwischen Papst und Kaiser wurde die Sorbonne als Vermittlerin angerufen.
Seit der Neuzeit entwickelten sich die Universitäten sehr verschieden weiter. Einzelne Gebiete wurden als Akademien (Fachhochschulen) herausgelöst, z. B. Medizinische Akademie, Militärakademie, Maschinenbau-Hochschule, Technische Universität. Damit wurde eine größere Spezialisierung möglich.

Universitätsvorlesung vor über 500 Jahren. Diese Raumgestaltung mit Katheder und Bänken übernahm später die Reformation für ihre Kirchen. Holzschnitt, 15. Jh.

Wichtigste Universitäten

Bologna (Italien)	um 1088
Paris	1200
Oxford (älteste in England)	1249
Prag	1348
Wien	1365
Heidelberg (älteste deutsche)	1386
Köln	1388
Erfurt (aufgelöst 1816, neuerrichtet 1994)	1392
Leipzig	1409
Greifswald	1456

Das Kölner Universitätssiegel von 1392 zeigt die Anbetung der Heiligen Drei Könige.

Mönche als Hochschullehrer

hl. Albert der Große († 1280)	–	Paris
hl. Thomas von Aquin († 1274)	–	Paris, Köln
Meister Eckhart († 1328)	–	Köln, Paris

Die Suche nach der Mitte

ALTER ORIENT

Die Erde ist eine flache Scheibe im **Mittelpunkt des Weltalls**.
Sonne, Mond und Planeten werden von den Göttern gelenkt.

⇒

ARISTOTELES

Die Erde ist eine Kugel. Beweis dafür ist der kreisförmige Schatten bei der Mondfinsternis.

394–322 v. Chr.

⇓

THOMAS V. AQUIN

Die Philosophie der alten Griechen und die Theologie stimmen überein: **Der Mensch ist die Krone der Schöpfung**. Die Erde ist die Mitte, um die sich alles dreht.

um 1225–1274

⇐

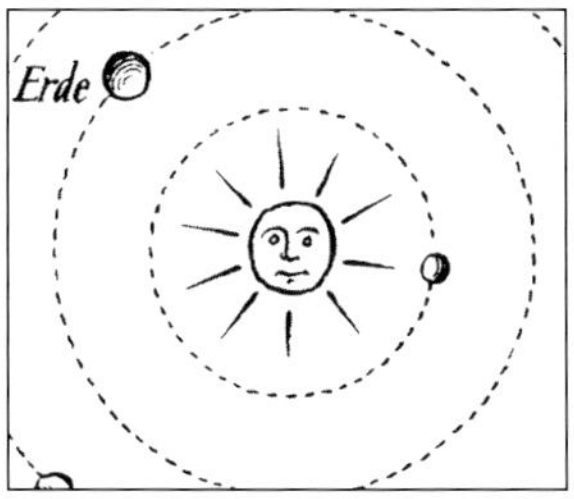

KOPERNIKUS

Die Sonne ist der Mittelpunkt. Erde und Planeten bewegen sich um die Sonne. Heliozentrisches Weltsystem

1473–1543

⇓

GALILEI

Meine Beobachtungen mit dem Fernrohr **bestätigen das heliozentrische System**.

1564–1642

⇒

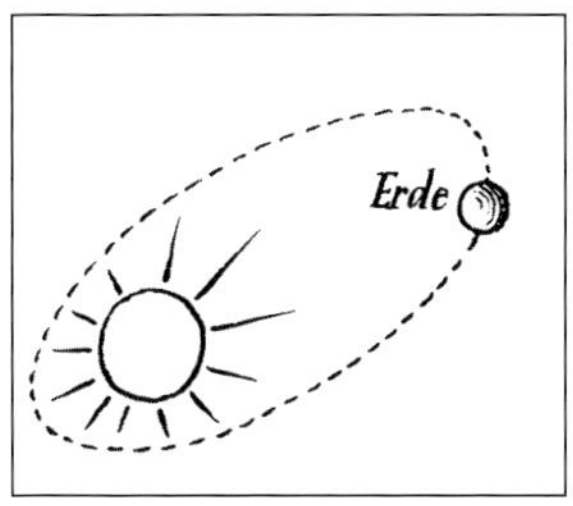

KEPLER

Die **Planetenbahnen sind Ellipsen**, in deren einem Brennpunkt die Sonne steht.

1571–1630

⇓

NEWTON

Mit dem **Gravitationsgesetz** lassen sich die Bahnen der Planeten erklären.

1643–1727

⇐

TEILHARD

Der Kosmos entwickelt sich auf ein Ziel hin: Alpha und Omega ist Christus. **Die Mitte** aller Evolution ist Gott.

1881–1955

⇓

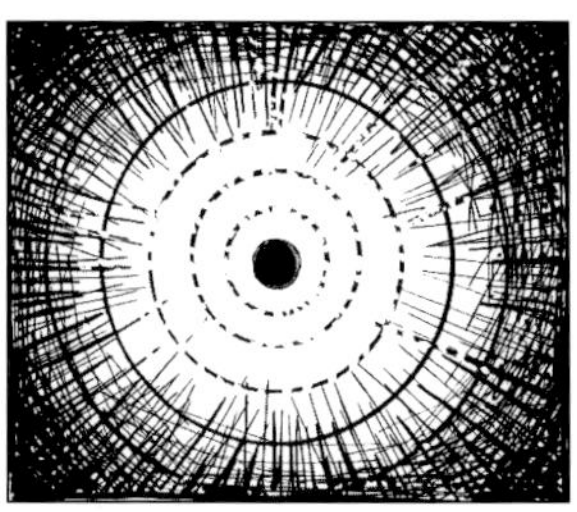

GEGENWART

Teilhard	Wissenschaft, Philosophie und Religion nähern sich im Universum an. Gott lässt sich nicht beweisen, nur erfahren. (Teilhard → S. 322)
Lemaître	(Katholischer Priester und Astronom) um 1960: Das Universum mit Raum und Zeit entstand im **Urknall**. Materie breitet sich aus und entfaltet sich ständig. Übereinstimmung in der Astrophysik um 1980: Urknall vor **13,7 Milliarden** Jahren. Oktober 2006: Maether und Smoot erhielten den Nobelpreis für die Urknall-Echo-Messung. Die Mitte im Urknall? Was war vorher?

Index

lat. = Verzeichnis; meist für ein Verzeichnis in Abc-Folge verwendet.

Der „Index librorum prohibitorum", wie er vollständig heißt, ist das Verzeichnis der von der katholischen Kirche „verbotenen Bücher". Diese Bücher durften nur mit kirchlicher Erlaubnis gelesen werden. Der erste päpstliche Index erschien 1559, also in einer Zeit, in der durch Reformation und viele naturwissenschaftliche Schriften der Glaube oftmals verunsichert war. Die Kirche wollte durch das Leseverbot die Menschen vor Zweifel in Glaubensfragen bewahren. Der Index war daher als Schutzmaßnahme gedacht und ist so ähnlich zu verstehen wie das heute bei uns verantwortungsbewusst durchgeführte Besuchsverbot für nichtjugendfreie Filme.

Heute besteht dieser Index nicht mehr. Aber die Kirche ermahnt ihre Gläubigen, alle gegen den christlichen Glauben und die Sittenlehre der Kirche gerichteten Bücher zu meiden. In der Nazizeit und im stalinistischen Einflussgebiet war bis um 1990 ein staatliches Bücherverbot streng beachtet und kontrolliert.

Die lateinische Warnung „Cave canem" = „Hüte dich vor dem Hund" auf einem Bodenmosaik am Haus des tragischen Dichters in Pompeji

Imprimatur

lat. = es werde gedruckt

Das Imprimatur ist die kirchliche Druckerlaubnis, die besagt, dass der Inhalt des Buches mit der Lehre der Kirche übereinstimmt.

Nach dem katholischen Kirchenrecht ist das Imprimatur erforderlich für Übersetzungen der Heiligen Schrift, für liturgische Bücher, für Gebetbücher und solche, die die Glaubens- und Sittenlehre behandeln.

Die Kontrolle des Inhalts vor dem Erscheinen wird Bücherzensur genannt.

Briefmarkenserie der Vatikanpost zum 500. Geburtstag von Nikolaus Kopernikus, die Motive zeigen den Astronomen und eine Ansicht seiner Heimatstadt Torun.

Nikolaus Kopernikus

wurde 1473 in Thorn (Torun, Polen) als Sohn eines Großkaufmanns geboren. 1491 begann der junge Mikołai das Studium der Mathematik und Astronomie an der Krakauer Universität. 1496 ging er nach Italien, um an den berühmten Universitäten von Bologna und Padua Rechtswissenschaft und Medizin zu studieren. Trotzdem galt seine ganze Liebe der Astronomie. 1503 kehrte Kopernik nach Polen zurück. Als Kanoniker des Bischofs von Ermland konnte er in Frombork neben seiner Diözesanarbeit und neben dem Arztberuf seine astronomischen Beobachtungen fortsetzen. Mit selbstgebauten Instrumenten und Messgeräten untersuchte er die Planetenbewegungen. Er las aber auch astronomische Werke der Antike, z. B. den „Almagest" von Ptolemäus. 1530 hatte er seine Beobachtungen und Berechnungen in dem Manuskript „Über die Umdrehungen der Himmelskörper" zusammengestellt. Darin schrieb er:

„In der Mitte aber von allem steht die Sonne. Denn wer möchte in diesem schönsten Tempel diese Leuchte an einen andern oder besseren Ort setzen, als von wo sie das Ganze zugleich erleuchten kann?"

Trotz aller Bemühungen konnte Kopernik die Richtigkeit seines Systems noch nicht zwingend beweisen. Deshalb wollte er sein Buch nicht veröffentlichen.

„Aber meine Freunde brachten mich, der ich lange zauderte, sogar mich widersetzte, davon wieder ab; unter ihnen vorzüglich der in jeder Art des Wissens berühmte Cardinal von Capua, Nicolaus Schonberg; nächst ihm mein sehr geliebter Tidemann Giese, Bischof von Culm, der sich mit gleichem Eifer der Kirche und an allen guten Wissenschaften widmet. Dieser nun hat mich oft ermahnt und durch zuweilen hinzugefügte Vorwürfe angetrieben, dass ich mein Buch herausgeben sollte …"

Kopernik gab nach langem Zögern nach. Sehr vorsichtig stellte er sein System als Arbeitshypothese vor. Um den Verdacht der Ketzerei von sich zu weisen, widmete er sein Buch Papst Paul III. (1534–1549), einem Kenner und Verehrer der Astronomie.

Ein völlig neues Weltbild musste damals auf Widerstand stoßen, denn die Weltordnung nach der Heiligen Schrift galt als unerschütterlich. So äußerte z. B. Martin Luther 1539 in einer seiner Tischreden über Kopernik, dieser Dummkopf wolle die ganze Astronomiekunst umwerfen. Aber wie die Heilige Schrift verkünde, habe Josua der Sonne befohlen stillzustehen und nicht der Erde (Jos 10,12 f.).

1543 erschien in Nürnberg das Werk des Kopernik im Druck. Kopernik hat es nicht mehr gesehen; er starb mit 70 Jahren im Mai 1543 in Frombork.

Im Zuge der Gegenreformation wurde das Buch von Kopernik auf den Index gesetzt und erst 1820 wieder daraus gestrichen.

Giordano Bruno

wurde 1548 in Nola (Italien) geboren und trat 1563 in den Dominikanerorden ein. Wegen seiner Zweifel an der Lehre der Kirche musste er aber 1576 den Orden wieder verlassen. Giordano setzte sich für die Unabhängigkeit der Naturwissenschaften und der Philosophie von der kirchlichen Autorität ein. Er entwarf in seiner Begeisterung für die kopernikanische Lehre ein philosophisches System: „Das Universum ist unendlich und durchwaltet von der göttlichen Weltseele."
Mit dieser Anschauung geriet Giordano Bruno in Widerspruch zur kirchlichen Lehre. Die Folge war für ihn ein unstetes Wanderleben: Genf (Auch die Calvinisten lehnten ihn ab!), Toulouse, Lyon, Paris (die „blinden" Anhänger des Aristoteles nötigten ihn, Paris zu verlassen), London, Marburg, Wittenberg (wo er eine Lobrede auf Luther hielt), Prag, Frankfurt am Main und Zürich waren die Stationen seines Lebens. 1592 kehrte er auf Einladung eines Adligen, der Unterricht in der Magie verlangte, nach Italien zurück.
Bald jedoch zeigte ihn sein Gastgeber, der sich betrogen glaubte, der Inquisition an. Nach siebenjähriger Gefangenschaft und vergeblichen Versuchen, ihn zum Widerruf zu bewegen, wurde er 1600 in Rom als Ketzer auf dem Scheiterhaufen verbrannt.

Auf schwinge dich mit mir empor!
Der Blick der Wahrheit
und die Ordnung,
die mit Naturgesetzen rechnet,
ist dein Begleiter,
wird dich sicher und unversehrt
durchs Weltall führen.

Giordano Bruno

Galileo Galilei

gilt als Begründer der modernen Naturwissenschaft, weil er wiederholte, sorgfältig ausgeführte Experimente als notwendig erachtete. Er wurde 1564 in Pisa (Italien) als Sohn eines Mathematikers und Musiktheoretikers geboren. 1581 begann Galilei das Studium der Medizin, Mathematik und Physik. Ab 1589 lehrte er selbst als Professor an den Universitäten in Pisa und Padua. Später war er Hofmathematiker in Florenz. Schon als Student machte er Entdeckungen. Er fand die Gesetze der Pendelschwingungen und die Gesetze des freien Falls. Er baute ein Fernrohr und benutzte es als Erster für Himmelsbeobachtungen. Dabei entdeckte er, dass der Jupiter von mehreren Monden umkreist wird. Diese Entdeckung überzeugte ihn von der Richtigkeit der kopernikanischen Lehre. In seiner Schrift über die Sonnenflecken setzte sich Galilei erstmals offen für das neue Weltbild ein.
In Streitgesprächen bestritt er die Gültigkeit der Bibel als Quelle naturwissenschaftlicher Erkenntnis. Das führte 1616 zum Inquisitionsprozess gegen ihn, genauer: gegen die kopernikanische Lehre. Ergebnis: Galilei erhielt Lehrverbot. Das Buch von Kopernikus kam auf den Index. In den folgenden Jahren verfasste Galilei eine Schrift, geistreich und mit Eleganz in Gesprächsform abgefasst, zur Verteidigung des kopernikanischen Weltbildes. Er führte drei Personen ein, eine verteidigt das kopernikanische, die zweite das ptolemäische System, die dritte wägt die Gründe gegeneinander ab. Es gelang Galilei sogar, das Imprimatur in Rom zu erlangen. Den Zensoren blieb der wahre Sinn des Buches verborgen. Von den „Aristotelikern" wurde die Schrift sofort heftig angegriffen. Es gelang ihnen, Galilei beim Papst zu verdächtigen: In der Person des Simplicio, der Galilei seltsame Gründe gegen die Erdbewegung in den Mund lege, spotte er über die Einfalt des Papstes. Die Schrift wurde nun als höchst gefährlich verdammt. Galilei musste sich vor dem Inquisitionsgericht verantworten und versprechen, nie wieder „über diesen Gegenstand" zu schreiben. Seine letzten Lebensjahre verbrachte er erst in strenger, dann in milder kirchlicher Haft. In dieser Zeit forschte er unermüdlich weiter, er legte die Fundamente der mechanischen Physik. Galilei starb 1642 in der Nähe von Florenz. Er besaß wenige Bücher, „denn", so hatte er erklärt, „die Natur ist das beste Buch".
1978 erklärte Papst Johannes Paul II., dass Galilei zu Unrecht von der Kirche verfolgt worden sei.

Der italienische Mathematiker, Physiker und Astronom Galileo Galilei (1564–1642) machte bahnbrechende Entdeckungen.

Teilhard de Chardin SJ (1881–1955)

Wer war dieser Teilhard de Chardin?
Er wurde 1881 in einem kleinen Ort bei Clermont Ferrand (Frankreich) als viertes von elf Kindern geboren. Seine Liebe galt schon als Kind Gott und den Steinen. Mit achtzehn Jahren trat er in den Jesuitenorden ein. Von 1905 bis 1908 war er Lehrer für Physik und Chemie an einer katholischen Schule in Ägypten. In der Freizeit unternahm er Wanderungen in die Wüste. Immer hatte er die Lupe und den Geologenhammer bei sich.
Nach seiner Priesterweihe 1911 widmete er sich weiter der Erforschung des fossilen Lebens. Seine Ordensoberen erwarteten von Teilhard, der inzwischen als Professor für Geologie und Paläontologie ans Institut Catholique nach Paris berufen worden war, dass er die Lehre Darwins widerlege. Er tat es, aber anders, als es seine nicht so weitblickenden Oberen erwarteten. Seine Lehrtätigkeit führte deshalb bald zu Schwierigkeiten. Auch Neid und Missgunst verfolgten den Gelehrten. Die Oberen fanden es ratsam, ihn von einem Ordensbruder zu einer Expedition in die östliche Mongolei einladen zu lassen.

Schriften Teilhards
Der Mensch im Kosmos
Le Phénomène humaine
Der Göttliche Bereich
Le Milieu divine
Lobgesang des Alls
Hymnes de l'univers
Das Herz der Materie
Le Coeur de la Matière
Die Zukunft des Menschen
L'Aveniere de l'homme
Die Schau in die Vergangenheit
La Vision du passé

Pierre Teilhard de Chardin

Ordensmann – Wissenschaftler – Priester

Pater Maréchal aus Löwen schrieb 1934 an Pierre Teilhard de Chardin, um ihn zu seinen Forschungen zu ermutigen: „Keiner hat heute so wie Sie alle theologischen, philosophischen und naturwissenschaftlichen Voraussetzungen für das Problem der Evolution in Händen."

Asiatisches Abenteuer

Er feierte täglich die Eucharistie, betete sein Brevier, machte geistliche Übungen, und den Rest seines Daseins verbrachte er in den Laboratorien und ruhelos auf den Spuren des frühen Menschen. Der Forscher und Christ hatte Tag für Tag in jenem Grenzland zugebracht, wo sich biblisches und naturwissenschaftliches Weltbild widersprechen. Der gewaltige Umfang der Ausgrabungsfunde und die Überzeugung von der einzigartigen Stellung des Menschen im Reich des Lebens haben ihn unablässig angetrieben, an einer größeren und tieferen Auffassung der Evolution zu arbeiten.
Monatelang war er mit Maultierkarawanen, auf Pferden und im Zweiräderkarren unterwegs, von eisiger Kälte, sengender Hitze, Naturkatastrophen und plündernden Banden bedroht. 1928 entdeckte er mit anderen Forschern 40 km von Peking entfernt die Schädeldecke des Peking-Menschen (Sinanthropus pekinensis). Das war einer der bedeutendsten Funde des 20. Jahrhunderts.
Beim Ausbruch des Zweiten Weltkrieges im Jahre 1939 wurde Teilhard in Peking festgehalten. In dieser Gefangenschaft entwarf er sein Hauptwerk „Der Mensch im Kosmos". Darin beschrieb er seine Weltsicht: die einfache Materie baut sich zu immer komplizierteren Verbindungen auf. Aus ihnen entwickeln sich im Laufe der Zeit geistige Möglichkeiten. Der Mensch entsteht. Alles strebt einem Ziel zu. Gott ist am Werk. Der göttliche Bereich umgibt uns.
1946 kehrte er nach Paris zurück. Um ihn versammelten sich Studenten, Gelehrte, Geologen, Gläubige und Ungläubige. 1948 legte er sein Buch der Zensur in Rom vor. Er wurde abgewiesen. Sein genialer Geist und seine gläubige Gesinnung erweckten bei Freunden und Gegnern stete Hochachtung.

Der Abenteurer Gottes

Teilhard reiste immer wieder zu den verschiedensten Brennpunkten der Forschung, nach Nord- und Südamerika, nach Südafrika, von wo aus nach seiner Meinung der Mensch sich ausgebreitet hatte. Die Neider und kleinen Geister brachte das in Bewegung. Teilhard war ein Stein des Anstoßes.
Am 10. April 1955, am Ostersonntagabend, fiel der 74-jährige rastlose Wanderer mitten in einer lebhaften Diskussion vom Schlag gerührt zu Boden. Kurz vorher hatte er geäußert, er möchte an einem Tag der Auferstehung sterben.
Teilhard hat keines seiner Hauptwerke gedruckt gesehen. Zwei Wege hatten ihm offengestanden, den Konflikt zu beseitigen: entweder das Ordenskleid abzulegen oder das Forschergewissen zu opfern. Er hat beides abgelehnt. Unmittelbar vor seinem Tode schrieb er: „Es genügt, wenn die Wahrheit ein einziges Mal in einem einzigen Geist erscheint, und nichts kann sie je mehr daran hindern, alles zu ergreifen und alles in Brand zu setzen."

Die Theologieprofessoren täten gut daran, alle eine Lehrzeit durchzumachen, wie ich sie in diesem Augenblick erlebe. Ich beginne zu glauben, dass es eine gewisse Sicht der realen Welt gibt, die manchen Gläubigen genauso verschlossen ist wie die Welt des Glaubens denen, die nicht glauben.

Pater Teilhard de Chardin SJ

Zwischen zwei Abgründen

Rösselsprung

Lass mir im Leben des anderen dein Antlitz leuchten. Das unwiderstehliche Licht deiner Augen, das auf dem Grund der Dinge strahlt, hat mich schon zu jedem Werk begleitet, das ich vollbringen, und zu jedem Schmerz, den ich ertragen musste. Gib, dass ich dich auch und vor allem im Innersten der Seele meiner Brüder erkenne.

Teilhard de Chardin

Edith Stein

Von der Universität ins Kloster

„Von meinem dreizehnten bis einundzwanzigsten Lebensjahr war ich Atheistin, weil ich nicht an das Dasein Gottes glauben konnte", sagte sie später von sich selbst.

Als elftes Kind einer strenggläubigen jüdischen Holzhändlerfamilie am 12. Oktober 1891 in Breslau geboren, begann Edith Stein nach glänzendem Abitur, Philosophie zu studieren. Aufgrund ihres überragenden Intellektes, zähen Willens und Ehrgeizes gehörte sie sofort zum engsten Kreis um Professor Husserl.

1915 pflegte sie als Rot-Kreuz-Hilfsschwester die Kranken in einem Seuchenlazarett. 1916 erwarb sie den akademischen Grad eines Dr. phil. und wurde wissenschaftliche Assistentin bei Prof. Husserl in Freiburg. Sie strebte nach selbständiger wissenschaftlicher Laufbahn: „Ich kann mich in den Dienst einer Sache stellen …, aber im Dienst eines Menschen stehen, kurz gesagt, gehorchen, kann ich nicht." Auf der unvoreingenommenen Suche nach der Wahrheit, der ihr Leben galt, fand sie den Weg zum christlichen Glauben.

Der Prozess ihrer Bekehrung begann mit einer menschlichen Erfahrung: Sie wurde erschüttert vom völlig überzeugten christlichen Glauben der Frau eines 1917 gefallenen Freundes.

Jahre des Fragens folgten. Sie entdeckten das „Phänomen" katholische Kirche. Im Sommer 1921 weilte sie zu Besuch bei ihrer Freundin, der Wissenschaftlerin Hedwig Conrad-Martius. Vor dem Schlafengehen griff sie aufs Geratewohl das „Leben der heiligen Teresa von Ávila" aus dem Bücherschrank. „Als ich" – am nächsten Morgen – das Buch schloss, sagte ich mir: Das ist die Wahrheit." Der tiefste Sinn war ihr aufgeleuchtet: „Gott allein genügt."

Am Neujahrstag 1922 empfing sie die Taufe. Sie stellte ihre Universitätskarriere zurück und übernahm als Lehrerin eine Stelle am Lehrerinnenseminar der Dominikanerinnen in Speyer. Nebenher schrieb sie philosophische Schriften, unter anderem über Thomas von Aquin. Im Benediktinerkloster Beuron fand sie eine geistliche Heimat und begegnete der Liturgie, die von den Mönchen dort in Psalmgebet und Eucharistie sorgsam gepflegt wurde. Oft war sie unterwegs, um Vorträge zu halten. 1932 wurde sie Dozentin am Pädagogischen Institut in Münster, erhielt aber schon 1933 Lehrverbot.

Aber Edith Stein erschütterte diese Maßnahme nicht. Ohnehin hatte sie vor, dem Orden der Karmelitinnen beizutreten. Nun entschloss sie sich zu diesem Schritt. Im Karmel zu Köln erhielt sie den Ordensnamen Theresia Benedicta a Cruce (= vom Kreuz).

Die Jüdin und Heilige Edith Stein wurde 1942 im KZ Auschwitz umgebracht

Edith Stein schrieb über ihre Kindheit: „In meinen Träumen sah ich immer eine glänzende Zukunft vor mir. Ich träumte von Glück und Ruhm, denn ich war überzeugt, dass ich zu etwas Großem bestimmt sei."

Ihr Traum ist, wenn auch anders als in ihrer Kindervorstellung, in Erfüllung gegangen. Sie ahnte wohl nicht, dass ihr Leben so enden würde wie das des Juden Jesus, dem sie als Jüdin nachfolgte.

Über 50 Jahre später stellte Papst Johannes Paul II. ihr Leben den Christen als Vorbild hin. Er sprach die katholische Ordensschwester jüdischer Herkunft, Theresia Benedicta a Cruce, am 11. Oktober 1998 heilig.

Sich an Christus halten,
das kann man nicht,
ohne ihm zugleich nachzufolgen.

Edith Stein

Verbrennungsofen im Krematorium des Konzentrationslagers Dachau

„Nicht die menschliche Tätigkeit kann uns helfen, sondern das Leiden Christi. Daran Anteil zu haben ist mein Verlangen.“ Inzwischen wüteten die NS-Machthaber in Deutschland gegen die Juden. Tausende wurden in die Konzentrationslager geschleppt und dort umgebracht. Kinder, Frauen, Männer wurden über Nacht all ihrer Habe beraubt und gewaltsam abtransportiert. Nur weil sie Juden waren! Um den Karmel in Köln nicht zu gefährden, wich Schwester Theresia Benedicta a Cruce in den Karmel nach Echt in Holland aus. Aber die Deutschen besetzten 1940 Holland und gingen wie in allen besetzten Ländern sofort zur Judenverfolgung über. Nach drei Jahren der Geborgenheit drohte jetzt der geborenen Jüdin wieder Gefahr. Die Flucht in die neutrale Schweiz war vorbereitet. Aber die SS-Mannschaften waren schneller.

Am 2. August 1942 wurde das Kloster umstellt und Schwester Benedicta zusammen mit ihrer leiblichen Schwester Rosa, die ihr in den Karmel gefolgt war, verhaftet. Eine zusammengelaufene Volksmenge machte laut ihrem Unwillen Luft. Aber es nützte nichts. Die Endstation einer Reise ins Ungewisse hieß für Edith Stein und ihre Schwester Rosa Auschwitz. Dort sind sie mit vielen Tausenden von verschleppten Juden verschollen. Sie wurden wohl mit Gas vergiftet und verbrannt. Keine Spur ist von ihnen geblieben. Als amtliches Todesdatum ist im Niederländischen Staatsanzeiger der 9. August 1942 angegeben.

Wo Gott zu finden ist

Es war ein frommer Klosterbruder. Der las in einem alten Buch von einem Ort, an dem Himmel und Erde sich berühren. Auch sei dort eine Tür. Wer durch sie eintritt, begegnet Gott.

So verließ der Mönch eines Tages seine Klosterzelle, um diesen Ort zu suchen und Gott zu finden. Lange wanderte er durch fremde Länder und durch wilde Wüsten. Oft war er versucht, von seinem Ziel abzulassen. So vergingen Jahre. Am Ende einer Nacht, als er schon alt geworden war, entdeckte er eine Tür. Mit bebendem Herzen öffnete er sie. Und staunend erkannte er den Ort: Er stand in seiner eigenen Klosterzelle.

Gabe und Aufgabe

Suche die folgenden Begriffe und unterstreiche die Buchstaben, die durch die eingeklammerten Zahlen bezeichnet sind. Sie ergeben hintereinander gelesen einen Ausspruch von Kardinal Alfred Bengsch (ß = ss; ü = ue).

1. Vorname einer Ordensfrau, Opfer des Rassenwahns im 20. Jh. (3, 5)
2. großer Denker des Altertums (2, 4, 8)
3. Jesuit und Archäologe, † 1955 (3, 8)
4. Jesuitenpater, Märtyrer in Berlin-Plötzensee (1)
5. ungarische Heilige auf der Wartburg (3, 7, 9)
6. thüringische Stadt mit Universität und Priesterseminar (4)
7. frühere Bezeichnung für einen Irrlehrer (2, 3, 5, 6)
8. Versuch, Jerusalem gewaltlos unter christliche Herrschaft zu bringen (4, 5, 6)
9. frühere kirchliche Gerichtsorganisation gegen Irrlehrer (3, 4)
10. Nachdichtung des Evangeliums im frühen Mittelalter (2, 3)
11. Konzilsstadt am Bosporus, 451 n. Chr. (4, 6, 9)
12. Form des Aberglaubens bis ins 18. Jahrhundert (6, 7)
13. philosophisch-theologische Denkweise an mittelalterlichen Universitäten (2, 3, 8)
14. alte Universitätsstadt an der Ostsee (10)
15. Stadt in Frankreich mit alter Universität (2, 5)
16. Gründer eines Bettelordens, lateinische Namensform (7, 10)
17. Tagungsort eines Konzils in der Reformationszeit (3, 4, 5)
18. Hoheitsgebiet des Papstes bis 1870 (2, 4, 5, 9)
19. mittelalterliche Bezeichnung für die Amtseinsetzung Geistlicher (3, 4, 10)
20. Name der Pariser Universität (1)
21. italienischer Physiker, der für Kopernikus eintrat (4, 6)
22. Anführer des Ersten Kreuzzuges (1)
23. Astronom und Domherr von Frombork (4, 6)

Auflösung von S. 323 (Zwischen zwei Abgründen): Wissen ohne Liebe bläht auf; Liebe ohne Wissen gerät in Irrtum.

Kirche erneuert sich

Die Konzilien

Das Apostelkonzil in Jerusalem

In der Frühzeit der Kirche mussten sich die Apostel mit der Frage auseinandersetzen, ob Nichtjuden, die zur Gemeinde gehören wollten, sich dem Gesetz des Mose zu unterwerfen hätten. Mussten sie sich beschneiden lassen? Paulus und Barnabas reisten nach Jerusalem zu den anderen Aposteln, um mit ihnen darüber zu beraten. Wir nennen diese Zusammenkunft das Apostelkonzil. Gemeinsam wurde entschieden, das für die Nichtjuden auf eine Beschneidung verzichtet wird. Den Heiden sollte damit der Zugang zur Kirche erleichtert werden. Gefördert wurde zugleich die Verschmelzung von Juden und Heiden in der christlichen Gemeinde (vgl. Apg 15,28-29). Andere jüdische Vorschriften sollten aber strikt beachtet werden wie das Enthalten von Götzenopferfleisch, das Essen von Blut und Ersticktem sowie die Vermeidung von Unzucht.

Irrlehren in der Kirche

Nach der Konstantinischen Wende drohte der Kirche von außen zunächst keine Gefahr mehr. Aber es bahnte sich eine ganz andere Gefahr an. Eine falsche Lehre machte der Kirche ungefähr hundert Jahre lang schwer zu schaffen. Sie wurde durch Arius verbreitet, einen Priester aus Alexandrien. Er behauptete: Jesus Christus ist nicht Gott. Er ist nicht ewig, sondern von Gott erschaffen. Er ist also nur ein Geschöpf, wenn auch ein sehr hohes. – Mit dieser Lehre gewann er bald viele Anhänger, darunter sogar einige Bischöfe. Bald war die Einheit der ganzen Kirche bedroht. Es musste etwas geschehen.
Kaiser Konstantin sah in der Uneinigkeit der Christen auch eine Gefahr für die Einheit seines Reiches. Er wollte den Streit auf einem Konzil schlichten.

Das erste ökumenische Konzil: Nicäa (Nikaia)

Am Konzil von Nicäa, im Nordwesten Kleinasiens, nahmen im Jahre 325 ungefähr 300 Bischöfe teil. Auch Arius war anwesend. Die Lehre der Kirche wurde vor allem vom Bischof Alexander von Alexandrien und seinem Diakon Athanasius verteidigt. Man stritt oft so lebhaft und erregt, dass sogar der Kaiser selbst eingreifen und die Streitenden beschwichtigen musste.
Schließlich verurteilte die überwiegende Mehrheit der Bischöfe die Lehre des Arius als Irrlehre und bekannte Jesus Christus als „Gottes eingeborenen Sohn, aus dem Vater geboren vor aller Zeit; Gott von Gott, Licht vom Licht, wahrer Gott vom wahren Gott, gezeugt, nicht geschaffen, eines Wesens mit dem Vater“. Dieselben Worte sprechen wir heute noch im Großen Glaubensbekenntnis während des Gottesdienstes. Es dauerte lange, bis sich die Entscheidung des Konzils von Nicäa endgültig durchsetzten konnte.

Konzil
(lat. concilium = Versammlung); Kirchenversammlung, auf der die Bischöfe mit dem Papst zur Entscheidung kirchlicher Fragen zusammenkommen. Wir unterscheiden:
Partikularkonzile, das sind Versammlungen von Teilkirchen (Bistümer, Länderkirchen usw.) und
ökumenische Konzile, d. h. „allgemeine“, die Gesamtkirche betreffend. Die katholische Kirche zählt bis zum Zweiten Vatikanischen Konzil 21; die Ostkirche lässt für sich nur die 7 bis zur Kirchenspaltung (1054) gelten.
(→ S. 38 und 329)
Die Mehrzahl heißt: Konzilien oder Konzile.

Synode
(griech. = Versammlung); Die Bezeichnung ist
1. gleichbedeutend mit Konzil,
2. heute aber meist für die Versammlung von Teilkirchen angewandt (Partikularkonzil)
3. in den evangelischen Kirchen üblich:
   a) für eine Kirchenversammlung einer Landeskirche,
   b) für ein gewähltes Gremium, das die Kirche zwischen den Kirchenversammlungen leitet.

In der Irenenkirche in Istanbul wurde das Credo von Nicäa endgültig formuliert.

Symbolum
(griech./lat.) nennt man eine kirchliche Bekenntnisformel, z. B. das **Symbolum Apostolicum** = Apostolisches Glaubensbekenntnis (→ S. 147). Es ist die älteste Zusammenfassung der frühchristlichen Glaubenswahrheiten und stammt in seinen wesentlichen Teilen aus dem 2. Jahrhundert. Das **Nicäno-Konstantinopolitanische Symbolum** = sogenanntes Großes Glaubensbekenntnis wurde auf dem Konzil zu Nicäa (= Nikaia) 325 formuliert und auf dem Konzil von Konstantinopel 381 ergänzt.

Wie Kirche lebt
Darüber sagt ein Ausspruch von Jesus etwas Wichtiges aus.
Zur Lösung musst du wissen, dass es sich um eine Geheimschrift handelt. Das Alphabet ist nämlich verrutscht. So stimmt zwar die Folge der Buchstaben, aber A beginnt erst bei F oder J.
Wie heißt der Ausspruch?

TL WTBF LABO AOBF
FK JBFKBJ KXJBK
SBOPXJJBIQ PFKA,
AX YFK FZE JFQQBK
RKQBO FEKBL.

Tridentinum
ist die lat. Bezeichnung für das Konzil, das von 1545 bis 1563 in der italienischen Stadt Trient stattfand. Auch: Trienter oder Tridentinisches Konzil.

Karl Borromäus, Kardinal und Heiliger des Konzils von Trient

Auflösung von S. 324 (Gabe und Aufgabe): 1. Edith Stein, 2. Aristoteles, 3. Teilhard, 4. Delp, 5. Elisabeth, 6. Erfurt, 7. Ketzer, 8. Kinderkreuzweg, 9. Inquisition, 10. Heliand, 11. Chalcedon, 12. Hexenwahn, 13. Scholastik, 14. Greifswald, 15. Paris, 16. Franziskus, 17. Trient, 18. Kirchenstaat, 19. Investitur, 20. Sorbonne, 21. Galilei, 22. Gottfried, 23. Kopernikus. – Ihr seid die Hueter der Quellen. Wacht, dass sie nicht versiegen.

Der Streit von Ephesus

Der Bischof Nestorius von Konstantinopel war der Meinung, dass der Sohn Gottes im Himmel und der Mensch Jesus auf der Erde eigentlich zwei verschiedene Personen seien. Er fand mit seiner Lehre zeitweilig sogar die Zustimmung des Kaisers Theodosius. Dieser versammelte im Jahre 431 die Bischöfe nach Ephesus, um diese Frage zu klären. (Die Stadt Ephesus ist durch den „Brief an die Epheser" bekannt. Der hl. Paulus hat dort eine Zeitlang gelebt.) Auf dem Konzil wurde die Lehre des Nestorius verurteilt und festgehalten: In Jesus Christus finden wir Gott. Mensch und Gott bilden in ihm eine Einheit. – Um dieses Geheimnis klar auszudrücken, gab man Maria den Namen „Gottesgebärerin". Der Streit um die Frage „Wie verhält sich die Gottheit und Menschheit in Jesus Christus zueinander?" kam immer noch nicht zur Ruhe. Und deshalb wurde zwanzig Jahre später, im Jahre 451, bereits wieder ein Konzil einberufen, diesmal nach Chalcedon. Ungefähr 600 Bischöfe nahmen daran teil. Der damalige Papst Leo I. schrieb an die Versammlung einen Brief. Hierin wird erklärt: „Jesus Christus ist nicht nur wahrer Gott, sondern auch ganzer Mensch. In dem wirklichen Menschen Jesus Christus erscheint der wirkliche Gott. Wie Gott ist, finden wir in ihm, der geboren wurde, gestorben und auferstanden ist und durch seinen Geist heute in der Kirche weiterlebt." Dieser Brief wurde von der Mehrheit der Bischöfe begeistert angenommen und als richtige Lehre bestätigt.

Das Konzil von Trient

In Deutschland trat von 1517 an ein Mann auf, der auch die Reform der Kirche zu seinem Anliegen machte: Martin Luther. In der Schweiz wirkte Zwingli und in Frankreich Calvin. Die von ihnen und Luther ausgelöste Bewegung nennen wir Reformation. In dieser Reformation ging es allerdings nicht nur um die Beseitigung äußerer Missstände, sondern auch um tiefere Fragen, die den Glauben und die Lehre der Kirche berührten. So wurde der Wunsch immer lauter, es möge ein Konzil einberufen werden. Dieses trat dann in den Jahren 1545–1563 mit einigen Unterbrechungen in der Stadt Trient, im Süden Tirols, zusammen.
Viele hofften: „Ob wohl dieses Konzil die Einigung bringen wird?" Aber in diesem Punkt waren die versammelten Bischöfe überfordert. Die Spaltung war schon zu tief. Trotzdem war die Arbeit des Konzils nicht nutzlos.

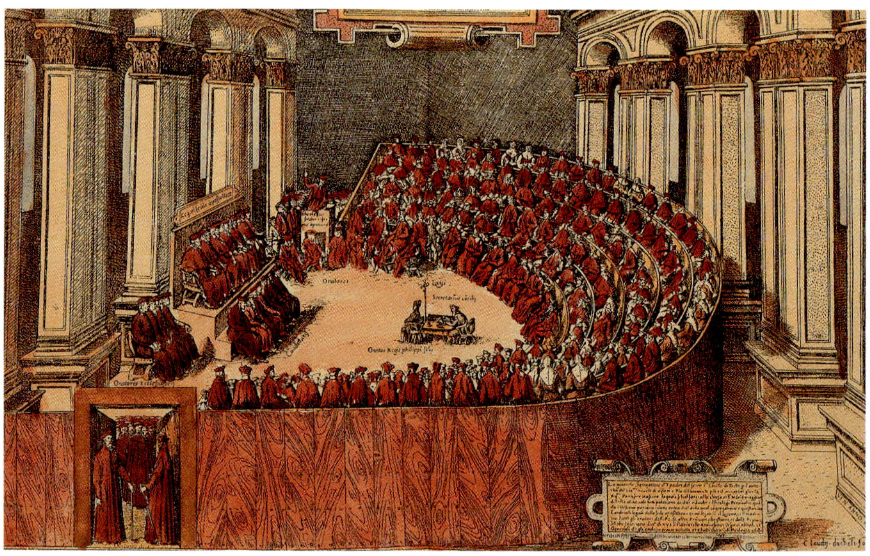

Sitzung der Konzilsversammlung in der Kathedrale von Trient. Kupferstich von Claudy, aus dem Jahr 1565

Zunächst ging man auf die Anliegen der Reformatoren ein und stellte diesen die Lehre der Kirche gegenüber. Es ging um die Quellen des Glaubens, die Frage der Rechtfertigung, die Martin Luther stark betonte, und um die Lehre von den Sakramenten. Danach beschäftigte man sich mit der heiligen Messe. Wichtig war den Konzilsvätern die Beseitigung vieler Missstände in der Kirche. Es wurde festgelegt: Die Bischöfe durften ab jetzt nur noch ein Bistum verwalten, damit sie sich besser um die ihnen anvertrauten Menschen kümmern konnten. Die Ausbildung der Priester sollte künftig in Seminaren erfolgen. Die Seelsorger richteten ihre besondere Aufmerksamkeit auf die christlichen Familien, vor allem sollte auf die christliche Erziehung der Kinder geachtet werden. Schließlich wandte man sich gegen den Missbrauch im Ablasswesen, der auch ein Anlass zur Glaubensspaltung war.
Wir können heute noch sagen: Hier ist die Kirche wirklich erneuert worden.

Streit um den Kalender

Die Streithähne sind: **Imhotep**, der ägyptische Baumeister, um 2600 v. Chr., **Julius Cäsar**, römischer Imperator und Schriftsteller, 1. Jh. v. Chr., **Gregor XIII.**, Papst und Kalenderreformer, 16. Jh. n. Chr.

Imhotep: *Immerhin haben wir Ägypter schon vor fünftausend Jahren einen ziemlich genauen Sonnenkalender mit 365 Tagen benutzt.*
Cäsar: *Aber lieber Imhotep, du weißt, ihr musstet alle Nase lang kleine Berichtigungen vornehmen. Dazu nutztet ihr die Nilhochwasser als Kalender.*
Imhotep: *Und eine ausgereifte Beobachtung der Gestirne.*
Cäsar: *Uns Römern waren die ägyptischen Kalender zu willkürlich gebaut.*
Imhotep: *Mit Verlaub, Julius Cäsar, den Vorwurf der Willkür weise ich zurück. Die Weisheit unserer Priester und Sternenkundigen …*
Gregor: *… ist über jeden Streit erhaben. Wir kennen die Bibel und euren Vorsprung. Und wir haben den julianischen Kalender seiner Zuverlässigkeit wegen geschätzt. Nur hinkt er bis zum Jahre 1582 um zehn Tage dem Sonnenjahr hinterher.*
Cäsar: *(laut lachend) Und ihr habt völlig unrömisch zehn Tage einfach unterschlagen, indem ihr auf den 4. Oktober den 15. Oktober 1582 folgen ließet. Das nenne ich christliche Schlamperei.*
Gregor: *Die kurzen Wege zum Ziel und die akribische Genauigkeit haben wir doch von euch gelernt, mein Cäsar.*
Imhotep: *Gib nicht an, Papst Gregor. Wir alten Ägypter konnten schon längst präzise rechnen und vermessen, als eure Vorfahren bei uns aus Nilschlamm und Stroh noch Ziegel formten und nebenbei von uns das Schreiben und das Denken lernten.*
Gregor: *Das erkennen wir mit Achtung an. Doch unser nach mir benannter gregorianischer Kalender wird mit seiner Anordnung der Schalttage erst in 3000 Jahren um einen Tag zu berichtigen sein. Geboren ist diese Zuverlässigkeit am Ufer der Theologie, im Strom eines Konzils, dessen Quelle die Hoffnung auf einen für alle Menschen gemeinsamen Ostertag war.*
Cäsar: *Einen gemeinsamen Ostertermin haben die Christen bis heute nicht erreicht. Und deinen Kalender haben sie nur zögernd übernommen. Zuerst die Romtreuen. Die Reformierten schoben die Übernahme ins Jahr 1710, die Schweden auf 1753 und die Graubündener Schweiz kam endlich 1810 ins Ziel.*
Imhotep: *Und dass die orthodoxen Patriarchen in Russland sich Zeit ließen bis 1918 und die Griechen bis 1923, ja dass ihr orthodoxes Kirchenjahr bis heute dem „alten Stil" folgt, kann ich kein Ruhmesblatt nennen.*
Gregor: *Und trotzdem halten wir fest an der Vision des Zweiten Vatikanischen Konzils von der Schaffung eines Weltkalenders mit einheitlichen Zeiten für Fahrpläne, Festspiele und Feiertage.*

Karl Borromäus
wurde 1538 in eine alte Mailänder Adelsfamilie geboren und schon als Zwölfjähriger für die geistliche Laufbahn bestimmt. In Pavia schloss er ein Studium als Doktor beider Rechte ab und wurde sofort von seinem Onkel Papst Pius IV. an die Kurie in Rom berufen. Bald wurde er zum Priester geweiht, dann zum Erzbischof von Mailand und zum Kardinal ernannt. Der junge Bischof war eifrig bemüht, die Weisungen des Konzils von Trient vom Papier in die Herzen der Menschen zu bringen. Dafür berief er mehrere Diözesansynoden ein, gründete ein Priesterseminar in Pavia, besuchte selbst 800 Pfarreien in seinem Bistum und ging mit dem Beispiel eines vorbildlichen und frommen Lebenswandels voran. Aber es wurde auch ein Mordanschlag auf ihn verübt. Täter war ein Mönch, der nicht auf Vorrechte verzichten wollte. Karl blieb unversehrt.
Während einer Pestepidemie, die 1576 in Mailand wütete, öffnete er sein Haus für die Kranken und pflegte sie mit eigener Hand. Diese Hingabe verschaffte ihm ein hohes Ansehen bei den Mailändern. Mit nur 46 Jahren starb Karl Borromäus am 3. November 1584 nach einem kurzen Fieber. Am Allerheiligentag des Jahre 1610 nahm ihn die Kirche in die Schar der Heiligen auf.

Wenn alle Bischöfe und Priester gewesen wären wie dieser, wäre es nicht zur Glaubensspaltung gekommen.

Aussage eines zeitgenössischen Protestanten über Karl Borromäus

Ostersäule in Lauterbach bei Stolpen in Sachsen. Ein Bauer hatte 1584 zweimal Ostern gefeiert nach zwei Kalendern.

Seligpreisungen

Selig, die über sich selbst lachen können, denn sie werden sich köstlich amüsieren.

Selig, die einen Berg von einem Maulwurfshügel unterscheiden können, es wird ihnen viel Ärger erspart bleiben.

Selig, die fähig sind, sich auszuruhen und zu schlafen, ohne dafür eine Entschuldigung zu suchen, sie werden weise genannt werden.

Selig, die schweigen und zuhören können, sie werden viel Neues lernen.

Selig, die ein Lächeln bewundern und eine Grimasse vergessen können, ihr Weg wird voller Sonnenschein sein.

Selig, die das Benehmen anderer immer mit Wohlwollen beurteilen können, man wird sie für naiv halten, aber die Liebe fordert es.

Selig, die vor dem Handeln nachdenken und vor dem Nachdenken beten, sie werden viele Dummheiten vermeiden.

Selig, die lächelnd schweigen können, wenn man ihnen ins Wort fällt oder ihnen widerspricht, dann hat die Frohe Botschaft angefangen, ihr Herz zu verwandeln.

Selig die vor allem, die den Herrn erkennen in allen, die ihnen begegnen, denn dann haben sie das wahre Licht und die echte Weisheit gefunden.

Aus Frankreich

Das Erste Vatikanische Konzil

Bis zum nächsten Konzil sollten diesmal über 300 Jahre vergehen.
Europa wurde durch den Dreißigjährigen Krieg erschüttert, der viel Elend über die Menschen brachte. Die aufkommende Naturwissenschaft stellte die Kirche vor Probleme. Es kam zu manchem Missverständnis und vereinzelt auch zu Fehlentscheidungen, wie uns der Fall des Gelehrten Galilei zeigt. Aber alles das können wir nur richtig beurteilen, wenn wir die Zeitumstände genau kennen. Es traten auch bald Menschen auf, die nicht mehr Christen sein wollten, und solche, die nicht mehr an Gott glaubten. Andererseits wurde durch die Entdeckung neuer Erdteile die Mission belebt.
Die Kirche hatte sich in dieser Zeit zwar über die ganze Welt verbreitet, lebte aber überall zwischen Andersdenkenden (Diaspora). Es wurde notwendig, dass sich die Kirche dieser neuen Situation stellte. In den Jahren 1869–1870 tagte das Erste Vatikanische Konzil in Rom. Von den rund 1050 Bischöfen der Erde nahmen 774 aus allen fünf Erdteilen daran teil. Sie wollten vor allem neue Sicherheit in Glaubensaussagen schaffen. So wurde ein Glaubensdekret angenommen mit den Kapiteln: Dasein und Erkenntnis eines persönlichen Gottes – Notwendigkeit der göttlichen Offenbarung – Das Wesen des Glaubens – Das Verhältnis von Glauben und Wissen. Weiterhin stellte das Konzil fest: „Der Papst ist dann unfehlbar, wenn er als oberster Lehrer aller Christen in Fragen des Glaubens und der Sitten etwas endgültig entscheidet." Diese Unfehlbarkeit verdankt die Kirche dem Heiligen Geist, der in der Kirche lebt und sie vor allem Irrtum bewahrt. Um diesen Glaubenssatz hat es harte Auseinandersetzungen gegeben. Nach dem Konzil sammelten sich Laien und Theologen, die dieses Unfehlbarkeitsdogma ablehnten, in der Altkatholischen Kirche (→ S. 62).

Das Erste Vatikanische Konzil eröffnete Papst Pius IX. am 8. Dezember 1869. Es fand im rechten Querschiff der Peterskirche statt. Holzstich von 1870

Weitere Themen konnten nicht mehr abgeschlossen werden, z. B. kirchliche Disziplin, Aufgaben der Bischöfe, Seelsorge, die Einführung eines Einheitskatechismus. Wegen der unterschiedlichen Situation in den einzelnen Ländern gingen die Ansichten weit auseinander; es kam zu langen Debatten.
Der Ausbruch des Deutsch-Französischen Krieges führte zum vorzeitigen Abbruch des Konzils. Die Kirche hoffte auf eine Weiterführung. Damals konnte niemand ahnen, dass diese erst rund 90 Jahre später möglich sein würde, nämlich auf dem von Johannes XXIII. einberufenen Zweiten Vatikanischen Konzil.

Reform an Haupt und Gliedern

Die Konzilien

Anlass	Konzil	Zeit	Ergebnis
Die Kirche klärt Glaubensfragen *Wer ist Jesus Christus?*	Nicäa (Nikaia) I. Konstantinopel I. Ephesus Chalcedon Konstantinopel II Konstantinopel III. Nicäa (Nikaia) II Konstantinopel IV.	323 381 431 451 553 680–681 787 869–870	Glaubensbekenntnis
Die Kirche festigt ihre Organisation *Wer hat die Macht – das Reich (weltliche Herrscher) oder die Kirche?*	Lateran I. Lateran II. Lateran III. Lateran IV. Lyon I. Lyon II. Vienne Konstanz Basel-Ferrara-Florenz Lateran V	1123 1139 1179 1215 1245 1274 1311–1312 1414–1418 1431–1442 1512–1517	Bestimmungen über: Priester, Bischöfe, Papstwahl, Konzil, Klerikerbildung, Predigtwesen, Bücherzensur, Kirchengebote Zeitfragen: Kreuzzüge u. ä.
Die Kirche antwortet auf die Reformation *Alte Kirche, neue Kirche?*	Trient	1545–1563	Reformdekrete gegen Missstände im kirchlichen Leben, Abgrenzung der Lehre
Die Kirche festigt das Papstamt *Was soll in der Kirche als Wahrheit gelten?*	Vaticanum I.	1869–1870	Unfehlbarkeit des Papstes, Abwehr des Modernismus
Die Kirche besinnt sich auf ihre Quellen *Wie soll Kirche heute sein?*	Vaticanum II.	1962–1965	Erneuertes Kirchenbild, Einheit der Christen, Achtung vor den Weltreligionen

Zungenbrecher für Lernfreudige

Was ist das?

☞ **Niko ephcha koko niko lalalala lylyvi kobala trivava**

Das sind die Anfänge aller 21 ökumenischen Konzile.

Ruine der Bischofskirche in Nicäa, heute Iznik im Norden der heutigen Westtürkei. Da der Kaiser das Konzil nach Nicäa einberufen hatte, fanden die Beratungen wohl im kaiserlicherlichen Palast statt. Von diesem Bau ist nichts erhalten.

Auch die Dogmen
stehen nicht still.
Sie wenden jeder Zeit
neue Gesichter zu,
in denen sie sich enthüllen,
in denen sie sich entknospen
und entblättern.

Carl Sonnenschein

Papst Johannes XXIII. berief das zweite Vatikanum (1962–1965) ein. Papst Paul VI. (hier rechts im Bild noch als Kardinal Montini) beendete es.

Auflösung von S. 326 (Wie Kirche lebt): Jesus sagt: „Wo zwei oder drei in meinem Namen versammelt sind, da bin ich mitten unter ihnen“ (Mt 18,20).

Feierliche Eröffnung des Zweiten Vatikanischen Konzils am 11. Oktober 1962 im Petersdom, der als Konzilsaula diente

Die Fenster auf!

Das Zweite Vatikanische Konzil

Ein Konzil kann nicht von einem Tag zum anderen einberufen werden. Das leuchtet jedem ein. Eine solch große Versammlung muss gut vorbereitet sein. In der ganzen Welt wurden die Themen gesammelt. Es kamen 16 Bände mit 12 000 Seiten zusammen. Zwölf Kommissionen erarbeiteten daraus die Vorlagen für die Konzilsversammlung.

Am 11. Oktober 1962 war es dann soweit: Das Konzil konnte feierlich eröffnet werden. Über 2100 Bischöfe und Kardinäle, Patriarchen und Äbte, Ordensgenerale und Beobachter waren um den Papst in der Peterskirche zu Rom versammelt. Am gleichen Ort begann am folgenden Tag sogleich die Beratung in dem großen Anliegen **Die Erneuerung der Kirche in der heutigen Zeit.**

Oft musste die halbe Nacht durchgearbeitet werden, damit eine Vorlage rechtzeitig fertig wurde. War dann die Diskussion darüber abgeschlossen, kam es zur großen Schlussabstimmung, wobei jeder stimmberechtigte Konzilsvater mit Ja oder Nein stimmen oder sich der Stimme enthalten konnte. Das waren wichtige Augenblicke. Stimmten die meisten Anwesenden mit Ja, dann wurde der Text vom Papst unterschrieben und war somit gültig.

Mitten in der Arbeit des Konzils traf die Kirche ein schwerer Schlag. Papst Johannes XXIII., der das Konzil einberufen und mit ganzer Kraft unterstützt hatte, starb am Pfingstmontag des Jahres 1963. Da nach kirchlichem Recht mit dem Tod eines Papstes auch ein Konzil beendet ist, erhob sich die bange Frage: Was wird nun? Wird der neue Papst die Arbeit fortsetzen? Die Antwort des neuen Papstes, Pauls VI., ließ nicht lange auf sich warten: Schon im September 1963 ging es weiter. Dieser zweiten Sitzungsperiode sollten noch zwei weitere folgen. Im Jahre 1965 wurde das Zweite Vatikanische Konzil offiziell beendet.

Die Ergebnisse der Konzilsarbeit lassen sich in drei Bereiche zusammenfassen.

1. Christ und Christus
2. Christ und Kirche
3. Christ und Welt

1. Christ und Christus

Die grundlegenden Texte des Zweiten Vatikanischen Konzils sind die vier Konstitutionen. Mit ihnen kehrt die Kirche zu den Quellen zurück, zur Heiligen Schrift und zur Überlieferung der Kirchenväter.

- Der erste Text, den das Konzil überhaupt verabschiedet, ist die Konstitution *Über die heilige Liturgie*. „Die Mutter Kirche wünscht sehr, alle Gläubigen möchten zu der vollen, bewussten und tätigen Teilnahme an den liturgischen Feiern geführt werden, […] zu der das christliche Volk kraft der Taufe Recht und Amt besitzt."
- Die dogmatische Konstitution *Über die Kirche* ordnet das Tun der Christen aus ihrer Beziehung zu Christus neu. Kirche ist das Volk Gottes, zu dem Papst, Bischöfe, Priester und Laien gehören.
- Die *Pastoralkonstitution* spricht vom Gewissen als Heiligtum jedes Menschen. Sie appelliert an den Einzelnen, seinem Gewissen zu folgen.
- Die Konstitution *Über die Göttliche Offenbarung* legt jedem Christen die Heilige Schrift als Quelle des Glaubens ans Herz.

Konkrete Beispiele: Einführung der Muttersprache im Gottesdienst, Neugestaltung des Kirchenraumes, Vergegenwärtigung der Verkündigungssprache (Heilige Schrift, Predigt u. a.)

Ein eindrucksvoller Anblick. Die Prozession der Konzilsväter

Die Dokumente des Zweiten Vatikanischen Konzils
(1962–1965)

1. Konstitution über die heilige Liturgie	SC =	Sacrosanctum Consilium
2. Dogmatische Konstitution über die Kirche	LG =	Lumen Gentium
3. Dogmatische Konstitution über die göttliche Offenbarung	DV =	Dei Verbum
4. Pastoralkonstitution über die Kirche in der Welt von heute	GS =	Gaudium et Spes
5. Dekret über die Kommunikationsmittel	IM =	Inter Mirifica
6. Dekret über die katholischen Ostkirchen	OE =	Orientalices Ecclesiarum
7. Dekret über den Ökumenismus	UR =	Unitatis redintegration
8. Dekret über die Hirtenaufgabe der Bischöfe	CD =	Christus Dominus
9. Dekret über das Ordensleben	PC =	Perfectae Caritas
10. Dekret über das Laienapostolat	AA =	Apostolicam auctoritatem
11. Dekret über die Priesterausbildung	OT =	Optatam totius
12. Missionsdekret	AG =	Ad gentes
13. Dekret über Dienst und Leben der Priester	PO =	Presbyterorum Ordinis
14. Erklärung über die christliche Erziehung	GE =	Gravissimum aducationis
15. Erklärung über das Verhalten der Kirche zu nichtchristlichen Religionen	NA =	Nostra aetate
16. Erklärung über die Religionsfreiheit	DH =	Dignitatis humanae

Die Ergebnisse des Konzils werden verwirklicht

Das Konzil war eine weltweite Versammlung. Aber jedes Volk hat andere Bedürfnisse, andere Ansichten, anderes Brauchtum; ja sogar von Gemeinde zu Gemeinde gibt es unterschiedliche Anliegen. Eine Großstadt zum Beispiel braucht andere seelsorgliche Methoden als eine Landgemeinde.
So müssen die Gedanken und Impulse des Konzils bis nach unten in die kleinste Gemeinde getragen werden. Dafür hat das Konzil bestimmte Strukturen empfohlen. Das sind

Diözesanrat und Pastoralrat,
Dekanatsrat und Pfarrgemeinderat
sowie der Priesterrat.

Diejenigen, die dafür Verantwortung tragen, wissen, dass es letztlich nicht um Konzil und Synode und Papier und Beschlüsse geht, sondern um das Evangelium, um Erneuerung, Umkehr, Aufbruch. Sie wissen auch, dass ihr Sinnen und Planen nur mit dem Heiligen Geist zu seinem Ziel führt.

2. Christ und Kirche

In den neun Dekreten wird die neue Sicht vom Volke Gottes auf alle Lebensbereiche angewandt. Die Kirche schaut dabei auf ihre Geschichte und ihr Umfeld. Sie vergleicht ihr Erscheinungsbild mit dem Wortlaut der Heiligen Schrift und beschreibt den gelebten Glauben vor diesem Hintergrund.

- Das Volk Gottes ist nicht auf eine Kultur, auf ein Erbe oder eine Tradition festgelegt. Die Christen im Orient leben anders als die Christen des Westens.
- Nachdem Papst Johannes XXIII. die nichtkatholischen Christen „getrennte Brüder" genannt hatte, bildete sich schnell ein neues Verständnis von Ökumene heraus. Durch die Taufe und den Glauben an Christus haben sie das Wesentliche gemeinsam. Das Dekret *Über den Ökumenismus* zeigt die Gründe dafür auf, weshalb die nichtkatholischen Christen zum Volke Gottes gehören. „Kirchen sollen Kirchen bleiben und eine Kirche werden."(Kardinal Joseph Ratzinger, der heutige Papst Benedikt XVI.)

Konkrete Beispiele: Bildung von Räten in der Kirche (Pfarrgemeinderat und andere), Glaubensgespräche mit Orthodoxen, Anglikanern, Protestanten usw., ökumenische Gottesdienste.

Was Kirche ist

Das hat uns das Zweite Vatikanische Konzil ausführlich gesagt. Es vergleicht die Kirche mit dem Leib Christi, mit einer Mutter, mit einer heiligen Stadt und einer kleinen Herde. Ein Bild gebraucht es vor allem. Wie das heißt, sagt das Rätsel.

3. Christ und Welt

- Die *Erklärung über die Religionsfreiheit* zeigt, wie die Kirche das Zusammenleben von Menschen mit verschiedener Auffassung versteht. In der pluralistischen Gesellschaft besteht ein großes „Angebot" von Meinungen, Weltanschauungen und Lebensauffassungen. Es verstößt gegen den Geist Christi, wenn Menschen wegen ihrer religiösen Überzeugung, ihrer Nationalität oder Rasse diffamiert werden. Die Kirche will alle Menschen guten Willens als Gesprächspartner annehmen und verstehen.
- In der *Erklärung über das Verhalten der Kirche* zu den nichtchristlichen Religionen spielt das Gespräch der Weltreligionen miteinander eine große Rolle. Mit Ehrfurcht spricht das Konzil vom jüdischen Volk.

Konkrete Beispiele: Mitwirkung der Kirche in der UNO, Eintreten für Religionsfreiheit, Entwicklung eines Ethos der Weltreligionen.

Manche Hoffnung auf eine Annäherung von Kirche und Welt hat sich nicht erfüllt. Der Konzilstheologe Joseph Ratzinger und heutige Papst Benedikt XVI. sagte damals: „Es sollte … eine innerkirchliche Toleranz geben, die nicht versucht, die eigene Form dem anderen unter allen Umständen aufzuzwingen."

Der Gott,
der Bedürfnisse befriedigt,
muss wieder zum
verzehrenden Feuer werden,
in dem alle Eigenliebe und Sehnsucht verbrennt.

Bischof Joachim Wanke

Auflösung von S. 331 (Was Kirche ist):
Das II. Vatikanische Konzil nennt die Kirche „PILGERNDES VOLK GOTTES".

Das Konzil war nur der „Anfang des Anfangs"

Dieses Zitat stammt vom Konzilstheologen Karl Rahner. Er nennt das Zweite Vatikanum ein Reformkonzil, mit dem die Kirche Abschied nimmt von früheren Vorstellungen und Ausdrucksweisen. Früher konnte ein Christ sagen: Ich habe den richtigen Glauben. Jetzt legt die Kirche die Betonung auf den personalen Glauben, auf das Christ-Sein. Diese Bewusstseinsveränderung beginnt beim einzelnen Christen und bewirkt wie ein Sauerteig allmählich ein Umdenken des Ganzen. Das nennt man dann Paradigmenwechsel.
Wer kein Haben zu verteidigen hat, öffnet leichter die Tür und spricht mit dem Nachbarn. So wuchs in der Kirche mit dem Konzil die Bereitschaft zum brüderlichen Gespräch. In der Pastoralkonstitution des Zweiten Vatikanum ist zu lesen: „Der Einsatz für Gerechtigkeit, Frieden und Freiheit der Menschen und Völker und für eine neue Zivilisation der Liebe ist darum eine grundlegende Perspektive für die Kirche heute." In einer Welt der versöhnten Verschiedenheit von Christen, Juden, Muslimen, Hindus, Buddhisten und anderen Suchenden ist das Gespräch notwendig und heilsam.

Paul VI. spricht 1975 vor der Vollversammlung der UNO in New York.

Vierzig Jahre nach dem Zweiten Vatikanischen Konzil

Das Zweite Vatikanum hat die Gestalt der Kirche neu entdeckt und beschrieben. Es sandte Zeichen in die Zeit, die manche Theologen mit Sorgen erfüllten, aber in der jungen Generation eine Aufbruchstimmung geradezu beflügelten. Der erwähnte Karl Rahner hat damals hellsichtig beobachtet, dass ein Umbruch in der Theologie notwendig wurde. Der im System des Augustinus vorgestellte Glaube an einen willkürlich wählenden und verdammenden Gott wurde durch den von Christus her verständlich gewordenen Vaterglauben deutlicher ergänzt. Daraus erwuchsen dem Konzil die Kräfte für die Proklamation der Religionsfreiheit, für eine neue ökumenische Theologie und eine Offenheit der Kirche gegenüber der Welt. Der innerkirchliche Widerstand gegen die Beseitigung von Mauern war erheblich. Aber die überzeugende Menschlichkeit von Papst Johannes XXIII. hat viele Hemmnisse überwunden.

Franziskus stützt die Kirche. Traum des Papstes Innozenz III. auf einem Fresko von Giotto, gemalt von 1292 bis 1297, in der Oberkirche San Francesco in Assisi. Der heilige Franziskus bewahrt die Kirche vor dem Einsturz. Dieser Traum soll die päpstliche Anerkennung des Franziskanerordens begünstigt haben.

Franziskus erscheint dem Papst

Gestern rief der heilige Franziskus Bruder Ägidius zu sich und sprach zu ihm wie folgt: „Es steht nicht gut, nicht gut. Ich habe Kunde davon erhalten, was in der weiten Welt geschieht. Alles reißt, berstet, stürzt ein …" – „Ja", antwortete Ägidius und senkte den Blick, als sei er verantwortlich für das, was da in der Welt geschieht. – „Auch in der Kirche, auch in der Kirche …", flüstert Franziskus voll Schmerz. – „Nun ja, ja, ja …" – „Die Menschen zweifeln an Gott, Priestern fehlt der Glaube, und in vielen Ländern gibt es schon keine Priesterberufungen mehr. Das alles erinnert an die Zeiten der Lockerung vor sieben Jahrhunderten, als ich meine Tätigkeit aufnahm." – „Ja, ja", hauchte Ägidius.

Plötzlich springt Franziskus von der Bank auf und sagt mit starker Stimme, wobei er ungeduldig Bruder Ägidius am Ärmel zieht: „Komm, wir gehen nach Rom, zum Papst!" – „Wozu?", fragt der erschreckte Ägidius.

„Ich muss wieder einmal dem Heiligen Vater im Traum erscheinen."

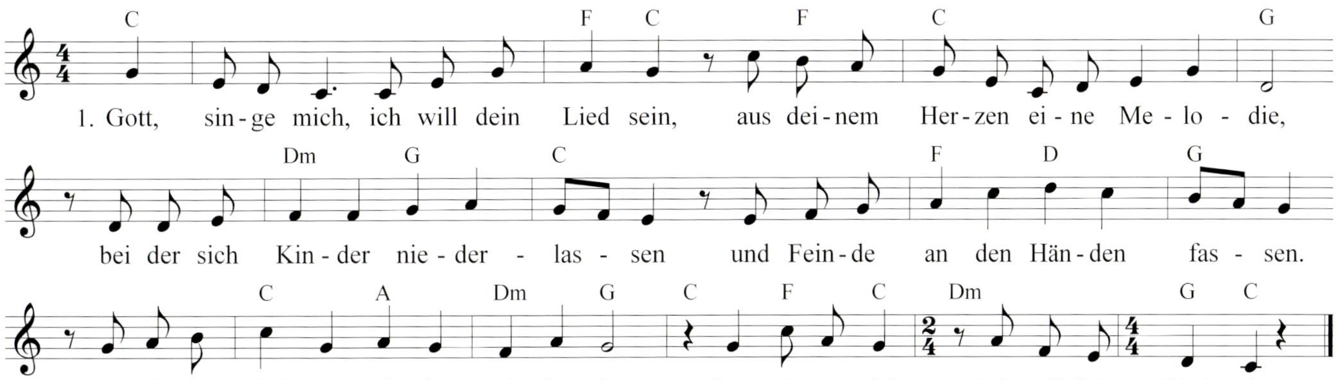

2. Gott male mich, ich will dein Bild sein. In deinen Farben fasse du mich ein. Dass, wer mich sieht, den Meister findet, das Bild von deiner Größe kündet. Ein Abglanz deiner Schönheit will ich sein. Gott male mich, ich will dein Bild sein.

3. Gott, liebe mich, ich will dein Kind sein, ein Band der Liebe und ein volles Glück. Erhalten möchte ich dein Leben, den Namen auch, den du gegeben. Und immer finde ich zu dir zurück. Gott, liebe mich, ich will dein Kind sein.

Text: Alexander Ziegert, Musik: Kurt Grahl, © bei den Autoren

Bildnachweis

pa = picture-alliance; AZ = Alexander Ziegert, Dresden; GS = Gudrun Schlechte, Dresden

10: Rafael Ledschbor, Ralbitz-Rosenthal; 11: Bärbel Baubkus, Glashütte; 13: Rudolf Rainer, Wiesbaden; 14: © pa / ZB / Wolfgang Thieme; 15: Wilfried Lenssen, Dresden; 16,1: © pa / akg-images; 16,2: © pa / akg-images / Erich Lessing; 16,3: © pa / Picture-Alliance / Ralf Braun; 17,1: © pa / dpa / Publifoto; 17,2: © KNA-Bild; 17,3: © pa / dpa / epa ansa Paolo Cocco AP POOL; 17,4: © pa / epd / Friedrich Stark; 18,1: © pa / dpa / epa ansa handout; 18,2: © pa / dpa / epa ansa Pier Paolo Cito/Pool; 20,1: CD „Rome", Pixtal; 20,2: CD „Italien", Corbis; 21,1: © pa / KNA-Bild / Wolfgang Radtke; 21,2: Wilfried Lenssen, Dresden; 23: GS; 26: © pa / Godong / Philippe Lissac; 27,1: © pa / dpa / Rolf Haid; 27,1: © Polec, missio; 28: © Franz Josef Rupprecht, www.kathbild.at; 29: © pa / akg-images / Werner Unfug; 30: © Constantin Beyer, Weimar; 31,1: AZ; 31,2: © pa / akg-images; 32: © pa / dpa / epa ansa Vatican Pool; 33,1+2: Verlagsarchiv; 34,1: Sarah Scholz; 34,2: © pa / Bildagentur Huber / Mehlig; 35,1: GS; 35,2: AZ; 35,3: © pa / Godong / Nicolas Pierre; 36,1: © pa / dpa / epa Sergei Chirikov; 36,2: Autorenarchiv; 37,1: © pa / akg-images / Jean-Louis Nou; 37,2: © pa / Godong / Philippe Lissac; 38,1: © pa / dpa / Barone; 38,2: GS; 39,1: © KNA-Bild; 39,2: © pa / ZB / Olaf Meinhardt/Transit; 40,1: © pa / epd / Norbert Neetz; 40,2: © pa / dpa / epa Sergei Chirikov; 41,1: © pa / dpa / Helfried Weyer; 41,2: GS; 42,1: © pa / HB-Verlag / Thomas Schulze; 42,2: © pa / akg-images / Juergen Sorges; 43: © pa / KPA / Hackenberg; 44: © pa / akg-images / Erich Lessing; 45: © pa / ZB / Wolfgang Kluge; 46,1: © pa / dpa / Martin Schutt; 46,2: © pa / ZB ; 46,3: © Wartburg-Stiftung Eisenach; 47,1: © pa / epd / Norbert Neetz; 47,2: © SLUB Dresden / Deutsche Fotothek; 48,1: © pa / akg-images; 48,2: © pa / IMAGNO; 49,1: © pa / akg-images; 49,2: © pa / akg-images; 50: © pa / akg-images / Erich Lessing; 51,1: © pa / akg-images; 51,2: CD „World Religions", Stockbyte; 52,1: © pa / dpa; 52,2: © pa / epd /Norbert Neetz; 53: Domschatzkammer Bautzen; 54: Initiativgruppe Nacht der Kirchen / Werbeagentur Anne Wolf, Dresden; 55,1: © SLUB Dresden / Deutsche Fotothek; 55,2: © pa / dpa / epd-Bild Marc van Appelghem; 56,1: © KNA-Bild; 56,2: © KNA-Bild; 57: © KNA-Bild / Wolfgang Radtke; 59,1: © pa / dpa / Martin Schutt; 59,2: GS; 59,3: © pa / Godong / P. Deliss; 60,1: Norbert Büchner; 60,2: © pa / epd / Norbert Neetz; 60,3: © pa / KNA-Bild / Nadine Loesaus; 61: © APD; 62,1: © APD; 62,2: Alt-katholische Pfarrgemeinde Nordstrand; 63: © pa / dpa / Press Association; 64: © pa / dpa / PA Fiona Hanson; 65,1: © pa / dpa / Chris Hoffmann; 65,2: © pa / dpa / PA; 66: © pa / akg-images; 68,1: © pa / epd / Universitätsarchiv; 68,2: © epd-bild / Norman Schmorrde; 69: © epd-bild / Jens Schulze; 70,1: © pa / ZB / Jens Kalaene; 70,2: © pa / dpa / Jörg Carstensen; 71,1: © pa / Bildagentur Huber / Gräfenhain; 71,2: © pa / akg-images; 73,1: © pa / dpa / David Henley; 73,2: © pa / KPA / TopFoto; 74: Kirche Jesu Christi der Heiligen der letzten Tage, Freiberg; 75: pa / dpa / Gero Breloer; 76: © World Council of Churches / Peter Williams; 77: © epd-bild / Michael Jespersen; 79,1: © Constantin Beyer, Weimar; 79,2: Verlagsarchiv; 80: Verlagsarchiv; 81: Autorenarchiv; 84: © KNA-Bild / Ernst Herb; 85: © pa / Bildagentur Huber / PictureFinders; 86,1: © pa / dpa / epa; 86,2: © pa / Godong / Robert Mulder; 87,1: © pa / dpa / epa Barbara Walton; 87,2: © pa / dpa / Dinodia DBA-18590; 88: CD „World Religions", Stockbyte; 89,1: © pa / dpa / Hoerold; 89,2: © pa / dpa / Lehtikuva Sari Gustafsson; 89,3: © pa / HB-Verlag / Gernot Huber; 90: © pa / dpa / epa Harish Tyagi; 92: © pa / maxppp / Costa; 93,1: © pa / dpa / Imaginechina Zhang hongjiang; 93,2: © SLUB Dresden / Deutsche Fotothek; 94,1: © pa / Godong / Philippe Lissac; 94,2: © pa / dpa / Matti Remes; 95,1: © pa / dpa / AAP Image Marty Melville; 95,2: © pa / dpa / Gerig; 96,1: © pa / dpa / epa Mike Nelson; 96,2: © pa / dpa / epa Haider; 97,1: © pa / Bildagentur Huber / Fantuz Olimpio; 97,2: © pa / Bildagentur Huber / Leimer; 98: © pa / KPA/HIP / The Britisch Museum; 99,1: © pa / KNA-Bild; 99,2: Autorenarchiv; 101: AZ; 102: © pa / akg-images / Erich Lessing; 103,1: pa / Picture / Helga Lade GmbH, Germany; 103,2: © pa / maxppp / RLM; 104: © pa / Zentralbild / Matthias Hiekel; 105,1: © pa / dpa / Uli Deck; 105,2: © pa / Bildagentur Huber / R. Schmid; 105,3: © pa / KNA-Bild / Wolfgang Radtke; 106,1: © pa / dpa / epa afp; 106,2: © pa / dpa / epa afp Abdelhak Senna; 107: © KNA-Bild / Ditsch; 109,1: © pa / dpa / Peter Endig; 109,2: © pa / akg-images / Erich Lessing; 110,1: © Franz Josef Rupprecht, www.kathbild.at; 110,2: © pa / Zentralbild / Peter Förster; 112,1: © pa / dpa / ANP; 112,2: © pa / dpa / Richard Nowitz; 112,3: © pa / dpa / epa PA; 113,1: GS; 113,2: © pa / Zentralbild / Peter Förster; 113,3: © pa / dpa / epa Akhtar Soomro; 114,1: GS; 114,2: GS; 116,1: © pa / akg-images; 116,2: GS; 116,3: © pa / akg-images / Rabatti – Domingie; 116,4: AZ; 116,5: © pa / dpa / epa ansa Schiavella; 116,6: © pa / akg-images / Cameraphoto; 116,7: © pa / akg-images / Cameraphoto; 116,8: © pa / akg-images; 117: Verlagsarchiv; 118: © pa / akg-images / Juergen Sorges; 119,1: AZ; 119,2: © pa / Zentralbild / Volkmar Thie; 120: © pa / dpa / DAHW; 121,1: © pa / KNA-Bild / Harald Oppitz; 121,2: © pa / akg-images; 124: Verlagsarchiv; 125: © KNA-Bild / Wolfgang Radtke; 126: © pa / akg-images / Rabatti – Domingie; 127,1: © pa / akg-images / Rabatti – Domingie; 127,2: © Constantin Beyer, Weimar; 128,1: © pa / dpa / Ingo Wagner; 128,2: AZ; 129,1: © pa / akg-images / Gerhard Ruf; 129,2: Verlagsarchiv; 130,1: Verlagsarchiv; 130,2: © pa / akg-images / Erich Lessing; 130,3: © pa / dpa / Frank Baumgart; 130,4: AZ; 130,5: © pa / Bildagentur Huber / R. Schmid; 132: © pa / Zentralbild / Eckhard Herfet; 133,1: © pa / Burghard Juettner / vintage.de; 133,2: © pa / dpa / Carsten Rehder; 133,3: AZ; 134,1: © pa / dpa / Stephan Jansen; 134,2: © Franz Josef Rupprecht, www.kathbild.at; 134,3: © pa / dpa / Tschanz-Hofmann; 134,4: © pa / dpa / Matthias Schrader; 134,5: © pa / Zentralbild / Nestor Bachmann; 136,1: GS; 136,2: AZ; 137: AZ, © VG Bild-Kunst, Bonn 2007; 138,1: © pa / ZB / Jens Kalaene; 138,2: Agnes Scholz, Dresden; 139,1: GS; 139,2: AZ; 139,3: © pa / dpa / Martin Schutt; 140,1: © pa / dpa / Marek Maruszak; 140,2: © KNA-Bild / Romano Siciliani; 141,1: Verlagsarchiv; 141,2: © pa / dpa / Karl Schnörrer; 141,3: Verlagsarchiv; 142,1: © pa / Godong / Philipp Lissac; 142,2: Hubertus Krehl, Ottendorf-Okrilla; 144: © pa / Bildagentur Huber / Johanna Huber; 147: © pa / akg-images / Rodemann; 148: © pa / vintage.de / Burkhard Juettner; 149: © pa / Bildagentur Huber / Ripani Massimo; 150: © KNA-Bild / Ernst Herb; 151: © pa / akg-images; 152: © pa / maxppp / Leemage; 153: © pa / akg-images / Stefan Diller; 154,1: © pa / dpa / Peter Endig; 154,2: © pa / ZB / Wolfgang Thieme; 155,1: © Schütze/Rodemann, Halle; 155,2: GS; 155,3: © pa / akg-images / Hans-Horst Skupy; 156: © pa / akg-images / Pirozzi; 159,1: © pa / Bildagentur Huber / ; 159,2: © Constantin Beyer, Weimar; 159,3: © pa / Bildagentur Huber / Krammisch; 159,4: © pa / akg-images; 160: © pa / maxppp / Selva/Leemage; 161: © pa / Godong / Fred De Noyelle; 162: © pa / akg-images / Hilbich; 163,1: Autorenarchiv; 163,2: © pa / akg-images / Hilbich; 164: Peter-Paul Straube, Bautzen; 165: © pa / KPA / Thomas; 166,1: © Jürgen M. Pietsch, Delitzsch; 166,2: © pa / Godong / Fred De Noyelle; 166,3: © Constantin Beyer, Weimar; 167,1: © pa / Bildagentur Huber / R. Schmid; 167,2: © pa / Zentralbild / Klaus Franke; 167,3: © pa / akg-images; 168,1: © pa / Zentralbild / Wolfgang Thieme; 168,2: © pa / dpa / Karl Schnörrer; 168,3: © pa / akg-images / Erich Lessing; 168,4: © pa / akg-images / Erich Lessing; 169,1: © akg-images; 169,2: © pa / akg-images; 169,3: © pa / akg-images / Erich Lessing; 169,4: © pa / akg-images; 169,5: © akg-images / Erich Lessing; 170,1: © pa / akg-images; 170,2: © pa / akg-images; 171: Christoph Birkner, Geising; 172: © pa / dpa / DB Jens Meyer; 173,1: © SLUB Dresden / Deutsche Fotothek,; 173,2: © Constantin Beyer, Weimar; 175,1: Autorenarchiv; 175,2: © pa / dpa / ANSA; 176,1: © pa / akg-images / Erich Lessing; 176,2: © pa / akg-images; 176,3: © pa / maxppp / A. Marchi; 177,1: © pa / akg-images; 177,2: © pa / akg-images; 177,3; © pa / akg-images; 178; Autorenarchiv; 179; © SLUB Dresden / Deutsche Fotothek; 180,1: © pa / akg-images; 180,2: © pa / akg-images / Cameraphoto; 180,3: © pa / Bildagentur Huber / Radelt; 181,1: © pa / Bildagentur Huber / G. Simeone; 181,2: © pa / dpa / Frank Rumpenhorst; 181,3: © pa / dpa / Marcus Führer; 182,1: © pa / Berliner Zeitung / Markus Wächter; 182,2: © pa / akg-images / Pirozzi; 183: © pa / akg-images / Heiner Heine; 184,1: © SLUB Dresden / Deutsche Fotothek; 184,2: © pa / dpa / Matthias Hiekel; 185,1: © pa / dpa / Matthias Hiekel; 185,2: © SLUB Dresden / Deutsche Fotothek; 185,3: © pa / KPA / Hackenberg; 186,1: © pa / dpa / Matthias Hiekel; 186,2: © pa / akg-images; 186,3: Evang.-Luth. Kirchgemeinde Eibenstock-Carlsfeld; 187,1: © pa / dpa / Andy Bernhaut; 187,2: © pa / akg-images; 187,3: © pa / akg-images; 187,4: © pa / akg-images; 188,1: © pa / akg-images; 188,2: © pa / akg-images; 188,3: © pa / Zentralbild / Klaus Franke; 189,1: © pa / akg-images; 189,2: © pa / akg-images; 190,1: © pa / Zentralbild / Heinz Hirndorf; 190,2: © KNA-Bild / Harald Oppitz; 190,3: Autorenarchiv; 191,1: GS; 191,2: Autorenarchiv; 192,1: © pa / IMAGNO / Franz Hubmann; 192,2: © pa / dpa / Ossinger; 192,3: Verlagsarchiv; 193,1: © akg-images / Hilbich; 193,2: © pa / dpa / Keycolor; 193,3: © akg-images / Hilbich; 194,1: © pa / KPA / Rue des Archives, © VG Bild-Kunst, Bonn 2007; 194,2: Autorenarchiv, © Succession H. Matisse / VG Bild-Kunst, Bonn 2007; 194,3: © akg-images / Edda Eid, © VG Bild-Kunst, Bonn 2007; 195,1: © Kunstdienst / Steffen Krüger, © VG Bild-Kunst, Bonn 2007; 195,2: © epd-bild / Matthias Rietschel, © VG Bild-Kunst, Bonn 2007; 196,1: © pa / IMAGNO / Wiener Stadt- und Landesbibliothek; 196,2: © pa / akg-images / Marion Kalter; 197: © pa / dpa / Jerzy Dabrowski; 198,1: © pa / Bildagentur Huber / Ripani Massimo; 198,2: © pa / akg-images / Hilbich; 198,3: © pa / dpa / ANSA; 198,4: © pa / dpa / Matthias Hiekel; 198,5: © pa / Zentralbild / Klaus Franke; 198,6: Autorenarchiv; 198,7: © pa / dpa / Ossinger; 199,1: © pa / Zentralbild; 199,2: © pa / akg-images / Andrea Jemolo; 199,3: © pa / akg-images / Juergen Raible; 200,1: © akg-images; 200,2: © pa / Helga Lade Fotoagentur GmbH, Ger / Ihlow; 200,3: © pa / ZB / Heinz Hirndorf; 202,1: © pa / OKAPIA KG, Germany / Josef Angerer; 202,2: © pa / Godong / Julian Kumar; 203: © akg-images / Bildarchiv Monheim; 204,1: © pa / akg-images; 204,2: Autorenarchiv; 206: Verlagsarchiv; 207,1: © pa / Zentralbild / Peter Förster; 207,2: © pa / dpa / Patrick Pleul; 208,1: © pa / akg-images; 208,2: © pa / dpa / Dommuseum Mainz; 208,3: © pa / dpa / Keystone Bally; 209,1: © pa / akg-images; 209,2: © pa / dpa / Uwe Zucchi; 210: Zisterzienserabtei Stift Heiligenkreuz; 211: © pa / dpa / Fabian Matzerath; 212,1: © pa / Zentralbild / Jens Kalaene; 212,2: © pa / Zentralbild / Eva Rüger; 212,3: © pa / dpa / Stefan Puchner; 213: © pa / Zentralbild / Matthias Hiekel; 214: © pa / akg-images; 215,1: © pa / dpa / DB Ken Liu; 215,2: © pa / akg-images / Stefan Diller; 215,3: © pa / akg-images / Gerhard Ruf; 216: Annegret Kokschal, Markkleeberg; 217,1: © pa / Godong / Pascal Deloche; 217,2: © pa / akg-images / Rabatti - Domingie; 218,1: © pa / akg-images; 218,2: © pa / maxppp / Costa; 219: © akg-images / Electa; 220,1: © pa / akg-images; 220,2: Autorenarchiv; 221: Autorenarchiv; 222: © pa / Zentralbild / Thomas Schulze; 223: © pa / akg-images; 224,1: © pa / dpa / Jörg Schmitt; 224,2: © pa / Bildagentur Huber / Kiedrowski; 224,3: © pa / Zentralbild / Waltraud Grubitzsch; 225: © pa / akg-images; 226,1: © pa / akg-images; 226,2: Sr. Martha, Dresden; 227,1: © pa / Zentralbild / Thomas Schulze; 227,2: © pa / Zentralbild / Thomas Schulze; 227,3: © pa / dpa / Uwe Geng; 228,1: © KNA-Bild; 228,2: Autorenarchiv; 229: © pa / dpa / epa Vatikan pool; 230,1: © pa / dpa / Friso Gentsch; 230,2: © pa / dpa / KNA; 230,3: © pa / dpa / Wolfgang Langenstrassen; 231: Schönstatt Dietershausen; 232,1: © pa / epd / Norbert Neetz; 232,2: Pressestelle Fokolar-Bewegung; 232,3: © pa / dpa / ansa Luca Zennaro; 233,1: © pa / Godong / Pascal Deloche; 233,2: © pa / dpa / KNA-Bild; 234: © pa / Zentralbild / Jan-Peter-Kasper; 235,1: © pa / Godong / Philippe Lissac; 235,2: © pa / dpa / epa afp; 235,3: © Franz Josef Rupprecht, www.kathbild.at; 236,1: © pa / akg-images / Erich Lessing; 236,2: © pa / dpa / Klosterbrauerei Weltenburg; 237,1: © pa / Zentralbild / Heinz Hirndorf; 237,2: © pa / Zentralbild / Waltraud Grubitzsch; 237,3: © pa / dpa / DB Michael Lukas; 238,1: © pa / KPA / HIP / The British Library; 238,2: © pa / KNA-Bild; 238,3: © KNA-Bild; 240,2: © pa / Hanan Isachar; 240,1: © KNA-Bild / Wolfgang Radtke; 241,1: © pa / Bildagentur Huber / Borchi Massimo; 241,2: © pa / Zentralbild / Silke Reents; 242,1: © pa / Bildagentur Huber / R. Schmid; 242,2: © pa / akg-images; 243,1: © pa / dpa / Weihmann; 243,2: © pa / KPA / Bodo Müller; 244 : © pa / dpa / Consolidated Nasa; 245: © pa / dpa / Wöstmann; 247,1: © pa / akg-images / Peter Connolly; 247,2: © pa / dpa / Angela Merker; 248: © pa / dpa / Istvan Bajzat; 249,1: © pa / Bildagentur Huber / R. Schmid; 249,2: © pa / akg-images / Cameraphoto; 250: © pa / epd / Bertold Fernkorn; 251,1: © pa / akg-images / Erich Lessing; 251,2: © pa / Photoshot; 251,3: © pa / Picture Alliance / Hanan Isachar; 252: © pa / akg-images; 253: © pa / dpa / Schulte; 254: © pa / dpa / AAP Image; 255: © pa / dpa / Stefan Kiefer; 257: © pa / akg-images; 258: © pa / Godong / Philippe Lissac; 260: © akg-images / Erich Lessing; 261,1: © pa / dpa / Keycolor; 261,2: © akg-images / Erich Lessing; 261,3: © pa / akg-images / Erich Lessing; 262: © pa / akg-images / Juergen Sorges; 263,1: © Jürgen Tomicek, Werl; 263,2: © pa / Zentralbild / Matthias Hiekel; 264: © pa / akg-images; 267: © pa / Picture-Alliance / Hanan Isachar; 270,1: © pa / KPA / HIP / Ann Ronan Picture Library; 270,2: © pa / akg-images / Erich Lessing; 270,3: © pa / akg-images / Cameraphoto; 271,1: © pa / dpa / Matthias Hiekel; 271,2: © pa / dpa / epa Mike Nelson; 271,3: © pa / KPA / HIP / Ann Ronan Picture Library; 272: © pa / Bildagentur Huber / PictureFinders; 275,1: © pa / akg-images / Schütze / Rodemann; 275,2: © pa / akg-images / Erich Lessing; 275,3: © pa / akg-images; 276,1: AZ; 276,2: AZ; 276,3: © pa / akg-images; 277,1: © pa / KNA-Bild / Harald Oppitz; 277,2: © pa / Burkhard Juettner / vintage.de; 278: © pa / akg-images / Pirozzi; 279: © akg-images; 280: © pa / Bildagentur Huber / Johanna Huber; 281: © pa / dpa / epa ansa Ferrari; 282,1: © pa / KPA / Reimund Franken; 282,2: © pa / akg-images; 283,1: © pa / akg-images / Gilles Mermet; 283,2: © pa / dpa / Hermann Wöstmann; 284: © pa / Bildagentur Huber / S. Damm; 285: © pa / dpa / Peter Endig; 286: Glaswerkstatt Dombauamt Erfurt; 287: Autorenarchiv; 289,1: © pa / dpa / epa Rolex Dela Pena; 289,2: © pa / Godong / Philippe Lissac; 289,3: © pa / Zentralbild / Wolfgang Thieme; 290,1: © KNA-Bild / Wolfgang Radtke; 290,2: © akg-images; 291: AZ; 292,1-3: CD „World Religions“, Stockbyte; 292,4: CD „Religions of the World“, Brand X Pictures; 292,5: © pa / dpa / Alexander Rüsche; 293: © pa / akg-images / Juergen Sorges; 294,1: © pa / KPA / Klaus Finn; 294,2: © pa / akg-images; 294,3: © KNA-Bild / Wolfgang Radtke; 295,1: © pa / akg-images; 295,2: AZ; 295,3: AZ; 296,1: © pa / akg-images / Erich Lessing; 296,2: © pa / akg-images; 296,3: AZ; 297,1: © pa / IMAGNO / Austrian Archives; 297,2: © Franz Josef Rupprecht, www.kathbild.at; 297,3: © pa / ZB / Matthias Hiekel; 298,1: AZ; 298,2: Verlagsarchiv; 298,3: © pa / Zentralbild / Frank Baumgart; 299,1: © pa / akg-images; 299,2: GS; 300,1: © pa / dpa / Abaca Nicolas Jose; 300,2: © pa / Bildagentur Huber; 300,3: Autorenarchiv; 301: © pa / HB Verlag / Ralf Freyer; 302: © KNA-Bild / Wolfgang Radtke; 303: © pa / dpa / Canossa GmbH; 304: © pa / KPA / HIP / The British Library; 305,1: © pa / KPA / HIP / Ann Ronan Picture Library; 305,2: © KNA-Bild; 306,1: © pa / akg-images / Erich Lessing; 306,2: © KNA-Bild / Harald Oppitz; 308,1: © pa / akg-images; 308,2: © pa / ZB / Matthias Hiekel; 309: © KNA-Bild; 310,1: © pa / akg-images; 310,2: © pa / dpa / Keystone; 311: © pa / akg-images; 312,1: © pa / KPA / Wauer; 312,2: © pa / IMAGNO / Schostal Archiv; 313: © pa / akg-images; 314,1: © pa / dpa / Pixfeatures; 314,2: Verlagarchiv; 314,3: © pa / AKG; 315,1: © pa / akg-images; 315,2: © pa / akg-images; 316: © pa / dpa / Horst Ossinger; 317,1: © KNA-Bild; 317,2: Aus: Pavel Florenskij, Die Ikonostase. © Verlag Urachhaus, Stuttgart 1996; 318,1: © pa / Bildagentur Huber / Gräfenhain; 318,2: © pa / HB-Verlag / Miquel Gonzales; 318,3: © pa / akg-images; 318,4: © pa / akg-images; 320,1: Autorenarchiv; 320,2: © KNA-Bild; 321: © pa / KPA / HIP / The British Library; 322 : © pa / dpa; 323: © pa / dpa; 324: © pa / dp / Gambarini Mauricio; 325: © pa / akg- images / Rainer Hackenberg; 326,1: © akg-images / Electa; 326,2: © pa / akg-images; 327: AZ; 328: © pa / akg-images; 329,1: Manfred Meixner, Zwickau; 329,2: © pa / dpa / ANSA; 330,1: © pa / KNA-Bild; 330,2: © pa / KNA-Bild; 332: © KNA-Bild; 333: © pa / akg-images / Stefan Diller

Register

Kursive Seitenzahlen bezeichnen Abbildungen

Zeittafeln und Übersichten

Bibliografische Information der Deutschen Bibliothek
Die Deutsche Bibliothek verzeichnet diese Publikation in der Deutschen Nationalbibliografie; detaillierte bibliografische Daten sind im Internet über http://dnb.ddb.de abrufbar.

Texte:
Nichtausgewiesene Texte stammen von Gudrun Schlechte und Alexander Ziegert. Einzelbeiträge, die z. T. stark verändert wurden, schrieben Christel Jensch (Kirche, Bistümer), Maria Keuschel (Ostkirche), Lothar Kucera (Orden) und Norbert Stryczek (Konzilien). Ihnen danken die Herausgeber.

Illustrationen:
Egbert Herfurth

Sachillustrationen:
Marianne Kurek, Hans-Jürgen Willuhn

Kartenzeichnungen:
Günter Oehmigen

Notensatz:
Annegret Kokschal

Der besondere Dank des Verlages gilt den Herausgebern Gudrun Schlechte und Msgr. Alexander Ziegert für die umfangreiche Überarbeitung und Aktualisierung der Neuauflage dieses Buches.

BONIFATIUS WERK

Gefördert durch das Bonifatiuswerk der deutschen Katholiken / Diaspora-Kinderhilfe

ISBN 978-3-7462-2459-6
(Cover mit Zeichnungen von Egbert Herfurth, Leipzig)
ISBN 978-3-7462-2460-2
(Cover mit Fotos von picture-alliance/dpa, epd-bild und Franz-Josef Rupprecht, www.kathbild.at)

Stammerstr. 11, 04159 Leipzig
www.st-benno.de
Umschlaggestaltung: Ulrike Vetter, Leipzig
Gesamtherstellung: Arnold & Domnick, Leipzig (A)